Fundamentals of Software Architecture

소프트웨어 아키텍처 The Basics 2판

| 표지 설명 |

표지 동물은 부채앵무(학명: *Deroptyus accipitrinus*)이다. 남아메리카가 원산지인 이 앵무새는 스페인어로는 **로로 카시케**$^{oro\ cacique}$, 포르투갈어로는 **아나캉**(anacã), **파파가이우-지-콜레이라**$^{papagaio-de-coleira}$, **바나키아**^{vanaquiá} 등으로 불린다. 아메리카 대륙에 주로 서식하며 아마존 열대우림의 우듬지나 나무 구멍에 둥지를 틀고, **세크로피아**^{Cecropia} 나무의 열매나 다양한 야자나무의 단단한 열매를 먹는다.

부채앵무는 목덜미를 덮는 짙은 붉은색 깃털이 특징으로, 흥분하거나 위협을 느낄 때 깃털을 부채처럼 펼쳐 깃털 끝의 선명한 푸른색을 드러내는 모습에서 이름을 얻었다. 머리 꼭대기의 관모는 흰색이며, 눈은 노란색, 뺨은 갈색 바탕에 흰색 줄무늬가 나 있다. 가슴과 배는 끝이 푸른빛을 띤 붉은 깃털로 덮여 있어, 등 쪽의 겹겹이 쌓인 밝은 녹색 깃털과 선명한 대조를 이룬다.

부채앵무는 12월에서 1월 사이에 평생의 짝을 만나 한 해에 두 개에서 네 개의 알을 낳고, 암컷이 28일간 알을 품는 동안 수컷은 암컷을 보살핀다. 어린 새들은 태어난 후 약 10주가 지나면 둥지를 떠나 날갯짓을 시작할 채비를 마치고 세계에서 가장 큰 열대우림에서 40년에 달하는 삶을 시작한다.

부채앵무는 최소관심종으로 지정됐다. 오라일리 표지의 동물들은 대부분 멸종위기종이며, 이들은 모두 우리에게 소중한 존재이다. 표지 삽화는 『*Lydekker's Royal Natural History*』에 실린 흑백 동판화를 바탕으로 캐런 몽고메리$^{Karen\ Montgomery}$가 그렸다.

소프트웨어 아키텍처 The Basics(2판)
모던 엔지니어링을 위한 소프트웨어 아키텍처의 모든 것

초판 1쇄 발행 2021년 11월 1일
2판 1쇄 발행 2025년 11월 30일

지은이 마크 리처즈, 닐 포드 / **옮긴이** 류광, 307번역랩 / **펴낸이** 임백준
펴낸곳 한빛미디어 / **주소** 서울시 서대문구 연희로2길 62 콘텐츠2부
전화 02-325-5544 / **팩스** 02-336-7124
등록 1999년 6월 24일 제2017-000058호 / **ISBN** 979-11-995298-5-4   93000

총괄 이복연 / **책임편집** 박지영 / **기획** 김지은, 이민혁 / **편집** 이민혁
베타리더 남지영, 이문환, 이석곤, 이영복, 전준규, 정석환, 조영록
디자인 표지·내지 박정우 / **전산편집** 홍원규
영업마케팅 송경석, 김형진, 장경환, 조유미, 한종진, 이행은, 고광일, 성화정, 김한솔, 전차은 / **제작** 박성우, 김정우

한빛미디어는 한빛앤(주)의 IT 출판 브랜드입니다.

이 책에 대한 의견이나 오탈자 및 잘못된 내용은 출판사 홈페이지나 아래 이메일로 알려주십시오.
파본은 구매처에서 교환하실 수 있습니다. 책값은 뒤표지에 표시되어 있습니다.

홈페이지 www.hanbit.co.kr / **이메일** ask@hanbit.co.kr

©2025 Hanbit Media, Inc.
Authorized Korean translation of the English edition of Fundamentals of Software Architecture, 2E
ISBN 9781098175511 © 2025 Mark Richards and Neal Ford.

This translation is to be published and sold by permission of O'Reilly Media, Inc.
the owner of all rights to publish and sell the same.

이 책의 저작권은 오라일리와 한빛미디어(주)에 있습니다.
저작권법에 의해 보호를 받는 저작물이므로 무단 전재와 무단 복제를 금합니다.

지금 하지 않으면 할 수 없는 일이 있습니다.
책으로 펴내고 싶은 아이디어나 원고를 메일(**writer@hanbit.co.kr**)로 보내주세요.
한빛앤(주)는 여러분의 소중한 경험과 지식을 기다리고 있습니다.

Fundamentals of Software Architecture

소프트웨어 아키텍처 The Basics 2판

O'REILLY® 한빛미디어

지은이 · 옮긴이 소개

지은이 **마크 리처즈** Mark Richards

마이크로서비스를 비롯한 여러 분산 아키텍처의 아키텍처 설계와 구현에 직접 참여한, 경험이 풍부한 실무형 소프트웨어 아키텍트이다. 개발자가 소프트웨어 아키텍트로 성장하는 여정을 돕는 웹사이트인 DeveloperToArchitect.com을 설립했다.

지은이 **닐 포드** Neal Ford

소트웍스Thoughtworks에서 디렉터, 소프트웨어 아키텍트, 그리고 '밈 랭글러meme wrangler'를 맡고 있다. 소트웍스에 합류하기 전에는 미국 유수의 교육 및 개발 회사인 The DSW Group, Ltd.에서 최고 기술 책임자(CTO)로 일했다.

옮긴이 **류광**

도널드 커누스 교수의 『컴퓨터 프로그래밍의 예술』 시리즈를 비롯해 90여 권의 다양한 IT 전문서를 번역한 전문 번역가이다. 이 책과 연관된 번역서로는 『플랫폼 엔지니어링』, 『클라우드 시스템을 관리하는 기술』, 『유연한 소프트웨어를 만드는 설계 원칙』(이상 한빛미디어) 등이 있다.

개인 웹사이트 *류광의 번역 이야기*(https://occamsrazr.net)와 IT 및 게임 개발 정보 공유 사이트 *GpgStudy*(https://gpgstudy.com)를 운영한다.

옮긴이 **307번역랩**

전문 번역가의 효율적인 번역 작업을 위해 초벌 번역 및 자료 정리 서비스를 제공하는 번역 엔지니어 집단이다. 급변하는 IT 분야의 가치 있는 외국 서적을 발 빠르게 국내 독자에게 전달하는 데 보람을 느낀다.

베타리더의 글

닐 포드의 소프트웨어 아키텍처 4부작 중 기본 편에 해당하는 이 책은 제목 그대로 소프트웨어 아키텍처의 '기본'을 다룹니다. 기본이라는 단어가 주는 가벼움과는 달리 아키텍트가 알아야 할 핵심 개념부터 실무에 바로 적용할 수 있는 구체적인 내용까지 폭넓게 담고 있습니다. 커머스 등 우리에게 친숙한 도메인을 예시로 활용하여 복잡한 아키텍처 개념을 설명합니다. 덕분에 추상적일 수 있는 아키텍처 패턴과 스타일을 더욱 쉽게 이해할 수 있습니다. 단순히 아키텍처 이론서가 아니라 실용적인 내용을 담고 있습니다. 정답을 구하기보다 덜 나쁜 방법을 선택하려는 현실적인 관점이 책 전반에 녹아 있습니다.

1판을 읽었는데 2판도 읽어야 할지 묻는다면 그렇다고 답하겠습니다. 클라우드 고려 사항, 비용 분석, 생성형 AI와 LLM 활용 등 실무에 필수적인 최신 내용이 대폭 추가되었기 때문입니다. 소프트웨어 아키텍처의 기본부터 최신 트렌드까지 이 한 권으로 탄탄한 기초를 다질 수 있습니다. 이론과 실무, 기본과 최신이 균형을 이룬 이 책을 모든 소프트웨어 엔지니어에게 추천합니다.

남지영
11번가 소프트웨어 엔지니어

『소프트웨어 아키텍처 The Basics(2판)』는 단순한 개정판이 아니라 지난 수년간 아키텍처 분야에서 변화해 온 기술, 조직, 책임의 흐름을 섬세하게 담아낸 지침서입니다.

이 책은 오랫동안 익숙하다고 여겼던 설계 방식과 조직의 의사결정 구조를 멈춰 서서 다시 바라보게 만든 계기가 되었습니다. 특히 다양한 아키텍처 스타일을 실제 장단점 중심으로 명료히 설명하는 동시에, 팀 구조 · 협업 · 발표 · 의사소통 등 '사람과 조직'의 관점까지 자연스럽게 녹여내고 있습니다. "아키텍처적 결정은 양자택일이 아니라 양극단 사이의 스펙트럼에 있는 한 지점이다"라는 통찰은 제가 실서비스 설계 및 조직 내 의사결정의 틈새에서 발견했던 비효율을 찾아내고 이를 개선해 나가는 데 큰 울림을 주었습니다. 또한 이 책은 '공학적 접근'이라는 이름

베타리더의 글

아래 실제 현장에서 기술과 조직이 맞물려 돌아가는 복잡한 서비스를 책임지는 아키텍트나 기술 리더가 직면하는 현실적인 과제들을 담고 있어 그 의미가 더욱 깊게 다가왔습니다.

"마음이 있는 곳에 보물이 있다"라는 『연금술사』의 지혜처럼, 복잡한 시스템 속에서 균형을 모색하고 기술과 조직이 맞물려 돌아가는 서비스를 책임지고자 하는 아키텍트나 기술 리더라면, 이 책은 '왜'를 다시 묻고 '어디서 균형을 잡을지'를 찾아가는 여정을 함께해 줄 든든한 동반자가 되어 줄 것입니다. 그리고 마치 『강철의 연금술사』에서 나오는 등가교환의 법칙처럼 아키텍처의 세계에서도 모든 선택에는 트레이드오프가 따릅니다. 더 빠른 성능을 위해 복잡성을 감수하고, 더 높은 안정성을 위해 유연성을 포기하는 순간마다 이 책은 그 선택의 본질을 다시 묻고 균형점이 어디에 있는지를 함께 탐색하게 합니다. 기술적 결정이 단순한 최적화가 아닌 가치와 책임의 교환이라는 점을 일깨워 주는 이 책은 아키텍트에게 든든한 철학적 나침반이 되어 줄 겁니다.

이문환
LG CNS AI Professional

아키텍처의 본질을 '기술'이 아닌 '사고 체계'로 재정의한 책입니다. 『소프트웨어 아키텍처 The Basics(2판)』는 이론을 넘어 복잡한 시스템을 구조적으로 이해하고 의사결정하는 사고의 틀을 제시합니다. 특히 트레이드오프 분석, 품질 속성 정의, 모듈 경계 설정 등은 현업 아키텍트가 직면하는 실제 문제를 체계적으로 정리한 실무 지침서에 가깝습니다. 엔터프라이즈 시스템을 설계하거나 기술적 방향성을 고민하는 개발자라면, 이 책을 통해 '좋은 구조란 무엇인가'에 대한 명확한 기준을 세울 수 있을 것입니다.

이석곤
㈜아이알컴퍼니 부설연구소 팀장 / 빅데이터 & AI 프로그래머

"아키텍처에는 정답이나 오답이 없다. 오직 트레이드오프가 있을 뿐이다."

이 책은 '어떤 아키텍처를 선택해야 하는가'라는 질문에 대한 답을 주기보다 아키텍처 선택에 있어 깊이 있는 고민과 판단의 기준을 제시하는 데 집중합니다. 소프트웨어 아키텍처의 기본적인 개념부터 시작하여 다양한 아키텍처 패턴을 여러 관점에서 깊이 있게 분석하며 그에 따른 장단점(트레이드오프)을 명확히 설명합니다. 소프트웨어 아키텍트로의 전향을 목표로 하는 분뿐만 아니라, 모든 개발자가 현재보다 더 나은 설계와 아키텍처 결정을 내릴 수 있는 배경지식을 제공할 것입니다.

이영복
CJ올리브영 소프트웨어 엔지니어

단순히 기술적인 내용을 나열하는 책이 아니라 아키텍처 설계라는 작업을 '공학적 사고'로 접근하고, 조직·팀·비즈니스를 아우르는 관점에서 많은 도움이 되는 실질적인 지침서입니다. '모든 아키텍처는 트레이드오프의 결과다'라는 메시지를 중심으로, 기술적 이론을 넘어 현실적인 의사결정과 리스크 관리, 커뮤니케이션 구조 등 실제 프로젝트 환경에서 필요한 사고의 틀을 제시하고 있다는 점 또한 인상적입니다. 향후 프로젝트 설계나 조직 내 기술 전략을 수립할 때 훌륭한 참고서가 될 것입니다. 이 책은 아키텍처 설계를 실무적으로 고민하는 개발자나 기술 리더, 프로젝트 매니저에게 일독을 추천합니다. 특히 시스템 구조를 리팩터링하거나 기술 부채를 해소해야 하는 조직 혹은 장기적인 기술 전략을 설계해야 하는 담당자에게 많은 도움이 될 것입니다.

전준규
농협정보시스템 프로젝트 관리자

베타리더의 글

아키텍트의 길에 명쾌한 해답을 제시하는 책입니다. 수많은 엔지니어가 '아키텍트'라는 타이틀을 사용하지만 그 역할과 책임의 경계는 여전히 모호합니다. 아키텍트라는 호칭이 시니어 엔지니어에게 붙는 일상적인 수식어처럼 여겨지기도 합니다. 이 책은 바로 이 모호함을 해소하는 가장 명쾌하고 실질적인 지침서입니다. 저자는 아키텍트가 정확히 무엇을 해야 하는지에 대한 명확한 정의를 제시함과 동시에, 현장에서 즉시 적용할 수 있는 풍부한 실무 예시를 통해 독자의 이해를 돕습니다. 단순히 아키텍처 패턴을 나열하는 데 그치지 않고 독자 스스로 '보다 나은 아키텍트'로 성장하기 위해 깊이 있는 고민과 검토를 진행할 수 있도록 안내합니다. 경험이 부족한 주니어 아키텍트에게는 확실한 성장 가이드가 되어 뛰어난 시니어의 길을 제시하고 현직 시니어 아키텍트에게는 놓치기 쉬운 핵심 역량을 보완하고 단련할 수 있는 귀한 기회를 제공합니다. 아키텍트라는 목표를 향해 나아가고 있거나 이미 아키텍트로서 한 단계 더 높은 성장을 꿈꾸는 분이라면 이 책에서 얻을 수 있는 통찰과 실질적인 도움은 강력합니다.

정석환
LG CNS MS Cloud 팀 총괄

아키텍처 세계의 안내도를 알기 쉽게 그려주는 책입니다. 시스템 설계를 고민할 때 이 책이 든든한 보물 지도가 되어 줄 것 같습니다. 꼭 한 번 정독하길 권합니다.

조영록
㈜대교 소프트웨어 엔지니어

추천사

마크와 닐이 또 해냈다. 베스트셀러였던 초판을 개정하고 확장한 2판은 현대적인 관점으로 최신 소프트웨어 아키텍처를 탐색하는 데 꼭 필요한 자료이다. 소프트웨어 아키텍처의 진정한 의미를 깊이 있게 이해하고 쓴 이 포괄적인 안내서는 트레이드오프 분석의 중요성을 강조하면서 시작한다. 그런 다음 다양한 아키텍처 스타일들을 살펴보는데, 각 스타일의 기반이 되는 철학을 깊이 파고들 뿐만 아니라 데이터 토폴로지와 팀 토폴로지도 상세히 논의한다. 어쩌다 아키텍트 역할을 맡게 된 사람이든, 기술을 더욱 연마하려는 노련한 베테랑이든, 이 책은 자신의 분야에서 탁월한 역량을 발휘하는 데 필요한 도구와 지식을 제공한다.

라주 간디 Raju Gandhi
『Head First Git』 저자, 『Head First Software Architecture』 공저자

닐과 마크는 뛰어난 소프트웨어 아키텍트일 뿐만 아니라 비범한 스승이기도 하다. 이 책은 방대하기 짝이 없는 아키텍처라는 주제를 수십 년의 경험을 담아 간결하게 압축했다. 아키텍트 역할을 처음 맡았든, 수년간 현업 아키텍트로 일해왔든, 이 책의 개정판은 여러분이 맡은 일을 더 잘 해내도록 도울 것이다. 내 경력 초기에 이 책이 나왔더라면 얼마나 좋았을까 하는 아쉬움이 있다. 나는 대학원에서 아키텍처를 가르치는 학생들에게 1판과 2판을 모두 교재로 사용해왔고, 앞으로도 이 확장된 형태의 책을 널리 추천할 것이다.

너새니얼 슈타 Nathaniel Schutta
『Fundamentals of Software Engineering』 공저자

추천사

마크와 닐은 만만치 않은 목표를 세웠다. 바로 소프트웨어 아키텍처 분야에서 탁월한 아키텍트가 되는 데 필요한 다층적인 여러 기본 원칙을 명확히 설명하는 것이다. 그리고 그들은 이번에도 그 목표를 성공적으로 완수했다. 소프트웨어 아키텍처 분야는 끊임없이 진화한다. 따라서 아키텍트 역할에는 엄청나게 넓고 깊은 지식과 기술이 요구된다. 이 개정판은 소프트웨어 아키텍처의 대가가 되기 위한 여정을 탐색하는 많은 이에게 훌륭한 안내서가 될 것이다.

레베카 J. 파슨스 Rebecca J. Parsons
소트웍스 기술 고문, 전 CTO/명예 CTO

마크와 닐은 기술전문가들이 아키텍처의 탁월함을 끌어내는 데 필요한 현실 세계의 조언을 제대로 담아냈다. 그들은 보편적인 아키텍처 특성들을 선별하고 아키텍처의 성공에 꼭 필요한 트레이드오프를 식별함으로써 이를 달성한다.

캐시 섬 Cassie Shum
소트웍스 기술 이사

옮긴이의 글

수많은 소프트웨어 아키텍트 지망생과 현업 실무자에게 '아키텍트로 가는 첫 관문' 혹은 '표준 교과서' 역할을 한 『Fundamentals of Software Architecture』의 2판을 한국 독자들에게 선보이게 되어서 무척이나 기쁩니다. 소프트웨어 아키텍처 분야에서 널리 인정받는 두 저자의 오랜 경험과 지혜가 녹아 있는 훌륭한 책을 번역하면서 많이 배우고 자주 즐거웠습니다.

초판(1판) 이후 5년간의 업계 변화를 반영한 2판은 다수의 장이 대폭 개편되었고, 완전히 새로운 장도 세 개나 추가되었습니다. 특히 주목할 점은 기존의 소프트웨어 아키텍처 제1, 제2법칙에 제3법칙이 추가되었다는 것입니다. 중요한 결정을 앞에 둔 아키텍트들에게 든든한 발판이자 나침반이 되어 준 두 법칙("모든 것은 트레이드오프이다", "어떻게(방법) 보다 왜(이유)가 중요하다") 외에, 저자들은 "대부분의 아키텍처적 결정은 양자택일이 아니라 양극단 사이의 스펙트럼에 있는 한 지점이다"라는 제3법칙을 집필하면서 발견했다고 합니다.

번역하면서 이 새로운 법칙 덕분에 책 전체의 논의가 훨씬 더 깊어졌다는 느낌을 받았습니다. 초판 원서에는 단 두 번 밖에 나오지 않은 'spectrum'이 2판에는 32번이나 나올 정도로 중요한 개념이 되었습니다. 아키텍처와 관련한 결정 사항들을 이분법적으로 바라본다면 '모 아니면 도'라거나 심지어 '살을 주고 뼈를 취한다' 같은 경직되고 극단적인 접근으로 이어질 수 있습니다. 애초에 트레이드오프 관계는 이분법적일 수 없고, 스펙트럼의 관점에서 보아야 제대로 파악할 수 있다고 생각합니다. 초판을 열심히 읽은 독자라면 2판에서 '스펙트럼'이라는 용어가 등장하는 부분을 추적하면서 읽는 것도 현명한 독서 방법이 될 것입니다.

이 책의 독서와 학습에 도움이 될 공간을 제 웹사이트에 마련해 두었으니 많이 활용해 주시기 바랍니다. 오탈자/오역 제보 및 의견 교환을 위한 댓글 기능과 함께, 책에 나오는 웹 자료에 좀 더 편하게 접근하기 위한 링크 모음도 있습니다. 또한 소프트웨어 아키텍처 학습에 도움이 될 만한 참고 자료도 추가해 나갈 예정입니다. 웹사이트 **류광의 번역 이야기**(https://occamsrazr.net/)의 '번역서 정보' 섹션에 이 책을 위한 페이지로 가는 링크가 있습니다. 또는 https://occamsrazr.net/book/FoSA2로 직접 접근해도 됩니다.

● 옮긴이의 글

감사의 말씀으로 옮긴이의 글을 마무리하고자 합니다. 중요하고 의미 있는 책의 번역을 제게 맡겨 주신 한빛앤 박지영 팀장님과 번역 및 교정 작업을 편하고도 효과적으로 진행할 수 있도록 잘 조율해 주신 이민혁 편집자님, 그리고 복잡한 도식 등 까다로운 조판 요소들로 가득한 책을 멋지게 조판해 주신 홍원규 디자이너님을 비롯해 이 책의 탄생에 기여한 모든 분께 감사드립니다. 또한 초판을 번역하신 이일웅 님도 무척이나 고맙습니다. 훌륭한 초판 번역서 덕분에 중요한 고비와 함정을 수월하게 통과할 수 있었습니다. 마지막으로 작업 기간 내내 저를 지원하고 격려한, 그리고 중요한 오역과 오탈자를 잡아낸 아내 오현숙에게 사랑과 감사의 마음을 전합니다.

재미있게 읽으시길!

류광

●● 이 책에 대하여

지은이의 말(2판)

"와, 할 일이 많구나!"

우리(저자 마크와 닐)는 1판에서 살을 붙이고 개선하고 싶은 아이디어 몇 가지만 가지고 2판의 집필에 착수했다. 하지만 많은 소프트웨어 프로젝트가 그렇듯 작업 분량은 계속 늘어났다.

우리가 달성한 목표 중 하나는 아키텍처 스타일 장들의 일관성을 높여서 상호 비교에 더 유용하게 만드는 것이었다. 또한 별점 평가 방식도 새로운 평가 항목과 범주를 추가해서 변경했다. 그리고 각 아키텍처 스타일마다 클라우드 고려 사항, 데이터 토폴로지, 팀 토폴로지, 거버넌스에 관한 절들을 새로 추가했다. 그 과정에서 인기 있는 주제를 다루는 여러 장(제15장과 제18장 등)에 중요한 내용을 대폭 추가했다. 그리고 모듈형 모놀리스 아키텍처 스타일에 관한 내용을 새로이 집필해서 개별적인 장으로 만들었다(제11장).

완전히 새로운 장도 몇 개 추가했는데, 제20장에서는 아키텍처 패턴을, 제26장에서는 아키텍처의 여러 교차점을 다룬다. 제27장에서는 우리가 제시한 소프트웨어 아키텍처 법칙들(법칙이 하나 더 추가되었고 귀결들도 추가되었다)을 다시 살펴본다.

지은이의 말(1판)

공리
확립되었거나, 받아들여지거나, 자명한 진리로 간주되는 진술 또는 명제.

수학자들은 공리(axiom), 즉 논쟁의 여지 없이 참인 가정에 기초해서 이론을 만든다. 소프트웨어 아키텍트 역시 공리 위에 이론을 구축한다. 하지만 소프트웨어 세계는 수학보다 훨씬 **유연하다**. 이론의 기초로 삼는 공리를 포함해서 근본적인 것들이 빠른 속도로 계속 변하기 때문이다.

소프트웨어 개발 생태계는 끊임없이 동적 평형 상태를 유지한다. 이 생태계는 임의의 한 시점에서는 평형 상태지만, 장기적으로는 **동적인** 습성(dynamic behavior)을 보인다. 최근의 예

이 책에 대하여

를 들자면, 컨테이너화(containerization)의 대중화 및 그에 따른 변화가 소프트웨어 개발 생태계의 특징을 여실히 보여준다. 쿠버네티스^{Kubernetes}(https://kubernetes.io) 같은 도구는 10년 전에는 존재하지도 않았다. 하지만 지금은 그 사용자들을 위한 소프트웨어 콘퍼런스가 따로 열릴 정도이다. 소프트웨어 생태계의 변화는 '혼돈(chaos)'이라고 불러야 마땅하다. 하나의 작은 변화가 또 다른 작은 변화를 일으키고, 이것이 수백 번 반복되면 새로운 생태계가 만들어진다.

이전 시대에 남겨진 가정과 공리에 의문을 제기하는 것은 아키텍트의 중요한 임무이다. 소프트웨어 아키텍처에 관한 책 중 다수는 오늘날의 현실과는 동떨어진 시대에 쓰였다. 우리는 아키텍트들이 근본적인 공리들에 주기적으로 의문을 던져야 한다고 믿는다. 개선된 엔지니어링 관행(practice), 운영 생태계, 소프트웨어 개발 프로세스 등, 아키텍트와 개발자가 매일 일하는 지저분하고 역동적인 평형 상태를 구성하는 모든 것의 변화에 비추어서 기존의 가정과 공리를 다시 점검해야 한다.

소프트웨어 아키텍처의 변화를 유심히 관찰해 온 사람이라면 아키텍처와 관련한 역량(capability)들이 어떻게 진화했는지 알 것이다. XP(eXtreme Programming, http://www.extremeprogramming.org)의 엔지니어링 관행들에서 시작해서 CD(continuous delivery; 지속적 배포), 데브옵스^{DevOps} 혁명, 마이크로서비스, 컨테이너화, 그리고 이제는 클라우드 기반 자원에 이르기까지, 이 모든 혁신에서 새로운 역량과 트레이드오프가 제기되었다. 그리고 역량이 변하면서 업계를 바라보는 아키텍트의 관점도 바뀌었다. 소프트웨어 아키텍처를 농담 삼아 "나중에 바꾸기 어려운 것들"로 정의하던 시절도 있었지만, 그 후 **변경**을 일급(first-class) 설계 고려 사항으로 여기는 마이크로서비스 아키텍처 스타일이 등장했다.

시대가 바뀔 때마다 엔지니어링 관행과 도구, 측정 지표, 패턴을 비롯해 많은 것이 바뀌어야 한다. 이 책은 지난 10년간의 모든 혁신을 반영해서 현대적인 시각으로 소프트웨어 아키텍처를 바라본다. 오늘날의 새로운 구조와 관점에 적합한 몇 가지 새로운 지표와 측정법도 함께 다룬다.

이 책의 부제에는 '엔지니어링'이라는 단어가 있다. 오래전부터 개발자들은 소프트웨어 개발을 숙련된 장인이 일회성으로 작품을 만드는 **공예**(craft)에서 반복성, 엄격함, 효과적인 분석을 함의하는 **엔지니어링**engineering 분야로 바꾸고자 했다. 소프트웨어 엔지니어링은 다른 엔지니어링 분야에 비해 여전히 수십, 수백 배 뒤처져 있지만(소프트웨어는 대부분의 다른 엔지니어링 분야보다 훨씬 젊은 분야이므로 그럴 만도 하다), 그래도 아키텍트들은 그동안 거대한 발전을 이루었다(어떤 발전인지는 이 책에서 알게 될 것이다). 특히 현대적인 애자일 엔지니어링 관행들 덕분에 아키텍트가 설계하는 시스템의 유형들이 크게 발전했다.

이 책은 또한 **트레이드오프 분석**이라는 매우 중요한 문제도 다룬다. 소프트웨어 개발자는 어떤 특정한 기술이나 접근법 한 가지만으로 모든 문제를 해결하려는 경향이 있다. 하지만 아키텍트는 모든 선택의 장점, 단점, 그리고 추한 면까지 항상 냉정하게 평가해야 한다. 현실 세계에는 그냥 양자택일로 해결되는 문제가 별로 없다. 모든 것은 절충과 양보가 필요한 트레이드오프이다. 이러한 실용적인 관점에서 우리는 기술에 대한 가치 판단을 최대한 배제하고, 오직 트레이드오프들을 분석하는 데 집중했다. 그것이 독자들이 기술 선택에 대한 분석적인 안목을 갖추는 데 도움이 될 것이기 때문이다.

이 책을 읽는다고 하루아침에 소프트웨어 아키텍트가 되지는 않는다. 소프트웨어 아키텍처는 다양한 측면을 가진 미묘한 분야이기 때문이다. 우리는 현직 아키텍트와 신임 아키텍트를 위해 구조에서 소프트 스킬에 이르기까지 소프트웨어 아키텍처와 그 여러 측면을 현대적인 관점에서 잘 개괄하고자 했다. 이 책은 잘 알려진 패턴들을 다루지만, 우리가 그동안 얻은 교훈, 도구, 엔지니어링 관행과 기타 요소를 바탕으로 터득한 새로운 접근법을 제시한다. 이 책은 소프트웨어 아키텍처에 존재하는 여러 기존 공리를 현재의 생태계에 비추어 다시 고찰한다. 그리고 현대의 지형을 고려해서 아키텍처를 설계한다.

감사의 글

우리(마크와 닐)는 우리의 교육과정과 워크숍, 콘퍼런스 세션, 사용자 그룹 모임에 참석한 모든 사람에게 감사한다. 또한 이 책의 초기 버전을 검토하고 귀중한 피드백을 주신 모든 이에게도 감사의 마음을 전한다. 고통스러운 집필 과정을 최대한 수월하게 만들어 준 오라일리 출판 팀에게도 감사하다. 특히 1판의 편집자인 앨리샤 영과 버지니아 윌슨, 그리고 2판의 편집자인 새러 그레이에게 감사를 표한다.

저자 일동

앞선 감사의 말에 덧붙여, 사랑하는 아내 리베카에게 감사의 마음을 전하고자 한다. 당신이 집안의 모든 일을 도맡고 자신의 책을 쓸 기회를 희생해 준 덕분에, 나는 더 많은 컨설팅 업무를 수행하고 더 많은 콘퍼런스와 교육과정에서 강연하면서 이 책의 내용을 연습하고 다듬을 기회를 가질 수 있었어. 당신이 최고야.

마크 리처즈

나의 모든 가족과 소트웍스Thoughtworks라는 공동체, 그리고 그 구성원인 리베카 파슨스와 마틴 파울러에게 감사드린다. 소트웍스는 비범한 사람들의 집단이다. 그들은 고객을 위해 가치를 창출하면서도, 개선을 위해 사물의 작동 원리를 예리하게 주시한다. 소트웍스는 여러모로 이 책을 지원해 주었으며, 매일 도전하고 영감을 주는 소트워커Thoughtworker들을 계속해서 길러내고 있다. 일상에서 벗어날 수 있는 정기적인 탈출구를 마련해준 동네 칵테일 클럽에도 감사한다. 마지막으로, 책 집필이나 콘퍼런스 강연 같은 일에 대해 끝없는 관용을 보여준 아내 캔디에게 감사하다. 수십 년 동안 그녀는 내가 현실에 발을 딛고 제정신으로 살고 일하도록 지켜주었다. 앞으로도 몇십 년이고 내 인생의 사랑으로 남아주길!

닐 포드

CONTENTS

지은이·옮긴이 소개 ··· 4
베타리더의 글 ··· 5
추천사 ·· 9
옮긴이의 글 ··· 11
이 책에 대하여 ·· 13
감사의 글 ··· 16

CHAPTER 01 서론

1.1 소프트웨어 아키텍처의 정의 ·· 38
1.2 소프트웨어 아키텍처의 법칙 ·· 43
1.3 아키텍트의 기대 역할 ·· 45
    1.3.1 아키텍처적 결정을 내린다 ··· 45
    1.3.2 아키텍처를 지속적으로 분석한다 ····································· 46
    1.3.3 최신 트렌드를 계속 따라간다 ··· 47
    1.3.4 결정 사항의 준수를 보장한다 ··· 47
    1.3.5 다양한 기술을 이해한다 ··· 48
    1.3.6 비즈니스 도메인을 숙지한다 ·· 48
    1.3.7 대인 관계 스킬을 갖춘다 ·· 49
    1.3.8 정치를 파악하고 헤쳐 나간다 ··· 49
1.4 로드맵 ·· 50

CONTENTS

PART 01 기초

CHAPTER 02 아키텍처적 사고

2.1 아키텍처와 설계의 차이 ··· 55
    2.1.1 전략적 결정과 전술적 결정 ··································· 57
    2.1.2 노력의 정도 ··· 57
    2.1.3 트레이드오프의 중요성 ·· 58
2.2 기술적 너비 ··· 58
    2.2.1 20분 규칙 ·· 63
    2.2.2 개인 레이더 개발 ··· 64
2.3 트레이드오프 분석 ··· 69
2.4 비즈니스 동인의 이해 ··· 74
2.5 아키텍처와 코딩 실무의 균형 ···································· 74
2.6 아키텍처적 사고의 남은 이야기들 ······························ 76

CHAPTER 03 모듈성

3.1 모듈성 대 세분도 ·· 78
3.2 모듈성의 정의 ·· 79
3.3 모듈성 측정 ··· 81
    3.3.1 응집 ··· 81
    3.3.2 결합도 ··· 86
    3.3.3 핵심 지표들 ·· 87

3.3.4 주 시퀀스로부터의 거리 · 88

3.3.5 동변성 · 91

3.4 모듈에서 컴포넌트로 · 96

CHAPTER 04 아키텍처 특성의 정의

4.1 아키텍처 특성과 시스템 설계 · 99

4.2 중요한 아키텍처 특성들 · 101

4.2.1 운영 아키텍처 특성 · 101

4.2.2 구조적 아키텍처 특성 · 102

4.2.3 클라우드 특성 · 103

4.2.4 횡단적 아키텍처 특성 · 104

4.3 트레이드오프와 '가장 덜 나쁜' 아키텍처 · 107

CHAPTER 05 아키텍처 특성의 식별

5.1 도메인 관심사들에서 아키텍처 특성 도출하기 · 112

5.2 복합 아키텍처 특성 · 113

5.3 아키텍처 특성의 추출 · 114

5.3.1 카타의 실천 · 115

5.4 카타: 실리콘 샌드위치 · 116

5.4.1 명시적 특성 · 117

5.4.2 암묵적 특성 · 120

5.5 아키텍처 특성의 제한과 우선순위 부여 · 123

● CONTENTS

CHAPTER 06 아키텍처 특성의 측정과 거버넌스

6.1 아키텍처 특성의 측정 · 127
    6.1.1 운영 특성의 측정 · 128
    6.1.2 구조적 특성의 측정 · 129
    6.1.3 개발 프로세스 특성의 측정 · 132
6.2 거버넌스와 적합성 함수 · 133
    6.2.1 아키텍처 특성의 거버넌스 · 133
    6.2.2 적합성 함수 · 134

CHAPTER 07 아키텍처 특성의 범위

7.1 아키텍처 퀀텀과 세분도 · 144
7.2 동기적 통신 · 147
7.3 범위 지정의 영향 · 148
    7.3.1 범위 지정과 아키텍처 스타일 · 149
    7.3.2 카타: 고잉 그린 예제 · 152
7.4 범위와 클라우드 · 154

CHAPTER 08 컴포넌트 기반 사고

8.1 논리적 컴포넌트의 정의 · 155
8.2 논리적 아키텍처 대 물리적 아키텍처 · 157
8.3 논리적 아키텍처의 작성 · 160

8.3.1 핵심 컴포넌트의 식별 · **161**

8.3.2 사용자 스토리를 컴포넌트에 배정 · **166**

8.3.3 역할과 책임의 분석 · **168**

8.3.4 아키텍처 특성들의 분석 · **169**

8.3.5 컴포넌트 재구성 · **170**

8.4 컴포넌트 결합 · **171**

8.4.1 정적 결합 · **171**

8.4.2 시간적 결합 · **172**

8.4.3 데메테르의 법칙 · **173**

8.5 사례 연구: 고잉, 고잉, 곤—컴포넌트의 발견 · **175**

PART 02 아키텍처 스타일

CHAPTER 09 아키텍처 스타일의 기초

9.1 스타일 대 패턴 · **181**

9.2 기본적인 아키텍처 패턴 · **183**

9.2.1 진흙잡탕 안티패턴 · **183**

9.2.2 통일적 아키텍처 · **185**

9.2.3 클라이언트/서버 · **185**

9.3 아키텍처의 분할 · **188**

9.3.1 카타: 실리콘 샌드위치—분할 · **192**

9.4 모놀리스 대 분산 아키텍처 · **195**

CONTENTS

9.4.1 오해 #1: 네트워크는 신뢰할 수 있다 **196**
9.4.2 오해 #2: 지연시간은 0이다 **197**
9.4.3 오해 #3: 대역폭은 무한하다 **198**
9.4.4 오해 #4: 네트워크는 안전하다 **199**
9.4.5 오해 #5: 토폴로지는 절대 변하지 않는다 **200**
9.4.6 오해 #6: 관리자는 한 명뿐이다 **201**
9.4.7 오해 #7: 전송 비용은 0이다 **201**
9.4.8 오해 #8: 네트워크는 동질적이다 **202**
9.4.9 기타 오해들 **203**
9.5 팀 토폴로지와 아키텍처 **204**
9.6 구체적인 스타일로 **205**

CHAPTER 10 계층형 아키텍처 스타일

10.1 토폴로지 **207**
10.2 스타일 세부 사항 **210**
    10.2.1 계층 간 격리 **210**
    10.2.2 계층의 추가 **211**
10.3 데이터 토폴로지 **214**
10.4 클라우드 고려 사항 **214**
10.5 일반적인 위험 **215**
10.6 거버넌스 **215**
10.7 팀 토폴로지 고려 사항 **216**
10.8 이 스타일의 특성들 **217**

10.8.1 언제 사용하면 좋은가 ··· **219**

10.8.2 사용하지 말아야 할 때 ··· **219**

10.9 예시와 용례 ··· **219**

CHAPTER 11 모듈형 모놀리스 아키텍처 스타일

11.1 토폴로지 ··· **221**

11.2 스타일 세부 사항 ··· **222**

11.2.1 모놀리스 구조 ··· **223**

11.2.2 모듈형 구조 ··· **224**

11.2.3 모듈 간 통신 ··· **225**

11.3 데이터 토폴로지 ··· **227**

11.4 클라우드 고려 사항 ··· **227**

11.5 일반적인 위험 ··· **228**

11.6 거버넌스 ··· **228**

11.7 팀 토폴로지 고려 사항 ··· **231**

11.8 스타일 특성 ··· **232**

11.8.1 언제 사용하면 좋은가 ··· **234**

11.8.2 사용하지 말아야 할 때 ··· **234**

11.9 예시와 용례 ··· **235**

CHAPTER 12 파이프라인 아키텍처 스타일

12.1 토폴로지 ··· **239**

CONTENTS

12.2 스타일 세부 사항		240
12.2.1 필터		240
12.2.2 파이프		242
12.3 데이터 토폴로지		243
12.4 클라우드 환경 고려 사항		244
12.5 일반적인 위험		245
12.6 거버넌스		246
12.7 팀 토폴로지 고려 사항		248
12.8 스타일 특성		249
12.8.1 언제 사용하면 좋은가		251
12.8.2 사용하지 말아야 할 때		251
12.9 예시와 용례		252

CHAPTER 13 마이크로커널 아키텍처 스타일

13.1 토폴로지		255
13.2 스타일 세부 사항		256
13.2.1 코어 시스템		256
13.2.2 플러그인 컴포넌트		260
13.2.3 '마이크로커널성'의 스펙트럼		264
13.2.4 레지스트리		264
13.2.5 계약		265
13.3 데이터 토폴로지		267
13.4 클라우드 고려 사항		268

13.5 일반적인 위험 · **268**

  13.5.1 변동성 높은 코어 시스템 · **268**

  13.5.2 플러그인 의존성 · **268**

13.6 거버넌스 · **269**

13.7 팀 토폴로지 고려 사항 · **269**

13.8 아키텍처 특성 등급 평가 · **270**

13.9 예시와 용례 · **272**

CHAPTER 14 서비스 기반 아키텍처 스타일

14.1 토폴로지 · **275**

14.2 스타일 세부 사항 · **277**

  14.2.1 서비스 설계와 세분도 · **279**

  14.2.2 사용자 인터페이스 옵션들 · **280**

  14.2.3 API 게이트웨이 옵션들 · **281**

14.3 데이터 토폴로지 · **282**

14.4 클라우드 환경 고려 사항 · **286**

14.5 일반적인 위험 · **286**

14.6 거버넌스 · **287**

14.7 팀 토폴로지 고려 사항 · **287**

14.8 스타일 특성 · **288**

14.9 예시와 용례 · **292**

● CONTENTS

CHAPTER 15 이벤트 주도 아키텍처 스타일

15.1 토폴로지 ··· **298**

15.2 스타일 세부 사항 ··· **302**

    15.2.1 이벤트 대 메시지 ··· 302

    15.2.2 파생 이벤트 ·· 304

    15.2.3 확장 능력을 고려한 이벤트 발생 ··· 306

    15.2.4 비동기 역량들 ··· 307

    15.2.5 브로드캐스팅 능력 ··· 311

    15.2.6 이벤트 페이로드 ·· 312

    15.2.7 하루살이 떼 안티패턴 ·· 320

    15.2.8 오류 처리 ·· 323

    15.2.9 데이터 손실 방지 ·· 327

    15.2.10 요청–응답 처리 ··· 330

    15.2.11 중재된 이벤트 주도 아키텍처 ··· 333

15.3 데이터 토폴로지 ··· **343**

    15.3.1 모놀리스 데이터베이스 토폴로지 ··· 345

    15.3.2 도메인 데이터베이스 토폴로지 ·· 346

    15.3.3 전용 데이터 토폴로지 ··· 349

15.4 클라우드 고려 사항 ·· **351**

15.5 일반적인 위험 ··· **351**

15.6 거버넌스 ·· **352**

15.7 팀 토폴로지 고려 사항 ··· **353**

15.8 스타일 특성 ·· **354**

15.8.1 요청 기반 모델 대 이벤트 기반 모델의 선택 ······ 357

15.9 예시와 용례 ······ 358

CHAPTER 16 공간 기반 아키텍처 스타일

16.1 토폴로지 ······ 362

16.2 스타일 세부 사항 ······ 364

    16.2.1 처리 단위 ······ 365

    16.2.2 가상화된 미들웨어 ······ 365

    16.2.3 메시징 그리드 ······ 366

    16.2.4 데이터 그리드 ······ 367

    16.2.5 처리 그리드 ······ 375

    16.2.6 배포 관리자 ······ 376

    16.2.7 데이터 펌프 ······ 376

    16.2.8 데이터 기록기 ······ 377

    16.2.9 데이터 판독기 ······ 379

16.3 데이터 토폴로지 ······ 381

16.4 클라우드 고려 사항 ······ 382

16.5 일반적인 위험 ······ 383

    16.5.1 빈번한 데이터베이스 읽기 ······ 383

    16.5.2 데이터 동기화와 일관성 ······ 384

    16.5.3 대용량 데이터 ······ 384

    16.5.4 데이터 충돌 ······ 385

16.6 거버넌스 ······ 388

CONTENTS

16.7 팀 토폴로지 고려 사항 ······ 391
16.8 스타일 특성 ······ 392
16.9 예시와 용례 ······ 394
    16.9.1 콘서트 티켓팅 시스템 ······ 394
    16.9.2 온라인 경매 시스템 ······ 394

CHAPTER 17 오케스트레이션 주도 서비스 지향 아키텍처

17.1 토폴로지 ······ 397
17.2 스타일 세부 사항 ······ 398
    17.2.1 분류 체계 ······ 400
    17.2.2 재사용과 결합 ······ 404
17.3 데이터 토폴로지 ······ 406
17.4 클라우드 고려 사항 ······ 407
17.5 일반적인 위험 ······ 408
17.6 거버넌스 ······ 408
17.7 팀 토폴로지 고려 사항 ······ 410
17.8 스타일 특성 ······ 410
17.9 예시와 용례 ······ 412

CHAPTER 18 마이크로서비스 아키텍처

18.1 토폴로지 ······ 416
18.2 스타일 세부 사항 ······ 418

18.2.1 경계 컨텍스트 · **418**

　　　18.2.2 세분도 · **419**

　　　18.2.3 데이터 격리 · **420**

　　　18.2.4 API 계층 · **421**

　　　18.2.5 운영 재사용 · **422**

　　　18.2.6 프런트엔드 · **425**

　　　18.2.7 통신 · **426**

　　　18.2.8 코레오그래피와 오케스트레이션 · **428**

　　　18.2.9 트랜잭션과 사가 · **431**

18.3 데이터 토폴로지 · **435**

18.4 클라우드 고려 사항 · **438**

18.5 일반적인 위험 · **439**

18.6 거버넌스 · **440**

18.7 팀 토폴로지 고려 사항 · **441**

18.8 스타일 특성 · **442**

18.9 예시와 용례 · **444**

CHAPTER 19　적절한 아키텍처 스타일의 선택

19.1 아키텍처 '유행'의 변화 · **447**

19.2 결정의 기준들 · **449**

19.3 모놀리스 사례 연구: 실리콘 샌드위치 · **453**

　　　19.3.1 모듈형 모놀리스 · **453**

　　　19.3.2 마이크로커널 · **454**

19.4 분산 사례 연구: 고잉, 고잉, 곤 · **456**

CONTENTS

CHAPTER 20 아키텍처 패턴

20.1 재사용 ·· **462**
    20.1.1 도메인 결합과 운영 결합의 구분 ······························· **462**
20.2 통신 ·· **466**
    20.2.1 오케스트레이션 대 코레오그래피 ······························· **466**
20.3 CQRS ·· **469**
20.4 인프라 ·· **470**
    20.4.1 브로커–도메인 패턴 ··· **471**

PART 03 기법과 소프트 스킬

CHAPTER 21 아키텍처적 결정

21.1 아키텍처적 결정의 안티패턴들 ·· **477**
    21.1.1 보신주의 안티패턴 ··· **478**
    21.1.2 사랑의 블랙홀 안티패턴 ·· **479**
    21.1.3 이메일 주도 아키텍처 안티패턴 ······························ **480**
21.2 아키텍처적 중요성 ·· **481**
21.3 아키텍처적 결정 기록 ·· **482**
    21.3.1 기본 구조 ··· **483**
    21.3.2 ADR의 예 ·· **490**
    21.3.3 ADR의 저장 ·· **492**

21.3.4 문서화로서의 ADR ········· **494**

21.3.5 표준을 위한 ADR ········· **495**

21.3.6 기존 시스템을 위한 ADR ········· **495**

21.3.7 생성형 AI와 LLM을 활용한 아키텍처적 결정 ········· **496**

CHAPTER 22 아키텍처 위험 분석

22.1 위험 평가 행렬 ········· **499**

22.2 위험 평가표 ········· **501**

22.3 리스크스토밍 ········· **504**

22.3.1 페이즈 1: 식별 ········· **506**

22.3.2 페이즈 2: 합의 ········· **507**

22.3.3 페이즈 3: 위험 완화 ········· **510**

22.4 사용자 스토리 위험 분석 ········· **511**

22.5 리스크스토밍의 예 ········· **512**

22.5.1 가용성 ········· **513**

22.5.2 탄력성 ········· **515**

22.5.3 보안 ········· **517**

22.6 요약 ········· **519**

CHAPTER 23 아키텍처 도식화

23.1 도식화 ········· **522**

23.1.1 도구 ········· **523**

CONTENTS

   23.1.2 다이어그램 표준: UML, C4, ArchiMate ········· **525**

   23.1.3 다이어그램 작성 지침 ········· **527**

 23.2 요약 ········· **529**

CHAPTER 24 유능한 팀 만들기

 24.1 협업 ········· **531**

 24.2 제약조건과 경계 ········· **533**

 24.3 아키텍트 성향 ········· **535**

   24.3.1 통제광 아키텍트 ········· **535**

   24.3.2 탁상공론 아키텍트 ········· **536**

   24.3.3 유능한 아키텍트 ········· **537**

 24.4 어느 정도까지 관여할 것인가? ········· **538**

 24.5 팀의 이상 징후 ········· **542**

   24.5.1 프로세스 손실 ········· **542**

   24.5.2 다원적 무지 ········· **543**

   24.5.3 책임 확산 ········· **544**

 24.6 체크리스트 활용 ········· **545**

   24.6.1 개발자 코드 완성 체크리스트 ········· **548**

   24.6.2 단위 및 기능 테스트 체크리스트 ········· **549**

   24.6.3 소프트웨어 릴리스 체크리스트 ········· **550**

 24.7 지침 제공 ········· **550**

 24.8 요약 ········· **553**

CHAPTER 25 협상과 리더십 스킬

25.1 협상과 촉진 · 555
    25.1.1 비즈니스 이해관계자와의 협상 · 556
    25.1.2 다른 아키텍트와의 협상 · 559
    25.1.3 개발자와의 협상 · 560
25.2 리더로서의 소프트웨어 아키텍트 · 562
    25.2.1 아키텍처의 4C · 562
    25.2.2 현실적이면서도 비전을 가져라 · 564
    25.2.3 솔선수범으로 팀 이끌기 · 566
25.3 개발 팀에 녹아들기 · 570
25.4 요약 · 573

CHAPTER 26 아키텍처 교차점

26.1 아키텍처와 구현 · 576
    26.1.1 운영상 관심사 · 577
    26.1.2 구조적 무결성 · 578
    26.1.3 아키텍처 제약조건 · 580
26.2 아키텍처와 인프라 · 582
26.3 아키텍처와 데이터 토폴로지 · 584
    26.3.1 데이터베이스 토폴로지 · 584
    26.3.2 아키텍처 특성 · 586
    26.3.3 데이터의 구조 · 586

CONTENTS

　　　26.3.4 읽기/쓰기 우선순위 ･････････････････････････････････････ **587**
　26.4 아키텍처와 엔지니어링 관행 ････････････････････････････････････ **587**
　26.5 아키텍처와 팀 토폴로지 ･･････････････････････････････････････ **589**
　26.6 아키텍처와 시스템 통합 ･･････････････････････････････････････ **590**
　26.7 아키텍처와 엔터프라이즈 ･････････････････････････････････････ **591**
　26.8 아키텍처와 비즈니스 환경 ････････････････････････････････････ **591**
　26.9 아키텍처와 생성형 AI ･･･････････････････････････････････････ **593**
　　　26.9.1 생성형 AI를 아키텍처에 도입 ････････････････････････････ **593**
　　　26.9.2 아키텍트를 보조하는 생성형 AI ･･･････････････････････････ **594**
　26.10 요약 ･･ **595**

CHAPTER 27 다시 살펴본 소프트웨어 아키텍처 법칙들

　27.1 제1법칙: 소프트웨어 아키텍처의 모든 것은 트레이드오프이다 ･･････････････ **597**
　　　27.1.1 공유 라이브러리 대 공유 서비스 ･･････････････････････････ **598**
　　　27.1.2 동기적 메시징과 비동기 메시징 ･･･････････････････････････ **601**
　　　27.1.3 귀결 1: 누락된 트레이드오프 ･････････････････････････････ **604**
　　　27.1.4 귀결 2: 트레이드오프 분석을 단 한 번만 하고 끝낼 수는 없다 ･･･････････ **605**
　27.2 제2법칙: 어떻게(방법)보다 왜(이유)가 더 중요하다 ･･････････････････････ **606**
　　　27.2.1 '맥락 벗어남' 안티패턴 ･･････････････････････････････････ **606**
　27.3 양극단 사이의 스펙트럼 ･･････････････････････････････････････ **607**
　27.4 마지막 조언 ･･･ **608**

APPENDIX A 토론용 질문 모음

제1장 서론 · **611**

제2장 아키텍처적 사고 · **611**

제3장 모듈성 · **611**

제4장 아키텍처 특성의 정의 · **612**

제5장 아키텍처 특성의 식별 · **612**

제6장 아키텍처 특성의 측정과 거버넌스 · **613**

제7장 아키텍처 특성의 범위 · **613**

제8장 컴포넌트 기반 사고 · **613**

제9장 아키텍처 스타일의 기초 · **614**

제10장 계층형 아키텍처 스타일 · **614**

제11장 모듈형 모놀리스 아키텍처 스타일 · **614**

제12장 파이프라인 아키텍처 스타일 · **615**

제13장 마이크로커널 아키텍처 스타일 · **615**

제14장 서비스 기반 아키텍처 스타일 · **615**

제15장 이벤트 주도 아키텍처 스타일 · **616**

제16장 공간 기반 아키텍처 스타일 · **616**

제17장 오케스트레이션 주도 서비스 지향 아키텍처 · · · · · · · · · · · · · · · · · **617**

제18장 마이크로서비스 아키텍처 · **617**

제19장 적절한 아키텍처 스타일의 선택 · **617**

제20장 아키텍처 패턴 · **618**

제21장 아키텍처적 결정 · **618**

제22장 아키텍처 위험 분석 · **618**

CONTENTS

제23장 아키텍처 도식화 ·· **619**

제24장 유능한 팀 만들기 ······································ **619**

제25장 협상과 리더십 스킬 ··································· **619**

제26장 아키텍처 교차점 ·· **620**

제27장 다시 살펴본 소프트웨어 아키텍처 법칙들 ········· **620**

찾아보기 ··· **621**

CHAPTER 1

서론

이 책을 집어 든 독자는 당연히 소프트웨어 아키텍처에 관심이 있을 것이다. 아마도 개발자로서 다음 단계의 경력을 꿈꾸고 있거나, 혹은 프로젝트 매니저로서 소프트웨어 아키텍처가 제대로 작동할 때 어떤 일이 벌어지는지 알고 싶을 수도 있다. 혹은 '아키텍처적 결정'(구체적인 정의는 잠시 후에)을 내리곤 하지만 아직 '소프트웨어 아키텍트software architect'라는 공식 직함은 없는, 이른바 '우발적 아키텍트(accidental architect)'일 수도 있겠다.

여러분이 소프트웨어 아키텍처의 영역을 깊이 탐구하려는 이유는 무엇일까? 하나는, 여러 프로젝트를 경험하면서 시스템의 큰 구조들이 어떻게 맞물리는지, 그 안에 어떤 트레이드오프가 존재하는지를 더 깊게 이해하고 싶은 욕구이다. 그런 욕구를 가진 사람이라면 경력의 다음 단계로 소프트웨어 아키텍처와 관련한 일을 하는 것이 당연한 수순이다.

이 책은 그런 모든 독자를 위해 마련되었다. 무엇보다도 이 책은 '소프트웨어 아키텍트'라는 극도로 다면적인 직무/직책을 개괄한다.

소프트웨어 아키텍트는 복잡하기 짝이 없는 소프트웨어 시스템을 깊이 이해하고 분석해야 한다. 또한, 때로는 중요한 트레이드오프를 불완전한 정보에 근거해서 결정해야 할 때도 있다. 생성형 AI(generative AI)가 점차 자신들의 자리를 대체하지 않을까 걱정하는 소프트웨어 개발자 중 다수가 소프트웨어 아키텍처 분야로의 전향을 고려한다. 이 역할은 AI로 대체하기가 훨씬 더 어렵기 때문이다. 소프트웨어 아키텍트는 AI가 할 수 없는 유형의 결정을 내린다. 복잡하게 변하는 상황에서 여러 선택지를 저울질하여 최적의 균형점을 찾는, 바로 그런 결정 말이다.

아키텍처란 미술처럼 맥락(context) 안에서만 온전히 이해할 수 있다. 아키텍트는 자신이 처한 환경의 현실에 근거해서 결정을 내린다. 예를 들어, 20세기 후반 소프트웨어 아키텍처가 추구하던 주요 목표 중 하나는 공동 인프라와 자원을 최대한 효율적으로 활용하는 것이었다. 당시에는 운영체제나 애플리케이션 서버, 데이터베이스 서버 등이 모두 상용이었고 매우 비쌌기 때문이다.

2002년에 지금처럼 마이크로서비스microservice 아키텍처를 만들려면 상상하기 힘들 정도로 비용이 많이 들었다. 그 시절에 여러분이 데이터센터에 가서 운영 책임자에게 "혁신적인 아키텍처가 있는데, 각 서비스가 각자 개별 컴퓨터에서 전용 데이터베이스를 돌려요. Windows 라이선스가 50개, 애플리케이션 서버 라이선스 30개, 데이터베이스 서버 라이선스는 최소 50개쯤 필요하겠네요."라고 말한다고 상상해 보기 바란다. 오늘날 그런 아키텍처를 구축할 수 있는 이유는 오픈소스의 등장과 데브옵스DevOps 혁명 이후 바뀐 엔지니어링 관행 덕분이다. 모든 아키텍처는 자신이 탄생한 환경의 영향을 받는다. 이 책을 읽는 내내 이 점을 잊지 말기 바란다.

1.1 소프트웨어 아키텍처의 정의

그렇다면 소프트웨어 아키텍처란 무엇인가? [그림 1-1]은 우리(이 책의 저자들)가 소프트웨어 아키텍처를 생각할 때 선호하는 관점을 반영한 도식이다. 이 정의에는 네 가지 차원이 있다. 한 시스템의 소프트웨어 아키텍처는 **아키텍처 스타일**architecture style을 출발점으로 한다. 거기에 아키텍처가 반드시 지원해야 할 **아키텍처 특성**(architecture characteristic)과 시스템의 행동방식을 구현하는 **논리적 컴포넌트**(logical component)들이 결합되고, 마지막으로 이 모두를 정당화하는 **아키텍처적 결정**(architectural decision)[1]들이 결합된다. 그림에서 굵은 검은 선은 아키텍처를 뒷받침하는 시스템의 구조(structure)를 나타낸다. 그림 이 네 가지 차원을 아키텍트가 그것들을 분석하는 순서대로 간단하게만 살펴보자. 이후의 장들에서 이들을 각각 좀 더 자세히 논의할 것이다.

---

1 옮긴이_ '아키텍처 결정'이라고도 하고 실제로 원서에도 'architecture decision'이라는 표현이 나오지만, 둘 다 여러 아키텍처 스타일 중 하나를 결정하는 것으로 오해할 여지가 있다. 이 책에서 말하는 architecture/al decision은 아키텍처 자체를 결정하는 것이 아니라 아키텍처에 관한 어떤 것을 결정하는 것이다. 이 점을 고려해서, 이 번역서에서는 만능 접미사 '~적'을 붙인 '아키텍처적 결정'이라는 용어를 사용하기로 한다.

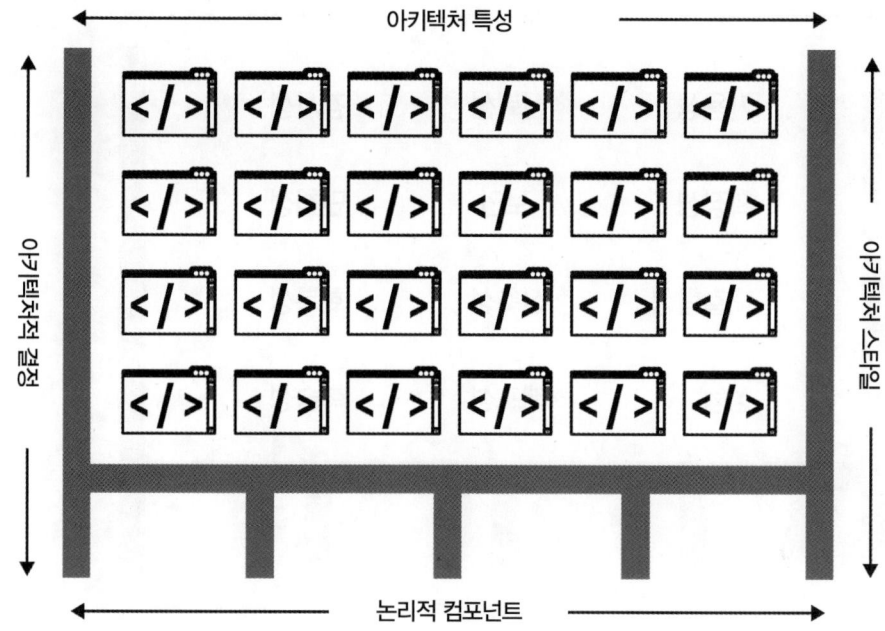

그림 1-1 아키텍처는 시스템 구조, 아키텍처 특성('-성'들), 논리적 컴포넌트, 아키텍처 스타일 및 관련 결정으로 구성된다.

아키텍처 특성(그림 1-2 참고)은 시스템의 **역량**(capability), 그러니까 흔히 '-성(-ility)'으로 끝나는 주요 성질과 성공 기준을 정의한다.[2] 간단히 말해서 아키텍처 특성은 시스템이 무엇을 **해야 하는지**(should do)를 결정한다. 아키텍처 특성은 매우 중요하므로 이 책에서 여러 장에 걸쳐 정의하고 논의할 것이다.

---

2 옮긴이_ ~ility는 문맥에 따라 ~가능성, ~능력, ~용이성(편의성) 등을 의미한다. 예를 들어 testability는 문맥에 따라 테스트 가능성, 테스트 능력, 테스트 용이성으로 해석할 수 있다. 그러나 같은 용어를 문맥에 따라 다르게 옮기는 것은 득보다 실이 크다는 판단에서, (몇몇 예외를 제외하고) 일관되게 ~성으로 옮기기로 한다. 예를 들어 testability는 테스트성, deployability는 배포성이다. ~성에 너무 많은 뜻을 부여하는 것이라기보다는, 원래부터 ~성이 가지고 있는 수많은 뜻을 아키텍처 특성의 맥락에서 서너 가지로만 한정하는 것이라고 양해해 주길 바랄 뿐이다.

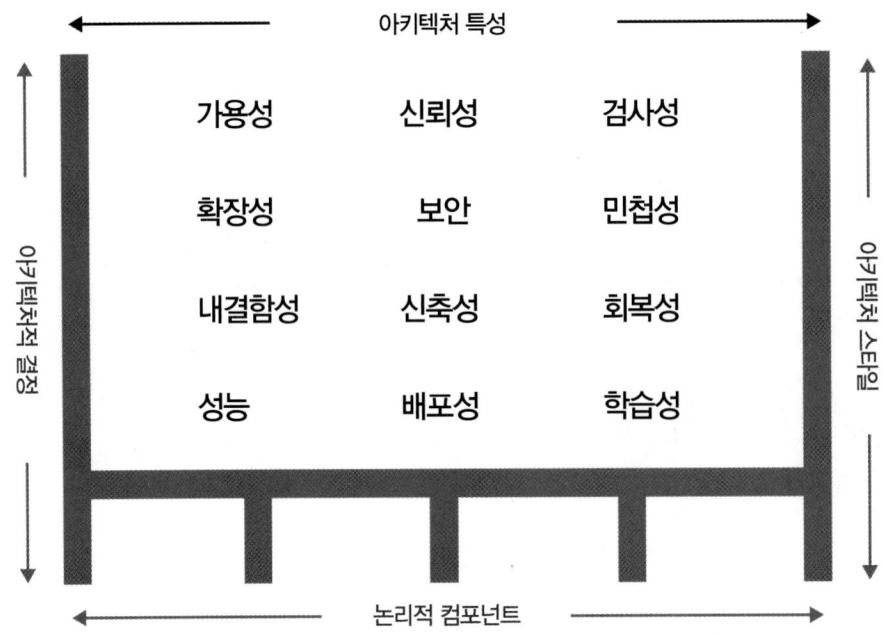

그림 1-2 아키텍처 특성은 시스템이 지원해야 하는 각종 '~성' 요구사항을 가리킨다.

아키텍처 특성이 시스템의 역량을 정의한다면, **논리적 컴포넌트**는 시스템의 **행동방식**(behavior)³을 규정한다. 논리적 컴포넌트들을 설계하는 것은 아키텍트에게 중요한 구조적 활동 중 하나이다. [그림 1-3]은 논리적 컴포넌트들이 애플리케이션의 도메인domain과 엔티티entity, 작업흐름(workflow)들을 형성함을 보여준다.

일단 아키텍트가 아키텍처 특성과 논리적 컴포넌트를 모두 분석하고 나면(두 가지 다 나중에 상세히 논의할 것이다), 적절한 아키텍처 스타일을 결정하는 데 충분한 지식과 정보를 갖추게 된다. 아키텍처 스타일을 결정한 다음에는 그것을 출발점으로 삼아서 실제로 솔루션을 구현하기 시작한다. [그림 1-4]를 참고하자.

---

3 옮긴이_ behavior는 주어진 대상이 수행할 수 있는 행동(action)들과 그 행동들이 촉발되는 조건 또는 논리(로직)를 아우르는 개념이다. 이 번역서에서는 주로 '행동방식'으로 옮기되, 문맥에 따라서는 습성 등 다른 표현도 사용했다. 예를 들어 양치질은 하나의 행동이지만, 식후 3분 이내에 양치질을 하는 것은 행동방식이다.

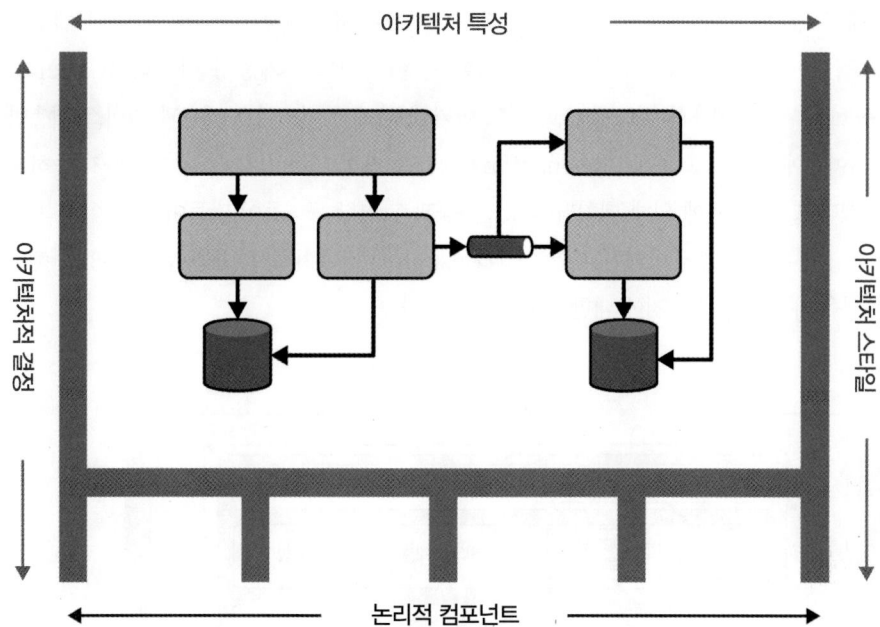

그림 1-3 논리적 컴포넌트들은 시스템 행동방식의 구조를 결정한다.

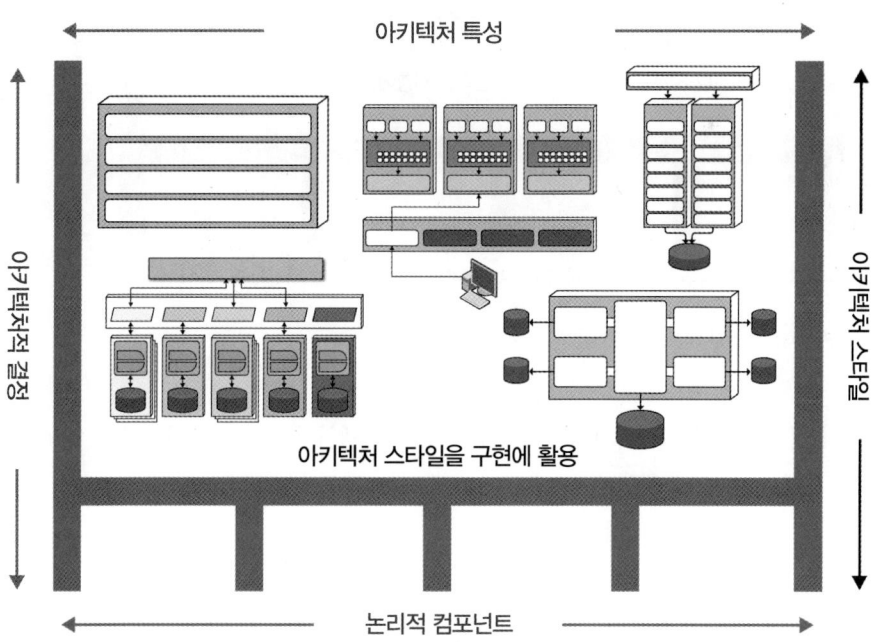

그림 1-4 아키텍처 스타일의 선택은 주어진 요구사항들에 대한 가장 쉬운 구현 경로를 찾는 것과 관련이 있다.

소프트웨어 아키텍처를 정의하는 네 번째 요소는 **아키텍처적 결정**이다. 아키텍처적 결정들은 시스템 구성 방식에 대한 규칙들을 정의한다. 아키텍트가 계층형 아키텍처(layered architecture; 또는 계층화 시스템, 레이어드 아키텍처)에서 비즈니스 계층과 서비스 계층만 데이터베이스에 접근하고 표현(presentation) 계층은 직접 데이터베이스를 호출하지 못하도록 결정했다고 하면, 이에 의해 데이터베이스 연동과 관련한 규칙들이 만들어진다. 이처럼 아키텍처적 결정은 시스템에 어떠한 제약조건(constraint)을 추가하며, 개발 팀이 무엇을 해도 되고 무엇을 해서는 안 되는지에 대한 지침을 제공한다.

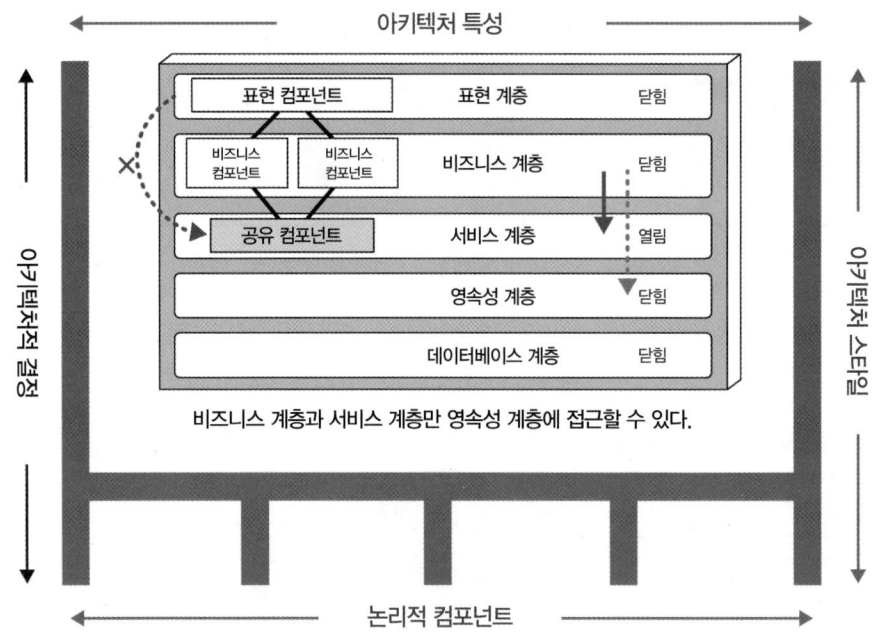

그림 1-5 아키텍처적 결정은 시스템을 구축할 때 지켜야 할 규칙이다.[4]

아키텍처적 결정에 관해서는 제21장에서 논의한다. 아키텍처적 결정을 간결하게 문서화하는 방법도 그 장에서 이야기할 것이다.

---

4 옮긴이_ 그림에서 '영속성 계층'은 persistence layer를 옮긴 것이다. persistence를 지속성이라고 옮기기도 하지만, 지속적 통합 등에 쓰이는 'continuous'와의 불필요한 혼동을 피하기 위해 '영속성'으로 옮기기로 한다. '열림', '닫힘'에 대한 설명은 §10.2.1 "계층 간 격리"를 참고하자.

1.2 소프트웨어 아키텍처의 법칙

우리는 이 책의 초판을 집필하면서 야심 찬 목표를 세웠다. 소프트웨어 아키텍처에 관해 보편적인 진리로 통할 만한 것들을 찾아내 소프트웨어 아키텍처의 법칙(law)으로 정립하고자 한 것이다. 집필하는 내내 법칙으로 삼을 만한 것들을 찾아내려고 노력했다. 처음에는 10개에서 15개쯤은 찾을 수 있으리라 기대했지만, 놀랍게도 초판에서는 고작 두 개의 법칙을 찾아내는 데 그쳤고, 2판을 집필하면서 하나를 더 발견했다. 애초의 의도대로 이 세 가지 법칙은 꽤 보편적이다. 그리고 현업 소프트웨어 아키텍트에게 여러 중요한 관점을 알려준다.

소프트웨어 아키텍처의 제1법칙은 여러 번 마주치다 보니 자연스럽게 알게 된 것이다. 이 법칙은 이러한 보편적 진리가 왜 그렇게 찾기 힘든지 그 핵심을 짚어준다.

> *소프트웨어 아키텍처의 모든 것은 트레이드오프$^{trade-off}$이다.*
>
> — 소프트웨어 아키텍처 제1법칙

모든 것이 깔끔하고 명확한 스펙트럼 위에 존재하는 것은 아니다. 소프트웨어 아키텍트가 뭔가를 결정할 때는 상황에 따라 서로 다른 값을 갖는 수많은 변수를 고려해야 한다. 트레이드오프야말로 소프트웨어 아키텍처적 결정의 본질이다.

> *트레이드오프가 **아닌** 무언가를 발견했다고 생각한다면, 아마도 트레이드오프를 아직 **찾아내지** 못했을 가능성이 높다.*
>
> — 제1법칙의 귀결 1

> *트레이드오프 분석을 단 한 번만 하고 끝낼 수는 없다.*
>
> — 제1법칙의 귀결 2

팀들은 표준을 좋아한다. 아키텍트가 '대규모 트레이드오프 잔치'를 딱 한 번만 열어서 수많은 골치 아픈 결정들(어떤 아키텍처 스타일을 사용할지, 아키텍처의 여러 부분이 어떻게 통신해야 할지, 공유되는 기능성은 어떻게 관리할지 등)에 대한 기본값들을 정할 수 있다면 더할 나위 없이 좋을 것이다. 하지만 그럴 수는 없다. 환경과 상황마다 매번 트레이드오프를 다시 평가해야 하기 때문이다. (우리는 실제로 한 번에 모든 것을 결정하려다 실패한 팀들을 보았다. 예를 들어, 분산 작업흐름에서 코레오그래피choreography[5] 방식만 고집하면 어떤 때는 잘 돌아가지만 다른 때는 그야말로 처참한 재앙으로 끝나곤 한다. 이에 관해서는 §18.2.8 "코레오그래피와 오케스트레이션"에서 좀 더 자세히 논의하겠다.)

아키텍처란 단순히 구조적 요소들을 결합한 것보다 더 넓은 개념이다. 이 때문에 이 책은 아키텍처를 여러 차원(dimension)에서 정의하고자 하며, 그 정의에 원칙이나 특성 등도 포함하고자 한다. 이러한 관점을 반영한 것이 소프트웨어 아키텍처 제2법칙이다.

어떻게(방법)보다 왜(이유)가 더 중요하다.
— *소프트웨어 아키텍처 제2법칙*

경험 많은 아키텍트라면 전에 처음 본 아키텍처도 그것이 **어떻게** 작동하는지 파악할 수 있다. 하지만 이전의 아키텍트나 팀이 아키텍처의 어떤 사항을 **왜** 그렇게 결정했는지는 파악하기 어렵다. 아키텍트는 매우 구체적인 맥락 안에서 의사결정을 내린다. 따라서 포괄적이고 일반화된 결정을 내리기란 쉽지 않다. 그런 결정을 내린 **이유**에는 결정 시 고려한 트레이드오프들도 포함된다. 그런 트레이드오프들은 주어진 선택지를 다른 선택지들보다 우선시하도록 맥락을 형성한다. 소프트웨어 아키텍처적 결정의 중요한 특징 중 하나는, 대부분의 경우 선택이 양자택일(이분법)이 아니라는 것이다. 이로부터 소프트웨어 아키텍처 제3법칙이 나온다.

대부분의 아키텍처적 결정은 양자택일이 아니라 양극단 사이의 스펙트럼에 있는 한 지점이다.
— *소프트웨어 아키텍처 제3법칙*

이 책 전반에서 우리는 아키텍트가 해당 결정을 **왜** 내렸는지, 그리고 그에 따른 트레이드오프는 무엇인지를 강조한다. 또한 중요한 결정을 포착하는 데 유용한 기법들도 제21장에서 강조한다.

이 책의 곳곳에서 이 세 법칙이 실제로 적용되는 사례를 발견하게 될 것이다. 여러분이 소프트웨어 아키텍처를 평가할 때 이 세 가지 법칙을 늘 염두에 두기 바란다. 제27장에서는 몇 가지 추가적인 예와 함께 이 법칙들을 다시 살펴볼 것이다.

---

5 옮긴이_ 흔히 말하는 오케스트레이션은 관현악단(오케스트라)에서 단원들이 한 명의 지휘자의 지휘에 따라 일사불란하게 움직이는 방식을 연상케 한다. 그와 대조적으로 choreography는 무용수 혹은 댄서들이 특별한 지휘자 없이 미리 정해진 '코레오그래피'에 따라 비교적 자율적으로 움직이는 방식에 해당한다. 그러한 비유가 이 책에서 말하는 크레오그래피를 이해하는 데 도움이 될 것이다.

이렇게 해서 소프트웨어 아키텍처를 이 책의 목적에 맞게 정의했다. 그럼 아키텍트라는 역할(role) 자체로 넘어가자.

1.3 아키텍트의 기대 역할

소프트웨어 아키텍트라는 역할은 뛰어난 개발자로서 전문성을 발휘하는 것부터 회사 전체의 전략적 기술 방향을 설정하는 것까지 대단히 넓은 범위를 아우른다. 그래서 이 역할을 엄밀하게 정의하기란 어렵다. 그렇지만 사람들이 흔히 소프트웨어 아키텍트에게 기대하는 것이 무엇인지를 말하는 것은 그보다 쉽다. 다음은 구체적인 직위나 직함, 공식 직무 설명과는 무관하게 모든 소프트웨어 아키텍트에게 요구되는 여덟 가지 핵심 기대 사항이다.

- 아키텍처적 결정을 내린다.
- 아키텍처를 지속적으로 분석한다.
- 최신 트렌드를 계속 따라간다.
- 결정 사항의 준수를 보장한다.
- 다양한 기술, 프레임워크, 플랫폼 및 개발/운영 환경을 이해한다.
- 비즈니스 도메인을 숙지한다.
- 팀을 이끌며 대인 관계 스킬을 갖춘다.
- 조직 내 정치를 이해하고 조율한다.

소프트웨어 아키텍트로 성공하려면 이 여덟 가지 기대 항목을 숙지하고 일상적으로 실천해야 한다. 그럼 각 사항을 차례로 살펴보자.

1.3.1 아키텍처적 결정을 내린다

아키텍트는 팀이나 부서, 또는 전체 조직에서 기술 선택의 지침이 될 아키텍처적 결정과 설계 원칙을 정의해야 한다.

이 첫 기대 사항에서 핵심은 아키텍트가 기술 선택의 **지침**이 될 뭔가를 만들어 낸다는 것이다. 기술 결정 사항을 직접 **명시**하는 것이 아님을 주의하자. 예를 들어 프런트엔드 개발에 React를 사용하기로 정하는 것은 기술 선택이지 아키텍처적 결정이 아니다. 아키텍트가 할 일은 프론트엔드 웹 개발에 반응형 프레임워크(reactive-based framework)를 사용하라는 지침을 내리는 것이다. 그러면 개발 팀은 Angular, Elm, React, Vue 등 다양한 반응형 웹 프레임워크 중에서 적합한 도구를 고른다. 다시 말하면, 아키텍처적 결정이 팀들이 올바른 기술을 선택하도록 **이끄는 지침**이어야지 선택 그 자체가 되어서는 안 된다는 점을 항상 유념해야 한다. 물론 확장성이나 성능, 가용성 같은 구체적인 아키텍처 특성을 보존하기 위해 아키텍트가 특정 기술을 직접 지정해야 할 때도 있다. 아키텍트가 이러한 지침과 지정 사이의 균형을 잡기가 어려울 때가 종종 있다. 그 점을 고려해서, 제21장 전체에서 아키텍처적 결정만을 심도 있게 논의할 것이다.

1.3.2 아키텍처를 지속적으로 분석한다

아키텍트는 아키텍처와 현재 기술 환경을 지속적으로 분석하고, 개선 방안을 제안해야 한다.

아키텍처 활력(architecture vitality)은 정의된 지 3년이 넘은 아키텍처가 비즈니스와 기술의 변화 속에서 현재 시점에서 어느 정도나 "살아 있는지"를 평가하는 개념이다. 우리가 겪은 바로는, 기존 아키텍처를 지속적으로 분석하는 데 충분한 노력을 기울이지 않는 아키텍트가 많다. 그러다 보니 대부분의 아키텍처에서 구조적 붕괴(structural decay) 현상이 발생한다. 특히 개발자가 성능, 가용성, 확장성 등 필수적인 아키텍처 특성에 영향을 주는 코드나 설계를 변경할 때 이런 현상이 생긴다.

또한 아키텍트는 테스트와 릴리스release 환경도 흔히 간과한다. 코드를 빠르게 수정할 수 있다는 것은 민첩성(agility)의 한 형태이며, 그러한 민첩성에는 여러 가지 장점이 따른다. 하지만 수정 후 테스트에 여러 주가 걸리거나 릴리스에 몇 달이 걸린다면 전체 아키텍처는 민첩성을 확보할 수 없다.

아키텍트는 기술이나 문제 도메인의 변화까지도 전체적으로 고려해서, 아키텍처가 현재 상황에서도 여전히 건전한지를 평가해야 한다. 이런 고찰이야말로 실제로 애플리케이션을 살아 있게 만드는 요인이다(비록 구인 공고에서 이런 역량을 요구하는 경우는 드물지만).

1.3.3 최신 트렌드를 계속 따라간다

아키텍트는 최신 기술과 업계 트렌드를 계속 따라가야 한다.

개발자는 최신 기술을 꾸준히 익히고 일상에서 사용하는 기술도 항상 최신 상태로 갱신해야 한다. 그래야 도태되지 않고 일자리를 지킬 수 있다. 최신 기술과 업계 전반의 트렌드를 따르는 것은 아키텍트에게 더욱더 중요한 문제이다. 아키텍트가 내리는 결정은 오랫동안 영향을 미치며 뒤집기가 어렵기 때문이다. 트렌드를 꿰뚫고 있으면 미래에도 유효한 결정을 내릴 수 있다. 예를 들어 최근 몇 년 사이에 아키텍트들에게 클라우드 기반 저장소와 배포에 관한 학습이 필수가 되었으며, 이 책(2판)을 저술하는 현재, 생성형 AI가 개발 생태계 곳곳에 엄청난 영향을 미치고 있다.

트렌드를 따라가고 최신 정보를 계속 습득하기가 쉽지는 않다. 소프트웨어 아키텍트에게는 특히나 그렇다. 이를 위한 몇 가지 기법과 자료를 제2장에서 논의할 것이다.

1.3.4 결정 사항의 준수를 보장한다

아키텍트는 아키텍처적 결정과 설계 원칙의 준수를 보장해야 한다.

결정 사항의 준수(compliance)를 보장한다는 것은, 아키텍트가 정의하고 문서화해서 전달한 아키텍처적 결정과 설계 원칙을 개발 팀들이 실제로 따르는지 지속적으로 확인하는 것을 말한다.

이런 시나리오를 생각해 보자. 어떤 아키텍트가 계층형 아키텍처에서 오직 비즈니스 계층과 서비스 계층만 데이터베이스에 접근할 수 있다고 결정했다. 이것은 표현 계층이 데이터베이스에 직접 접근하지 못하게 하는 결정이다. 즉, (제10장에서 보겠지만) 표현 계층이 데이터베이스에 접근하려면 아무리 단순한 호출이라도 아키텍처의 모든 계층을 거쳐야 한다. 그러나 어느 UI 개발자가 성능 향상을 핑계로 표현 계층에서 데이터베이스로 바로 접근해 버렸다. 아키텍트가 그런 결정을 내린 데에는 이유가 있었다. 바로, 데이터베이스 구조가 바뀌어도 표현 계층에는 영향이 가지 않도록 하려던 것이었다. 하지만 아키텍처적 결정 사항의 준수가 제대로 이뤄지지 않으면 이처럼 아키텍트의 의도가 무산되는 위반 사항이 발생한다. 그러면 아키텍처가 원래 의도했던 특성들을 보장하지 못할 수 있으며, 이는 애플리케이션이나 시스템이 제대로 동작하지 않는 사태로 이어진다. 제6장에서 자동화된 적합성 함수(fitness function)와 여러 도구를 이용해 아키텍처적 결정 준수 여부를 측정하는 방법을 이야기할 것이다.

1.3.5 다양한 기술을 이해한다

아키텍트는 여러 기술, 프레임워크, 플랫폼, 환경을 접해야 한다.

아키텍트가 모든 프레임워크나 플랫폼, 언어의 전문가일 필요는 없다. 하지만 다양한 기술에 어느 정도 익숙해야 한다. 요즘 대부분의 환경은 이질적이다. 따라서 아키텍트라면 적어도 언어나 플랫폼, 기술이 각기 다른 여러 시스템과 서비스를 연동하는 방법 정도는 알아두어야 한다.

이러한 기대에 부응하는 한 가지 좋은 방법은 스스로 '편안한 영역(comfort zone)'에서 적극적으로 벗어나 보는 것이다. 다양한 언어, 플랫폼, 기술을 두루 경험할 기회를 능동적으로 만들어 나가야 한다. 아키텍트는 기술적 깊이(depth)보다는 너비(breadth)에 중점을 둘 필요가 있다. 기술적 너비에는 자세히는 모르더라도 대략 아는 것과 아주 잘 아는 것이 모두 포함된다. 예를 들어 한 가지 캐싱caching 제품만 완벽히 아는 것보다는, 서로 다른 캐싱 제품 10가지를 두루 경험해서 장단점을 아는 것이 훨씬 더 가치가 있다.

1.3.6 비즈니스 도메인을 숙지한다

아키텍트는 비즈니스 도메인의 전문성을 일정 수준 이상으로 갖추어야 한다.

유능한 소프트웨어 아키텍트는 주어진 아키텍처가 해결해야 할 비즈니스 문제, 목표, 요구사항을 이해한다. 이런 사항들을 통틀어 문제 공간(problem space)의 **비즈니스 도메인**(business domain)이라 부른다. 비즈니스의 요구사항들을 이해하지 않은 채로 효과적인 아키텍처를 설계하기는 어렵다. 예를 들어, 대형 증권사의 아키텍트라면 **주가수익비율**(price-to-earnings ratio, PER)이나 **파생상품**(derivatives), **후순위채**(subordinated debt)처럼 업계에서 쓰는 용어를 모르면 곤란하다. 비즈니스 도메인에 익숙하지 않으면 이해관계자나 비즈니스 사용자와 의사소통이 원활하지 않아서 신뢰를 잃기 쉽다.

우리가 만나본 가장 성공적인 아키텍트들은 폭넓고 실질적인 기술 지식뿐만 아니라 특정 도메인에 대한 핵심적인 이해력을 갖추었다. 이들은 임원진(C-레벨)이나 비즈니스 사용자와도 그들이 익숙한 언어로 대화할 수 있다. 그러면 상대방은 아키텍트가 자신의 일을 잘 알고 있으며 효과적이고 올바른 아키텍처를 설계할 역량이 있다고 믿게 된다.

1.3.7 대인 관계 스킬을 갖춘다

아키텍트는 탁월한 대인 관계 스킬(interpersonal skill)을 갖추어야 한다. 그러한 능력에는 팀워크, 조정력, 리더십이 포함된다.

개발자든 아키텍트든, 기술전문가(technologist)로 분류되는 사람들은 대인 관계와 관련한 문제보다는 기술적인 문제를 해결하는 데 더 익숙하다. 그러다 보니 기술전문가에게 뛰어난 리더십과 대인 관계 스킬을 기대하기는 어렵다. 하지만 제럴드 와인버그가 자주 말했듯이 "어찌니 저찌니 해도 결국은 사람 문제"이다(https://oreil.ly/wyDB8). 아키텍트의 역할은 단순히 기술적인 지침을 제공하는 것에 그치지 않는다. 개발 팀을 이끌어 아키텍처를 실제로 구현하도록 주도하는 일까지 포함된다. 소프트웨어 아키텍트가 효과적으로 일하기 위해 필요한 역량 중 **최소한 절반**을 리더십 역량이 차지한다. 아키텍트의 구체적인 직함이나 직책이 어떻든 최소한 절반이다.

오늘날 업계에는 소프트웨어 아키텍트가 넘쳐난다. 한정된 자리를 놓고 경쟁하는 이 모든 아키텍트 중에서 두각을 나타내는 것은 리더십과 대인 관계 능력이 강한 사람이다. 반대로, 우리는 아주 훌륭한 기술전문가이지만 실제로 팀을 이끌거나, 개발자들을 코칭·멘토링하거나, 아이디어 및 아키텍처적 결정과 원칙을 제대로 전달하는 데 어려움을 겪는 아키텍트를 많이 보았다. 이런 아키텍트들이 일자리를 오래 유지하기 어려운 것은 굳이 말하지 않아도 될 것이다.

1.3.8 정치를 파악하고 헤쳐 나간다

아키텍트는 기업의 정치적 환경을 파악하고 헤쳐 나갈 수 있어야 한다.

소프트웨어 아키텍처를 다루는 책에서 사내 정치에 대해 말하는 것이 다소 의아할 수 있겠다. 하지만 협상 능력은 아키텍트 역할에서 매우 중요하다. 이해를 돕기 위해 두 가지 시나리오를 제시하겠다.

첫 번째 시나리오에서는 한 개발자가 난해하게 꼬여 있는 코드를 정리하기 위해 어떤 설계 패턴(design pattern)을 적용하기로 결정한다. 이는 적절한 결정이며, 누군가의 승인을 받을 필요는 없다. 코드 구조, 클래스 설계, 설계 패턴 선택은(그리고 때로는 프로그래밍 언어의 선택도) 프로그래밍의 기술적 영역에 속한다.

두 번째 시나리오에서는 대형 고객 관리 시스템(CRM)을 담당하는 아키텍트가 외부 시스템의 무분별한 데이터베이스 접근, 특정 고객 데이터의 보안, 데이터베이스 스키마 변경과 같은 여러 문제에 봉착한다. 이러한 문제의 뿌리는 여러 시스템이 CRM 데이터베이스에 직접 접근한다는 것이다. 그래서 아키텍트는 **애플리케이션 사일로**application silo[6]를 만들기로 결정한다. 즉, 각 애플리케이션 데이터베이스를 해당 애플리케이션에서만 접근하도록 제한하자는 것이다. 이렇게 하면 고객 데이터와 그 변경 및 보안을 좀 더 수월하게 통제할 수 있다.

하지만 첫 시나리오에서 개발자가 내린 결정과는 달리 둘째 예에서 아키텍트의 결정은 회사 내 대부분 사람들의 반발을 불러올 수 있다(CRM 애플리케이션 팀은 예외일 수 있겠다). CRM 데이터는 다른 애플리케이션들에도 필요하다. 하지만 사일로가 만들어지면 데이터를 바로 데이터베이스에서 가져올 수 없다. 대신 원격 접근 호출을 통해 CRM 시스템에 데이터를 요청해야 한다. 따라서 제품 관리자나 프로젝트 관리자, 비즈니스 이해관계자가 비용이나 작업량 증가의 측면에서 이의를 제기하는가 하면, 개발자들은 사일로보다는 자신의 접근법이 더 낫다는 생각에 불만을 품기도 한다. **아키텍트가 내리는 거의 모든 결정은 도전을 받게 된다.**

어떤 반발이 있든 아키텍트는 조직 내 정치적 상황을 잘 파악하고, 협상 능력을 발휘해 대부분의 결정을 승인받아야 한다. 아키텍트로서는 상당히 답답한 일이 될 수도 있다. 대부분의 소프트웨어 아키텍트는 개발자 출신이다. 개발자 시절에는 승인이나 검토 없이 자유롭게 결정했다. 아키텍트가 된 지금은 더 넓고 중요한 결정을 내릴 수 있게 됐지만, 거의 모든 결정을 정당화하고 설득해야 한다. 협상 능력 역시 리더십 능력만큼 필수적이므로 제25장 전체에서 협상 능력을 좀 더 자세히 다루기로 한다.

1.4 로드맵

이 책은 세 부(part)로 구성되어 있다.

제1부: 기초
제1부에서는 소프트웨어 아키텍처의 핵심 구성요소들을 정의한다. 특히, 아키텍처 구조의 두 가지 주요 요소

---

[6] 옮긴이_ 사일로는 원래 곡물을 저장하는 원통형 창고를 의미하는 단어이다. IT 업계에서는 다른 부서나 시스템과 정보를 공유하지 않고 고립되어 운영되는 시스템, 부서, 조직 등을 비유적으로 가리키는 용어로 널리 쓰인다.

인 아키텍처 특성과 논리적 컴포넌트에 초점을 둔다. 이들은 각기 다른 분석 기법을 요구한다. 제1부에서 그런 기법들을 자세히 살펴볼 것이다. 이들의 분석에서 나온 결과물은 소프트웨어 아키텍트가 적절한 아키텍처 스타일을 선택해서 구현의 전반적인 철학을 마련하는 데 충분한 정보를 제공한다.

제2부: 아키텍처 스타일

제2부는 다양한 **아키텍처 스타일**들의 카탈로그에 해당한다. 아키텍처 스타일은 두드러진 소프트웨어 아키텍처 위상구조(topology)에 적절한 이름을 붙인 것이라 할 수 있다. 제2부에서 각 스타일의 구조적 차이점과 통신상의 차이점을 살펴본다. 또한 데이터 위상구조, 팀, 물리적 아키텍처 등 넓은 스펙트럼을 따라 스타일들을 비교하기 위한 하나의 기준도 제시한다.

제3부: 기법과 소프트 스킬

제1부와 제2부는 아키텍트 업무의 기술적 측면에 집중한다. 하지만 소프트웨어 아키텍트의 역할 중 상당 부분은 기술이 아니라 사람과 관련된 능력이 차지한다. 그런 능력을 흔히 **소프트 스킬**soft skill이라고 부른다. 역설적으로 소프트 스킬은 신임 아키텍트가 습득하기가 대단히 어려운 능력이다. 아키텍트로 성장하는 경로는 주로 기술적 역량이 관여하기 때문이다. 하지만 실제로 아키텍트가 되어 보면 이 능력이 얼마나 중요한지 뼈저리게 알게 된다. 그래서 제3부에서는 여러분이 아키텍트로 성공하는 데 꼭 필요한 몇 가지 소프트 스킬을 심도 있게 다룬다.

PART 01

기초

아키텍처에서 중요한 트레이드오프tradeoff들을 이해하려면 개발자는 컴포넌트component, 모듈성(modularity), 결합도(coupling), 동변성(connascence)과 관련된 기본 개념과 용어를 익혀야 한다.

PART 01

기초

02장 아키텍처적 사고

03장 모듈성

04장 아키텍처 특성의 정의

05장 아키텍처 특성의 식별

06장 아키텍처 특성의 측정과 거버넌스

07장 아키텍처 특성의 범위

08장 컴포넌트 기반 사고

CHAPTER 2

아키텍처적 사고

아키텍처적 사고(architectural thinking)란 사물을 설계자의 눈으로 보는 것, 즉 아키텍처의 관점에서 바라보는 것을 뜻한다. 예를 들어 아키텍트는 뭔가를 변경할 때 그것이 전반적인 확장성에 어떤 영향을 미칠지 이해해야 하며, 시스템의 서로 다른 부분이 어떻게 상호작용하는지 주의를 기울여야 한다. 또한 주어진 상황에 적합한 서드파티 라이브러리나 프레임워크를 파악하고 식별하는 것도 아키텍처적 사고의 예이다.

아키텍트처럼 생각(사고)하려면 무엇보다도 소프트웨어 아키텍처가 무엇인지를 이해해야 한다. 그 출발점은 아키텍처와 설계(디자인)의 차이를 파악하는 것이다. 또한 남들이 보지 못하는 해결책과 가능성을 인지할 수 있는 폭넓고 풍부한 지식을 갖추는 것도 중요하다. 비즈니스 동인(business driver)의 중요성을 이해해야 하며, 비즈니스 동인이 아키텍처상의 문제로 어떻게 이어지는지도 알아야 한다. 다양한 솔루션과 기술의 트레이드오프를 이해, 분석, 조율하는 능력도 필요하다.

이번 장에서는 아키텍트처럼 사고하는 데 필요한 이러한 측면들을 살펴본다.

2.1 아키텍처와 설계의 차이

잠깐 시간을 내서 여러분이 이상적으로 생각하는 집을 머릿속에 그려 보자. 몇 층짜리인가? 지붕은 평평한가, 아니면 뾰족하게 솟았는가? 넓은 단층 전통 가옥인가, 아니면 여러 층의 현대식 주택인가? 침실은 몇 개나 있는가? 이 모든 요소는 집의 전체적인 **구조**(structure)를 정의한다. 즉, 집의 아키텍처에 해당한다. 이제 집의 내부를 떠올려 보자. 바닥은 카펫인가, 아니면 원목 바닥인가? 벽지 색깔은 어떤가? 조명은 스탠드 등인가, 아니면 천장에 매달린 조명인가? 이런 부분들은 모두 집의 **설계**와 관계된다.

소프트웨어도 이와 비슷하다. 소프트웨어 아키텍처는 시스템의 겉모양보다는 구조에 초점을 둔다. 반대로 설계는 구조보다는 시스템의 외관에 더 가깝다. 예를 들어, 마이크로서비스를 선택하는 것은 시스템의 구조와 형태, 즉 아키텍처를 결정하는 것에 해당한다. 반면에 사용자 인터페이스(UI) 화면의 느낌과 모양은 시스템의 설계를 정의한다.

그렇다면 서비스를 더 작은 부분들로 분리할지 결정하는 것이나 어떤 UI 프레임워크를 사용할지 결정하는 것은 둘 중 어느 것에 해당할까? 이런 결정들 대부분은 아키텍처와 설계의 **스펙트럼** 어딘가에 위치한다. 이 때문에 무엇이 아키텍처이고 무엇이 설계인지를 구분하기가 쉽지 않다.

다음은 주어진 결정이 아키텍처와 설계 중 어느 쪽에 더 가까운지 판단하는 데 도움이 되는 몇 가지 기준이다.

- 전략적인가, 아니면 전술적인가?
- 변경이나 구축에 얼마나 많은 노력이 필요한가?
- 트레이드오프가 얼마나 중요한가?

이러한 요소들이 [그림 2-1]에 나와 있다. 이 그림은 아키텍처와 설계의 스펙트럼을 보여 준다. 어떠한 결정이 어느 쪽에 해당하는지, 누가 책임을 져야 하는지 판단하는 데 도움이 될 것이다.

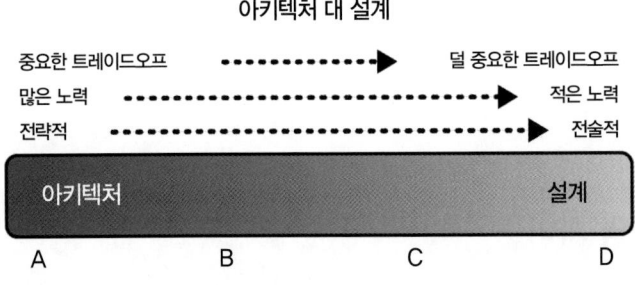

그림 2-1 아키텍처와 설계의 스펙트럼

2.1.1 전략적 결정과 전술적 결정

결정이 전략(strategy)적일수록 아키텍처에 가깝고, 전술(tactics)적일수록 설계에 가깝다. 보통의 경우 **전략적** 결정은 장기적이다. 반면에 **전술적** 결정은 단기적이고, 다른 행동이나 결정과는 별개일 때가 많다.

어떤 결정이 전략적인지, 전술적인지 판단하는 데 좋은 방법 하나는 다음과 같은 질문들을 고찰해 보는 것이다.

결정에 얼마나 많은 사고와 계획이 필요한가?
몇 분 만에 내릴 수 있는 결정이라면 전술적 성격이 강하다. 따라서 설계에 가깝다. 반면에 몇 주 동안의 계획이 필요하다면 전략적인 결정일 것이며, 따라서 아키텍처와 관련될 가능성이 높다.

결정에 몇 명이 관여하는가?
혼자 또는 동료 한두 명과 내리는 결정이면 전술적일 가능성이 높으므로 설계에 가깝다. 다수의 이해관계자와 여러 차례 회의해야 하는 결정이라면 전략적일 가능성이 높으므로 스펙트럼의 아키텍처 쪽에 해당한다.

결정이 장기적인 비전인가, 단기적인 행동인가?
곧 변경될 가능성이 큰 결정은 대개 전술적 특성을 가지며 설계에 가까운 주제이다. 반면에 오랜 기간 지속될 결정은 전략적이며 아키텍처 쪽에 속한다.

다소 주관적인 질문들이긴 하지만, 어떤 사안이 전략적인지 전술적인지, 즉 아키텍처와 설계 중 어디에 가까운지 구분하는 데 큰 도움이 될 것이다.

2.1.2 노력의 정도

소프트웨어 아키텍트 마틴 파울러Martin Fowler는 유명한 글 "Who Needs an Architect?"(아키텍트가 꼭 필요한가?)(https://oreil.ly/MKCvQ)에서 아키텍처를 "변경하기 어려운 것들"이라고 표현했다. 변경이 어려울수록 대체로 더 많은 노력이 필요하다. 따라서 그런 결정이나 활동은 스펙트럼에서 아키텍처에 더 가깝다. 반면 구현이나 변경에 노력이 거의 들지 않는 사안은 스펙트럼의 설계 쪽에 놓인다.

예를 들어, 모놀리스 방식의 계층형 아키텍처(monolithic layered architecture)[1]에서 마이크로서비스로 이전하려면 상당한 노력이 필요하다. 따라서 아키텍처에 더 가깝다. 반면에 UI 화면의 입력 필드 순서를 바꾸는 일은 노력이나 비용이 거의 들지 않으므로 설계에 더 가깝다.

2.1.3 트레이드오프의 중요성

어떤 구체적인 결정에 대한 트레이드오프(절충)를 분석하면 그것이 아키텍처와 설계 중 어느 쪽에 더 연관된 결정인지 판단하는 데 큰 도움이 된다. 중요한 트레이드오프일수록 해당 결정은 아키텍처에 더 가까워진다. 예를 들어, 마이크로서비스 아키텍처 스타일을 선택하면 확장성, 민첩성, 탄력성, 내결함성(fault tolerance; 또는 내고장성, 결함내구성) 등이 좋아진다. 하지만 시스템이 매우 복잡해지고 비용이 많이 들며, 데이터 일관성이 낮아진다. 게다가 서비스들 사이의 결합도가 높아서 성능도 좋지 않다. 이는 대단히 중요한 트레이드오프에 해당한다. 따라서 아키텍처 스타일을 선택하는 결정은 스펙트럼의 아키텍처 쪽에 놓인다.

설계 결정에도 트레이드오프가 있긴 하다. 예를 들어, 클래스 파일을 여러 조각으로 쪼개면 유지보수성과 가독성이 좋아지지만, 관리해야 할 클래스가 늘어나므로 관리 부담이 늘어난다. 하지만 이 트레이드오프는 그리 중요하지 않다(마이크로서비스의 트레이드오프에 비하면 확실히 덜 중요하다). 따라서 스펙트럼에서 설계 쪽에 더 가깝다.

2.2 기술적 너비

개발자가 제몫을 다 하려면 **기술적 깊이**(technical depth)가 상당히 깊어야 한다. 그와는 달리 소프트웨어 아키텍트에게 **기술적 너비**(technical breadth)가 더 중요하다. 아키텍트가 아키텍처의 관점에서 사물을 보려면 기술적 너비가 넓어야 한다. 기술적 깊이는 이를테면 특정 프로그래밍 언어나 플랫폼, 프레임워크, 제품 등에 대해 깊이 있게 아는 것을 말한다. 반면에 기술적 너비는 많은 분야를 조금씩 아는 것을 뜻한다.

---

1 옮긴이_ monolithic은 monolith의 형용사형일 뿐 그 자체로 어떤 전문 용어는 아니다. 이 번역서에서는 문맥과 어감에 따라 '모놀리스', '모놀리스형', '모놀리스 방식의', '모놀리스적인' 등으로 옮긴다. 계층형 아키텍처를 비롯해 여러 모놀리스 아키텍처(monolithic architecture) 스타일을 이 책의 제2부에서 자세히 살펴볼 것이다.

둘의 차이를 이해하는 데 도움이 되는 지식 피라미드(knowledge pyramid)가 [그림 2-2]에 나와 있다. 이 피라미드는 모든 기술 지식을 **알고 있는 것**(기지), **모른다는 것을 아는 것**(미지의 기지), 그리고 **모르는 줄도 모르는 것**(미지의 미지)으로 분류한다.

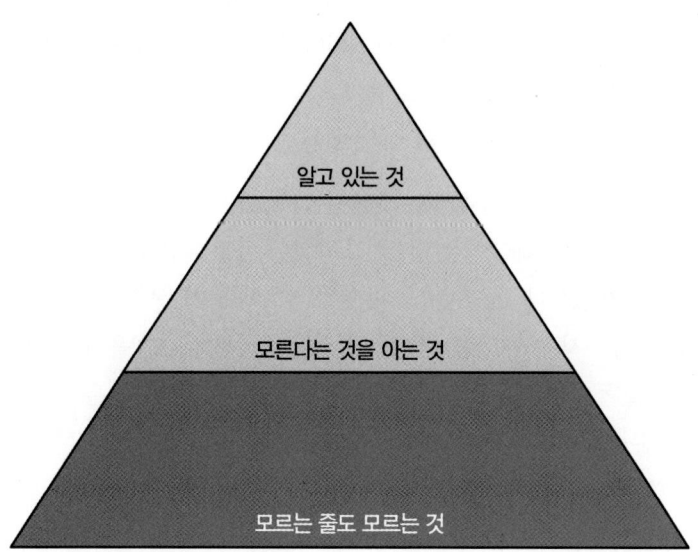

그림 2-2 모든 지식을 나타내는 피라미드

기술전문가가 일상 업무에 사용하는 기술, 프레임워크, 언어, 도구 등은 **알고 있는 것**에 포함된다(예: 자바 프로그래머가 자바를 잘 아는 것). 기술전문가는 그 수준의 모든 지식에 능숙하거나 심지어 전문가 수준이다. 주목할 점은 이 지식 수준(피라미드의 상단 부분)이 가장 작다는 것이다. 즉 이 지식 수준에 담긴 내용이 가장 적은데, 그 이유는 대부분의 기술전문가는 전문성을 쌓을 특정 분야 하나를 선택해야 하기 때문이다. 아무도 모든 분야의 전문가가 될 수는 없다.

모른다는 것을 아는 것(피라미드의 중간 부분)은 기술전문가가 들어는 봤고 뭔지는 대충 알지만 실제 경험이나 전문성이 거의 없는 영역을 말한다. 예를 들어 대부분의 기술전문가는 클로저 Clojure[2]를 들어본 적이 있고 그것이 리스프Lisp에 기반한 프로그래밍 언어임을 알지만, 클로저

---

2 옮긴이_ 참고로 클로저는 JVM(자바 가상 머신) 위에서 실행되는 리스프 계열의 함수형 프로그래밍 언어로, 특히 동시성 처리에 강점이 있다. 리스프는 1950년대 후반에 개발되어 인공지능 연구에 많이 사용된 함수형 프로그래밍 언어이다. 코드와 데이터가 같은 구조를 가지는 특징이 있다.

로 코드를 작성하지는 못한다. 이 지식 수준은 꼭대기 수준보다는 넓다. 한 사람이 피상적으로 익힐 수 있는 것은 전문적인 수준으로 익힐 수 있는 것보다 훨씬 많기 때문이다.

모르는 줄도 모르는 것은 지식 피라미드에서 가장 큰 부분을 차지한다. 여기에는 주어진 문제의 완벽한 해법이 될 수 있는 각종 기술, 도구, 프레임워크, 언어가 모두 포함된다. 그런 것이 있는 줄 알았다면 시도해 보았을 모든 것이다. 한 개인의 경력(커리어)에서 목표는 **모르는 줄도 모르는 것**에 속하는 지식을 **모른다는 것을 아는 것**의 영역으로 옮기고, 전문성이 요구되는 상황이 되면 그것을 다시 **알고 있는 것**으로 승격하는 것이라고 할 수 있겠다.

경력 초기의 개발자는 피라미드의 상단 부분을 넓히는 것이 곧 가치 있는 전문성 확보를 뜻한다(그림 2-3). 단, **알고 있는 것**은 곧 **유지해야** 하는 것이기도 하다는 점을 유념하자. 소프트웨어 세계에서는 그 무엇도 정체되지 않는다. 개발자가 루비 온 레일스Ruby on Rails를 전문적인 수준으로 익혔다고 해도, 한두 해만 사용하지 않으면 그 전문성이 사라진다. 지식을 피라미드 상단 영역에 계속 두려면 시간을 들여서 해당 전문성을 유지해야 한다. 이 상단 부분은 개인의 **기술적 깊이**를 대표한다. 여기에는 정말로 잘 아는 것들이 있다.

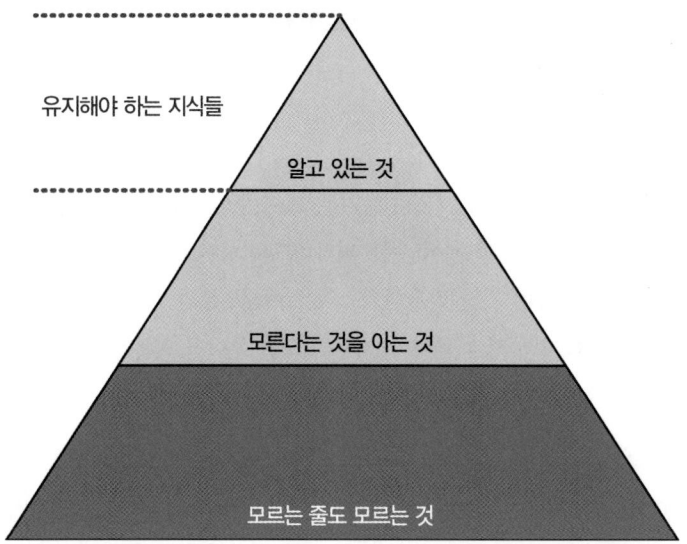

그림 2-3 개발자가 전문성을 유지하려면 지속적인 시간 투자와 관리가 필요하다.

하지만 개발자가 아키텍트 역할로 전환하면 필요한 지식의 성격도 달라진다. 아키텍트가 보유한 가장 큰 가치는 기술들을 **폭넓게** 이해하고 특정 문제 해결에 기술을 어떻게 활용할지 아는 데 있다. 예를 들어, 아키텍트로서는 특정 문제에 대해 다섯 가지 솔루션이 있다는 사실을 아는 것이 한 가지 솔루션에만 전문적인 지식을 갖추는 것보다 낫다. 아키텍트에게는 지식 피라미드의 상단 부분과 함께 중간 부분도 매우 중요하다. 중간 부분이 하단 부분을 어디까지 밀어내느냐가 아키텍트의 기술적 너비에 해당한다(그림 2-4).

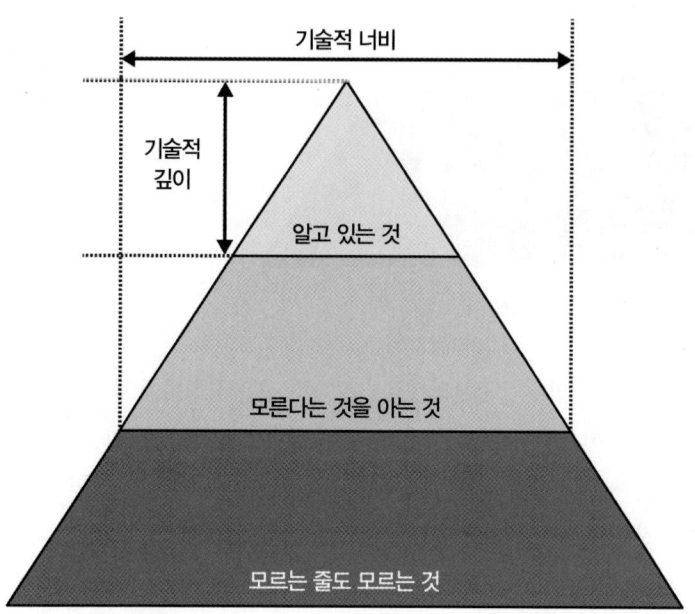

그림 2-4 한 주제를 얼마나 잘 아는지가 기술적 깊이이고, 몇 개의 주제를 아는지는 기술적 너비이다.

아키텍트에게는 **너비**가 **깊이**보다 중요하다. 아키텍트가 어떤 결정을 내릴 때는 여러 가지 기술적 제약과 팀의 역량을 고려하기 마련이므로, 다양한 솔루션을 폭넓게 이해하는 것이 매우 가치가 있다. 따라서 현명한 아키텍트는 힘들게 쌓은 일부 전문성을 포기하고 그 시간만큼 자기 기술 포트폴리오의 폭을 넓혀야 한다(그림 2-5). 몇몇 기술 분야(특히나 흥미로운 기술 영역 등)의 전문성은 유지될 수도 있겠지만, 나머지는 자연스럽게 약해질 것이다.

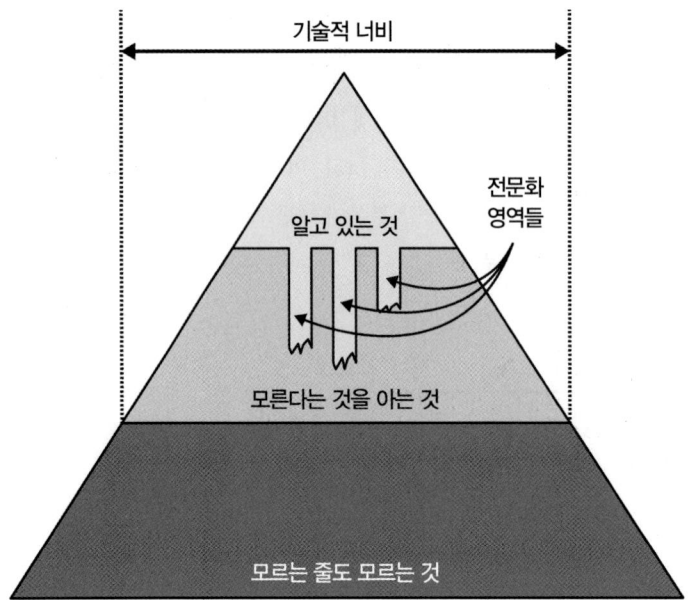

그림 2-5 아키텍트에게는 '더 깊게'보다 '더 넓게'가 중요하다.

지식 피라미드는 **아키텍트**와 **개발자**의 역할이 근본적으로 다르다는 점을 극명하게 보여준다. 개발자는 경력 내내 전문성을 연마한다. 아키텍트로 전환한다는 것은 그런 관점을 전환하는 것이다. 이 변화를 어렵게 느끼는 사람이 많다. 이런 어려움은 흔히 두 가지 문제로 나타난다. 첫째, 아키텍트가 많은 영역의 전문성을 유지하려 하다가 어느 것 하나 성공하지 못하고, 그 과정에서 소진된다. 둘째, 자신의 오래된 지식이 여전히 가장 앞선 정보라고 착각하는 **케케묵은 전문지식**(stale expertise) 현상이 나타난다. 우리는 대기업에서 이런 현상을 자주 보았다. 회사를 설립한 개발자가 리더 역할을 맡게 되었지만, 낡은 기준에 따라 기술 결정을 내리는 경우가 많다(자세한 내용은 "꽁꽁 언 원시인 안티패턴" 글 상자를 참고하자).

> **꽁꽁 언 원시인 안티패턴**
>
> 프로그래머 앤드류 쾨니히(Andrew Koenig)[3]는 안티패턴(antipattern)을 "처음에는 좋은 생각 같았지만 결국은 문제를 일으키는 어떤 것"이라고 정의한다(https://oreil.ly/p9i_Y). 지식과 관련해서 현업에서 자주 볼 수

---

[3] 옮긴이_ 앤드류 쾨니히는 AT&T 벨 연구소(Bell Labs) 출신의 저명한 프로그래머이자 C++ 전문가로, C++ 표준화 위원회에서도 활동했다. 인수 의존적 조회(Argument-Dependent Lookup, ADL) 또는 쾨니히 조회(Koenig lookup)라고 부르는 C++ 언어 기능을 고안한 것으로 유명하다.

> 있는 행동적 안티패턴(behavioral antipattern)으로 '꽁꽁 언 원시인(Frozen Caveman)' 안티패턴이 있다. 이것은 아키텍트가 자신이 집착하는 비합리적인 관심사로 모든 아키텍처를 판단하는 행동적 패턴을 가리킨다. 예를 들어 저자 닐의 동료 중 한 명은 중앙집중식 아키텍처를 적용한 시스템을 맡았는데, 설계를 고객사 아키텍트에게 전달할 때마다 "그런데 만약 이탈리아가 먹통이 되면 어떻게 하지?"라는 질문을 들었다. 몇 년 전 예상치 못한 통신 장애 때문에 고객사 본사가 이탈리아의 매장들과 연락이 끊겨서 상당한 불편이 발생했다. 그런 일이 다시 일어날 가능성은 매우 낮았지만, 고객사 아키텍트들은 이 특정한 아키텍처 특성에 집착하게 되었다.
>
> 대체로 이 안티패턴은 과거의 잘못된 결정이나 뜻밖의 사건에 데인 경험이 있는 아키텍트가 관련된 모든 것에 과도하게 신중해지는 형태로 나타난다. 위험성 평가(risk assessment)가 중요한 것은 사실이다. 그러나 현실적인 시각 역시 필요하다. 아키텍트는 실질적인 기술 위험과 '느낌'상의 위험을 구분하는 능력을 계속해서 배우고 익혀야 한다. 아키텍트처럼 사고하려면, 이런 꽁꽁 언 원시인식 발상에서 벗어나서 다양한 해결책을 살펴보고 좀 더 적절한 질문을 던져야 한다.

아키텍트는 기술적 너비에 초점을 두어야 한다. 화살통에 더 많은 화살을 준비해 두도록 말이다. 개발자에서 아키텍트 역할로 전환하는 사람은 지식 습득에 대한 관점을 바꿔야 할 것이다. 지식 포트폴리오의 깊이와 너비를 어떻게 하면 균형 있게 유지할 것인가는 모든 개발자가 경력 전반에 걸쳐 고민해야 할 문제이다. 그렇다면 아키텍트는 기술적 너비를 어떻게 확보할 수 있을까? 다음 절에서 모르는 줄도 모르는 것을 발견하는 데 도움이 되는 몇 가지 기법을 제시하겠다.

2.2.1 20분 규칙

[그림 2-5]에서 보았듯이 아키텍트에게는 기술의 깊이보다 너비가 더 중요하다. 하지만 전일제로 일하면서 커리어를 발전시키는 동시에 친구와 가족과 시간을 보내는 와중에서도 최신 트렌드와 유행어(buzzword)를 꾸준히 따라잡는 것이 쉬운 일은 아니다. 어떻게 해야 할까?

우리가 사용하는 기법 하나를 소개하겠다. 바로 **20분 규칙**(20-minute rule)이다. 우리는 매일 **최소** 20분을 새로운 내용을 학습하거나 특정 주제에 대해 더 깊이 파고드는 데 사용한다. [그림 2-6]에 나온 InfoQ(https://infoq.com), DZone Refcardz(https://dzone.com/refcardz), 소트웍스 기술 레이더(https://thoughtworks.com/radar) 등이 20분을 투자하기에 좋은 장소이다. 처음 듣는 유행어나 용어는 인터넷에서 검색하면 된다. 그러면 '모르는 줄도 모르는 것'이 '모른다는 것을 아는 것'으로 바뀐다. 이 시간을 활용해 이 책 같은 양서를 읽어도 좋을 것이다. 핵심은, 바쁘더라도 기술적 너비를 넓히는 데(그럼으로써 경력을 개발하는 데) 집중할 시간을 의도적으로 확보하는 것이다.

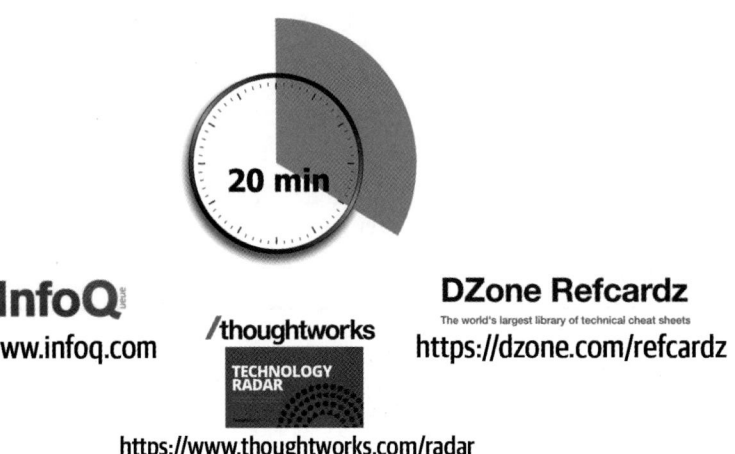

그림 2-6 20분 규칙

이 개념을 처음 접하고는 점심시간이나 퇴근 후에 20분을 확보하려는 기술전문가가 많다. 하지만 우리의 경험에 따르면 그런 시간대에서는 잘 안 된다. 점심시간은 밀린 업무를 처리하느라 20분을 내지 못하기 쉽다. 퇴근 후 저녁은 하루 종일 일한 후라 피곤한 데다가 가족이나 친구, 기타 일정 때문에 20분을 확보하기가 더욱 어렵다. 대신 우리는 반드시 아침에, 커피나 차 한 잔을 집어 든 직후에 20분을 투자하라고 강력히 권한다. 특히, **이메일을 확인하기 전**에 그렇게 해야 한다. 이메일을 확인하는 순간부터 아침의 집중력은 사라지고 일과가 시작되기 때문이다. 머리가 아직 맑고 다른 방해 요인이 없는 시간대에 20분을 확보하기 바란다.

이 20분 규칙을 따르면 기술적 너비가 늘어난다. 그리고 소프트웨어 아키텍트로서 효과적으로 성장하는 데 필요한 지식을 만들고 유지하는 데 도움이 된다.

2.2.2 개인 레이더 개발

1990년대 대부분과 2000년대 초반에 저자 중 한 명은 소규모 교육 및 컨설팅 회사의 CTO로 일했다. 처음 입사 당시 그 회사의 주요 플랫폼은 클리퍼^{Clipper}였다. 클리퍼는 dBASE 파일 위에서 DOS 응용 프로그램을 빠르게 개발할 수 있게 해 주는 소위 쾌속 애플리케이션 개발(rapid-application development, RAD) 도구이다. 그러던 중 어느 날 이 플랫폼이 사라졌다. 회사는 Windows가 떠오르고 있음을 인식하고는 있었지만, 비즈니스 시장은 여전히 DOS 위주였다. 그러나 상황이 순식간에 바뀌었다. 한 동료는 지금까지 익혔던 방대한 클리퍼 지식을 몽땅 버리고 새로 시작해야 한다고 한탄했다. 인류 역사에서 평생 이토록 많은 세부 지식을 배우고는 버려야 했던 집단이 소프트웨어 개발자 말고 또 있었던가? 이 경험은 저자에게 잊을 수 없는 교훈을 남겼다. 바로, **기술의 진보를 무시하면 큰 위험을 자초한다**는 것이다.

이 일은 기술 거품(technology bubble)에 관해서도 중요한 교훈을 우리에게 전해 주었다. 개발자나 아키텍트, 기타 기술전문가가 엄청난 시간과 노력을 투자해서 특정 기술을 공부하고 훈련하다 보면 그 기술에 과도하게 몰입해서 밈 거품(memetic bubble)에 갇히게 마련이다. 반향실(echo chamber)[4] 역할도 하는 밈 거품 안에서는 다른 모든 사람도 자신만큼 그 기술을 중요하게 여기고 잘 안다고 느끼며, 거품 밖에서 제시되는 진솔한 평가를 제대로 보지 못하게 된다. 특히 그런 거품을 기술 벤더사(vendor; 제공업체)가 만든 것이라면 더 치명적이다. 거품이 꺼지기 시작해도 눈치채지 못하며, 눈치챘을 때는 이미 늦을 때가 많다.

이러한 거품 안에 없는 것이 바로 **기술 레이더**(technology radar)이다. 기술 레이더는 기존 또는 신생 기술의 위험과 보상을 평가할 수 있게 돕는 '살아 있는' 문서를 말한다. 이러한 레이더 개념은 저자 닐이 이사이자 소프트웨어 아키텍트로 있는 소트웍스(https://thoughtworks.com)에서 비롯했다. 그럼 이 개념이 어떻게 탄생했는지 살펴보자. 나만의 레이더를 만드는 방법도 소개하겠다.

소트웍스 기술 레이더

소트웍스에는 선임(시니어) 기술 리더들로 구성된 기술 자문 위원회(Technology Advisory Board, TAB)가 있다. 이 위원회는 CTO를 도와 회사와 고객의 기술 방향 및 전략을 결정한다. 최신 트렌드를 따라잡기 위해 기술 자문 위원회는 소트웍스 기술 레이더(https://thoughtworks.com/radar)라는 이름의 문서를 만들기 시작했다. 현재는 연 2회 발간된다.

이 레이더는 예상하지 못한 효과를 낳았다. 닐이 컨퍼런스에서 발표를 할 때마다 참가자들이

---

[4] 옮긴이_ 원래 반향실은 녹음 스튜디오나 음향 실험실에서 인위적으로 만든, 소리가 벽면에서 반사되어 메아리(echo)가 계속 울려 퍼지는 밀폐된 공간을 뜻한다. 여기서는 특정 정보나 신념이 닫힌 체계 안에서 반복적으로 공유되면서 강화되고, 외부의 반대 의견은 차단되는 환경을 나타내는 용어로 쓰였다.

레이더 작성에 참여한 닐에게 감사를 전했다. 그리고 자사에서도 자체 버전을 만들기 시작했다고 덧붙인 사람이 많았다. 닐은 또한 컨퍼런스 발표자 패널에서 빈번히 나오는, "어떻게 최신 기술을 따라잡나요? 다음에 무엇을 쫓을지 어떻게 결정합니까?"라는 질문의 답을 깨달았다. 발표자들은 모두 어떤 형태로든 내부적인 레이더를 갖고 있다는 것이 바로 답이었다.

소트웍스 기술 레이더의 구성

소트웍스 기술 레이더는 소프트웨어 개발 전반을 아우르는 네 개의 사분면(quadrant)으로 구성된다. 네 사분면은 다음과 같다.[5]

Tools(도구)
IDE 등 개발 도구부터 엔터프라이즈급 통합 도구까지 모든 도구(tool)를 포함한다.

Languages and Frameworks(언어와 프레임워크)
컴퓨터 언어, 라이브러리, 프레임워크를 다룬다. 보통 오픈소스 기반이다.

Techniques(기법)
소프트웨어 개발 전반을 돕는 모든 관행(practice; 실천법)이 여기에 속한다. 프로세스, 엔지니어링 관행, 다양한 조언 등이 포함된다.

Platforms(플랫폼)
데이터베이스, 클라우드 제공업체, 운영체제 등 기술 플랫폼을 다룬다.

동심원들

기술 레이더는 네 개의 동심원 혹은 '고리(ring)'로 구성된다. 안쪽에서 바깥쪽 순으로 네 동심원은 다음과 같다.

Hold(보류)
원래 보류 동심원은 "일단은 지켜만 봅시다"였다. 즉, 너무 새롭거나 충분히 평가되지 않은 기술, 그러니까 사람들이 많이 이야기하긴 하지만 검증되지는 않은 기술들을 뜻했다. 하지만 지금은 "이 기술로 새로운 것을 시작하지 마세요"에 가깝다. 즉, 기존 프로젝트에서 이 기술을 사용하고 있다면 계속 써도 무방하지만, 새로운 프로젝트에서는 재고해야 할 기술들이다.

---

[5] 옮긴이_ 소트웍스 기술 레이더는 영어, 스페인어, 포르투갈어, 중국어로 제공된다. 아쉽게도 한국어판은 없다. 영어판을 읽는 독자가 많을 것으로 예상해서 사분면과 동심원 이름을 영문부터 제시한다.

Assess(평가)
평가 동심원은 조직에 어떤 영향을 미칠지 탐구해 볼(개발 스파이크[6], 연구 프로젝트, 콘퍼런스 세션 등을 통해) 가치가 있는 기술들을 뜻한다. 예를 들어 모바일 브라우저의 등장이 두드러지던 시기에 많은 대기업들이 모바일 전략을 수립하면서 이 평가 단계를 거쳤다.

Trial(시도)
시도 동심원에는 적극적으로 추구할 만한 기술들이 속한다. 만약 어떤 역량이 이 고리에 들어왔다면, 아키텍트로서 여러분은 그것을 구축하는 방법을 파악해야 한다. 시험 삼아 저위험(low-risk) 프로젝트를 시작할 시점이다.

Adopt(채택)
채택 동심원에 있는 항목들은 업계가 반드시 채택해야 할 기술들이라고 소트웍스가 생각하는 것들이다.

[그림 2-7]에 기술 레이더의 예가 나와 있다. 레이더의 각 블립[7]은 각각의 기술 또는 기법을 나타낸다. 소트웍스는 이 레이더를 소프트웨어 업계에 대한 집단적 의견을 공유하는 데 사용한다. 이 레이더를 자신의 기술 평가 프로세스를 체계화하고, 시간과 노력을 어디에 투자할지 정리하기 위해 활용하는 개발자와 아키텍트가 많다. 개인 레이더를 만드는 경우에는 고리들의 의미를 다음과 같이 바꿀 것을 권한다.

보류
이 영역에 회피해야 할 기술과 기법뿐만 아니라 고치고 싶은 습관을 넣을 수도 있다. 예를 들어, .NET 배경의 아키텍트라면 '포럼에서 팀 내부 소문이나 최근 소식을 찾아보는 습관'을 이 영역에 두어도 좋을 것이다. 그런 정보가 재미있겠지만, 실무에서는 실질적인 가치가 낮다. 이런 항목들을 보류 동심원에 두어서, 여러분이 피해야 할 사항을 다시금 떠올리는 용도로 활용하자.

평가
평가 동심원에는 앞으로 좀 더 깊이 평가하고 싶은, 유망하다고 느끼지만 아직 직접 검증하지 못한 기술을 넣으면 된다. 이 영역은 본격적인 연구를 위한 대기 장소가 된다.

시도
시도 동심원은 적극적인 연구와 개발의 영역이다. 예를 들어 대규모 코드베이스 안에서 스파이크 실험을 해 보는 것이 여기에 해당한다. 이 고리의 기술들은 향후 트레이드오프 분석에 실제로 포함할 수 있도록 시간을 들여 더 깊이 이해해 볼 만한 가치가 있는 기술들이다.

---

6 옮긴이_ 스파이크spike는 짧은 기간 동안 특정 기술이나 접근 방법의 타당성을 검증하기 위해 수행하는 실험적 활동을 뜻한다. 애자일 개발 방법론에서 위험을 줄이고 불확실성을 해소하기 위해 사용한다.

7 옮긴이_ 블립 또는 휘점은 물체의 존재에 의해 레이더 화면에 나타난 밝은 점이다.

채택

채택 링에는 여러분이 가장 기대하고 있으며 특정한 문제를 해결하는 데 최고의 관행이라고 간주하는 새로운 기술이나 기법을 넣으면 된다.

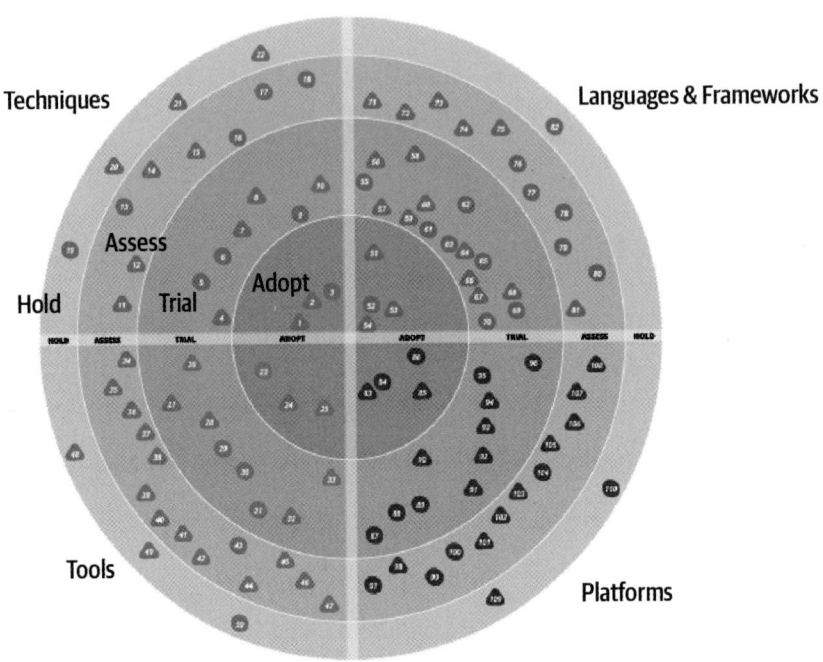

그림 2-7 소트웍스 기술 레이더의 예

대부분의 기술전문가는 그저 "멋져 보인다"거나 "회사에서 이미 쓰고 있다" 같은 다소 임의적인 기준에 따라 기술을 고른다. 하지만 기술 포트폴리오에 그렇게 되는 대로 접근하는 것은 여러분의 경력에 해가 될 수 있다. 기술 레이더를 만드는 것은 각 기술에 대해 좀 더 체계적으로 생각하는 데에도, 상반되는 여러 결정 기준을 균형 있게 조율하는 데에도 도움이 된다. (예를 들어, "더 멋져 보이는" 기술에만 올인하면 새로운 일자리를 구하는 것이 힘들 수 있다. 반면에 이미 널리 쓰이는 기술이면 일자리가 많다. 다만, 흥미로운 일거리는 적을 수 있다.)

기술 포트폴리오는 금융 포트폴리오처럼 다뤄야 한다. 즉, 다양성이 중요하다. 수요가 많은 기술이나 역량을 선택해서 그 수요를 계속 주시하자. 그러는 한편으로 생성형 AI나 임베디드 IoT 기기처럼 대담한 기술 도전(technology gambits)도 시도해 볼 만하다. 개발자가 퇴근 후 밤

늦게까지 만지던 오픈소스 프로젝트가 인기를 끌고 결국은 팔 수 있는 상품이 되어 직장생활에서 해방될 수 있었다는 일화는 흔하다. 이는 깊이보다는 너비에 집중해야 할 또 다른 이유이다.

개인 레이더를 구축하면 기술 포트폴리오를 보다 폭넓게 만들 수 있다. 하지만 결과 자체보다는 그 과정이 더 중요하다는 점도 기억하자. 레이더를 만드는 것은 바쁜 일정 중에서 그런 기술들을 생각해 볼 시간을 확보할 구실이 된다. 그리고 이처럼 일부러 구실을 만들어서 시간을 내는 것이 그런 생각을 할 수 있는 유일한 방법일 때가 많다.

개인 레이더 작성에서 가장 중요한 부분은 그 과정에서 생기는 대화와 사고이다. 하지만 그 결과물로 나온 시각화 자료도 꽤 유용하다. 자신만의 레이더 시각화를 만들고 싶어 하는 기술전문가가 많아지면서 소트웍스에서는 Build Your Own Radar(나만의 레이더 만들기)라는 도구를 공개했다(https://oreil.ly/IV7G8). 여기에 구글 스프레드시트를 입력하면 개인 레이더의 시각화 이미지가 자동으로 생성된다. 모든 기술전문가가 이 도구를 활용하면 좋겠다.

2.3 트레이드오프 분석

아키텍트처럼 사고한다는 것은 모든 해법(기술적이든 아니든)에서 트레이드오프(절충점)를 찾아내고, 그 장단점을 분석해서 최선의 해법을 도출하는 것이다. 이런 작업이 아키텍트의 핵심 역할인(따라서 아키텍처적 사고의 한 부분이 되는) 이유는 저자 마크의 다음과 같은 말을 보면 알 수 있다.

> *아키텍처란 구글이나 LLM에 물어볼 수 없는 것들이다.*
>
> —마크 리처즈

아키텍처에서 일어나는 모든 선택에는 트레이드오프가 존재한다. 이 기텍치와 관련한 모든 질문의 정답은 "상황에 따라 다르다(It depends)"라는 농담이 있을 정도이다. 이 정답이 짜증 날 수도 있겠지만, 현실이 그렇다. "REST와 메시징 중 어느 쪽이 내 시스템에 더 좋은가?"나 "마이크로서비스가 새 제품을 위한 올바른 아키텍처 스타일인가?" 같은 질문으로 구글을 검색하거나 AI 또는 LLM에 물어도 만족스러운 답을 얻지 못한다. 왜냐하면 정답은 항상 **상황에 따라 다르기** 때문이다. 정답은 배포할 환경, 비즈니스 목표, 조직 문화, 예산, 일정, 개발자 역량 같은 수많은 요소에 따라 달라진다. 모든 환경과 상황, 문제는 서로 다르다. 아키텍처가 이토록 어려운 것은 이 때문이다. 또 다른 저자 닐의 말을 인용하겠다.

> *아키텍처에는 정답도 오답도 없다. 트레이드오프가 있을 뿐이다.*
>
> —닐 포드

예를 들어 온라인 경매 시스템을 생각해 보자(그림 2-8). 온라인 경매에서 참가자가 입찰하면 Bid Producer 서비스가 입찰 항목을 생성해서 그 금액을 Bid Capture, Bid Tracking, Bid Analytics 같은 여러 서비스로 전송한다.

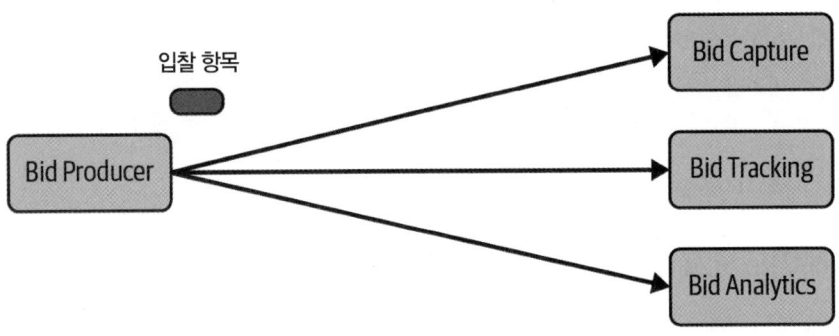

그림 2-8 경매 시스템 트레이드오프의 예: 대기열 대 토픽

이 시스템의 비동기 행동방식을 점대점(point-to-point) 메시지 방식의 대기열(queue)로 구현할 수도 있고 발행 및 구독(publish-and-subscribe) 방식의 토픽topic으로 구현할 수도 있다. 아키텍트로서 여러분은 어느 쪽을 선택할 것인가? 구글을 검색해도 정답을 얻기는 어렵다. 아키텍처적 사고는 여러 선택지의 트레이드오프를 분석해서 주어진 상황에 가장 적합한 (혹은 가장 덜 나쁜) 방법을 선택하는 것이다.

경매 시스템의 메시징에 사용할 수 있는 두 옵션이 [그림 2-9]와 [그림 2-10]에 나와 있다. [그림 2-9]는 토픽을 이용한 발행-구독 메시징 모델이고 [그림 2-10]은 대기열을 이용한 점대점 메시징 모델이다.

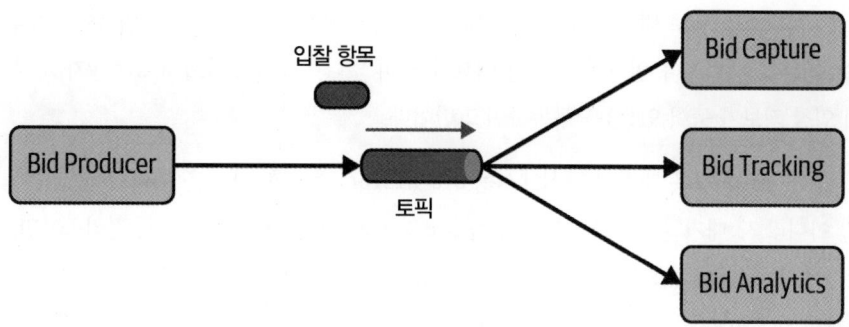

그림 2-9 서비스 간 통신에 토픽을 사용하는 예

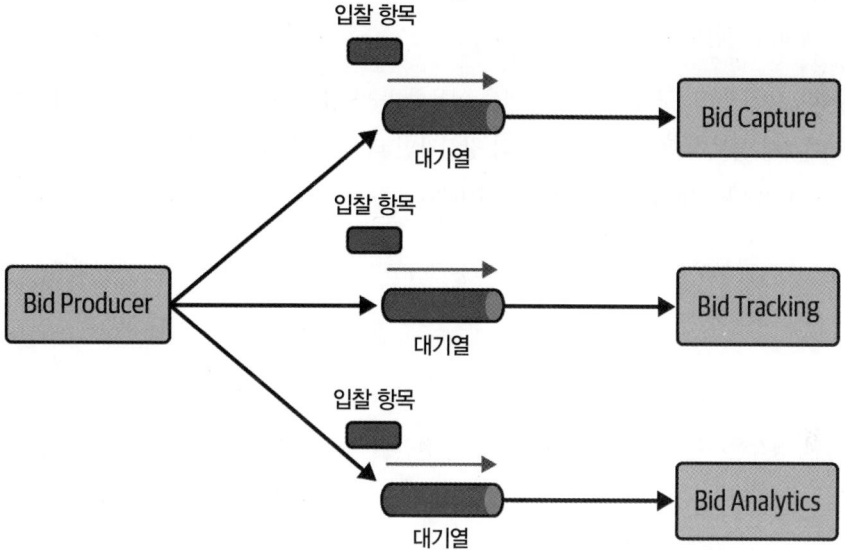

그림 2-10 서비스 간 통신에 대기열을 사용하는 예

[그림 2-9]에 나온 방식의 명확한 장점은(그리고 아마도 이 메시징 문제에 대한 자명한 해결책은) 바로 **아키텍처 확장 능력**(architectural extensibility)[8]이다. `Bid Producer` 서비스는 토픽 하나에만 연결하면 된다. 이와는 달리 [그림 2-10]의 대기열 구조에서는 `Bid Producer`가 세 개의 대기열에 연결되어야 한다. 각 입찰자에게 그 입찰자의 입찰 내역을 제공하는 Bid

---

8 옮긴이_ scalability(확장성)과의 구별을 위해 extensibility는 '확장 능력'으로 옮기기로 한다. 이것은 이 번역서에서 ~bility를 ~성 대신 ~능력으로 옮기는 유일한 예외이다(§1.1의 옮긴이 주 참고). 수식어 extensible은 '확장 가능'으로 옮긴다.

History라는 서비스를 새로 만들어서 이 시스템에 추가한다고 하자. [그림 2-9]와 같은 토픽 방식에서는 기존의 서비스나 인프라를 고칠 필요가 전혀 없다. 그냥 새 `Bid History`가 해당 토픽(이미 입찰 정보가 들어 있는)을 구독하면 그만이다.

하지만 [그림 2-10]과 같은 대기열 방식에서는 `Bid History`를 위한 새로운 대기열을 만들어야 할 뿐만 아니라 새 대기열과 연결하는 로직을 `Bid Producer`에 추가해야 한다. 정리하자면, 대기열 방식에서는 새로운 입찰 기능성(functionality)[9]을 추가할 때마다 서비스와 인프라를 크게 수정해야 하지만 토픽 방식에서는 기존 인프라를 손댈 필요가 없다. 게다가 토픽 방식에는 `Bid Producer`의 결합도(coupling)가 낮다는 장점도 있다. `Bid Producer`는 입찰 정보가 어떻게 쓰이는지, 다른 어떤 서비스가 이 정보를 사용하는지 등은 알 필요가 없다. 반면에 대기열 방식에서는 입찰 정보를 누가 어떻게 사용하는지를 `Bid Producer`가 구체적으로 알게 되며, 따라서 시스템과의 결합도가 높아진다.

이상의 분석만 보면 발행-구독 메시징 모델을 이용한 토픽 접근법이 최선의 선택임이 명백하다. 하지만 여기서 클로저 프로그래밍 언어의 창시자인 리치 히키(Rich Hickey)의 다음과 같은 말을 귀담아들을 필요가 있다(https://oreil.ly/JXhHN).

> *프로그래머는 모든 것의 장점은 잘 알지만 그 트레이드오프는 모른다. 아키텍트는 둘 다 이해해야 한다.*
>
> *— 리치 히키*

아키텍트처럼 생각한다는 것은 어떤 해결책의 장점만이 아니라 그에 수반되는 단점이나 트레이드오프도 분석하는 것이다. 경매 시스템의 예로 돌아가서, 소프트웨어 아키텍트라면 토픽 방식의 긍정적인 면뿐만 아니라 부정적인 측면도 들여다보아야 마땅하다. [그림 2-9]에서 보듯이 토픽을 사용하면 **누구나** 입찰 데이터에 접근할 수 있다. 따라서 데이터 접근 제어와 데이터 보안 측면에서 문제가 될 수 있다. 반면에 [그림 2-10]의 대기열 모델에서는 생산자 (producer)가 보낸 메시지를 **오직** 특정 소비자만 받아볼 수 있다. 만약 악의적인 서비스가 대기열을 도청한다면 대기열의 메시지를 기다리던 서비스는 입찰 정보를 받지 못한다. 그러면 즉시 데이터 손실을(그리고 잠재적인 보안 침해 가능성을) 알리는 알림이 발생한다. 정리하자면, 토픽은 도청이 쉽지만 대기열은 그렇지 않다.

---

[9] 옮긴이_ 기능성은 특정 목적을 공유하는 여러 기능(function)이 모여서 만들어지는 시스템의 역량 또는 특징을 말한다. 예를 들어 보안 기능성은 인증, 권한 관리, 암호화 같은 기능들로 이루어진다.

보안 문제 외에도 [그림 2-9]의 토픽 방식은 동질적 계약(homogeneous contract)만 지원한다는 문제가 있다. 즉, 토픽 방식에서는 입찰 데이터를 받는 모든 서비스가 동일한 데이터 계약과 입찰 데이터셋을 채택해야 한다. 반면에 대기열 방식에서는 소비자마다 각자 필요에 따라 자체적인 계약을 둘 수 있다. 예를 들어 새로운 `Bid History` 서비스가 입찰 내역과 함께 현재 호가(asking price)도 받아야 하지만 다른 서비스들은 그런 정보가 필요하지 않다고 하자. 토픽 방식에서는 이를 위해 전체 데이터 계약을 수정해야 하며, 따라서 다른 모든 서비스가 영향을 받는다. 대기열 모델에서는 별도의 채널과 계약으로 해당 정보를 전송하면 되므로 다른 서비스들에는 영향이 없다.

토픽 모델의 또 다른 단점은 토픽에 쌓인 메시지 개수를 모니터링할 수 없다는 점이다. 따라서 자동 확장(autoscaling) 기능을 지원하지 못한다. 반면에 대기열 방식에서는 각 대기열의 상태를 개별적으로 모니터링할 수 있으므로 입찰 소비자마다 개별적으로 프로그래밍 방식의 부하 분산(load balancing) 및 자동 확장을 적용할 수 있다. 그런데 이런 트레이드오프는 사용하는 기술에 따라 달라질 수 있음을 유념하자. 예를 들어, AMQP(Advanced Message Queuing Protocol, https://www.amqp.org)는 생산자가 메시지를 보내는 채널(exchange)과 소비자가 메시지를 받는 채널(queue)이 분리되어 있어서 프로그래밍 방식의 부하 분산과 모니터링이 가능하다.

이처럼 트레이드오프들을 폭넓게 따져 보았을 때 더 나은 선택은 무엇일까?

물론 정답은 "상황에 따라 다르다"이다. [표 2-1]은 이러한 트레이드오프들을 정리한 것이다.

표 2-1 토픽 사용의 트레이드오프들

토픽의 장점	토픽의 단점
아키텍처 확장 능력	데이터 접근 및 데이터 보안 문제
서비스 결합도 감소	이질적 계약 미지원
	개별 모니터링 및 프로그래밍 확장성 미지원

다시 강조하지만, 소프트웨어 아키텍처의 **모든 것**에는 트레이드오프가 존재한다. 즉, 모든 것에는 장점과 단점이 있다. 아키텍트처럼 생각하려면 이러한 트레이드오프들을 꼼꼼히 따져보면서 "확장 능력이 더 중요한가, 아니면 보안이 더 중요한가?" 같은 질문을 해야 한다. 아키텍트의 결정은 언제나 비즈니스 동인, 환경을 비롯해 다양한 요인에 좌우된다.

2.4 비즈니스 동인의 이해

아키텍트처럼 생각한다는 것은 시스템 자체를 이해하는 것을 넘어서 시스템의 성공에 필요한 비즈니스 동인(business driver)들도 이해하고, 이를 확장성, 성능, 가용성 같은 아키텍처 특성들로 옮길 수 있어야 한다는 뜻이다. 이는 상당히 어려운 일이다. 비즈니스 도메인 지식이 필요할 뿐만 아니라 주요 비즈니스 이해관계자들과 원만하고 협력적인 관계를 맺어야 하기 때문이다. 이 책에서는 이 주제에 네 개의 장을 할애한다. 제4장에서는 다양한 아키텍처 특성을 정의한다. 제5장에서는 아키텍처 특성을 식별하고 정량화하는 방법을 다룬다. 제6장에서는 이 특성들이 시스템의 비즈니스 요구를 충족하는지 확인하기 위해 각 특성을 구체적으로 측정하는 방법을 설명한다. 마지막으로 제7장에서는 아키텍처 특성의 범위를 설명하고 특성들이 결합도와는 어떻게 연관되는지 논의한다.

2.5 아키텍처와 코딩 실무의 균형

아키텍트가 직면하는 난제 중 하나는 코딩 실무와 소프트웨어 아키텍처 작업의 균형을 맞추는 일이다. 우리는 모든 아키텍트가 반드시 코딩을 해야 하며, 일정 수준 이상의 기술적 깊이를 유지해야 한다고 굳게 믿는다(§2.2 '기술적 너비' 참고). 그렇게 하기가 별로 어렵지 않을 것 같겠지만, 실제로는 그리 쉽지 않을 때가 있다.

아키텍트로서 실무 코딩과 아키텍처 작업 사이의 균형을 추구하는 사람에게 우리가 전하고 싶은 첫 번째 조언은 **병목 함정**(Bottleneck Trap)에 빠지지 말라는 것이다. 여기서 병목 함정이란, 아키텍트가 시스템의 핵심 경로(critical path)에 위치한 코드(주로는 시스템의 기반이 되는 바탕(underlying) 프레임워크 코드이거나 꽤 복잡한 부분)를 소유하게 되고, 그 결과 아키텍트가 팀 전체의 병목이 되는 상황을 말한다. 아키텍트는 전업 개발자가 아니므로 소스 코드 작성이나 테스트 같은 개발 작업에만 전념할 수 없다. 다이어그램을 작성하거나 수없이 많은 회의에 참석하는 등 아키텍트의 역할도 수행하다 보니 코드 작성이 늦어져서 팀 전체의 발목을 잡게 된다.

이러한 병목 함정을 피하는 한 가지 방법은 아키텍트가 시스템의 핵심 부분을 개발 팀 내 다른 이들에게 위임하는 것이다. 대신 아키텍트는 향후 1~3번의 반복(iteration)[10] 이후에 필요할 소규모 비즈니스 기능성(예: 서비스나 UI 화면)에 초점을 둔 코딩 실무를 맡는다. 이렇게 하면 세 가지 긍정적인 효과가 생긴다. 첫째, 아키텍트는 실제 프로덕션 코드를 작성하면서도 팀의 병목이 되지 않는다. 둘째, 시스템의 핵심 경로와 프레임워크 코드를 개발 팀에 분산시킴으로써(애초에 그들이 맡아야 할 코드이다), 개발자들이 시스템의 좀 더 어려운 부분에 대해 소유권을 가지고 시스템을 더 깊이 이해하게 만들 수 있다. 셋째(아마도 이 점이 가장 중요할 것이다), 아키텍트가 개발 팀과 동일한 비즈니스 관련 소스 코드를 작성하게 된다. 이는 개발 과정, 프로세스, 개발 환경에서 팀이 겪는 고충을 아키텍트가 좀 더 잘 이해하는 데(그리고 바라건대 개선하고 해결하는 데) 도움이 된다.

하지만 아키텍트가 개발 팀과 함께 코드를 작성할 수 없는 상황도 벌어질 수 있다. 그런 상황에서도 아키텍트가 실무 감각을 유지하고 기술적 깊이를 일정 수준 이상 보장하려면 어떻게 해야 할까? 다음은 기술적 능력을 계속 심화하고자 하는 아키텍트를 위한 몇 가지 팁과 기법이다.

PoC를 자주 진행한다

PoC(proofs-of-concept; 개념 증명) 작업을 자주 진행하면 아키텍트가 직접 소스 코드를 작성하게 된다. PoC는 또한 아키텍처적 결정을 실제 구현 관점에서 검증하는 데에도 도움이 된다. 예를 들어 두 가지 캐싱 솔루션 중 하나를 선택해야 한다면, 각 캐싱 솔루션을 사용하는 예제 시스템들을 실제로 개발해서 비교해 보는 것이 효과적인 방법일 것이다. 이를 통해 구현상의 세부 사항과 전체 솔루션을 개발하는 데 필요한 노력의 양을 가늠할 수 있다. 확장성이나 성능, 전반적인 내결함성 등의 다양한 아키텍처 특성을 실제로 비교할 수 있다.

아키텍트는 가능한 한 프로덕션급 품질의 코드를 작성해야 한다. 이 점을 강조하고 싶은 이유가 두 가지 있다. 첫째, "버려도 되는" PoC 코드라 해도 종종 소스 코드 저장소에 보관되며, 다른 이들이 참고하는 아키텍처의 예로 남을 수 있다. 대충 작성한 PoC 코드가 여러분이 평소 작성하는 품질의 코드라고 오해받고 싶지는 않을 것이다. 둘째, 프로덕션급 PoC 코드를 작성하는 것은 구조가 잘 짜인 고품질의 코드를 작성하는 훈련에 해당한다. 빠르게 대충 PoC 코드를 작성하다 보면 나쁜 코딩 습관이 배기 마련이다.

기술 부채 해결

아키텍트가 코딩 실무 감각을 유지하는 또 다른 방법은 기술 부채(technical debt)를 해결하는 것이다. 기술 부채가 해결되면 개발 팀은 중요한 기능적 사용자 스토리 작업에 집중할 수 있다. 대체로 기술 부채는 우선순위가 낮으므로 아키텍트가 특정 반복 기간 안에 기술 부채 작업을 완료하지 못해도 해당 반복의 성공에 악영향이 미치는 경우는 별로 없으며, 회사가 망하지도 않는다.

---

[10] 옮긴이_ 이 책에서 반복은 iteration을 옮긴 것으로, 주어진 대상(아키텍처, 시스템, 코드 등)의 점진적인 개선과 발전을 위해 어떠한 과정(특히 소프트웨어 개발 주기 전체 또는 특정 구간)을 다시금 실행하는 것을 말한다. 단순히 같은 작업을 다시 실행하는 repeat/repetition은 '되풀이'나 '거듭' 등으로 표현한다.

버그 잡기

같은 맥락에서, 해당 반복 동안 버그를 고치는 것도 실무 감각을 유지하고 개발 팀에 도움을 주는 방법이다. 그리 화려해 보이는 작업은 아니겠지만, 코드베이스와 아키텍처의 문제점이나 약점을 발견하는 기회가 된다.

자동화

간단한 명령줄(command-line) 도구나 분석기(analyzer)를 만들어서 개발 팀의 일상 업무를 자동화하는 것도 코딩 실무 역량을 유지하면서 개발 팀의 생산성을 높이는 좋은 방법이다. 개발 팀이 여러 번 되풀이하는 작업을 찾아서 자동화해보자. 자동화를 도입하면 팀원들이 매우 고마워할 것이다. 다른 린트[lint] 테스트들이 잡지 못하는 특정 코딩 표준을 체크하는 소스 코드 자동 검증이나 체크리스트를 자동으로 확인해 주는 스크립트, 반복적으로 발생하는 수동 리팩터링 작업을 처리하는 도구 등의 예를 생각할 수 있겠다.

아키텍처 분석과 적합성 함수(fitness function)를 통해 아키텍처의 활력과 준수 여부를 보장하는 자동화 작업 역시 아키텍트가 실무 감각을 유지하는 데 좋은 방법이다. 예를 들어 자바 플랫폼에서 ArchUnit(https://archunit.org)을 이용해서 자바 코드를 작성해서 아키텍처 준수를 자동화한다거나, 맞춤형 적합성 함수(https://evolutionaryarchitecture.com)를 작성해서 아키텍처 준수를 보장함과 동시에 코딩 실무 경험을 얻을 수 있다. 이런 기법들은 제6장에서 좀 더 이야기한다.

코드 검토

마지막으로, 코드 검토(code review; 코드 리뷰)를 자주 진행하는 것도 아키텍트가 코딩 실무 감각을 유지하는 방법이다. 코드 검토를 진행하면 코드를 직접 작성하지는 않더라도 소스 코드에 **관여하게** 되며, 아키텍처 준수 여부를 점검할 수 있고 개발 팀에 대한 멘토링과 코칭 기회를 포착할 수도 있다.

2.6 아키텍처적 사고의 남은 이야기들

아키텍처적 사고에 관해 이야기할 것은 아직 많다. 이번 장에서는 아키텍트처럼 생각하는 데 필요한 기초에 해당하는 내용만 언급했을 뿐이다. 아키텍트처럼 생각하려면 시스템의 전체 구조를 이해해야 하고(이 주제는 제3장에서 다룬다), 비즈니스 관점을 파악하고 이를 아키텍처 특성으로 전환할 수 있어야 하며(이 부분은 네 개의 장에 걸쳐 논의한다), 시스템을 논리적 컴포넌트의 관점에서 바라보는 안목도 필요하다(이 주제는 제8장에서 논의한다).

CHAPTER 3

모듈성

전부터 아키텍트들과 개발자들은 모듈성(modularity)이라는 개념을 이해하는 데 어려움을 겪었다. 『*Composite/Structured Design*』(Van Nostrand Reinhold, 1978)에 나오는 다음과 같은 인용문이 이 점을 잘 말해준다.

> *[소프트웨어 아키텍처에 관한] 문헌의 95%는 '모듈성'의 장점을 찬양하기만 할 뿐, 실제로 그것을 어떻게 달성할지에 관해서는 거의 언급하지 않는다.*
>
> — *글렌포드 J. 마이어스*Glenford J. Myers

코드의 재사용 메커니즘은 플랫폼마다 다르다. 하지만 모든 플랫폼은 서로 연관된 코드를 **모듈**module이라는 단위로 묶는 방법을 제공한다. 모듈 개념은 소프트웨어 아키텍처에서 보편적으로 쓰이지만, 사실 정의하기가 상당히 까다롭다. 인터넷을 대충 검색해 봐도 수십 가지 정의가 나오는데, 정의들에 일관성이 없을 뿐만 아니라 심지어 서로 모순되는 것들도 있다. 예나 지금이나 그렇다. 하지만 이 책 전체의 일관성을 위해서는 모듈과 모듈성을 명확히 정의해야 하는데, 누구나 인정하는 한 가지 정의는 없으므로 우리 나름의 정의를 추가할 수밖에 없다.

모듈성을, 그리고 주어진 개발 플랫폼에서 모듈성이 구현되는 다양한 형태를 이해하는 것은 아키텍트에게 꼭 필요한 일이다. 아키텍처를 분석하는 데 사용하는 도구들(지표, 적합성 함수, 시각화 등)은 대부분 모듈성 및 관련 개념들에 의존한다. **모듈성**은 하나의 조직화 원칙(organizing principle)이다. 아키텍트가 시스템의 수많은 부품이 어떻게 연결되는지 신경쓰지 않고 시스템을 설계한다면 그 시스템은 수많은 어려움을 야기할 것이다. 물리학에 비유하자면, 소프트웨어 시스템은 복잡계(complex system)를 모델링하며, 복잡계는 엔트로피가 높아지는 쪽으로(즉, 무질서를 향해) 나아가는 경향이 있다. 물리계(물리적 시스템)의 질서를 유지하려면 에너지를 투입해야 한다. 소프트웨어 시스템도 마찬가지다. 시스템의 구조적 건전성(structural soundness)을 보장하려면 아키텍트가 지속적으로 에너지를 투입해야 한다. 구조적 건전성이 저절로 보장되는 일은 없다.

모듈성을 잘 유지하는 것은 이 책에서 **암묵적**(implicit) 아키텍처 특성이라고 부르는 특성의 좋은 예이다. 프로젝트 요구사항에서 아키텍트가 적절한 모듈 구분과 통신을 보장해야 한다고 명시되어 있는 경우는 거의 없다. 하지만 '지속 가능한' 코드베이스를 위해서는 좋은 모듈성이 제공하는 질서와 일관성이 꼭 필요하다.

3.1 모듈성 대 세분도

개발자와 아키텍트는 **모듈성**과 **세분도**(granularity; 또는 입도)라는 용어를 같은 의미로 사용할 때가 많다. 하지만 둘은 의미가 매우 다른 용어이다. 모듈성은 시스템을 더 작은 조각으로 나누는 것에 관한 것이다. 예를 들어 모놀리스 아키텍처 스타일(전통적인 n층 계층형 아키텍처 같은)에서 마이크로서비스 같은 고도로 분산된 아키텍처 스타일로 이동하려면 시스템을 잘게 쪼개야 한다. 세분도는 그런 조각들의 **크기**에 관한 것이다. 즉, 시스템(또는 서비스)의 특정 부분이 얼마나 커야 하는가의 문제이다. 아키텍트와 개발자가 문제에 빠지는 것은 바로 **세분도** 때문이다. 이를 두고 저자 마크는 다음과 같이 말했다.

> *모듈성을 받아들이되 세분도를 조심하라.*
>
> — 마크 리처즈

세분도는 서비스나 컴포넌트가 서로 결합하게 만드는 요인으로 작용한다. 이로부터 **스파게티 아키텍처, 분산 모놀리스**, 그리고 유명한 **분산 진흙잡탕**(Distributed Big Ball of Mud) 같은 복잡하고 유지보수하기 어려운 아키텍처 안티패턴이 만들어진다. 이런 아키텍처 안티패턴을 피하는 요령은 세분도에, 그리고 서비스 및 컴포넌트 간의 전반적인 결합 수준에 항상 주의를 기울이는 것이다.

3.2 모듈성의 정의

메리엄-웹스터 사전은 **모듈**을 "더 복잡한 구조를 구성하는 데 사용할 수 있는 표준화된 부품 또는 독립적인 단위"라고 정의한다. 반면 이 책에서는 **모듈성**이라는 용어를 서로 연관된 코드를 논리적으로 묶는 활동을 설명하는 데 사용한다. 객체 지향 언어라면 클래스 그룹이 그러한 논리적 코드 그룹일 것이고, 구조적 언어나 함수형 언어라면 함수 그룹이 논리적 그룹일 것이다. 일반적으로 개발자들은 연관된 코드를 함께 그룹화하는 수단으로 모듈을 사용한다. 예를 들어, 자바의 `com.mycompany.customer` 패키지는 고객과 관련된 코드를 포함해야 한다. 대부분의 언어는 모듈성을 위한 메커니즘을 제공한다(자바의 `package`, .NET의 `namespace` 등).

현대적 프로그래밍 언어들은 너무나 많은 패키징 메커니즘을 제공하다 보니 그중 하나를 고르는 데 어려움을 겪는 개발자가 많다. 예를 들어, 현대적인 프로그래밍 언어 중에는 어떠한 행동 방식을 함수나 메서드로 정의할 수도 있고 클래스나 패키지, 이름공간(namespace)에서 정의할 수도 있는 것이 많다. 그런 구성 단위들은 각자 다른 가시성과 범위 규칙을 가진다. 또한 메타객체 프로토콜(https://oreil.ly/9Zw-J) 같은 고급 프로그래밍 구조를 추가해서 확장 메커니즘의 수를 더 늘린 언어들도 있다.

아키텍트는 개발자들이 코드를 어떤 식으로 패키징하는지 알아야 한다. 패키징이 아키텍처에 중요한 영향을 미치기 때문이다. 예를 들어, 다수의 패키지가 긴밀하게 결합되어 있으면, 관련 작업을 위해 그중 하나를 재사용하기가 더 어려워진다.

> **클래스 이전의 모듈 재사용**
>
> 객체 지향 언어 이전 시대에 훈련받은 개발자라면 코드 분리 방식이 왜 이렇게 많은지 의아해할 것이다. 그 이유의 대부분은 하위 호환성(backward compatibility)과 관련이 있다. 코드의 하위 호환성이 아니라 개발자들이 사물을 생각하는 방식의 하위 호환성이다.
>
> 1968년 3월, 『Communications of the Association for Computing Machinery(ACM)』 저널에 컴퓨터 과학자 에츠허르 데이크스트라Edsger Dijkstra가 "Go To Statement Considered Harmful"이라는 제목의 논문을 발표했다. 데이크스트라는 당시 프로그래밍 언어에서 일반적이었던 GOTO 문이 널리 쓰이는 세태를 비판했다. GOTO 문이 코드 내에서 비선형적인 점프를 허용해서 추론과 디버깅을 어렵게 만든다는 것이 이유였다.
>
> 데이크스트라의 논문은 1970년대 중반에 **구조적** 프로그래밍(structured programming) 언어의 시대를 여는 데 도움이 되었다. 파스칼Pascal과 C로 대표되는 구조적 프로그래밍 언어들은 코드를 작성할 때 코드를 좀 더 구조적으로 조직화하는 데 신경을 쓰게 만들었다. 이런 흐름 속에서 개발자들은 대부분의 프로그래밍 언

어가 유사한 것들을 논리적으로 함께 묶기에 좋은 방법을 제공하지 않는다는 점을 깨달았다. 그래서 1980년대 중반에 모듈라Modula(파스칼 창시자 니클라우스 비르트Niklaus Wirth가 파스칼 다음에 만든 언어)와 에이다Ada 같은 **모듈형** 언어(modular language)의 짧은 시대가 탄생했다. 이러한 언어들은 **모듈**이라는 프로그래밍 구조를 도입했는데, 이것은 오늘날 우리가 생각하는 패키지나 이름공간과 상당히 비슷하다(하지만 클래스라는 개념은 없다).

그러나 1980년대 중반의 모듈형 프로그래밍 시대는 단명했다. 코드를 캡슐화하고 재사용하는 새로운 방법을 제공하는 객체 지향 언어가 곧이어 인기를 끌었기 때문이다. 그렇긴 해도 언어 설계자들은 모듈의 유용성을 깨닫고 패키지와 이름공간의 형태로 모듈이라는 개념을 유지했다. 많은 언어가 이러한 서로 다른 패러다임을 지원하기 위해 도입된 호환성 기능들(오늘날의 시각에서 보면 좀 이상한)을 여전히 유지하고 있다. 예를 들어 자바는 모듈형 패러다임을 지원할(패키지와 정적 초기치를 사용한 패키지 수준 초기화를 통해) 뿐만 아니라 객체 지향 패러다임과 함수형 패러다임도 지원한다. 이들은 각자 고유한 범위 규칙과 특이성(quirk)을 가지고 있다.

이 책에서 아키텍처를 논의할 때 **모듈성**은 연관된 코드 묶음(클래스나 함수 등)을 통칭하는 일반적인 용어로 쓰인다. 이것이 물리적 분리를 함의하지는 않음을 주의하자. 단지 논리적인 분리를 의미할 뿐이다. (이 차이가 중요할 때가 있다). 예를 들어 모놀리스 애플리케이션에서는 아주 많은 수의 클래스를 하나로 함께 묶어도 큰 문제가 되지 않고 오히려 더 편리할 수 있다. 하지만 나중에 아키텍처를 재구성할 때가 되면, 원래의 느슨한 분할이 조장한 결합도 때문에 모놀리스를 분해하기가 어려워진다. 이는 모듈성을 특정 플랫폼이 강제하거나 암시하는 물리적 분리와는 별개의 개념으로 이야기하는 것이 유용한 이유이다.

여기서 잠시 **이름공간**을 논의해 보면 좋을 것 같다. .NET 플랫폼의 '네임스페이스' 같은 기술 구현이 아니라 일반적인 개념으로서의 이름공간 말이다. 흔히 개발자들은 서로 다른 소프트웨어 자산들(컴포넌트, 클래스 등)을 명시적이고 완전히 한정된 이름(fully qualified name, FQN)을 이용해서 구분한다. 사람들이 매일 사용하는 가장 명백한 예는 인터넷이다. 인터넷의 모든 자원은 IP 주소에 연결된 고유한 전역 식별자에 의존한다.

대부분의 언어는 변수, 함수, 또는 메서드 같은 것들을 조직화하기 위한 모듈성 메커니즘을 갖추고 있는데, 그런 메커니즘은 이름공간의 역할도 한다. 때때로 모듈 구조가 물리적으로 반영되기도 한다. 예를 들어 자바의 패키지 구조는 물리적인 클래스 파일들의 디렉터리 구조와 일치해야 한다.

> **이름 충돌이 없는 언어: 자바 1.0**
>
> 자바의 초기 설계자들은 당시 프로그래밍 플랫폼에서 흔했던 이름 충돌(name conflict 또는 name clash) 문제를 다루는 데 풍부한 경험을 가지고 있었다. 자바 1.0은 두 클래스가 같은 이름을 가질 때 발생하는 중의성(모호함)을 피하기 위해 영리한 해결책을 사용했다. 예를 들어 문제 도메인에 catalog *order*(카탈로그 주문)과 installation *order*(설치 순서)가 있다고 하자. 둘 다 *order*라는 이름을 사용하지만 그 의미는(따라서 클래스도) 매우 다르다. 자바 설계자들의 해결책은 package 이름공간 메커니즘을 만드는 것, 그리고 물리적 디렉터리 구조가 패키지 이름과 일치해야 한다는 요구사항을 추가하는 것이었다. 이 해결책은 파일 시스템의 한 디렉터리에 동일한 이름의 파일 두 개가 존재할 수 없다는 운영체제의 고유한 특성을 활용해서 중의성과 이름 충돌을 해결했다. 자바의 초기 classpath에 디렉터리들만 포함된 것은 이 때문이었다.
>
> 언어 설계자들은 모든 프로젝트에 반드시 잘 구성된 디렉터리 구조를 강제하는 것은 상당히 번거로운 일임을 깨달았다. 특히 프로젝트가 커질수록 더욱 그랬다. 프레임워크나 라이브러리 같은 코드 자산(asset)들을 공유하고 재사용하기도 어려웠다. 이 해결책에서는 프레임워크나 라이브러리를 여러 디렉터리에 "풀어 놓아야" 했기 때문이다. 그래서 자바의 두 번째 릴리스(1.2이지만 자바 2라고 불렸다)에서 설계자들은 jar 메커니즘을 추가해서, classpath에서 jar 형식의 아카이브 파일이 디렉터리 구조처럼 작동하게 했다. 하지만 상황은 오히려 나빠졌다. 이후 10년 동안 자바 개발자들은 디렉터리와 jar 파일의 조합인 classpath를 정확히 설정하는 데 애를 먹었다. 이름 충돌을 방지하려는 원래의 의도와는 달리, 이제는 classpath에 있는 두 jar 파일에 담긴 클래스들 사이에서 이름이 충돌할 수 있게 되었다. 이것이 그 시대의 자바 개발자들이 클래스 로더 디버깅과 관련해서 수많은 무용담을 가지고 있는 이유이다.

3.3 모듈성 측정

모듈성이 매우 중요한 만큼, 아키텍트가 모듈성을 좀 더 잘 이해할 수 있는 도구가 필요하다. 다행히 연구자들은 이 목적을 위해 다양한 언어 독립적 지표들을 만들었다. 여기서는 세 가지 핵심 개념인 **응집**, **결합**, 그리고 **동변성**에 집중한다.

3.3.1 응집

응집(cohesion)은 하나의 모듈을 구성하는 요소들이 정말로 그 모듈 안에 들어 있어야 하는가에 관한 것이다. 다른 말로 하면, 응집도[1]는 모듈을 구성하는 요소들이 서로 얼마나 관련

---

1 옮긴이_ 개념으로서의 cohesion은 응집, 그것을 측정하는 지표로서의 cohesion은 응집도로 옮기기로 한다. coupling/결합/결합도 등도 마찬가지이다.

이 있는지를 측정하는 지표이다. 응집의 관점에서 이상적인 모듈은 필요한 모든 요소가 한데 패키징된 모듈이다. 그런 모듈을 더 작은 모듈들로 나누는 것은 바람직하지 않다. 이 모듈들을 유용하게 사용하려면, 호출을 통해서 모듈 구성요소들을 결합해야 한다. 『Structured Design』(Prentice-Hall, 1979)이라는 책의 다음 인용문은 모듈성을 고민할 때 응집과 관련해 주의할 점을 잘 말해준다.

> *응집력 있는 모듈을 나누려고 해 봤자 결합도가 증가하고 가독성이 떨어질 뿐이다.*
>
> —래리 콘스탄틴 Larry Constantine

컴퓨터 과학자들은 응집을 여러 유형으로 분류했다. 최선에서 최악의 순으로 나열하면 다음과 같다.

기능적 응집(functional cohesion)
모듈의 모든 요소가 서로 관련되어 있으며, 모듈이 기능(작동)하는 데 필요한 모든 요소가 모듈에 들어 있다.

순차적 응집(sequential cohesion)
두 모듈이 데이터를 매개로 해서 차례대로 상호작용한다. 즉, 한 모듈이 데이터를 출력하면 다른 모듈이 그것을 입력으로 삼는다.

통신적 응집(communicational cohesion)
두 모듈이 하나의 통신 체인(communication chain)을 형성해서 각자 정보를 처리하거나 어떤 출력에 기여한다. 예를 들어 한 모듈은 데이터베이스에 레코드를 추가하고 다른 모듈은 그 정보를 바탕으로 이메일을 생성한다.

절차적 응집(procedural cohesion)
두 모듈이 코드를 반드시 특정한 순서로 실행한다.

시간적 응집(temporal cohesion)
모듈들이 시간적 의존성에 기반해서 연관된다. 예를 들어 많은 시스템에는 반드시 시스템 시작 시점에서 초기화해야 할 사항들이 있다. 오직 시작 시점에서 초기화해야 한다는 점을 제외하고는 다른 연관 관계는 없는 사항들인 경우, 이런 초기화 작업들은 시간적으로 응집된 것이다.

논리적 응집(logical cohesion)
모듈 내의 데이터가 논리적으로는 관련되어 있지만 기능적으로는 그렇지 않은 경우를 말한다. 예를 들어, 텍스트나 직렬화된 객체, 또는 스트림에 담긴 정보를 다른 형식으로 변환하는 모듈을 생각해 보자. 이 변환 연산들은 모두 관련이 있지만, 그 기능은 상당히 다르다. 이러한 응집 유형의 전형적인 예는 거의 모든 자바 프로젝트에서 볼 수 있는 `StringUtils` 패키지이다. 이것은 `String` 객체를 다룬다는 점을 제외하고는 연관성이 없는 정적 메서드들의 집합이다.

우발적 응집(coincidental cohesion)
모듈의 요소들이 별로 관련이 없고, 그저 같은 소스 파일에 모여 있을 뿐이다. 이것이 가장 부정적인 형태의 응집이다.

이처럼 여러 변형이 있긴 하지만 **응집도**는 **결합도**보다 덜 정확한 지표이다. 특정 모듈의 응집도는 특정 아키텍트의 재량에 따라 결정되는 경우가 많다. 다음과 같은 모듈 정의를 생각해 보자.

Customer Maintenance(고객 관리)
- add customer(고객 추가)
- update customer(고객 갱신)
- get customer(고객 조회)
- notify customer(고객 알림)
- get customer orders(고객 주문 조회)
- cancel customer orders(고객 주문 취소)

마지막 두 항목이 이 고객 관리 모듈에 꼭 필요할까? 개발자가 마지막 두 항목을 개별 모듈로 만드는 게 낫지 않을까? 그렇게 한다면 다음과 같은 두 개의 모듈이 될 것이다.

Customer Maintenance(고객 관리)
- add customer(고객 추가)
- update customer(고객 갱신)
- get customer(고객 조회)
- notify customer(고객 알림)

Order Maintenance(주문 관리)
- get customer orders(고객 주문 조회)
- cancel customer orders(고객 주문 취소)

어떤 것이 올바른 구조일까? 언제나 그렇듯이 답은 "상황에 따라 다르다!"

- Order Maintenance 모듈의 연산은 고객 주문 조회와 취소 둘뿐인가? 그렇다면 모듈이 너무 작다. 따라서 이 연산들을 Customer Maintenance로 다시 통합하는 것이 합리적일 수 있다.
- Customer Maintenance가 지금보다 훨씬 더 커질 것으로 예상되는가? 그렇다면 개발자들은 해당 행동방식(behavior)을 다른 모듈(또는 새로운 모듈)로 추출할 수 있는지 검토해야 할 것이다.
- Order Maintenance의 작동에 필요한 Customer 정보가 아주 많은가? 그래서 모듈을 둘로 분리하면 시스템

제3장 모듈성   **83**

이 제대로 연동하기 위해서는 두 모듈의 결합도가 아주 높아야 하는가? (앞에서 언급한 래리 콘스탄틴의 인용문과 관련이 있는 내용이다.)

이상은 소프트웨어 아키텍트의 핵심 업무에 해당하는 트레이드오프 분석의 성격을 잘 말해주는 질문들이다.

컴퓨터 과학자들은 응집도를 결정하는 데 적합한 구조적 지표 하나를 개발했다(응집도가 얼마나 주관적인 특성인지 생각하면 그런 지표를 만들어 냈다는 것이 다소 놀랍다). **응집 결여도** (Lack of Cohesion)라는 지표이다. 치댐버와 케메러의 객체 지향 지표 스위트(Chidamber and Kemerer Object-Oriented Metrics Suite; https://oreil.ly/-1lMh)라는 유명한 지표 집합은 객체 지향 소프트웨어 시스템의 특정 측면들을 측정한다. 이 지표 집합에는 §3.3.2 "결합도"에서 논의하는 여러 결합도 관련 지표와 §6.1.2 "구조적 특성의 측정"에서 소개하는 순환 복잡도가 포함되어 있다.

치댐버와 케메러는 모듈의 구조적 응집도(structural cohesion)를 측정하는 LCOM(Lack of Cohesion in Methods; 메서드 응집 결여도)이라는 지표도 개발했다. [식 3-1]은 이 지표의 첫 버전이다.

식 3-1 LCOM, 버전 1

$$LCOM = \begin{cases} |P| - |Q|, & \text{만일 } |P| > |Q| \text{이면} \\ 0, & \text{그렇지 않으면} \end{cases}$$

이 식에서 P는 특정 공유 필드(인스턴스 변수)에 접근하지 않는 메서드당 1씩 증가하고, Q는 특정 공유 필드를 공유하는 메서드당 1씩 감소한다.[2] 공식이 다소 어렵게 느껴질 것이라 생각한다. 하지만 이것보다 더 복잡한 공식도 등장했다. [식 3-2]는 LCOM96B라고 부르는, 1996년에 도입된 버전이다.

식 3-2 LCOM96B

$$LCOM96b = \frac{1}{a}\sum_{j=1}^{a} \frac{m - \mu(Aj)}{m}$$

---

2 옮긴이_ 원서에 두 변수의 초기치는 나와 있지 않다. 그리고 메서드당 증가/감소라는 설명은 다소 헷갈리는 측면이 있다. LCOM 버전 1에 관한 다른 자료들에 따르면 P는 서로 공유하는 필드가 없는 메서드 쌍들의 개수이고 Q는 공유하는 필드가 하나 이상인 메서드 쌍들의 개수이다.

이 공식의 변수들과 연산자들을 곧이곧대로 설명하기보다는, 이 지표의 의미를 말로 풀어서 설명하는 게 나을 것이다. 기본적으로 LCOM 지표는 클래스 내의 비본질적인 결합 관계를 반영한 것이다. 그런 맥락에서, 위의 공식은 LCOM이 "필드 공유를 통해 공유되지 않는 메서드 집합들의 비율"이라는 뜻이다.[3]

비공개(private) 필드 a와 b가 있는 클래스가 있다고 하자. 이 클래스에 a에만 접근하는 메서드들과 b에만 접근하는 메서드들이 많고 둘 다 접근하는 메서드는 별로 없다면, 필드 공유(a와 b)를 통해 공유되지 않는 메서드 집합들이 많은 것이다. 따라서 이 클래스의 LCOM 점수는 높다. 그리고 LCOM 점수가 높다는 것은 **메서드들의 응집 결여도**가 높다는 뜻이다.

[그림 3-1]에 표시된 세 클래스를 살펴보자. 여기서 팔각형 안의 대문자는 필드이고 둥근 모서리 사각형은 메서드이다. 클래스 X는 LCOM 점수가 낮다. 이는 구조적 응집이 좋다는 뜻이다. 반면에 클래스 Y는 LCOM 점수가 아주 높다(즉, 응집이 크게 부족하다). 클래스 Y의 각 필드/메서드 쌍을 개별 클래스로 분리해도 시스템의 행동방식에는 영향을 미치지 않는다. 클래스 Z는 두 클래스의 혼합에 해당한다. 마지막 필드/메서드 조합(C와 m3())은 개별 클래스로 리팩터링해도 될 것이다.

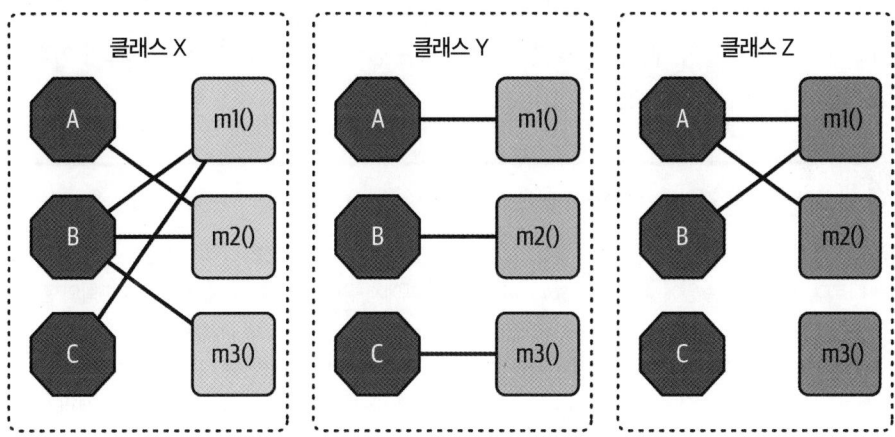

그림 3-1 LCOM 지표의 예. 팔각형은 필드, 사각형은 메서드이다.

LCOM 지표는 코드베이스의 재구축이나 마이그레이션, 또는 이해를 위해 코드베이스를 분석

---

[3] 옮긴이_ 궁금한 독자를 위해 부연하자면, m은 클래스의 전체 메서드 개수이고 $\mu(A_j)$는 j번째 필드에 접근하는 메서드들의 개수이다. 따라서 합산(시그마)의 항은 전체 메서드 중 해당 필드를 사용하지 않는 메서드들의 비율에 해당한다.

하는 아키텍트에게 유용하다. 예를 들어 여러 클래스가 공유하는 유틸리티 클래스들은 아키텍처를 이동할 때 골칫거리가 될 때가 많다. LCOM 지표는 우발적으로 결합된(즉, 애초에 하나의 클래스로 묶지 말았어야 했던) 클래스들을 찾아내는 데 도움이 된다.

많은 소프트웨어 지표에는 심각한 결함이 있다. LCOM도 예외가 아니다. 이 지표가 찾을 수 있는 것은 **구조적** 응집도 결여뿐이다. 특정 요소들이 **논리적으로** 잘 맞는지는 이 지표로 알 수 없다. 이 지점에서 소프트웨어 아키텍처의 제2법칙(§1.2)으로 되돌아가게 된다. 즉, **어떻게**보다 **왜**가 더 중요하다.

3.3.2 결합도

다행히 코드베이스의 결합도를 분석하는 더 나은 도구가 존재한다. 이런 도구들은 부분적으로 그래프 이론에 기반한다. 메서드 호출과 반환은 호출 그래프(call graph)를 형성하는데, 그래프 이론을 이용해서 호출 그래프를 수학적으로 분석할 수 있다. 에드워드 요든Edward Yourdon과 래리 콘스탄틴의 저서 『*Structured Design*』은 **구심 결합도**(afferent coupling)와 **원심 결합도**(efferent coupling) 지표를 비롯해 다수의 핵심 개념을 정의했다. **구심** 결합도는 해당 코드 요소(컴포넌트, 클래스, 함수 등)로 **들어오는** 연결들의 개수를 측정한다. **원심** 결합도는 다른 코드 요소로 **나가는** 연결들의 개수를 측정한다. 거의 모든 플랫폼에는 아키텍트가 코드의 이러한 결합 특성들을 분석하는 데 사용할 수 있는 도구들이 있다.

> ### 비슷한 이름의 결합도 지표들이 많은 이유
>
> 아키텍트 세계에서 두 중요한 지표인 구심 결합도와 원심 결합도는 **정반대의 개념**을 나타내지만, 이름은 한 글자만 다르다. 이 용어들은 앞에서 언급한 『*Structured Design*』 책에서 유래했다. 요든과 콘스탄틴이 수학의 관련 개념들에서 빌려온 이 용어들이 널리 쓰이고 있다. **들어오는**(incoming) 결합도와 **나가는**(outgoing) 결합도라고 불렀으면 이해하기도 쉽고 구분하기도 쉬웠겠지만, 요든과 콘스탄틴은 명확성보다는 수학적 대칭성을 선호했다. 영어권 개발자들은 구분에 도움이 되는 몇 가지 기억법을 만들어냈다. 예를 들어 영어 알파벳에서 *a*가 *e*보다 먼저인데, 이는 *incoming*이 *outgoing*보다 알파벳순으로 먼저인 것과 일치한다. 한편, *efferent*의 첫 글자 *e*가 *exit*(출구)의 첫 글자라는 점을 생각하면 efferent 결합도(원심 결합도)가 나가는 결합도임을 기억하는 데 도움이 된다.[4]

---

4 옮긴이_ 이와 비슷하게, 구심력은 공전하는 물체를 회전의 중심으로 당기는 힘이므로 구심 결합도는 들어오는 결합도에 해당하고, 원심력은 그 반대의 힘이므로 원심 결합도가 나가는 결합도에 해당한다고 외우면 될 것이다.

3.3.3 핵심 지표들

컴포넌트들의 결합도는 아키텍트를 위한 일차적인 자료에 해당한다. 이 지표 외에, 좀 더 깊이 있는 평가를 가능하게 하는 파생 지표들이 몇 개 있다. 이번 절에서 소개하는 지표들은 소프트웨어 엔지니어 로버트 C. 마틴Robert C. Martin(https://oreil.ly/QxmzC)이 개발한 것으로, 대부분의 객체 지향 언어에 광범위하게 적용된다.

추상도(abstractness)는 추상적인 요소(추상 클래스, 인터페이스 등)와 구체적인 요소(구현 코드)의 비(ratio)이다. 추상도 지표는 코드베이스가 어느 정도나 추상적/구체적인지를 나타낸다. 추상도 스펙트럼의 한쪽 끝은 추상화가 전혀 없는 코드베이스이다. 이를테면 모든 것이 거대한 함수 하나(`main()` 메서드 등)로 구현된 프로그램을 상상하면 된다. 다른 한쪽 끝은 추상적 요소들이 너무 많은, 극도로 추상적인 코드베이스이다. 이런 코드베이스는 그것을 구성하는 요소들이 어떤 식으로 연결되는지를 개발자가 이해하기 어렵다. (추상화 계층이 많은 경우 `AbstractSingletonProxyFactoryBean` 같은 모호한 이름의 추상 클래스를 어떻게 다루면 되는지 파악하려면 시간이 걸린다.)

[식 3-3]은 추상도를 계산하는 공식이다.[5]

식 3-3 추상도

$$A = \frac{\sum m^a}{\sum m^c + \sum m^a}$$

이 공식에서 m^a는 모듈 안의 **추상적** 요소(인터페이스나 추상 클래스)이고 m^c는 **구체적** 요소(비추상 클래스 등)이다. 따라서 이 공식의 추상도 A는 추상적 요소들의 총합을 추상적 요소들의 총합과 구체적 요소들의 총합을 더한 값으로 나눈 비율(proportion)이다. 이를 앞에서 말한 추상도의 정의, 즉 추상적 요소 대 구체적 요소의 비로 해석할 수 있다.[6] 이해를 돕기 위해, 5,000줄의 코드가 모두 하나의 `main()` 메서드에 들어 있는 프로그램을 생각해 보자. 이 경우 추상도 공식의 분자는 1이고 분모는 5,000이므로(구체적 요소들을 아주 단순하게 계산한다고 할 때) 추상도는 0에 가깝다.

---

[5] 옮긴이_ 이 수식과 [식 3-4]의 수식에서 위 첨자는 거듭제곱 지수가 아니라 비슷한 성격의 변수들을 구분하는 표식이다.
[6] 옮긴이_ 참고로 비는 서로 배타적인 두 요소의 상대적 크기 관계를 나타내고, 비율은 전체 중 어떤 부분이 차지하는 정도를 나타낸다.

또 다른 파생 지표로 **불안정도**(instability)가 있다. [식 3-4]에서 보듯이 불안정도는 원심 결합도를 원심 결합도와 구심 결합도의 합으로 나눈 것이다.

식 3-4 불안정도

$$I = \frac{C^e}{C^e + C^a}$$

이 식에서 C^e는 원심 결합도(나가는 결합도)이고 C^a는 구심 결합도(들어오는 결합도)이다.

불안정도 지표는 코드베이스의 **변동성**(volatility; 또는 휘발성)을 결정한다. 불안정도가 높은 코드베이스는 결합도가 높아서 변경 시 고장 나기 쉽다. 예를 들어 작업을 위임하기 위해 다른 클래스의 메서드들을 너무 많이 호출하는 클래스는 불안정도가 높으며, 만일 호출되는 메서드 중 하나 이상이 변경되면 호출하는 클래스 역시 잘못될 가능성이 높다.

3.3.4 주 시퀀스로부터의 거리

아키텍처 구조에 대한 전일적(holistic) 지표는 아쉽게도 그리 많지 않은데, 그중 하나는 주 시퀀스로부터의 거리(Distance from the Main Sequence), 줄여서 주 시퀀스 거리이다. 이것은 불안정도와 추상도에서 파생된 지표로, [식 3-5]와 같이 정의된다.

식 3-5 주 시퀀스로부터의 거리

$$D = |A + I - 1|$$

이 식에서 A는 추상도이고 I는 불안정도이다.

일부 극단적인 경우를 제외할 때 추상도와 불안정도 둘 다 0과 1 사이의 소수(분수)임을 기억하자. 따라서 세 지표의 관계를 그래프로 나타내면 [그림 3-2]와 같은 모습이 된다.

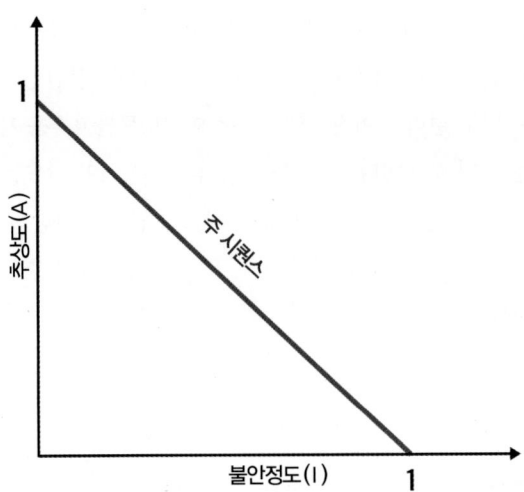

그림 3-2 '주 시퀀스'는 추상성과 불안정성 간의 이상적인 균형선을 의미한다.

이 거리 지표는 주어진 클래스가 추상성과 불안정성이 이상적으로 균형을 이루는 선(주 시퀀스)과 얼마나 떨어져 있는지를 나타낸다. 클래스가 이상적인 균형선에 가까이 있다는 것은 추상성과 불안정성이라는 서로 경쟁하는 두 관심사가 잘 혼합되어 있다는 뜻이다. [그림 3-2]와 같은 추상도-불안정도 좌표계에서 클래스가 놓이는 위치를 계산할 수 있다면, [그림 3-3]과 같이 **주 시퀀스 거리** 지표를 측정할 수 있다.

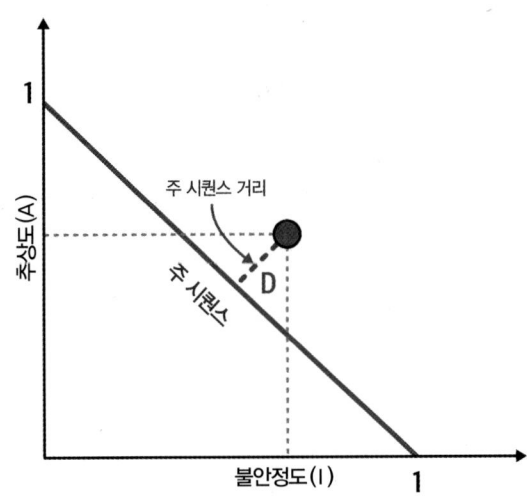

그림 3-3 특정 클래스에 대한, 정규화된 주 시퀀스 거리

[그림 3-3]은 후보 클래스를 그래프에 위치시키고 이상적인 균형선으로부터의 거리를 측정해서 주 시퀀스 거리 지표를 측정한 모습이다. 그 선에 가까울수록 클래스의 추상성·불안정성 균형이 좋은 것이다. 우상단 모서리 쪽으로 너무 멀리 떨어진 클래스들은 아키텍트들이 **무용 지역**(Zone of Uselessness)이라고 부르는 영역에 속한다(그림 3-4). 너무 추상적인 코드는 사용하기가 어려워서 쓸모가 없기 때문에 그런 이름이 붙었다. 반대로, 좌표계 원점(좌하단 모서리)에 너무 치우친 코드는 소위 **고통 지역**(Zone of Pain)에 속한다. 구현이 너무 많고 추상화가 충분하지 않은 코드는 취약하고 유지보수하기 어려워서 다루기가 고통스럽다.

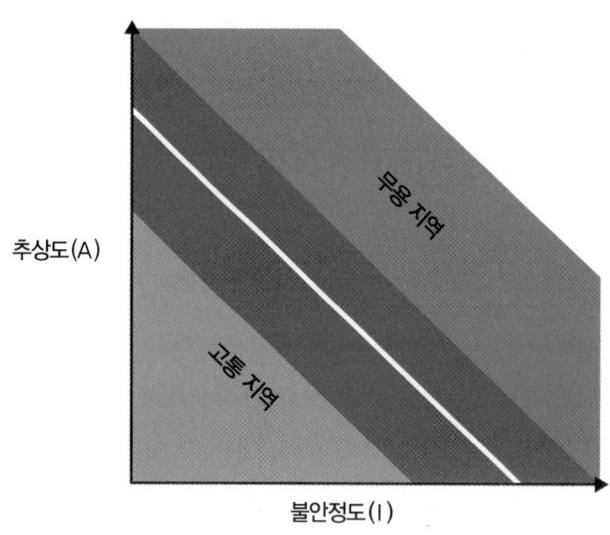

그림 3-4 무용 지역과 고통 지역

많은 플랫폼이 이런 지표들을 계산하는 도구를 제공한다. 그런 도구들은 아키텍트가 코드베이스에 익숙해지거나 마이그레이션을 준비하기 위해, 또는 기술 부채를 평가하기 위해 코드베이스를 분석할 때 도움이 된다.

> **지표의 한계**
>
> 아키텍처와 관련해서 귀중한 통찰력을 제공하는 코드 수준 지표들이 몇 가지 있지만, 해당 도구들은 다른 엔지니어링 분야의 분석 도구에 비하면 너무나 무디다. 아키텍처의 경우에는 코드의 구조에서 직접 파생된 지표들조차도 해석이 필요하다. 예를 들어 순환 복잡도(§6.1.2의 '순환 복잡도' 글 상자 참고)는 코드베이스의 복잡성을 측정하는 지표인데, **본질적** 복잡성(해결할 문제 자체가 복잡하기 때문에 코드가 복잡한 경우)과 **우발적**

> 복잡성(코드가 실제로 필요한 것보다 더 복잡한 경우)을 구별하지 못한다. 거의 모든 코드 수준 지표에 해석이 필요하긴 하지만, 그래도 순환 복잡도 같은 핵심적인 지표에 대한 기준선을 설정해서 아키텍트가 코드베이스의 유형을 손쉽게 평가할 수 있게 하는 것은 여전히 유용한 일이다. §6.2 "거버넌스와 적합성 함수"에서 바로 그런 테스트 설정을 논의한다.

요든과 콘스탄틴의 『Structured Design』은 객체 지향 언어가 인기를 끌기 전인 1979년에 출간되었기 때문에 함수(메서드가 아니라) 같은 구조적 프로그래밍의 요소들에 초점을 둔다. 또한 요즘의 프로그래밍 언어 설계를 기준으로 본다면 시대에 뒤떨어진 유형의 결합도들도 논의한다. 객체 지향 프로그래밍은 구심 결합도와 원심 결합도를 아우르는 추가적인 개념들을 도입했으며, 동변성이라고 하는, 결합을 좀 더 정교하게 서술하는 용어도 생겼다.

3.3.5 동변성

메일리어 페이지존스Meilir Page-Jones의 저서 『What Every Programmer Should Know about Object-Oriented Design』(Dorset House, 1996)은 객체 지향 언어에서 다양한 유형의 결합을 설명하는 더욱 정확한 언어를 제시했다. 동변성(connascence)[7]은 구심 결합도나 원심 결합도 같은 결합에 대한 지표가 아니다. 이것은 아키텍트가 다양한 유형의 결합을 더욱 정확하게 설명하기 위한, 그리고 주어진 유형의 결합이 유발하는 전반적인 결과를 이해하기 위한 하나의 언어를 대표하는 용어이다.

두 컴포넌트가 **동변적**(connascent)이라는 것은 한 컴포넌트가 변했을 때 시스템의 전체적인 정확성을 유지하려면 다른 컴포넌트도 변해야 한다는 뜻이다. 페이지존스는 동변성을 두 유형으로 구분했다. 하나는 **정적** 동변성(static connascence)이고 다른 하나는 **동적** 동변성(dynamic connascence)이다.

정적 동변성

정적 동변성은 소스 코드 수준의 결합을 의미한다(소스 코드 수준의 결합과 대조되는 것은 실행

---

7 옮긴이_ connascence(커네이션스 또는 커너선스라고 읽는다)는 둘 이상의 존재가 함께 발생 또는 탄생함을 뜻하는 영어 단어로, 적어도 18세기부터 쓰였고 현대 영어에서는 별로 쓰이지 않는다. 이번 절에서 설명하는 소프트웨어 공학에서의 의미는 20세기 말에 페이지존스가 부여한 것인데, 원뜻이나 어원(함께를 뜻하는 con-과 태어남을 뜻하는 -nascence의 조합)을 직접적으로 반영하지 않는다. 이 번역서에서는 어원보다는 실제 의미에 초점을 두어서 함께 변한다는 뜻의 '동변성'이라는 용어를 사용하기로 한다.

시점 결합인데, 이에 관해서는 잠시 후 "동적 동변성" 절에서 이야기한다). 아키텍트의 관점에서 정적 동변성은 주어진 대상이 **어느 정도나** 결합하여 있는지(구심 결합이든 원심 결합이든)를 나타낸다. 정적 동변성은 여러 유형으로 나뉜다.

이름 동변성(connascence of name)

여러 컴포넌트가 엔터티의 이름에 합의해야 한다.

메서드의 이름과 매개변수들을 통한 결합은 코드베이스에서 볼 수 있는 가장 일반적인, 그리고 가장 바람직한 유형의 결합이다. 특히 시스템 전반의 이름 변경을 쉽게 구현할 수 있는 현대적인 리팩터링 도구를 고려하면 더욱 그렇다. 예를 들어 요즘 개발자들은 활성 코드베이스에서 메서드 이름을 손수 변경하지 않는다. 대신 현대적인 도구로 메서드 이름을 **리팩터링**함으로써 코드베이스 전체에서 이름들을 체계적으로 바꾼다.

타입 동변성(connascence of type)

여러 컴포넌트가 엔터티의 타입에 합의해야 한다.

여러 정적 타입 언어에서 흔히 변수와 매개변수를 특정 타입으로 제한하는 것이 이 동변성 유형의 좋은 예이다. 하지만 이것이 정적 타입 언어에만 국한되지는 않는다. 일부 동적 타입 언어도 선택적 타이핑을 제공하는데, 특히 클로저^{Clojure}(https://clojure.org)와 클로저 스펙^{Clojure Spec}(https://clojure.org/about/spec)이 대표적이다.

의미 동변성(connascence of meaning)

여러 컴포넌트가 특정 값의 의미에 합의해야 한다. **규약 동변성**(connascence of convention)이라고도 부른다.

코드베이스에서 이 유형의 동변성이 나타나는 가장 일반적이고 자명한 사례는 상수 대신 하드코딩된 숫자를 사용하는 것이다. 예를 들어 int TRUE = 1; int FALSE = 0 같은 정의가 일상적인 언어들이 있는데, 누군가가 이 값들을 뒤바꾼다면 어떤 문제가 발생할지 상상해 보기 바란다.

위치 동변성(connascence of position)

여러 컴포넌트가 값들의 순서에 합의해야 한다.

정적 타이핑을 지원하는 언어에서도 메서드와 함수 호출의 매개변수 값들에서 이 유형의 동변성이 발생한다. 예를 들어, 한 개발자가 void updateSeat(String name, String seatLocation)라는 메서드를 만들었는데 다른 개발자가 updateSeat("14D", "Ford", N")이라고 호출한다면,[8] 타입은 올바르더라도 의미론적으로는 정확하지 않다.

알고리즘 동변성(connascence of algorithm)

여러 컴포넌트가 특정 알고리즘에 합의해야 한다.

---

[8] 옮긴이_ 매개변수 name은 사람 이름이고 seatLocation은 좌석 위치를 나타낸다. 공연 티켓 판매 시스템을 상상하면 될 것이다(실제로 16장에 콘서트 티켓 예매 시스템의 예가 언급된다). 호출 예에서는 순서가 뒤바뀌어서, name에 좌석 위치를, seatLocation에 사람 이름을 지정했다.

알고리즘 동변성의 좋은 예로는 서버와 클라이언트의 보안 해싱 알고리즘을 들 수 있다. 사용자 인증을 위한 해싱 알고리즘은 서버와 클라이언트 양쪽에서 실행되어 동일한 결과를 생성해야 한다. 한쪽 알고리즘의 세부 사항을 변경하면 서버와 클라이언트의 핸드셰이크 과정이 제대로 진행되지 않는다. 따라서 한쪽을 변경하면 다른 쪽도 반드시 변경해야 한다. 이는 명백히 높은 수준의 결합을 나타낸다.

동적 동변성

페이지존스가 정의한 또 다른 동변성 유형은 **동적 동변성**이다. 동적 동변성은 실행 시점(runtime)에서의 호출들에 관한 것이다. 동적 동변성에도 여러 유형이 있다.

실행 동변성(connascence of execution)

여러 컴포넌트의 실행 순서가 중요하다.

다음 코드를 생각해 보자.

```
email = new Email();
email.setRecipient("foo@example.com");
email.setSender("me@me.com");
email.send();
email.setSubject("whoops");
```

이메일을 보내려면 발신자, 수신자 등의 주요 속성을 먼저 설정한 후 전송을 시도해야 한다. 이 코드는 순서가 어긋나서 제대로 작동하지 않는다.

타이밍 동변성(connascence of timing)

여러 컴포넌트의 실행 타이밍이 중요하다.

타이밍 동변성의 전형적인 예는 동시에 실행될 때 두 스레드의 실행 순서에 따라 공동 작업의 결과가 달라지는 경합 조건(race condition; 또는 경쟁 조건)이다.

값 동변성(connascence of values)

여러 값이 서로 의존하며, 반드시 함께 변경되어야 한다.

개발자가 네 모서리 꼭짓점을 정의해서 사각형을 표현한다고 하자. 그중 한 꼭짓점을 아무렇게나 변경하면 사각형이 더 이상 사각형 모양이 아니게 될 수 있다. 한 점을 변경할 때 다른 점들도 적절히 변경해야 자료 구조의 무결성(integrity)을 유지할 수 있다.

더 일반적이고 문제가 되는 사례는 트랜잭션, 특히 분산 시스템에서의 트랜잭션이다. 분리된 여러 개의 데이터베이스들을 사용하도록 설계된 시스템에서 어떤 하나의 값을 시스템 전체에 걸쳐 일관되게 갱신해야 하는 경우, 모든 데이터베이스의 해당 값을 전부 변경하거나 하나도 변경하지 않아야 한다.

신원 동변성(connascence of identity)
여러 컴포넌트가 동일한 엔티티를 참조해야 한다.

신원 동변성 또는 식별 동변성의 일반적인 예는 독립된 두 컴포넌트가 분산 대기열(예: Kafka, RabbitMQ 등) 같은 공통의 자료 구조를 공유하고 갱신하는 것이다.

동변성의 속성들

동변성은 아키텍트와 개발자를 위한 분석의 틀(프레임워크)이다. 이 틀을 현명하게 사용하는 데 도움이 되는 속성들이 있다. 다음은 여러분이 유념해야 할 동변성 속성들이다.

강도

시스템 동변성의 **세기**(strength) 또는 **강도**는 개발자가 시스템의 결합을 리팩터링하기가 얼마나 쉬운지를 나타낸다. 이 속성은 아키텍트가 결정한다. [그림 3-5]에서 보듯이 동변성의 유형에 따라 동변성의 세기가 다르다. 더 나은 유형의 동변성 쪽으로 코드베이스를 리팩터링하면 코드베이스의 결합 특성들을 개선할 수 있다.

아키텍트는 동적 동변성보다 정적 동변성을 선호해야 한다. 정적 동변성은 개발자가 간단한 소스 코드 분석으로 파악할 수 있을 뿐만 아니라, 현대적인 도구들을 활용하면 정적 동변성을 수월하게 개선할 수 있기 때문이다. 예를 들어 마법의 값(magic value)[9]들을 명명된 상수로 대체하도록 리팩터링함으로써 **의미 동변성**을 **이름 동변성**으로 바꿀 수 있다.

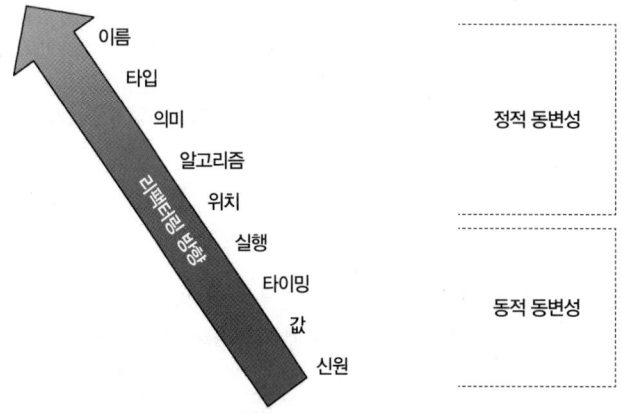

그림 3-5 동변성의 세기는 리팩터링의 지침으로 유용하다.

---

9 옮긴이_ 마법의 값 또는 마법의 수(magic number)는 코드에서 의미나 목적이 명확하지 않은 채로 하드코딩된(하지만 마법처럼 잘 작동하는) 수치나 문자열 같은 리터럴 값을 가리킨다. 이를테면 `if (status == 3)`의 3이 마법의 값이다.

지역성

시스템 동변성의 **지역성**(locality) 혹은 **국소성**은 코드베이스에서 모듈들이 서로 얼마나 가까이 있는지를 측정한다. 일반적으로, **근접한 코드**(proximal code; 같은 모듈 안의 코드)는 멀리 떨어진 코드(별도 모듈이나 코드베이스에 있는 코드)보다 동변성이 더 크고 다양하다. 다른 말로 하면, 같은 유형의 동변성이라도 컴포넌트들이 멀리 떨어져 있을 때는 바람직하지 않은 결합을 나타내지만 컴포넌트들이 가까이 있을 때는 문제가 덜하다. 한 예로, 어떤 두 클래스가 **의미 동변성**의 형태로 결합된다고 하자. 두 클래스가 같은 모듈에 있을 것이 서로 다른 모듈에 있는 것보다 코드베이스에 덜 해롭다.

앞서 언급한 페이지존스의 책이 출간되었을 때 아키텍트들은 이 지역성의 중요성을 거의 인식하지 못했다. 현대적인 어법으로 말하자면 이것은 아키텍트들이 구현 세부 사항(결합도가 높은)의 범위를 가능한 한 좁게 제한해야 한다는 뜻으로, 도메인 주도 설계(DDD)의 '경계 컨텍스트(bounded context)' 개념에서 도출된 조언과 사실상 같은 것이다. DDD에서처럼 아키텍처에서도 구현의 결합을 제한하는 것이 바람직하다. 언급한 책에서 페이지존스가 설명한 좋은 설계 원칙이 DDD를 통해서 좀 더 완전한 형태로 다시 소개된 셈이다 (제7장의 "도메인 주도 설계의 경계 컨텍스트 개념" 글 상자 참조).

동변성의 세기와 지역성은 함께 고려하는 것이 바람직하다. 강한 유형의 동변성이라도, 같은 모듈 안에 있을 때가 다른 모듈 안에 있을 때보다 '코드 악취(code smell)'가 덜하다.

정도

동변성의 **정도**(degree)는 특정 모듈에서 클래스를 변경했을 때 그것이 시스템에 미치는 영향의 크기와 연관된다. 변경에 영향을 받는 클래스가 많을수록 동변성의 정도가 높은 것이다. 동변성의 정도가 낮으면 다른 클래스와 모듈을 조금만 변경하면 된다. 따라서 코드베이스에 덜 해롭다. 다르게 말하면, 모듈의 수가 적다면 동적 동변성이 별로 큰 문제가 되지 않는다. 하지만 코드베이스는 성장하는 경향이 있다. 코드베이스가 커짐에 따라, 변경의 측면에서 작았던 문제가 훨씬 더 큰 문제로 변한다.

언급한 『What Every Programmer Should Know about Object-Oriented Design』에서 페이지존스는 동변성을 이용해서 시스템 모듈성을 개선하기 위한 세 가지 가이드라인을 제시했다.

- 시스템을 캡슐화된 요소들로 분해해서 전체적인 동변성을 최소화한다.
- 캡슐화의 경계에 걸쳐 있는 동변성을 찾아서 최소화한다.
- 캡슐화 경계 안의 동변성을 최대화한다.

동변성 개념은 전설적인 소프트웨어 아키텍처 혁신가 짐 웨이리치^{Jim Weirich}(https://oreil.ly/LpE7_)가 다시금 대중화했다. 웨이리치는 2012년 Emerging Technologies for the Enterprise 콘퍼런스에서 "Connascence Examined"(https://oreil.ly/q7NxU) 강연을 통해 두 가지 훌륭한 규칙을 제시했는데, 다음과 같다.

- 정도의 규칙(Rule of Degree): 강한 유형의 동변성을 더 약한 유형의 동변성으로 변환하라.
- 지역성의 규칙(Rule of Locality): 소프트웨어 요소들 사이의 거리가 멀수록 더 약한 유형의 동변성을 적용하라.

아키텍트들이 동변성을 배우는 것이 유익한 이유는 설계 패턴을 배우는 것이 유익한 이유와 같다. 즉, 동변성이라는 틀은 다양한 유형의 결합을 좀 더 정확하게 설명할 수 있는 언어로 작용한다. 예를 들어 설계 패턴을 아는 사람들끼리는 "서비스가 하나 필요한데, 그 서비스는 인스턴스가 딱 하나여야 해"라고 말하는 대신 "싱글턴Singleton 서비스가 필요해"라고 말할 수 있다. 싱글턴 설계 패턴은 일반적인 문제에 대한 맥락과 해법을 간단한 이름 하나로 깔끔하게 캡슐화한다.

마찬가지로, 코드 검토(code review)를 수행할 때 아키텍트가 개발자에게 "메서드 선언 중간에 마법의 문자열 리터럴을 추가하지 말고, 상수로 추출하세요"라고 지시하는 대신 **"의미 동변성**이 **이름 동변성**으로 변하도록 코드를 리팩터링하세요"라고 말할 수 있다.

3.4 모듈에서 컴포넌트로

이 책은 서로 연관된 코드의 묶음을 **모듈**이라고 부른다. 그런데 대부분의 아키텍트들이 모듈을 부르는 이름은 **컴포넌트**이다. 소프트웨어 아키텍처의 핵심 구축 요소인 **컴포넌트**의 개념은(그리고 그에 대응되는 논리적 또는 물리적 분리에 대한 분석은) 컴퓨터 과학의 초기 시절부터 존재해 왔지만, 개발자와 아키텍트들은 여전히 좋은 결과물을 만들어 내는 데 어려움을 겪고 있다.

문제 도메인으로부터 컴포넌트들을 도출하는 작업은 제8장에서 논의할 것이다. 그 전에, 소프트웨어 아키텍처의 또 다른 근본적인 측면인 아키텍처 특성들과 그 범위에 대해 논의해야 한다.

CHAPTER 4

아키텍처 특성의 정의

이제부터 소프트웨어 아키텍트의 핵심 역할 중 하나인 구조적 설계(structural design) 작업을 세부적으로 살펴보겠다. 구조적 설계 작업은 크게 두 가지 활동으로 구성된다. 하나는 이번 장에서 다룰 **아키텍처 특성 분석**이고 다른 하나는 제8장에서 다룰 **논리적 컴포넌트 설계**이다. 이 두 활동을 어떤 순서로 수행하는지는 아키텍트가 결정할 일이다(심지어 둘을 함께 수행해도 된다). 하지만 이 둘은 중요한 결합점(joint point)에서 만난다.

어떤 문제를 소프트웨어를 이용해서 해결하기로 결정한 회사는 제일 먼저 그 시스템에 대한 요구사항(requirement) 목록을 수집하는 것으로 시작한다(제8장에서 보겠지만 요구사항을 도출하는 기법은 다양하다). 이 책에서는 이러한 요구사항들의 집합을 **문제 도메인**(problem domain)이라고 부른다(줄여서 그냥 **도메인**이라고 부르기도 한다). 제1장에서 배웠듯이 **아키텍처 특성**(architectural characteristic)들은 문제 도메인과는 독립적이면서도 시스템의 성공에 중요한 시스템의 핵심 측면이다. 이번 장에서는 아키텍처 특성이라는 용어를 좀 더 자세히 정의하고, 구체적인 아키텍처 특성들을 살펴본다.

흔히 아키텍트는 도메인을 정의하는 과정에 참여한다. 또한 아키텍트는 도메인 기능성과는 직접 관련되지 않으면서도 소프트웨어가 수행해야 하는 모든 것을 정의, 식별, 분석해야 한다. 그 모든 것이 바로 **아키텍처 특성**이다. 이처럼 아키텍트가 아키텍처 특성을 정의하는 것은 소프트웨어 아키텍처 작업을 코딩이나 설계와 구별해 주는 요인 중 하나이다. [그림 4-1]에서 보듯이 아키텍트가 소프트웨어 솔루션을 설계할 때는 요구사항 외에도 많은 요소를 고려해야 한다.

   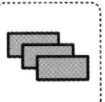  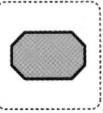 

감사성 성능 보안 요구사항 데이터 적법성 확장성

그림 4-1 소프트웨어 솔루션은 도메인 요구사항과 아키텍처 특성으로 구성된다.

> ### 사라지지 않는 '비기능 요구사항'이라는 용어
>
> 조직마다 아키텍처 특성을 일컫는 용어가 다양하다. 그중에 **비기능적 요구사항**(non-functional requirement)이라는 용어도 있는데, 이는 아키텍처 특성을 **기능적 요구사항**(functional requirement)과 구별하기 위해 만들어진 것이다. 우리는 이 용어를 좋아하지 않는다. 자기비하적이고 언어적 관점에서 부정적인 영향을 미치기 때문이다. '비기능적'인 것에 충분한 관심을 기울이도록 팀을 설득하는 것이 어떻게 가능하겠는가? **품질 속성**(quality attribute)도 아키텍처 특성 대신 흔히 쓰이는 용어인데, 역시 마음에 들지 않는다. 설계보다는 사후 품질 평가를 의미하는 것 같기 때문이다.
>
> 우리는 **아키텍처 특성**이라는 용어를 선호한다. 이 용어가 아키텍처의, 나아가 시스템 전체의 성공에 중요한 관심사들을 설명하면서도 이러한 관심사들의 중요성을 깎아내리지 않기 때문이다. 우리가 저술에 참여한 『Head First Software Architecture』(O'Reilly, 2024)[1]에서는 아키텍처 특성을 시스템의 **역량**(capability)이라고 부른다. 이와 대조적으로 도메인은 시스템의 **행동방식**(behavior)을 나타낸다.
>
> 종종 용어는 '고착화'된다. **비기능 요구사항**은 소프트웨어 아키텍트들 사이에서 특히나 끈질기게 버티고 있는 것으로 보인다. 여전히 많은 조직에서 이 용어를 흔히 사용한다. 이 용어는 1970년대 후반 소프트웨어 공학 문헌에 처음 등장하기 시작했다. **기능점 분석**(function point analysis)이라는 추정 기법도 대략 그 시기에 등장했는데, 이것은 시스템의 요구사항들을 각각 어떤 작업 단위를 대표하는 '기능점'들로 분해하는 기법이다. 이론적으로는, 팀이 분석 과정의 끝에서 모든 기능점을 취합함으로써 프로젝트에 대한 통찰을 얻을 수 있다. 하지만 현실은 그렇지 않았다. 안타깝게도 이 방법은 확실성의 아주 얇은 거죽만 제시했을 뿐이며, 다른 여러 추정 방식이 그렇듯이 주관성에 시달렸다. 이제는 사용되지 않는다.
>
> 하지만 그 시대로부터 여전히 남아있는 통찰이 하나 있다. 시스템을 만드는 데 필요한 노력의 대부분이 요구사항보다는 시스템의 **역량**에 관한 것이라는 점이다. 당시 사람들은 그러한 역량을 **비기능점**(non-function point)이라고 불렀고, 이것이 **비기능 요구사항**이라는 용어가 일반화되는 계기가 되었다.

---

1 옮긴이_ 번역서는 유동환, 최영수 옮김, 『헤드 퍼스트 소프트웨어 아키텍처』(한빛미디어, 2025).

4.1 아키텍처 특성과 시스템 설계

어떤 요구사항이 하나의 아키텍처 특성으로 간주되려면 세 가지 기준(criteria) 혹은 조건을 충족해야 한다. 하나는 비도메인 설계 고려 사항을 명시해야 한다는 것이고 또 하나는 설계의 구조적 측면에 영향을 미쳐야 한다는 것, 나머지 하나는 애플리케이션의 성공에 필수이거나 중요해야 한다는 것이다. 이 세 기준을 **모두** 충족해야 아키텍처 특성이 된다. [그림 4-2]는 이 세 기준이 어떻게 연관되는지를 나타낸다. 세 기준과 함께 명시적, 암묵적 같은 수식어들도 주목하기 바란다.

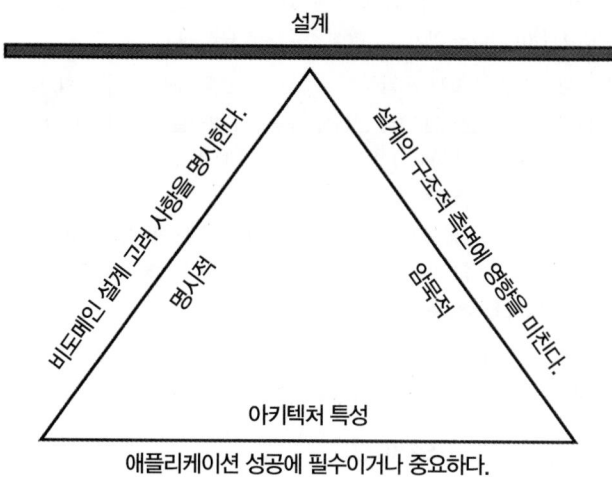

그림 4-2 아키텍처 특성의 차별화 요소들

이러한 구성요소들을 더 자세히 살펴보자.

아키텍처 특성은 도메인과 무관한 설계 고려 사항을 명시한다.
소프트웨어 아키텍처의 구조적 설계는 아키텍트가 수행하는 두 가지 활동으로 구성된다. 하나는 문제 도메인을 이해하는 것이고 다른 하나는 시스템이 성공하려면 꼭 지원해야 하는 역량의 종류를 파악하는 것이다. 도메인 설계 고려 사항은 시스템의 행동방식에 관한 것이고, 아키텍처 특성은 역량을 정의한다. 이 두 활동의 조합에 의해 구조적 설계가 정의된다.

설계 요구사항은 애플리케이션이 **무엇**을 해야 하는지 명시한다. 반면에 아키텍처 특성은 요구사항을 **어떻게** 구현할지, 그리고 어떤 사항을 **왜** 그렇게 결정하고 선택했는지를 명시한다. 간단히 말해 아키텍처 특성은 프로젝트가 성공하기 위한 운영 및 설계의 기준(criteria)이다.

예를 들어, 성능이 특정 수준 이상이어야 한다는 기준은 하나의 아키텍처 특성이지만, 요구사항 문서에는 수록되지 않는 경우가 많다. 더 적절한 예가 있다. 설계가 반드시 "기술 부채를 방지해야 한다"라고 요구하는 것은 일반적인 설계 고려 사항이지만, 요구사항 문서에 이것이 명시된 경우는 보지 못했다. 명시적 특성과 암묵적 특성 간의 이러한 구분은 §5.1 "도메인 관심사들에서 아키텍처 특성 도출하기"에서 좀 더 자세히 논의할 것이다.

아키텍처 특성은 설계의 구조적 측면에 영향을 미친다.

아키텍트가 주어진 프로젝트에 대한 아키텍처 특성들을 서술하려는 주된 이유는 그로부터 중요한 설계 고려 사항을 끌어내기 위해서이다. 아키텍트가 아키텍처 특성을 설계만으로 구현할 수 있는가, 아니면 그 아키텍처 특성이 성공하기 위해 어떤 특별한 구조적 고려 사항이 필요한가?

예를 들어, 보안은 거의 모든 프로젝트에서 관심사이며, 모든 시스템은 설계와 코딩 과정에 보안을 위한 몇 가지 기본 예방책을 취해야 한다. 하지만 보안을 지원하기 위해 아키텍처에 특별한 구조가 필요하다고 아키텍트가 판단한다면, 보안은 단순한 고려 사항이 아니라 아키텍처 특성 수준으로 승격된다.

일반적인 아키텍처 특성인 보안과 확장성을 생각해 보자. 모놀리스 시스템이라면 아키텍트가 암호화, 해싱, 솔팅salting[2] 같은 잘 알려진 기법을 비롯해 여러 바람직한 코딩 관행을 적용해서 보안을 수용할 것이다. (이 범주에 속하는 아키텍처 적합성 함수는 제6장에서 논의한다.) 반면에 마이크로서비스 같은 분산 아키텍처라면 아키텍트는 좀 더 엄격한 접근 프로토콜을 가진 견고한 서비스를 구축하려 들 것이다. 이것은 구조적 접근법이다. 이 예에서 보듯이 보안은 설계를 통해 수용할 수도 있고 구조를 통해 수용할 수도 있다. 하지만 확장성은 다르다. 아무리 현명하게 설계해도 모놀리스형 아키텍처가 특정 지점을 넘어 확장되도록 할 수는 없다. 그 지점을 넘어서면 시스템을 분산 아키텍처 스타일로 바꿔야 한다.

아키텍트는 운영 아키텍처 특성(§4.2.1 "운영 아키텍처 특성"에서 논의)에 세심한 주의를 기울인다. 이 부류의 아키텍처 특성들은 특별한 구조적 지원을 요구할 때가 아주 많기 때문이다.

아키텍처 특성은 애플리케이션 성공에 필수이거나 중요해야 한다.

하나의 애플리케이션이 아주 많은 수의 아키텍처 특성을 지원하는 것은 **가능하다**. 하지만 실제로 그렇게 해서는 안 된다. 시스템이 지원하는 아키텍처 특성이 늘어날수록 설계가 더 복잡해진다. 이것이 아키텍트가 아키텍처 특성을 가능한 한 **적게**(**많이**가 아니라) 선택하려고 노력해야 하는 이유이다.

이 책은 아키텍처 특성들을 암묵적 특성(implicit attribute)과 명시적 특성(explicit attribute)으로 구분한다. 암묵적 특성은 요구사항 문서에는 거의 등장하지 않지만 프로젝트가 성공하는 데 꼭 필요한 특성이다. 예를 들어 가용성, 신뢰성, 보안은 거의 모든 애플리케이션의 기반이지만, 설계 문서에 명시되는 경우는 드물다. 아키텍트는 분석 단계에서 문제 도메인에 대한 지식을 활용해서 이런 성격의 아키텍처 특성들을 찾아내야 한다. 예를 들어, 고빈도

---

[2] 옮긴이_ 솔팅(salting)은 패스워드 같은 기밀 정보를 해싱할 때 원본 데이터에 '소금(salt)'이라고 부르는 무작위 값을 추가해서 보안을 강화하는 기법이며, 주로는 무차별 대입이나 레인보우 테이블 공격을 방어하기 위한 것이다. 모든 사용자와 해싱에 동일하게 적용되는 '후추(pepper)'와는 달리 소금값은 해싱마다 또는 사용자마다 다르다.

거래(high-frequency trading)에 주력하는 증권사라면 모든 시스템에서 지연시간이 낮아야 함을 굳이 명시할 필요가 없을 수 있다. 해당 문제 도메인의 아키텍트들이 이미 그것이 얼마나 중요한지 알고 있을 것이기 때문이다. 반면에 명시적 아키텍처 특성은 요구사항 문서나 기타 가이드라인 문서 등에 명시되어 있는 특성이다.

[그림 4-2]의 도식을 삼각형 모양으로 구성한 것은 의도적이다. 정의의 각 요소가 다른 요소들을 지탱한다는 점과 이 요소들이 함께 시스템 전체의 설계를 지탱한다는 점을 나타내는 데에는 삼각형이 가장 적합하다. 삼각형이 형성하는 이러한 지지대는 아키텍처 특성들이 상호작용하는 방식을 잘 보여준다. 이는 아키텍트가 **트레이드오프**라는 용어를 그렇게 많이 사용하는 이유이기도 하다.

4.2 중요한 아키텍처 특성들

아키텍처 특성들은 낮은 수준의 코드 특성(모듈성 등)부터 정교한 운영상 관심사(확장성, 탄력성 등)까지, 복잡성의 광범위한 스펙트럼에 걸쳐 존재한다. 이 특성들을 표준화하고 문서화하려고 노력한 사람이 많았지만, 진정으로 범용적인 표준은 아직 없다. 조직마다 해당 개념과 용어들을 각자 나름대로 해석할 뿐이다. 게다가 소프트웨어 생태계가 매우 빠르게 변화하기 때문에 새로운 개념, 용어, 측정, 검증이 지속적으로 등장하며, 따라서 아키텍처 특성을 새로이 정의할 기회가 계속 생긴다.

아키텍처 특성은 엄청나게 많고 다양하므로 정량화하기는 어렵다. 하지만 아키텍트들은 어떻게든 이 특성들을 분류해 왔다. 그럼 중요한 아키텍처 특성들을 몇 가지 범주로 나누어서 살펴보자. 특성마다 설명과 함께 구체적인 예도 제시할 것이다.

4.2.1 운영 아키텍처 특성

운영 아키텍처 특성(operational architecture characteristics)에는 성능, 확장성, 탄력성, 가용성, 신뢰성 같은 역량들이 포함된다. [표 4-1]은 일반적인 운영 아키텍처 특성 몇 가지를 정리한 것이다.

표 4-1 일반적인 운영 아키텍처 특성들

용어	정의
가용성(availability)	시스템이 얼마나 오랫동안 사용 가능한 상태를 유지해야 하는가에 관한 특성이다. 예를 들어 24/7(매일 24시간, 연중무휴)이 요구된다면, 어떤 장애가 발생해도 시스템을 신속하게 재시동하는 조치가 필요하다.
연속성(continuity)	시스템의 재해 복구 역량.
성능(performance)	시스템이 얼마나 잘 수행되는지를 나타낸다. 이를 측정하는 방법에는 스트레스 테스트, 피크 분석, 기능의 사용 빈도 분석, 응답 시간 등이 있다.
복구성(recoverability)	비즈니스 연속성 요구사항. 재해 발생 시 시스템이 얼마나 빨리 다시 온라인 상태가 되어야 하는가? 여기에는 백업 전략과 하드웨어 복제(다중화) 요구사항이 포함된다.
신뢰성(reliability)/ 안전성(safety)	시스템이 안전장치를 갖춰야 하는지, 또는 인명에 영향을 미칠 정도로 미션 크리티컬한지의 여부. 시스템이 실패할 경우 회사에 큰 금전적 손실을 초래할 것인가? 이 측면은 이분법적인 양자택일이기보다는 스펙트럼에 해당할 때가 많다.
견고성(robustness)	실행 중에 오류와 경계 조건을 처리하는 시스템의 역량. 예를 들어, 인터넷 연결이 끊기거나 전원이 고장 났을 때 시스템이 어떻게 대응하는가?
확장성(scalability)	사용자나 요청 수가 증가할 때 시스템의 수행 및 작동 능력.

운영 아키텍처 특성은 운영 및 데브옵스 관심사들과 크게 겹친다.

4.2.2 구조적 아키텍처 특성

코드 구조를 제대로 만들고 유지하는 것은 아키텍트의 책임이다. 많은 경우 아키텍트는 코드의 품질에 대해 단독 또는 공동 책임을 진다. 코드 품질 보장에는 모듈성, 가독성(readability), 컴포넌트 간 결합의 제어성을 비롯해 여러 내부 품질 속성의 평가가 포함된다. [표 4-2]에 구조적 아키텍처 특성(structural architecture characteristics)이 나와 있다.

표 4-2 구조적 아키텍처 특성

용어	정의
설정성(configurability)	최종 사용자가 인터페이스를 통해 소프트웨어 구성의 측면을 얼마나 쉽게 변경할 수 있는가에 관한 특성이다.
확장 능력(extensibility)	아키텍처가 기존 기능성을 확장하는 변경 사항을 얼마나 잘 수용하는지를 나타낸다.
설치성(installability)	모든 필수 플랫폼에 시스템을 설치하는 것이 얼마나 쉬운지에 관한 특성이다.

용어	정의
활용성(leverageability)/ 재사용(reuse)	시스템의 공통 컴포넌트를 여러 제품에서 어느 정도나 활용할 수 있는지를 나타낸다.
현지화(localization)	데이터 필드의 입력/조회 화면에서 여러 언어를 지원하는 문제에 관한 것이다.
유지보수성(maintainability)	변경 사항을 적용하고 시스템을 개선하는 것이 얼마나 쉬운지를 나타낸다.
이식성(portability)	시스템을 둘 이상의 플랫폼(오라클, SAP DB 등)에서 실행할 수 있는 능력.
업그레이드성(upgradeability)	서버와 클라이언트에서 새 버전으로 업그레이드하는 것이 얼마나 쉽고 빠른지를 나타낸다.

4.2.3 클라우드 특성

소프트웨어 개발 생태계는 지속적으로 변화하고 진화한다. 최근의 두드러진 사례는 클라우드의 등장이다. 클라우드 기반 컴퓨팅은 이 책의 초판이 출간되었을 때도 있었지만, 지금처럼 널리 퍼지지는 않았다. 이제는 대부분의 시스템이 최소한 어떤 형태로든 클라우드 기반 시스템과 상호작용한다. 클라우드와 관련한 몇 가지 고려 사항이 [표 4-3]에 나와 있다.

표 4-3 클라우드 제공업체 아키텍처 특성

용어	정의
온디맨드 확장성(on-demand scalability)	수요에 따라 자원을 동적으로 확장하는 클라우드 제공업체의 능력
온디맨드 탄력성	리소스 수요가 급증할 때 클라우드 제공업체의 유연성. 확장성과 유사함
존 기반 가용성	컴퓨팅 존zone으로 자원을 분리해서 좀 더 복원력이 강한 시스템을 만드는 클라우드 제공업체의 능력
지역 기반 개인정보보호 및 보안	다양한 국가와 지역(region)에 데이터를 합법적으로 저장하는 것과 관련한 클라우드 제공업체의 능력. 자국민의 데이터 저장 위치를 규제하는(그리고 종종 해당 지역 외부에 데이터를 저장하지 못하게 하는) 법률을 가진 국가가 많다.

이번 2판에서는 아키텍처 스타일을 다루는 장(챕터)들에 해당 스타일이 클라우드 고려 사항을 어떻게 수용하고 촉진하는지 설명하는 절(섹션)을 추가했다.

4.2.4 횡단적 아키텍처 특성

대다수의 아키텍처 특성은 쉽게 인식할 수 있는 범주에 속한다. 그러나 중요한 설계상의 제약이나 고려 사항 중에는 여러 범주에 걸쳐 있거나 특정한 하나의 범주로 분류하기 어려운 것들도 있다. [표 4-4]는 범주들을 가로지르는 횡단적(cross-cutting) 아키텍처 특성 몇 가지를 정리한 것이다.

표 4-4 횡단적 아키텍처 특성

용어	정의
접근성(accessibility)	색맹이나 청각 장애와 같은 장애를 가진 사용자를 비롯해 모든 사용자가 시스템에 얼마나 쉽게 접근할 수 있는지를 나타낸다.
보관성(archivability)	지정된 기간 후 데이터를 보관하거나 삭제하는 것과 관련된 시스템의 제약조건이다.
인증(authentication)	사용자가 본인이 주장하는 사람이 맞는지 확인하기 위한 보안 요구사항이다.
권한 부여(authorization)[3]	사용자가 애플리케이션 내에서 (용례, 하위시스템, 웹 페이지, 비즈니스 규칙, 필드 수준 등의 기준에 따라) 특정 기능에만 접근할 수 있도록 하는 보안 요구사항이다.
법적 요건	EU의 GDPR 같은 데이터 보호법이나 미국의 사베인스-옥슬리법(Sarbanes-Oxley)[4] 같은 재무 기록법처럼 시스템의 운영에 중요한 영향을 미치는 법적 제약조건이다. 애플리케이션을 구축하거나 배포하는 방식에 관한 모든 규정과 회사가 요구하는 유보권(reservation rights)도 여기에 해당한다.
개인정보보호(privacy)	내부 회사 직원으로부터(심지어 DBA나 네트워크 아키텍트까지도) 트랜잭션을 암호화하고 숨기는 시스템의 능력이다.
보안	데이터베이스나 내부 시스템 간 네트워크 통신에서의 암호화, 원격 사용자 접근을 위한 인증, 기타 보안 조치에 관한 규칙과 제약조건이다.
지원성(supportability)	애플리케이션이 필요로 하는 기술 지원 수준이다. 시스템의 오류를 디버깅하기 위해 로깅 및 기타 기능이 어느 정도까지 필요한지를 의미한다.
사용성(usability)/ 성취성(achievability)	사용자가 애플리케이션/솔루션으로 목표를 성취하기 위해 필요한 교육 수준이다.

아키텍처 특성의 목록은 필연적으로 불완전할 수밖에 없다. 어떤 소프트웨어 프로젝트든 고유한 요인에 따라 아키텍처 특성을 새로 만들어낼 수 있기 때문이다. 방금 나열한 용어 중 상

---

[3] 옮긴이_ '인가'라는 용어도 많이 쓰이지만, authentication(인증)과 authorization을 혼동해서 생기는 보안 위험이 많은 점을 고려해서 '인증'과 확실하게 구별되는 '권한 부여'를 사용하기로 한다.
[4] 옮긴이_ 2002년 발효된 미국의 회계 개혁에 관한 연방 법률이다. 좀 더 자세한 사항은 https://ko.wikipedia.org/wiki/사베인스_옥슬리법을 참고하자.

당수는 부정확하고 모호한데, 미묘한 뉘앙스 탓이거나 객관적인 정의가 부족한 탓이다. 예를 들어 **상호운용성**(interoperability)과 **호환성**(compatibility)은 비슷해 보이며, 일부 시스템에서는 실제로 같은 것일 수 있다. 하지만 둘은 다르다. **상호운용성**은 다른 시스템과의 통합(integration)이 얼마나 쉬운지에 관한 것으로, 공개되고 문서화된 API와 관련이 있다. 반면에 **호환성**은 업계 및 도메인 표준과 더 관련이 있다. 또 다른 예는 **학습성**(learnability)이다. 이 용어는 사용자가 소프트웨어 사용법을 배우는 것이 얼마나 쉬운지를 뜻할 수도 있고 시스템이 머신러닝 알고리즘을 사용해서 자체 구성이나 자체 최적화를 위해 환경에 대해 자동으로 학습할 수 있는 수준을 뜻할 수도 있다.

그리고 서로 겹치는 정의도 많다. **가용성**과 **신뢰성**이 좋은 예인데, 대체로 가용성이 좋으면 신뢰성도 좋다. 하지만 TCP의 기반인 IP(Internet Protocol) 같은 예외가 있다. IP는 **가용성**은 좋지만 **신뢰성**은 나쁘다. 프로토콜의 특성상 패킷이 순서에 맞지 않게 도착할 수 있고, 수신자가 누락된 패킷을 다시 요청해야 할 수도 있기 때문이다.[5]

이런 범주들과 특성들을 완전하게 정의하는 표준 목록은 없다. ISO(International Organization; 국제 표준화 기구)가 주요 특성들을 역량별로 정리한 목록(https://oreil.ly/SKc_Y)을 발표했는데, 이번 장의 목록과 겹치는 부분이 있지만 역시 불완전하다. 다음은 ISO 정의 중 일부를 현대적 관심사에 맞춰 용어를 갱신하고 범주를 추가해서 다시 정리한 목록이다.

성능 효율성(performance efficiency)
알려진 조건에서 사용된 자원의 양을 기준으로 성능을 측정한 것이다. 여기에는 **시간 행동방식**(time behavior; 응답, 처리 시간 및/또는 처리량 비율의 측정), **자원 활용**(resource utilization; 사용된 자원의 양과 유형), **용량**(capacity; 설정된 최대 한계를 초과하는 정도)이 포함된다.

호환성
어떠한 제품이나 시스템, 컴포넌트가 다른 어떤 제품, 시스템, 컴포넌트와 정보를 어느 정도나 교환할 수 있는가, 또는(그리고) 그런 요소들이 동일한 하드웨어 또는 소프트웨어 환경을 공유하면서 필요한 기능을 어느 정도나 잘 수행할 수 있는가를 나타낸다. 여기에는 **공존성**(coexistence; 다른 제품과 공통 환경 및 자원을 공유하면서 필요한 기능을 효율적으로 수행할 수 있음)과 **상호운용성**(둘 이상의 시스템이 정보를 교환하고 활용할 수 있는 정도)이 포함된다.

---

5 옮긴이_ 참고로 IP가 가용성이 좋은 이유는 중간에 장애가 생기더라도 다양한 경로를 통해 패킷을 전달할 수 있도록 설계되어 있기 때문이다. 네트워크 경로가 유동적이어서 하나의 경로가 끊겨도 다른 경로로 우회할 수 있으므로, 전송 자체가 실패하는 경우는 드물다.

사용성

사용자가 의도된 목적을 위해 시스템을 어느 정도나 효과적이고 효율적이며 만족스럽게 사용할 수 있는가를 나타낸다. 여기에는 **적정성 인지 능력**(appropriateness recognizability; 소프트웨어가 자신의 필요에 적합한지를 사용자가 인식할 수 있음), **학습성**(사용자가 소프트웨어 사용법을 얼마나 쉽게 배울 수 있는지), **사용자 오류 보호**(user error protection; 사용자의 실수로부터 보호), **접근성**(아주 다양한 특성과 능력을 갖춘 사람들이 모두 소프트웨어를 사용할 수 있게 하는 것)이 포함된다.

신뢰성

시스템이 지정된 조건에서 지정된 기간 동안 어느 정도나 잘 작동하는지를 나타낸다. 여기에는 **성숙도**(maturity; 소프트웨어가 정상 운영 중에 신뢰성 요구사항을 충족하는지), **가용성**(소프트웨어가 운영 가능하고 접근 가능한지), **내결함성**(하드웨어 고장이나 소프트웨어 장애 상황에서도 소프트웨어가 의도한 대로 작동하는지), **복구성**(소프트웨어가 장애로부터 복구하여 영향받은 데이터를 복구하고 시스템의 원하는 상태를 재설정할 수 있는지) 같은 하위 범주가 포함된다.

보안

사람이나 다른 제품 또는 시스템이 자신의 유형과 권한 수준에 적합한 정도로만 데이터에 접근할 수 있게 함으로써 정보와 데이터를 보호하는 능력에 관한 것이다. 이 범주에는 **기밀성**(confidentiality; 접근 권한이 있는 사람만 데이터에 접근할 수 있음), **무결성**(integrity; 소프트웨어나 데이터에 대한 무단 접근이나 수정을 방지), **부인 방지**(nonrepudiation; 행동이나 사건이 실제로 일어났음을 증명하는 능력), **설명책임성**(accountability; 사용자의 행동을 추적하는 것), **진정성**(authenticity; 사용자의 신원을 증명하는 것)이 포함된다.

유지보수성

개발자가 소프트웨어를 개선하거나, 바로잡거나, 환경 및/또는 요구사항의 변화에 적응시키기 위해 어느 정도나 효과적/효율적으로 소프트웨어를 수정할 수 있는지를 나타낸다. 이 특성 범주에는 **모듈성**(소프트웨어가 개별 컴포넌트로 구성된 정도), **재사용성**(개발자가 하나 이상의 시스템에서 또는 다른 자산을 구축할 때 자산을 사용할 수 있는 정도), **분석성**(analyzability; 개발자가 소프트웨어에 대한 구체적인 지표를 얼마나 쉽게 수집할 수 있는지), **수정성**(modifiability; 개발자가 결함을 도입하거나 기존 제품 품질을 저하시키지 않고 소프트웨어를 수정할 수 있는 정도), **테스트성**(testability; 개발자와 다른 사람들이 소프트웨어를 얼마나 쉽게 테스트할 수 있는지)이 포함된다.

이식성

개발자가 시스템, 제품 또는 컴포넌트를 한 하드웨어, 소프트웨어 또는 기타 운영이나 사용 환경에서 다른 환경으로 어느 정도나 옮길 수 있는지를 나타낸다. 이 특성에는 **적응성**(adaptability; 개발자가 다른 또는 계속 바뀌는 하드웨어, 소프트웨어, 기타 운영 환경 및 사용 환경에 맞춰 소프트웨어를 효과적이고 효율적으로 적응시킬 수 있는지), **설치성**(지정된 환경에서 소프트웨어를 설치 또는 제거할 수 있는지), **대체성**(replaceability; 개발자가 다른 소프트웨어로 얼마나 쉽게 대체할 수 있는지) 같은 하위 특성이 포함된다.

ISO 목록의 마지막 항목은 소프트웨어의 기능적 측면들을 다룬다.

기능적 적합성(functional suitability)
이 특성은 제품이나 시스템이 지정된 조건에서 사용될 때 시스템의 기능들이 명시적/암묵적 요구사항들을 어느 정도나 잘 충족하는지를 나타낸다. 이 특성은 다음 하위 특성들로 구성된다.

- **기능적 완전성**(functional completeness): 기능들의 집합이 지정된 작업들과 사용자 목표들을 어느 정도나 많이 충족하는지를 나타낸다.
- **기능적 정확성**(functional correctness): 제품이나 시스템이 어느 정도나 정확한(요구된 정밀도를 기준으로) 결과를 제공하는지를 나타낸다.
- **기능적 적절성**(functional appropriateness): 기능들이 지정된 작업 및 목표의 달성을 어느 정도나 촉진하는지를 나타낸다.

하지만 우리는 기능적 적합성이 아키텍처 특성 목록에 속한다고 생각하지 않는다. 기능적 적합성은 아키텍처 특성을 설명하는 것이 아니라, 소프트웨어 구축의 동기(motive)와 관련한 요구사항들을 설명한다고 봐야 할 것이다. 이것이 ISO의 아키텍처 특성 목록에 포함된 것은 그동안 아키텍처 특성과 문제 도메인 간의 관계에 대한 생각이 발전해 온 과정과도 관련이 있다. 이 발전 과정은 제7장에서 다룬다.

> **소프트웨어 아키텍처의 수많은 모호성**
>
> 소프트웨어 아키텍처 활동 자체를 포함해서, 소프트웨어 아키텍처에 대한 많은 것은 그 정의가 명확하지 않다. 이는 항상 아키텍트를 좌절에 빠지게 만드는 요인 중 하나이다. 표준이 없다 보니 공통적인 개념이나 기법을 회사마다 다른 용어로 지칭하기도 한다. 아키텍트들이 불명확한 용어를 사용하거나, 더 나쁘게는 같은 용어를 완전히 다른 의미로 사용하다 보니 업계 전체가 혼란해지는 지경에 이른다.
>
> 우리가 아무리 원한다고 해도, 소프트웨어 개발 세계에 어떤 하나의 표준 명명법을 강요할 수는 없다. 하지만 용어와 관련한 오해를 피하는 노력은 필요하다. 이를 위해 도메인 주도 설계(DDD)에서는 조직이 하나의 **보편 언어**(ubiquitous language)를 정해서 직원들이 사용하게 하라고 조언한다. 우리는 이 조언을 따르고 있으며, 여러분도 따르기를 권한다.

4.3 트레이드오프와 '가장 덜 나쁜' 아키텍처

앞에서 아키텍트는 시스템의 성공에 필수이거나 중요한 아키텍처 특성만 지원해야 한다고 말했다. 시스템이 우리가 나열한 아키텍처 특성을 반드시 모두 지원할 필요는 없다. 이유는 여러 가지이다. 첫째, 아키텍처 특성에 대한 지원이 '공짜'인 경우는 거의 없다. 어떤 특성이든 지원하려면 아키텍트의 설계 노력과 개발자의 구현 및 유지보수 노력이 필요하며, 구조적 지원이 필요할 수도 있다.

둘째, 아키텍처 특성들은 서로 상승작용(시너지)를 일으키며, 문제 도메인과도 상승작용을 일으킨다. 우리의 바람과는 달리 설계의 각 요소는 다른 모든 요소와 상호작용한다. 예를 들어 **보안**을 개선하기 위해 뭔가를 수정하면 **성능**에는 거의 확실히 부정적인 영향이 미친다. 애플리케이션이 실시간 암호화나 간접 참조(비밀 정보를 숨기기 위한) 등 기타 성능을 저하할 수 있는 활동을 더 많이 수행해야 하기 때문이다. 비행기 조종사들은 헬리콥터 조정법을 배울 때 애를 먹곤 한다. 헬리콥터에는 양손과 양발 각각에 조종 장치가 따로 있는데, 한 조종 장치를 변경하면 다른 모든 장치가 영향을 받는 방식으로 네 조종 장치가 연동되기 때문이다. 헬리콥터 조종은 균형 맞추기(balancing) 행위라고 할 수 있다. 이 점은 아키텍처 특성 선택 과정에서 트레이드오프를 다룰 때에도 그대로 적용된다. 아키텍처 특성 역시 다른 아키텍처 특성들 및 도메인 설계 요소들과 상승작용(시너지)을 일으키기 때문이다. 즉, 하나를 변경하면 종종 다른 것도 변경해야 한다. 헬리콥터 조종을 배우느라 애를 먹는 조종사처럼 아키텍트도 서로 연결된 항목들을 저글링하는 법을 배워야 한다.

셋째, 앞에서 논의했듯이 아키텍처 특성에 대한 표준 정의가 없다 보니 조직이 모호성과 싸워야 한다. 업계 전체가 변치 않는 아키텍처 특성 목록을 만드는 것은 애초에 불가능하다(새로운 것들이 계속 등장하므로). 하지만 각 조직이 객관적인 정의를 가진 목록(즉, **보편 언어**)을 자체적으로 만드는 것은 가능한 일이다.

마지막으로, 지난 십 년간 아키텍처 특성의 수가 지속해서 증가할 뿐만 아니라 **범주** 자체도 많아졌다. 예를 들어 몇십 년 전에는 아키텍트들이 운영상의 관심사(operational concern)들에 거의 신경 쓰지 않았다. 운영을 별도의 '블랙박스'로 여겼기 때문이다. 하지만 마이크로서비스 같은 아키텍처의 인기가 높아지면서, 아키텍트와 운영 팀이 더 집중적으로 협업해야 하는 경우가 많아졌다. 소프트웨어 아키텍처가 더 복잡해질수록 조직의 다른 부분과 얽히는 경향이 있다.

따라서 아키텍트가 시스템을 설계하면서 모든 아키텍처 특성을 최대화할 수 있는 경우는 매우 드물다. 그보다는, 상충하는 관심사들 사이의 트레이드오프를 결정해야 하는 경우가 더 많다.

> **팁** **최고의** 아키텍처를 추구하지 말고, **가장 덜 나쁜**(least worst; 나쁜 것 중에서 제일 나은) 아키텍처를 목표로 하라.

너무 많은 아키텍처 특성을 지원하려고 하면 모든 비즈니스 문제를 해결하려는 범용 솔루션이 만들어진다. 그러면 설계가 금세 다루기 어려워지므로, 그런 아키텍처는 제대로 작동하는 경우가 거의 없다.

아키텍트는 가능한 한 반복(iteration)이 용이한 아키텍처를 설계하도록 노력해야 한다. 아키텍처를 변경하기가 쉬우면, 첫 시도에서 정답을 찾아야 한다는 부담이 줄어든다. 애자일 소프트웨어 개발의 가장 중요한 교훈 중 하나는 반복의 중요성이다. 이 점은 아키텍처를 비롯해 소프트웨어 개발의 모든 수준에 적용된다.

CHAPTER 5

아키텍처 특성의 식별

아키텍처를 새로 만들거나 기존 아키텍처의 타당성을 평가할 때 아키텍트가 반드시 분석해야 하는 것이 두 가지 있다. 바로 아키텍처 특성과 도메인이다. 제4장에서 살펴본 것처럼, 특정 문제나 애플리케이션에 적합한 아키텍처 특성들(이름이 주로 "~성"으로 끝나는 요소들)을 찾으려면 도메인 문제(domain problem)를 이해해야 할 뿐만 아니라, 이해관계자들과 협력해서 도메인 관점에서 진정으로 중요한 것이 무엇인지 결정해야 한다.

프로젝트에 필요한 아키텍처 특성들을 찾아낼 수 있는 곳은 적어도 세 군데이다. 하나는 도메인 관심사(domain concern)들이고 다른 하나는 프로젝트 요구사항들, 나머지 하나는 암묵적 도메인 지식이다. 보안이나 모듈성처럼 대부분의 도메인에서 요구되는 암묵적 아키텍처 특성들 외에, 도메인에 따라서는 해당 도메인에 고유한 암묵적 아키텍처 특성이 존재하기도 한다. 예를 들어, 진단 장비에서 데이터를 읽어오는 의료 소프트웨어를 개발하는 아키텍트에게는 데이터 무결성(data integrity)이 매우 중요하다. 아키텍트는 메시지가 손실될 때 어떤 결과가 발생할 수 있는지를 미리 파악하고 있어야 한다. 그런 도메인에서 일하는 아키텍트는 데이터 무결성을 내면화하기 때문에, 데이터 무결성은 설계하는 모든 솔루션에서 암묵적인 특성이 된다.

5.1 도메인 관심사들에서 아키텍처 특성 도출하기

대부분의 아키텍처 특성은 핵심 도메인 이해관계자들의 이야기를 듣고 그들과 협력해서 비즈니스의 관점에서 중요한 것이 무엇인지를 알아내는 과정에서 얻어진다. 별로 어려운 일이 아닐 것 같지만, 실제로는 아키텍트와 도메인 이해관계자가 서로 다른 언어로 말한다는 문제가 있다. 아키텍트는 확장성, 상호운용성, 내결함성, 학습성, 가용성 같은 용어를 사용하는 반면에 도메인 이해관계자는 인수합병, 사용자 만족도, 시장 진입 속도, 경쟁 우위 같은 용어를 쓴다. 이 과정에서 서로의 말을 이해하지 못하는, 소위 '번역 중 손실(lost in translation)' 문제가 발생한다. 아키텍트는 사용자 만족도를 뒷받침하는 아키텍처를 어떻게 만들어야 할지 모른다. 도메인 이해관계자는 왜 아키텍트가 애플리케이션의 가용성, 상호운용성, 학습성, 내결함성에 그토록 집착하는지 알지 못한다.

다행히도 도메인 관심사를 아키텍처 특성의 언어로 '번역(해석)'하는 것이 가능하다. [표 5-1]은 흔히 제기되는 도메인 관심사와 그것에 대응되는 "~성"을 연관 지은 것이다. 도메인 목표를 명확히 이해하면 아키텍트는 이런 관심사들을 해당 아키텍처 특성으로 번역할 수 있다. 이런 식으로 도출한 아키텍처 특성들은 합리적이고 정당한 아키텍처 의사결정의 근거가 된다. 예를 들어, 시장 진입 속도가 확장성보다 중요한가? 아니면 내결함성이나 보안, 성능에 집중해야 할까? 어쩌면 이 모든 특성이 시스템에 동시에 필요할 수도 있다.

표 5-1 도메인 관심사와 그에 대응되는 아키텍처 특성들

도메인 관심사	아키텍처 특성
인수합병(M&A)	상호운용성, 확장성, 적응성, 확장 능력
시장 진입 속도	민첩성, 테스트성, 배포성
사용자 만족도	성능, 가용성, 내결함성, 테스트성, 배포성, 민첩성, 보안
경쟁 우위	민첩성, 테스트성, 배포성, 확장성, 가용성, 내결함성
시간과 예산	단순성, 타당성

5.2 복합 아키텍처 특성

도메인 관심사를 아키텍처 특성으로 번역할 때 흔히 발생하는 실수 중 하나는, 예를 들어 **민첩성**을 오직 **시장 출시 속도**로만 등치시키는 등 잘못된 등가 관계를 만드는 것이다. 민첩성은 **복합**(composite) 아키텍처 특성의 좋은 예이다. 민첩성은 객관적인 정의 하나로 설명할 수 있는 특성이 아니다. 그보다는, 측정 가능한 여러 요소로 이루어진 복합적인 개념이다. 민첩성 자체를 재는 척도는 없다. 대신 아키텍트는 민첩성이 무엇으로 구성되는지를 고민해야 한다. 민첩성에는 **배포성**(deployability), **모듈성**, **테스트성** 등 따로 측정할 수 있는 하위 특성들이 포함된다.

아키텍트가 복합 특성을 다룰 때 그 특성의 특정한 요소 하나에만 치중하는 안티패턴을 흔히 볼 수 있다. 한 가지 요소만 다루는 것이 더 편하기 때문에 그런 실수를 저지르는 경우가 많다. 이는 마치 케이크 반죽을 만들면서 밀가루를 빼먹는 것과 같다. 예를 들어, 어떤 도메인 이해관계자가 "규제 관련 요구사항 때문에, 장 마감 펀드 기준가 산정(end-of-day fund pricing)을 정해진 시간 내에 완료해야 한다"고 말했다고 하자.

무능한 아키텍트는 해당 도메인 관심사에 대응되는 특성 중 가장 두드러진 성능에만 집착할 수 있다. 그러나 이런 접근법은 실패하기 마련인데, 이유는 여러 가지이다.

- 시스템이 아무리 빨라도, 필요한 순간에 사용할 수 없으면 아무 소용 없다.
- 시간이 지남에 따라 도메인이 커지고 펀드 수가 늘어나면, 일일 장 마감 처리 작업을 시간 내에 끝내도록 시스템의 규모를 확장할 수 있어야 한다.
- 시스템은 항상 사용 가능해야 할 뿐 아니라, 신뢰성도 보장되어야 한다. 마감 시점에 펀드 가격을 계산하는 도중에 시스템이 다운되면 곤란하다.
- 만약 시스템이 펀드 기준가 산정을 85% 끝낸 시점에 장애가 발생하면 어떻게 해야 할까? 그런 경우, 시스템이 문제를 복구하고 중단된 시점부터 기준가 산정을 재개할 수 있어야 한다.
- 마지막으로, 시스템이 빠른 것만으로는 충분하지 않다. 기준가가 제대로 계산되는지도 검증해야 한다.

따라서 아키텍트는 성능 외에도 가용성, 확장성, 신뢰성, 복구성, 그리고 감사성(auditability) 같은 특성에도 똑같이 주의를 기울여야 한다.

비즈니스 목표의 상당수는 애초에 복합 아키텍처 특성에서 출발한다. 이런 목표들을 분해해 각각의 특성을 객관적으로 정의하는 일 역시 아키텍트의 중요한 역할이다. (이 작업의 중요성은 제6장에서 더 자세히 다룬다.)

5.3 아키텍처 특성의 추출

대부분의 아키텍처 특성은 요구사항 문서(어떤 형식이든)에서 명시적인 문구의 형태로 나타난다. 예를 들어, 도메인 관심사들의 목록에는 예상 사용자 수나 시스템 규모 같은 명시적인 수치가 있기 마련이다. 그런 특성들 외에, 아키텍트가 지닌 도메인 지식에서 비롯되는 특성들도 있다. (이는 각 아키텍트가 자신의 도메인을 잘 알아야 하는 여러 이유 중 하나이다.)

예를 들어 아키텍트가 대학생들의 수강 신청 시스템을 설계한다고 하자. 계산을 쉽게 하기 위해 학생 수가 1,000명이고 수강 신청 시간이 10시간이라고 하겠다. 이 시나리오에서, 학생들이 10시간에 걸쳐 고르게 신청할 것이라 가정하고 시스템 용량을 그렇게 설계해도 될까? 아니면 대학생들의 성향과 습관을 떠올려, 신청 마감 10분에 1,000명 모두가 한꺼번에 몰릴 수 있음을 감안해서 시스템을 설계해야 할까?

학생들이 할 일을 얼마나 잘 미루는지 아는 독자라면 후자가 답임을 바로 알 것이다. 이런 세부 사항이 요구사항 문서에 드러나는 경우는 거의 없다. 하지만 이런 세부 사항은 설계 의사결정에는 큰 영향을 미친다.

> **아키텍처 카타의 탄생**
>
> 10여 년 전, 저명한 아키텍트인 테드 뉴어드$^{Ted\ Neward}$는 아키텍처 카타$^{architecture\ kata}$라는 것을 고안했다. 아키텍처 카타는 초보 아키텍트들이 도메인에 관한 설명에서 아키텍처 특성을 도출하는 연습을 할 수 있게 해주는 기발한 방법이다. **카타**는 올바른 자세와 기술을 강조하는 개인 무술 훈련 방식을 가리키는 일본어 가타^{かた}[1]에서 유래했다.
>
> *뛰어난 설계자는 어떻게 탄생하는가? 당연하게도 설계의 실천을 통해서이다.*
>
> — 프레드 브룩스
>
> 대규모 아키텍처 프로젝트는 오랜 시간이 걸린다. 일반적으로 아키텍트가 경력 내내 설계하는 시스템은 대여섯 개 정도이다. 그렇다면 뛰어난 아키텍트를 어떻게 길러야 할까? 관건은 아키텍트 지망생이 기술을 연마할 기회를 충분히 제공하는 것이다. 이를 위해 테드는 최초의 아키텍처 카타 사이트를 만들었다(https://www.architecturalkatas.com/). 이 책의 저자 닐과 마크도 원서 사이트(https://fundamentalsofsoftwar

---

[1] 옮긴이_ 참고로 '가타' 자체는 형태, 틀 등을 뜻하는 일반명사이다(한자는 型 또는 形). 가라테 가타 등 일본 무술의 카타는 태권도의 '품새'와 유사한 것으로, 정해진 동작들을 차례로 반복함으로써 기술을 "몸이 기억하게" 만든다. 아키텍처 가타 이전에 가타 개념을 소프트웨어 개발에 적용한 사례로는 데이비드 토머스(『실용주의 프로그래머』 저자)가 주창한 '코드 가타(http://codekata.com)'가 있다.

> earchitecture.com)의 한 섹션에서 테드의 사이트를 참고하고 개선해서 만든 아키텍처 카타 목록을 제공한다. 애초 의도대로, 아키텍처 카타는 아키텍트 지망생의 훌륭한 실험실 역할을 한다.

5.3.1 카타의 실천

기본적으로, 각각의 카타 실습은 특정 문제를 도메인 관점에서 서술한 문장과 관련 요구사항들, 그리고 추가적인 맥락(요구사항에 포함되지 않더라도 설계에 영향을 줄 요소들)을 제시한다. 이에 기반해서 소규모 팀들이 일정 시간 동안 설계 작업(아키텍처 특성 분석 및 다이어그램 작성)을 진행한다. 이후 각 팀이 제출한 아키텍처를 모든 팀이 공유하고, 투표를 통해 가장 뛰어난 아키텍처 하나를 선정한다.

각각의 카타는 다음과 같은 미리 정의된 섹션들로 구성된다.

- **설명**
  시스템이 해결하려는 전반적인 도메인 문제.

- **사용자**
  예상 사용자 수나 유형 같은 사용자 정보

- **요구사항**
  도메인 사용자 및 전문가가 기대하는 시스템 요구사항들

- **추가 맥락**
  우리는 앞에서 언급한 테드의 사이트에 쓰인 카타 형식에 **추가 맥락** 항목을 추가했다. 이 섹션은 현실적인 연습을 위해 중요하게 고려해야 할 요소들을 제시한다.

독자도 원서 사이트의 카타 페이지를 이용해서 카타를 직접 실천해 보길 권한다. 점심시간에 소규모 모임을 조직해서 아키텍트를 지망하는 팀원들이 문제를 함께 풀게 하면 좋을 것이다. 경험 많은 아키텍트가 설계와 트레이드오프 분석을 평가하면서 놓친 부분이나 대안을 즉석에서 제시하거나 나중에 토의해도 된다. 실습에는 시간제한이 있으므로, 설계가 아주 정교할 필요는 없다.

다음 절에서는 요구사항들에서 아키텍처 특성을 도출하는 방법을 보여주기 위해 아키텍처 카타를 이용한다. **실리콘 샌드위치** 카타를 몸소 체험해 보자.

5.4 카타: 실리콘 샌드위치

설명
전국 규모 샌드위치 전문점이 기존의 전화 주문 서비스 외에 온라인 주문 기능을 제공하려고 한다.

사용자
사용자는 현재는 수천 명이지만 언젠가는 수백만 명에 이를 수도 있다.

요구사항

- 사용자가 음식을 주문할 수 있도록 한다. 만약 매장이 배달 서비스를 제공한다면, 사용자가 포장 또는 배달을 선택할 수 있어야 한다.
- 포장 고객에게는 주문을 수령할 시간과 매장을 찾아오는 방법을 안내한다(이를 위해서는 교통 정보와 외부 지도 서비스의 통합이 필요함).
- 배달 서비스의 경우, 주문된 음식을 배달 기사가 사용자에게 배달한다.
- 모바일 기기로 접근할 수 있게 한다.
- 전국 모든 매장에서 일일 판촉/할인 행사를 시행한다.
- 매장별로 자체 일일 판촉/할인 행사를 시행한다.
- 온라인 결제, 매장 내 결제, 착불 결제(배달 시 결제)를 모두 허용한다.

추가 맥락

- 실리콘 샌드위치 매장들은 가맹점 방식(프랜차이즈)으로 운영된다. 따라서 매장마다 소유자가 다르다.
- 본사는 조만간 해외 진출을 계획하고 있다.
- 본사의 목표는 값싼 인력을 고용해서 이윤을 극대화하는 것이다.

이와 같은 시나리오가 주어졌을 때 여러분이라면 어떻게 아키텍처 특성들을 도출하겠는가? 각각의 요구사항은 아키텍처의 하나 이상의 측면에 대응될 수 있다. 물론 아키텍처에 아무런 영향이 없는 요구사항도 많을 것이다. 여기서 아키텍트가 전체 시스템을 설계하지는 않는다. 도메인 설계 문제를 해결하기 위한 코드 구현(제8장)에는 상당한 노력이 추가로 필요하다. 특성 도출 단계에서는 설계에 영향을 미치는 요소들, 특히 구조적인 설계에 영향을 미치는 요소들을 찾는 것이 핵심이다.

이를 위해 먼저 할 일은 아키텍처 특성이 될 만한 것들을 명시적 특성과 암묵적 특성으로 구분하는 것이다.

5.4.1 명시적 특성

명시적 아키텍처 특성은 요구사항 명세서에 필수 설계의 일부로 명시된다. 예를 들어 온라인 쇼핑 사이트의 경우 동시 접속자의 수가 요구사항에 명시될 수 있다. 아키텍트는 각 요구사항이 아키텍처 특성에 영향을 주는지 검토해야 한다. 그 전에, 예제 카타의 사용자 정보에 나타난 예상 지표 같은 도메인 수준의 예측을 생각해 보자.

우선 주목할 부분은 사용자 수이다. 현재는 수천 명이지만 언젠가는 수백만 명에 이를 가능성도 있다고 되어 있다(아주 야심만만한 프랜차이즈이다!). 따라서 **확장성**, 즉 동시 접속 사용자가 많아져도 성능 저하 없이 이를 처리할 수 있는 능력을 최우선 아키텍처 특성의 하나로 두어야 할 것이다. 문제 설명 섹션에 확장성이라는 단어가 명시되어 있지는 않음을 주목하자. 확장성은 사용자 섹션의 예상 사용자 수가 암묵적으로 시사할 뿐이다. 이처럼 아키텍트는 도메인 언어를 엔지니어링 개념으로 번역해야 할 때가 많다.

또한 **탄력성**, 즉 짧은 시간에 몰리는 요청을 처리할 수 있는 능력도 필요하다. 확장성과 탄력성을 한데 묶어서 처리하는 경우가 많지만, 사실 둘은 제약조건이 다르다. 확장성은 [그림 5-1]에서처럼 시간에 따라 사용자가 꾸준히 늘어나는 상황에서 측정되는 특성이다.

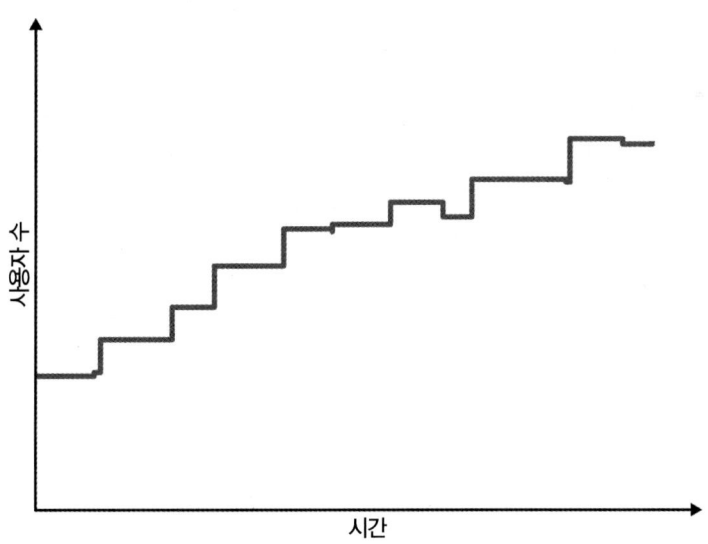

그림 5-1 확장성은 시간이 흐름에 따라 사용자 수가 증가하는 상황에서 측정된다.

반면에 탄력성은 [그림 5-2]에서처럼 트래픽이 순간적으로 급증하는 상황에서 측정된다.

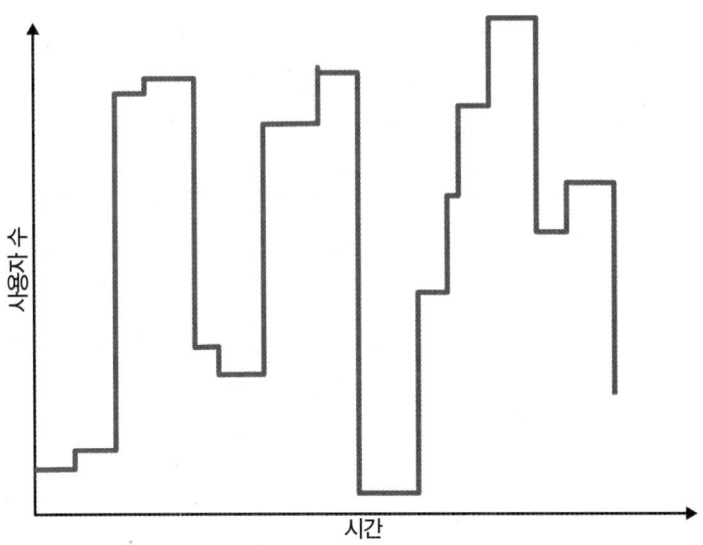

그림 5-2 탄력적인 시스템은 급격한 사용자 폭증을 견딜 수 있어야 한다.

확장성은 있지만 탄력성은 없는 시스템도 있다. 예를 들어 호텔 예약 시스템의 이용자 수는 그저 계절에 따라 변하는, 예측 가능한 패턴을 보일 것이다(특별한 세일이나 이벤트가 없다고 할 때). 따라서 탄력성은 크게 요구되지 않는다. 반면에 콘서트 티켓 예매 시스템을 생각해 보자. 새 콘서트 예매가 시작되면 열성 팬들이 한꺼번에 사이트에 몰려들 것이다. 따라서 높은 수준의 탄력성이 요구된다. 그리고 탄력성이 필요한 시스템은 **확장성**도 필요할 때가 많다. 즉, 갑작스러운 트래픽 증가와 동시 접속자 수가 많아지는 상황 둘 다 효과적으로 처리하는 능력이 요구된다.

실리콘 샌드위치 요구사항에 탄력성이라는 단어는 없다. 하지만 아키텍트는 탄력성이 중요한 고려 사항임을 반드시 인식해야 한다. 요구사항 문서에 모든 아키텍처 특성이 명시되어 있지는 않음을 명심하기 바란다. 일부 특성은 문제 도메인 안에 숨어 있다. 샌드위치 매장의 트래픽은 하루 종일 일정한 수준을 유지할까, 아니면 식사 시간대에 트래픽이 집중될까? 후자일 것이 거의 확실하다. 따라서 아키텍트는 탄력성을 잠재적인 아키텍처 특성으로 두어야 마땅하다.

이제 아래의 비즈니스 요구사항들을 검토해서 어떤 아키텍처 특성이 필요한지 가늠해 보기 바란다.

사용자가 주문할 수 있도록 한다. 만약 매장이 배달 서비스를 제공한다면, 사용자가 포장 또는 배달을 선택할 수 있어야 한다.
이 요구사항을 지원하기 위해 특별한 아키텍처 특성이 필요해 보이지 않는다.

포장 고객에게는 샌드위치 수령 시간과 매장을 찾아오는 방법을 안내한다(이를 위해서는 교통 정보를 포함한 외부 지도 서비스와 통합이 필요함).
외부 지도 서비스에는 통합 지점(integration point)이 필요하다. 이는 신뢰성 같은 품질 특성에 영향을 미칠 수 있다. 예를 들어, 개발자가 서드파티 시스템에 의존하는 시스템을 구축한 경우, 서드파티 시스템이 고장 나면 그것을 호출하는 시스템의 신뢰성도 떨어진다. 동시에 아키텍처 특성을 과도하게 명세하지 않도록 경계해야 한다. 만약에 외부 교통 정보 서비스가 중단된다면 어떻게 해야 할까? 실리콘 샌드위치 사이트 전체가 장애를 내야 할까, 아니면 그냥 교통 정보 없이 덜 효율적으로 안내하는 것으로 만족하면 될까? 아키텍트는 항상 불필요한 취약성을 설계에 도입하는 것을 경계해야 한다.

배달 서비스의 경우, 주문된 음식을 배달 기사가 사용자에게 배달한다.
이 요구사항 역시 특별한 아키텍처 특성을 요구하지 않는다.

모바일 기기로 접근할 수 있게 한다.
이 요구사항은 주로 애플리케이션의 사용자 경험(UX) 설계에 영향을 미친다. 특히, 이식성 좋은 웹 애플리케이션 하나를 만들 것인지 아니면 네이티브 앱 여러 개를 개발할 것인지가 주된 고려 사항이 될 것이다. 예산이 한정적이고 앱의 기능이 단순하다는 점을 생각하면, 여러 개의 애플리케이션을 따로 구축하는 것은 과한 선택이다. 그보다는, 모바일 환경에 최적화된 웹 애플리케이션을 개발하는 것이 올바른 방향일 것이다. 그렇게 결정한다면, 페이지 로딩 시간 등 모바일에 민감한 요소를 최적화하기 위한 성능 관련 아키텍처 특성 몇 가지를 명확하게 정의할 필요가 있다.

이런 상황에서 아키텍트가 혼자 움직여서는 안 된다. UX 디자이너, 도메인 관계자, 기타 이해관계자와 협업해서 결정 사항을 검증하는 것이 바람직하다. 예를 들어 네이티브 앱에서만 가능한 어떤 기능을 경영진이 원할 수도 있다.

전국 모든 매장에서 일일 판촉/할인 행사를 시행하고, 매장별로도 자체 일일 판촉/할인 행사를 시행한다.
두 요구사항 모두, 판촉 및 할인 행사를 위한 고도의 맞춤성(customizability; 커스텀화 능력)을 암시한다. 전국 단위 요구사항에는 사용자의 주소에 따라 맞춤화된 교통 정보 제공도 포함된다. 이 요구사항들을 고려할 때, 맞춤성을 아키텍처 특성의 하나로 고려해야 할 것이다. 예를 들어, 마이크로커널 아키텍처 스타일(제13장)은 플러그인 구조 덕분에 행동방식의 커스텀화가 쉽다. 기본 동작은 코어에서 처리하고, 위치에 기반한 맞춤형 행동방식은 개발자가 별도의 플러그인으로 구현해서 추가하면 된다. 하지만 전통적인 설계에서도 설계 패턴(이를테면 템플릿 메서드$^{template\ method}$ 등)을 이용해서 커스텀화를 지원할 수 있다. 이런 고민은 아키텍처에서 매우 흔하다. 아키텍트는 항상 여러 대안 사이의 트레이드오프를 균형 있게 고려해야 한다. 이에 관해서는 잠시 후 "설계 대 아키텍처, 그리고 트레이드오프" 글 상자에서 좀 더 논의하겠다.

온라인 결제, 매장 내 결제, 착불(배달 시 결제)을 모두 허용한다.
일반적으로 온라인 결제는 보안이 필요함을 암시한다. 그러나 이 예제에서 특별히 높은 수준의 보안이 요구되지는 않는다. 이 예제에서 보안은 설계에서 처리할 수도 있고 아키텍처 차원에서 처리할 수도 있으므로, 보안은 그리 중요한 아키텍처 특성이 아니다.

실리콘 샌드위치 매장들은 가맹점 방식(프랜차이즈)으로 운영된다. 따라서 매장마다 소유자가 다르다.
이 요구사항은 아키텍처 비용 측면에 제약을 줄 수 있다. 비용, 일정, 인력의 숙련도 같은 제약조건들을 고려해서, 좀 더 단순한 아키텍처 혹은 '희생형' 아키텍처(sacrificial architecture; https://oreil.ly/79001)[2]의 타당성을 검토해야 한다.

본사는 조만간 해외 진출을 계획하고 있다.
이 요구사항은 **국제화**(internationalization; 흔히 'i18n'으로 줄여서 표기함)를 시사한다. 이 부분은 아키텍처 구조 변경 없이 다양한 설계 기법으로 무리 없이 대응할 수 있다. 다만, UX 관련 결정에는 영향을 줄 것이 분명하다.

본사의 목표는 값싼 인력을 고용해서 이윤을 극대화하는 것이다.
이 요구사항은 사용성이 중요함을 암시하지만, 역시 설계상의 관심사일 뿐 아키텍처 특성과는 거리가 있다.

이상의 요구사항들에서 도출할 수 있는 세 번째 아키텍처 특성은 **성능**이다. 성능이 나쁜 샌드위치 판매 앱으로 샌드위치를 사고 싶은 사람은 없을 것이다. 특히 손님이 많은 피크 타임이라면 더욱 그렇다. 그런데 성능은 정의하기가 까다로운 개념이다. 이 앱을 위해 어떤 **종류**의 성능을 설계해야 할까? (성능의 다양한 뉘앙스를 제6장에서 논의할 것이다.)

성능 관련 수치들을 확장성 수치들과 연계해서 정의해야 한다는 점도 중요하다. 다른 말로 하면, 먼저 특정한 규모(scale; 척도)를 상정하지 않고 성능의 기준선(baseline)을 정하고, 사용자 수나 부하가 일정 규모 이상일 때의 성능 수준들을 정해 나가는 식이다. 아키텍처 특성들은 서로에 영향을 미치기 마련이다. 따라서 아키텍트는 어떤 특성을 정의할 때 반드시 다른 특성들과의 관계도 고려해야 한다.

5.4.2 암묵적 특성

아키텍처 특성 중에는 요구사항 문서에 명시되어 있지 않지만 설계에서 여전히 매우 중요한 요

---

2 옮긴이_ sacrificial architecture는 현재의 요구사항을 어느 정도 충족하긴 하지만 조만간 더 나은 아키텍처로 대체할 것이 거의 확실한 아키텍처를 말한다. 더 나은 아키텍처를 위해 '희생될' 아키텍처라는 점에서 sacrificial architecture라는 이름이 붙었다. 의미에 초점을 둔다면 '과도기 아키텍처'라고 불러도 좋을 것이다.

소인 것이 많다. 예를 들어 시스템이 지원해야 하는 암묵적 아키텍처 특성 중 하나로 **가용성**이 있다. 지금 예에서 사용자는 언제라도 실리콘 샌드위치 사이트에 접속할 수 있어야 한다. 이를 보장하는 것이 가용성이다. 그리고 가용성과 밀접하게 관련된 특성으로 **신뢰성**이 있다. 지금 예에서 신뢰성은 사용자가 사이트를 이용하는 동안 사이트가 멀쩡하게 유지되는 것을 말한다. 이용 도중에 연결이 끊겨서 다시 로그인해야 하는 사이트에서 상품을 구매하려는 사용자는 별로 없을 것이다.

보안은 모든 시스템에서 기본적으로 고려해야 할 암묵적 특성이다. 보안이 취약한 소프트웨어를 만들려는 사람은 없을 것이다. 하지만 보안의 중요도에 따라 우선순위를 조정할 수는 있다. 이 점 역시 이 책의 정의(§4.1)에 따른 아키텍처 특성들의 상호 의존적 성질을 보여준다. 보안이 설계의 구조적 측면에 영향을 미친다면, 그리고 애플리케이션에 반드시 필요하거나 중요하다면 보안을 아키텍처 특성의 하나로 간주해야 한다.

실리콘 샌드위치의 경우 결제 처리를 서드파티(소위 PG사)에 맡기는 것으로 결정할 수도 있다. 그런 경우 개발자가 기본적인 보안 수칙(예: 신용카드 번호를 평문으로 전송하지 않기, 지나치게 많은 고객 정보를 저장하지 않기 등)만 잘 지킨다면, 애플리케이션 안에 보안을 위해 별도의 아키텍처 구조를 마련하지 않아도 된다. 아키텍처 특성들은 **상승작용**(시너지)을 일으킨다. 즉, 각 특성이 다른 특성들과 맞물려 작용한다. 아키텍처 특성을 지나치게 명세했을 때 흔히 곤란을 겪는 이유가 바로 이것이다. 과도한 명세는 과도하게 복잡한 설계로 이어지기 때문에 과소한 명세만큼이나 시스템에 해롭다.

실리콘 샌드위치 시스템에서 반드시 지원해야 할 마지막 주요 아키텍처 특성은 **맞춤성**이다. 이는 여러 요구사항의 세부 내용에서 도출된다. 이 예제의 문제 도메인 중에는 매장별 재정의(overriding)가 필요한 부분이 많다. 레시피, 지역별 판매, 매장 방문 경로 안내 등이 그렇다. 따라서 아키텍처는 앱 행동방식의 커스텀화를 지원해야 한다. 보통 이런 사항은 애플리케이션 설계 차원의 문제이다. 하지만 §4.1에서 제시한 아키텍처 특성의 정의에 따르면, 문제 도메인 중 맞춤형 구조를 통해서만 지원할 수 있는 설계 요소는 곧 아키텍처 특성에 해당한다. 물론 그런 설계 요소가 반드시 앱의 성공에 필수인 것은 아니다. 아키텍처 특성 선택에 정답은 없음을 기억하기 바란다. 오답이 있을 뿐이다. 심지어 이렇게 말할 수도 있다.

아키텍처에 오답은 없다. 값비싼 답이 있을 뿐이다.

— 마크의 유명한 명언 중에서

> ### 설계와 아키텍처, 그리고 트레이드오프
>
> 실리콘 샌드위치 카타에서 맞춤성을 시스템의 일부로 간주한 독자가 많을 것이다. 여기서 중요한 질문은, 그것이 아키텍처의 일부인가 아니면 설계의 일부인가이다. 아키텍처에는 구조적인 요소들이 관여한다. 반면에 설계는 그러한 구조 '안에' 자리한다. 실리콘 샌드위치의 경우 마이크로커널 같은 아키텍처 스타일을 선택하고 커스터마이즈를 위한 지원을 구축하는 식으로 나아갈 수도 있다. 하지만 상충하는 관심사들의 우선순위에 따라서는 템플릿 메서드 설계 패턴으로 커스터마이즈를 처리하는 방식도 가능하다. 템플릿 메서드는 부모 클래스가 기본적인 작업흐름(workflow)을 정의하고, 자식 클래스에서 이를 재정의할 수 있도록 해준다. 어떤 선택이 더 나은가?
>
> 아키텍처의 다른 모든 것처럼 답은 "상황에 따라 다르다." 우선, 마이크로커널 아키텍처를 도입하지 말아야 할 합당한 이유가 있는지 생각해야 한다(이를테면 성능 저하나 강한 결합 등). 둘째로, 다른 아키텍처 특성 중에서 아키텍처냐 설계냐에 따라 구현이 특별히 더 어려운 것이 있는지 따져본다. 셋째, 모든 아키텍처 특성을 아키텍처 레벨에서 지원하는 것과 설계 레벨에서 지원하는 것 중 어떤 쪽이 비용이 더 많이 드는지도 중요하다. 이런 유형의 트레이드오프 분석이야말로 아키텍트가 맡아야 할 핵심 역할 중 하나이다.
>
> 무엇보다도, 개발자, 프로젝트 관리자, 운영 팀 등 소프트웨어 시스템의 공동 구축자들과의 긴밀한 협력이 중요하다. 구현 팀과 분리된 채로 아키텍처 의사결정을 내리는 것은 위험하다(이는 이른바 '상아탑' 아키텍처(Ivory Tower architecture)라는 안티패턴으로 이어진다). 실리콘 샌드위치의 경우 아키텍트, 기술 리더(tech lead), 개발자, 도메인 분석가가 협력해서 맞춤성을 어떻게 구현할지 결정해야 한다.

딱 맞는 아키텍처 특성들을 반드시 찾아내야 한다고 너무 스트레스를 받을 필요는 없다. 개발자는 주어진 기능성을 구현하는 다양한 방법을 알고 있으므로, 개발자를 믿고 부담을 덜어도 좋을 것이다. 하지만 아키텍트가 중요한 구조적 요소를 제대로 파악하면, 좀 더 단순하고 우아한 설계를 끌어내기가 쉬워지는 것도 사실이다. 커스터마이즈 능력(맞춤성)을 구조 자체에서 지원하는 대신 설계 차원에서 지원하도록 아키텍처를 짜는 것도 가능한 일이다("설계와 아키텍처, 그리고 트레이드오프" 글 상자 참고). 아키텍처에 '최고'의 설계는 없다. '가장 덜 나쁜' 트레이드오프들의 모음이 있을 뿐임을 명심하자.

아키텍트는 후보 아키텍처 특성들에 우선순위를 매겨서 가장 단순한 필수 특성 집합을 만들려고 노력해야 한다. 일차적으로 아키텍처 특성들을 식별한 후에는 가장 덜 중요한 요소가 무엇인지 생각해 보는 것이 팀에게 좋은 훈련이 된다. 특성 하나를 빼야 한다면 어떤 특성을 뺄 것인가? 일반적으로 아키텍트들은 명시적인 아키텍처 특성을 먼저 제거하는 경향이 있다. 암묵적인 특성이 시스템의 전반적 성공에 기여하는 경우가 많기 때문이다. 주어진 특성이 시스템의 성공에 필수이거나 중요한지 고민해 보는 것은 해당 특성이 **정말로 필요한지** 판별하는 데 도움이 된다. 그리고 해당 특성이 시스템의 성공에 필수인지 판정하는 데에는 가장 덜 중요한 특성을 찾아보는 것이 도움이 된다.

실리콘 샌드위치의 예로 돌아가서, 우리가 뽑은 아키텍처 특성 중에서 무엇이 가장 덜 중요할까? 이런 질문에도 절대적인 정답은 없다. 하지만 이번 예제의 경우에는 맞춤성과 성능 중 하나를 제거해도 될 것이다. 맞춤성을 아키텍처 특성에서 제외하고, 대신 커스터마이즈를 애플리케이션의 설계 차원에서 구현하는 식으로 나아가면 된다. 한편 운영 아키텍처 특성 중에는 성능이 가장 덜 중요한 특성일 수 있다. 물론, 개발자가 의도적으로 형편없는 성능의 애플리케이션을 만들게 하자는 것은 아니다. 단지, 이 설계에서 성능보다 확장성이나 가용성 같은 다른 특성이 우선순위가 높다는 뜻일 뿐이다.

5.5 아키텍처 특성의 제한과 우선순위 부여

도메인 이해관계자들과 협력하면서 핵심 아키텍처 특성들을 정의할 때는 반드시 최종 목록을 최대한 짧게 유지하기 위해 노력해야 한다. 자주 나타나는 안티패턴 중 하나는 **범용** 아키텍처(generic architecture)를 설계하려는 것, 즉 **모든** 아키텍처 특성을 지원하는 **아키텍처**를 만들려는 것이다. 아키텍처가 지원하는 특성이 많아질수록 전체 시스템의 설계가 복잡해진다. 게다가 이런 실수는 아직 문제 도메인(소프트웨어를 만들고자 하는 애초의 동기 자체)에 접근하기도 전에 발생한다. 특성의 개수에 너무 집착할 필요는 없지만, 설계를 간결하게 유지한다는 동기를 잊어서는 안 될 것이다.

> **사례 연구: 바사호**
>
> 아키텍처 특성들의 과도한 명세 때문에 결국 프로젝트가 망해버린 대표적인 사례로 바사^{Vasa}호가 있다. 1626~1628년에 구축된 이 스웨덴 군함은 당시 스웨덴 국왕이 '역사상 가장 웅장한 함선'을 만들겠다는 욕심에서 시작한 것이었다. 그 전까지의 배들은 병력 수송선 아니면 전함이었지만, 바사호는 두 기능을 다 갖추었다. 보통 배들은 함포 갑판이 한 개였지만 바사호는 두 개였다. 포 자체도 동급 함선의 두 배 크기였다. 그런 허황한 요구에 전문 조선공들이 기겁했지만, 국왕 아돌푸스의 요구를 거스르지는 못했다.
>
> 건조 완료를 기념하기 위해 바사호는 스톡홀름 항구로 나아가서 배 한 쪽의 대포로 축포를 쏘았다. 그러나 배의 위쪽이 무거워서 배가 전복되어 침몰하고 말았다. 세월이 흘러 1961년에 구조 팀이 바사호를 인양했다. 지금은 스톡홀름의 박물관에 보존되어 있다.

아키텍트와 비즈니스 이해관계자 간의 긴밀한 협력은 아키텍처 특성 분석 단계에서 매우 중요하다. 하지만, 지원할 만한 아키텍처 특성들의 긴 목록을 아키텍트가 비즈니스 이해관계자에게 제시하고는 "어떤 특성을 지원할까요?"라고 물으면, 답은 항상 같다. "전부 다!"

따라서 아키텍트는 구조적 결정을 좌우하며 성공에 필수적인 아키텍처 특성들을 뽑아내는 기법을 갖출 필요가 있다. 우리는 아키텍트의 그런 노력을 돕기 위해 몇 가지 기법을 개발했다. [그림 5-3]에 나온 아키텍처 특성 '워크시트worksheet'가 그중 하나이다(이 워크시트는 https://developertoarchitect.com/resources.html에서 내려받을 수 있다).

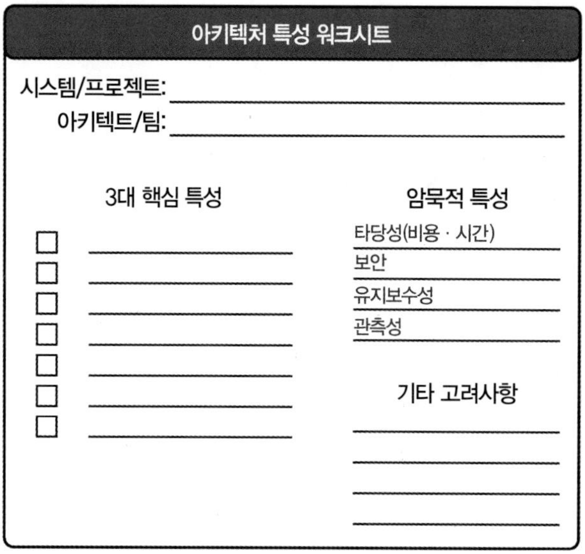

```
┌─────────────────────────────────────────┐
│          아키텍처 특성 워크시트            │
│                                         │
│ 시스템/프로젝트: _____              │
│   아키텍트/팀: _____                │
│                                         │
│      3대 핵심 특성         암묵적 특성     │
│                         타당성(비용·시간)  │
│   □ _____         보안             │
│   □ _____         유지보수성        │
│   □ _____         관측성           │
│   □ _____                         │
│   □ _____         기타 고려사항     │
│   □ _____         _____      │
│   □ _____         _____      │
│                         _____      │
└─────────────────────────────────────────┘
```

그림 5-3 아키텍처 특성 워크시트

이 워크시트는 아키텍트가 주도하는 실시간 논의에서 아키텍트가 이해관계자들의 의견을 듣고, 꼭 필요한 특성이 몇 개이고 각각의 세부 사항은 어떠한지를 정리하는 용도로 사용할 것을 염두에 두고 만든 것이다. 첫 열(왼쪽 '3대 핵심 특성' 섹션)을 보면 원하는 아키텍처 특성을 최대 7개까지 적는 칸들이 있다.

왜 7개일까? 행운의 숫자라서 그런 것은 아니고, 아키텍트가 특성 목록의 길이를 어떤 개수로든 제한할 필요가 있기 때문이다. 6개나 8개도 괜찮다(단, 7이라는 수에 나름의 심리학적 근거가 있긴 하다. https://oreil.ly/QXFBt를 참고하자). 워크시트의 둘째 열에는 암묵적 아키텍처 특성들을 위한 공간이 있다('암묵적 특성' 섹션). 이들은 대부분의 시스템에 나타나지만, 종종 아키텍트들은 이 특성 중 일부를 특별한 설계와 고려가 요구되는 중요한 애플리케이션 관심사로 취급해서 높은 우선순위를 부여한다. 그런 암묵적 특성들은 첫 열, 즉 필수 특성 목록으로 옮긴다. 그런데 첫 열이 가득 찬 상태에서 더 중요한 요소가 등장하면 어떻게 할까? 그런 경우 기존 필수 특성 중 가장 덜 중요한 것을 둘째 열 하단의 기타 항목 목록('기타 고려사항' 섹션)으로 옮기면 된다.

이런 식으로 특성들을 분류해서 왼쪽 열의 아키텍처 특성들이 결정되면, 그중 우선순위가 가장 높은 아키텍처 특성 3가지를 아키텍트와 기타 참여자들이 협의해서 선정한다. 고순위 특성 세 개를 실제로 옮길 필요는 없다. 그냥 해당 체크상자들을 체크하면 된다. 이러한 실천 과정을 통해 아키텍트는 설계 결정과 트레이드오프 분석에 활용할 수 있는 핵심 동인(driving force)들을 추려내고 우선순위를 매길 수 있다.

시스템이나 애플리케이션이 반드시 지원해야 하는 아키텍처 특성의 최종 목록을 결정하고 우선순위를 매기는 작업을 아키텍트와 도메인 이해관계자들이 처음부터 끝까지 협력해서 진행하려는 사람이 많다. 그런 최종 목록이 유용한 결과물인 것은 분명하지만, 현실적으로 그런 과정은 시간 낭비일 뿐만 아니라 핵심 이해관계자들과의 불필요한 갈등과 분쟁을 부르는 헛수고(fool's errand[3])가 되고 만다. 그보다는, 최종 목록에서 가장 중요한 특성 3개(순서는 상관없다)를 뽑는 일을 도메인 이해관계자에게 맡기는 것이 낫다. 그러면 합의가 훨씬 쉬워진다. 또한 정말 중요한 것이 무엇인지에 관해 논의하는 분위기가 만들어진다. 이 모든 과정과 결과물은 중요한 아키텍처적 결정을 내릴 때 트레이드오프를 분석하는 데 도움이 된다.

---

[3] 옮긴이_ fool's errand는 성공할 가능성이 없거나 시간과 노력만 낭비하는 무모한 시도를 뜻하는 영어 관용구이다. 중세 시대 신입 하인에게 입회식의 일환으로 쓸데없는 심부름을 보내던 장난에서 유래했다고 전해진다. 프로젝트 관리나 소프트웨어 개발 분야에서 비현실적인 목표 설정이나 과도한 완벽주의의 위험성을 설명할 때 자주 사용된다.

CHAPTER 6

아키텍처 특성의 측정과 거버넌스

아키텍트는 소프트웨어 프로젝트 전반에 걸쳐 매우 다양한 아키텍처 특성을 다루게 된다. 성능, 탄력성, 확장성 같은 운영 측면의 특성들은 모듈성, 배포성 같은 구조적 특성들과 서로 얽혀 있다. 아키텍트가 모호한 용어나 포괄적인 정의에 빠져 허우적대지 않으려면 아키텍처 특성들을 측정하고 관리하는 방법을 잘 이해해야 한다. 이번 장에서는 자주 거론되는 몇 가지 아키텍처 특성을 구체적으로 정의하고, 이들을 관리하기 위한 거버넌스 메커니즘을 구축하는 방법을 논의한다.

6.1 아키텍처 특성의 측정

아키텍트들은 아키텍처 특성을 정의하는 데 어려움을 겪곤 한다. 그 이유는 여러 가지이다.

물리학이 아니다
널리 쓰이는 대부분의 아키텍처 특성은 의미가 모호하다. 예를 들어, 아키텍트가 **민첩성**(agility)이나 **배포성**(deployability)을 위해 아키텍처를 설계하려면 어떻게 해야 할까? 그리고 **터무니없이 빠른 성능**(wicked fast performance)은 또 어떤 뜻일까? 같은 업계 사람들이라도 공통의 용어에 대한 관점이 천차만별이다. 서로 다른 맥락에서 비롯된 정당한 차이일 때도 있지만, 그냥 우연한 차이일 때도 있다.

정의가 너무나 다양하다
같은 조직 안에서도, **성능** 같은 주요 특성의 정의가 부서마다 다를 수 있다. 개발자, 아키텍트, 운영 팀 등 모두가 공통된 정의에 합의하지 않는다면 논의가 제대로 되겠는가?

> **너무 복합적이다**
>
> 바람직한 아키텍처 특성 중에는 더 작은 여러 특성이 모여 이루어진 것이 많다. 제5장에서 복합 아키텍처 특성에 관해 논의한 것을 기억할 것이다. 예를 들어 민첩성은 모듈성, 배포성, 테스트성 같은 특성들로 세분화된다.

복합 아키텍처 특성을 여러 하위 특성으로 분해하는 것은 아키텍처 특성을 객관적으로 정의하는 과정의 핵심 단계이다. 특성들의 객관적인 정의가 확립되면 방금 이야기한 세 가지 문제가 모두 해결된다.

조직의 모든 사람이 아키텍처 특성들에 대해 표준적이고 구체적인 정의를 사용하기로 합의한다면, 아키텍처에 관한 하나의 **보편 언어**(ubiquitous language)가 만들어진다. 이런 표준화가 정착되면, 복합 특성을 분해해서 각각 **객관적으로 측정할 수 있는** 특성들을 밝혀내기가 쉬워진다.

6.1.1 운영 특성의 측정

아키텍처 특성 중에는 직접 측정할 수 있는 항목이 많다. 성능이나 확장성이 그런 예이다. 하지만 이런 항목조차 팀의 목표에 따라 해석이 달라진다. 예를 들어, 팀에서 특정 요청의 평균 응답 시간을 측정한다고 하자. 응답 시간은 전형적인 운영 아키텍처 특성의 예이다. 그런데 '평균' 응답 시간만 측정한다면, 1%의 요청이 다른 요청보다 10배 더 오래 걸리는 극단적인 상황을 알아채기 힘들다. 트래픽이 충분히 많다면 이런 이상치(outlier)가 눈에 잘 띄지 않을 수 있다. 이상치를 포착하려면 최대 응답 시간도 함께 측정해야 한다.

성숙한 팀은 성능상의 목표를 어떤 구체적인 수치로 정의하지 않는다. 대신 통계 분석을 기반으로 성능 특성을 정의한다. 예를 들어, 어떤 동영상 스트리밍 서비스의 확장성을 모니터링한다고 하자. 경험 있는 엔지니어들은 임의의 수치 목표를 세우는 대신, 일정 시간 동안 확장성 데이터를 측정해서 하나의 통계 모델을 만든다. 그런 다음 실시간 지표가 예측 모델을 벗어나면 경보를 울리도록 설정한다. 지표가 모델을 벗어나는 원인은 크게 두 가지이다. 하나는 모델이 부정확한 것이고(팀이 알고 싶어 하는 좋은 정보이다), 다른 하나는 실제로 시스템에 문제가 생긴 것이다(이 역시 팀이 알고 싶어 하는 정보이다).

팀이 측정하는 특성의 종류는 도구, 목표, 장치(device), 기술의 발전에 따라 빠르게 변한다.

최근에는 많은 팀이 **최초 콘텐츠 렌더링**(first contentful paint)[1]이나 **최초 CPU 유휴 상태**(first CPU idle)[2] 같은 성능 예산(performance budget)에 집중하고 있다. 둘 다 모바일 환경에서 웹 페이지 성능 문제를 잘 드러내 주는 지표이다. 도구, 목표 등을 비롯한 여러 가지 것이 바뀜에 따라 새로운 측정 대상과 측정 방법이 계속 등장할 것이다.

> **성능의 여러 얼굴**
>
> 이 책에 나오는 아키텍처 특성 중에는 그 정의가 여러 개인 것이 많다. 대표적인 예가 성능이다. 많은 프로젝트가 웹 애플리케이션의 요청-응답 주기의 소요 시간 같은 포괄적인 성능에만 관심을 둔다. 하지만 여러 기업의 아키텍트들과 데브옵스DevOps 엔지니어들이 엄청난 노력을 들여서 애플리케이션 내 특정 영역에 대한 구체적인 성능 예산을 확립한 바 있다. 예를 들어 사용자 행동방식을 연구해서 최초 페이지 렌더링(브라우저나 모바일 기기에서 사용자가 웹 페이지 로딩의 시각적인 증거를 최초로 인식한 순간)까지의 최적 시간을 1초 미만 같은 아주 짧은 시간으로 정한 조직이 많았다. 대부분의 애플리케이션에서 이 수치는 두 자릿수(10초 이상)이다. 그러나 최대한 많은 사용자를 확보하려는 현대적인 웹사이트에서는 이것이 중요한 지표이므로, 웹사이트를 운영하는 조직이 극도로 섬세한 측정 방법을 만들곤 한다.
>
> 이런 지표 중 일부는 애플리케이션 설계에 추가적인 시사점을 제시한다. 앞서가는 여러 조직은 페이지 다운로드에 대해 **K-가중치 예산**(K-weight budget)을 정한다. 이것은 특정 페이지에 포함되는 라이브러리나 프레임워크 크기의 합이 어느 수준을 넘지 않도록 제한하는 것이다. 이런 제한은 물리적 제약조건들 때문에 필요하다. 특히 모바일 기기의 저대역폭 환경에서는 네트워크로 한 번에 전송할 수 있는 바이트 양에 한계가 있다.

6.1.2 구조적 특성의 측정

성능은 객관적으로 측정하기 쉬운 특성이다. 그러나 잘 정의된 모듈성 같은 내부 구조적 특성들은 객관적인 측정이 쉽지 않다. 모듈성은 명시적으로 드러나지 않는 아키텍처 특성의 좋은 예이다. 아키텍트에게는 아키텍처의 구성요소들과 그 상호작용을 정의하고, 전반적인 품질을 장기적으로 보장하는 구조를 만들 책임이 있다. 하지만 아키텍처의 품질을 포괄적으로 평가할 수 있는 지표는 아직 존재하지 않는다. 그렇긴 해도 아키텍트가 코드 구조의 몇몇 중요한 측면

---

[1] 옮긴이_ first contentful paint는 페이지가 적재(load)되기 시작한 시점부터 첫 번째 텍스트나 이미지 등의 콘텐츠가 화면에 렌더링되는 시점까지의 시간을 측정하는 웹 성능 지표이다. 구글의 Core Web Vitals 중 하나로, 사용자가 페이지 적재를 실제로 체감하는 시점을 나타낸다. 'paint'는 화면에 뭔가를 그리는 작업을 "칠한다"라고 표현하는 용어인데, 의미를 살려서 의미상 '렌더링'으로 옮겼다.

[2] 옮긴이_ 최초 CPU 유휴 상태는 웹 페이지 적재 후 CPU가 처음으로 유휴 상태가 되는 시점을 측정하는 지표이다. 사용자가 실질적인 상호작용을 시작할 수 있는 시점을 가늠하는 용도로 쓰인다. 비슷한 목적으로 요즘은 Total Blocking Time(TBT) 같은 지표가 많이 쓰인다.

을 좁은 범위에서 측정할 수 있는 지표와 도구는 존재한다.

코드의 여러 측면 중 측정할 수 있는 것 하나는 코드의 복잡도이다. 코드의 복잡도는 **순환 복잡도**(Cyclomatic Complexity)라는 지표로 정의된다.

> ### 순환 복잡도
>
> **순환 복잡도**는 코드 수준의 지표로, 1976년에 토마스 매케이브 Sr.$^{Thomas\ McCabe\ Sr}$가 함수/메서드, 클래스, 애플리케이션 단위에서 코드의 복잡도를 객관적으로 측정하고자 고안했다. 흔히 CC로 표기하는 이 지표는 코드에 그래프 이론을 적용해서 계산한다. 특히, 실행 경로가 달라지게 만드는 **의사결정 지점**(decision point)들이 계산에 중요하게 쓰인다. 예를 들어, 어떤 함수에 조건문(if 등)이 하나도 없으면 $CC = 1$이다. 조건문이 하나 있으면 실행 경로가 둘로 갈라지므로 $CC = 2$가 된다.
>
> 하나의 함수나 메서드에 대해 순환 복잡도를 계산하는 공식은 $CC = E - N + 2$이다. 여기서 N은 **노드**^{node} 개수(단순화하면 코드 줄 수), E는 **간선**(edge) 개수(가능한 분기의 수)이다. [예제 6-1]에 나온 C 언어 계열의 예제 코드를 생각해 보자.
>
> **예제 6-1** 순환 복잡도 평가용 예제 코드
>
> ```
> public int decision(int c1, int c2) {
>     if (c1 < 100)
>         return 0;
>     else if (c1 + c2 > 500)
>         return 1;
>     else
>         return -1;
> }
> ```
>
> [예제 6-1]에 나온 decision 함수의 순환 복잡도는 3이다($CC = 3 - 2 + 2$). [그림 6-1]의 그래프를 참고하기 바란다.
>
> 앞의 순환 복잡도 공식에는 상수 2가 등장한다. 이것은 다른 함수를 호출하지 않는 함수를 위해 단순화한 공식이다. 만일 함수가 다른 함수를 호출한다면(그래프 이론에서는 그런 관계의 함수들을 '연결 요소(connected components)'라고 부른다), 좀 더 일반적인 공식인 $CC = E - N + 2P$를 사용해야 한다. 여기서 P는 연결 요소들의 수이다.

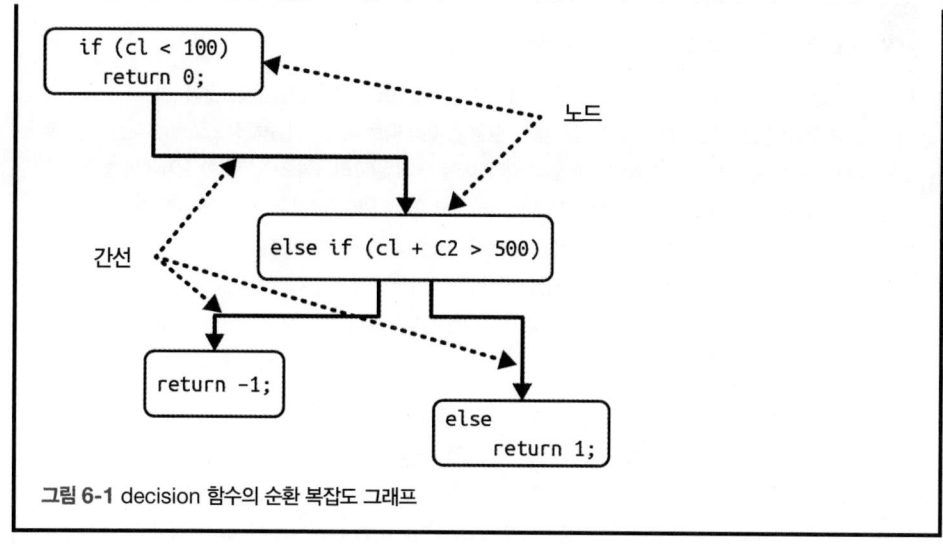

그림 6-1 decision 함수의 순환 복잡도 그래프

개발자들처럼 아키텍트도 지나치게 복잡한 코드를 '코드 악취(code smell)'로 간주한다. 코드 악취는 냄새가 느껴질 정도로 나쁜 코드의 특징을 일컫는 용어이다. 복잡성은 모듈성, 테스트성, 배포성 등 코드베이스가 갖추어야 할 거의 모든 주요 특성에 악영향을 끼친다. 코드베이스의 복잡성이 점점 증가하는 것을 팀이 방치하고 있으면 결국에는 코드 전체가 복잡성에 압도당하고 만다.

순환 복잡도는 아키텍트가 활용할 수 있는 지표가 얼마나 성기고 무딘지 보여주는 좋은 예이다. 코드의 복잡성을 측정할 수는 있지만, 그 복잡성이 '본질적'인지(해결해야 할 문제가 원래 복잡해서 생긴 것인지) 아니면 '우발적'인지(설계가 잘못 이루어져서 생긴 것인지)를 이 지표가 구분해 주지는 않는다. 그렇긴 해도 이런 순환 복잡도 같은 지표는 코드를 평가하는 데 매우 유용하다. 사람이 직접 작성한 코드든 생성형 AI가 지어낸 코드든 말이다. 특히, 생성형 AI는 문제를 정교한 알고리즘 대신 무차별 대입 방식으로 푸는 경향이 있어서 코드에 복잡성이 끼어들기 쉽다.

> **순환 복잡도의 값은 어느 정도가 좋은가?**
>
> 이 주제에 관해 우리는 "좋은 CC의 기준으로 적당한 수치는 얼마인가?" 같은 질문을 많이 받는다. 소프트웨어 아키텍처와 관련한 모든 질문이 그러하듯 답은 "상황에 따라 다르다!" 좀 더 구체적으로, 바람직한 순환 복잡도 수치는 해당 문제 도메인의 복잡도에 달려 있다. 예를 들어 알고리즘적으로 복잡한 문제라면 함수들도 복잡해질 수밖에 없다. 아키텍트는 도메인 자체가 어려워서 함수가 복잡해진 것인가, 아니면 코드가 나쁘게 만들어져서 복잡해진 것인가 같은 CC의 핵심 측면들을 잘 살펴보아야 한다. 또한 코드 분할이 제대로 이루어지지 않아서 전체적인 코드베이스가 복잡해진 것은 아닌지도 따져봐야 한다. 다른 말로 하면, 덩치 큰 메서드를 더 작고 논리적인 단위로 분리해서, 작업을(그리고 복잡성을) 여러 개의 잘 만들어진 메서드로 쪼갤 수는 없었는지 고찰할 필요가 있다.
>
> 업계에서 CC의 임곗값으로 흔히 통용되는 값은 10이다. 즉, CC가 10 미만이면 코드의 순환 복잡도가 나쁘지 않은 것이다. 단, 이는 문제 도메인 자체가 아주 복잡하다거나 기타 특별한 고려 사항이 없을 때의 이야기이다. 사실 우리는 이 기준도 너무 높다고 생각한다. CC가 5 미만이라야 코드가 응집력 있고 잘 정리되어 있다고 봐야 한다. 자바 생태계의 측정 도구 중 하나인 Crap4j(http://www.crap4j.org)는 CC와 코드 포괄도(code coverage; 테스트가 실제로 실행한 코드의 비율)를 결합해서 코드의 '엉망도(crappiness)'를 평가한다. 만약 CC가 50을 넘는다면, 아무리 테스트 커버리지가 높아도 그 코드는 엉망일 수밖에 없다. 저자 닐이 업무에서 마주친 가장 무시무시한 사례는 어떤 상용 소프트웨어의 핵심부에 해당하는 C 언어 함수 하나였다. 이 함수의 CC는 무려 800을 넘었다! 함수 하나가 4,000줄 이상이고 엄청나게 깊게 중첩된 루프를 탈출하기 위한 GOTO 문이 남용되고 있었다.
>
> 테스트 주도 개발(TDD) 같은 엔지니어링 관행은 동일한 문제에 대해서도 평균적으로 더 작고 덜 복잡한 메서드를 작성하는 데 도움이 된다. TDD를 실천하는 개발자는 먼저 간단한 테스트를 작성한 뒤, 그 테스트를 통과하는 데 필요한 최소한의 코드를 작성한다. 이런 작은 단위의 코딩 작업과 잘 정의된 테스트 경계에 초점을 두고 개발을 진행하다 보면 자연스럽게 잘 정리되고 응집력 높은, 따라서 CC가 낮은 메서드가 만들어진다.

6.1.3 개발 프로세스 특성의 측정

아키텍처 특성 중에는 소프트웨어 개발 프로세스와 직접 겹치는 것들도 있다. 예를 들어 민첩성(agility)은 자주 요구되는 특성인데, 사실 이것은 테스트성, 배포성 등 개발 프로세스와 관련된 특성들로 이루어진 복합 아키텍처 특성이다.

테스트성(testability)은 거의 모든 플랫폼에 존재하는 코드 커버리지도 도구로 측정할 수 있다. 즉, 테스트가 전체 코드 중 몇 퍼센트를 실제로 실행하는지를 구체적인 수치로 알 수 있다. 다른 모든 소프트웨어 점검 기법과 마찬가지로 코드 커버리지도 측정이 개발자의 사고(생각)와 의도를 대신할 수는 없다. 예를 들어, 어떤 코드베이스의 커버리지가 100%를 달성했다고 하더라도, 테스트에 쓰인 단언문(assertion) 자체가 부실하다면 코드의 정확성(correctness) 을 확신하기 어렵다.

테스트성처럼 배포성(deployability)도 객관적으로 측정할 수 있다. 배포성과 관련한 지표로는 전체 배포 중 성공한 비율, 실제 배포에 걸린 시간, 배포 중에 발견된 문제점(이슈) 수, 버그 수 등이 있다. 각 팀은 자신들의 우선순위와 목표를 반영하는, 질적·양적 데이터를 잘 포착할 수 있는 측정 기준들을 확립해 나가야 한다.

민첩성 및 관련 요소들이 소프트웨어 개발 프로세스와 연결되어 있음은 분명하다. 그런데 개발 프로세스가 오히려 아키텍처 구조에 영향을 주는 경우가 많다. 예를 들어 배포성과 테스트성의 우선순위를 높게 둔 경우 아키텍트는 아키텍처 단계에서부터 모듈성과 격리를 중시하는 쪽으로 의사결정을 내리게 된다. 이것이 바로 아키텍처 특성이 구조적 결정으로 이어지는 사례이다. 소프트웨어 프로젝트의 범위(scope) 내에 있는 그 어떤 요소라도 우리의 세 가지 기준(§ 4.1)을 충족한다면 아키텍처 특성의 수준으로 승격되며, 아키텍트는 중요한 결정을 내릴 때 그 요소를 반드시 고려해야 한다.

6.2 거버넌스와 적합성 함수

아키텍트가 아키텍처 특성들을 결정하고 우선순위를 매겼다면 개발자들이 그것을 잘 지켜서 개발 작업을 진행해야 한다. 그런데 개발자들이 일정에 쫓기는 상황에서도 그런 우선순위를 존중해서 설계를 올바르게 안전하게 구현하도록 만들려면 어떻게 해야 할까? 소프트웨어 프로젝트에서는 '시급함'이 모든 것을 지배할 때가 많다. 좋은 예로 모듈성은 매우 중요한 특성이지만, 항상 긴급하게 요구되는 것은 아니다. 그렇다고 아키텍트가 모든 것을 시급함에 양보할 수는 없다. 아키텍트는 아키텍처 거버넌스를 보장할 도구와 기법을 갖출 필요가 있다.

6.2.1 아키텍처 특성의 거버넌스

'거버넌스governance'는 아키텍트 역할이 책임져야 할 중요한 요소이다. 거버넌스라는 단어는 조종하다, 이끌다 같은 뜻을 가진 그리스어 'kubernan쿠베르난(조종하다, 이끌다)'에서 유래했는데, 현재는 통치, 지배, 관장 같은 뜻을 지닌다. 그런 뜻이 암시하듯이 거버넌스의 범위는 개발 과정에서 아키텍트가 영향력을 행사하길 원하는 모든 부분을 포함한다. 예를 들어 소프트웨어 품질을 보장하는 것은 아키텍처 거버넌스의 일부이다. 이를 소홀히 하면 치명적인 품질 문제로 이어지기 때문이다.

다행히도 아키텍트가 이 문제를 해결할 수 있는 수단은 점점 더 정교해지고 있다. 이는 소프트웨어 개발 생태계의 역량이 계속 발전해 왔음을 잘 보여주는 예이다. XP(eXtreme Programming, http://www.extremeprogramming.org)에서 비롯된 자동화 열풍은 지속적 통합(Continuous Integration, CI)을 만들어 냈고, CI는 다시 운영의 자동화(요즘은 데브옵스DevOps라고 부름)로 이어졌다. 이 일련의 흐름은 마침내 아키텍처 거버넌스로까지 확장되었다. 이와 관련해서 닐 포드 등의 『Building Evolutionary Architectures』(O'Reilly, 2022)[3]는 **적합성 함수**라고 부르는 일단의 기법들을 소개한다. 이 기법들은 아키텍처 거버넌스의 여러 부분을 자동화하는 데 쓰인다. 이번 장의 나머지 부분에서 적합성 함수들을 좀 더 자세히 살펴보기로 하자.

6.2.2 적합성 함수

『Building Evolutionary Architectures』의 제목에 있는 'evolutionary(진화적)'라는 단어는 생물학보다는 진화적 컴퓨팅(evolutionary computing) 분야의 아이디어에서 유래했다. 저자 중 한 명인 레베카 파슨스Rebecca Parsons 박사는 유전 알고리즘(genetic algorithm) 같은 진화적 컴퓨팅 도구를 다룬 경험이 있다. 더 나은 결과물을 만들어 내도록 유전자 알고리즘을 설계하려면, 그 결과물의 객관적 품질 평가 수치를 제공함으로써 알고리즘을 더 나은 방향으로 유도하는 메커니즘이 필요하다. **적합성 함수**(fitness function)[4]가 바로 그러한 함수이다. 정리하면, 적합성 함수는 결과물이 목표에 얼마나 가까운지를 평가하는 데 쓰이는 목적 함수(objective function)이다.

예를 들어, 요즘은 머신러닝(기계학습)의 벤치마크용으로도 쓰이는 유명한 문제인 외판원 순

---

3 옮긴이_ 번역서는 정병열 옮김, 『진화적 아키텍처』(한빛미디어, 2023).
4 옮긴이_ '피트니스 함수'라고 부르기도 하지만, 한국어에서 피트니스라는 단어는 진화론이나 진화적 컴퓨팅보다는 건강/체형 관리에 더 강하게 결합한다는 점과 유전 알고리즘이나 최적화 이론과 관련해서 적합성/적합도라는 용어가 흔히 쓰인다는 점을 고려해서 '적합성 함수'를 사용하기로 한다.

회 문제(traveling salesperson problem, TSP; https://oreil.ly/GApjt)를 푼다고 하자. 외판원이 방문해야 할 도시들과 인접한 도시들 사이의 거리가 주어졌을 때, 이동 거리와 시간, 비용이 최소가 되도록 외판원이 도시들을 방문하는 순서를 결정하는 것이 외판원 순회 문제이다. 이 문제를 유전자 알고리즘으로 풀려면 경로의 총길이를 평가하는 적합성 함수와 전체 비용을 평가하는 또 다른 적합성 함수가 필요할 것이다. 또한 외판원이 집을 떠나 있는 전체 시간을 평가하는 세 번째 함수를 추가할 수도 있다.

진화적 아키텍처에서는 이 개념을 빌려와 **아키텍처 적합성 함수**라는 개념을 만들었다. 주어진 아키텍처 특성 하나 또는 여러 특성의 조합의 무결성(integrity)을 객관적으로 평가하는 수단을 제공하는 메커니즘이면 어떤 것이든 아키텍처 적합성 함수가 될 수 있다.

적합성 함수가 새로운 틀은 아니다. 오히려, 기존의 다양한 도구를 바라보는 새로운 시각을 제공하는 것이라고 해야 할 것이다. 앞의 정의에서 "… 메커니즘이면 어떤 것이든"이라고 표현했음을 주목하자. 아키텍처 특성을 검증하는 기법은 특성의 종류만큼이나 다양하다. 적합성 함수는 어떤 방식으로 사용하느냐에 따라 카오스 엔지니어링[5], 지표 측정, 모니터링, 단위 테스트 라이브러리 같은 기존의 여러 검증 메커니즘과 겹칠 때가 많다(그림 6-2 참고).

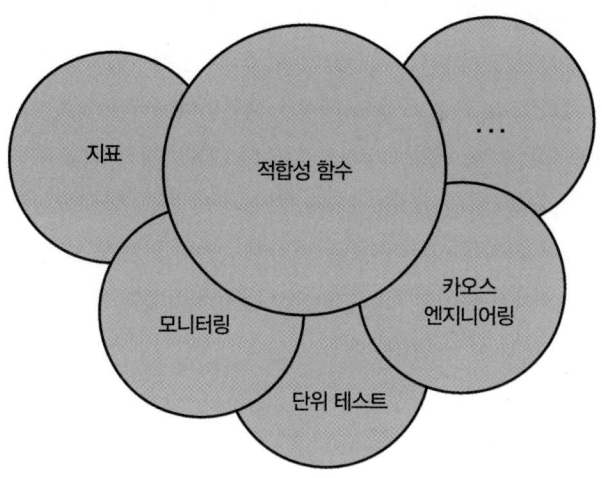

그림 6-2 적합성 함수의 메커니즘들

---

[5] 옮긴이_ 카오스 엔지니어링 혹은 혼돈 엔지니어링은 의도적으로 장애 상황을 만들어서 시스템의 취약점을 드러내고 내결함성을 검증하는 엔지니어링 기법이다. 잠시 후 "주 시퀀스 거리 적합성 함수" 절에서 좀 더 이야기한다.

적합성 함수는 적용하려는 아키텍처 특성에 따라 다양한 도구로 구현할 수 있다. 그럼 적합성 함수의 구체적인 예로, 모듈성의 여러 측면을 시험하기 위한 두 가지 적합성 함수를 살펴보자.

순환 의존성

모듈성은 대부분의 소프트웨어 아키텍트가 신경 쓰는 암묵적 아키텍처 특성이다. 모듈성을 제대로 관리하지 않으면 코드베이스의 구조가 해를 입는다. 그래서 일반적으로 아키텍트는 좋은 모듈성을 유지하는 데 높은 우선순위를 둔다. 하지만 이러한 좋은 의도와 반대되는 힘이 작용하는 플랫폼이 많다는 점도 유념해야 한다. 예를 들어, 인기 있는 여러 Java나 .NET용 IDE(통합 개발 환경)에서, 개발자가 아직 임포트import되지 않은 클래스를 참조하는 코드를 작성하면 IDE가 자동으로 import 문을 추가할지 묻는 대화상자를 띄운다. 그런 상황이 너무 자주 발생하면 대부분의 개발자는 자동 import 문 추가 제안을 별생각 없이 받아들인다. 하지만 여러 컴포넌트가 무분별하게 클래스를 임포트하면 모듈성이 심각하게 훼손된다. 예를 들어 [그림 6-3]은 아키텍트들이 반드시 피하고자 하는 대표적인 안티패턴인 **순환 의존성**(Cyclic Dependency)을 나타낸 것이다.

[그림 6-3]에서 세 컴포넌트는 각자 다른 두 컴포넌트의 일부를 참조한다. 의존관계가 이런 형태로 네트워크를 형성하면 모듈성이 망가진다. 한 컴포넌트만 따로 재사용하고 싶어도 다른 컴포넌트들을 모두 가져와야 한다. 게다가 그 다른 컴포넌트들이 또 다른 컴포넌트들과 묶여 있다면, 아키텍처는 점점 더 '진흙잡탕(Big Ball of Mud)' 안티패턴(https://oreil.ly/usx7p)을 닮아간다. 아키텍트가 개발자의 어깨 너머로 코드를 일일이 감시하지 않고도 이런 상황을 방지하려면 어떻게 해야 할까? 코드 검토(code review)가 도움이 되는 것은 확실하지만, 코드 검토는 개발 주기의 너무 늦은 시기에 이루어지므로 효과가 충분하지 않다. 개발 팀이 코드 검토까지 일주일 내내 코드 전체에서 무차별적으로 import 문을 남발했다면, 코드베이스는 이미 심각하게 오염된 상태이다.

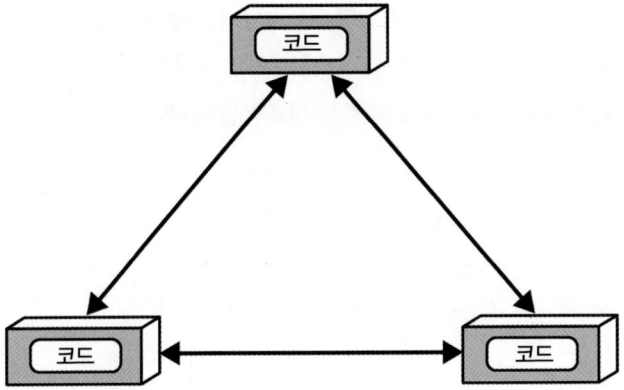

그림 6-3 컴포넌트 간 순환 의존성

이 문제의 해결책은 [예제 6-2]와 같이 순환 의존성을 잡아내는 적합성 함수를 도입하는 것이다.

예제 6-2 컴포넌트 순환 구조 검출용 적합성 함수

```
public class CycleTest {
    private JDepend jdepend;

    @BeforeEach
    void init() {
      jdepend = new JDepend();
      jdepend.addDirectory("/path/to/project/persistence/classes");
      jdepend.addDirectory("/path/to/project/web/classes");
      jdepend.addDirectory("/path/to/project/thirdpartyjars");
    }

    @Test
    void testAllPackages() {
      Collection packages = jdepend.analyze();
      assertEquals("Cycles exist", false, jdepend.containsCycles());
    }
}
```

이 코드는 JDepend(https://oreil.ly/ozzzk)라는 측정 도구를 이용해서 패키지 간의 의존성을 검사한다. 이 도구는 자바의 패키지 구조를 알고 있다. 만일 순환 참조가 존재하면 테스트가 실패한다. 아키텍트가 이 테스트를 프로젝트의 지속적 빌드에 포함시켜 두면, 개발자들이

무심코 순환 구조를 만들어 내지 않을까 걱정할 필요가 없다. 이런 방식은 **중요하지만 시급하지는 않은**(아키텍트에게는 매우 중요한 문제지만, 일상적인 코딩에는 거의 영향을 주지 않는) 소프트웨어 개발 관행을 적합성 함수로 지킬 수 있음을 보여 주는 대표적인 예이다.

주 시퀀스 거리 적합성 함수

§3.3.2 "결합도"에서는 **주 시퀀스 거리**(Distance from the Main Sequence)라는 다소 난해한 지표를 소개했다. 이 역시 적합성 함수로 검증할 수 있다. [예제 6-3]을 보자.

예제 6-3 주 시퀀스 거리 적합성 함수

```
@Test
void AllPackages() {
    double ideal = 0.0;
    double tolerance = 0.5; // 허용 가능 오차. 프로젝트마다 다름.
    Collection packages = jdepend.analyze();
    Iterator iter = packages.iterator();
    while (iter.hasNext()) {
      JavaPackage p = (JavaPackage)iter.next();
      assertEquals("Distance exceeded: " + p.getName(),
         ideal, p.distance(), tolerance);
    }
}
```

이 코드는 JDepend로 모든 패키지를 훑으면서 각 패키지의 주 시퀀스 거리를 이상적인 거리(0.0)와 비교한다. 만일 거리의 차이가 허용 가능 오차(0.5)를 넘으면 테스트를 실패로 돌린다. (다음 절에서 다룰 ArchUnit 도구로도 이와 비슷한 적합성 함수를 만들 수 있다). 이 예제는 아키텍처 특성을 객관적으로 측정하는 한 방법을 보여줄 뿐만 아니라, 아키텍트가 개발자와 밀접하게 협업하는 것이 왜 중요한지도 잘 말해준다. 이런 활동의 취지는 소수의 아키텍트가 소위 '상아탑'에 올라가서는 개발자들이 이해하지도 못할 난해한 적합성 함수를 몰래 만드는 것이 아니다. 오히려, 코드베이스의 품질 보장을 위한 자동화된 거버넌스 규칙을 구현하는 데 목적이 있다.

> **팁** 아키텍트는 적합성 함수를 도입하기 전에, 개발자들이 그것의 취지를 충분히 이해하도록 해야 한다.

최근 몇 년간 적합성 함수 관련 도구들의 수준이 눈에 띄게 높아졌다. 적합성 함수에 특화된 도구도 몇 개 등장했는데, 그중 하나가 ArchUnit(https://archunit.org)이다. ArchUnit은 JUnit(https://junit.org) 생태계의 여러 부분에서 영감을 받았고 실제로 JUnit을 활용하는 자바용 테스트 프레임워크이다. ArchUnit은 다양한 사전 정의 거버넌스 규칙들을 단위 테스트 형태로 제공한다. 또한 모듈성을 다루는 구체적인 테스트를 아키텍트가 직접 정의해서 사용하는 것도 가능하다. [그림 6-4]에 나온 계층형 아키텍처(layered architecture)를 생각해보자.

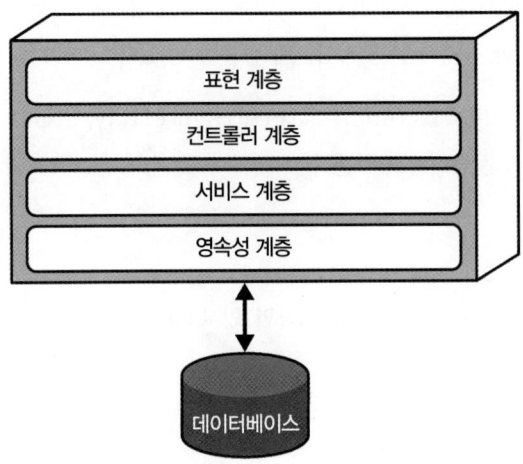

그림 6-4 계층형 아키텍처

[그림 6-4] 같은 계층화된 모놀리스 구조를 설계할 때 아키텍트는 각 계층을 나름의 이유와 동기를 가지고 정의한다(그러한 동기들과 트레이드오프, 기타 여러 측면을 제10장에서 살펴볼 것이다). 그러나 이런 패턴의 중요성을 제대로 이해하지 못하는 개발자들이 있을 수 있다. 그리고 성능 등 시급해 보이는 현안 때문에 "사전에 허락받는 것보다 나중에 용서를 구하는 게 더 쉽다"라는 태도를 보이는 개발자도 생기곤 한다. 하지만 이런 식으로 개발자가 아키텍처에 깔린 이유와 동기를 무너뜨리는 행동을 허용하면 장기적으로는 아키텍처의 건강에 해가 된다.

ArchUnit은 아키텍트가 적합성 함수를 통해서 이런 문제를 해결할 수 있게 한다. [예제 6-4]가 그러한 적합성 함수의 예이다.

예제 6-4 계층들의 거버넌스를 위한 ArchUnit 적합성 함수

```
layeredArchitecture()
    .layer("Controller").definedBy("..controller..")
    .layer("Service").definedBy("..service..")
    .layer("Persistence").definedBy("..persistence..")

    .whereLayer("Controller").mayNotBeAccessedByAnyLayer()
    .whereLayer("Service").mayOnlyBeAccessedByLayers("Controller")
    .whereLayer("Persistence").mayOnlyBeAccessedByLayers("Service")
```

이 코드는 아키텍처 계층들 사이의 바람직한 관계를 정의한다. 아키텍트는 이런 형태의 적합성 함수를 작성함으로써 계층들 사이의 바람직한 관계가 잘 지켜지는지 검증할 수 있다.

.NET 환경에도 이와 유사한 도구가 있는데, 바로 NetArchTest(https://oreil.ly/EMXpv)이다. [예제 6-5]는 C#에서 계층들을 검증하는 방법을 보여준다.

예제 6-5 계층 의존성을 위한 NetArchTest 코드

```
// 표현 계층의 클래스들이 저장소(repository)를 직접 참조하면 안 된다.
var result = Types.InCurrentDomain()
    .That()
    .ResideInNamespace("NetArchTest.SampleLibrary.Presentation")
    .ShouldNot()
    .HaveDependencyOn("NetArchTest.SampleLibrary.Data")
    .GetResult()
    .IsSuccessful;
```

테스트성에 관한 이상의 논의에서, 모든 지표나 측정 방식에 존재하는 문제점 하나를 발견했을 것이다. 바로 개발자가 거버넌스 체계를 자신이 편한 쪽으로 악용할 수 있다는 점이다. 아키텍트가 준수 여부를 어떻게 측정하는지 개발자가 알게 되면, 코드를 제대로 짜는 데 노력하기보다는 그저 측정 지표를 충족하는 것만 신경을 쓰게 될 수 있다. 예를 들어 단언문이 하나도 없는 단위 테스트들을 남발해서 코드 커버리지(테스트 커버리지) 수치만 높이는 시도를 자주 볼 수 있다. 단언문이 없는 단위 테스트는 코드를 '건드리기만' 할 뿐 코드가 잘 작동하는지 실제로 검사하지는 않지만, 그래도 테스트 커버리지는 올라간다. ArchUnit과 같은 도구로 거버넌스 코드를 작성하면 이런 부정행위를 막을 수 있다. 예를 들어 모든 단위 테스트에 단언문이 적어도 하나는 들어 있어야 한다는 규칙을 적용하는 것이 가능하다. 물론 작심하고 규칙을 어기는

사람은 어떤 방식으로든 빠져나오겠지만, 단지 부주의로 단언문을 빼먹는 정도는 이런 적합성 함수들로 방지할 수 있다.

적합성 함수의 또 다른 예로 넷플릭스의 '카오스 멍키Chaos Monkey'(https://netflix.github.io/chaosmonkey/)를 비롯한 '시미언 아미'Simian Army(https://oreil.ly/GipHq)[6]가 있다. 넷플릭스가 운영을 온프레미스에서 AWS 클라우드로 이전하는 과정에서 아키텍트들은 더 이상 운영 환경을 직접 통제할 수 없다는 점을 걱정하게 되었다. 만약 운영 중에 결함이 나타난다면 어떻게 해야 할까? 이 문제를 해결하려고 그들은 **카오스 엔지니어링**chaos engineering이라는 새로운 분야를 만들었다. 카오스 몽키는 프로덕션 환경에서 적합성 함수와 유사하게 동작한다. 이 '혼돈의 원숭이'들은 시스템이 얼마나 잘 버티는지 보기 위해 무작위로 오류나 장애를 일으킨다. AWS 인스턴스 일부에서 지연(latency) 문제가 크게 나타났을 때 담당 팀은 카오스 몽키를 이용해서 의도적으로 높은 지연시간을 시뮬레이션했다. 이 문제가 특히 심각해지자 '레이턴시 몽키'라는 별도의 도구도 만들기까지 했다. 또한 아마존 데이터센터 전체가 장애를 일으킨 상황을 시뮬레이션하는 '카오스 콩'(Chaos Kong)도 생겼는데, 이 도구 덕분에 넷플릭스는 실제로 데이터센터 장애가 발생해도 서비스를 멈추지 않을 수 있었다.

시미언 아미에 속하는 서비스 중 특히 **컨퍼미티 멍키**Conformity monkey, **시큐리티 멍키**Security monkey, **재니터 멍키**Janitor monkey라고 부르는 적합성 함수들은 자동화 거버넌스 접근법을 잘 보여주는 예이다. 프로덕션에서 지켜져야 할 거버넌스 규칙들을 넷플릭스 아키텍트가 정의하면 컨퍼미티 멍키가 그것의 준수 여부를 감시한다. 예를 들어 각 서비스가 어떤 요청에도 오류 없이 응답해야 한다는 규칙을 정했다면, 아키텍트는 해당 테스트를 컨퍼미티 멍키에 넣으면 된다. 시큐리티 멍키는 활성화되어 있지 않아야 할 포트나 잘못된 보안 설정 등 잘 알려진 보안 결함을 서비스별로 점검한다.

마지막으로 청소부 역할을 하는 재니터 멍키는 더 이상 아무 서비스도 접근하지 않는 인스턴스를 찾아낸다. 넷플릭스의 아키텍처는 진화적 특성을 가지기 때문에 개발자들은 주기적으로 새 서비스로 이동하는데, 그러다 보면 이전의 서비스가 '고아'로 남곤 한다. 클라우드에서 서비스를 계속 실행하면 비용이 발생하므로, 재니터 멍키는 그런 고아 서비스들을 찾아내서 프로덕션에서 제거한다.

카오스 엔지니어링은 아키텍처 디자인에 대해 흥미로운 새로운 관점을 제시한다. 바로, 시스템

---

[6] 옮긴이_ 참고로 'simian'은 유인원을 뜻한다.

이 장애를 일으킬 것은 **기정사실**이므로, 고장 났을 때 잘 대처할 수 있게 만드는 것이 중요하다는 것이다. 장애를 예상하고 테스트를 충실하게 수행하면 시스템이 훨씬 견고해진다. 넷플릭스의 혁신가 케이시 로젠탈Casey Rosenthal과 노라 존스Nora Jones가 쓴 『Chaos Engineering』(O'Reilly, 2020)이 이 접근법을 강조한다.

아툴 가완디Atul Gawande의 영향력 있는 저서 『The Checklist Manifesto』(Metropolitan, 2009)[7]에는 항공기 조종사나 외과 의사 같은 전문가들이 체크리스트를 활용하는 방법이 나온다. (체크리스트 사용이 법적 의무인 경우도 있다.) 이들이 체크리스트를 쓰는 이유는 업무에 미숙하거나 자주 실수해서가 아니다. 너무 복잡하고 세밀한 작업을 반복적으로 수행하다 보면 중요한 세부 사항을 놓치기 쉽기 때문이다. 그런 상황에서 짧고 간명한 체크리스트는 중요한 사항을 효과적으로 일깨워주는 유용한 도구이다.

적합성 함수도 바로 그런 체크리스트처럼 생각하는 것이 바람직하다. 적합성 함수는 무거운 거버넌스 도구가 아니다. 아키텍트가 중요한 아키텍처 원칙을 명확히 표현하고, 이를 자동으로 검증하는 장치일 뿐이다. 보안이 취약한 코드를 배포하지 않아야 한다는 점은 개발자도 잘 안다. 하지만 개발자의 실무에서 중요한 사항은 그 밖에도 수십, 수백 가지이며, 보안은 그런 사항들과 우선순위를 두고 경쟁하게 된다. 시큐리티 멍키 같은 도구를 이용하면(좀 더 일반적으로는 어떤 형태이든 적합성 함수를 활용한다면) 아키텍트가 중요한 거버넌스 규칙을 아키텍처의 토대에 자연스럽게 녹여 넣을 수 있다.

---

[7] 옮긴이_ 번역서는 박산호 옮김, 『체크! 체크리스트』(21세기북스, 2010).

CHAPTER 7
아키텍처 특성의 범위

소프트웨어 아키텍트의 사고는 생태계와 함께 진화해야 한다. 이 점은 아키텍처 특성의 범위(scope)를 결정할 때 가장 명확하게 드러난다. 아키텍처 특성을 결정하는 기존 프레임워크들은 대부분 치명적인 결함을 가지고 있었다. 바로, 전체 시스템에 단 하나의 아키텍처 특성 집합이 적용된다고 가정한 것이다. 실제로 그런 경우가 없지는 않지만, 마이크로서비스 같은 현대적 아키텍처는 서비스 수준의 아키텍처 특성들과 시스템 수준의 아키텍처 특성들이 다르다.

아키텍처 특성의 범위는 아키텍트에게 유용한 척도이다. 특히, 구현의 출발점으로 삼을 가장 적절한 아키텍처 스타일을 결정할 때 아주 유용하다. 우리가 『Building Evolutionary Architectures』를 집필할 때, 특정한 아키텍처 스타일의 구조적 진화성(structural evolvability)을 측정할 기법이 필요했다. 기존 측정 방법 중에는 적절한 수준의 세부 사항을 제공하는 것이 없었다. §6.1.2 "구조적 특성의 측정"에서 아키텍트가 아키텍처의 구조적 측면을 분석하는 데 사용할 수 있는 여러 코드 수준 지표들을 소개했다. 하지만 그런 지표들은 모두 범위를 반영하지 않는다. 코드에 관한 저수준 세부 사항은 드러내지만, 여러 아키텍처 특성(특히 운영 특성들)에 영향을 미치는 코드베이스 외부의 의존 컴포넌트(데이터베이스 등)는 평가하지 못한다. 아키텍트가 열심히 노력해서 코드베이스를 성능이 좋고 탄력적으로 설계한다고 해도, 시스템의 데이터베이스가 그런 특성과 일치하지 않으면 그 노력은 성과를 내지 못한다.

결국 적절한 범위 측정 방법을 찾지 못한 우리는 **아키텍처 퀀텀**architecture quantum이라는 것을 만들었다.

7.1 아키텍처 퀀텀과 세분도

컴포넌트 수준의 결합(coupling)만이 소프트웨어를 한데 묶는 유일한 요인은 아니다. 비즈니스 개념 중에는 시스템의 특정 요소들을 의미에 따라 묶어서 **기능적 응집**(functional cohesion)을 만들어 내는 것들이 많다. 소프트웨어를 성공적으로 설계, 분석하고 진화시키려면, 아키텍트와 개발자는 깨질 수 있는 모든 결합 지점을 고려해야 한다.

> **라틴어에서 온 기술 용어의 복수형**
>
> 퀀텀의 원문인 quantum은 라틴어에서 온 단어이다. 따라서 그 복수형은 a로 끝난다. 즉, 퀀텀이 둘 이상이면 *quanta*퀀타가 된다.[1] 좀 더 널리 쓰이는 데이터의 원문 *data*도 라틴어에서 유래한 복수형 단어로, 단수형은 datum이다. 하지만 아키텍트가 단수형 datum을 사용하는 경우는 거의 없다. *Chicago Manual of Style*[2]의 활용 지침에는 "원래 이 단어는 *datum*의 복수형이었지만, 이제는 일반적으로 집합명사로 취급되어 단수 동사와 짝을 이룬다"라고 되어 있다(18판, 2024, 336쪽).

과학에 조예가 있는 아키텍트라면 물리학에서 말하는 퀀텀(양자) 개념을 알 것이다. 퀀텀 혹은 양자는 어떤 것(보통은 에너지)의 가능한 최소량을 가리킨다. *quantum*이라는 단어는 "얼마나 큰지" 또는 "얼마나 많은지"를 의미하는 라틴어 단어에서 온 것이지만, 일반적으로는 "작고 분해할 수 없는 것"이라는 뜻으로 흔히 쓰인다. 우리가 정의한 **아키텍처 퀀텀**의 퀀텀도 그런 뜻이다. 이런 맥락에서 **아키텍처 퀀텀**을 비공식적으로 "시스템에서 독립적으로 실행되는 가장 작은 부분"이라고 정의할 수 있다. 예를 들어 마이크로서비스가 아키텍처 퀀텀이 되곤 한다. 하나의 마이크로서비스가 자신만의 데이터와 기타 의존요소들과 함께 아키텍처 안에서 독립적으로 실행될 수 있다는 점에서, 마이크로서비스는 아키텍처 퀀텀의 그러한 정의에 잘 맞는다.

무엇보다도, **아키텍처 퀀텀**은 아키텍처 특성 집합의 범위를 확립한다. 또한 다음과 같은 네 가지 특징을 지닌다.

- 아키텍처의 다른 부분과는 독립적으로 배포된다.
- 기능적 응집도가 높다.

---

1 옮긴이_ 이 번역서에서는 퀀타 대신 '퀀텀들'을 사용하기로 한다.
2 옮긴이_ *Chicago Manual of Style*은 1906년부터 시작된 미국의 대표적인 편집 및 문체 지침서로, 학술 출판과 저널리즘 분야에서 널리 쓰이는 표준 매뉴얼이다. 문법, 구두점, 인용, 참고문헌 작성법 등에 대한 포괄적인 지침을 제공하며, 특히 영어권 학술 출판에서 APA, MLA와 함께 주요 레퍼런스로 쓰인다. https://www.chicagomanualofstyle.org/에서 볼 수 있다.

- 외부 구현과의 정적 결합도가 낮다.
- 다른 퀀텀들과 동기적으로 통신한다.

이상은 아키텍처 퀀텀의 공식적인 정의에 해당한다. 그럼 정의의 각 부분을 좀 더 자세히 살펴보자.

아키텍처 특성 집합의 범위 확립

아키텍트는 아키텍처 퀀텀을 아키텍처 특성 집합들을 구분하는 경계선으로 활용한다. 특히 운영 특성들을 다른 특성들과 구분하는 데 유용하다. 독립적으로 배포할 수 있고 기능적 응집도가 높다는(잠시 후 논의한다) 점에서 아키텍처 퀀텀은 아키텍처 모듈성의 유용한 척도를 제공한다.

독립적 배포 가능

아키텍처 퀀텀은 아키텍처의 다른 부분과 독립적으로 기능하는 데 필요한 모든 구성요소를 포함한다. 예를 들어 애플리케이션이 데이터베이스를 사용한다면 그 데이터베이스는 퀀텀의 일부이다. 데이터베이스 없이는 시스템이 기능하지 못하기 때문이다. 그런데 이 요구사항과 퀀텀의 정의를 조합하면, 데이터베이스 하나(단일 데이터베이스)만 사용하도록 배포되는 거의 모든 레거시 시스템은 시스템 전체가 하나의 퀀텀이 된다는 결론이 나온다. 반면에 마이크로서비스 아키텍처 스타일에서는 서비스마다 개별적인 데이터베이스를 사용한다(이는 18장에서 자세히 설명할 **경계 컨텍스트** 철학의 일부이다). 이 경우 각 서비스가 개별적인 아키텍처 특성 범위를 가지므로, 아키텍처에 여러 개의 퀀텀이 형성된다.

높은 기능적 응집도

컴포넌트 설계에서 **응집**은 컴포넌트에 포함된 코드가 얼마나 목적에 맞게 통합되어 있는지를 나타낸다. 예를 들어 **고객** 엔티티와 관련된 속성과 메서드만 가진 Customer 컴포넌트는 응집도가 높지만, 각종 메서드가 마구잡이로 모여 있는 Utility 컴포넌트는 그렇지 않다. 기능적 응집도가 높다는 것은 아키텍처 퀀텀이 목적에 맞는 일을 한다는 뜻이다. 시스템 전체가 하나의 데이터베이스를 사용하는 전통적인 모놀리스 애플리케이션에서는 이런 구분이 거의 중요하지 않다. 본질적으로 시스템 전체가 하나로 응집되어 있기 때문이다. 하지만 이벤트 주도(event-driven)나 마이크로서비스 같은 분산 아키텍처에서는 아키텍트가 각 서비스를 단일 작업흐름(아래 "도메인 주도 설계의 경계 컨텍스트 개념" 글 상자에서 설명하는 **경계 컨텍스트**에 해당)과 일치하도록 설계할 가능성이 크다. 그런 서비스들은 기능적 응집도가 높게 나온다.

> ### 도메인 주도 설계의 경계 컨텍스트 개념
>
> 에릭 에반스Eric Evans의 저서 『Domain-Driven Design』(Addison-Wesley Professional, 2003)[3]은 현대적인 아키텍처 사고에 깊은 영향을 미쳤다. **도메인 주도 설계**(Domain-driven design, DDD)는 아키텍트가 복잡한 문제 도메인을 체계적으로 분해할 수 있게 해주는 모델링 기법이다. DDD에는 **경계가 있는 컨텍스트**

---

[3] 옮긴이_ 번역서는 이대엽 옮김, 『도메인 주도 설계』(위키북스, 2011).

(bounded context), 줄여서 **경계 컨텍스트**라는 개념이 있다. 하나의 경계 컨텍스트는 도메인의 특정 부분에 대응된다. 주어진 경계 컨텍스트 안에서는 그 부분에 연관된 모든 것을 볼 수 있지만, 다른 경계 컨텍스트에서는 볼 수 없다.

DDD 이전에 아키텍트들이 조직 안의 공통 엔티티들에 걸쳐서 코드를 전체적으로 재사용하려고 했다. 이런 공통의 공유 코드 요소들을 만들어 내면 결합도가 높아지고 조정(coordination)이 어려워지며 복잡성이 증가하는 등 수많은 문제가 발생한다는 점을 깨닫게 되었다. 경계 컨텍스트 개념은 각 엔티티가 분리된 컨텍스트 안에서 가장 잘 작동한다는 점에 착안한다. 즉, 전체 조직에 걸쳐 통합된 Customer 클래스를 만드는 대신, 문제 도메인마다 개별적인 Customer 클래스를 만들고 다른 Customer 클래스와의 차이점은 해당 도메인과의 통신 지점에서 조정하는 것이 낫다.

외부 구현의 정적 결합도가 낮다는 특징을 명확히 이해하려면 결합을 좀 더 세부적인 유형들로 나누어서 정의할 필요가 있다.

의미적 결합

의미적 결합(semantic coupling)은 아키텍트가 풀려는 문제 자체에 내재된 자연스러운 결합에 해당한다. 예를 들어, 주문 처리 애플리케이션의 경우 재고, 카탈로그, 장바구니, 고객, 판매 같은 요소들이 서로 결합하는 것은 자연스러운 일이다. 이런 결합들은 소프트웨어 솔루션 구축의 동기가 되는 문제의 본질 자체에서 정해진다. 도메인을 변경하면 그 영향이 시스템 전체로 파급되기 마련인데, 아키텍트가 이를 방지하는 수단이나 기법은 거의 없다. 도메인이(따라서 의미가) 바뀌면 시스템 요구사항들도 바뀐다. 아키텍트가 이에 적응할 수는 있지만, 핵심 문제가 바뀌어도 아키텍처에 영향이 미치지 않게 하는 마법 같은 아키텍처 패턴은 없다.

구현 결합

구현 결합(implementation coupling)은 아키텍트와 팀이 어떤 의존성을 구현할 것인지 결정하는 것과 관련이 있다. 주문 처리 애플리케이션에서 팀은 도메인 경계를 설정할 때 다양한 제약조건을 고려해야 한다. 예를 들어, 모든 데이터가 단일 데이터베이스에 있어야 하는가, 아니면 확장성이나 가용성을 고려해서 데이터베이스들을 분리해야 하는가? 모놀리스를 구축할 것인가 분산 아키텍처를 구축할 것인가? 이런 질문들의 답은 시스템의 의미적 결합에는 거의 영향을 주지 않지만 아키텍처적 결정에는 큰 영향을 미친다.

정적 결합

정적 결합(static coupling)은 아키텍처의 '배선(wiring)' 방식을 의미한다. 즉, 이 결합은 서비스들의 상호 의존관계에 관한 것이나. 서비스가 농밀한 결합 지점에 의존한다면 둘은 같은 아키텍처 퀀텀의 일부가 된다. 예를 들어, Catalog와 Shipping이라는 두 마이크로서비스가 주소 정보를 공유한다면, 둘은 하나의 공유 컴포넌트에 의존할 것이다. 그러면 두 서비스는 그 의존성에 의해 결합되며, 따라서 같은 아키텍처 퀀텀의 일부가 된다.

소프트웨어 아키텍처에서 결합을 파악하는 쉬운 방법이 있다. 뭔가를 변경했을 때 다른 뭔가가 고장 난다면 그 둘은 결합된 것이다. 정적 결합은 아키텍처에 존재하는 범위 의존성(scope dependency)을 정의한다.

예를 들어, 여러 서비스가 동일한 관계형 데이터베이스를 사용한다면(즉, 그 데이터베이스에 의존한다면) 그 서비스들은 같은 퀀텀의 일부다.

동적 결합

동적 결합(dynamic coupling)은 아키텍처 퀀텀들이 반드시 서로 통신해야 할 때 작용하는 힘들을 설명한다. 예를 들어, 시스템 안에서 함께 실행되는 두 서비스는 하나의 작업흐름을 형성해서 통신하면서 공통의 작업을 실행하게 된다. 분산 아키텍처의 경우 아키텍트는 서비스 간 통신과 관련한 트레이드오프를 고려해야 하는데, 이에 관해서는 제15장에서 좀 더 자세히 논의한다.

이러한 결합 유형들을 바탕으로 아키텍처 퀀텀의 셋째 특징을 좀 더 정확하게 설명할 수 있다.

외부 구현의 정적 결합도 낮음

아키텍처 퀀텀들 사이의 구현 결합 수준이 낮아야 한다. 이 특징 역시 경계 컨텍스트들 사이의 낮은 결합이라는 DDD 철학에서 파생된다. 퀀텀은 컴포넌트보다 한 단계 높은 추상화 수준에서 아키텍처의 운영 구축 요소를 형성한다. 퀀텀들은 서비스 경계들과 겹치는 경우가 많다. 외부 구현의 정적 결합도가 낮아야 한다는 목표는 아키텍처의 서로 다른 부분들이 느슨하게 결합되는 것을 아키텍트들이 선호한다는 점과 잘 맞는다.

일반적으로 긴밀한 결합은 한 서비스나 하위시스템(subsystem) 안의 코드 요소들처럼 높은 응집도가 필요한 경우에 바람직하다. 단일한 구현이 변경되었을 때 예기치 못한 파급 효과로 (겉보기에는 별 관련이 없는) 다른 많은 것이 고장 나는 아키텍처를 가리켜 "취약하다(brittle)"라고 말한다. 시스템의 결합 범위가 넓을수록 결합이 느슨해지며, 느슨한 결합은 아키텍처를 덜 취약하게 만드는 데 도움이 된다. 예를 들어 아키텍트가, 하나의 호출자에게만 영향을 미칠 것이라고 생각하면서 어떤 서비스 호출의 한 필드 이름을 State에서 StateCode로 바꾸었지만 실제로는 다른 여러 의존요소가 예기치 않게 깨지는 상황을 상상해 보기 바란다.

> **팁** 범위가 좁을 때는 결합도가 더 높아도 된다. 범위가 넓을수록 결합은 더 느슨해야 한다.

아키텍처 퀀텀의 넷째 특징인 다른 퀀텀들과의 동기적 통신은 다음 절에서 살펴보기로 하겠다.

7.2 동기적 통신

통신(communication)은 동적 결합을 의미한다. 지금 맥락에서는 아키텍처 퀀텀들이 서로를 호출하는 것이 통신이다. 이런 관계는 분산 아키텍처에서 흔하다. 이는 특히 §4.2.1 "운영 아키텍처 특성"에서 설명한 운영 아키텍처 특성들과 관련이 있다. 운영 범주의 아키텍처 특성들은 분산 아키텍처에서 중요한 타이밍과 차단(blocking)을 결정하는 경우가 많기 때문이다.

예를 들어, Payment 서비스와 Auction 서비스가 있는 마이크로서비스 아키텍처를 생각해 보자. 경매가 끝나면 Auction 서비스가 결제 정보를 Payment 서비스에 **동기적으로** 전송한다. 그런데 Payment 서비스가 500ms마다 결제를 하나씩만 처리할 수 있다고 하자. 다수의 경매가 동시에 끝나면 어떻게 될까? 두 서비스는 운영 아키텍처 특성들이 다르다. 따라서, Payment에 대한 Auction의 첫 호출은 성공하지만 이후의 호출들에서는 Payment 서비스가 다수의 요청을 감당하지 못해서 호출들이 실패하기 시작할 가능성이 있다. 간단히 말해 Payment 서비스는 Auction 서비스보다 확장성이 떨어진다.

비동기 통신(asynchronous communication)은 잠재적 영향이 적으므로, 여기서는 동기적 통신만 다루기로 한다. 예를 들어, Auction 서비스가 메시지 대기열(message queue)을 이용해서 Payment 서비스를 비동기적으로 호출한다면 대기열이 버퍼 역할을 하므로 어느 정도까지는 두 시스템이 함께 잘 작동할 수 있다. 물론 Payment가 처리할 수 있는 것보다 더 많은 메시지를 Auction 서비스가 계속 보낸다면 결국 메시지 대기열이 넘칠 것이다. 하지만 다수의 메시지가 간헐적으로만 들어온다면, 대기열은 수신자가 준비될 때까지 그 메시지들을 보관할 수 있다. 반면에 분산 아키텍처에서 동기적 통신은 그런 여유가 전혀 없다. 아키텍처 구성요소들의 아키텍처 특성들이 서로 다르다면 더욱 그렇다. 이벤트 주도 아키텍처의 여러 통신 유형은 제15장에서 상세히 논의할 것이다.

아키텍처 퀀텀 개념은 아키텍트가 범위를 생각하는 새로운 방법을 제공한다. 현대적인 시스템에서 아키텍트들은 시스템 수준이 아니라 퀀텀 수준에서 아키텍처 특성을 정의한다. 이러한 접근법은 새로운 문제 도메인을 분석할 때 중요한 정보를 제공한다.

7.3 범위 지정의 영향

아키텍처 특성들의 범위는 아키텍트가 서비스 경계(service boundary)를 적절히 결정하는 데 도움이 된다. [그림 7-1]은 이를 위한 의사결정 과정을 나타내는 결정 트리(decision tree)이다. 이번 절에서는 이 과정의 단계들을 자세히 살펴본다.

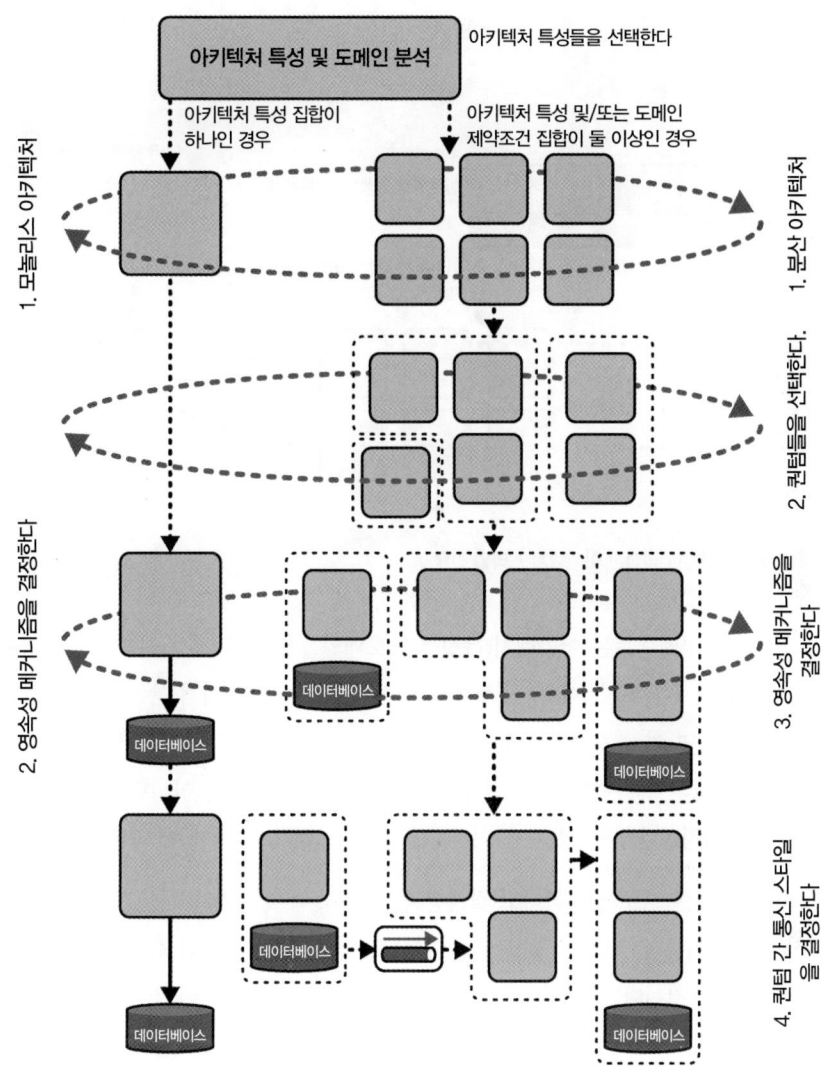

그림 7-1 아키텍처 특성 범위를 사용해 아키텍처 스타일의 결정을 돕는 결정 트리

7.3.1 범위 지정과 아키텍처 스타일

문제 도메인의 퀀텀 경계를 결정하면 아키텍처 스타일을 선택하기가 좀 더 쉬워진다. 예를 들어 아키텍트가 모놀리스 아키텍처와 분산 아키텍처를 두고 고민한다고 하자. [그림 7-1]에 나

온 아키텍트 의사결정 과정의 첫 부분이 이와 관련이 있다. [그림 7-2]는 그 부분만 따로 표시한 것이다.

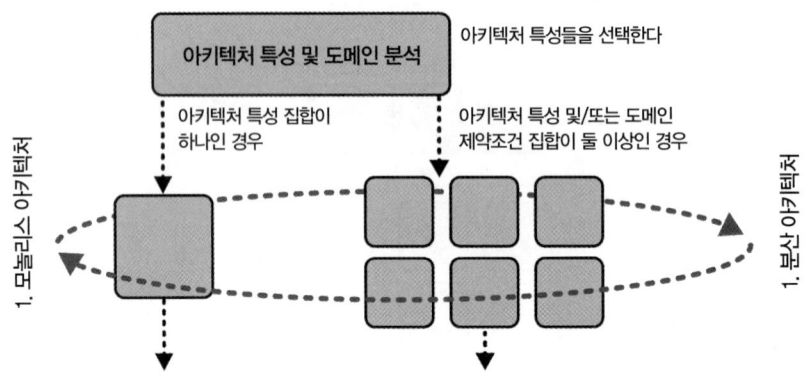

그림 7-2 아키텍처 특성에 기반한 적절한 아키텍처 스타일 선택

제4장에서 논의했듯이 아키텍트는 아키텍처 특성들과 도메인을 분석해 가장 적절한 아키텍처 스타일을 결정해야 한다. 이 분석 작업의 일부는 주어진 솔루션에 아키텍처 특성 그룹이 하나만 있으면 되는지, 아니면 여러 개가 필요한지 판단하는 것이다. [그림 7-2]의 단계 1에서 아키텍트는 시스템이 하나의 아키텍처 특성 집합으로도 성공할 수 있는지, 아니면 특성 집합을 여러 개 두어야 할지 결정한다(구체적인 예가 §7.3.2 "카타: 고잉 그린 예제"에 나온다).

단일한 아키텍처 특성 집합으로 충분하다고 결정한 경우, 모놀리스 아키텍처를 선택하면 이후에 결정할 사항들이 줄어든다. 그렇지 않고 분산 아키텍처를 선택한다면, 다음으로 할 일은 퀀텀들의 경계를 결정하는 것이다(그림 7-3).

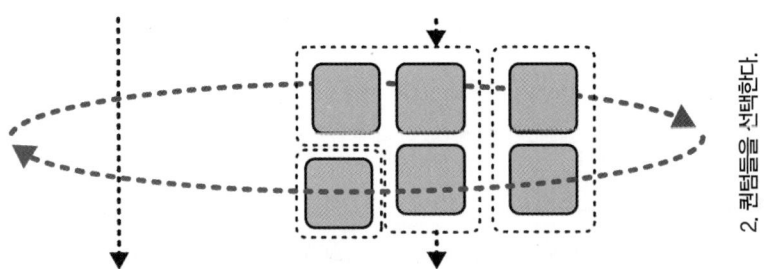

그림 7-3 분산 아키텍처에서 아키텍트는 적절한 퀀텀 경계를 선택해야 한다.

이와 관련한 세분도(granularity)를 결정하는 데 도움이 되는 몇 가지 가이드라인을 제18장에서 제시하겠다. 의사결정 과정의 다음 단계는 영속성(persistence) 메커니즘을 선택하는 것이다. [그림 7-4]에서 보듯이 두 아키텍처 스타일(모놀리스와 분산) 모두 영속성 메커니즘이 필요하다.

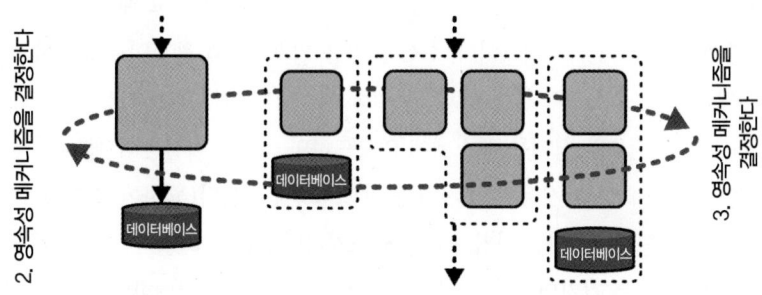

그림 7-4 일반적으로 두 아키텍처 스타일 모두 어떤 종류이든 영속성 메커니즘이 필요하다.

모놀리스 아키텍처에는 일반적으로 단일 모놀리스 데이터베이스가 적합하다. 이 스타일에서는 아키텍처와 데이터베이스를 한데 묶어서 개발하고 배포한다. 여기까지 왔다면 아키텍트의 의사결정 과정이 끝난 것이다. 이제 여러 모놀리스 스타일 중 적절한 것을 선택하는 과정으로 넘어가면 된다.

분산 아키텍처 쪽 경로로 이 단계에 도달했다면 선택지는 두 가지이다. 하나는 데이터베이스를 하나만 사용하는 것이고(이벤트 주도 아키텍처에서 흔함) 다른 하나는 서비스 세분도에 따라 데이터를 더 분할하는 것이다(마이크로서비스 아키텍처 방식으로). 영속성을 결정한 후에도 한 단계가 더 남아 있다. 바로, 퀀텀들 사이의 통신을 동기적으로 진행할 것인가 비동기적으로 진행할 것인가이다. (이 문제는 제15장에서 자세히 논의한다.) 시스템에 따라서는, 동기적 통신을 선택하면 앞에서 정적 결합을 통해 확립된 퀀텀 경계들을 다시 변경해야 할 수도 있음을 기억하기 바란다. 두 결합 유형은 자주 상호작용한다.

7.3.2 카타: 고잉 그린 예제

그럼 문제 분석을 위해 아키텍처 퀀텀을 아키텍처 특성들의 범위로 활용하는 방법을 **고잉 그린** Going Green이라는 예제 카타를 통해서 살펴보자. [그림 7-5]는 이 카타에서 풀고자 하는 문제를 도식화한 것이다.

시나리오는 이렇다. 여러분은 중고 휴대폰 같은 중고 전자제품을 재활용하고 재판매하는 사업체인 고잉 그린(줄여서 GG)의 아키텍트이다. GG는 공용 키오스크와 웹사이트 모두에서 중고 전자제품을 사고판다. 키오스크와 웹사이트는 동일한 시스템을 실행한다. 사용자가 팔고자 하는 기기(device) 모델 번호와 상태를 시스템에 업로드하면 GG가 적절한 구매가(견적)를 제시한다. 그 가격이 마음에 들면 사용자는 기기를 키오스크에 넣는다(웹사이트의 경우에는 GG가 우편 발송용 상자를 보내준다). 기기가 GG에 도착하면 GG는 확인 후 사용자에게 대금을 보낸다. 그런 다음 GG는 기기의 가치를 추정해서 재활용하거나 재판매한다. 이 시스템은 보고서와 기타 분석 자료도 생성한다.

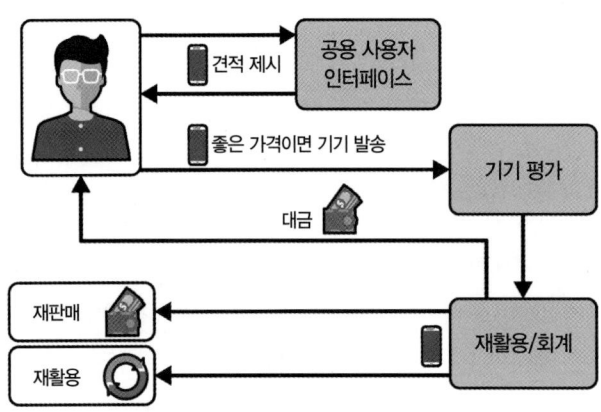

그림 7-5 고잉 그린의 요구사항들

아키텍처 특성들을 분석해 보니 특성들이 [그림 7-6]처럼 세 그룹으로 뚜렷하게 나뉨을 알게 되었다.

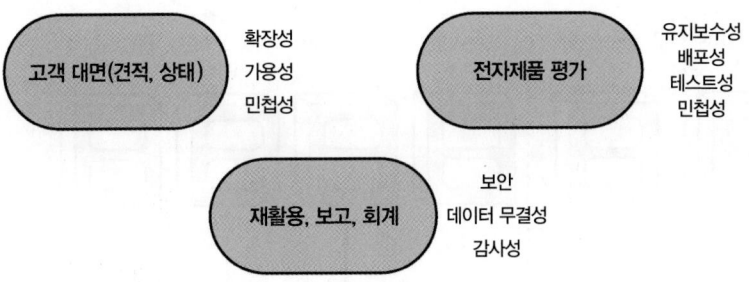

그림 7-6 GG 아키텍처 특성 분석 결과 세 개의 역량 그룹이 도출되었다.

애플리케이션의 고객 대면(customer facing) 부분에는 **확장성**, **가용성**, **민첩성**이 필요하다. 업무지원(back-office) 기능과 관련해서는 **보안**, **데이터 무결성**, **감사성**(auditability)이 필요하고, 평가 부분에는 **유지보수성**, **배포성**, **테스트성**이 필요하다(이 세 특성은 **민첩성**이라는 복합 아키텍처 특성으로 묶인다). 평가 부분에 별도의 아키텍처 특성 집합을 두는 이유는 무엇일까? 이는 비즈니스 동인(driver)이 아키텍처 관심사와 어떻게 교차하는지를 보여주는 좋은 예다. GG의 비즈니스 모델은 고가치 중고 전자제품 재판매에 의존한다. 그런데 전자제품 업계에서는 새로운 모델이 지속적으로 출시된다. 따라서 기기 평가 부분을 더 빠르게 갱신할 수 있으면 더 새로운(따라서 더 가치 있는) 기기를 재판매할 수 있다.

확장성, 가용성, 보안, 데이터 무결성, 감사성, 유지보수성, 배포성, 테스트성이라는 모든 기준을 만족하는 시스템을 설계할 수 있을까? 불가능하지는 않겠지만 쉽지도 않을 것이다. 이런 아키텍처 특성들은 상충할 때가 많다. 예를 들어 감사성 같은 업무지원 관심사를 중요시하면서 빠른 배포성을 달성하기란 어렵다. 그리고 UI는 시스템의 다른 부분과는 완전히 다른 수준의 확장성을 요구한다.

모든 특성을 충족하려 드는 것보다는, 아키텍처 특성 그룹들을 지침으로 삼아서 퀀텀들을 분리하는 것이 바람직하다. [그림 7-7]에서 점선은 각각의 아키텍처 퀀텀을 나타낸다. 특성 범위를 서비스 세분도 결정을 위한 지침으로 사용하면 가장 유익한 트레이드오프 집합을 결정하는 데 도움이 된다. (이 주제는 제18장에서 더 자세히 살펴본다.)

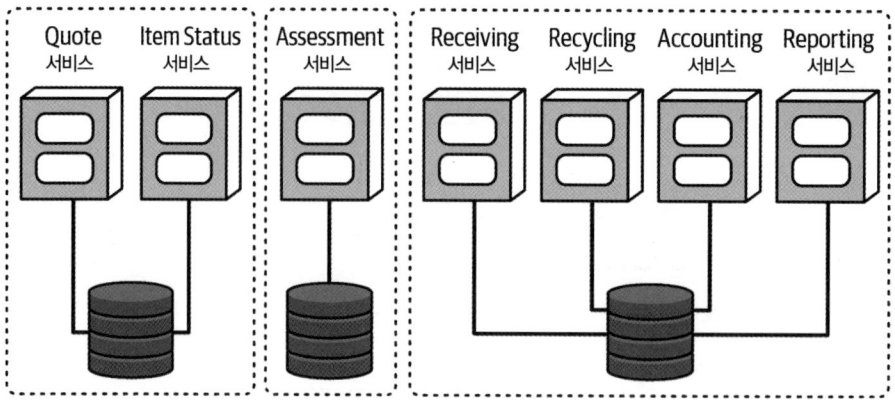

그림 7-7 각 아키텍처 특성 집합을 아키텍처 경계로 사용하는 GG 아키텍처

7.4 범위와 클라우드

클라우드 기반 자원들은 상황을 복잡하게 만든다. 그런 자원들은 시스템의 운영 아키텍처 특성들 대부분을 캡슐화하기 때문이다. 애플리케이션의 전부 또는 일부가 클라우드 기반 자원을 사용하는 경우, 아키텍트는 배포 모델에 따라 적어도 다음 두 시나리오를 고려해야 한다.

클라우드를 컨테이너 호스팅에 사용
많은 개발 팀이 클라우드를 일종의 대안 운영 센터(alternate operations center)로 삼아서, 서버용 컨테이너들을 클라우드에서 실행하고 오케스트레이션한다. 이런 상황에서 아키텍트는 컨테이너의 아키텍처 특성과 오케스트레이션 도구(쿠버네티스(https://kubernetes.io) 등)에 의한 제약조건들을 고려해야 한다.

클라우드 제공업체의 자원을 시스템 구성요소로 활용
클라우드 기반 시스템의 또 다른 방식은 트리거 함수나 데이터베이스 등 클라우드 제공업체가 제공하는 구성요소들을 조합해서 애플리케이션을 만드는 것이다. 이 경우 아키텍트는 클라우드 제공업체가 광고하는(광고가 사실이길 바랄 뿐이다) 역량들을 잘 살펴보면서 해당 맥락 안에서 적절한 역량들을 구축하는 방법에 관한 통찰을 얻어야 할 것이다.

요즘 클라우드 제공업체가 흔히 기본으로 제공하는 여러 역량(탄력성 등) 중 상당수는 물리적 시스템에서 작업하던 이전 세대 아키텍트들이 어렵게 얻어낸 것이다. 그들이 애쓰던 주요 관심사들은 이제 좀 더 쉽게 해결할 수 있게 되었지만, 현재의 아키텍트들에게도 공급업체의 가용성과 높아진 보안 우려 등 나름의 트레이드오프들이 있다. 소프트웨어 아키텍처의 세부 사항은 많이 변하지만, 트레이드오프를 분석하는 작업은 변하지 않는다.

CHAPTER 8

컴포넌트 기반 사고

제3장에서 **모듈** 개념을 소개했다. 기억하겠지만 모듈은 관련된 코드의 모음이다. 이번 장에서는 모듈 개념을 좀 더 깊이 파고든다. 특히, 시스템을 구성하는 **논리적 컴포넌트**(logical component)의 관점에서 모듈성의 아키텍처 측면에 초점을 둔다.

논리적 컴포넌트를 식별하고 관리하는 것은 **아키텍처적 사고**(제2장)의 일부이다. 그래서 그런 활동을 **컴포넌트 기반 사고**(component-based thinking)라고 부르기까지 한다. 여기서 컴포넌트 기반 사고란 시스템의 구조를, 서로 상호작용하며 각자 특정 비즈니스 기능을 수행하는 논리적 컴포넌트들의 집합으로 보는 것이다. 아키텍트가 시스템을 "보는" 수준은 바로 이 수준이다(클래스 수준이 아니라).

이번 장에서는 소프트웨어 아키텍처의 맥락에서 논리적 컴포넌트를 정의하고, 논리적 컴포넌트를 식별하는 방법을 살펴본다. 또한 **응집도**라는 개념을 분석해서 적절한 수준의 세분도(granularity)에 도달하는 방법도 이야기한다(응집 또는 응집도의 의미는 이번 장에서 좀 더 정확히 정의할 것이다). 그리고 컴포넌트들 사이의 결합을 논의하고 시스템의 결합이 느슨해야 하는 이유 및 그렇게 만드는 방법도 살펴본다.

8.1 논리적 컴포넌트의 정의

[그림 8-1]은 전형적인 서양식 주택의 평면도이다. 그림에서 보듯이 하나의 주택은 각자 다른

목적을 가진 여러 가지 방(주방, 침실, 욕실, 거실, 사무실 등)으로 구성된다. 이러한 방들은 주택을 구성하는 요소, 즉 컴포넌트를 나타낸다.

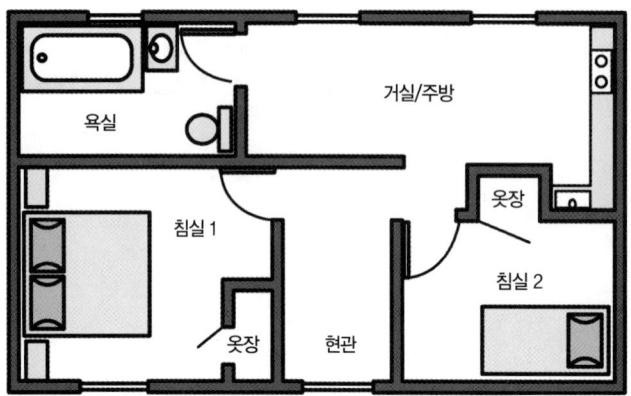

그림 8-1 여러 방은 주택의 컴포넌트들이다.

마찬가지로 시스템이 수행하는 주요 기능들은 그 시스템의 컴포넌트들을 나타낸다. [그림 8-2]의 예를 보자. 주택의 방들처럼 시스템의 각 컴포넌트는 재고 관리, 주문 배송, 결제 처리 같은 특정 기능을 수행한다. 이들이 모여서 시스템을 구성한다. 각 컴포넌트는 해당 비즈니스 기능을 구현하는 소스 코드를 포함한다.

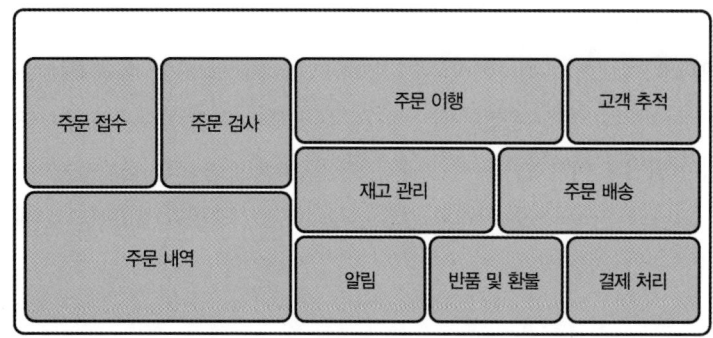

그림 8-2 다양한 주요 기능은 시스템의 컴포넌트를 나타낸다.

소프트웨어 아키텍처에서 논리적 컴포넌트는 일반적으로 해당 기능성을 구현하는 소스 코드가 포함된 이름공간(namespace)이나 디렉터리 구조의 형태로 나타난다. 보통의 경우 소스 코드를 포함한 디렉터리 구조나 이름공간의 **말단 노드**(leaf node; 또는 잎 노드)가 곧 아키텍처의 한 논리적 컴포넌트이고, 그보다 상위의 디렉터리나 이름공간 노드는 시스템의 도메인과 서브도메인을 나타낸다. 예를 들어 [그림 8-3]의 디렉터리 구조에서 경로 *order_entry/ordering/payment*는 Payment Processing(결제 처리) 컴포넌트를 나타내고 경로 *order_entry/processing/fulfillment*는 Order Fulfillment(주문 이행) 컴포넌트를 나타낸다. 각 경로에 있는 소스 코드들은 해당 논리적 컴포넌트를 구현한다.

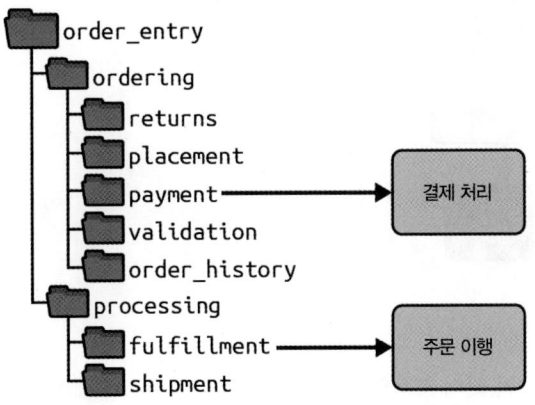

그림 8-3 디렉터리의 말단 노드는 시스템의 컴포넌트를 나타낸다.

아키텍트는 소프트웨어 시스템의 디렉터리 구조나 이름공간을 분석해서 시스템의 내부 구조, 즉 **논리적 아키텍처**를 파악한다. 그런데 논리적 아키텍처가 구체적으로 무엇일까? 다음 절에서는 물리적 아키텍처와의 차이점을 위주로 논리적 아키텍처를 살펴본다.

8.2 논리적 아키텍처 대 물리적 아키텍처

시스템의 **논리적 아키텍처**(logical architecture)는 시스템이 어떤 논리적 컴포넌트들로 구성되며 그 컴포넌트들이 어떻게 상호작용하는지를 규정한다. 또한 시스템이 다양한 **행위자**(actor; 시스템과 상호작용하는 사용자)들과 어떻게 상호작용하는지도 말해준다. 경우에 따라서는 논리적 아키텍처에 저장소(repository; 데이터베이스를 말하는 것이 아님)가 포함되기도 하는데, 이는 컴포넌트들 사이에서 데이터가 사용되거나 전송되는 위치를 명확히 하기 위한 것이다. [그림 8-4]에 논리적 아키텍처의 예가 나와 있다.

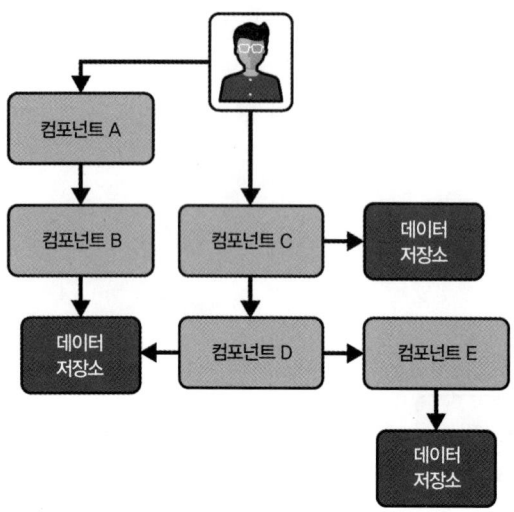

그림 8-4 논리적 아키텍처의 예

일반적으로 논리적 아키텍처를 [그림 8-4]와 같이 도식화할 때 사용자 인터페이스나 데이터베이스, 서비스 같은 물리적 요소들은 표시하지 않는다. 대신 논리적 컴포넌트들과 그 상호작용 방식을 나타내는데 초점을 둔다. 논리적 컴포넌트들과 그 상호작용 방식은 코드를 구성하는 디렉터리 구조 및 이름공간과 부합해야 한다.

반면에 **물리적 아키텍처**(physical architecture)는 서비스, 사용자 인터페이스, 데이터베이스 같은 물리적 요소들을 포함한다. [그림 8-5]는 물리적 아키텍처 도식의 예이다.

시스템의 물리적 아키텍처는 이 책의 제2부(제9~20장)에서 설명하는 여러 아키텍처 스타일(마이크로서비스, 계층형 아키텍처, 이벤트 기반 아키텍처 등) 중 하나(또는 여러 개)를 밀접하게 나타내야 한다.

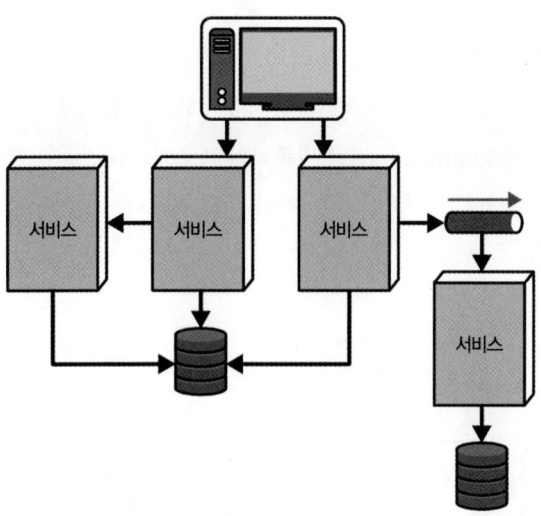

그림 8-5 물리적 아키텍처의 예

논리적 아키텍처 작성을 건너뛰고 바로 물리적 아키텍처부터 시작하는 아키텍트가 많다. 하지만 우리는 그런 방식을 권장하지 않는다. 물리적 아키텍처만으로는 시스템의 기능성이 어디에 있으며 그것이 전체와 어떻게 결합되는지 파악할 수 없을 때가 있기 때문이다. 예를 들어 물리적 아키텍처에서는 결제 처리 기능성이 여러 서비스에 걸쳐 분산되어 나타날 수 있는데, 그러면 해당 기능성이 시스템의 다른 부분과 어떻게 상호작용하는지 파악하기 어렵다. 더 나아가서 물리적 아키텍처는 개발 팀에게 모놀리스 또는 분산 시스템을 구축하거나 코드를 구성하는 방법에 대한 지침을 제공하지 않는다. 따라서 물리적 아키텍처만으로 개발을 진행하면 유지보수, 테스트, 배포가 어려운 비구조적인 아키텍처가 만들어지기 쉽다.

일반적으로 시스템의 논리적 아키텍처는 물리적 아키텍처와 독립적이다. 다시 말해, 논리적 아키텍처를 작성할 때는 시스템의 물리적 구조보다는 시스템이 무엇을 하는지, 그 기능성이 어떻게 분할되는지, 시스템의 기능적 부분들이 어떻게 상호작용하는지에 더 초점을 맞춘다. 예를 들어 [그림 8-4]와 같은 논리적 아키텍처는 모든 컴포넌트를 하나의 모놀리스 아키텍처(단일 배포 단위)에 몰아넣을지 아니면 개별 서비스로 만들어서 배포할지를 결정하지 않고도, 심지어는 이 시스템에 심지어 어떤 종류의 아키텍처 스타일이 가장 적합할지 결정하지 않은 상태에서도 작성할 수 있다.

8.3 논리적 아키텍처의 작성

논리적 아키텍처를 작성하는 과정은 논리적 컴포넌트들을 식별하고 재구성하는 작업의 반복으로 이루어진다. **컴포넌트 식별**(component identification)은 반복적인 프로세스로 진행할 때 가장 효과적이다. 컴포넌트를 식별할 때 아키텍트는 [그림 8-6]처럼 후보 컴포넌트들을 도출하고 피드백 루프를 통해서 개선해 나간다.

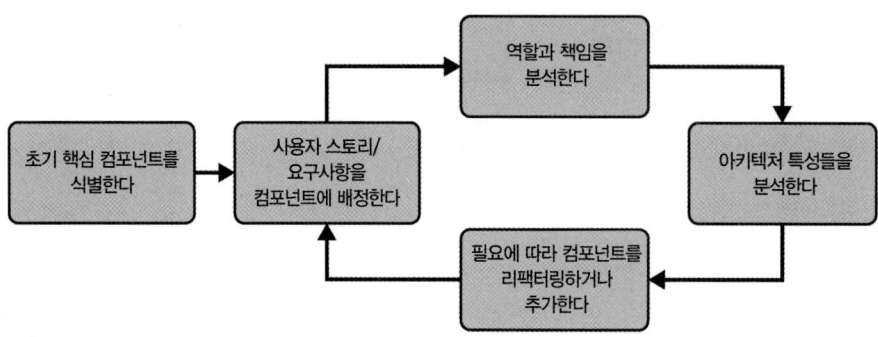

그림 8-6 컴포넌트 식별 및 리팩터링 주기

논리적 아키텍처를 작성할 때 아키텍트는 제일 먼저 초기 핵심 컴포넌트(initial core component)를 식별하고 그 컴포넌트에 사용자 스토리나 요구사항을 배정한다. 그런 다음에는 컴포넌트의 역할과 책임을 분석해서, 배정된 사용자 스토리나 요구사항이 타당한지 확인한다. 확인을 마친 후에는 그 컴포넌트를 위해 시스템이 지원해야 할 아키텍처 특성들을 살펴보고, 그 특성들에 기반해서 컴포넌트를 분리하거나 결합하는 리팩터링이 필요한지 판단한다. 마지막으로, 아키텍트는 이러한 분석을 바탕으로 컴포넌트를 선택적으로 개선한다. 이 과정은 본질적으로 끝나지 않는 피드백 루프이다.

[그림 8-6]의 작업흐름(workflow)은 시스템을 새로 개발할 때는 물론이고 기존 시스템에 기능을 추가하거나 변경할 때도 사용할 수 있다. 예를 들어, 주문을 집으로 배송받을 수만 있던 주문 입력 시스템에 매장 수령(고객이 직접 매장에 방문해서 물품을 받아가는 것) 기능을 추가한다고 하자. 매장 수령 기능을 위해서는 스케줄링 코드를 추가하는 작업과 기존 주문 처리 프로세스를 변경하는 작업이 필요하다. 코드를 그런 식으로 고치려면 새 컴포넌트를 추가해야 할 수도 있고 기존 컴포넌트를 변경해야 할 수도 있다(또는 둘 다 필요할 수도 있다). 컴포넌트를

수정하면 컴포넌트의 역할과 책임도 바뀔 수 있으며, 그러면 전체적인 코드 구조를 재조정하거나 새로운 컴포넌트를 만드는 등의 추가 작업이 필요해지기도 한다.

그럼 논리적 아키텍처를 작성하는 과정의 각 단계를 자세히 살펴보자.

8.3.1 핵심 컴포넌트의 식별

논리적 아키텍처를 새로 만들거나 기존 아키텍처를 본격적으로 뜯어고칠 때 어려운 점은 초기 핵심 컴포넌트를 무엇으로 할지 결정하는 것이다. 흔히 소프트웨어 아키텍트들은 초기 논리적 컴포넌트를 처음부터 완벽하게 만들려고 너무 많은 노력을 기울이는데, 이는 실수이다. 그보다는 시스템의 핵심 기능을 바탕으로 초기 핵심 컴포넌트가 어떤 모습일지 최선으로 추측하고, [그림 8-6]에 제시된 작업흐름을 통해서 점차 개선하는 것이 더 낫다. 다시 말해, 시스템에 대해 아직 아는 것이 거의 없고 구체적인 요구사항들이 거의 밝혀지지 않은 상황에서 모든 것을 완벽하게 하려 하기보다, 시스템에 대해 더 많이 알아가면서 논리적 컴포넌트를 반복적으로 다듬는 것이 더 나은 접근법이다.

대부분의 경우, 아키텍트가 시스템의 요구사항과 명세를 모두 알지는 못하는(때에 따라서는 아는 것이 거의 없는) 상황에서도 논리적 컴포넌트를 작성하기 시작할 수 있다. 일반적으로 초기 핵심 컴포넌트는 사용자가 취할 수 있는 주요 행동이나 시스템의 주요 처리 작업흐름을 기반으로 한다.

우리는 초기 핵심 컴포넌트를 '빈 양동이(empty bucket)'에 비유하길 좋아한다. 이 양동이는 아키텍트가 "채우기" 시작해야, 즉 컴포넌트에 사용자 스토리나 요구사항을 배정하기 시작해야 비로소 의미를 가진다. [그림 8-7]의 예에서 보듯이 이 '양동이'들에 해당 컴포넌트가 맡아야 할 역할과 책임을 잘 나타내는 이름을 붙일 수는 있다. 하지만 아키텍트가 실제로 사용자 스토리를 배정(작업흐름의 다음 단계)하기 전까지는, 초기 핵심 컴포넌트는 본질적으로 하나의 자리표(placeholder)이다. 즉, 기능적 구성요소에 대한 최선의 추측일 뿐이다.

그림 8-7 초기 핵심 컴포넌트는 처음에는 빈 양동이와 같다.

다음은 초기 핵심 컴포넌트를 생성하는 세 가지 일반적인 접근법이다. 처음 두 가지 접근법(작업흐름 및 행위자/행동)은 우리가 유용하다고 생각하는 것이고, 셋째 것(엔티티의 함정)은 피해야 할 안티패턴이다.

작업흐름 접근법

아키텍트가 논리적 아키텍처의 초기 핵심 컴포넌트를 식별하는 데 사용하는 일반적인 접근법은 **작업흐름** 접근법이다. 이 접근법은 사용자가 시스템을 정상적이고 효과적으로 사용하는 경로에 해당하는 작업흐름(또는 시스템의 주된 요청 처리 작업흐름)을 활용한다. 아키텍트가 전반적인 흐름을 어느 정도 파악하고 있다면, 그 흐름의 단계들에 기반해서 컴포넌트들을 개발할 수 있다.

예를 들어 회사에서 새로운 주문 입력 시스템을 구축한다고 가정하자. 구체적인 요구사항과 명세는 아키텍트가 아직 알지 못한다. 하지만 적어도 새로운 주문을 처리하는 전반적인 작업흐름은 알고 있다. 따라서 작업흐름의 각 단계에 컴포넌트를 배정하는 것은 가능하다. 다음은 주문 입력 작업흐름과 해당 컴포넌트의 예이다.

1 사용자가 품목 카탈로그를 둘러본다 → Item Browser(품목 탐색기)
2 사용자가 주문한다 → Order Placement(주문 제출)
3 사용자가 주문 대금을 결제한다 → Order Payment(주문 결제)
4 사용자에게 주문 상세 정보를 이메일로 보낸다 → Customer Notification(고객 알림)
5 주문을 준비한다 → Order Fulfillment(주문 이행)
6 주문을 배송한다 → Order Shipment
7 주문이 배송되었음을 고객에게 이메일로 알린다 → Customer Notification
8 배송을 추적한다 → Order Tracking

작업흐름 접근법에서, 주요 작업흐름의 모든 단계에 대해 새 컴포넌트를 만들어야 하는 것은 아니다. 위의 작업흐름에서 단계 4와 단계 7은 둘 다 Customer Notification 컴포넌트를 사용한다. 아키텍트는 시스템의 주요 작업흐름이나 사용자 여정(user journey)을 가능한 한 많이 모델링해서 해당 단계에서 상응하는 컴포넌트를 식별한다.

다시 말하지만, 이런 식으로 도출한 컴포넌트들은 논리적 아키텍처가 어떤 모습일지에 대한 "최선의 추측"일 뿐이다. 이 컴포넌트들은 아무런 역할과 책임도 배정되지 않은 '빈 양동이'이며, 이후 개선 과정(그림 8-6의 피드백 루프)에서 변경될 가능성이 높다. 이는 완벽하게 정상이며, 소프트웨어 아키텍처의 반복적인 특성의 일부이다. 처음부터 시스템의 모든 작업흐름을 모델링하려고 애쓸 필요는 없다. 대신 주요 작업흐름에 집중하는 것이 좋다. 차차 시스템에 대해 더 많이 배우고 사용자 스토리와 요구사항을 수집하면서 이들을 더욱 진화시켜 나가게 된다.

행위자/행동 접근법

아키텍트가 초기 핵심 컴포넌트를 식별하는 또 다른 방법은 **행위자/행동**(Actor/Action) 접근법이다. 이 접근법은 시스템의 행위자가 여럿일 때 특히 유용하다. 이 접근법에서 아키텍트는 사용자가 시스템에서 수행할 수 있는 주요 행동(예: 주문하기)을 식별한다. 시스템 자체도 항상 하나의 행위자임을 기억하자. 시스템은 결제 및 재고 보충과 같은 자동화된 기능(행동)을 수행한다.

주문 입력 시스템의 예에는 몇 명의 행위자가 있을까? 적어도 세 명을 발견할 수 있는데, 바로 고객, 주문 포장 담당자(상자를 포장하고 배송을 위해 보내는 사람), 그리고 시스템 자체이다. 행위자들을 파악한 후 아키텍트는 각 행위자의 주요 행동을 식별해서 그 행동들에 컴포넌트를 배정한다. 다음은 주문 입력 시스템의 행위자, 행동, 컴포넌트를 정리한 것이다.

고객 행위자
- 품목을 검색한다 → Item Search
- 품목의 상세 정보를 본다 → Item Details
- 주문한다 → Order Placement
- 주문을 취소한다 → Order Cancel
- 신규 고객으로 등록한다 → Customer Registration
- 고객 정보를 갱신한다 → Customer Profile

주문 포장 행위자
- 상자 크기를 선택한다 → Order Fulfillment
- 주문을 배송 준비 완료로 표시한다 → Order Fulfillment
- 고객에게 주문을 배송한다 → Order Shipment

시스템 행위자
- 재고를 조정한다 → Inventory Management
- 공급업체에 추가 재고를 주문한다 → Supplier Ordering
- 결제를 적용한다 → Order Payment

작업흐름 접근법과 마찬가지로, 행동마다 독자적인 컴포넌트가 붙는 것은 아니다. 예를 들어 주문 상자 크기 선택 및 배송 준비 완료 표시 둘 다 Order Fulfillment 컴포넌트로 구현된다.

일반적으로 행위자/행동 접근법은 작업흐름 접근법보다 더 많은 컴포넌트를 생성한다. 얼마나 더 많은지는 아키텍트가 모델링하기로 선택한 주요 작업흐름의 수에 따라 다를 수 있다. 하지만 아키텍트가 상세 요구사항이나 명세를 받기 전에도 초기 핵심 컴포넌트들과 그 상호작용을 식별할 수 있다는 점은 두 접근법이 공통이다.

엔티티 함정

아키텍트는 시스템과 관련된 엔티티들을 집중적으로 분석해서 엔티티들로부터 컴포넌트를 도출하려는 유혹에 빠지기가 매우 쉽다. 예를 들어 전형적인 주문 입력 시스템이라면 Customer(고객), Item(품목) Order(주문)를 시스템의 주요 엔티티로 식별하고 이에 대응되는 Customer, Item, Order 컴포넌트를 만들면 된다. 하지만 우리는 이 접근법에 강력하게 반대한다. 이유는 다음과 같다.

첫째, 이런 식으로 도출한 논리적 컴포넌트의 이름은 컴포넌트의 역할을 잘 설명하지 못한다. 예를 들어, Order Manager(주문 관리자)라는 이름에서는 이것이 주문을 관리하는 컴포넌트라는 점을 알 수 있을 뿐이다. 시스템에서 구체적으로 어떤 역할을 하고 무엇을 책임지는지는 알 수 없다. 하지만 다른 두 접근법에서는 Validate Order(주문 검증)처럼 컴포넌트를 좀 더 잘 설명하는 이름을 얻을 수 있다. 컴포넌트 이름이 Manager(관리자), Supervisor(감독자), Controller(제어기), Handler(처리부), Engine, Processor(처리기) 같은 단어가 있다면 아키텍트가 엔티티 함정(Entity Trap) 안티패턴에 걸렸을 가능성이 크다.

둘째, 이런 식으로 도출한 컴포넌트는 도메인 관련 기능들의 '쓰레기 하치장(dumping ground)'이 된다. [그림 8-8]의 `Order Manager` 같은 엔티티 기반 컴포넌트 이름을 생각해 보자. 주문 검증(유효성 검사), 주문 접수, 주문 내역, 주문 처리, 주문 배송, 주문 추적 등 모든 주문 기능이 이 컴포넌트 하나에 들어갈 것이다. 본질적으로 이는 개발자라면 누구나 한 번은 만들어 보았을 '주방 싱크대(kitchen sink)'[1] 유틸리티 클래스, 그러니까 문자열 조작, 데이터 조작, 시간 계산 등 개발자가 넣을 수 있는 수십 개의 메서드가 모여 있는 클래스와 같다.

셋째, 너무 거친(coarse-grained) 컴포넌트가 만들어질 수 있다. 세분도가 낮은 컴포넌트는 너무 많은 일을 하게 되어서 애초의 목적에서 벗어난다. 이 안티패턴은 너무 크고 뭉툭한 컴포넌트를 만들어 내는 경향이 있다. 그런 컴포넌트는 세분도가 높고 목적이 하나인(single-purpose; 단일 목적) 컴포넌트(예: `Validate Order`)와 달리 유지보수, 테스트, 배포가 어렵고, 따라서 신뢰성이 높지 않다.

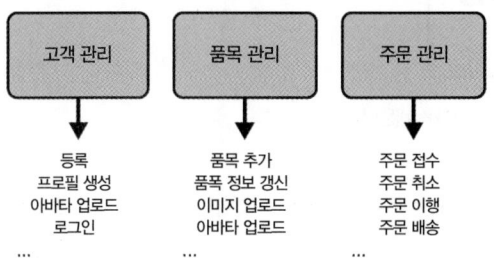

그림 8-8 엔티티 함정 안티패턴을 사용하면 책임이 과도한 컴포넌트가 만들어진다.

시스템 자체가 실제로 엔티티 기반이고 단순히 해당 엔티티에 대해 CRUD(생성, 읽기, 갱신, 삭제) 기반 작업만 수행하면 되는 경우도 있다. 그런 시스템에는 굳이 아키텍트가 필요하지 않다. 아키텍트보다는, 개발자가 해당 엔티티에 작용하는 소스 코드 대부분을 생성할 수 있도록 하는 CRUD 기반 프레임워크나 도구, 노코드/로우코드 환경이 요긴할 것이다.

---

1 옮긴이_ kitchen sink는 생각할 수 있는 모든 것을 뜻하는 비유적인 표현으로, 제2차 대전 중 영국군이 적에게 주방 싱크대를 제외한(또는 포함한) 모든 것을 던진다는 농담에서 비롯됐다고 한다. 또는, 같은 뜻의 "everything but the kitchen stove"라는 표현에서 stove(화로)가 sink로 변했다는 이야기도 있다.

8.3.2 사용자 스토리를 컴포넌트에 배정

논리적 아키텍처를 만드는 다음 단계는 사용자 스토리(user story)나 요구사항을 논리적 컴포넌트에 배정하는 것이다. 대부분의 경우 사용자 스토리나 요구사항을 미리 완전히 알 수는 없으므로, 이러한 배정 작업은 반복적인 과정이다. 시스템이 진화함에 따라 사용자 스토리나 요구사항도 함께 진화한다. 이 단계의 목표는 컴포넌트에 구체적인 역할과 책임을 부여함으로써 빈 양동이(컴포넌트)를 채우기 시작하는 것이다(그림 8-9).

그림 8-9 사용자 스토리 또는 요구사항으로 빈 양동이(컴포넌트)를 채운다.

이 단계에서 논리적 컴포넌트가 어떻게 진화하는지를 다음 사용자 스토리를 예로 살펴보자.

고객 #1
내가 주문 내용을 완전하고 정확하게 입력했는지 확인받고 싶다.

주문 준비 담당자
나는 주문을 가장 효율적인 방법으로 포장하려면 어떤 크기의 상자를 사용해야 하는지 알고 싶다.

고객 #2
나는 주문 상태가 변경될 때마다 이메일을 받고 싶다. 항상 내 주문 상태를 알 수 있도록 말이다.

그리고 아키텍트가 지금까지 식별한 논리적 컴포넌트들은 다음과 같다고 하자.

- Order Placement
- Order Fulfillment
- Order Shipment
- Inventory Management

첫 사용자 스토리는 Order Placement 컴포넌트에 배정하는 것이 합리적이다. 그것이 사용자가 주문하기 위해 상호작용하는 컴포넌트이기 때문이다.

주문을 검증한다(고객 #1 사용자 스토리) → Order Placement

상자 크기 결정은 아마 Order Fulfillment 컴포넌트가 처리해야 할 것이다. 이 컴포넌트가 주문을 준비하고 상자에 포장하는 데 필요한 모든 시스템 로직을 담당하기 때문이다.

상자 크기를 결정한다(주문 준비 담당자 사용자 스토리) → Order Fulfillment

하지만 셋째 사용자 스토리는 어떨까? 나열된 네 가지 컴포넌트 중 주문이 접수되었을 때와 배송 준비가 되었을 때, 그리고 배송이 완료되었을 때 고객에게 이메일을 보내야 하는 것은 Order Placement, Order Fulfillment, Order Shipment 세 가지이다. 그런데 사용자 스토리는 소스 코드를 통해 구현되며, 그 코드는 특정 디렉터리나 이름공간의 특정 노드에 위치해야 한다는 점을 명심해야 한다. 이메일 전송 코드를 세 컴포넌트 모두에 복제하는 것은 좋은 생각이 아니므로, 아키텍트는 이 사용자 스토리를 처리할 새로운 컴포넌트를 정의해야 한다.

고객에게 이메일을 보낸다(고객 #2 사용자 스토리) → Customer Notification(새로 추가된 고객 알림 컴포넌트)

기존의 Order Placement, Order Fulfillment, Order Shipment 컴포넌트는 새로 추가된 컴포넌트와 통신해서 이메일 전송을 요청해야 한다. [그림 8-10]은 새 컴포넌트가 추가된 논리적 아키텍처의 모습이다.

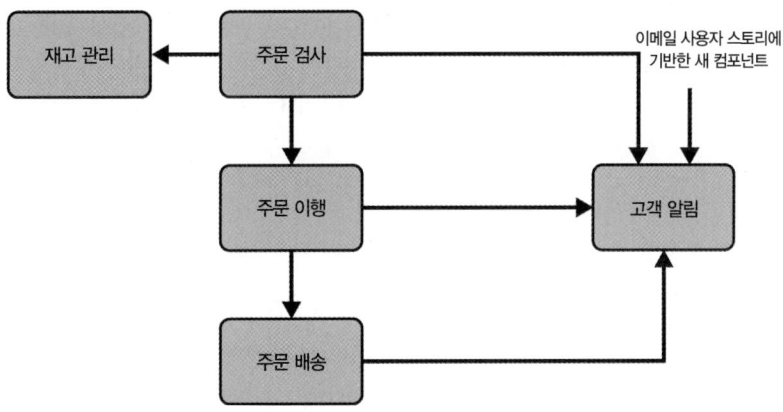

그림 8-10 새로운 사용자 스토리에 기반한 컴포넌트의 진화

8.3.3 역할과 책임의 분석

논리적 컴포넌트를 다듬는 다음 단계는 각 컴포넌트의 역할과 책임을 분석하는 것이다. 이를 통해 아키텍트는 앞 단계에서 해당 컴포넌트에 배정한 요구사항이나 사용자 스토리가 실제로 그 컴포넌트에 적합한지, 컴포넌트가 너무 많은 일을 하지는 않는지 등을 확인한다. 이 단계에서 아키텍트가 중요하게 생각하는 것은 **응집**(cohesion)이다. 즉, 컴포넌트의 작업들이 서로 얼마나, 어떻게 관련되어 있는가를 중점적으로 살펴보게 된다. 시간이 지남에 따라 컴포넌트는 너무 커지기 쉽다. 컴포넌트의 작업들이 모두 상호 연관되어 있다고 해도, 너무 큰 컴포넌트는 바람직하지 않다.

이 단계가 어떻게 진행되는지 설명하기 위해, 아키텍트가 Order Placement 컴포넌트에 다음과 같은 요구사항들을 배정했다고 가정하자.

- 모든 필드가 입력되었고 올바른지 확인하기 위해 주문 검증을 수행한다.
- 품목 설명, 수량, 가격과 함께 장바구니를 표시한다.
- 올바른 배송 주소를 결정한다.
- 결제 정보를 수집한다.
- 고유한 주문 ID를 생성한다.
- 주문에 대해 결제를 적용한다.
- 주문된 품목의 재고 수량을 조정한다.
- 고객에게 주문 요약 이메일을 보낸다.

그리고 아키텍트가 이 컴포넌트의 역할과 책임을 다음과 같이 정의했다고 하자.

> 이 컴포넌트는 주문의 유효성을 검사하고 품목 사진, 설명, 수량, 가격이 모두 포함된 유효한 장바구니를 표시하는 역할을 담당한다. 이 컴포넌트는 또한 주문의 올바른 배송 주소를 결정하고 고객으로부터 모든 결제 정보를 수집하는 책임도 진다. 이에 더해, 결제를 적용하고 재고를 조정하며 고객에게 주문 요약을 이메일로 보내는 역할도 담당한다.

이러한 작업들이 모두 주문 접수와 관련되어 있기는 하지만, Order Placement 컴포넌트가 너무 많은 책임을 지고 있음은 분명하다. 특히 결제 적용, 재고 조정, 고객 이메일 발송과 관련해서 많은 역할을 담당한다. 컴포넌트가 너무 많은 역할을 담당하지는 않는지 확인하는 한 가지 방법은 **그리고**, **또한**, **더불어**, **그와 함께** 같은 연결 구문을 찾아보는 것이다. 또한 쉼표가 너무 많은 것도 역할 및 책임이 과도하다는 힌트가 된다.

이번 장 앞부분에서 언급했듯이, 논리적 컴포넌트는 코드 저장소에서 이름공간 또는 디렉터리로 표현된다. Order Placement 컴포넌트의 경우 이 컴포넌트를 나타내는 **모든** 소스 코드는 *com/app/order/placement*나 *com.app.order.placement* 같은 하나의 디렉터리 또는 이름공간에 있게 된다. 이 컴포넌트는 상당히 많은 기능성을 담당하며, 따라서 해당 코드는 하나의 디렉터리에 담기에는 분량이 너무 많을 가능성이 크다. 따라서 결제 처리, 재고 관리, 이메일 통신을 위한 클래스 파일들을 해당 기능을 나타내는 별도의 디렉터리로 분리하는 것이 타당하다. 그러면 논리적 컴포넌트들도 분리된다. 이것이 바로 논리적 컴포넌트 분리의 핵심이다.

아키텍트가 결제 적용, 재고 조정, 고객 이메일 발송 책임을 별도의 컴포넌트로 이동시키면, 단일한 Order Placement 컴포넌트의 책임이 줄어들어서 유지보수, 테스트, 배포가 쉬워진다. 여기까지 왔다면, 시스템의 컴포넌트들은 다음과 같다.

Order Placement
- 모든 필드가 입력되었고 올바른지 확인하는 주문 검증을 수행한다.
- 품목 설명, 수량, 가격과 함께 장바구니를 표시한다.
- 올바른 배송 주소를 결정한다.
- 결제 정보를 수집한다.
- 고유한 주문 ID를 생성한다.

Payment Processing
- 결제를 적용한다.

Inventory Management
- 주문된 품목의 재고 수량을 조정한다.

Customer Notification
- 고객에게 주문 요약 이메일을 보낸다.

이전에 비해 컴포넌트들이 각각 좀 더 명확하고 구별되는 역할과 책임을 갖게 되었음을 주목하자.

8.3.4 아키텍처 특성들의 분석

마지막 분석 단계는 시스템에 필요한 아키텍처 특성들을 고찰하는 것이다. 확장성, 신뢰성, 가용성, 내결함성, 탄력성, 그리고 민첩성(변화에 빠르게 대응하는 능력) 같은 일부 아키텍처 특성은 논리적 컴포넌트의 크기에 영향을 줄 수 있다.

예를 들어 큰 컴포넌트(책임이 많은 컴포넌트)를 더 작은 컴포넌트들로 분할하면 각 컴포넌트의 유지보수와 테스트가 더 쉬워지고(이것이 민첩성이다), 확장성과 탄력성, 내결함성도 좋아진다. 또 다른 좋은 예로, 시스템에 사용자 입력을 처리하는 부분이 두 개인데 한 부분은 수백 명의 동시 사용자를 처리하지만 다른 부분은 한 번에 소수의 사용자만 지원하면 된다고 하자. 그러면 두 부분에 필요한 아키텍처 특성이 서로 다를 가능성이 크다. 아키텍트가 순전히 기능적인 관점에서 컴포넌트를 설계한다면 그냥 하나의 컴포넌트로 사용자 상호작용을 처리하게 되겠지만, 아키텍처 특성의 관점에서 컴포넌트를 분석하면 좀 더 세분화된 컴포넌트들이 만들어질 것이다.

논리적 아키텍처를 구축하려면 아키텍트가 아키텍처 특성들을 반드시 파악해야 한다. 따라서 일반적으로 이 분석은 시스템에 가장 중요한 아키텍처 특성을 결정한 **후**에 수행된다.

8.3.5 컴포넌트 재구성

소프트웨어 설계에서 피드백은 매우 중요하다. 아키텍트는 개발자와 협력하며 컴포넌트 설계 작업을 지속적으로 반복해야 한다. 소프트웨어를 설계하는 과정에서는 온갖 예상치 못한 어려움이 발생하므로, 컴포넌트 설계에는 반복적인 접근법이 필수이다. 첫째, 작업을 진행하다 보면 새로운 사실이 발견되거나 예외 상황이 발생하기 마련인데, 이들을 미리 모두 예측할 수는 없으며 이들 중 하나라도 설계를 바꾸는 계기가 될 수 있다. 아키텍트와 개발자는 애플리케이션 구축에 더 깊이 파고들수록, 시스템의 행동방식과 역할을 어디에 두어야 할지를 좀 더 정교하게 이해하게 된다.

아키텍트는 시스템 또는 제품의 수명 주기 전반에 걸쳐 컴포넌트를 자주 재구성하게 될 것임을 예상하고 대비한다. 이는 신규 시스템뿐만 아니라 빈번한 유지보수가 이루어지는 모든 시스템에 해당된다.

8.4 컴포넌트 결합

만일 컴포넌트들이 서로 통신하거나 한 컴포넌트의 변경이 다른 컴포넌트들에 영향을 미칠 수 있다면 그 컴포넌트들은 **결합**된 것이다. 컴포넌트들의 결합도(coupling)가 높을수록 시스템을 유지보수하고 테스트하기가 더 어려워진다(그림 8-11 참고). 그러므로 결합도에 세심한 주의를 기울이는 것이 중요하다.

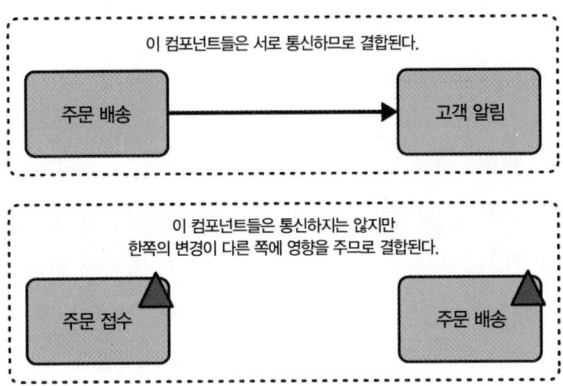

그림 8-11 직접 통신하지 않는 컴포넌트들도 결합될 수 있다.

8.4.1 정적 결합

정적 결합(static coupling)은 컴포넌트들이 서로 동기적으로 통신할 때 발생한다. 아키텍트가 주목해야 할 정적 결합의 유형은 구심 결합과 원심 결합 두 가지이다.

들어오는(incoming) 결합 또는 **팬인**fan-in 결합이라고도 부르는 **구심 결합**(afferent coupling)은 다른 컴포넌트들이 대상 컴포넌트에 어느 정도나 의존하는지를 나타낸다. 예를 들어, [그림 8-12]의 주문 접수 예에서 Customer Notification(고객 알림) 컴포넌트를 생각해 보자. Order Placement(주문 접수) 컴포넌트와 Order Shipment(주문 배송) 컴포넌트는 고객에게 이메일을 보내기 위해 Customer Notification 컴포넌트와 통신해야 한다. 이를 두고 Customer Notification 컴포넌트와 Order Placement 및 Order Shipment 컴포넌트가 **구심적으로 결합**(afferently coupled)되었다고 말한다. 이 경우 구심 결합 수준은 2이다(2는

들어오는 의존성의 개수). 구심 결합은 일반적으로 CA로 표기한다.[2]

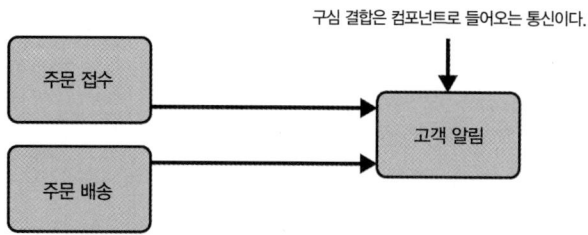

그림 8-12 Customer Notification 컴포넌트는 다른 컴포넌트들과 구심적으로 결합된다.

나가는(outgoing) 결합 또는 **팬아웃**fan-out이라고도 부르는 **원심 결합**(efferent coupling)은 대상 컴포넌트가 다른 컴포넌트들에 의존하는 정도를 나타낸다. 예를 들어, [그림 8-13]에서 Order Placement 컴포넌트는 Order Fulfillment 컴포넌트에 의존한다. 따라서 Order Placement 컴포넌트는 Order Fulfillment 컴포넌트에 원심적으로 결합된다. 이 경우 원심 결합 수준은 1이다(1은 나가는 의존성의 개수). 원심 결합은 일반적으로 CE로 표기한다.

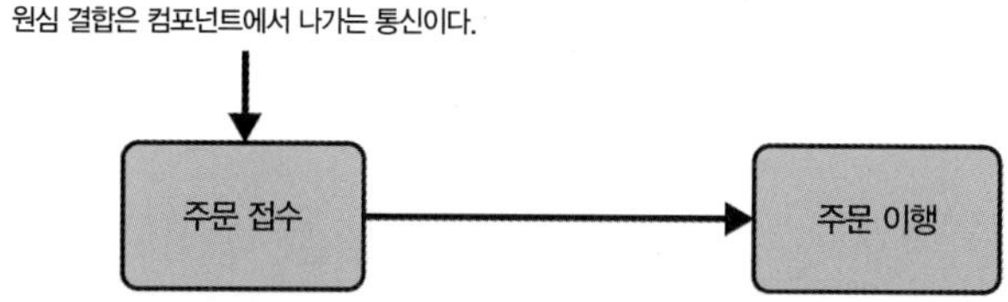

그림 8-13 Order Placement 컴포넌트는 Order Fulfillment 컴포넌트와 원심적으로 결합한다.

8.4.2 시간적 결합

시간적 결합(temporal coupling)은 비정적(nonstatic) 의존성을 설명한다. 일반적으로 타이밍이나 **트랜잭션**transaction(단일 작업 단위)에 기반한 의존성들은 비정적이다. 시간적 결합의

---

[2] 옮긴이_ 참고로 구심 결합을 AC가 아니라 CA라고 표기하는 것은 유명 저자 로버트 C 마틴("밥 아저씨")이 제안한 패키지 결합도 지표의 표기 관례를 따른 것이다.

예로는 Order Placement 컴포넌트와 Order Shipment 컴포넌트의 결합이 있다. 주문 접수가 주문 배송보다 먼저 이루어져야 하므로, 두 컴포넌트는 시간적으로 결합된다.

시간적 결합의 문제점은 현재 시중에 나와 있는 도구로는 탐지하기 어렵다는 것이다. 대부분의 경우 이러한 유형의 결합은 설계 문서를 통해 식별되거나 오류 조건을 통해 발견된다.

8.4.3 데메테르의 법칙

흔히 아키텍트들은 결합이 느슨하도록 시스템을 설계해야 한다는 조언을 듣는다. 실제로, 컴포넌트나 서비스 간의 결합도가 낮을수록 시스템을 유지보수하기 쉽고 테스트하기 수월하며 배포 위험이 줄어든다. 또한, 어떠한 변경이 영향을 미치는 컴포넌트가 적으므로 오류 발생의 여지가 줄어서 시스템의 전반적인 신뢰성이 향상된다.

느슨하게 결합된 시스템을 만드는 기법으로 **데메테르의 법칙**(Law of Demeter)이라는 것이 있다. **최소 지식의 원칙**(Principle of Least Knowledge)으로도 불리는 이 법칙의 이름에서 데메테르는 그리스 신화의 여신이다. 데메테르는 세상의 모든 곡식을 생산했지만, 사람들이 그 곡식을 가지고 무엇을 하는지는(가축에게 먹이거나 빵을 만드는 등) 전혀 알지 못했다. 데메테르는 사실상 세상의 나머지 부분과 분리되어(decoupled) 있었다.

데메테르의 법칙은 "**컴포넌트나 서비스는 다른 컴포넌트나 서비스에 대한 제한된 지식만을 가져야 한다**"라는 것이다. 간단하고도 당연한 말로 들리겠지만, 곱씹어 볼 부분이 있다. 이 법칙의 의미를 좀 더 자세히 살펴보자.

[그림 8-14]에 나온 컴포넌트들과 그 상호작용 방식을 유심히 보기 바란다. Order Placement 컴포넌트는 고객의 주문을 받은 후 Inventory Management(재고 관리) 컴포넌트에 재고를 감소시키라고 알려야 한다. 재고가 너무 낮아지면 Order Placement 컴포넌트는 두 가지 작업을 수행해야 한다. 재고가 부족하므로 Supplier Ordering(공급자 주문) 컴포넌트에 공급자로부터 더 많은 재고를 주문하라고 알려야 하고, 공급이 부족하니 Item Pricing(품목 가격 책정) 컴포넌트에 제한된 공급량에 따라 가격을 조정하라고 알려야 한다. 이 모든 작업이 완료되면 마지막으로 Order Placement 컴포넌트는 Email Notification 컴포넌트에 주문 상세 정보를 담아 고객에게 이메일을 보내라고 알린다.

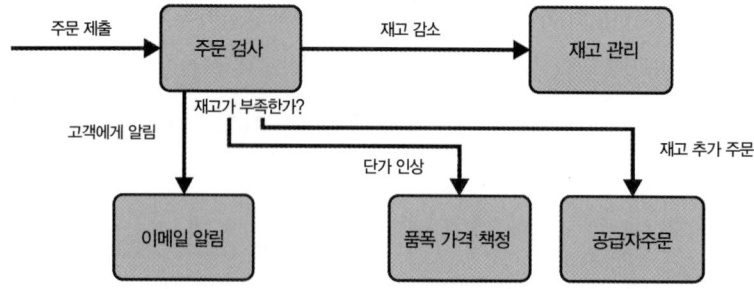

그림 8-14 Order Placement 컴포넌트는 너무 많은 지식을 가지고 있기 때문에 시스템의 나머지 부분과 강하게 결합되어 있다.

이 아키텍처에서 Order Placement 컴포넌트가 다른 컴포넌트들과 강하게 결합되어 있음을 주목하자. 비록 이러한 행동들을 수행할 **책임**은 없지만, 이 행동들이 발생해야 한다는 **지식**은 가지고 있다. 그리고 지식이 많을수록 결합이 강하다.

느슨한 시스템을 만들기 위한 기법으로서 데메테르의 법칙의 핵심은, 각 컴포넌트가 시스템의 나머지 부분에 대해 가지는 **지식**을 제한하는 것이다. [그림 8-14]에서 Order Placement 컴포넌트는 주문 접수 시 재고를 감소해야 한다는 점과 재고 감소 때문에 더 많은 재고를 주문하고 필요에 따라 품목 단가를 조정해야 할 수 있음을 안다. 또한 주문 접수를 마친 후 고객에게 이메일을 발송해야 한다는 점도 안다. 이는 상당히 많은 지식이다. 이 지식을 다른 컴포넌트들에 분산시킬 수 있다면 어떨까? 그렇게 하면 아키텍트는 해당 컴포넌트를 시스템의 나머지 부분으로부터 효과적으로 분리(decoupling)할 수 있다.

[그림 8-14]의 예에 데메테르의 법칙을 적용해서 컴포넌트 결합도를 줄이는 방법을 생각해 보자. 주문 접수 시 재고를 감소해야 한다는 **지식**을 Order Placement와 Inventory Management 사이에 다른 컴포넌트를 추가해서 그 컴포넌트에 위임한다면, Order Placement 컴포넌트의 원심 결합(나가는 결합)은 변하지 않는다. 따라서 해당 결합 지점을 유지해야 하며, 시스템은 더 느슨해지지 않는다.

하지만 재고가 일정 수준 이하일 때 시스템이 더 많은 재고를 주문해야 한다는 지식과 품목 가격을 조정해야 한다는 지식은 어떨까? 두 지식 모두 Inventory Management 컴포넌트에 위임할 **수 있다**. 그러면 실제로 Order Placement 컴포넌트의 결합 수준이 낮아진다. [그림 8-15]는 데메테르의 법칙을 적용해서 개선한 아키텍처이다. 특정 기능이 발동되어야 한다는 **지식**을 제거한 덕분에 Order Placement 컴포넌트가 시스템의 나머지 부분과 결합하는 정도가 낮아졌다.

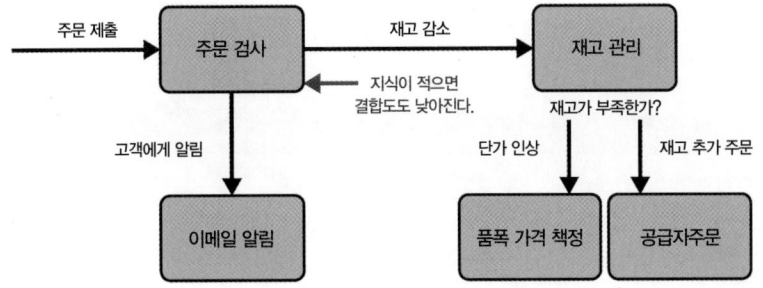

그림 8-15 Order Placement 컴포넌트가 가진 지식이 줄어서 시스템과의 결합도가 낮아진 아키텍처

예리한 독자라면, 데메테르의 법칙을 적용해서 Order Placement 컴포넌트의 결합 수준을 줄이긴 했지만 Inventory Management 컴포넌트의 결합 수준이 **증가**했다는 점에 주목할 것이다. 사실 데메테르의 법칙을 적용해도 시스템 전체의 결합 수준이 반드시 낮아지는 것은 아니다. 보통은 그냥 결합이 시스템의 다른 부분으로 재배포되기만 한다.

8.5 사례 연구: 고잉, 고잉, 곤—컴포넌트의 발견

팀에 특별한 제약조건이 없다면, 그리고 괜찮은 범용적 컴포넌트 분해 방법을 찾는다면, 행위자/행동 접근법이 일반적인 해결책으로 잘 작동한다.

고잉, 고잉, 곤 Going, Going, Gone(줄여서 GGG)이라는 가상의 시스템을 예로 들어보겠다. 이 시나리오에서 아키텍트는 GGG에 행위자/행동 접근법을 적용해서 시스템의 세 가지 주요 역할 혹은 행위자를 식별했다. 바로 **입찰자**(bidder), **경매 진행자**(auctioneer), 그리고 **시스템**이다. 이 모델링 기법에서 시스템은 내부 행동들을 수행하는 행위자로서 자주 등장한다. 이 역할들이 시스템과 상호작용하기 위해 수행하는 주요 행동은 다음과 같다.

입찰자
- 라이브 동영상 스트림을 시청한다.
- 라이브 입찰 스트림을 시청한다.
- 입찰한다.

경매 진행자
- 라이브 입찰들을 시스템에 입력한다.

- 온라인 입찰을 받는다.
- 품목이 팔렸음을 표시한다.

시스템
- 경매를 시작한다.
- 결제를 처리한다.
- 입찰자의 활동을 추적한다.

이러한 행동들을 바탕으로 아키텍트는 GGG를 위한 초기 컴포넌트 집합을 만들고 반복적으로 개선해 나간다. [그림 8-16]은 그런 과정에서 만들어질 만한 솔루션의 예이다.

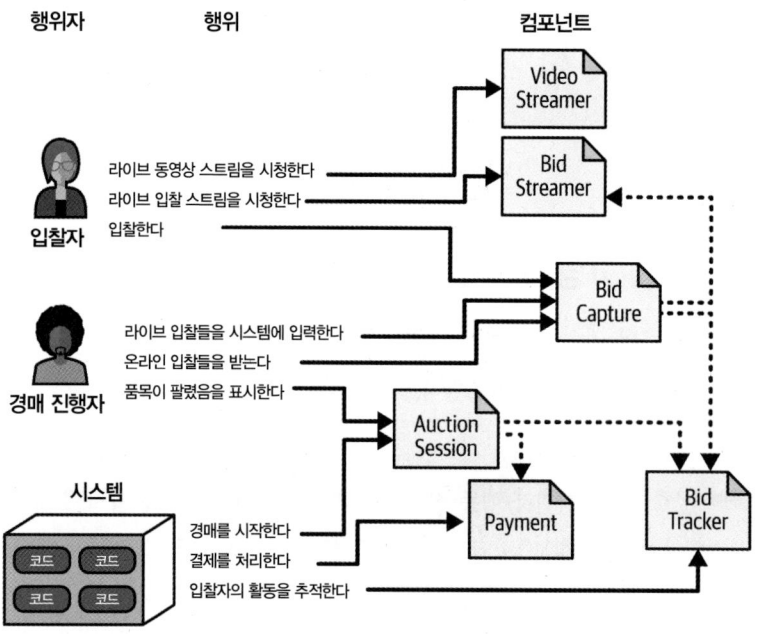

그림 8-16 고잉, 고잉, 곤(GGG) 시스템의 초기 컴포넌트 집합

[그림 8-16]에서 역할들과 행동들은 각각 하나씩의 컴포넌트에 대응된다. 이 컴포넌트들은 정보를 공유하기 위해 서로 협력해야 할 수도 있다. 아키텍트가 이 솔루션을 위해 식별한 컴포넌트들은 다음과 같다.

`Video Streamer`
사용자에게 라이브 경매를 스트리밍한다.

Bid Streamer

입찰이 입력될 때마다 사용자에게 입찰 정보를 스트리밍한다. Video Streamer와 Bid Streamer 둘 다 입찰자에게 경매에 대한 읽기 전용 뷰를 제공한다.

Bid Capture

이 컴포넌트는 경매 진행자와 입찰자로부터 입찰 정보를 캡처한다.

Bid Tracker

입찰 정보를 추적하며, 시스템의 기록 저장소 역할을 한다.

Auction Session

경매를 시작한다. 입찰자가 낙찰되어서 해당 품목에 대한 경매가 종료되면 이 컴포넌트가 결제 및 결정(resolution) 단계를 촉발(트리거)한다. 여기에는 다음 입찰 품목을 입찰자들에게 알리는 작업도 포함된다.

Payment

신용카드 결제를 위한 서드파티 결제 컴포넌트이다.

초기 컴포넌트 식별 단계(그림 8-6 참고)를 거친 후 아키텍트는 식별된 아키텍처 특성들을 분석해서 컴포넌트 설계에 영향을 미칠 만한 특성이 있는지 파악한다. 예를 들어, 현재 설계에는 입찰자와 경매 진행자 모두로부터 입찰을 캡처하는 Bid Capture 컴포넌트가 있다. 입찰이 누구로부터 오든 캡처하고 처리하는 방식은 동일하므로, 입찰 캡처를 하나의 컴포넌트가 담당하게 한 것은 기능적으로 합당한 선택이다. 하지만 아키텍트는 입찰 이전에 식별된 아키텍처 특성들 중 캡처 기능에 필요한 것이 어떤 것인지 고찰해야 한다. 경매당 입찰자는 수백, 수천 명일 수 있지만 경매 진행자는 한 명이므로, 입찰자만큼의 확장성이나 탄력성이 필요하지 않다.

마찬가지로, 시스템의 다른 부분에 비해 경매 진행자에게 특별히 요구되는 아키텍처 특성들도 있을 수 있다. 신뢰성(연결이 끊어지지 않도록 보장하는 것)이나 가용성(시스템이 계속 작동하도록 보장하는 것)이 좋은 예다. 입찰자가 사이트에 로그인할 수 없거나 연결이 끊기는 것은 사업상 좋지는 않겠지만 치명적이지는 않다. 하지만 경매 진행자에게 그런 일이 발생한다면 치명적이다.

같은 아키텍처 특성에 대해 입찰자와 경매 진행자의 요구 수준이 다르므로 아키텍트는 Bid Capture 컴포넌트를 Bid Capture(입찰 캡처)와 Auctioneer Capture(경매 진행자 캡처)라는 두 개의 컴포넌트로 분할하기로 결정한다. 이렇게 갱신한 설계가 [그림 8-17]에 나와 있다.

아키텍트는 새 Auctioneer Capture를 작성하고, Auctioneer Capture에서 Bid Streamer로

의 정보 링크(온라인 입찰자에게 라이브 입찰을 보여주기 위한)와 **Bid Tracker**로의 정보 링크(입찰 스트림을 관리하기 위한)를 갱신한다. **Bid Tracker**는 이제 시스템 기록 저장소인 동시에, 경매 진행자의 단일 정보 스트림과 입찰자들의 다중 스트림이라는 다른 두 정보 스트림을 통합하는 컴포넌트가 된다.

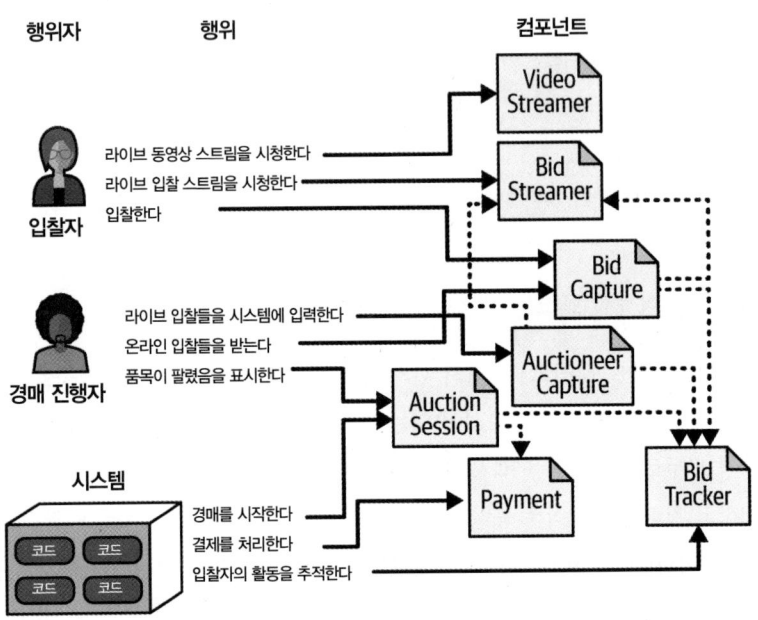

그림 8-17 GGG 사례 연구의 수정된 컴포넌트들

[그림 8-17]에 표시된 설계가 최종 설계가 될 가능성은 낮다. 사용자가 새 계정을 등록하는 방법이나 시스템이 결제 기능을 관리하는 방법 등 더 많은 요구사항이 밝혀져야 한다. 그렇긴 하지만 [그림 8-17]의 설계는 추가적인 반복 작업을 출발점으로 유용할 것이다.

[그림 8-17]의 컴포넌트들은 GGG 문제의 솔루션이 될 만한 컴포넌트 집합 중 하나일 뿐이다. 이것이 반드시 최선이거나 유일한 방법은 아님을 유의하자. 단 한 가지 방법으로만 구현할 수 있는 소프트웨어 시스템은 거의 없다. 모든 설계는 트레이드오프가 다르다. 아키텍트가 '유일하고 올바른 설계'를 찾는 데 집착해서는 안 된다. 충분히 잘 작동하는 설계는 얼마든지 많다. 다양한 설계 결정 사이의 트레이드오프를 가능한 한 객관적으로 평가하고, '가장 덜 나쁜'(§ 4.3) 트레이드오프 집합을 가진 설계를 선택하는 데 주력해야 한다.

PART 02

아키텍처 스타일

아키텍처 스타일과 아키텍처 패턴은 비슷한 면이 많아서 혼동하기 쉬운데, 둘의 차이를 제2부의 첫 장인 제9장에서 살펴볼 것이다.

초보 아키텍트들은 아키텍처 스타일을 이해하는 데 상당한 시간과 노력을 들이게 된다. 이는 스타일이 중요하면서도 다양하기 때문이다. 효과적인 의사결정을 위해서는 아키텍트가 다양한 스타일을 알고 있어야 하고 각 스타일에 내재한 트레이드오프를 이해해야 한다. 각 아키텍처 스타일에 내재한 트레이드오프들은 이미 잘 알려져 있다. 그런 트레이드오프 집합은 아키텍트가 특정 비즈니스 문제에 적합한 결정을 내리는 데 도움이 된다.

PART 02

아키텍처 스타일

09장 아키텍처 스타일의 기초
10장 계층형 아키텍처 스타일
11장 모듈형 모놀리스 아키텍처 스타일
12장 파이프라인 아키텍처 스타일
13장 마이크로커널 아키텍처 스타일
14장 서비스 기반 아키텍처 스타일
15장 이벤트 주도 아키텍처 스타일
16장 공간 기반 아키텍처 스타일
17장 오케스트레이션 주도 서비스 지향 아키텍처
18장 마이크로서비스 아키텍처
19장 적절한 아키텍처 스타일의 선택
20장 아키텍처 패턴

CHAPTER 9

아키텍처 스타일의 기초

아키텍처 스타일architecture style과 아키텍처 패턴의 세부 사항을 빨리 알고 싶겠지만, 이후 장들의 효율적인 논의를 위해서는 먼저 몇 가지 기본 개념과 정의부터 살펴볼 필요가 있다.

9.1 스타일 대 패턴

먼저, 혼동하기 쉬운 **아키텍처 스타일**과 **아키텍처 패턴**을 구분해야 한다.

어떤 아키텍처의 스타일은 그 아키텍처의 여러 특징 또는 특성을 설명해 준다. 스타일을 형성하는 아키텍처의 주요 특징을 들자면 다음과 같다.

컴포넌트 토폴로지

아키텍처 스타일은 컴포넌트들의 토폴로지topology(위상구조)[1]를 정의한다. 즉, 시스템에 어떤 컴포넌트들이 있고 그 컴포넌트들이 어떤 의존관계를 이루는지가 스타일에 따라 달라진다. 예를 들어, 계층형 아키텍처는 컴포넌트 계층들을 계층의 기술적 능력에 따라 구성하지만 모듈형 모놀리스 아키텍처는 컴포넌트들을 도메인 중심으로 구성한다(이 차이는 §9.3 "아키텍처의 분할"에서 좀 더 자세히 다룬다).

물리적 아키텍처

종종 스타일이 물리적 아키텍처의 유형을 결정한다. 우선, 물리적으로 아키텍처는 모놀리스형 아니면 분산

---

[1] 옮긴이_ 토폴로지는 수학에서 유래한 용어로, 컴퓨터 과학에서는 네트워크나 시스템의 구성 요소들이 구조적으로 어떻게 배열되고 연결되어 있는지를 나타내는 데 쓰인다.

형이다. 예를 들어 모듈형 모놀리스는 일반적으로 단일 데이터베이스를 가진 모놀리스 아키텍처지만 이벤트 주도 아키텍처는 항상 분산형이다.

배포
시스템의 세분도(granularity)와 배포 빈도(deployment frequency)는 아키텍처 스타일과 관련이 깊다. 일반적으로 모놀리스 아키텍처는 단일 관계형 데이터베이스와 함께 단일 배포본으로 배포된다. 반면에 마이크로서비스 같은 고도로 민첩한 분산 아키텍처는 자동화된 통합, 자동화된 프로비저닝, 때로는 자동화된 배포를 특징으로 한다. 그런 아키텍처는 일반적으로 조각별로 배포되며, 배포 주기도 훨씬 짧다.

통신 스타일
아키텍처 스타일은 컴포넌트들의 통신 방식도 결정한다. 모놀리스 아키텍처에서는 컴포넌트들이 모놀리스 안에서 직접 메서드를 호출할 수 있지만 분산 아키텍처는 REST나 메시지 큐 같은 네트워크 프로토콜을 통해 통신한다.

데이터 토폴로지
컴포넌트 토폴로지와 마찬가지로, 시스템의 데이터 토폴로지도 아키텍처 스타일에 의해 결정될 때가 많다. 모놀리스 아키텍처는 모놀리스 데이터베이스를 갖는 경향이 있지만, 분산 아키텍처는 해당 아키텍처 스타일의 철학에 따라 종종 데이터를 분리한다.

스타일에 적절한 이름을 부여하면 이 복잡한 특징 집합들을 설명하고 논의하기가 쉬워진다. 각 스타일 이름은 잘 파악된 세부 사항들을 반영한다. 사실 이는 설계 패턴(design pattern)의 목적 중 하나이다. 하지만 패턴은 주어진 상황에 적합한 해법을 캡처하는 반면에 스타일은 아키텍처에 초점을 두고 앞에서 나열한 측면들을 설명한다. 아키텍처 스타일은 아키텍처의 토폴로지를, 그리고 토폴로지가 함의하는 기본적인 특성들(유익한 것이든 해로운 것이든)을 서술한다. 제20장에서 몇 가지 일반적인 현대적 아키텍처 패턴을 살펴볼 것이다. 아키텍트는 시스템의 공통 구성요소에 해당하는 몇 가지 기본 스타일에 익숙해야 한다.

아키텍처 스타일은 어디서 나오는가?

일반적인 통념과는 달리, 어떤 아키텍처 비밀 조직이 상아탑에서 회의를 열어서 새로운 아키텍처 스타일을 결정하는 일은 없다. 오히려 새로운 스타일은 아키텍트가 일하는, 끊임없이 진화하는 생태계에서 생겨난다.

예를 들어 어떤 골치 아픈 문제를 해결해 주는 새로운 기능이 생태계에 등장했음을 한 영리한 아키텍트가 알아차렸다고 하자. 아키텍트는 그것을 다른 여러 기능(최근 것이든 오래된 것이든)과 결합하기로 한다. 다른 아키텍트들은 이것이 현명한 솔루션임을 인식하고 복사해서 사용한다. 이런 식으로 한 솔루션이 대중화되면서 적당한 이름이 붙으며, 그러면 그것을 논의하기가 더 쉬워진다.

마이크로서비스 아키텍처 스타일이 이런 현상의 훌륭한 예다. 새로운 데브옵스 기능과 신뢰할 수 있는 오픈

> 소스 운영체제, 도메인 주도 설계 철학의 부상에 힘입어 마이크로서비스 아키텍처 스타일이 인기를 끌었고, 아키텍트들은 이 새로운 방식으로 시스템을 구축함으로써 확장성 같은 문제를 해결할 수 있었다. **마이크로서비스**라는 이름은 당시의 일반적인 아키텍처 스타일에 대한 반작용으로 붙은 것이다. 당시 스타일들은 커다란 서비스와 광범위한 오케스트레이션이 특징이었다. 사실 마이크로서비스는 하나의 이름표(label)이지 설명이 아니다. 이 이름 자체는 팀이 가능한 한 가장 작은 서비스를 구축해야 한다는 지침을 제공하지 않는다. 단지 그런 지침을 따르는 아키텍처 스타일을 가리키는 수단일 뿐이다.

9.2 기본적인 아키텍처 패턴

소프트웨어 아키텍처의 역사를 보면 몇 가지 기본적인 패턴이 계속해서 나타난다. 이는 그런 패턴들이 일반적으로 코드, 배포, 또는 아키텍처의 다른 측면을 구성하는 데 유용한 관점을 제공하기 때문이다. 예를 들어, 기능에 따라 서로 다른 관심사를 분리하는 계층(layer) 개념은 소프트웨어 자체만큼이나 오래되었다. 그러나 스타일에서든 패턴에서든 계층은 다양한 모습으로 계속 나타난다. 제10장에서 몇 가지 현대적인 변형들을 살펴볼 것이다.

아쉽게도 아키텍처 패턴 중에는 안티패턴도 있다. 바로, 아키텍처가 아예 없는 것에 해당하는 '진흙잡탕'이다.

9.2.1 진흙잡탕 안티패턴

아키텍트들은 식별 가능한 아키텍처 구조가 없는 상태를 **진흙잡탕**(Big Ball of Mud)이라고 부른다. 이것은 브라이언 푸트Brian Foote와 조지프 요더Joseph Yoder가 1997년 Patterns Languages of Programs(PLoP; 프로그램 패턴 언어) 콘퍼런스에서 발표한 논문에 정의된 안티패턴의 이름을 딴 것이다. 그 정의를 인용하자면 다음과 같다.[2]

> **진흙잡탕**은 무계획적으로 구조화되고, 무질서하게 뻗어나가며, 조잡하고, 덕트테이프와 철사로 얽어맨 스파게티 코드 정글이다. 이러한 시스템들은 규제되지 않은 성장과 반복적이고 임시방편적인 수리의 명백한 징후를 보인다. 정보는 시스템의 먼 요소들 사이에서 무분별하게 공유되며, 종종 거의 모든 중요한 정보가 전역적이 되거나 중복되는 지경에 이른다.
>
> 시스템의 전체 구조는 애초에 제대로 정의된 적이 없을 수 있다.

---

[2] 옮긴이_ 원논문은 http://www.laputan.org/mud/에서 볼 수 있다. 인용된 부분은 일부 문구가 생략되고 문단 구분도 조금 다르다.

정의되었다고 해도, 알아볼 수 없을 정도로 침식되었을 수 있다. 아키텍처 감각이 조금이라도 있는 프로그래머는 이런 늪을 피한다. 아키텍처에 무관심한, 아마도 이런 무너져가는 제방의 구멍을 메우는 일상적인 허드렛일의 관성(inertia)에 익숙한 사람들만이 그런 시스템에서 작업하는 것을 만족스러워한다.

요즘 기준으로는 예를 들어 실질적인 내부 구조가 없으며 이벤트 처리부가 데이터베이스 호출에 직접 연결된, 단순한 스크립팅 애플리케이션을 **진흙잡탕**이라고 부를 수 있을 것이다. 많은 사소한 애플리케이션이 이렇게 시작해서 점점 성장하다 결국은 다루기 어려울 정도의 괴물이 된다.

일반적으로 이런 유형의 아키텍처는 어떤 대가를 치르더라도 피해야 한다. 구조가 없어서 변경이 점점 어려워진다. 이런 아키텍처는 배포, 테스트성, 확장성, 성능 면에서도 문제가 심각하다. 이런 시스템은 규모가 클수록 아키텍처 부재에 따른 고통도 심해진다.

안타깝게도 현실에서 이 안티패턴이 꽤 자주 발생한다. 아키텍트가 의도적으로 진흙잡탕을 만들려고 하는 경우는 거의 없다. 하지만 의도하지 않았어도 그런 지경에 이르는 프로젝트가 많은데, 보통은 코드 품질과 구조에 대한 거버넌스가 없기 때문이다. 저자 닐이 개선 의뢰를 받은 한 프로젝트가 그랬다. 그 프로젝트의 구조가 [그림 9-1]에 나와 있다.

의뢰사(당연한 이유로 이름은 밝히지 않겠다)는 자바 기반 웹 애플리케이션을 가능한 한 빨리 만들고자 했다. [그림 9-1]은 그들이 단 몇 년 만에 만들어 낸 그 애플리케이션의 결합도를 보여준다. 원둘레의 각 점은 클래스이고 각 선은 클래스 간의 결합을 나타낸다. 선이 굵을수록 결합이 강하다. 이 코드베이스에서는 클래스 하나를 어떤 식으로든 변경하면 다른 클래스들에 예측하기 어려운 영향이 미친다. 그래서 개발자는 변경을 두려워하게 된다.

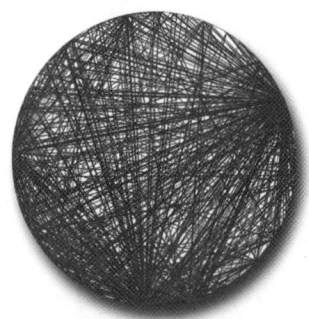

그림 9-1 실제 코드베이스를 시각화한 진흙잡탕 아키텍처(지금은 사용이 중단된 XRay라는 Eclipse 플러그인으로 만들었음)

구조의 부재가 진흙잡탕 아키텍처의 유일한 문제는 아니다. 모든 것이 다른 모든 것과 결합되어 있기 때문에 뭔가를 바꾸면 예측하기 어려운 부수효과(side effect; 또는 부작용)가 연쇄적으로 발생하는 경향이 있다는 점도 중요하다. 이 문제 때문에 개발자가 새로운 기능을 개발하는 대신 버그와 그 부작용을 쫓아다니는 데 모든 시간을 보내는 극단적인 지경에 도달할 수 있다.

9.2.2 통일적 아키텍처

컴퓨팅의 초창기에는 컴퓨터(하드웨어)와 소프트웨어가 분리되지 않은 하나의 개체였다. 이를 통일적 아키텍처(unitary architecture)라고 부를 수 있을 것이다. 하지만 시간이 흐르면서 좀 더 정교한 기능이 필요해짐에 따라 둘이 점차 분리되었다. 예를 들어 메인프레임 컴퓨터는 단일 시스템으로 시작했지만 점차 데이터가 별도의 시스템으로 분리되는 과정을 겪었다. 마찬가지로 개인용 컴퓨터(PC)가 처음 상업적으로 개발되었을 때도 단일 머신에 초점이 맞춰져 있었지만 PC 네트워킹이 일반화되면서 분산 시스템(클라이언트/서버 등)이 등장했다.

9.2.3 클라이언트/서버

임베디드 시스템이나 기타 고도로 제약된 환경을 제외할 때 통일적 아키텍처는 아주 드물다. 일반적으로 소프트웨어 시스템은 시간이 지나면서 기능성이 추가되는 경향이 있으며, 성능과 확장성 같은 운영 아키텍처 특성을 유지하려면 관심사의 분리가 필수적이다.

아키텍처 스타일 중에는 시스템의 여러 부분을 효율적으로 분리하는 방법에 관한 것이 많다. 기초적인 아키텍처 스타일 하나는 기술적 기능성을 프런트엔드(앞단)와 백엔드(뒷단)으로 분리하는 것이다. 이를 **2층**(two-tier) 아키텍처 또는 **클라이언트/서버**client/server 아키텍처라고 한다. 이런 아키텍처는 시대에 따라, 그리고 시스템의 컴퓨팅 역량에 따라 다양한 형태로 나타난다.

데스크톱 + 데이터베이스 서버

초기 PC용 아키텍처 중에 Windows 같은 사용자 인터페이스로 된 데스크톱 애플리케이션을 리치 클라이언트rich client[3]로 삼고 데이터 기능은 별도의 데이터베이스 서버로 분리하도록 권장하는 아키텍처가 있었다. 이런 아키텍처가 등장한 시기는 독립형(standalone) 데이터베이스 서버를 표준 네트워크 프로토콜을 통해 연결할 수 있게 된 시기와 겹친다. 이 아키텍처에서 표현(presentation) 로직은 데스크톱에 있고, 좀 더 계산 집약적인 작업(계산량과 계산 복잡도 모두에서)은 더 견고한 데이터베이스 서버에서 실행된다.

브라우저 + 웹 서버

현대적인 웹 개발이 등장하면서, 웹 브라우저를 웹 서버에 연결하는 방식으로(웹 서버는 다시 데이터베이스 서버에 연결됨) 아키텍처를 분할하는 스타일이 일반화되었다. 이러한 책임의 분리는 데스크톱 + 데이터베이스 서버와 비슷하되, 브라우저라는 더 얇은(thin) 클라이언트를 사용하는 덕분에 방화벽 안팎으로 더 넓은 배포가 가능했다. 데이터베이스가 웹 서버와 분리되어 있긴 하지만 이를 여전히 2층 아키텍처로 간주하는 아키텍트가 많다. 웹 서버와 데이터베이스 서버는 운영 센터에 있는 동급 머신에서 실행되지만 UI는 웹 서버와는 멀리 떨어진 사용자의 브라우저에서 실행되기 때문이다.

단일 페이지 자바스크립트 애플리케이션

웹 반응성(응답성)이 향상되면서 브라우저의 자바스크립트 구현도 함께 개선되었다. 이에 힘입어 클라이언트/서버 스타일의 애플리케이션군이 등장했는데, 기존의 데스크톱 변형(데스크톱 + 데이터베이스 서버)과 유사하지만 리치 클라이언트rich client가 데스크톱 애플리케이션이 아니라 브라우저의 자바스크립트로 작성된다는 점이 다르다.

이번 절에서 보듯이 애플리케이션의 요구사항과 플랫폼의 역량에 따라 아키텍처의 서로 다른 부분을 개별적인 계층으로 분리하는 접근법은 앞으로도 계속 나타날 것이다.

3층 아키텍처

1990년대 후반에는 계층이 하나 더 추가된 **3층 아키텍처**(three-tier architecture)가 인기를 얻었다. 자바와 .NET에서 애플리케이션 서버 같은 도구들이 주목을 받으면서 기업들이 토폴로지에 더 많은 계층을 구축하기 시작했다. 전형적인 3층 아키텍처에서 하나의 시스템은 엔터

---

[3] 옮긴이_ 리치 클라이언트는 좀 더 풍부한(rich) 기능을 담은 클라이언트 애플리케이션을 말한다. 사용자 인터페이스와 비즈니스 로직의 상당 부분을 클라이언트가 처리한다. 대비되는 개념은 신 클라이언트thin client(좀 더 거슬러 올라가면 덤 터미널dumb terminal)이다.

프라이즈급 데이터베이스 서버를 사용하는 데이터베이스 계층과 애플리케이션 서버가 관리하는 애플리케이션 계층, 그리고 HTML(사람이 직접 작성하기보다는 도구를 통해 생성되는 경우가 많다)과 자바스크립트(기능이 점점 확장되고 있다)로 코딩된 프런트엔드(표현 계층)로 구성된다.

3층 아키텍처는 분산 아키텍처의 구축을 용이하게 하기 위해 CORBA(Common Object Request Broker Architecture, https://www.corba.org)나 DCOM(Distributed Component Object Model, https://oreil.ly/1TEqv) 같은 네트워크 수준 프로토콜과 함께 사용되었다.

오늘날 개발자들이 TCP/IP 같은 네트워크 프로토콜의 작동 방식을 걱정하지 않는 것처럼(신경 쓰지 않아도 잘 작동한다), 대부분의 아키텍트는 분산 아키텍처에서 이런 수준의 '배관(plumbing)' 작업을 걱정할 필요가 없다. 당시 도구들이 제공했던 기능 중에는 오늘날 도구로 존재하는 것도 있고(메시지 큐 등) 아키텍처 패턴으로 존재하는 것도 있다(제15장에서 다루는 이벤트 주도 아키텍처 등).

> **3층 아키텍처, 언어 설계, 그리고 장기적 영향**
>
> 자바 언어가 설계된 1990년대에는 3층 컴퓨팅(three-tier computing)이 큰 인기를 끌고 있었다. 사람들은 미래에 모든 시스템이 3층 아키텍처를 가질 것이라고 가정했다. 당시 C++ 같은 기존 언어들의 일반적인 골칫거리 중 하나는 시스템들이 네트워크를 통해서 일관된 방식으로 객체를 주고받기가 너무나 번거롭다는 점이었다. 그래서 자바 설계자들은 **직렬화**(serialization)라는 메커니즘을 사용해 이 기능을 언어의 핵심부에 구축하기로 결정했다.
>
> 모든 자바 객체는 직렬화 지원이 필수인 인터페이스를 구현한다. 설계자들은 3층 아키텍처가 영원히 지속될 것이므로 이를 언어에 박아 넣으면 아주 편할 것이라고 생각했다. 3층 아키텍처의 인기는 사그라들었지만, 그 잔재는 오늘날까지 자바에 남아 있다. 요즘은 사실상 아무도 직렬화를 사용하지 않지만, 하위 호환성 때문에 자바의 새로운 기능은 어쩔 수 없이 직렬화를 지원해야 한다. 언어 설계자로서는 대단히 실망스러운 상황이다.
>
> 소프트웨어나 다른 엔지니어링 분야에서나, 설계상의 결정이 장기적으로 미치는 영향을 파악하는 것은 언제나 어려운 문제였다. 단순한 설계를 선호하라는 오래된 조언은 여러 면에서 미래를 대비하는 전략이라고 할 수 있다.

9.3 아키텍처의 분할

소프트웨어 아키텍처의 제1법칙은 소프트웨어의 모든 것이 트레이드오프라는 것이다. 아키텍트가 아키텍처에서 컴포넌트를 분할할 때도 이 법칙이 적용된다. 컴포넌트는 일반적인 격리 메커니즘(containment mechanism)을 나타내므로, 아키텍트는 자신이 원하는 임의의 방식으로 컴포넌트를 분할할 수 있다. 아키텍트들이 흔히 사용하는 분할 방식이 몇 가지 있는데, 각각 트레이드오프가 다르다. 특히나 큰 영향을 미치는 컴포넌트 분할 방식이 하나 있는데, 바로 **최상위 분할**(top-level partitioning)이다.

[그림 9-2]에 나온 두 아키텍처 스타일 중 왼쪽 것은 아마 독자도 익숙할 것이다. 이것은 **계층형 모놀리스**(layered monolith)인데, 제10장에서 좀 더 자세히 논의한다. 오른쪽 것은 **모듈형 모놀리스**(modular monolith)로, 사이먼 브라운^{Simon Brown}(https://simonbrown.je)이 대중화했다. 이 아키텍처 스타일은 단일 배포 단위로 구성되고 데이터베이스와 연관되며, 기술적 역량보다는 도메인을 중심으로 분할된다. 이 스타일은 제11장에서 좀 더 자세히 논의할 것이다. 이 두 스타일은 서로 다른 최상위 분할 방법의 예이다. 두 스타일 모두, 최상위 계층 또는 최상위 컴포넌트에 다른 컴포넌트들이 포함되어 있을 가능성이 높다는 점에 주목하자. 최상위 분할은 근본적인 아키텍처 스타일과 코드 분할 방식을 정의한다는 점에서 아키텍트에게 특히 중요하다.

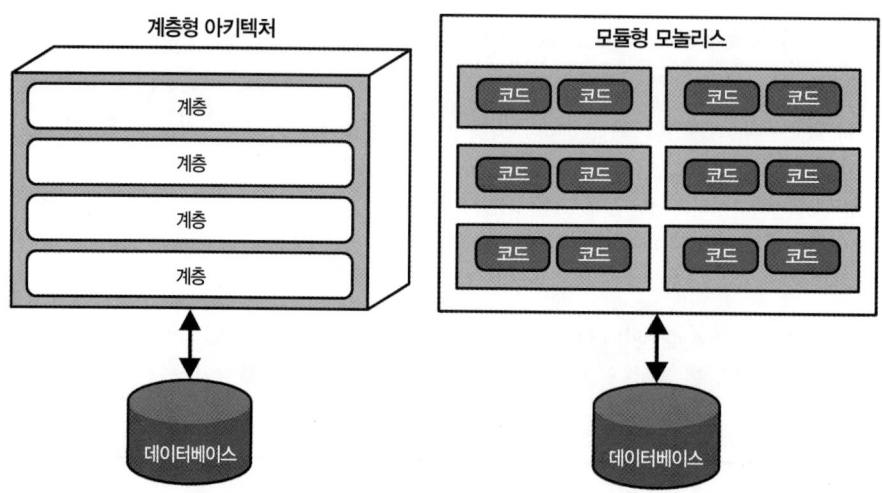

그림 9-2 두 가지 유형의 최상위 분할: 기술적 분할(계층형 아키텍처 등)과 도메인 분할(모듈형 모놀리스 등)

계층형 모놀리스 스타일처럼 기술적 역량(technical capability)을 기반으로 아키텍처를 구성하는 것은 **기술적 최상위 분할**에 해당한다.

[그림 9-3]은 두 최상위 분할 방식을 좀 더 일반화해서 표현한 것이다. 왼쪽의 최상위 분할 방식에서 아키텍트는 시스템의 기능성을 표현, 비즈니스 규칙, 서비스, 영속성 수단 같은 **기술적** 역량들로 분할했다. 코드베이스를 이런 식으로 구성하는 것은 확실히 말이 된다. 영속성 관련 코드가 모두 하나의 계층에 들어 있으므로 개발자들이 영속성 관련 코드를 쉽게 찾을 수 있다. 사실 계층형 아키텍처의 기본 개념이 수십 년 전부터 있었지만, 이 아키텍처 패턴과 일치하는 MVC(Model-View-Controller) 설계 패턴(에릭 프리먼Eric Freeman과 엘리자베스 롭슨Elisabeth Robson의 『Head First Design Patterns』(O'Reilly, 2020)[4]에 나온 기본 패턴 중 하나) 덕분에 개발자들도 이 패턴을 쉽게 이해할 수 있다. 그래서 많은 조직에서 이것이 기본 아키텍처가 된다.

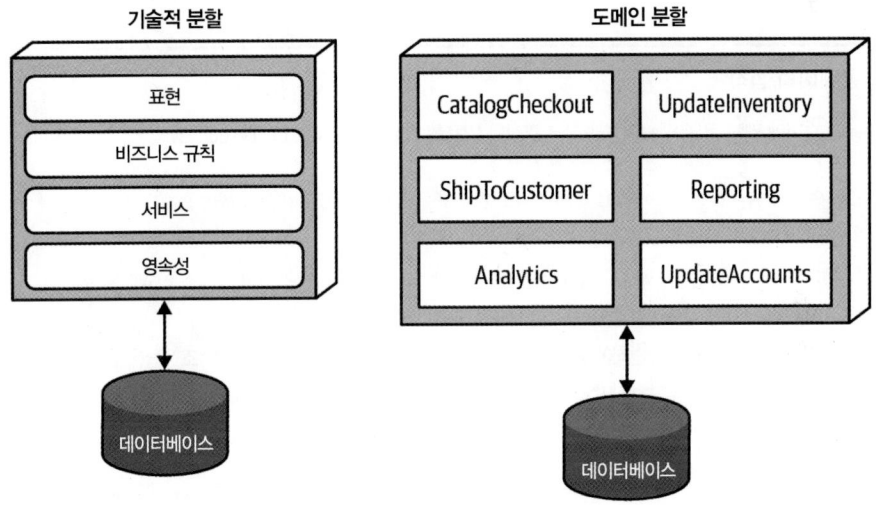

그림 9-3 아키텍처의 두 가지 최상위 분할 유형

계층형 아키텍처가 널리 사용되면서 나타난 흥미로운 부수효과 하나는 회사들이 물리적 사무실의 좌석 배치를 프로젝트 역할에 따라 구성하는 경우가 많다는 점이다. 콘웨이의 법칙(Conway's Law; 아래 글 상자 참고) 때문에, 계층형 아키텍처를 사용할 때는 모든 백엔드 개

---

[4] 옮긴이_ 번역서는 서환수 옮김, 『헤드 퍼스트 디자인 패턴』(한빛미디어, 2022).

발자를 한 부서에, DBA를 다른 부서에, 표현 계층 팀을 또 다른 부서에 배치하는 것이 어느 정도 합리적이다.

[그림 9-3]의 오른쪽은 **도메인 분할**이다. 이것은 복잡한 소프트웨어 시스템을 분해하는 모델링 기법으로, 기술적 역량보다는 도메인에 따라 컴포넌트를 구성한다. 도메인 분할은 에릭 에반스의 저서 『*Domain-Driven Design*』에서 영감을 받았다. 도메인 주도 설계(DDD)에서 아키텍트는 서로 독립적이고 분리된 도메인이나 작업흐름을 식별한다. 마이크로서비스 아키텍처 스타일은 이러한 철학을 기반으로 한다.

모듈형 모놀리스 아키텍처는 기술적 역량보다는 도메인이나 작업흐름을 중심으로 분할된다. 한 컴포넌트에 다른 컴포넌트들을 포함시킬 수도 있으므로, [그림 9-3]에 나온 도메인 분할 아키텍처의 경우 각 컴포넌트(`CatalogCheckout` 등)가 영속성 라이브러리를 사용할 수 있으며 비즈니스 규칙을 위한 별도의 계층을 둘 수도 있다. 하지만 최상위 분할은 여전히 도메인을 중심으로 이뤄진다.

> ### 콘웨이의 법칙
>
> 1960년대 후반에 멜빈 콘웨이는 다음과 같은 관찰을 발표했다(`https://oreil.ly/qo59i`).
>
> > *시스템을 설계하는 조직은 ⋯ 해당 조직의 의사소통 구조를 복사한 설계를 만들 수밖에 없다.*
>
> 다르게 말하면, 조직이 어떠한 기술적 구성요소를 설계할 때 그 설계 구조는 조직의 의사소통 방식을 닮는다는 것이다. 이 관찰이 이후 **콘웨이의 법칙**으로 알려지게 되었다. 실제로 조직의 모든 계층에서 이 법칙이 작동하는 것을 볼 수 있다. 심지어 이 법칙에 기반해서 의사결정을 내리기도 한다. 예를 들어, 조직들은 흔히 작업자들을 기술적 역량에 따라 분할하지만, 그러면 공통의 관심사가 인위적으로 분리되어서 협업이 저해될 수 있다.
>
> 관련된 관찰로는 소트웍스의 조니 르로이Jonny Leroy가 만든 **역 콘웨이 기동**(Inverse Conway Maneuver)이 있는데, 이는 바람직한 아키텍처를 촉진하기 위해 팀과 조직의 구조를 함께 발전시킬 것을 제안한다. 이러한 고찰은 이후 **팀 토폴로지**team topology라는 개념으로 더욱 대중화되었다.
>
> 조직들은 팀 토폴로지가 소프트웨어 아키텍처를 포함한 비즈니스의 여러 주요 측면에 상당한 영향을 미칠 수 있음을 깨닫기 시작했다. 다음 장부터 시작되는 개별 아키텍처 스타일 장들에서는 각 아키텍처 스타일이 이러한 팀 유형에 미치는 영향을 논의한다.

여러 아키텍처 패턴 사이의 근본적인 차이점 중 하나는, 각 패턴이 지원하는 분할 유형이 다르다는 것이다. 다음 장부터의 개별 스타일 장들에서 각 패턴의 이러한 구분도 이야기할 것이다. 최상위 분할은 아키텍트가 초기에 컴포넌트들을 기술적으로 식별할지 도메인별로 식별할지 결정하는 데도 큰 영향을 미친다.

기술적 분할을 사용하는 아키텍트는 시스템의 컴포넌트들을 표현, 비즈니스 규칙, 영속성 같은 기술적 역량에 따라 조직화(organizing)한다. 계층형 아키텍처의 조직화 원칙 중 하나는 **기술적 관심사의 분리**(separation of technical concerns)이다. 이 원칙을 잘 따르면 유용한 결합 분리 수준(levels of decoupling)들이 만들어진다. 예를 들어, 서비스 계층이 그 아래의 영속성 계층과 그 위의 비즈니스 규칙 계층에만 연결되어 있다면, 서비스 계층의 변경은 잠재적으로 그 두 계층에만 영향을 미친다. 이러한 결합 분리는 어떠한 변경의 영향이 해당 계층이나 컴포넌트에 의존하는 다수의 컴포넌트에 물결치듯 파급될 가능성을 줄여준다.

기술적 분할을 이용해서 시스템을 구성하는 것이 합리적임은 분명하다. 하지만 소프트웨어 아키텍처의 다른 모든 것과 마찬가지로 여기에도 몇 가지 트레이드오프가 있다. 기술적 분할 방식으로 계층들을 분리하면 개발자가 코드베이스에서 특정 범주의 코드를 빠르게 찾아낼 수 있다. 코드가 기술적 역량별로 구성되어 있기 때문이다. 하지만 대부분의 현실적인 소프트웨어 시스템에는 기술적 역량들을 가로지르는(횡단) 작업흐름들이 필요하다.

예를 들어 카탈로그를 체크아웃하는 것은 일반적인 비즈니스 작업흐름이다. 그러나 [그림 9-4]의 기술적 분할 아키텍처에서 이 작업흐름을 처리하는 코드는 모든 계층에 나타난다. 다른 말로 하면, 도메인이 기술적 계층들의 경계를 흐리게 만든다.

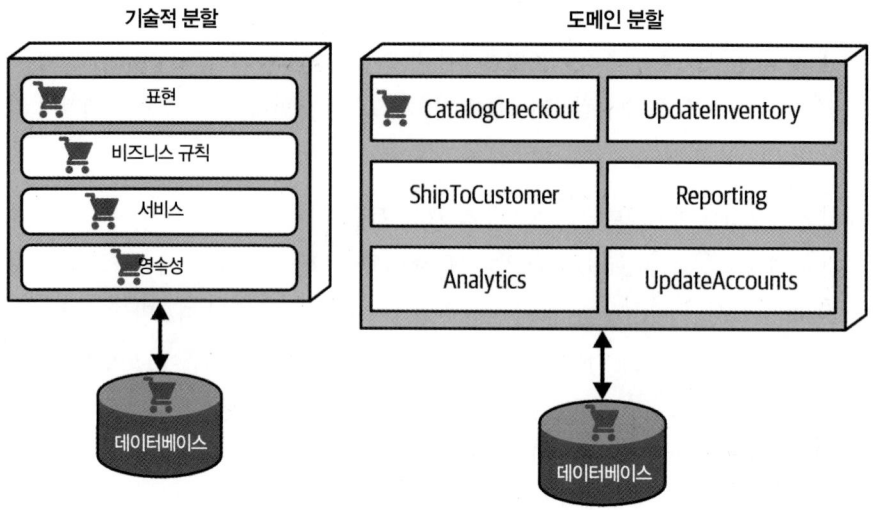

그림 9-4 기술적 분할과 도메인 분할 아키텍처에서 도메인/작업흐름이 나타나는 위치(카트 아이콘에 주목)

[그림 9-4] 오른쪽의 도메인 분할 아키텍처에서는 상황이 다르다. 도메인 분할 아키텍처에서 아키텍트는 작업흐름과 도메인을 중심으로 최상위 컴포넌트를 구축했다. 각 컴포넌트에 하위 컴포넌트나 계층이 포함될 수도 있지만, 최상위 수준의 컴포넌트들은 도메인에 초점을 두고 분할한 것이다. 이쪽이 프로젝트에서 자주 발생하는 유형의 변경들을 좀 더 잘 반영한다.

이 두 스타일 중 어느 것이 더 옳다고 할 수는 없다. (소프트웨어 아키텍처의 제1법칙을 기억할 것이다.) 하지만 우리는 지난 몇 년간 모놀리스형과 분산형(예: 마이크로서비스) 아키텍처 모두에서 업계가 도메인 분할 쪽으로 쏠리고 있음을 목격했다. 앞에서 언급했듯이, 이것은 아키텍트가 가장 먼저 내려야 하는 결정 중 하나이다.

9.3.1 카타: 실리콘 샌드위치—분할

§5.4 "카타: 실리콘 샌드위치"에서 처음 소개한 실리콘 샌드위치 카타를 예로 삼아서 기술적 분할과 도메인 분할을 고찰해 보기로 하자. 먼저, [그림 9-5]는 최상위 분할 방식으로 도메인 분할을 선택한 결과이다.

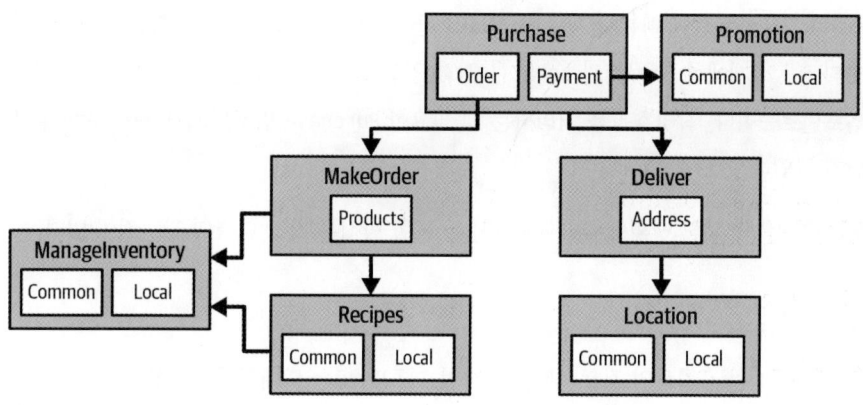

그림 9-5 실리콘 샌드위치의 도메인 분할 설계

[그림 9-5]에서 아키텍트는 도메인(작업흐름)을 중심으로 설계해서 Purchase, Promotion, MakeOrder, ManageInventory, Recipes, Delivery, Location 같은 개별 컴포넌트를 작성했다. 여러 컴포넌트는 프랜차이즈 전체에서 공통인 하위 컴포넌트(Common)와 매장별 변형을 위한 맞춤형 요구를 처리하는 하위 컴포넌트(Local)를 포함한다.

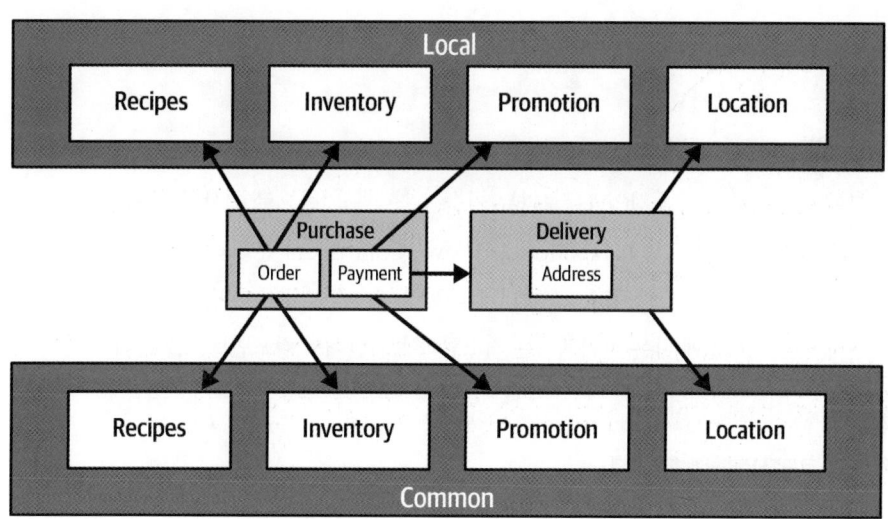

그림 9-6 실리콘 샌드위치의 기술적 분할 설계

제9장 아키텍처 스타일의 기초 **193**

[그림 9-6]은 기술적 분할에 따른 설계로, 공통 요소들과 매장별 요소들을 개별 분할(partition)로 격리했다. 이 설계에서 Common과 Local은 각각 공통 요소들과 매장별 요소들을 대표하는 최상위 컴포넌트들이다. 작업흐름을 처리하는 데 필요한 Purchase 컴포넌트와 Delivery 컴포넌트는 남겨 두었다.

어느 쪽이 더 나을까? 물론 상황에 따라 다르다! 두 분할 방식은 각각 나름의 장단점이 있다.

도메인 분할

도메인 분할 아키텍처는 최상위 컴포넌트들을 작업흐름 및/또는 도메인별로 분리한다.

장점
- 구현 세부 사항보다는 실제로 비즈니스가 운영되는 방식에 더 가깝게 모델링된다.
- 도메인을 중심으로 CFT(cross-functional team; 교차 기능 팀)를 구축하기 쉽다.
- 모듈형 모놀리스 및 마이크로서비스 아키텍처 스타일과 좀 더 잘 맞는다.
- 메시지 흐름이 문제 도메인과 부합한다.
- 데이터와 컴포넌트를 분산 아키텍처로 마이그레이션하기 쉽다.

단점
- 커스텀화(customization) 코드가 여러 곳에 나타난다.

기술적 분할

기술적 분할 아키텍처는 개별 작업흐름보다는 기술적 역량을 기반으로 최상위 컴포넌트들을 분리한다. 이런 분할 방식은 흔히 MVC(Model-View-Controller) 분리와 비슷한 방식으로 계층들을 분할하는 형태로 나타나지만, 그 밖의 임의적인 기술적 역량을 기반으로 계층들을 분할하기도 한다. [그림 9-6]에 나온 아키텍처는 커스텀화에 기반해서 컴포넌트들을 분리한 예이다.

장점
- 커스텀화 코드가 명확하게 분리된다.
- 계층형 아키텍처 패턴과 좀 더 잘 맞는다.

단점
- 전역 결합도가 높다. Common이나 Local 같은 컴포넌트를 변경하면 다른 모든 컴포넌트에 영향이 미칠 가능성이 크다.

- 개발자가 도메인 개념들을 Common 계층과 Local 계층 모두에서 중복해서 구현해야 할 수 있다.
- 일반적으로 데이터 수준의 결합도가 높다. 이런 시스템에서는 애플리케이션 아키텍트와 데이터 아키텍트가 협력해서 커스텀화와 도메인이 포함된 단일한 데이터베이스를 만들 가능성이 높다. 그러면 아키텍트가 이 아키텍처를 분산 시스템으로 마이그레이션할 때 데이터들 사이에 복잡하게 얽힌 관계를 풀어헤치기가 어렵다.

제2부의 여러 장에서 차차 보겠지만, 아키텍처 스타일을 선택하는 데는 이외에도 많은 요인이 영향을 미친다.

9.4 모놀리스 대 분산 아키텍처

제1부에서 배웠듯이, 아키텍처 스타일은 두 가지 주요 유형으로 분류할 수 있다. 하나는 하나의 배포 단위에 모든 코드가 포함된 **모놀리스** 아키텍처이고 다른 하나는 여러 배포 단위가 원격 접근 프로토콜로 연결된 **분산** 아키텍처이다. 완벽한 분류 체계는 없다. 하지만 분산 아키텍처 스타일의 아키텍처들이 공유하는 도전과제와 문제는 모놀리스 아키텍처 스타일에서는 찾아볼 수 없는 것들이다. 그래서 모놀리스 대 분산이라는 분류 체계는 다양한 아키텍처 스타일을 구분하는 좋은 기준이 된다.

이 책의 제2부에서는 다음과 같은 아키텍처 스타일들을 자세히 설명한다.

모놀리스
- 계층형 아키텍처(제10장)
- 파이프라인 아키텍처(제12장)
- 마이크로커널 아키텍처(제13장)

분산
- 서비스 기반 아키텍처(제14장)
- 이벤트 주도 아키텍처(제15장)
- 공간 기반 아키텍처(제16장)
- 서비스 지향 아키텍처(제17장)
- 마이크로서비스 아키텍처(제18장)

분산 아키텍처 스타일은 성능, 확장성, 가용성 측면에서 모놀리스 아키텍처 스타일보다 훨씬 강력하지만, 중요한 트레이드오프들이 존재한다. 1994년에 L. 피터 도이치L. Peter Deutsch는 모든 분산 아키텍처가 직면하는 첫 번째 부류의 문제점들을 설명하는 "분산 컴퓨팅에 관한 오해들(fallacies of distributed computing)"이라는 목록을 썬 마이크로시스템즈의 동료들과 함께 작성했다(https://oreil.ly/fVAEY). 여기서 **오해**(fallacy; 또는 오류, 착오)는 누군가가 참이라고 믿거나 가정하지만 실제로는 거짓인 것을 의미한다. 이 목록에 나열된 분산 컴퓨팅의 8가지 오해 모두 오늘날의 분산 아키텍처에 적용된다. 그럼 이 8가지 오해를 좀 더 자세히 살펴보자.

9.4.1 오해 #1: 네트워크는 신뢰할 수 있다

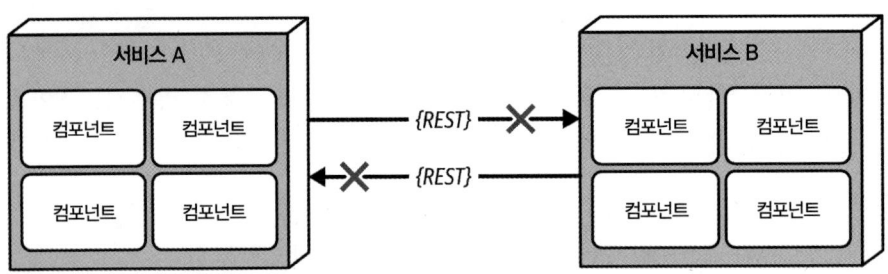

그림 9-7 네트워크는 신뢰할 수 없다.

개발자와 아키텍트는 흔히 네트워크가 신뢰할 수 있다고 가정하지만, 이는 착오이다. 네트워크는 신뢰할 수 없다. 세월이 흐르면서 네트워크의 신뢰성이 점차 높아지긴 했지만, 일반적으로는 여전히 신뢰할 수 없는 수준이다. 이 점은 모든 분산 아키텍처 스타일에 중요한 의미를 갖는다. 왜냐하면 모든 분산 아키텍처는 시스템과 서비스의 통신 및 서비스들 사이의 통신을 네트워크에 의존하기 때문이다. [그림 9-7]의 예에서 **서비스 B**가 아무 문제 없이 실행 중이라고 해도 네트워크에 문제가 있으면 **서비스 A**는 서비스 B에 접근하지 못한다. 더 나쁜 상황으로는, 서비스 A가 서비스 B에 데이터 처리를 요청했지만 도중에 네트워크에 문제가 생겨서 응답을 받지 못할 수도 있다. 이것이 서비스들에 타임아웃timeout(시간만료)과 서킷 브레이커circuit breaker가 존재하는 이유이다. 시스템이 네트워크에 더 많이 의존할수록(마이크로서비스 아키텍처는 특히나 많이 의존한다) 네트워크를 신뢰할 수 없게 될 가능성이 더 커진다.

9.4.2 오해 #2: 지연시간은 0이다

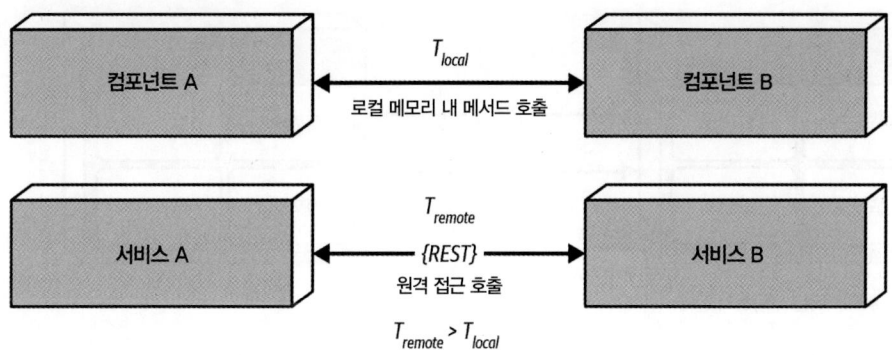

그림 9-8 지연시간은 0이 아니다.

[그림 9-8]에서 보듯이, 로컬에서 메서드나 함수 호출로 다른 컴포넌트와 통신할 때 그 컴포넌트에 접근하는 시간(t_local)은 나노초나 마이크로초로 측정된다. 하지만 같은 호출이 원격 접근 프로토콜(REST, 메시징, RPC 등)을 통해 이루어질 때는 접근 시간(t_remote)을 밀리초로 측정한다. 따라서 원격 접근 시간은 로컬 접근 시간보다 항상 크다. 어떤 분산 아키텍처에서도 지연시간(latency)은 0이 아니다. 그럼에도 대부분의 아키텍트는 이 점을 무시하고, 네트워크가 충분히 빠르다고 가정한다. 자문해 보자. 여러분의 프로덕션 환경에서 REST 호출의 평균 왕복 지연시간이 얼마인지 알고 있는가? 60밀리초인가? 500밀리초인가?

분산 아키텍처를 고려하는 아키텍트는 이 평균 지연시간을 알아야 한다. 마이크로서비스 아키텍처에서는 이것이 특히나 중요하다. 서비스의 수와 통신량을 생각할 때, 지연시간을 따지는 것은 해당 아키텍처가 실현 가능한지 판단하는 유일한 방법이기 때문이다.

예를 들어, 요청당 평균 지연시간이 100ms라고 하자. 특정한 비즈니스 기능 하나를 수행하기 위해 10개의 서비스가 꼬리에 꼬리를 물고 호출한다면 총 지연시간은 1,000ms가 된다. 그런데 평균 지연시간만큼이나 중요한 것은 95~99번째 백분위수(percentile)[5] 지연시간이다. 시스템의 평균 지연시간이 60ms로 양호해도, 95번째 백분위수 지연시간이 400ms이면 문제가 있는 것이다. 분산 아키텍처에서 성능을 저해하는 것은 보통 이런 '긴 꼬리(long tail)' 지연시간이다. 대부분의 경우 구체적인 지연시간 수치들은 네트워크 관리자에게 물어보면 된다(§ 9.4.6 "오해 #6: 관리자는 한 명뿐이다" 참조).

---

[5] 옮긴이_ n번째 백분위수는 주어진 값들을 크기순으로 정렬하고 100개의 구간으로 분할했을 때 n번째 구간에 속하는 값들의 대푯값이다.

9.4.3 오해 #3: 대역폭은 무한하다

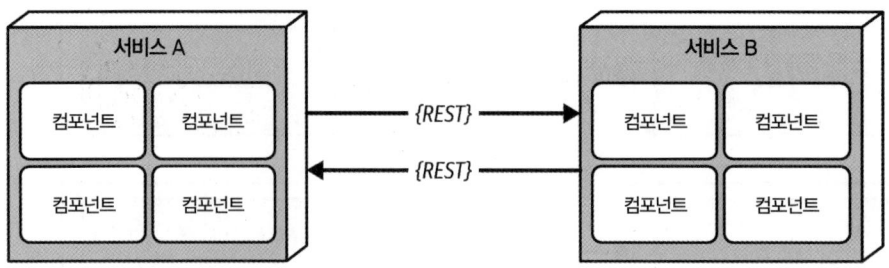

그림 9-9 대역폭은 무한하지 않다

보통의 경우 모놀리스 아키텍처에서는 대역폭(bandwidth)이 문제가 되지 않는다. 일단 비즈니스 요청이 모놀리스 안에 들어가면, 그것을 처리하는 데에는 대역폭이 거의 또는 전혀 필요하지 않기 때문이다. 하지만 [그림 9-9]에서 보듯이 분산 아키텍처(마이크로서비스 등)에서는 시스템이 더 작은 배포 단위(서비스)로 분해되기 마련이며, 그런 배포 단위들과의 통신 및 배포 단위들 사이의 통신이 상당한 대역폭을 사용한다. 그러면 네트워크가 느려져서 지연시간(오해 #2)과 신뢰성(오해 #1)에 악영향이 미친다.

간단한 시나리오를 예로 들어서 이 오해의 중요성을 설명해 보겠다. [그림 9-9]의 **서비스 A**가 웹사이트의 고객 찜 목록(wish list)의 항목들을 관리하고 **서비스 B**가 고객 프로필을 관리한다고 가정하자. 찜 목록 항목 요청이 들어올 때마다 서비스 A는 찜 목록 응답 계약(contract)을 만들어야 하는데, 그러려면 고객의 이름이 필요하다. 고객 이름은 서비스 B가 알고 있다. 따라서 찜 목록 요청마다 서비스 A와 서비스 B 사이의 호출이 일어난다. 하나의 호출에서 서비스 B는 45개의 속성(총 500KB)을 서비스 A에 돌려주지만, 서비스 A에 필요한 것은 이름(200바이트)뿐이다. 이 차이가 별로 중요하지 않을 것 같지만, 찜 목록 항목 요청이 초당 약 2,000번 발생한다는 것이 문제이다. 이는 매초 서비스 A가 서비스 B를 2,000번 호출한다는 뜻이며, 요청당 500KB이므로 두 서비스는 매초 1GBps의 대역폭을 소비하게 된다.

이런 형태의 결합을 **스탬프 결합**(stamp coupling)이라고 부른다. 분산 아키텍처에서 스탬프 결합은 상당한 양의 대역폭을 소모한다. 만일 서비스 B가 서비스 A가 필요로 하는 200바이트**만** 반환한다면, 총대역폭은 400Kbps밖에 되지 않는다.

다음은 스탬프 결합을 해소하는 몇 가지 방법이다.

- 비공개(private) REST API 종단점(endpoint)을 만든다.
- 계약에 필드 선택자(field selector)를 사용한다.
- GraphQL(https://graphql.org)을 이용해서 계약들을 분리한다.
- 소비자 주도 계약(consumer-driven contract)을 가치 주도 계약(value-driven contract)과 함께 사용한다.[6]
- 내부 메시징 종단점을 사용한다.

어떤 기술을 사용하든, 분산 아키텍처에서 이 오해를 해결하는 가장 좋은 방법은 서비스나 시스템이 꼭 필요한 데이터만 전송하게 하는 것이다.[7]

9.4.4 오해 #4: 네트워크는 안전하다

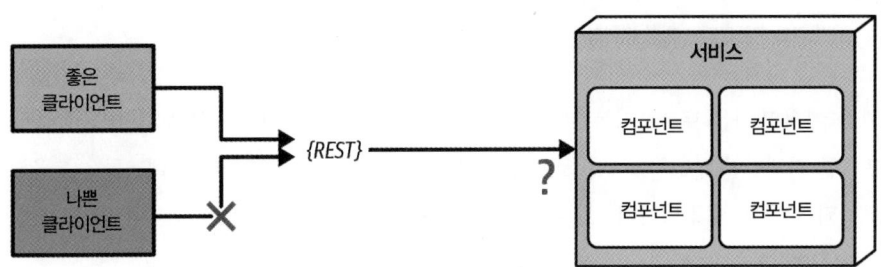

그림 9-10 네트워크는 안전하지 않다

대부분의 아키텍트와 개발자는 가상 사설망(VPN), 신뢰 네트워크(trusted network), 방화벽을 사용하는 데 익숙하다 보니 네트워크가 안전하다고 착각하기 쉽다. 하지만 **네트워크는 안전하지 않다.** [그림 9-10]에서 보듯이, 각 분산 배포 단위의 모든 종단점은 알 수 없거나 악의적인 요청으로부터 보호되어야 한다. 모놀리스에서 분산 아키텍처로 이동할 때는 위협과 공격의

---

6 옮긴이_ 소비자 주도 계약은 API 소비자(클라이언트)가 필요로 하는 계약 조건을 먼저 정의하고, 이를 바탕으로 서비스 제공자가 API를 구현하는 방식이다. 대표적인 도구로는 Pact가 있다. 가치 주도 계약은 비즈니스 가치에 중점을 둔 계약 방식으로, 기술적 세부 사항보다는 전달하고자 하는 핵심 가치와 결과물을 중심으로 계약을 구성한다. 두 방식 모두 마이크로서비스 간 협업과 테스팅에서 중요한 역할을 한다.

7 옮긴이_ 꼭 필요한 데이터만 전송하는 것은 대역폭 절약뿐만 아니라 오해 #4에서 말하는 보안의 관점에서도 매우 중요하다. 불필요한 데이터 전송은 민감한 정보 노출 위험을 증가시키고, 네트워크상에서 공격 표면(attack surface)을 넓힌다.

표면적이 크게 증가해서 보안이 훨씬 더 어려워진다. 모든(서비스 내부 통신에서까지) 종단점을 보호하는 것은 마이크로서비스나 서비스 기반 아키텍처와 같은 동기식 고도 분산 아키텍처 스타일에서 성능을 느리게 만드는 또 다른 요인이다.

9.4.5 오해 #5: 토폴로지는 절대 변하지 않는다

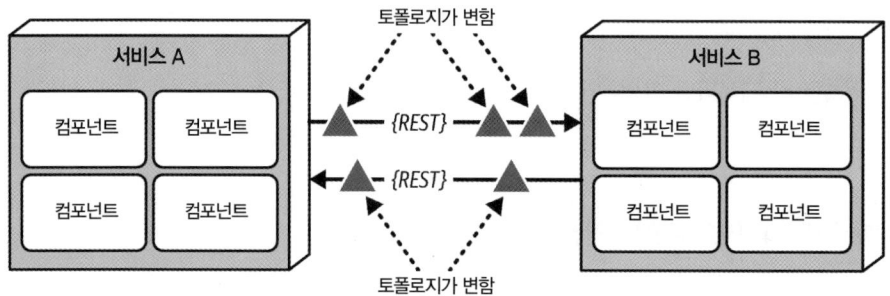

그림 9-11 네트워크 토폴로지는 항상 변한다

이 오해 #5에서 말하는 토폴로지는 모든 라우터, 허브, 스위치, 방화벽, 네트워크, 어플라이언스를 포함한 전체적인 네트워크 토폴로지를 의미한다(그림 9-11). 흔히 아키텍트들은 토폴로지가 고정되어 있고 절대 변하지 않는다고 가정하지만, 당연히 이는 착오이다. 네트워크 토폴로지는 **항상 변한다.** 이 오해는 어떤 면에서 심각할까?

월요일 아침에 출근했는데 프로덕션에서 서비스가 계속 타임아웃되어 모든 사람이 미친 듯이 뛰어다니고 있다고 가정해 보자. 여러분은 팀들과 함께 왜 이런 일이 발생하는지 필사적으로 알아내려 한다. 주말 동안 새로운 서비스는 배포되지 않았다. 뭐가 문제일까? 몇 시간 후, 새벽 2시에 있었던 '사소한' 네트워크 업그레이드가 시스템의 지연시간과 관련한 모든 가정(assumption)을 무효화했고, 그래서 타임아웃과 서킷 브레이커가 발동되었음을 알게 되었다.

이런 뜻밖의 사고를 피하려면 아키텍트는 무엇이 언제 변하는지에 대해 운영 팀 및 네트워크 관리자와 지속적으로 소통해야 한다. 당연하고도 쉬운 일처럼 보이겠지만 그렇지 않다. 사실 이 오해는 다음 오해로 직접 이어진다.

9.4.6 오해 #6: 관리자는 한 명뿐이다

그림 9-12 네트워크 관리자는 여러 명이다.

한 명의 관리자와만 협업하고 소통하면 된다고 가정하는 것도 아키텍트가 늘 빠지는 실수이다. [그림 9-12]에서 보듯이 일반적인 대기업에는 수십 명의 네트워크 관리자가 있다. 지연시간이나 토폴로지 변경에 관해 누구와 이야기해야 할까? 이 오해는 분산 아키텍처가 얼마나 복잡한지, 그리고 모든 것이 제대로 작동하게 하는 데 필요한 조정(coordination) 작업이 얼마나 많은지와 관련이 있다. 배포 단위가 하나뿐인 모놀리스 애플리케이션에서는 그런 수준의 의사소통과 협업이 필요하지 않다.

9.4.7 오해 #7: 전송 비용은 0이다

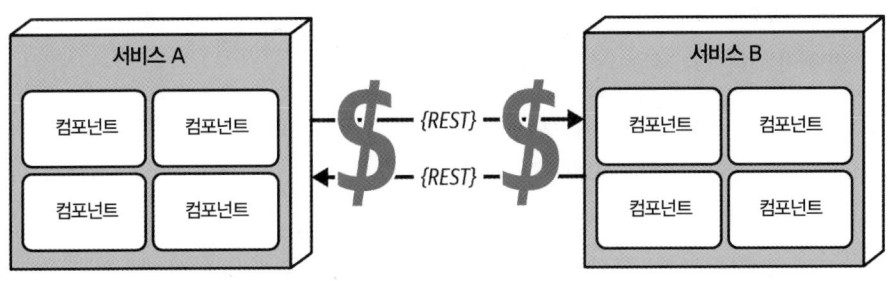

그림 9-13 caption_bold} 원격 접근에는 비용이 든다.

이 오해(그림 9-13)를 오해 #2(지연시간이 0이다)와 혼동하는 아키텍트가 많다. 여기서 **전송 비용**(transport cost)은 지연시간이 아니라, '간단한 REST 호출'에 필요한 실제 **금전적 비용**을 말한다. 아키텍트들은 간단한 REST 호출에 필요한, 또는 모놀리스 애플리케이션을 분해하는 데 필요한 인프라가 이미 충분히 갖추어져 있다고 가정하는데, 이는 착오이다. **대개는 그렇지 않다.** 분산 아키텍처는 모놀리스 아키텍처보다 비용이 훨씬 많이 든다. 주된 이유는 하드웨어, 서버, 게이트웨이, 방화벽, 새로운 서브넷, 프록시 등에 대한 요구사항이 증가하기 때문이다.

분산 아키텍처에 아직 익숙하지 않은 아키텍트라면, 현재의 서버와 네트워크 토폴로지를 용량, 대역폭, 지연시간, 보안 영역 측면에서 분석해 보는 것이 이 오해에 의한 예기치 못한 사고를 피하는 데 도움이 될 것이다.

9.4.8 오해 #8: 네트워크는 동질적이다

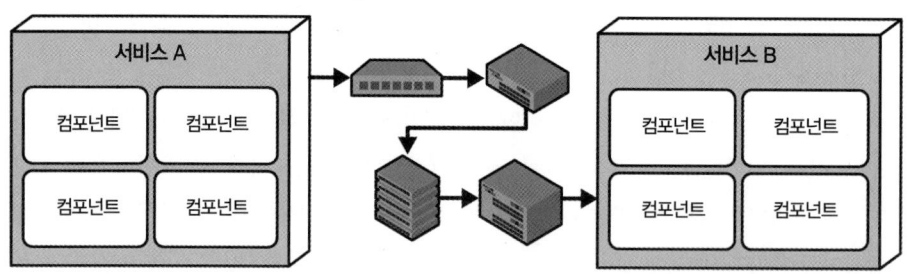

그림 9-14 네트워크는 동질적이지 않다.

대부분의 아키텍트와 개발자는 네트워크가 [그림 9-14]의 예처럼 동질적(homogeneous)이라고 가정한다. 즉, 단일 벤더사(vendor; 제공업체)의 네트워크 하드웨어로만 구성되어 있다고 생각한다. 이보다 현실과 동떨어진 생각은 없다. 대부분의 경우 회사의 인프라에는 여러 네트워크 하드웨어 벤더사의 제품이 섞여 있다.

그게 무엇이 문제인가? 이 오해가 중요한 문제가 되는 이유는, 서로 다른 하드웨어 제조사의 장비들이 모두 잘 어울려서 작동하지는 않는다는 점이다. 주니퍼 네트웍스Juniper Networks의 하드웨어가 시스코 시스템즈Cisco Systems의 하드웨어와 매끄럽게 연동될까? 대부분은 잘 작동하며, 네트워킹 표준도 수년에 걸쳐 발전한 덕분에 문제가 덜 심하긴 하다. 하지만 모든 상황,

부하, 환경이 철저하게 테스트된 것은 아님을 유념하자. 가끔은 네트워크 패킷이 손실되기도 한다. 이는 네트워크 신뢰성과 지연시간 및 대역폭에 대한 가정과 주장에 영향을 미친다. 다시 말해, 이 오해는 다른 모든 오해와 연결되어서 네트워크와 관련한 끝없는 혼란과 좌절의 순환 고리를 만들어 낸다(분산 아키텍처를 사용한다면 여기서 벗어날 수 없다).

9.4.9 기타 오해들

앞에서 나열한 8가지 오해는 널리 알려진 관찰을 반영한 것이다. 모든 아키텍트는 도이치의 목록을 통해서 이 오해들을 알게 되거나, 아니면 경력을 쌓아가면서 하나씩 어렵고 고통스럽게 배우게 된다. 우리도 고통스럽지만 거의 보편적인 교훈 몇 가지를 몸소 배웠다. 다음은 우리가 배운 것 중 그 목록에 추가할 만한 몇 가지 오해이다.

오해 #9. 버전 관리[8]는 쉬운 일이다

두 서비스가 통신할 때는 **계약**(contract)을 통해서 정보를 주고받는다. 계약에는 통신에 필요한 정보가 포함되어 있다. 그런데 시간이 흘러 서비스의 내부 구현이 진화하면서 한 서비스가 받아들이고 다른 서비스에 전달하는 필드들도 바뀐다. 이에 따른 문제를 해결하는 한 가지 방법은 계약에 버전 관리(versioning)를 적용하는 것이다. 간단히 말해서, 이전과는 다른 정보로 구성된 새 계약에 기존 계약과는 다른 버전 번호를 부여해서 두 계약을 구분하자는 것인데, 이 자명한 해결책에서 의외로 다양한 트레이드오프가 제기된다.

- 버전을 개별 서비스 수준에서 적용해야 할까, 아니면 전체 시스템 수준에서 적용해야 할까?
- 버전 관리의 적용 범위는 어디인가? 아키텍처에서 버전 관리를 지원해야 하는 부분이 몇 퍼센트나 되어야 할까?
- 주어진 시점에 몇 개의 버전을 지원해야 할까? (팀이 의도치 않게 서로 다른 목적을 위해 수십 개의 다른 버전을 지원해야 하는 처지에 놓이기도 한다.)
- 오래된 버전들의 사용 중단을 시스템 수준에서 적용할 것인가, 아니면 서비스별로 적용할 것인가?

버전 관리는 서비스 간 통신의 진화를 지원하는 합리적인 접근법이지만, 이처럼 아키텍트가 반드시 고려해야 할 여러 트레이드오프를 수반한다.

---

8 옮긴이_ 특별한 언급이 없는 한 이 책에서 '버전 관리'는 versioning을 뜻한다. 소스 코드나 문서의 변경 이력을 관리하는 version control은 항상 '버전 관리(version control)'처럼 version control을 괄호로 병기한다.

오해 #10. 보상 갱신은 항상 작동한다

보상 갱신(compensating update)은 일부 메커니즘(예: Orchestrator 서비스)을 갱신할 때 그와 연관된 여러 서비스가 모두 함께 갱신되도록 보장하는 아키텍처 패턴이다. 만약 일부 갱신이 실패할 경우, 오케스트레이터는 전체 갱신을 이전 상태로 되돌린다. 오케스트레이터는 이를 위해 상태를 되돌리는 역순 작업(reversing operation)을 지시한다.

이것은 대부분의 아키텍트가 당연히 잘 되리라고 별생각 없이 가정하는 일반적인 패턴이다. 하지만 항상 잘 되는 것은 아니다. 보상 갱신이 실패하면 어떻게 될까? 아키텍트가 마이크로서비스 같은 분산 아키텍처에서 복잡한 상호작용이 어떻게 작동하는지 시연할 때는 보상 갱신이 어떻게 작동하는지도 보여줘야 한다. 따라서, 마이크로서비스에서 트랜잭션 작업흐름을 설계하는 아키텍트는 '정상적인' 보상 작업흐름을 잘 진행하기 위한 방법을 고민해야 할 뿐만 아니라, 주된 갱신과 보상 갱신(또는 그것의 일부)이 **둘 다** 실패했을 때 그것을 복구하는 방법도 고려해야 한다.

오해 #11. 관측성은 생략할 수 있다(분산 아키텍처에서)

분산 아키텍처에서 아키텍트는 여러 아키텍처 특성 중 **관측성**(observability; 또는 관찰가능성)을 우선시할 때가 많다. 관측성은 각 서비스가 다른 서비스들 및 생태계와 어떻게 상호작용하는지를 모니터나 로그 등을 통해서 관찰할 수 있는 능력을 뜻한다. 로깅은 모놀리스 아키텍처에서는 그저 '유용하다' 정도이지만, 분산 아키텍처에서는 **치명적으로 중요하다**(critical). 분산 아키텍처의 통신 실패 모드(communication failure mode) 중에는 포괄적인 상호작용 로그 없이는 디버깅하기 어려운 것이 많기 때문이다.

9.5 팀 토폴로지와 아키텍처

아키텍트와 팀들은 아키텍처와 팀 토폴로지의 교점을 많이 연구했다. 앞에서 논의한, 아키텍처 분할이 토폴로지에 미치는 영향은 그중 일부일 뿐이다. 매우 영향력 있는 책인 매튜 스켈턴Matthew Skelton과 마누엘 파이스Manuel Pais의 『*Team Topologies*』(IT Revolution Press, 2019)[9]는 소프트웨어 아키텍처와 교차하는 몇 가지 팀 유형을 정의한다.

---

[9] 옮긴이_ 번역서는 김연수 옮김, 『팀 토폴로지』(에이콘출판, 2021).

스트림 정렬 팀

팀 토폴로지 용어에서 **스트림**은 특정 비즈니스 도메인이나 역량으로 범위가 정해진 작업의 흐름이다. **스트림 정렬 팀**(stream-aligned team)은 하나의 제품이나 서비스, 또는 특정 기능 집합과 같은 단일 작업 부문에 좁게 집중한다.

스트림 정렬 팀은 조직에 개별적인 가치를 전달하기 때문에, 가능한 한 빠르게 움직이는 것을 목표로 삼는다. 그래서 다른 팀 유형들은 스트림 정렬 팀을 방해할 수 있는 마찰을 줄이도록 설계된다.

활성화 팀

활성화 팀(enabling team; 또는 지원 팀)은 중요하지만 긴급하지 않은 필요한 연구, 학습, 기타 작업을 위한 장소를 제공함으로써 일부 역량의 부족한 부분을 메운다. 이 팀은 전문 도메인의 지식과 자원을 공급해서 스트림 정렬 팀을 지원한다. 좋은 활성화 팀은 매우 협력적이고 능동적이다.

난해한 하위시스템 팀

많은 시스템에는 고도로 특화된(그리고 그에 상응하는 고도로 전문화된 기술을 요구하는) 시스템이나 구성 요소가 포함되어 있다. **난해한 하위시스템 팀**(complicated-subsystem team)은 난해한 하위시스템이나 도메인을 완전히 이해하는 팀원들로 구성된다. 이들은 스트림 정렬 팀이 해당 하위시스템이나 도메인을 적용하는 작업을 도울 수 있다. 이들의 목표는 다른 팀의 인지적 부하를 줄이는 것이다.

플랫폼 팀

플랫폼 팀은 솔루션을 위한 내부 서비스와 구성요소를 제공한다. 에반 보쳐Evan Botcher의 정의(https://oreil.ly/ieO_7)에 따르면 플랫폼은

> 매력적인 내부 제품으로서 제공되는 셀프서비스 API, 도구, 서비스, 지식, 지원의 기초(foundation) 이다. 플랫폼을 활용함으로써 자율적인 전달 팀(delivery team)들은 팀간 조정 작업을 줄이고 더 빠른 속도로 제품 기능을 전달할 수 있다.

플랫폼 팀은 품질과 보안 같은 우려 사항에 필요한 거버넌스를 제공하고 불필요한 마찰을 제거하면서 다른 팀들을 지원한다.

9.6 구체적인 스타일로

아키텍트가 트레이드오프들을 분석하려면 먼저 다양한 아키텍처 스타일을 파악해야 한다. 아키텍처 스타일마다 지원하는 아키텍처 특성들이 다르다. 또한, 가장 잘 처리하는 '최적점(sweet spot)'도 스타일마다 다르다. 다양한 스타일과 그에 깔린 철학을 배움으로써 아키텍트는 각각이 언제 가장 잘 작동하는지(또는 최소한 가장 덜 나쁜지) 더 잘 이해하게 된다.

CHAPTER 10
계층형 아키텍처 스타일

n층(n-tiered) 아키텍처라고도 부르는 **계층형** 아키텍처(layered architecture; 또는 계층화 아키텍처, 레이어드 아키텍처) 스타일은 가장 흔한 아키텍처 스타일 중 하나이다. 단순하고 익숙하며 비용이 저렴한 덕분에 수많은 구형(legacy) 애플리케이션에서 사실상 표준으로 자리 잡았다.

계층형 아키텍처 스타일은 **함의에 의한 아키텍처**(Architecture by Implication)나 **우발적 아키텍처**(Accidental Architecture) 같은 여러 아키텍처 안티패턴으로 이어질 수 있음을 주의해야 한다. 개발자나 아키텍트가 자신이 어떤 아키텍처 스타일을 사용하는지 잘 알지 못한 채로 "무작정 코딩을 시작하면" 결국은 계층형 아키텍처 스타일이 구현될 가능성이 크다.

10.1 토폴로지

[그림 10-1]에서 보듯이 계층형 아키텍처 스타일 내의 컴포넌트들은 논리적인 수평 계층들로 조직화된다. 각 계층(layer)은 애플리케이션 내에서 특정한 역할(이를테면 표현 로직이나 비즈니스 로직 등)을 수행한다. 계층의 수와 유형에 특별한 제약은 없지만, 대부분의 계층형 아키텍처는 표현 계층(presentation layer), 비즈니스 계층(business layer), 영속성 계층(persistence layer), 데이터베이스 계층(database layer)이라는 네 가지 표준 계층으로 구성된다. 일부 아키텍처는 비즈니스 계층과 영속성 계층을 하나의 계층으로 통합하기도 한다.

특히 비즈니스 계층의 컴포넌트들에 영속성 관련 로직(SQL이나 HSQL 등)이 포함되어 있는 경우가 그렇다. 소규모 애플리케이션에서는 계층을 세 개만 둘 수도 있다. 반대로, 더 크고 복잡한 비즈니스 애플리케이션은 계층을 다섯 개 이상 두기도 한다.

그림 10-1 계층형 아키텍처 스타일에서 흔히 볼 수 있는 논리적 계층들

[그림 10-2]는 물리적 계층화(배포)의 관점에서 토폴로지를 변형한 세 가지 예이다.

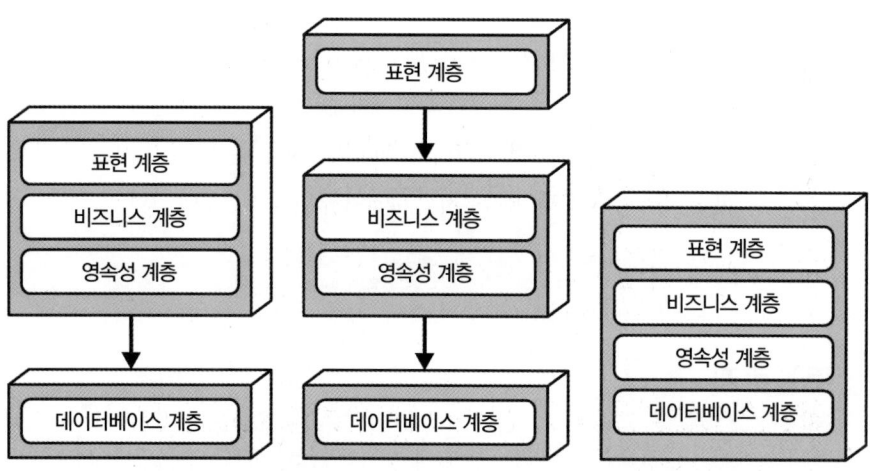

그림 10-2 물리적 토폴로지(배포) 변형들

첫 변형(왼쪽)은 표현, 비즈니스, 영속성 계층을 단일 배포 단위로 통합한 것이다. 이 변형에서 데이터베이스 계층은 일반적으로 별도의 외부 물리적 데이터베이스(또는 파일 시스템)로 존재한다. 둘째 변형(가운데)은 표현 계층을 별도의 배포 단위로서 물리적으로 분리하고, 비즈니

스 계층과 영속성 계층을 또 다른 배포 단위로 결합한 것이다. 이 변형에서도 데이터베이스 계층은 일반적으로 외부 데이터베이스 또는 파일 시스템을 통해 물리적으로 분리된다. 셋째 변형(오른쪽)은 데이터베이스 계층까지 네 가지 표준 계층을 모두 단일 배포 단위로 결합한 것이다. 이 변형은 데이터베이스를 애플리케이션에 내장하거나 인메모리 데이터베이스를 사용하는 소규모 애플리케이션(이를테면 모바일 기기용 애플리케이션)에 유용할 수 있다. 많은 온프레미스(사내 구축형) 제품이 이 셋째 변형을 이용해서 구축되고 고객에게 전달된다.

계층마다 그 역할(role)과 책임(responsibility)이 다르다. 각 계층은 특정한 비즈니스 요청을 충족하기 위해 수행해야 하는 작업을 추상화한다. 예를 들어 표현 계층은 모든 UI 및 브라우저 통신 로직을 처리하는 책임을 지며, 비즈니스 계층은 요청과 관련된 특정 비즈니스 규칙을 실행하는 책임을 진다. 표현 계층은 고객 데이터를 어떻게 가져오는지 알 필요도, 걱정할 필요도 없다. 단지 해당 정보를 특정 형식으로 화면에 표시하면 된다. 마찬가지로, 비즈니스 계층은 고객 데이터를 화면에 표시하기 위해 어떻게 포맷할지 신경 쓸 필요가 없으며, 심지어 그 데이터가 어디서 오는지도 알 필요가 없다. 단지 영속성 계층에서 데이터를 가져와 비즈니스 로직(예: 가격 계산 또는 데이터 집계)을 수행하고 그 결과를 표현 계층으로 전달하기만 하면 된다.

계층형 아키텍처 스타일의 이러한 관심사 분리(separation of concerns) 덕분에 효과적인 역할 및 책임 모델을 구축하기가 쉬워진다. 한 계층 안의 컴포넌트들은 그 계층과 관련한 로직만 다루도록 범위(scope)가 제한된다. 예를 들어 표현 계층의 컴포넌트들은 표현 로직만 처리하고, 비즈니스 계층에 있는 컴포넌트들은 비즈니스 로직만 처리한다. 이 덕분에 개발자들은 구체적인 전문 기술을 활용해서 도메인의 기술적 측면(예: 표현 로직 또는 영속성 로직)에 집중할 수 있다. 하지만 이러한 장점에는 대가가 따른다. 바로 **전일적 민첩성**(holistic agility; 전체 시스템이 변화에 빠르게 대응하는 능력)이 부족하다는 점이다.

계층형 아키텍처는 **기술적으로 분할된** 아키텍처이다. **도메인으로 분할된** 아키텍처가 아님을 유의하자. 제9장에서 배웠듯이 기술적 분할 방식에서는 컴포넌트들을 도메인(예: 고객)이 아니라 아키텍처 안에서의 기술적 역할(예: 표현 또는 비즈니스)에 따라 분리한다. 그러다 보니 특정 비즈니스 도메인이 아키텍처의 모든 계층에 걸쳐 분산된다. 예를 들어, '고객' 도메인이 표현 계층과, 비즈니스 계층, 규칙 계층(rules layer), 서비스 계층, 데이터베이스 계층에 모두 포함되기 때문에 고객 도메인의 변경 사항을 적용하기가 어렵다. 따라서 도메인 주도 설계(DDD) 접근법은 계층형 아키텍처 스타일과 잘 맞지 않는다.

10.2 스타일 세부 사항

이 아키텍처 스타일의 계층들은 특정 기술적 책임 영역을 캡슐화한다는 공통점을 지닌다. 하지만 그 밖의 특징들은 계층마다 다를 수 있다.

10.2.1 계층 간 격리

각 계층은 닫혀 있을 수도 있고 열려 있을 수도 있다. **닫힌** 계층(closed layer) 또는 폐쇄형 계층은 주어진 요청이 건너뛸 수 없는 계층을 말한다. 모든 계층이 닫힌 계층인 아키텍처의 경우, 한 요청이 최상위 계층에서 최하위 계층으로 이동하는 과정에서 그 어떤 계층도 건너뛸 수 없다. 한 계층에서 나온 요청은 반드시 그 아래 계층으로 가야 한다. [그림 10-3]이 그러한 닫힌 계층형 아키텍처의 예이다. 이 예에서 표현 계층으로 들어온 요청이 최종적으로 데이터베이스 계층에 도달하려면 반드시 비즈니스 계층과 영속성 계층을 거쳐야 한다.

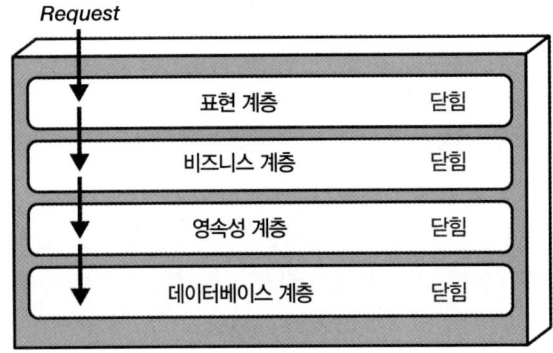

그림 10-3 계층형 아키텍처 내의 닫힌 계층들

[그림 10-3]에서 만일 표현 계층이 받은 요청이 단순한 검색 요청이라면 어떨지 생각해 보자. 그런 경우 그다음 두 계층을 건너뛰고 데이터베이스에 직접 접근하는 것이 훨씬 빠르고 쉬울 것이다(이는 2000년대 초반에 **추월 차선 조회**(Fast-Lane Reader) 패턴으로 알려진 방식이다). 그러려면 비즈니스 계층과 영속성 계층이 **열린** 계층(opened layer)이어야 한다. 열린 계층(또는 개방형 계층)은 요청이 건너뛸 수 있는 계층이다. 열린 계층과 닫힌 계층 중 어느 것이 더 나을까? 이 질문의 답은 **계층 간 격리**(layers of isolation)라는 핵심 개념에 있다.

계층 간 격리 개념은, 계층들 사이의 계약 자체가 변하지 않는 한 아키텍처의 한 계층에서 이루어진 변경 사항이 일반적으로 다른 계층의 컴포넌트에 영향을 미치지 않음을 의미한다. 각 계층은 다른 계층과 독립적이며, 다른 계층의 내부 작동 방식에 관한 지식이 거의 또는 전혀 없다. 그런데 이러한 계층 간 격리를 지원하려면 요청의 주요 흐름에 관여하는 계층들이 모두 폐쇄형이어야 한다. 예를 들어 만일 표현 계층이 비즈니스 계층을 건너뛰고 영속성 계층에 직접 접근할 수 있다면, 영속성 계층을 변경한 경우 변경 사항이 비즈니스 계층과 표현 계층 **둘 다**에 영향을 미친다. 이는 컴포넌트들 사이에 계층 의존성이 존재한다는 뜻이며, 이에 의해 애플리케이션의 결합도가 매우 높아진다. 이런 계층형 아키텍처는 깨지기 쉽다. 변경하기 어렵고 비용도 많이 든다.

계층 간 격리를 활용한다면 아키텍처 내의 어떤 계층이든 다른 계층에 영향을 주지 않고 교체할 수 있다(이 역시 잘 정의된 계약과 **비즈니스 위임** 패턴의 사용을 전제로 한다).[1] 예를 들어 표현 계층 안에서 오래된 UI 프레임워크를 더 새로운 프레임워크로 교체할 때 계층 간 격리를 활용할 수 있다.

10.2.2 계층의 추가

닫힌 계층들이 계층 간 격리를 촉진하고 변경 사항을 격리하는 데 도움이 되긴 하지만, 일부 계층을 열어 두는 것이 합리적일 때도 있다. 이런 시나리오를 생각해 보자. 어떤 계층형 아키텍처의 비즈니스 계층에 비즈니스 컴포넌트들을 위한 공통의 기능성(예: 날짜 및 문자열 유틸리티 클래스, 감사(auditing) 클래스, 로깅 클래스 등)을 담은 공유 객체가 있다. 그런데 아키텍트는 표현 계층이 이 공유 비즈니스 객체를 사용하지 못하도록 제한하는 아키텍처적 결정을 내렸다. [그림 10-4]에서, 표현 컴포넌트에서 비즈니스 계층의 공유 비즈니스 객체로 향하는 점선이 이 제약을 나타낸다. 이런 시나리오는 관리하고 통제하기 어렵다. 아키텍처상으로 표현 계층이 비즈니스 계층에 접근할 수 있으므로 비즈니스 계층 안의 공유 객체에도 접근할 수 있어야 한다. 따라서 아키텍트의 결정은 부자연스럽다.

---

[1] **비즈니스 위임**(Business Delegate)은 비즈니스 서비스와 사용자 인터페이스 간의 결합도를 줄이기 위한 설계 패턴이다. 비즈니스 위임 객체는 표현 계층에서 비즈니스 객체를 호출하는 어댑터 역할을 한다.

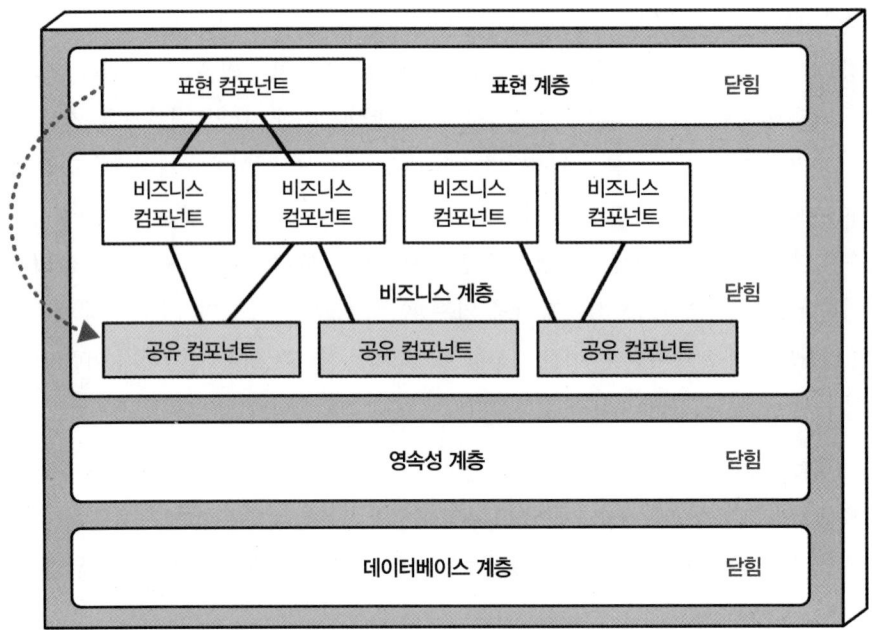

그림 10-4 비즈니스 계층 안의 공유 객체들

이 제약을 아키텍처적으로 강제하는 한 가지 방법은 모든 공유 비즈니스 객체를 포함하는 새로운 서비스 계층을 추가하는 것이다. [그림 10-5]처럼 새 서비스 계층을 비즈니스 계층 아래에 추가한다면, 비즈니스 계층이 닫혀 있으므로 표현 계층은 서비스 계층의 공유 비즈니스 객체에 직접 접근하지 못한다. 따라서 아키텍처 자체에서 제약이 강제된다. 그런데 이 경우 새 서비스 계층은 반드시 **열려** 있어야 한다. 서비스 계층이 열려 있지 않으면 비즈니스 계층은 영속성 계층에 접근하기 위해 반드시 서비스 계층을 거쳐야 하기 때문이다. 서비스 계층을 열어 두면 비즈니스 계층은 서비스 계층에 접근할 수 있을(실선 화살표) 뿐만 아니라 필요하다면 서비스 계층을 건너뛰고 그 아래 계층에 직접 접근할 수 있다(점선 화살표).

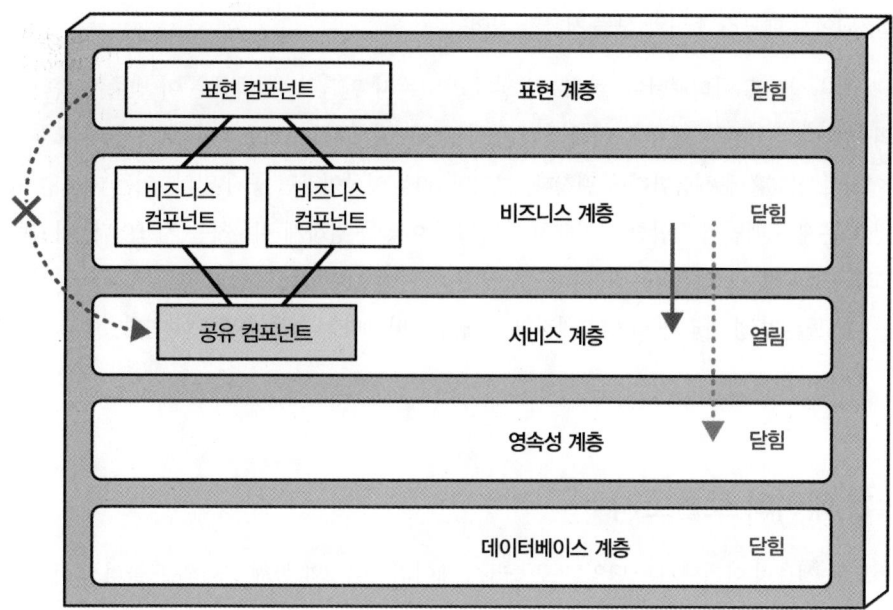

그림 10-5 아키텍처에 새로운 서비스 계층 추가

열린 계층과 닫힌 계층이라는 개념은 아키텍처 계층과 요청 흐름 간의 관계를 정의하는 데 도움이 된다. 이 개념은 또한 아키텍처 내 계층 접근 제한을 이해하는 데 필요한 정보와 지침을 개발자에게 제공한다. 아키텍처의 어떤 계층이 열려 있고 닫혀 있는지(그리고 왜 그렇게 결정했는지)를 문서화하거나 적절히 소통하지 못하면, 강하게 결합되고 취약해서 테스트, 유지보수, 배포가 매우 어려운 아키텍처가 만들어질 때가 많다.

모든 계층형 아키텍처에는 **아키텍처 싱크홀**Architecture Sinkhole 안티패턴에 해당하는 시나리오가 존재하기 마련이다. 이 안티패턴은 요청이 계층들 사이에서 별다른 비즈니스 로직 없이 그저 흘러가기만 할 때 발현된다. 예를 들어, 표현 계층이 사용자의 간단한 요청에 응답해서 기본 고객 데이터(예: 이름 및 주소)를 검색한다고 가정해 보자. 표현 계층은 그 요청을 비즈니스 계층에 전달한다. 비즈니스 계층은 요청을 규칙 계층으로 전달할 뿐 아무것도 하지 않는다. 규칙 계층 역시 요청을 영속성 계층으로 전달할 뿐이다. 영속성 계층은 간단한 SQL 쿼리를 요청한다. 데이터베이스 계층은 그 쿼리를 수행해서 고객 데이터를 검색한다. 이제 고객 데이터는 아무런 추가 처리나 로직 없이 스택을 따라 다시 위로 전달된다. 데이터를 집계하거나, 계산하거나, 규칙을 적용하거나, 변환하는 작업이 전혀 없이 말이다. 이 과정에서 쓸데없이 객체들이 생성, 소멸되어서 메모리 소비와 성능 저하가 일어난다.

이 아키텍처 싱크홀 안티패턴이 실제로 발생하고 있는지 판단할 때 핵심은 이 범주에 속하는 요청의 비율을 분석하는 것이다. 이때 흔히 말하는 80-20 규칙이 유용하다. 예를 들어 요청의 20% 이하가 싱크홀에 해당한다면 괜찮다. 하지만 80% 이상이라면 좋지 않다. 이는 계층형 아키텍처가 문제 도메인에 적합한 아키텍처 스타일이 아님을 강하게 시사하는 지표이다. 아키텍처 싱크홀 안티패턴을 해결하는 또 다른 접근법은 아키텍처의 모든 계층을 열린 계층으로 만드는 것이다. 물론 변경 관리가 더 어려워진다는 대가가 따른다는 점을 유념해야 한다.

10.3 데이터 토폴로지

전통적으로 계층형 아키텍처는 단일한 모놀리스 데이터베이스와 함께 하나의 모놀리스 시스템을 형성한다. 공통의 영속성 계층은 개발 언어(선호하는 객체 지향 언어)와 관계형 데이터베이스의 집합 기반 영역(set-based realm) 사이에서 객체 위계구조(object hierarchy)를 매핑하는 용도로 자주 쓰인다.

10.4 클라우드 고려 사항

계층형 아키텍처는 일반적으로 모놀리스형이며 계층으로 분할되어 있기 때문에, 클라우드를 활용하는 경우 클라우드 제공업체를 통해 하나 이상의 계층을 배포하는 것 말고는 별다른 옵션이 없다. 이 아키텍처에 내재한 기술적 분할 방식은 클라우드를 통한 분리된 배포(separated deployment) 방식에 잘 맞는다. 하지만 온프레미스 서버와 클라우드 간의 통신 지연이 문제를 일으킬 수 있다. 일반적으로 이 아키텍처 스타일에서는 작업흐름이 아키텍처의 거의 모든 계층을 거치기 때문이다.

10.5 일반적인 위험

계층형 아키텍처는 내결함성을 지원하지 않는다. 단일한 단위로 배포되고(모놀리스형) 모듈성이 부족하기 때문이다. 예를 들어 계층형 아키텍처의 작은 한 부분에서 메모리 부족 오류가 발생하면 애플리케이션 전체가 죽을 수 있다. 내결함성 부족은 전반적인 가용성에도 악영향을 미치는데, 대부분의 모놀리스 애플리케이션은 평균 복구 시간(MTTR)이 길기 때문이다. 애플리케이션을 시동하는 시간이 소규모 애플리케이션이면 2분 정도지만, 대부분의 대규모 애플리케이션은 길게는 15분 이상 걸릴 수 있다.

10.6 거버넌스

거버넌스 측면에서는 이 아키텍처 스타일이 아주 훌륭하다. 너무나 흔히 쓰이는 스타일이다 보니, 아키텍트들은 바로 이 아키텍처를 염두에 두고 직접 구조적 테스트 도구들을 만들기도 했다. 일례로 [예제 6-4]의 적합성 함수는 계층형 아키텍처를 위해 만든 것이다. 독자의 편의를 위해 그 함수를 다시 제시한다(예제 10-1).

예제 10-1 계층들의 거버넌스를 위한 ArchUnit 적합성 함수

```
layeredArchitecture()
    .layer("Controller").definedBy("..controller..")
    .layer("Service").definedBy("..service..")
    .layer("Persistence").definedBy("..persistence..")
    .whereLayer("Controller").mayNotBeAccessedByAnyLayer()
    .whereLayer("Service").mayOnlyBeAccessedByLayers("Controller")
    .whereLayer("Persistence").mayOnlyBeAccessedByLayers("Service")
```

[예제 10-1]과 같은 코드를 통해서 아키텍트는 아키텍처의 계층들을 정의한다. 이때 패키지 이름으로 표현되는 컴포넌트에 Controller와 같은 편리한 이름을 부여한다. (ArchUnit 문법에서 패키지 이름 좌우의 점 두 개(..)는 해당 패키지의 소유권을 나타낸다.) 또한 아키텍트는 계층들 사이에서 허용되는 통신을 정의하고 열린 계층과 닫힌 계층을 관리한다.

적합성 함수 라이브러리는 계층형 아키텍처 스타일을 매우 잘 지원한다. 이를 통해 아키텍트는 자신이 설계한 계층 간 관계들의 거버넌스를 구현 과정에서 자동화할 수 있다.

10.7 팀 토폴로지 고려 사항

이 책에서 설명하는 다른 몇몇 아키텍처 스타일과 달리 계층형 아키텍처 스타일은 일반적으로 팀 토폴로지와 무관하다. 즉, 그 어떤 팀 구성에서도 이 스타일을 사용할 수 있다.

스트림 정렬 팀

계층형 아키텍처는 일반적으로 작고 자기완결적(self-contained)이다. 계층형 아키텍처는 시스템을 통과하는 하나의 여정 또는 흐름을 나타내므로 스트림 정렬 팀과 잘 맞는다. 일반적으로 이 토폴로지에서 팀은 처음부터 끝까지 시스템의 모든 계층을 통과하는 흐름을 소유하며, 솔루션의 일부로서 작업흐름들을 만들어 낸다.

활성화 팀

계층형 아키텍처는 고도로 모듈화되어 있고 기술적 관심사별로 분리되어 있기 때문에 활성화 팀 토폴로지와 잘 어울린다. 전문가(specialist)나 공통 팀(cross-cutting team) 팀원이 뭔가를 제안하거나 실험해 보고 싶으면 그냥 해당 계층에서 작업을 진행하면 된다. 그래도 나머지 흐름에는 영향이 미치지 않는다. 예를 들어 팀은 표현 계층에 새로운 행동방식을 추가하면서 새로운 UI 라이브러리로 실험할 수 있는데, 표현 계층의 변경은 다른 계층들에는 영향을 미치지 않는다.

난해한 하위시스템 팀

각 계층이 매우 구체적인 작업을 수행하기 때문에, 이 스타일은 난해한 하위시스템 팀 토폴로지와 잘 맞는다. 예를 들어, 영속성 계층은 분석을 위해 운영 데이터에 접근해야 하는 팀에게 완벽한 연결점(hook)을 제공한다. 난해한 하위시스템 팀이 영속성 계층에 접근할 수 있다면, 스트림 정렬 팀이 여전히 소유하는 다른 계층에 영향을 주지 않고 영속성 계층에서 작업할 수 있다.

플랫폼 팀

계층형 아키텍처는 플랫폼 팀과도 잘 맞는다. 계층형 아키텍처의 높은 모듈성 덕분에 플랫폼 팀은 다양한 도구를 활용할 수 있다.

계층형 아키텍처에서 플랫폼 팀이 가장 어려워하는 문제는 일반적으로 모놀리스 시스템의 전반적인 문제와 일치한다. 즉, 규모가 커질수록 점점 더 다루기 어려워진다는 점이다. 모놀리스 시스템에 계속해서 기능을 추가하다 보면, 시스템을 아무리 잘 분할해서 관리한다고 해도 결국에는 데이터베이스 연결이나 메모리, 성능, 동시 사용자 같은 특정 제약에 부담이 생기기 마련이며, 그 밖에도 여러 가지 문제가 발생하게 된다. 시스템을 계속 운영하려면 플랫폼 팀에게 점점 더 어려운 과제가 주어진다.

10.8 이 스타일의 특성들

[그림 10-6]은 계층형 아키텍처의 특성 등급표(characteristics ratings table)이다. 다른 아키텍처 스타일들에 대해서도 이런 등급표를 제시하겠다. 이 책의 모든 아키텍처 스타일 특성 등급표에서 별 1개는 해당 아키텍처 스타일이 그 특성을 잘 지원하지 않는다는 뜻이고, 별 5개는 그 특성이 해당 아키텍처 스타일의 가장 강력한 기능 중 하나임을 뜻한다. 특성표에 나열된 각 특성은 제4장에서 정의했다.[2]

	아키텍처 특성	별점
	전반적인 비용	$
구조	분할 방식	기술적
	퀀텀 개수	1
	단순성	★★★★★
	모듈성	★
엔지니어링	유지보수성	★
	테스트성	★★
	배포성	★
	진화성	★
운영	반응성	★★★
	확장성	★
	탄력성	★
	내결함성	★

그림 10-6 계층형 아키텍처 특성 등급표

계층형 아키텍처 스타일의 주요 강점은 전반적인 비용과 단순성이다. 계층형 아키텍처는 모놀리스형이므로 분산형 아키텍처 스타일만큼 복잡하지 않다. 구축 및 유지보수 비용이 상대적으

---

[2] 옮긴이_ 제4장에서 정의하지 않은 특성들도 있는데, 다른 장들의 관련 논의에서 그 정의를 파악할 수 있을 것이다. 예를 들어 진화성(evolvability)은 제13장의 §13.8에서 언급된다.

로 저렴하며, 더 단순하고 이해하기 쉽다. 하지만 모놀리스 계층형 아키텍처가 커지면, 그래서 더 복잡해지면 이런 장점들이 급격히 상쇄된다는 점을 유념해야 한다.

이 아키텍처 스타일은 배포성(deployability)과 테스트성(testability) 모두에서 좋은 평가를 받지 못한다. 배포성이 낮은 것은 배포가 드물고 큰 위험이 따르며, 배포를 위해서는 수많은 의례(ceremony; 비본질적인 절차)와 노력이 필요하기 때문이다. 예를 들어, 클래스 파일 하나에서 코드 세 줄을 바꾸어도 전체 배포 단위를 재배포해야 한다. 이 때문에, 해당 코드 변경뿐만 아니라 데이터베이스나 설정 파일, 또는 코드의 다른 측면에 대한 변경이 소리 없이 배포에 포함될 여지가 생긴다. 게다가 간단한 코드 세 줄 변경이 수십 가지 다른 변경 사항과 함께 묶여 배포되기 마련인데, 그런 변경 사항마다 배포의 위험과 빈도가 증가한다. 테스트성이 낮은 이유도 비슷하다. 코드 세 줄을 간단히 변경했을 뿐인데 전체 회귀 테스트 스위트를 몇 시간에 걸쳐 수행하고 싶은 개발자는 별로 없을 것이다(그런 테스트 스위트가 있다 해도). 우리가 이 아키텍처 스타일의 테스트성에 별을 하나가 아니라 두 개 배정한 이유는, 그나마 컴포넌트를(심지어는 계층 전체를) 모의 객체(mock)나 스텁^{stub}으로 대체해서 전반적인 테스트 작업을 어느 정도 수월하게 진행하는 것이 가능하기 때문이다.

계층형 아키텍처 스타일의 엔지니어링 특성들은 위에서 언급한 동적인 성질을 반영한다. 즉, 처음에는 이 특성들이 모두 좋게 나타나지만, 코드베이스가 커질수록 점점 나빠진다.

계층형 아키텍처의 탄력성(elasticity)과 확장성(scalability)의 평점은 매우 낮다(별 하나). 주된 이유는 배포 단위가 모놀리스라는 점과 아키텍처의 모듈성이 부족하다는 점이다. 모놀리스 안의 특정 기능을 다른 기능들보다 더 확장하기 좋게 만드는 것이 가능하기는 하다. 하지만 그러려면 다중 스레딩이나 내부 메시징, 기타 병렬 처리 기법 등 매우 복잡한 설계 기술이 필요한데, 그런 기술들은 대체로 계층형 아키텍처와는 잘 맞지 않는다. 그리고 그런 노력을 기울인다고 해도, 애초에 계층형 시스템의 아키텍처 퀀텀은 항상 1이므로(모놀리스 UI, 데이터베이스, 백엔드 처리 방식 때문에) 애플리케이션을 확장하는 데에는 한계가 있다.

마지막으로 반응성(responsiveness; 또는 응답성)을 보자. 아키텍트가 신중하게 설계한다면 계층형 아키텍처의 반응성을 높게 유지할 수 있다. 캐싱 및 다중 스레딩과 같은 기술을 통해 더욱 높이는 것도 가능하다. 하지만 이 스타일은 애초에 병렬 처리와 잘 맞지 않으며, 닫힌 계층화(closed layering)와 아키텍처 싱크홀(Architecture Sinkhole) 안티패턴 문제도 있다. 그래서 우리는 이 스타일의 반응성을 별 세 개로 평가했다.

10.8.1 언제 사용하면 좋은가

작고 단순한 애플리케이션이나 웹사이트라면 계층형 아키텍처 스타일이 좋다. 또한 예산과 시간이 매우 제한된 상황에서도 계층형 아키텍처가 좋은 출발점이다. 이 스타일은 단순하며, 개발자나 아키텍트가 이미 익숙하다. 그런 면에서 비용도 아주 낮을 가능성이 크다. 이런 장점들 덕분에 소규모 애플리케이션의 개발이 용이해진다. 그리고 아키텍트가 다른 더 복잡한 아키텍처가 더 적합한지 아닌지를 아직 결정하지 못한 상태에서 일단은 개발을 시작해야 하는 경우에도 계층형 아키텍처 스타일이 좋은 선택이다.

이 아키텍처 스타일을 따를 때는 코드 재사용을 최소화하고 객체 위계구조(클래스 상속 트리)의 깊이를 상당히 얕게 유지해서 모듈성을 적절한 수준으로 유지하는 것이 바람직하다. 그러면 나중에 다른 아키텍처 스타일로 전환하기가 쉬워진다.

10.8.2 사용하지 말아야 할 때

앞에서 계층형 아키텍처 스타일을 따르는 애플리케이션은 규모가 커짐에 따라 유지보수성, 민첩성, 테스트성, 배포성 같은 특성들이 나빠진다. 그래서 대규모 애플리케이션 및 시스템에서는 모듈성이 더 좋은 다른 아키텍처 스타일을 사용하는 것이 나을 것이다.

10.9 예시와 용례

계층형 아키텍처는 가장 흔히 쓰이는 아키텍처 스타일의 하나이다. 수많은 맥락에서 이 스타일을 발견할 수 있다.

운영체제(리눅스나 Windows 등) 설계자들도 계층화된 구조를 선호하는데, 이유는 아키텍트들과 동일하다. 바로 관심사의 분리이다. 운영체제의 일반적인 계층들은 다음과 같다.

- **하드웨어 계층**
  CPU, 메모리, I/O 장치 물리적 하드웨어를 포함한다.

- **커널 계층**
  하드웨어 추상화, 메모리 관리, 프로세스 스케줄링 기능을 제공한다.

시스템 호출 인터페이스 계층
커널과 상호작용해서 시스템 서비스를 제공한다.

사용자 계층
사용자가 상호작용하는 애플리케이션과 유틸리티를 포함한다.

네트워크에서도 계층화 접근법을 발견할 수 있다. OSI(Open Systems Interconnection; 개방형 시스템 상호연결) 모델은 네트워크들의 책임 구분에 관한 개념을 제공한다. 예를 들어, 인터넷의 기본 프로토콜인 TCP/IP는 다음 계층들을 포함한다.

물리 계층
데이터를 물리적으로 전송한다.

데이터 링크 계층
오류 검출 및 프레임 동기화(frame synchronization)를 담당한다.

네트워크 계층
라우팅을 처리한다(IP 부분).

전송 계층
신뢰할 수 있는 데이터 전송을 보장한다(TCP 부분).

애플리케이션 계층
이메일(SMTP), 파일 전송(FTP), 웹 브라우징(HTTP) 같은 서비스를 제공한다.

계층형 아키텍처는 관심사의 분리를 촉진하고 유지보수성을 향상하며 각 계층의 독립적인 개발을 허용한다. 따라서 계층형 아키텍처는 이런 특징들을 중요하게 여기는 모든 아키텍처에 도움이 된다.

아키텍처 특성 중 하나인 **타당성**(feasibility; 실현 가능성)을 추구하는 팀들도 계층형 아키텍처를 아주 많이 사용한다. 타당성은 말하자면 "명시된 범위를, 가용 자원을 이용해서 할당된 시간 내에 실제로 전달(delivery; 제공)할 수 있는가?"의 문제이다. 예를 들어 투자자들의 자금으로 운영되며 뭔가를 가능한 한 빨리 제공해야 하는 조직이라면, 다른 스타일들보다 단순한 계층형 아키텍처 스타일이 좋은 선택일 때가 많다. 설령 나중에 다른 기능성을 위해 시스템의 일부를 다시 작성해야 한다고 해도 말이다.

CHAPTER 11

모듈형 모놀리스 아키텍처 스타일

도메인 주도 설계(DDD; https://oreil.ly/czIi5)가 널리 채택되고 도메인 분할에 대한 관심이 높아진 덕분에, 이 책의 초판이 나온 2020년 이후 **모듈형 모놀리스** 아키텍처 스타일이 매우 큰 인기를 끌었다. 그래서 우리는 2판에 이 스타일을 설명하고 평가하는 장을 추가하기로 했다.

11.1 토폴로지

이름에서 짐작하겠지만 모듈형 모놀리스(modular monolith) 아키텍처 스타일은 기본적으로 **모놀리스** 아키텍처이다. 따라서 웹 아카이브(WAR) 파일이나 .NET의 단일 어셈블리, 자바 플랫폼의 엔터프라이즈 아카이브(EAR) 파일 같은 단일 소프트웨어 단위로 배포된다. 모듈형 모놀리스는 **도메인 분할** 아키텍처(기술적 기능보다는 비즈니스 도메인별로 구성되는 아키텍처; §9.3 참고)로 간주된다. 따라서 모듈형 모놀리스의 동형 구조(isomorphic shape)[1]는 **도메인 영역별로 기능성이 그룹화된 단일 배포 단위**로 정의된다. [그림 11-1]은 모듈형 모놀리스의 일반적인 토폴로지를 보여준다.

모듈형 모놀리스의 도메인 중심적 특성을 이해하기 위해, 제10장에서 설명한 전통적인 계층형

---

[1] 옮긴이_ 여기서 isomorphic shape란 논리적 구조에 대응되는 물리적 구조의 형태를 말한다. 예를 들어 자바의 패키지 구조가 물리적인 클래스 파일들의 디렉터리 구조와 일치하는 것을 떠올리면 좋을 것이다.

아키텍처를 생각해 보자. 이 아키텍처의 컴포넌트들은 표현(presentation), 비즈니스, 영속성(persistence) 등 **기술적** 기능에 따라 정의되는 계층들로 조직화된다. 예를 들어, 고객 프로필 정보를 유지하는 표현 로직은 *com.app.presentation.customer.profile* 이름공간에 속하는 컴포넌트로 구현할 수 있다. 이 이름공간의 세 번째 노드는 해당 계층(지금 예의 경우 표현 계층)의 **기술적** 관심사를 나타낸다.

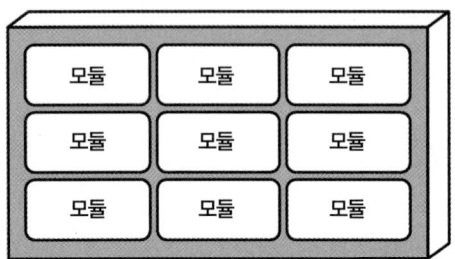

그림 11-1 모듈형 모놀리스 아키텍처 스타일에서는 기능성이 도메인 영역별로 그룹화된다.

반대로, 모듈형 모놀리스 컴포넌트들은 주로 **도메인**별로 구성된다. 따라서 모듈형 모놀리스 아키텍처에서 동일한 고객 프로필 유지보수 컴포넌트는 *com.app.customer.profile* 이름공간으로 대표될 것이다. 여기서 이름공간의 세 번째 노드는 기술적 관심사가 아니라 **도메인** 관심사를 의미한다. 컴포넌트의 복잡성에 따라서는 기술적 관심사를 추가해서 이름공간을 더 분할할 수도 있다. 이때 기술적 관심사는 도메인 관심사 **다음에** 놓인다. 예를 들어 *com.app.customer.profile.presentation*의 *presentation*이나 *com.app.customer.profile.business*의 *business*는 기술적 관심사에 따른 분할이다.

11.2 스타일 세부 사항

이 아키텍처 스타일에서는 도메인(일부 경우 서브도메인)을 **모듈**이라고 부른다. 모듈들을 조직화하는 방법은 크게 두 가지이다. 하나는 모든 모듈과 그에 대응되는 논리적 컴포넌트들을 하나의 코드베이스에 포함하는 것이다. 이는 가장 간단한 아키텍처인 **모놀리식 구조**(monolithic structure)에 해당한다. 이 방식에서 모듈들과 컴포넌트들은 이름공간이나 디렉터리 구조로 구분된다. 다른 하나는 각 모듈을 독립적이고 자기완결적인 요소(JAR나 DLL

파일 등)로 나타내는 것이다. 이것은 모놀리스 구조보다 좀 더 복잡한 **모듈형 구조**(modular structure)에 해당한다. 이 방식에서도 배포 시에는 모든 모듈이 소프트웨어의 단일한 모놀리스 단위로 결합한다.

소프트웨어 아키텍처의 모든 것이 그렇듯이 이 두 가지 구조적 옵션 중 어느 것을 선택할지는 여러 요인과 트레이드오프에 따라 달라진다. 다음 절들에서는 두 옵션을 개괄하고 각각의 트레이드오프를 논의한다.

11.2.1 모놀리스 구조

모놀리스 구조에서는 시스템을 구성하는 모든 모듈이 단일한 소스 코드 저장소에 들어간다. 소프트웨어를 전달하거나 릴리스할 때 모든 모듈의 코드를 하나의 단위로 모아서 배포한다. [그림 11-2]에 이 구조적 옵션이 나와 있다. 모듈마다 디렉터리가 있으며, 그 디렉터리에는 해당 모듈을 구성하는 모든 컴포넌트와 서브도메인이 포함된다.

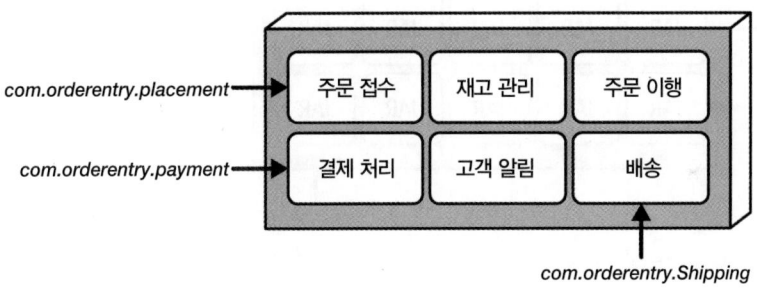

그림 11-2 모놀리스 구조 옵션의 예

다음은 [그림 11-2]에 나온 아키텍처의 모듈형 모놀리스 구조에 대응되는 이름공간들의 예이다.

    com.orderentry.orderplacement
    com.orderentry.inventorymanagement
    com.orderentry.paymentprocessing
    com.orderentry.notification
    com.orderentry.fulfillment
    com.orderentry.shipping

모놀리스 구조는 모듈형 모놀리스를 위한 가장 간단한 구조적 옵션이다. 시스템의 모든 소스 코드가 한곳에 있어서 유지보수와 테스트, 배포가 좀 더 용이하다. 하지만 각 모듈의 경계를 유지하려면 엄격한 거버넌스가 요구된다(§11.6 참조). 이 구조적 옵션은 간단하지만, 개발자들이 모듈 간에 너무 많은 코드를 재사용하거나 모듈 간에 너무 많은 통신을 허용하는 경향이 있다(§11.2.3 참조). 그런 관행을 방치하면 잘 설계된 모듈형 모놀리스가 구조화되지 않은 '진흙 잡탕'(§9.2.1)으로 전락할 수 있다.

11.2.2 모듈형 구조

모듈형 구조 옵션에서 모듈은 완결적이고 독립적인 요소(JAR 파일이나 DLL 파일 등)로 나타난다. 배포 시에는 이런 요소들이 하나의 배포 단위로 통합된다. [그림 11-3]은 자바 플랫폼에서 JAR 파일을 이용해서 구성한 모듈형 구조의 예이다.

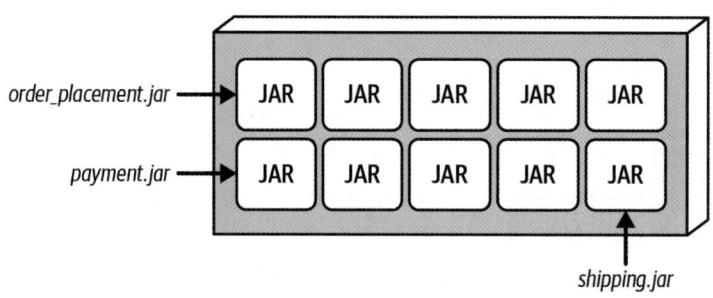

그림 11-3 JAR 파일을 이용한 모듈형 구조 옵션의 예

이 구조의 장점은 각 모듈이 완결적(self-contained)이라서 팀마다 개별 모듈(§11.7 "팀 토폴로지 고려 사항")을 작업할 수 있다는 것이다. 심지어 해당 모듈을 팀 자체의 전용 소스 코드 저장소 안에 담아 두고 작업하는 경우도 많다. 이 옵션은 모듈들이 다른 모듈과 대체로 독립적일 때 잘 작동한다. 또한 각 모듈이 서로 다른 전문 지식이나 비즈니스 지식을 요구하는 더 크고 복잡한 시스템에도 적합하다. 모듈형 구조 옵션을 사용하면 개발자들이 코드를 과도하게 재사용하거나 모듈들이 과도하게 통신하게 만드는 경향이 줄어든다(아래 §11.2.3 "모듈 간 통신" 참조). 더 나아가서, 이 옵션에서는 모듈들 사이의 경계가 좀 더 명확해지고 관심사들이 더 잘 분리되는 경향이 있다.

하지만 이 모듈형 구조 옵션은 서로 의존하는 모듈들이 통신해야 하는 경우에는 효과가 떨어진다. 그런 경우에는 모놀리스 구조 접근법이 더 효과적이다.

11.2.3 모듈 간 통신

이 아키텍처 스타일(모듈형 모놀리스)에서 모듈 간 통신은 전혀 바람직하지 않다. 하지만 모듈 간 통신이 필요한 경우가 많다는 것도 사실이다. 예를 들어 [그림 11-2]의 아키텍처에서 `OrderPlacement` 모듈이 주문된 품목의 재고를 조정하고 추가 처리(재고가 너무 적으면 더 많은 재고를 주문하는 등)를 수행하려면 `InventoryManagement` 모듈과 통신해야 한다. 그리고 주문에 대한 결제를 적용하려면 `PaymentProcessing` 모듈과도 통신해야 한다. 모듈 간 통신 방식은 크게 두 가지인데, 다음 절들에서 차례로 살펴보자.

동급 간 접근법

가장 간단한 해결책은 모듈들이 직접 통신하는 동급 간(peer-to-peer) 통신이다. 이 방식에서는 한 모듈의 클래스 파일이 다른 모듈의 클래스를 인스턴스화하고, 그 클래스의 메서드들을 호출해서 작업을 수행한다(그림 11-4).

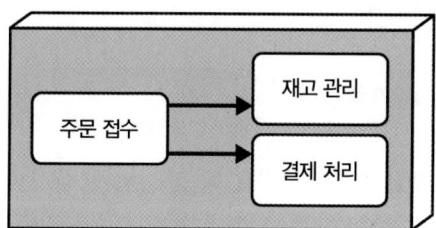

그림 11-4 모듈들 사이의 동급 간 통신

모놀리스 방식의 한 가지 문제점은 개발자가 다른 모듈에 있는 클래스를 인스턴스화하기가 **너무** 편하다는 점이다. 이 때문에 잘 구조화된 아키텍처가 '진흙잡탕' 안티패턴(그림 9-1)으로 변하기 쉽다.

그런데 모듈형 구조에서는 다른 모듈에 포함된 클래스가 소스 코드 저장소의 한 디렉터리가 아니라 별도의 외부 요소(JAR 또는 DLL 파일)에 있을 수도 있다. 한 모듈이 다른 모듈과 통신하기 위해 다른 모듈의 클래스를 사용하려면 그 클래스의 참조(reference)가 필요하다. 그것이 없으면 코드 자체가 컴파일되지 않는다. 이는 개발자가 해당 모듈들 사이에 **컴파일 시점** 의존성(compile-time dependency)을 만들어야 함을 의미한다. 이 문제에 대한 일반적인 해결책은 모듈들이 별도의 JAR 또는 DLL 파일에 있는 하나의 인터페이스 클래스를 공유하게 하는 것이다. 그러면 각 모듈을 다른 모듈과는 독립적으로 컴파일할 수 있다. 하지만 어떤 방식을 사용하든, 모듈형 구조 옵션에서는 모듈 간 통신이 과도하면 **DLL 지옥** 안티패턴(자바 플랫폼에서는 **JAR 지옥** 안티패턴)이 발생한다.

중재자 접근법

중재자(mediator) 접근법은 중재자 컴포넌트를 추가해서 모듈 간 추상화 계층을 형성함으로써 모듈의 결합도를 낮춘다. 이때 중재자는 모듈들에서 요청을 받아서 적절한 모듈로 전달하는 오케스트레이터(조정자) 역할을 한다. [그림 11-5]에 이 접근법의 예가 나와 있다.

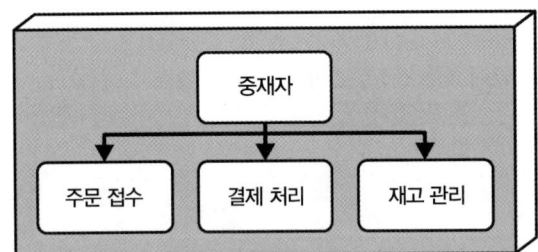

그림 11-5 중재자는 모듈의 결합도를 낮춰 모듈들이 서로 통신할 필요가 없도록 한다.

예리한 독자라면 중재자 접근법이 모듈들 사이의 결합을 제거하지만 각 모듈이 사실상 중재자와 결합한다는 점을 알아차렸을 것이다. 이 접근법이 모든 결합과 의존성을 제거하지는 않는다. 그래도 아키텍처를 단순화하고 모듈을 서로 독립적으로 유지하는 데에는 도움이 된다. 한가지 주목할 점은, 어떤 모듈의 기능성을 호출하기 위한 일종의 API나 인터페이스를 필요로 하는 것은 그 모듈에 의존하는 다른 모듈들이 아니라 중재자라는 것이다.

11.3 데이터 토폴로지

모듈형 모놀리스 아키텍처는 일반적으로 단일 소프트웨어 단위로 배포되므로, 모놀리스 데이터베이스 토폴로지에 의존하는 것이 보통이다. 단일 데이터베이스를 이용해서 모듈들이 데이터를 공유하면 모듈 간 통신이 줄어든다. 그러나 모듈들이 서로 독립적이고 각자 특화된 기능을 수행한다면, 아키텍처 자체는 모놀리스라고 해도 모듈들이 자신만의 컨텍스트 데이터를 담은 개별 데이터베이스를 둘 수도 있다. [그림 11-6]은 이 두 가지 데이터베이스 토폴로지 옵션을 보여준다.

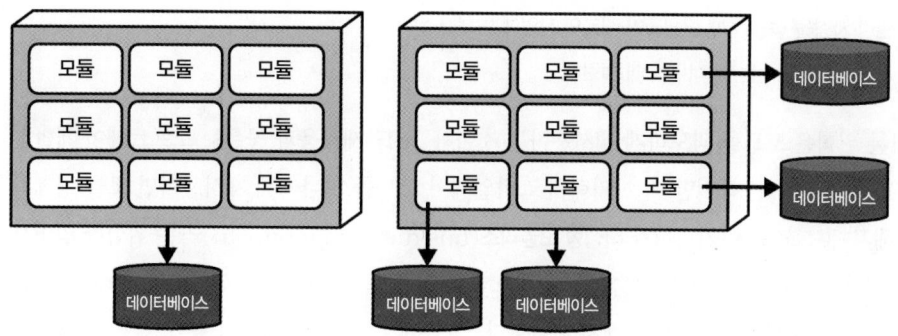

그림 11-6 데이터를 모놀리스 형태로 구성할 수도 있고, 모듈이 자체 데이터베이스를 사용하게 할 수도 있다.

11.4 클라우드 고려 사항

모듈형 모놀리스 아키텍처를 클라우드 환경에 배포하는 것도 가능하다(특히 소규모 시스템의 경우). 하지만 일반적으로 이 아키텍처 스타일은 클라우드 배포에 잘 맞지 않는다. 모놀리스의 특성상, 클라우드 환경이 제공하는 온디맨드 프로비저닝on-demand provisioning[2]의 이점을 활용하기 어렵기 때문이다. 그렇긴 하지만 이 아키텍처 스타일로 구현된 소규모 시스템이 파일 저장소, 데이터베이스, 메시징 같은 여러 클라우드 서비스를 활용할 수는 있다.

---

[2] 옮긴이_ 수요에 따라 컴퓨팅 자원을 동적으로 할당하고 해제하는 것을 말한다. 예를 들어 트래픽 증가 시 서버를 자동으로 추가하고 트래픽 감소 시 불필요한 서버를 제거해서 비용을 최적화할 수 있다. 클라우드의 핵심 기능이자 애초에 클라우드 서비스를 사용하는 주된 이유의 하나이다.

11.5 일반적인 위험

다른 모놀리스 시스템과 마찬가지로, 모듈형 모놀리스 아키텍처 스타일의 주된 위험은 시스템이 너무 커져서 제대로 유지보수, 테스트, 배포하기 어려워질 수 있다는 점이다. 모놀리스 아키텍처가 그 자체로 나쁜 것은 아니다. 다만, 너무 커지면 문제가 발생하기 시작한다. "너무 크다"는 기준은 시스템마다 다르므로 어떤 절대적인 기준은 없지만, 시스템이 너무 커졌을 때 나타나는 몇 가지 경고 신호는 알아둘 필요가 있을 것이다.

- 변경 사항을 적용하는 데 시간이 너무 오래 걸린다.
- 시스템의 한 부분을 변경하면 다른 부분이 예기치 않게 오작동한다.
- 변경 사항을 적용할 때 팀원들이 서로의 작업에 방해가 된다.
- 시스템을 시동하는 데 너무 오래 걸린다.

또 다른 위험은 코드를 과도하게 재사용하는 것이다. 코드 재사용과 공유는 소프트웨어 개발의 필수적인 부분이다. 하지만 이 아키텍처 스타일에서 코드를 지나치게 재사용하면 모듈 경계가 모호해지며, 그러면 아키텍처가 **비정형 모놀리스**(unstructured monolith)라는 위험한 영역으로 들어간다. 여기서 비정형 모놀리스는 상호 의존성이 너무 높아서 분석하거나 분해할 수 없는 코드를 가진 모놀리스형 아키텍처를 말한다.

과도한 모듈 간 통신도 이 아키텍처 스타일의 위험이다. 이상적으로는 모듈이 독립적이고 완결적이어야 한다. 앞에서 언급했듯이, 일부 모듈이 다른 모듈과 통신하는 것이 일반적이며 때로는 필수적이다. 복잡한 작업흐름 안에서는 특히 그렇다. 그러나 모듈 간 상호 통신이 너무 많다면, 이는 애초에 도메인이 제대로 정의되지 않았을 수 있음을 나타내는 좋은 징후이다. 그런 경우, 도메인들을 다시 정의하는 데 시간을 들여서 복잡한 작업흐름과 상호 의존성을 완화하는 것이 바람직하다.

11.6 거버넌스

모듈형 모놀리스 스타일의 주된 구성요소는 **모듈**이다. 각각의 모듈은 특정한 도메인 또는 하위 도메인에 대응되며, 일반적으로 디렉터리 구조나 이름공간 같은 요소(자바 플랫폼에서는 패키지 구조)로 나타난다. 따라서 거버넌스 자동화를 위해 아키텍트가 제일 먼저 시도할 만한 것

중 하나는 아키텍처에 쓰이는 모듈들이 준수해야 할 사항들을 정의하고 확인하는 것이다.

아키텍트가 자동화된 거버넌스 검사를 작성하기 위해 사용할 수 있는 도구는 여러 가지이다. 예를 들어 자바 플랫폼에는 ArchUnit(https://archunit.org), .NET 플랫폼에는 ArchUnitNet(https://oreil.ly/-hjOC)과 NetArchTest(https://oreil.ly/4e-2j), 파이썬에는 PyTestArch(https://oreil.ly/lWKVt), 타입스크립트와 자바스크립트에는 TSArch(https://oreil.ly/Fk4OG)가 있다. [예제 11-1]의 의사 코드는 [그림 11-2]에 나온 예제 아키텍처의 모든 소스 코드가 시스템에 정의된 각 모듈에 해당하는 이름공간 중 하나에 속하는지 확인한다.

예제 11-1 코드가 시스템의 모듈 정의를 따르는지 확인하는 의사 코드

```
# 이 이름공간들은 시스템의 모듈들에 대응된다.
LIST module_list = {
    com.orderentry.orderplacement,
    com.orderentry.inventorymanagement,
    com.orderentry.paymentprocessing,
    com.orderentry.notification,
    com.orderentry.fulfillment,
    com.orderentry.shipping
}

# 시스템에 실제로 있는 이름공간 목록을 얻는다.
LIST namespace_list = get_all_namespaces(root_directory)

# 모든 이름공간이 정의된 모듈 이름공간 중 하나로 시작하는지 확인한다.
FOREACH namespace IN namespace_list {
    IF NOT namespace.starts_with(module_list) {
        send_alert(namespace)
    }
}
```

만일 개발자가 미리 정의된 모듈과 해당 이름공간(또는 디렉터리) 바깥에 어떤 상위 이름공간이나 디렉터리를 생성했다면, 개발자는 해당 소스 코드가 아키텍처를 준수하지 않았다는 경고를 받게 된다.

이러한 형태의 거버넌스는 이 아키텍처 스타일의 모놀리스 구조 옵션(§11.2.1 "모놀리스 구조")에는 잘 작동하지만, 모듈형 구조 옵션(§11.2.2 "모듈형 구조" 참조)에서는 어렵다. 후자

에서는 모든 코드가 동일한 모놀리스 소스 코드 저장소에 포함되지 않을 수 있기 때문이다. 모듈형 구조 옵션에서는 [예제 11-2]의 예처럼 각 모듈을 별도로 테스트해야 한다.

예제 11-2 InventoryManagement 모듈의 유효성을 검사하는 의사 코드

```
# 시스템에 실제로 있는 이름공간 목록을 얻는다.
LIST namespace_list = get_all_namespaces(root_directory)

# 모든 이름공간이 com.orderentry.inventorymanagement로 시작하는지 확인한다.
FOREACH namespace IN namespace_list {
    IF NOT namespace.starts_with("com.orderentry.inventorymanagement") {
        send_alert(namespace)
    }
}
```

모듈형 모놀리스 아키텍처에서 자동화된 거버넌스가 필요한 또 다른 항목은 모듈 간 통신량이다. 이 아키텍처 스타일에서는 모듈 간 통신량을 제한할 필요가 있다. '과도한' 통신의 기준이 무엇인지는 매우 주관적이고 시스템마다 다르다. 하지만 대부분의 경우 아키텍트는 모듈 간 상호의존성 수를 최소화해야 한다. [예제 11-3]은 모듈 간 통신 지점(또는 결합 지점)이 최대치인 5개를 넘는지 확인해서 모듈의 최대 상호의존성 준수 여부를 점검하는 의사 코드이다.

예제 11-3 특정 모듈의 전체 의존요소 개수를 제한하는 의사 코드

```
# 디렉터리 구조를 순회하면서 모듈들과 각 모듈에 담긴
# 소스 코드 파일들을 수집한다.
LIST module_list = {
    com.orderentry.orderplacement,
    com.orderentry.inventorymanagement,
    com.orderentry.paymentprocessing,
    com.orderentry.notification,
    com.orderentry.fulfillment,
    com.orderentry.shipping
    }

MAP module_source_file_map
FOREACH module IN module_list {
    LIST source_file_list = get_source_files(module)
    ADD module, source_file_list TO module_source_file_map
}
```

```
# 각 소스 파일의 참조(reference) 개수를 세서 전체 의존요소 개수가
# 5를 넘으면 경고를 보낸다.
FOREACH module, source_file_list IN module_source_file_map {
  FOREACH source_file IN source_file_list {
    incoming_count = used_by_other_module(source_file, module_source_file_map)
    outgoing_count = uses_other_module(source_file)
    total_count = incoming_count + outgoing_count
  }
  IF total_count > 5 {
    send_alert(module, total_count)
  }
}
```

자동화된 거버넌스의 마지막 형태는 모듈들의 독립성을 유지하기 위해 특정 모듈들 사이의 통신을 제한하는 것이다. [그림 11-2]의 예에서 `OrderPlacement` 모듈은 `Shipping` 모듈과 통신하면 안 된다. [예제 11-4]는 이러한 의존성을 관리하는 `ArchUnit` 자바 코드이다.

예제 11-4 특정 모듈 간 의존성 제한의 거버넌스를 위한 ArchUnit 코드

```java
public void order_placement_cannot_access_shipping() {
  noClasses().that()
  .resideInAPackage("..com.orderentry.orderplacement..")
  .should().accessClassesThat()
  .resideInAPackage("..com.orderentry.shipping..")
  .check(myClasses);
}
```

11.7 팀 토폴로지 고려 사항

모듈형 모놀리스는 도메인 분할 아키텍처로 간주되므로, 팀 또한 도메인 영역별로(예를 들어 전문성을 갖춘 CFT들로) 정렬될 때 가장 효과적이다. 도메인 기반 요구사항이 발생하면, 도메인 중심의 CFT(교차 기능 팀)가 표현 로직부터 데이터베이스에 이르기까지 해당 기능 전체를 함께 작업할 수 있다. 반대로 기술적 범주별로 조직된 팀(예: UI 팀, 백엔드 팀, 데이터베이스 팀 등)은 이 아키텍처 스타일과 잘 맞지 않는다(주로는 도메인 분할 방식 때문에). 도메인 기

반 요구사항을 기술별로 조직된 팀에 할당하려면 많은 소통과 협업이 필요한데, 잘 안될 때가 많다.

다음은 §9.5 "팀 토폴로지와 아키텍처"에서 설명한 개별 특정 팀 토폴로지들을 모듈형 모놀리스 스타일과 정렬할 때 고려할 사항들이다.

스트림 정렬 팀
일반적으로 스트림 정렬 팀은 시스템의 처음부터 끝까지 흐름을 소유한다. 이 스타일은 모듈형 모놀리스의 형태이고 일반적으로 자기완결적이라는 점에서 이런 팀과 잘 맞는다.

활성화 팀
활성화 팀도 이 스타일과 잘 맞는다. 이 스타일은 모듈성이 높고 관심사들이 잘 분리되기 때문이다. 전문가나 공통팀 팀원이 뭔가를 제안하거나 실험해 보고 싶으면 시스템에 새로운 모듈을 도입하면 된다. 높은 모듈성과 관심사 분리 덕분에 모듈을 추가해도 기존 모듈들에 영향이 별로 없다.

난해한 하위시스템 팀
일반적으로 모듈형 모놀리스 아키텍처의 각 모듈은 해당 도메인 또는 서브도메인에 기반한 특정 역할(예: PaymentProcessing)을 수행한다. 이는 난해한 하위시스템 팀 토폴로지와 잘 맞는다. 각 팀원이 다른 팀원들(그리고 모듈들)과는 독립적으로 복잡한 도메인 또는 서브도메인의 처리에 집중할 수 있기 때문이다.

플랫폼 팀
이 아키텍처 스타일은 플랫폼 팀 토폴로지에도 적합하다. 주로는 높은 수준의 모듈성 덕분에, 개발자들은 플랫폼 팀이 제공하는 공통 도구, 서비스, API, 작업(task)을 유용하게 사용할 수 있다.

11.8 스타일 특성

[그림 11-7]에 나온 특성 등급표에서 별 1개 등급은 이 아키텍처 스타일이 그 아키텍처 특성을 잘 지원하지 않는다는 뜻이고 별 5개 등급은 그 아키텍처 특성이 이 아키텍처 스타일에서 가장 강력한 특징 중 하나라는 뜻이다. 표에 나온 각 특성은 제4장에서 정의하고 설명했다.

모듈형 모놀리스 아키텍처 스타일은 애플리케이션 로직이 여러 모듈로 분할된다는 점에서 **도메인 분할** 아키텍처에 속한다. 이 스타일의 아키텍처는 일반적으로 모놀리스 형태로 구현되고 배포되므로, 아키텍처 퀀텀 수는 일반적으로 1이다.

모듈형 모놀리스 아키텍처 스타일의 주요 강점은 전반적인 비용, 단순성, 모듈성이다. 본질적으로 모놀리스 아키텍처라서 분산 아키텍처 스타일과 관련된 복잡성이 없다. 분산 스타일보다 단순하고 이해하기 쉬우며, 구축 및 유지보수 비용이 상대적으로 낮다. 아키텍처의 모듈성은 도메인 및 서브도메인에 대응되는 다양한 모듈 간의 관심사 분리를 통해 달성된다.

배포성과 테스트성은 별 2개로 꽤 낮은 수준이다. 애초에 모놀리스 계열이므로 의례(ceremony), 위험, 배포 빈도, 테스트 완료도 면에서 이 특성들에 악영향을 미쳤다. 그래도 모듈성이 높다 보니 계층형 아키텍처보다는 약간 높게 평가했다.

모듈형 모놀리스 아키텍처의 탄력성과 확장성은 매우 낮은데(별 1개), 주된 이유는 모놀리스 배포 방식 때문이다. 모놀리스 안에서 일부 기능의 확장성을 다른 기능들보다 더 높이는 것이 가능하긴 하지만, 그러려면 이 아키텍처에는 잘 맞지 않는 매우 복잡한 설계 기법(다중 스레딩, 내부 메시징, 기타 병렬 처리 방식 등)을 동원해야 한다.

	아키텍처 특성	별점
	전반적인 비용	$
구조	분할 방식	도메인
구조	퀀텀 개수	1
구조	단순성	★★★★★
구조	모듈성	★★
엔지니어링	유지보수성	★★
엔지니어링	테스트성	★★
엔지니어링	배포성	★★
엔지니어링	진화성	★★
운영	반응성	★★★
운영	확장성	★
운영	탄력성	★
운영	내결함성	★

그림 11-7 모듈형 모놀리스의 아키텍처 특성 등급표

모듈형 모놀리스 아키텍처는 모놀리스로 배포되기 때문에 내결함성이 없다. 아키텍처의 작은 한 부분에서 메모리 부족 오류가 발생하면 애플리케이션 전체가 죽는다. 더 나아가, 대부분의 모놀리스형 애플리케이션과 마찬가지로 평균 복구 시간(MTTR)이 길기 때문에 전반적인 가용성이 떨어진다. 시동(startup) 시간은 대개 분 단위이다.

11.8.1 언제 사용하면 좋은가

모듈형 모놀리스 아키텍처 스타일은 단순하고 비용이 낮으므로 예산과 시간이 빠듯할 때 좋은 선택이다. 새로운 시스템을 시작할 때도 좋은 선택이 된다. 시스템의 아키텍처 방향이 여전히 불분명하다면, 분산 아키텍처로 바로 뛰어드는 것보다는 일단 모듈형 모놀리스로 시작하고 나중에 서비스 기반(제14장 참조)이나 마이크로서비스(제18장 참조) 같은 더 복잡하고 비용이 많이 드는 분산 아키텍처 스타일로 전환하는 것이 효과적이다.

모듈형 모놀리스는 전문성을 갖춘 CFT 같은 도메인 중심 팀에게도 좋은 선택이다. 모듈성과 관심사 분리 덕분에 각 팀은 다른 도메인 팀과의 조율을 최소화하면서 아키텍처의 특정 모듈을 처음부터 끝까지 집중적으로 작업할 수 있다. 이 아키텍처 스타일은 시스템 변경의 대부분이 도메인에 기반한 변경(이를테면 고객의 찜 목록 항목에 만료 날짜를 추가하는 등)인 경우에도 적합하다.

마지막으로, 모듈형 모놀리스는 도메인 분할 아키텍처이므로, DDD(https://oreil.ly/czIi5)를 사용하는 팀과 잘 맞는다.

11.8.2 사용하지 말아야 할 때

무엇보다도, 시스템이나 제품에서 확장성, 탄력성, 가용성, 내결함성, 반응성, 성능 같은 운영 특성의 수준이 높아야 할 때는 이 아키텍처 스타일을 피해야 한다. 대부분의 모놀리스 아키텍처가 그렇듯이 모듈형 모놀리스는 그런 아키텍처 요구사항을 충족하기에 역부족이다.

또한 변경 사항의 대부분이 기술 지향적인 경우에도 모듈형 모놀리스를 사용하지 말아야 한다. 예를 들어 사용자 인터페이스나 데이터베이스 기술을 지속적으로 교체해야 하는 상황이 이에 해당한다. 이 아키텍처는 도메인 분할 방식이므로 그런 변경은 모든 모듈에 영향을 미치며, 대개 도메인 팀들 사이에서 소통과 조율이 상당히 많이 요구된다. 이런 상황이라면 계층형 아키텍처 스타일(제10장 참조)이 훨씬 더 나은 선택이다.

11.9 예시와 용례

이지밀즈EasyMeals는 바쁜 하루를 마치고 집에 돌아온 후 식사 준비할 시간이 없기 마련인 직장인들을 대상으로 하는 새로운 배달 기반의 동네 레스토랑이다. 배고픈 고객이 맛있는 저녁 식사를 온라인으로 주문해서 한 시간 이내에 문 앞까지 배달받을 수 있다.

이지밀즈는 소규모 지역 음식점이므로 확장성이나 반응성이 높을 필요는 없다. 게다가 예산이 제한적이어서 정교한 소프트웨어 시스템을 만드는 데 큰 비용을 들일 수도 없다. 이런 비즈니스 문제의 성격상 이지밀즈에는 모듈형 모놀리스가 좋은 선택이다.

이지밀즈의 간단한 식당 관리 시스템에 모듈형 모놀리스 아키텍처 스타일을 적용한다면 [그림 11-8]과 같은 모습이 될 것이다.

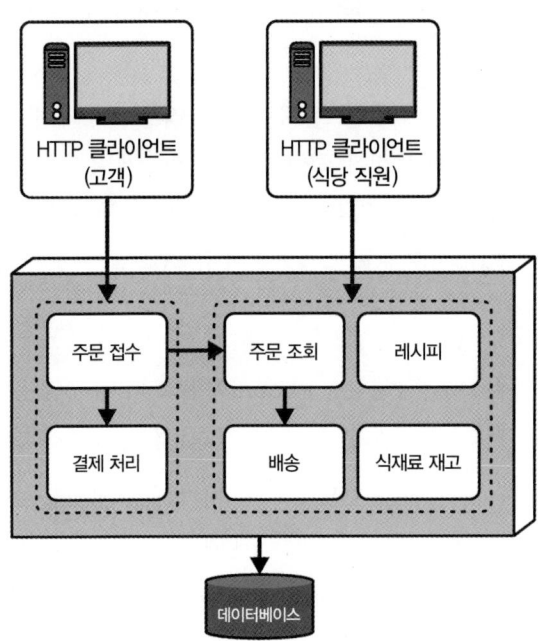

그림 11-8 모듈형 모놀리스 방식으로 구성된 소규모 레스토랑의 주문 및 관리 시스템

고객은 전용 사용자 인터페이스를 통해서 PlaceOrder 모듈과 PaymentProcessing 모듈에 접근한다. 다음은 이 시스템의 각 모듈을 나타내는 이름공간들이다.

    com.easymeals.placeorder
    com.easymeals.payment
    com.easymeals.prepareorder
    com.easymeals.delivery
    com.easymeals.recipes
    com.easymeals.inventory

PlaceOrder 모듈을 통해 고객은 메뉴를 확인하고, 원하는 항목을 선택하고, 고객 이름/주소/결제 정보를 입력해서 주문을 제출한다. 이 모듈의 컴포넌트들을 다음과 같은 이름공간들로 나타낼 수 있을 것이다. 각 이름공간은 해당 컴포넌트의 주요 기능을 구현하는 소스 코드에 대응된다.

    com.easymeals.placeorder.menu
    com.easymeals.placeorder.shoppingcart
    com.easymeals.placeorder.customerdata
    com.easymeals.placeorder.paymentdata
    com.easymeals.placeorder.checkout

이 예는 모듈형 모노리스에서 하나의 모듈이 하나 이상의 **컴포넌트**(제8장 참고)로 이루어짐을 (즉, 모듈과 컴포넌트가 1대다 관계임을) 보여준다.

PaymentProcessing 모듈은 결제 처리를 담당한다. 이지밀즈는 신용카드, 직불카드, 페이팔 결제를 지원한다. 이 아키텍처의 높은 모듈성 덕분에 멤버십 포인트 같은 추가 결제 유형을 추가하기도 쉽다. 고객은 결제 정보를 PlaceOrder 모듈에 입력하며, PlaceOrder 모듈은 그 정보를 PaymentProcessing 모듈로 전달한다. PaymentProcessing 모듈의 컴포넌트들을 다음과 같은 이름공간들로 나타낼 수 있다.

    com.easymeals.payment.creditcard
    com.easymeals.payment.debitcard
    com.easymeals.payment.paypal

결제 처리가 완료되면 PlaceOrder 모듈은 PrepareOrder 모듈과 통신한다. PrepareOrder 모듈은 전체 주문 내용을 주방 직원에게 표시한다(display). 조리가 끝나면 주방 직원은 주문을 배달 준비 완료 상태로 설정한다. 그러면 해당 주문이 Delivery 모듈로 전달된다. 다음은 PrepareOrder 모듈의 컴포넌트들을 나타내는 이름공간들이다.

```
com.easymeals.prepareorder.displayorder
com.easymeals.prepareorder.ready
```

Delivery 모듈은 주문에 배달 담당자를 배정하고 배달 주소를 알려준다. 배달을 마친 배달 담당자는 이 모듈을 통해 주문을 배달 완료 상태로 설정한다. 이에 의해 해당 주문의 수명 주기(lifecycle)가 끝난다. 배달 담당자가 배달 중에 발생한 문제(문 앞에 사나운 개가 있음, 고객 부재중 등)를 기록할 수도 있다. 다음은 Delivery 모듈의 컴포넌트들을 나타내는 이름공간들이다.

```
com.easymeals.delivery.assign
com.easymeals.delivery.issues
com.easymeals.delivery.complete
```

Recipes 모듈은 요리사와 관리자가 메뉴 항목을 추가하거나 관리하는 데 필요한 기능을 제공한다. 이 모듈을 통해서 각 메뉴 항목에 대한 재료 목록과 계량 정보를 관리하는 것도 가능하다. 다음은 Recipes 모듈의 컴포넌트들을 나타내는 이름공간들이다.

```
com.easymeals.recipes.view
com.easymeals.recipes.maintenance
```

마지막으로 IngredientsInventory 모듈은 메뉴에 있는 레시피에 필요한 재료가 충분히 확보되어 있는지 확인한다. 이 모듈은 다른 모듈보다 다소 복잡하다. 주간 재료 조달 과정을 자동화하기 위해 판매량을 예측하는 정교한 AI 컴포넌트가 포함되어 있기 때문이다.

다음은 IngredientsInventory 모듈의 컴포넌트들을 나타내는 이름공간들이다.

```
com.easymeals.inventory.maintenance
com.easymeals.inventory.forecasting
com.easymeals.inventory.ordering
com.easymeals.inventory.suppliers
com.easymeals.inventory.invoices
```

이것으로 이지밀즈의 예를 마무리하겠다. 모듈형 모노리스의 단순성과 높은 모듈성 덕분에 버그를 수정하기 위해 해당 코드를 찾아서 고치거나 새로운 기능을 추가하기가 비교적 쉽다. 이 점은 간단하고도 직관적인 모듈형 모노리스 아키텍처 스타일의 강력함을 잘 보여준다.

CHAPTER 12

파이프라인 아키텍처 스타일

이번 장의 주제인 **파이프라인** 아키텍처pipeline architecture는 소프트웨어 아키텍처의 기본적인 스타일 중 하나이다(종종 **파이프와 필터**(pipe and filter) 아키텍처라고 부르기로 한다). 개발자와 아키텍트가 기능성을 여러 부분으로 분리하기로 했을 때부터 이런 아키텍처 스타일이 등장했다. Bash(https://oreil.ly/uP2Bo)나 Zsh(https://oreil.ly/40UyF) 같은 유닉스 터미널 셸 언어에 깔린 바탕 원리에서 이 아키텍처를 접한 개발자가 많을 것이다.

또한 여러 함수형 프로그래밍 언어의 개발자들도 언어의 구성요소들과 이 아키텍처의 요소들 사이의 대응 관계를 인식할 것이다. 실제로 MapReduce(https://oreil.ly/veX6W) 프로그래밍 모델을 사용하는 많은 도구가 기본적으로 파이프라인 아키텍처의 토폴로지를 따른다. 이번 장에서는 파이프라인 아키텍처 스타일의 저수준 구현을 제시하지만, 고수준 비즈니스 애플리케이션에도 이 스타일을 적용할 수 있다.

12.1 토폴로지

파이프라인 아키텍처의 토폴로지를 구성하는 요소들은 크게 파이프와 필터라는 두 가지 유형으로 나눌 수 있다. **필터**filter는 시스템 기능성을 담은 것으로, 구체적인 비즈니스 기능을 수행한다. **파이프**pipe는 데이터를 한 필터에서 그다음 필터 하나(또는 여러 개)로 전송한다. 필터들과 파이프들은 [그림 12-1]처럼 필터와 필터가 단방향으로 연결되는 방식으로 연동된다. 일반적으로 이들은 점대점(point-to-point) 통신을 수행하게 된다.

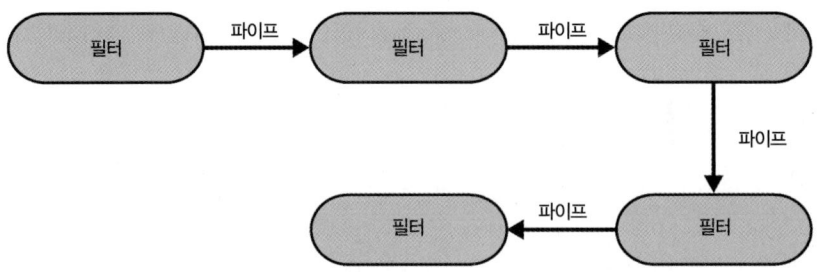

그림 12-1 파이프라인 아키텍처의 기본 토폴로지

따라서 파이프라인 아키텍처의 동형 구조(isomorphic shape)는 **기능성이 단방향 파이프로 연결된 필터들에 들어 있는 단일 배포 단위**이다.

12.2 스타일 세부 사항

대부분의 경우 파이프라인 아키텍처는 모놀리스(단일 애플리케이션)로 구현되지만, 개별 필터(또는 필터 집합)를 서비스로 배포하는 것도 가능하다. 그러면 서비스들이 서로를 동기 혹은 비동기로 호출하게 해서 분산 아키텍처를 만들 수 있다. 어떤 배포 토폴로지를 선택하든, 이 아키텍처는 필터와 파이프라는 두 가지 아키텍처 구성요소로 이루어진다. 그럼 두 요소를 차례로 살펴보자.

12.2.1 필터

필터는 다른 필터들과는 독립적으로 작동하는 자기완결적인 기능성 조각(piece of functionality)이다. 일반적으로 필터에는 상태(state)가 없으며, 하나의 필터는 한 가지 작업만 수행해야 한다. 복합적인 작업은 하나의 필터로 수행하기보다는 일련의 필터들로 처리하는 것이 일반적이다.

하나의 필터가 둘 이상의 클래스 파일로 구현되기도 하기 때문에, 흔히 필터를 아키텍처의 **컴포**

넌트로 간주한다(제8장 참고). 클래스 파일 하나로 구현되는 간단한 필터라도 여전히 컴포넌트이다.

파이프라인 아키텍처 스타일에는 네 가지 유형의 필터가 있다.

생산자

생산자(producer) 필터는 프로세스의 시작점 역할을 한다. **소스**source라고 부르는 이 필터는 오직 데이터를 외부로 내보내기만 한다. 사용자 인터페이스나 외부에서 시스템으로 전송되는 요청 등이 생산자 필터의 예이다.

변환기

변환기(transformer) 필터는 입력된 데이터의 일부 또는 전체를 변환한 결과를 출력 파이프로 전달한다. 함수형 프로그래밍을 선호하는 개발자라면 이 기능이 map 연산과 유사하다는 점을 알아챘을 것이다. 변환기 필터는 데이터를 보강하거나, 변환하거나, 각종 계산을 수행하는 데 쓰인다.

테스터

테스터tester 필터는 입력된 데이터를 특정 기준에 따라 검사해서 그 결과에 따라 선택적으로 출력을 생성한다. 함수형 프로그래머라면 이것이 reduce 연산과 비슷함을 알 것이다. 이 필터는 예를 들어 모든 데이터가 유효하게 입력되었는지 확인하거나, 특정 조건에 따라 다음 절차로 넘어가야 할지를 판단하는 데 쓰인다(예: "주문 금액이 5달러 미만이면 다음 필터로 전달하지 않는다").

소비자

파이프라인 처리가 종료되는 지점이 소비자(consumer) 필터이다. 여기서 처리 결과를 데이터베이스에 저장하거나 UI 화면에 출력해서 파이프라인 과정을 마무리한다.

파이프들과 필터들이 단방향으로 연결된 단순한 구조 덕분에 이 아키텍처 스타일은 조합적 재사용(compositional reuse)이 용이하다. 이 장점을 이미 셸 환경에서 직접 누려본 개발자가 많다. 이 추상화 개념이 얼마나 강력한지 보여주는 유명한 일화가 Dr. Drang의 블로그 글 "More Shell, Less Egg"(https://oreil.ly/ljeb5)에 소개된 적이 있다. 그 일화에서 도널드 커누스Donald Knuth[1]는 "주어진 텍스트 파일에서 가장 많이 나온 단어 n개를 찾아 빈도순으로 정렬해서 인쇄하라."라는 텍스트 처리 문제를 해결하는 프로그램을 작성해야 했다. 커누스는 새로운 알고리즘을 설계하기까지 하면서 10페이지가 넘는 파스칼 코드를 작성해서 문서로

---

[1] 옮긴이_ 도널드 커누스는 스탠퍼드 대학교 명예교수로, 컴퓨터 과학 분야의 전설적인 인물이다. 『The Art of Computer Programming』 시리즈의 저자이며, TeX 조판 시스템과 문학적 프로그래밍(Literate Programming) 개념을 창시했다.

남겼다. 반면에 더그 매킬로이Doug McIlroy[2]는 아래와 같이 소셜 미디어 게시글 하나로도 충분히 들어갈 정도로 간결한 셸 스크립트로 우아하게 문제를 해결했다.

```
tr -cs A-Za-z '\n' |
tr A-Z a-z |
sort |
uniq -c |
sort -rn |
sed ${1}q
```

개발자들은 단순함과 강력함을 결합한 조합적 추상화를 창의적으로(어떤 경우에는 유닉스 셸들의 설계자조차도 놀랄 만큼) 사용하곤 한다.

12.2.2 파이프

이 아키텍처에서 **파이프**는 필터 사이의 통신 경로를 이룬다. 대개 하나의 파이프는 한 방향으로만 작동한다. 즉, 한 필터에서 입력을 받아서 다른 필터로 출력하기만 한다. 파이프를 통해 전달되는 페이로드payload 데이터의 형식은 정해져 있지 않다. 하지만 흔히 아키텍트들은 고성능을 보장하기 위해 소량의 데이터를 주고받도록 파이프라인을 설계한다.

하나의 필터(또는 필터들의 그룹)를 개별 서비스로 만들어서 분산 배포한 경우, 그 필터와 연결된 파이프는 REST나 메시징, 스트리밍, 기타 원격 통신 프로토콜을 사용해서 단방향 원격 호출을 하게 된다. 배포 토폴로지가 모놀리스 방식이든 분산 방식이든, 파이프를 동기와 비동기 두 방식 모두로 운용할 수 있다. 모놀리스 배포에서는 스레드나 내장 메시징이 파이프와 필터의 비동기 통신에 쓰인다.

---

2 옮긴이_ 더그 매킬로이는 벨 연구소의 컴퓨터 과학자로, 유닉스 파이프라인의 발명자이다. 유닉스 셸의 파이프(|) 개념을 고안해서 "작은 도구들을 조합해서 복잡한 작업을 수행한다"라는 유닉스 철학의 핵심을 구현했다. 매크로 처리기와 프로그래밍 언어 설계 분야에서도 중요한 기여를 했다.

12.3 데이터 토폴로지

대부분의 파이프라인 아키텍처는 모놀리스 형태로 배포되므로, 데이터 토폴로지라고 하면 단일 모놀리스 데이터베이스를 떠올리게 된다. 하지만 꼭 그래야 하는 것은 아니다. 이 아키텍처 스타일에서 데이터 토폴로지는 단일 데이터베이스부터 필터당 하나의 데이터베이스에 이르기까지 다양하다.

[그림 12-2]의 예는 프로덕션 환경에서 실행되는 전형적인 지속적 적합성 함수(continuous fitness function)를 위한 파이프라인 아키텍처를 보여준다. 아키텍처를 테스트하는 이 함수는 반응성이나 확장성 같은 운영 특성을 분석한다. Capture Raw Data(원시 데이터 캡처) 필터가 별도의 데이터베이스에서 원시 데이터를 불러온다는 점을 주목하자. 이 필터는 그 원시 데이터를 파이프를 통해 Time Series Selector(시계열 선택기) 필터로 보낸다. Time Series Selector 필터는 별도의 데이터베이스에서 구성 정보(예: 분석 대상 기간)를 읽어온다. 변환된 데이터는 다른 파이프를 통해 Trend Analyzer(추세 분석기) 필터로 전송된다. Trend Analyzer 필터는 데이터를 분석해서 그 결과를 별도의 데이터베이스에 저장하고, 마지막 파이프를 통해서 Graphing Tool(그래프 도구) 필터로 결과 데이터를 넘긴다. Graphing Tool 필터는 그 데이터로 그래픽 보고서를 생성한다. 여기서 파이프라인의 처리가 끝난다.

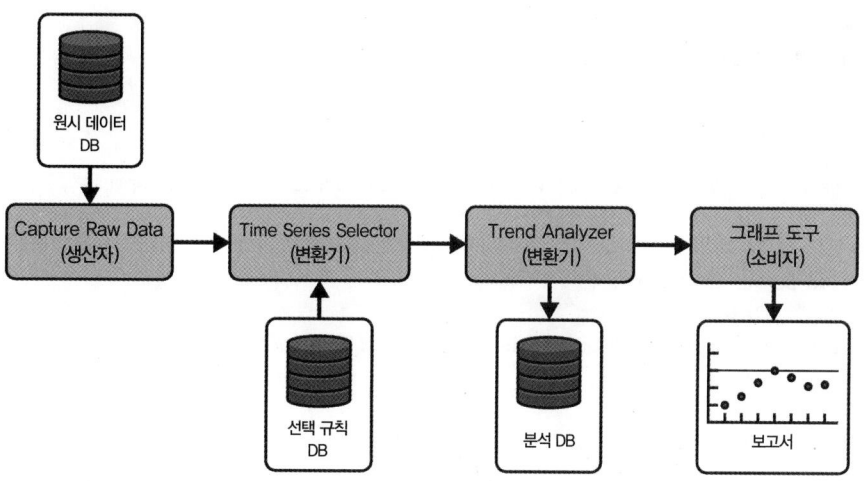

그림 12-2 파이프라인 아키텍처의 데이터베이스는 하나일 수도 있고 여러 개일 수도 있다.

12.4 클라우드 환경 고려 사항

파이프라인 아키텍처 스타일은 모듈성이 높고 필터들이 유형별로 분류되어 있어서 클라우드 기반 배포에 적합하다.

사실 대부분의 파이프라인 아키텍처는 그리 복잡하지 않으며 범위가 아주 넓지도 않다. 따라서 모든 필터를 단일 배포 단위에 넣어서 모놀리스 아키텍처로 배포해도 잘 작동한다. 그렇다고 필터를 모놀리스 아키텍처에서만 사용해야 하는것은 물론 아니다. 필터는 클라우드 환경에서도 잘 작동한다. 필터를 클라우드 환경의 분산 함수(distributed function)로 만들면 된다.

예를 들어 AWS에서는 파이프라인 아키텍처를 AWS Step Functions(https://oreil.ly/G-MYV)로 배포할 수 있다. 이 경우 각 필터는 작업흐름 안에서 별도의 람다 함수로 배포된다. AWS Step Functions는 두 가지 작업흐름을 제공한다. **스탠더드**Standard 작업흐름에서는 각 단계가 정확히 한 번 실행되며, **익스프레스**Express 작업흐름에서는 각 단계가 두 번 이상 실행될 수 있다. 파이프라인 아키텍처 스타일은 두 유형 모두에 잘 작동한다. 다음은 [그림 12-2]의 지속적 적합성 함수를 AWS Step Functions로 구현한 코드이다. 파이프라인 아키텍처를 클라우드로 배포하면 어떤 모습인지 가늠할 수 있을 것이다.

```
{
  "Comment": "확장성 추세들을 측정하고 분석한다.",
  "StartAt": "Capture Raw Data",
  "States": {
    "Capture Raw Data": {
    "Type": "Task",
    "Resource": "arn:aws:lambda:region:account_id:function:raw_data_capture",
    "Next": "Time Series Selector"
    },
    "Time Series Selector": {
    "Type": "Task",
    "Resource": "arn:aws:lambda:region:account_id:function:time_series_selector",
    "Next": "Trend Analyzer"
    },
    "Trend Analyzer": {
    "Type": "Task",
    "Resource": "arn:aws:lambda:region:account_id:function:trend_analyzer",
    "Next": "Graphing Tool"
    },
    "Graphing Tool": {
    "Type": "Task",
```

```
            "Resource": "arn:aws:lambda:region:account_id:function:graphing_tool",
            "End": true
        }
    }
}
```

그런데 이것이 클라우드 환경에서 파이프라인 아키텍처를 사용하는 유일한 방법은 아니다. 예를 들어 필터를 서버리스serverless 함수나 컨테이너화된 함수로 만들 수도 있고, 심지어는 모놀리스 방식에서 네 종류의 필터 컴포넌트들을 모두 포함한 단일 서비스로 배포할 수 있다.

12.5 일반적인 위험

파이프라인 아키텍처의 주요 목표는 시스템의 기능성을 단일 목적 필터들로 분리하는 것이다. 이때 각 필터는 데이터에 대해 **한 가지** 구체적인 작업만 수행하고, 이후 처리를 위해 데이터를 다른 필터로 넘겨준다. 그러므로 가장 흔한 위험 중 하나는 필터에 너무 많은 책임을 부여하는 것이다. 각 필터 컴포넌트의 목적을 명확히 함으로써 팀이 이러한 위험을 완화하도록 돕는 효과적인 거버넌스 방법을 다음 절(§12.6)에서 살펴볼 것이다.

이 아키텍처 스타일의 또 다른 흔한 위험은 필터 간에 양방향 통신을 도입하는 것이다. 파이프는 단방향으로만 사용해야 한다. 이는 필터들의 협업을 피하고 관심사를 명확히 분리하기 위한 것이다. 만약 양방향 통신을 피할 수 없다면 아키텍처를 재검토해야 한다. 양방향 통신이 꼭 필요하다는 것은 파이프라인 아키텍처가 적합한 스타일이 아니거나 필터가 너무 복잡함을(즉, 기능성이 올바르게 구분되지 않았음을) 잘 보여주는 징조이다.

이 아키텍처 스타일에서는 오류 조건(error condition)의 처리와 관련해서도 상당한 위험이 생길 수 있다. 파이프라인 도중에(즉, 파이프라인 처리가 시작되고 아직 완료되기 전에) 오류가 발생했을 때 파이프라인을 적절히 종료하고 복구하려면 어떻게 해야 하는지 판단하기가 어려울 때가 많다. 따라서 아키텍트는 파이프라인 내에서 발생할 수 있는 모든 치명적인 오류 조건을 미리 파악한 후에 파이프라인 아키텍처를 정의하는 것이 중요하다.

마지막 위험 영역은 필터 간 계약을 관리하는 것이다. 각 파이프에는 다음 필터로 전송할 데이터의 내용과 형식을 규정하는 계약이 있다. 필터 간의 계약을 변경할 때는, 계약이 적용되는 필터들이 오작동하는 일이 없도록 엄격한 거버넌스와 테스트가 수반되어야 한다.

12.6 거버넌스

반응성, 확장성, 가용성 같은 일반적인 운영 특성에 대한 거버넌스는 개별 용례(use case)에 따라 크게 다를 수 있다. 하지만 **구조적** 관점에서는, 아키텍트가 각 필터 유형의 역할과 책임을 활용해서 파이프라인 아키텍처를 관리(거버넌스)하는 것이 가능하다.

네 가지 기본 필터 유형(생산자, 변환기, 테스터, 소비자)은 그 역할이 각자 다르다. 하지만 개발자들이 유형에 따른 역할을 제대로 인식하지 못하고 필터에 너무 많은 책임을 부여하면 파이프라인 아키텍처가 비구조적인 모놀리스로 변질되기가 매우 쉽다.

생산자 필터가 실제로 파이프라인의 시작점인지, 또는 테스터 필터가 흐름을 계속할지 종료할지를 결정하기 위한 조건부 검사를 실제로 수행하는지 등 필터가 해당 유형에 맞게 작동하는지를 자동으로 점검하는 적합성 함수를 작성하기는 어렵다. 다행히, 개발 팀이 각 필터 유형의 역할과 특정 필터 유형의 책임을 준수하도록 아키텍트가 지도하는 데 도움을 주는 거버넌스 기법들이 있다.

그러한 기법 중 하나는 **태그**tag의 활용이다. (자바 언어에서는 태그가 **애너테이션**annotation[3]으로 구현되며, C#에서는 **사용자 정의 속성**(custom attribute)으로 구현된다.) 태그 자체는 그 어떤 기능도 수행하지 않는다. 단지 컴포넌트나 서비스에 대한 메타데이터를 프로그래밍이 가능한 방식으로 제공할 뿐이다. 필터 컴포넌트 구현의 출발점이 되는 클래스에 적절한 태그를 부여함으로써 개발자는 자신이 생성하거나 수정하는 필터의 유형을 언제라도 확인할 수 있다. 그러면 그 필터에 너무 많은 책임을 부여하거나 해당 유형과 관련 없는 기능을 수행하는 코드를 작성하는 등의 실수를 피하는 데 도움이 된다.

네 가지 기본 필터 유형에 대한 태그를 정의하는 예제 코드를 통해서 이 기법을 설명해 보겠다. 먼저 다음은 자바에서 애너테이션으로 태그를 정의하는 예이다.

```
@Retention(RetentionPolicy.RUNTIME)
@Target(ElementType.TYPE)
public @interface Filter {
    public FilterType[] value();
```

---

3 옮긴이_ 흔히 '어노테이션'이라고 부르지만, 원 발음에 좀 더 가까운 애너테이션을 사용하는 개발자도 점차 늘고 있음을 고려해서 '애너테이션'으로 표기하기로 한다.

```
    public enum FilterType {
        PRODUCER,
        TESTER,
        TRANSFORMER,
        CONSUMER
    }
}
```

다음은 C#에서 사용자 정의 속성으로 태그를 정의한 것이다.

```
[System.AttributeUsage(System.AttributeTargets.Class)]
class Filter : System.Attribute {

    public FilterType[] filterType;

    public enum FilterType {
        PRODUCER,
        TESTER,
        TRANSFORMER,
        CONSUMER
    };
}
```

필터는 본질적으로 아키텍처의 한 컴포넌트이므로 둘 이상의 클래스 파일로 구현될 수 있다. 예를 들어 [그림 12-2]의 지속적 적합성 함수 예시에서 추세 분석기 필터는 상당히 복잡하므로 여러 개의 클래스 파일로 구현될 가능성이 크다. 이 점을 고려해서, 필터의 진입점(entry point)을 나타내는 클래스를 위한 또 다른 태그를 정의하자. 이 태그를 통해서 다른 태그들을 해당 클래스에 연결할 수 있다.

다음은 자바 진입점 태그 정의이다.

```
@Retention(RetentionPolicy.RUNTIME)
@Target(ElementType.TYPE)
public @interface FilterEntrypoint {}
```

다음은 C# 진입점 태그 정의이다.

```
[System.AttributeUsage(System.AttributeTargets.Class)]
class FilterEntrypoint : System.Attribute {}
```

이제 개발자는 `FilterEntrypoint` 태그와 `FilterType` 태그를 필터 진입점 클래스에 추가함으로써 해당 필터의 유형과 역할을 식별할 수 있다. 예를 들어, 다음은 자바에서 추세 분석기 변환 필터의 유형과 역할을 식별하는 애너테이션들을 해당 클래스에 지정한 예이다.

```
@FilterEntrypoint
@Filter(FilterType.TRANSFORMER)
public class TrendAnalyzerFilter {
    ...
}
```

그리고 다음은 C#의 경우이다.

```
[FilterEntrypoint]
[Filter(FilterType.TRANSFORMER)]
class TrendAnalyzerFilter {
    ...
}
```

이런 기법을 사용한다고 해도 개발자가 예를 들어 변환기 유형의 필터에서 테스트 로직을 수행하는 실수(그런 작업은 테스터 필터가 수행해야 한다)를 완전히 방지할 수는 없다. 하지만 최소한 추가적인 문맥 정보를 제공한다는 점은 의미가 있다.

12.7 팀 토폴로지 고려 사항

이 책에서 설명하는 다른 몇몇 아키텍처 스타일과는 달리 파이프라인 아키텍처 스타일은 일반적으로 팀 토폴로지에 구애받지 않는다. 이 스타일은 어떤 팀 구성에서도 잘 작동한다.

스트림 정렬 팀

파이프라인 아키텍처는 일반적으로 작고 자기완결적이며, 시스템 전체를 통과하는 단일한 여정 또는 흐름을 나타낸다. 따라서 스트림 정렬 팀과 잘 어울린다. 일반적으로 스트림 정렬 팀은 시스템을 통과하는 흐름을 처음부터 끝까지 소유한다. 이 점이 파이프라인 아키텍처의 형태와 잘 부합한다.

활성화 팀

파이프라인 아키텍처는 모듈성이 높고, 모듈들이 기술적 관심사에 따라 분리되어 있다. 따라서 활성화 팀 토폴로지와 잘 어울린다. 전문가나 공통팀 팀원이 뭔가를 제안하거나 실험해 보고 싶으면 그냥 새 필터를 추가하면 된다. 그래도 나머지 흐름에는 영향이 미치지 않는다. 예를 들어, 지속적 적합성 함수 예시에서 활성화 팀은 시계열 선택기 필터 뒤에 새로운 변환 필터를 추가해서 또 다른 추세 분석을 수행할 수 있다. 이 새 필터는 기존 추세 분석기 필터와 동일한 데이터를 사용하며, 정상적인 파이프라인 흐름을 방해하지 않는다.

난해한 하위시스템 팀

각 필터가 매우 구체적인 작업을 수행하는 덕분에 파이프라인 아키텍처는 난해한 하위시스템 팀 토폴로지와 잘 작동한다. 서로 다른 팀원들이 각자 독립적으로(그리고 다른 필터와도 독립적으로) 복잡한 필터 처리를 작업할 수 있다. 이 아키텍처 스타일에서는 데이터가 한 방향으로만 전달되므로, 난해한 하위시스템 팀원들은 각자 자신의 특정 필터 처리에 국한된 복잡성에만 집중할 수 있게 된다.

플랫폼 팀

높은 수준의 모듈성 덕분에, 파이프라인 아키텍처에서 작업하는 플랫폼 팀은 공통 도구, 서비스, API 및 작업을 유용하게 사용할 수 있다.

12.8 스타일 특성

특성 등급표(그림 12-3)에서 별 1개 등급은 이 아키텍처 스타일이 그 아키텍처 특성을 잘 지원하지 않는다는 뜻이고 별 5개 등급은 그 아키텍처 특성이 이 아키텍처 스타일의 가장 강력한 특징 중 하나라는 뜻이다. 표에 나온 각 특성은 제4장에서 정의하고 설명했다.

애플리케이션 로직이 여러 필터 유형으로 분리되었다는 점에서 파이프라인 아키텍처 스타일은 **기술적 분할** 방식의 아키텍처이다. 또한 파이프라인 아키텍처는 일반적으로 모놀리스 배포 단위로 구현되므로 아키텍처 퀀텀 수는 항상 1이다.

아키텍처 특성		별점
전반적인 비용		$
구조	분할 방식	기술적
구조	퀀텀 개수	1
구조	단순성	★★★★☆
구조	모듈성	★★
엔지니어링	유지보수성	★★
엔지니어링	테스트성	★★★
엔지니어링	배포성	★★
엔지니어링	진화성	★★★
운영	반응성	★★★
운영	확장성	★
운영	탄력성	★
운영	내결함성	★

그림 12-3 파이프라인 아키텍처 특성 등급표

파이프라인 아키텍처 스타일의 주요 강점은 전반적인 비용, 단순성, 그리고 모듈성이다. 본질적으로 모놀리스 아키텍처라서 분산 아키텍처 스타일과 관련된 복잡성이 없다. 분산 스타일보다 단순하고 이해하기 쉬우며, 구축 및 유지보수 비용이 상대적으로 낮다. 아키텍처의 모듈성은 다양한 필터 유형과 변환기 간 관심사 분리를 통해 달성된다. 어떤 필터든 다른 필터에 영향을 주지 않고 수정하거나 교체할 수 있다. 예를 들어, [그림 12-4]에 나온 카프카Kafka의 예에서 기간 계산 방식을 변경하기 위해 기간 계산기(duration calculator)를 수정한다고 해도 다른 필터들은 변경할 필요가 없다.

배포성과 테스트성은 평균 수준인데, 계층형 아키텍처보다는 약간 높다. 이는 필터 유형에 의한 높은 모듈성 덕분이다. 하지만 **일반적으로** 파이프라인 아키텍처는 여전히 모놀리스임을 유념하자. 따라서 의례(ceremony), 위험, 낮은 배포 빈도, 그리고 테스트 커버리지 등에서 단점이 존재한다.

파이프라인 아키텍처에서 탄력성과 확장성은 매우 낮게 평가된다(별 1개). 이는 주로 모놀리스 배포 방식 때문이다. 이 아키텍처 스타일을 비동기 통신을 사용하는 분산 아키텍처로 구현하면 그런 특성들을 크게 향상시킬 수 있다. 대신 전반적인 비용과 단순성이 타격을 입는다는 트레이드오프가 존재한다.

파이프라인 아키텍처는 일반적으로 모놀리스 시스템으로 배포되므로 내결함성을 지원하지 않는다. 파이프라인 아키텍처의 작은 한 부분에서 메모리 부족 오류가 발생하면 애플리케이션 전체가 죽는다. 더 나아가, 대부분의 모놀리스형 애플리케이션과 마찬가지로 평균 복구 시간(MTTR)이 길기 때문에 전반적인 가용성이 떨어진다. 시동(startup) 시간은 대개 분 단위이다. 탄력성 및 확장성과 마찬가지로 이 아키텍처 스타일을 비동기 통신을 사용하는 분산 아키텍처로 구현하면 내결함성을 크게 향상할 수 있다. 하지만 역시 비용과 복잡성을 대가로 치러야 한다는 트레이드오프가 존재한다.

앞에서 언급했듯이, 낮은 점수를 받은 운영 특성들 대부분은 이 아키텍처를 비동기 통신을 사용하는 분산 아키텍처로 구현해서 개선할 수 있다. 이 경우 각각의 필터가 개별 배포 단위가 되고, 파이프는 원격 호출이 된다. 대신 단순성이나 비용과 같은 다른 특성들이 나빠지는데, 이는 소프트웨어 아키텍처의 고전적인 트레이드오프에 해당한다.

12.8.1 언제 사용하면 좋은가

파이프라인 아키텍처는 처리 단계들이 명확히 분리되고 고정된 순서가 있으며(결정론적 작업 흐름) 항상 단방향인 모든 시스템(복잡하든 단순하든)에 적합하다. 이 스타일은 단순하기 때문에 시간과 예산이 엄격하게 제한된 상황에도 매우 잘 맞는다.

12.8.2 사용하지 말아야 할 때

이 아키텍처 스타일은 모놀리스이므로 높은 확장성, 탄력성, 내결함성을 요구하는 시스템에는 적합하지 않다. 하지만 분산 아키텍처 접근법을 사용하면 그런 우려 사항을 완화하는 데 도움이 될 것이다.

파이프라인 아키텍처 스타일에서 파이프는 기본적으로 단방향이므로, 필터 간 양방향 통신이 필요한 시나리오에는 적합하지 않다. 테스터 필터들을 잔뜩 추가한다면 비결정론적인 작업흐름에 이 아키텍처 스타일을 사용하는 것도 가능하다. 하지만 권장하지는 않겠다. 그런 접근법을 사용하면 비교적 단순한 이 아키텍처 스타일이 지나치게 복잡해져서 유지보수성, 테스트성, 배포성이 나빠지며, 결과적으로 전반적인 신뢰성에 부정적인 영향이 미칠 수 있다. 비결정론적 작업흐름이 필요한 상황이라면 이벤트 주도 아키텍처(제15장 참조)가 훨씬 더 적합하다.

파이프라인 아키텍처 스타일은 다양한 애플리케이션에서 볼 수 있는데, 특히 단순한 단방향 처리가 강조되는 작업에서 두드러진다. 예를 들어, 전자 데이터 교환(electronic data interchange, EDI) 도구 중에는 이 아키텍처 스타일과 같은 패턴의 파이프와 필터를 통해 한 문서 유형을 다른 문서 유형으로 변환하는 것들이 많다. 또한 데이터베이스 추출·변환·적재(extract-transform-load, ETL) 도구들도 데이터를 수정하고 한 데이터베이스 또는 데이터 원본에서 다른 곳으로 흐르게 할 때 흔히 파이프라인 아키텍처를 따른다. Apache Camel(https://camel.apache.org) 같은 오케스트레이터 및 중재자(mediator) 도구들은 파이프라인 아키텍처를 이용해서 비즈니스 프로세스의 한 단계에서 다음 단계로 정보를 전달한다.

12.9 예시와 용례

간단한 예시를 통해서 파이프라인 아키텍처의 용도와 용법을 살펴보자. 이번 예시에서는 서비스의 원격 측정(telemetry) 정보가 서비스에서 스트리밍을 통해 아파치 카프카(https://kafka.apache.org)로 전송된다(그림 12-4).

[그림 12-4]에 나온 시스템은 카프카로 스트리밍되는 다양한 종류의 데이터를 파이프라인 아키텍처 스타일을 사용해서 처리한다. 생산자 필터 유형의 `Service Info Capture`(서비스 정보 캡처) 필터는 카프카 토픽을 구독하고 서비스 정보를 수신한다. 그런 다음 캡처된 데이터를 `Duration`(기간)이라는 테스터 필터로 보낸다. `Duration` 필터는 주어진 데이터가 서비스 요청의 기간(밀리초 단위)과 관련이 있는지 판단한다.

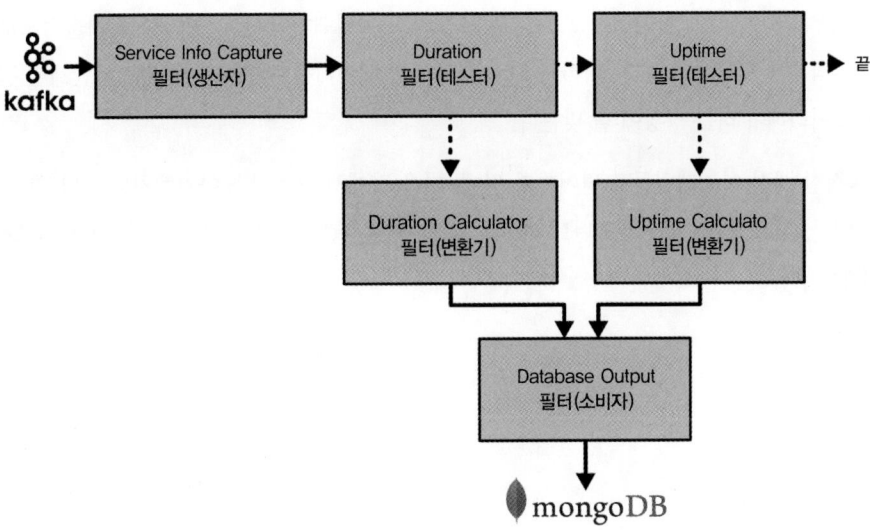

그림 12-4 파이프라인 아키텍처의 예

필터들의 관심사 분리에 주목하자. Service Info Capture 필터는 카프카 토픽에 연결해서 스트리밍 데이터를 수신하는 방법에만 관심을 가지며, Duration 필터는 데이터를 검증하고 다음 파이프로 라우팅할지 여부를 결정하는 데에만 관심을 가진다. 이 필터는 주어진 데이터가 서비스 요청 기간과 관련이 있으면 변환기 필터인 Duration Calculator(기간 계산기) 필터로 전달하고, 그렇지 않으면 역시 테스터 필터인 Uptime(가동 시간 계산기) 필터로 전달한다. Uptime 필터는 데이터가 가동 시간 지표와 관련이 있는지 판정한다. 관련이 없다면 이 처리 흐름과는 무관한 데이터이므로 파이프라인을 끝낸다. 관련이 있다면 변환기 필터인 Uptime Calculator(가동 시간 계산기) 필터로 데이터를 보낸다. Uptime Calculator 필터는 주어진 데이터로 가동 시간 지표를 계산한다. 이 필터는 수정된 데이터를 소비자 필터인 Database Output(데이터베이스 출력) 필터에 전달한다. Database Output 필터는 이를 몽고DB^{MongoDB}(https://mongodb.com) 데이터베이스에 영구 저장한다.

이 예는 파이프라인 아키텍처의 확장 능력(extensibility)이 얼마나 좋은지 보여준다. 예를 들어 데이터베이스 연결 대기 시간 같은 새로운 지표를 처리해야 한다면, [그림 12-4]에서 Uptime 가동 시간 필터 뒤에 연결 대기 시간을 위한 테스터 필터와 변환기 필터를 추가하면 된다.

제12장 파이프라인 아키텍처 스타일 **253**

보통의 경우 파이프라인 아키텍처 스타일은 모놀리스 아키텍처이지만, 필터들을 기술적으로 분할하는 덕분에 모듈성이 높다. 따라서 시스템 안에서 데이터를 작업흐름에 기반한 단계별 접근법으로 처리해야 하는 상황에 잘 맞는다.

좀 더 복잡한 분산 아키텍처들로 넘어가기 전에, 다음 장에서 모놀리스 아키텍처를 하나 더 살펴볼 것이다. 바로, 플러그인 컴포넌트 사용을 통해 높은 수준의 모듈성을 지원하는 **마이크로커널 아키텍처**이다.

CHAPTER 13

마이크로커널 아키텍처 스타일

마이크로커널microkernel 아키텍처 스타일(**플러그인**plug-in 아키텍처라고도 한다)은 수십 년 전에 고안되었지만 요즘에도 널리 쓰인다. 이 아키텍처 스타일은 **제품 기반 애플리케이션**product-based application에 자연스럽게 들어맞는다. 여기서 제품 기반 애플리케이션은 패키지로 만들어 다운로드와 설치가 가능하도록 제공되는 단일 모놀리스 배포 형태의 애플리케이션으로, 보통 고객 사이트에 서드파티 제품으로서 설치된다. 하지만 제품이 아닌 맞춤형 비즈니스 애플리케이션에도 이 스타일이 널리 쓰이는데, 특히 커스텀화(customization)가 필요한 문제 도메인에서 그렇다. 예를 들어 미국의 보험회사가 각 주마다 고유한 규칙을 갖고 있거나, 국제 배송업체가 다양한 법적·물류적 변형을 준수해야 하는 경우 이 스타일의 혜택을 받을 수 있다.

13.1 토폴로지

마이크로커널 스타일은 코어 시스템core system과 플러그인plugin 컴포넌트라는 두 구성요소로 이루어진 비교적 단순한 모놀리스형 아키텍처이다. 애플리케이션 로직은 독립적인 플러그인 컴포넌트들과 기본 코어 시스템으로 나뉘어서 구현된다. 이에 의해 애플리케이션 기능들이 격리되며, 확장 능력과 적응성이 향상되고 맞춤형 처리 로직이 가능해진다. [그림 13-1]은 마이크로커널 아키텍처 스타일의 기본 토폴로지를 나타낸 것이다.

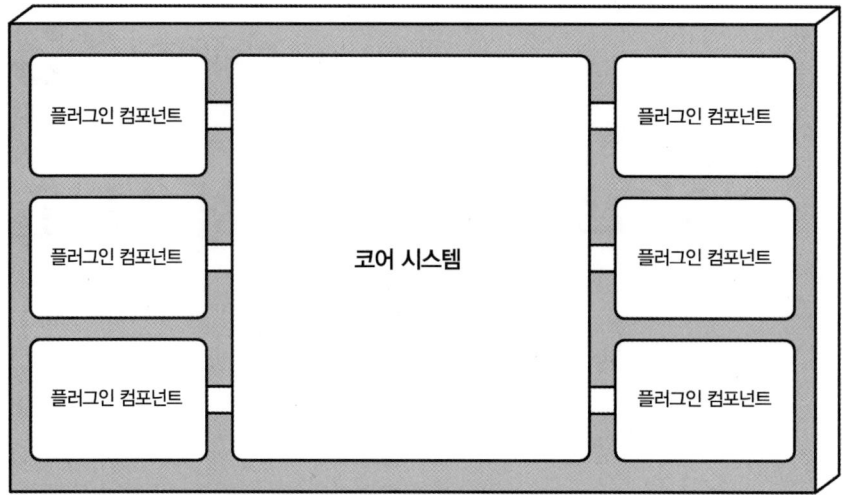

그림 13-1 마이크로커널 아키텍처 스타일의 기본 구성요소

13.2 스타일 세부 사항

본질적으로 마이크로커널 아키텍처는 두 가지 유형의 구성요소로 이루어진다. **코어 시스템**과 **플러그인 컴포넌트**이다.

13.2.1 코어 시스템

공식적으로 **코어 시스템**은 시스템을 실행하는 데 필요한 최소한의 기능성으로 정의된다. 이클립스Eclipse IDE가 좋은 예이다. 이클립스의 코어 시스템은 파일 열기, 텍스트 변경, 파일 저장 기능만 있는 기초적인 텍스트 에디터에 불과하다. 거기에 플러그인들을 추가해야 비로소 쓸 만한 제품이 되기 시작한다.

하지만 코어 시스템을 **정상 경로** 혹은 **해피 패스**happy path라고 정의할 수도 있다. 즉, 코어 시스템은 맞춤형 처리가 거의 또는 전혀 없는, 애플리케이션의 일반적인 처리 흐름에 해당한다. 마이크로커널 아키텍처는 애플리케이션의 순환 복잡성(cyclomatic complexity)을 코어 시스템에서 빼내서 별도의 플러그인 컴포넌트에 넣는다. 이 덕분에 확장 능력과 유지보수성이 향상되고 테스트성도 높아진다.

이 점을 제7장에서 소개한 전자제품 재활용 애플리케이션 '고잉 그린'을 예로 삼아서 좀 더 깊게 논의해 보자. 여러분이 고잉 그린 애플리케이션을 만든다고 가정하겠다. 이 애플리케이션은 접수된 각 전자기기를 특정한 맞춤형 평가 규칙에 따라 평가해야 한다. 이런 종류의 처리를 위한 자바 코드는 흔히 다음과 같은 모습이다.

```java
public void assessDevice(String deviceID) {
    if (deviceID.equals("iPhone6s")) {
        assessiPhone6s();
    } else if (deviceID.equals("iPad1"))
        assessiPad1();
    } else if (deviceID.equals("Galaxy5"))
        assessGalaxy5();
    } else ...
        ...
    }
}
```

순환 복잡성이 높은 클라이언트별 커스텀화를 이런 식으로 모두 코어 시스템에 두는 대신 평가할 전자기기마다 별도의 플러그인 컴포넌트를 만들면 어떨까? 그러면 개별적인 기기 평가 로직이 나머지 처리 흐름에서 분리될 뿐만 아니라, 확장 능력도 좋아진다. 새로운 종류의 전자기기를 평가해야 한다면, 그냥 새 플러그인 컴포넌트를 추가하고 레지스트리를 갱신하면 그만이다. 마이크로커널 아키텍처 스타일에서 전자기기의 평가를 위해서는 코어 시스템이 해당 기기 플러그인을 찾아 호출하기만 하면 된다. 다음은 이러한 접근법을 반영해서 수정한 코드이다.

```java
public void assessDevice(String deviceID) {
    String plugin = pluginRegistry.get(deviceID);
    Class<?> theClass = Class.forName(plugin);
    Constructor<?> constructor = theClass.getConstructor();
    DevicePlugin devicePlugin =
        (DevicePlugin)constructor.newInstance();
    devicePlugin.assess();
}
```

이 예시에서 특정 전자기기를 평가하기 위한 복잡한 규칙과 지침은 모두 독립형(standalone) 플러그인 컴포넌트 자체에 포함되어 있으며, 그런 플러그인들은 모두 코어 시스템에서 일반적인(generic) 방식으로 실행할 수 있는 형태이다.

코어 시스템 자체는 그 크기와 복잡도에 따라 계층형 아키텍처로 구현할 수도 있고 모듈형 모놀리스로 구현할 수도 있다(그림 13-2)[1]. 경우에 따라서는 코어 시스템을 별도로 배포되는 도메인 서비스들로 분할할 수도 있는데, 이때 각 도메인 서비스는 해당 도메인에 특화된 플러그인 컴포넌트들을 포함한다. 지금 예의 고잉 그린 애플리케이션에서는 코어 시스템을 계층형 아키텍처로 구현한다고 가정하겠다.

`Payment Processing`이 고잉 그린 애플리케이션의 코어 시스템을 나타내는 도메인 서비스라고 하자. 각각의 결제 방법(신용카드, PayPal, 멤버십 포인트, 기프트 카드, 구매 주문서(PO) 등)에 대해 해당 결제 도메인에 특화된 별도의 플러그인 컴포넌트가 필요하다.

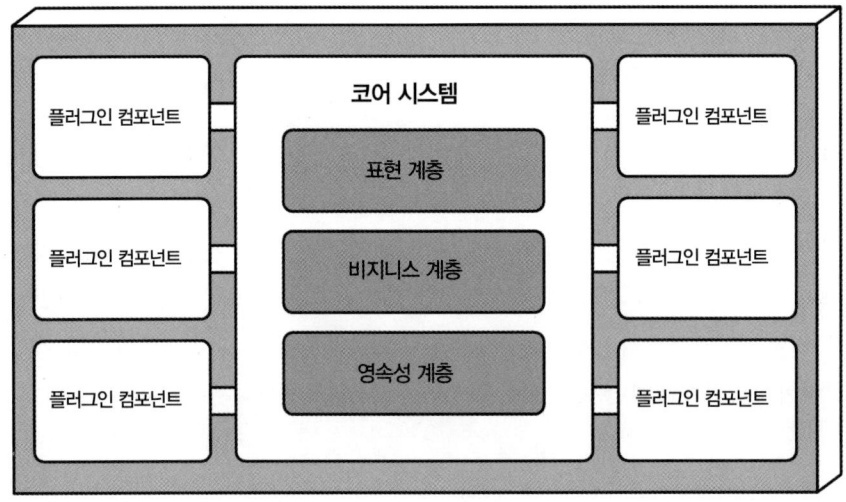

계층형 코어 시스템(기술적 분할 방식)

그림 13-2a 마이크로커널 아키텍처 코어 시스템의 변형: 계층형 코어시스템(기술적 분할 방식

---

1 편집자_ 본문에서 [그림 13-2]처럼 지칭할 때는, [그림 13-2a], [그림 13-2b] 등 해당 번호의 모든 세부 이미지를 포함한 의미이다.

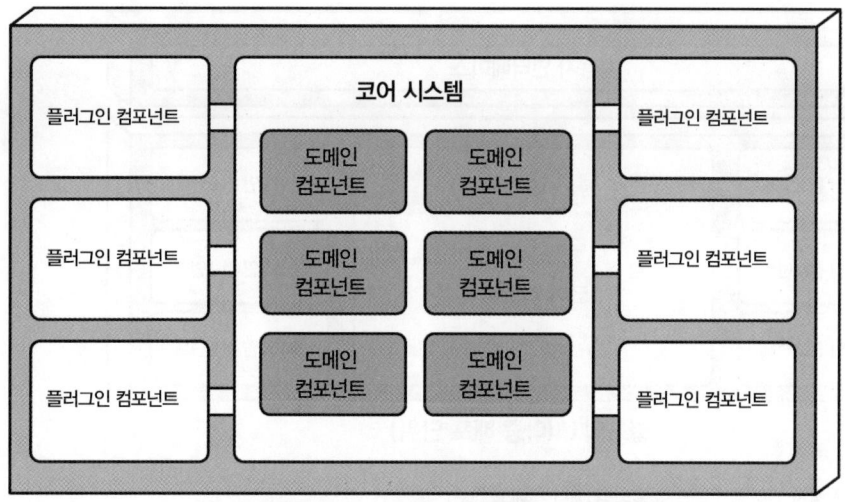

그림 13-2b 마이크로커널 아키텍처 코어 시스템의 변형: 모듈형 코어시스템(도메인 분할 방식)

코어 시스템의 표현(presentation) 계층은 코어 시스템 내부에 포함할 수도 있고 별도의 사용자 인터페이스(UI)로 구현할 수도 있다. 후자의 경우 코어 시스템은 백엔드 서비스를 제공한다. 더 나아가서, 별도의 UI 자체도 마이크로커널 아키텍처 스타일로 구현할 수 있다. [그림 13-3]은 코어 시스템과 관련된 표현 계층의 이러한 여러 변형을 보여준다.

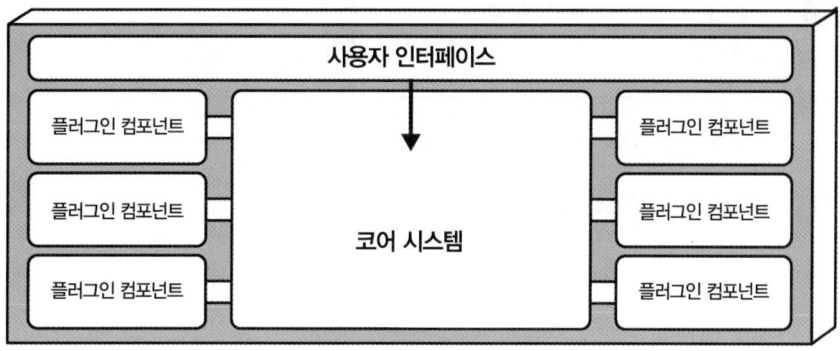

그림 13-3a 사용자 인터페이스 변형: 내장된 UI(단일 배포 단위)

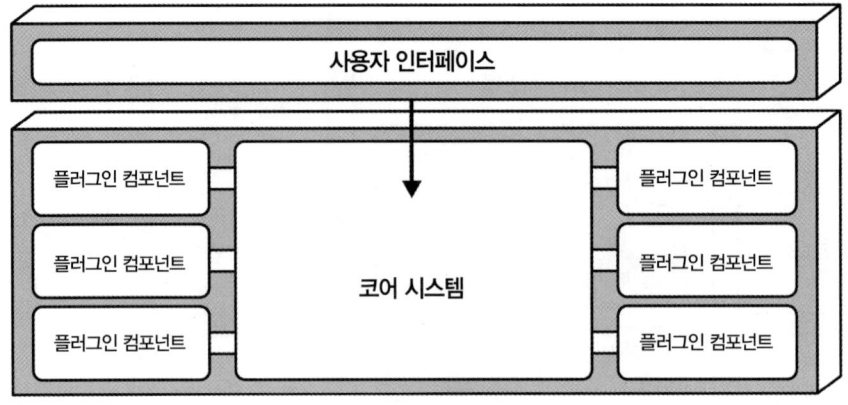

그림 13-3b 사용자 인터페이스 변형: 별도의 UI(다중 배포 단위)

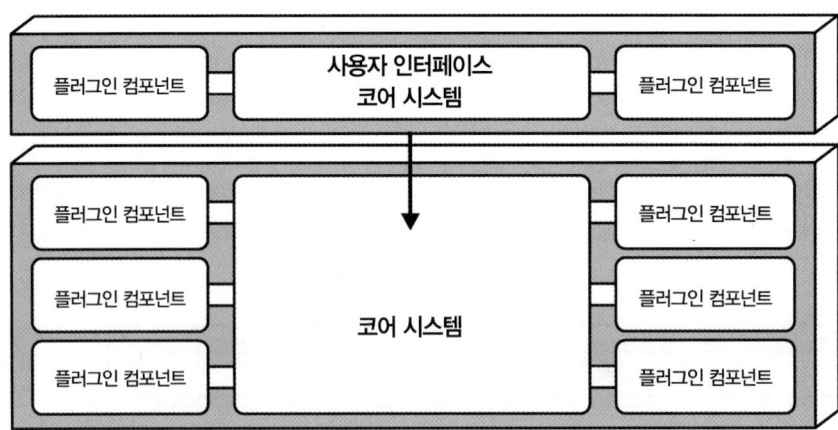

그림 13-3c 사용자 인터페이스 변형: 별도의 UI(다중 배포 단위, 모두 마이크로커널)

13.2.2 플러그인 컴포넌트

플러그인 컴포넌트는 코어 시스템의 기능성을 개선하거나 확장하기 위한 독립형 구성요소로, 특화된 처리나 추가 기능, 맞춤형 코드를 포함한다. 플러그인 컴포넌트는 또한 변동성(volatility; 또는 휘발성)이 높은 코드를 격리한다. 이에 따라 애플리케이션의 유지보수성과 테스트성이 개선된다. 이상적으로는 플러그인 컴포넌트들 사이에 의존성이 없어야 한다.

플러그인 컴포넌트와 코어 시스템 사이의 통신은 일반적으로 **점대점**(point-to-point) 방식이다. 다른 말로 하면, 일반적으로 플러그인을 코어 시스템에 연결하는 '파이프'는 플러그인 컴포넌트의 진입점 클래스에 대한 메서드 호출이나 함수 호출이다. 관련해서, 플러그인 컴포넌트와 코어 시스템의 연결 방식은 크게 컴파일 기반과 실행 시점으로 나뉜다. **실행 시점** 플러그인(runtime plugin) 컴포넌트는 이름 그대로 실행 시점에서 코어 시스템과 연결된다. 따라서 코어 시스템이나 다른 플러그인을 재배포하지 않고도 추가하거나 제거할 수 있다. 실행 시점 플러그인은 흔히 자바용 Open Service Gateway Initiative(OSGi)(https://osgi.org)나, Penrose(Java)(https://oreil.ly/J5XZw), Jigsaw(Java)(https://oreil.ly/wv9bW), Prism(.NET)(https://oreil.ly/xmrtY) 같은 프레임워크로 관리된다. 한편 **컴파일 기반** 플러그인(compile-based plugin)은 소스 코드 수준에서 코어 시스템과 연결된다. 관리하기는 훨씬 간단하지만, 플러그인을 수정, 제거, 추가하려면 모놀리스 애플리케이션 전체를 재배포해야 한다.

점대점 플러그인 컴포넌트는 공유 라이브러리(JAR, DLL, 루비 젬 등), 자바의 패키지명, C#의 이름공간으로 구현할 수 있다. 고잉 그린 애플리케이션에서는 각 전자기기 플러그인을 JAR, DLL, 루비 젬Ruby Gem(또는 기타 공유 라이브러리)으로 작성하고 구현할 수 있다. [그림 13-4]는 이 방식의 한 예이다. 기기별 플러그인의 공유 라이브러리 이름에 반드시 해당 기기명이 포함되게 했다.

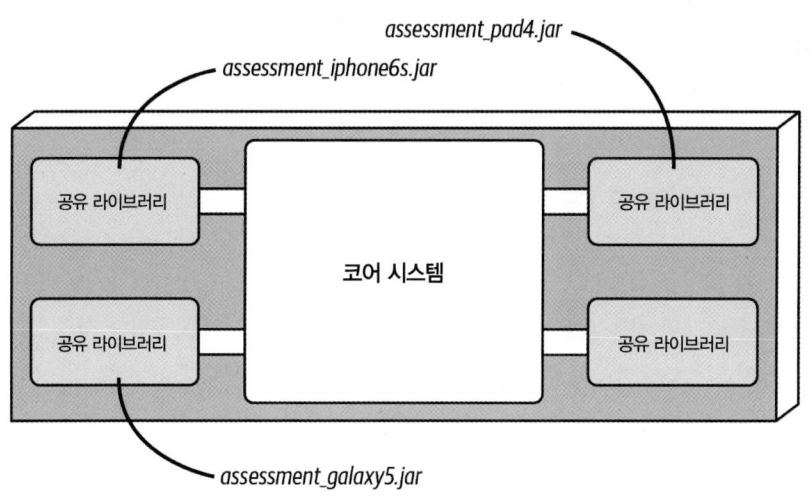

그림 13-4 공유 라이브러리 플러그인 구현

[그림 13-5]는 이를 좀 더 개선한 예로, 플러그인 컴포넌트들을 동일한 코드베이스나 IDE 프로젝트 내의 별도 이름공간 또는 패키지명으로 조직화한 것이다. 플러그인들을 위한 이름공간을 만들 때는 **app.plug-in.〈도메인〉.〈컨텍스트〉** 패턴을 권장한다. 예를 들어 *app.plug-in.assessment. iphone6s*이라는 이름공간을 생각해 보자. 둘째 노드(plug-in)는 이 구성요소가 플러그인임을 명확히 한다. 이것을 보고 개발자는 플러그인 컴포넌트의 기본 규칙(자기완결적이고 다른 플러그인과 분리되어야 함)을 엄격히 준수해야 함을 떠올릴 것이다. 셋째 노드는 이 플러그인이 평가(assessment) 도메인에 속함을 말해준다. 이 도메인 노드는 플러그인 컴포넌트들을 공통의 목적별로 조직화하고 그룹화할 수 있게 한다. 넷째 노드는 플러그인의 구체적인 컨텍스트를 말해준다. 예를 들어 아이폰 6s와 관련해서 플러그인을 수정하거나 테스트해야 할 때 넷째 노드의 iphone6s를 찾으면 된다.

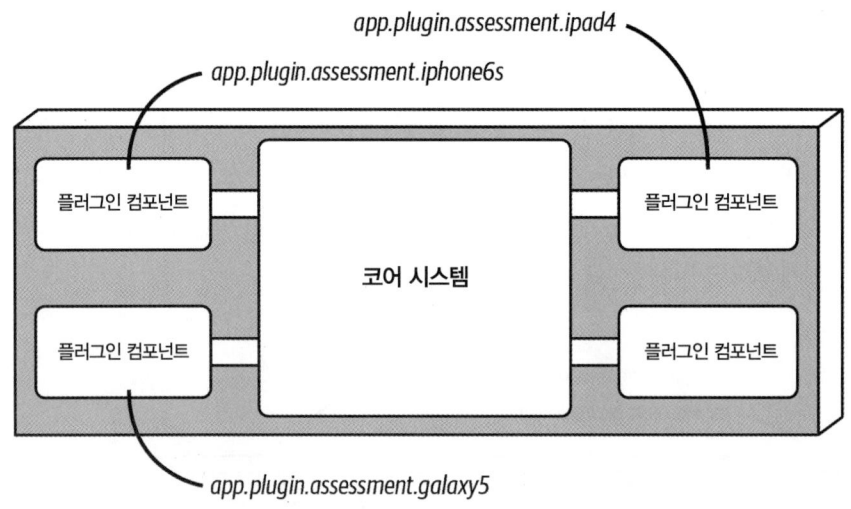

그림 13-5 패키지 또는 이름공간 플러그인 구현

플러그인 컴포넌트와 코어 시스템이 반드시 점대점으로 통신해야 하는 것은 아니다. REST나 메시징을 사용해서 플러그인 기능성을 호출하는 방법도 있고, 각 플러그인을 독립형 서비스로 만들 수도 있다(심지어는 컨테이너로 구현한 마이크로서비스로 만드는 것도 가능하다). 이것이 전반적인 확장성을 개선하는 데 좋은 방법일 것 같지만, [그림 13-6]에 나온 이 토폴로지는 코어 시스템이 모놀리스라서 여전히 단일 아키텍처 퀀텀임을 유의해야 한다. 모든 요청은 먼저 코어 시스템을 거쳐야 플러그인 서비스에 도달할 수 있다.

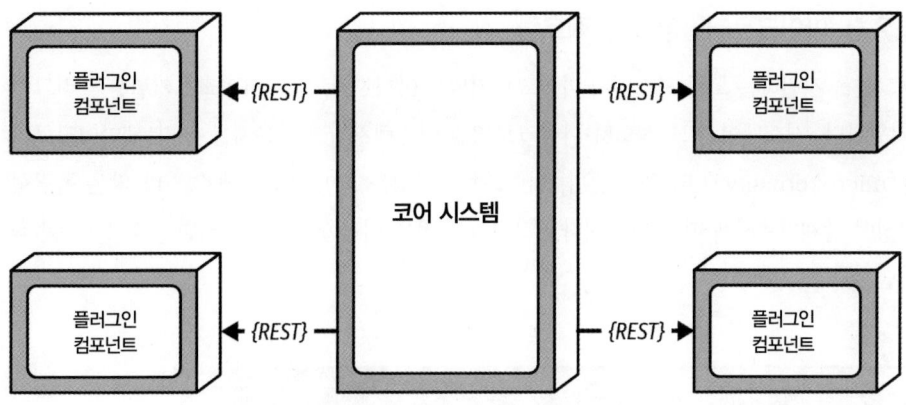

그림 13-6 REST를 사용한 원격 플러그인 접근

플러그인 컴포넌트를 개별 서비스로 구현하는 원격 접근법의 장점은 전반적인 컴포넌트 결합도를 낮출 수 있고, 확장성과 처리량이 향상되며, 특별한 프레임워크(OSGi, Jigsaw, Prism 같은) 없이도 실행 시점 변경이 가능하다는 것이다. 또한 이 방식에서는 코어 시스템이 플러그인과 비동기로 통신하게 만드는 것도 가능한데, 그러면 상황에 따라서는 전반적인 사용자 반응성이 크게 개선될 수 있다. 고잉 그린의 예라면, 전자기기 접수 시 코어 시스템은 해당 기기의 평가를 시작하라는 **요청**만 비동기적으로 해당 플러그인 서비스에 보내고, 평가가 끝나길 기다리는 대신 다른 작업으로 넘어간다. 평가가 끝나면 해당 플러그인이 또 다른 비동기 메시징 채널을 통해서 작업 완료를 코어 시스템에 알린다. 그러면 코어 시스템은 사용자에게 평가가 끝났음을 알려준다.

이런 장점들에는 대가가 따르므로 아키텍트는 트레이드오프들을 잘 분석해야 한다. 원격 플러그인 접근을 사용하면 마이크로커널 아키텍처가 모놀리스 방식에서 분산 아키텍처로 바뀐다. 따라서 대부분의 서드파티 온프레미스 제품에서는 구현하고 배포하기가 어렵다. 게다가 전반적인 복잡성과 비용이 증가하고, 전체 배포 토폴로지가 복잡해진다. 플러그인이 응답하지 않거나 실행을 중단하면 요청을 완료할 수 없다(특히 시스템이 REST를 사용한다면 문제가 더 심각하다). 모놀리스 배포에서는 이런 일이 발생하지 않는다. 점대점 통신과 원격 통신 중 어느 것을 선택할지는 프로젝트의 구체적인 요구사항과 신중한 트레이드오프 분석을 바탕으로 결정해야 한다.

13.2.3 '마이크로커널성'의 스펙트럼

플러그인을 지원하는 모든 시스템이 마이크로커널은 아니지만, 모든 마이크로커널은 플러그인을 지원한다. 시스템이 어느 정도나 마이크로커널 아키텍처에 가까운지를 우리는 '마이크로커널성(microkernality)'이라고 부른다. 마이크로커널성은 코어 시스템에 얼마나 많은 독립형 기능성이 존재하는지에 따라 달라진다. [그림 13-7]은 이러한 마이크로커널성의 스펙트럼을 나타낸 것이다.

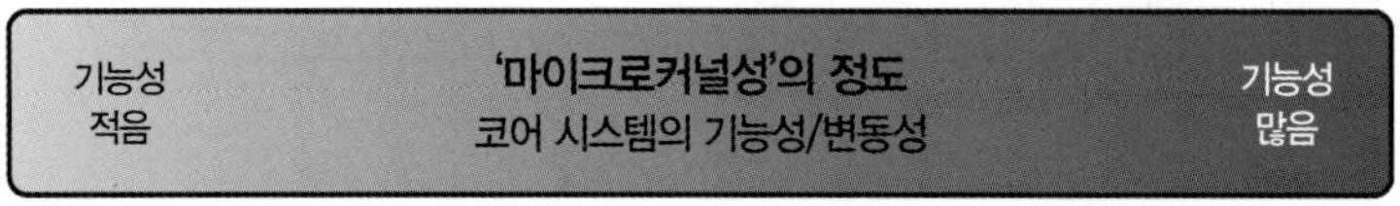

| 기능성 적음 | '마이크로커널성'의 정도
코어 시스템의 기능성/변동성 | 기능성 많음 |

그림 13-7 '마이크로커널성'의 스펙트럼

[그림 13-7]에서 '순수한' 마이크로커널 아키텍처(앞에서 언급한 이클립스 IDE나 린터 도구 등)는 핵심 기능성이 매우 적다. 예를 들어, 린터linter는 소스 코드를 파싱해서 추상 구문 트리(abstract syntax tree, AST)를 산출한다. 추상 구문 트리는 개발자가 언어의 용법에 관한 규칙을 작성하는 데 쓰인다. 코어 시스템은 코드를 파싱할 뿐이다. 누군가가 AST를 활용하는 플러그인을 작성하기 전까지는 거의 쓸모가 없다. 이와 대조적으로 웹 브라우저는 플러그인을 지원하지만, 플러그인 없이도 완전하게 기능한다. 따라서 브라우저는 스펙트럼의 오른쪽에 위치한다.

코어 시스템의 변동성을 파악하는 것은 아키텍트가 단순히 플러그인을 지원하는 시스템과 좀 더 '순수한' 마이크로커널 중 하나를 고를 때 큰 도움이 된다.

13.2.4 레지스트리

마이크로커널 아키텍처가 돌아가려면 사용 가능한 플러그인 모듈들과 그 접근 방법을 코어 시스템이 알아야 한다. 이를 흔히 **플러그인 레지스트리**를 이용해서 구현한다. 레지스트리registry에는 이름, 데이터 계약, 원격 접근 프로토콜 세부 사항(플러그인이 코어 시스템에 연결되는 방식에 따라 다르다) 같은 플러그인 정보가 담긴다. 예를 들어 고위험 세무 감사(tax-audit) 항목에 플래그를 표시하는 세무 소프트웨어용 플러그인에 대한 레지스트리 항목은 서비스 이름

(AuditChecker), 데이터 계약(입력 데이터와 출력 데이터), 계약 형식(XML) 같은 정보로 구성될 것이다.

레지스트리는 그냥 코어 시스템 내부에 키와 플러그인 컴포넌트 참조의 쌍들로 이루어진 맵map 자료 구조를 이용해서 간단하게 구현할 수도 있고, 좀 더 복잡하게는 외부에 배포되는 레지스트리 및 발견 도구(아파치 주키퍼Apache ZooKeeper(https://zookeeper.apache.org)나 콘설Consul(https://www.consul.io) 등)를 이용할 수도 있다. 다음은 전자기기 재활용 예시의 코어 시스템 내부에 간단한 방식으로 레지스트리를 구현하는 방법을 보여주는 자바 코드이다. 이 코드는 iPhone 6S 기기의 평가를 위한 점대점 통신 정보와 메시징 정보, REST 종단점 정보를 레지스트리(간단한 맵)에 등록한다.

```java
Map<String, String> registry = new HashMap<String, String>();
static {
  //점대점 접근 예시
  registry.put("iPhone6s", "Iphone6sPlugin");

  //메시징 예시
  registry.put("iPhone6s", "iphone6s.queue");

  //REST 예시
  registry.put("iPhone6s", "https://atlas:443/assess/iphone6s");
}
```

13.2.5 계약

보통의 경우 플러그인 컴포넌트와 코어 시스템 간의 계약(contract)은 플러그인 컴포넌트 도메인 전반에 걸쳐 표준화되어 있다. 계약에는 플러그인 컴포넌트의 행동방식, 입력 데이터, 출력 데이터에 관한 규칙이 포함된다. 플러그인 컴포넌트를 서드파티에서 개발하는 경우에는 흔히 맞춤형 계약(custom contract)이 쓰이는데, 그러면 플러그인이 사용하는 계약을 아키텍트가 제어할 수 없다. 이런 경우 플러그인마다 전용 코드를 코어 시스템에 둘 필요가 없도록 플러그인 계약과 표준 계약(에이전트가 정한) 사이에 어댑터adapter를 배치하는 것이 일반적이다.

플러그인 계약은 XML, JSON 형식으로 구현할 수 있고, 심지어는 플러그인과 코어 시스템 사이에서 주고받는 객체로도 구현할 수 있다. 다음은 전자기기 재활용 애플리케이션에서 기기 평가 플러그인을 위한 계약을 AssessmentPlugin이라는 표준 자바 인터페이스로 구현하는 예이다. 이 계약은 플러그인 컴포넌트의 전반적인 행동방식과 기대하는 출력 데이터 형식(AssessmentOutput 클래스)을 정의한다.

```
public interface AssessmentPlugin {
    public AssessmentOutput assess();
    public String register();
    public String deregister();
}

public class AssessmentOutput {
    public String assessmentReport;
    public Boolean resell;
    public Double value;
    public Double resellPrice;
}
```

이 계약 예시에서 기기 평가 플러그인은 다음과 같은 평가 보고서(assessment report)를 반환해야 한다.

- 포맷된 문자열
- 이 기기를 서드파티 시장에서 재판매할 수 있는지 아니면 안전하게 폐기해야 하는지를 나타내는 재판매 플래그(true 또는 false).
- 계산된 가치와 권장 재판매 가격(기기를 재판매할 수 있는 경우)

이 예시에서 코어 시스템과 플러그인 컴포넌트 간의 역할 및 책임 모델을 눈여겨보기 바란다. 특히 assessmentReport 필드에 주목하자. 이 문자열 필드의 존재는 평가 보고서의 세부 사항을 포맷하고 이해하는 것은 코어 시스템의 책임이 아니며, 코어 시스템은 단지 해당 보고서 문자열을 출력하거나 사용자에게 표시하기만 한다는 점을 말해준다.

13.3 데이터 토폴로지

일반적으로 마이크로커널 아키텍처는 단일 데이터베이스(보통은 관계형)를 사용하는 모놀리스 아키텍처로 구현된다.

플러그인 컴포넌트가 중앙의 공유 데이터베이스에 직접 연결하는 경우는 드물다. 그 부분은 코어 시스템이 맡는 것이 일반적이다. 즉, 플러그인에 필요한 데이터는 코어 시스템이 조회해서 플러그인에 전달한다. 이런 관행의 주된 이유는 결합도 감소이다. 즉, 데이터베이스가 바뀌어도 플러그인 컴포넌트에는 영향이 없고 코어 시스템만 영향을 받아야 한다. 그렇긴 하지만 개별 플러그인이 자신만 접근할 수 있는 별도의 데이터 저장소를 가질 수는 있다. 예를 들어, 고잉 그린 시스템에서 각각의 기기 평가 플러그인이 해당 제품에 관한 모든 구체적인 평가 규칙을 간단한 자체 데이터베이스나 규칙 엔진에 담아두는 방식을 생각해 볼 수 있겠다. 이처럼 플러그인 컴포넌트가 소유하는 데이터 저장소(data store)는 [그림 13-8]의 예처럼 시스템 외부에 있을 수도 있고, 플러그인 컴포넌트나 모놀리스 배포의 일부로 내장될 수도 있다(메모리 내 데이터베이스나 내장형 데이터베이스 등).

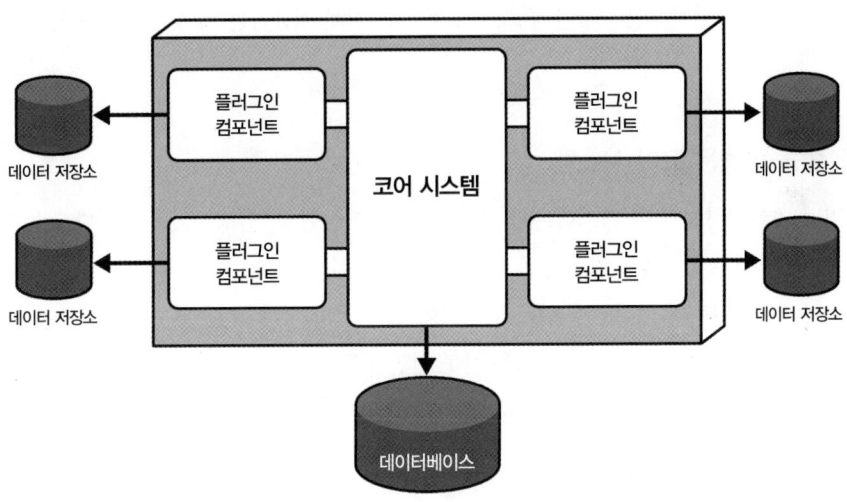

그림 13-8 플러그인 컴포넌트는 자신만의 데이터 저장소를 가질 수 있다.

13.4 클라우드 고려 사항

마이크로커널 아키텍처는 기본적으로 모놀리스 아키텍처이므로, 클라우드와 관련한 선택지가 그리 다양하지 않다. 크게 세 가지 정도인데, 첫째는 클라우드 서비스의 기능이나 컨테이너를 이용해서 애플리케이션 전체를 클라우드에 배포하는 것이다. 둘째는 데이터만 클라우드에 두고 마이크로커널은 온프레미스 시스템으로 구현하는 것이다. 셋째는 코어 시스템을 온프레미스에 두고 플러그인들을 클라우드에 배치하는 것이다. 셋째 방법이 모듈성의 관점에서는 좋은 선택지처럼 보이겠지만, 반응성 면에서 심각한 문제를 야기할 수 있다. 일반적으로 마이크로커널 아키텍처에서는 팀이 핵심적인 작업흐름을 플러그인들로 구현한다. 따라서 플러그인 호출이 잦고 호출마다 상당한 양의 정보가 전달된다. 코어 시스템과 플러그인을 분리해서 생기는 지연시간은 바람직하지 않은 추가부담(overhead)으로 이어질 수 있다.

13.5 일반적인 위험

이 아키텍처와 관련된 일반적인 위험은 주로 이 스타일을 잘못 적용하는 데에서 발생한다.

13.5.1 변동성 높은 코어 시스템

마이크로커널 아키텍처의 코어 시스템은 초기 개발 후에 가능한 한 안정적이어야 한다. 이 스타일의 장점 중 하나는 시스템의 변화를 플러그인들로 격리한다는 것이다. 코어 시스템을 계속 변경하는 것은 이 아키텍처의 철학과 위배되는 일이지만, 팀이 흔히 그런 실수를 저지르곤 한다. 이는 아키텍트가 코어 시스템의 변동성을 잘못 판단한 탓일 때가 많다. 변동성을 잘못 판단하면 나중에 리팩터링을 통해 그 변동성을 해결해야 한다.

13.5.2 플러그인 의존성

마이크로커널은 플러그인들이 서로 통신하지 않고 오직 코어 시스템하고만 통신할 때 가장 잘 동작한다. 플러그인을 사용하되 마이크로커널은 아닌 시스템들은 대부분 **의존성 없는 플러그인**(dependency-free plug-in)을 사용한다. 이름에서 짐작하겠지만 의존성 없는 플러그인은 코어 시스템 외에는 어떠한 의존성도 없는 플러그인을 의미한다. 다른 말로 하면, 플러그인들이 서로 통신하지 않으므로 반드시 코어 시스템이 해결해야 하는 공유 의존성은 존재하지 않는다. 하지만 이클립스 IDE 같은 복잡한 마이크로커널 아키텍처 애플리케이션에서는 어쩔 수 없이 플러그인 컴포넌트들 사이에 의존성이 만들어지기도 한다. 그런 경우 컴포넌트들 사이의 전이적 의존성 충돌(transitive dependency conflict)을 코어 시스템이 해소해주어야 한다.

정리하자면, 마이크로커널에서 플러그인 간 의존성이 생길 수 있으며, 그러면 전이적 의존성 관리와 관련해 무수히 많은 복잡성이 발생한다. 예를 들어 두 플러그인이 동일한 핵심 라이브러리의 서로 다른 버전에 의존한다면 어떻게 될까? 코어 시스템은 이런 의존성을 해결하고 서로 다른 플러그인 버전 간의 통신을 조정해야 한다. 전이적 의존성이 존재하는 환경에서 플러그인 추가로 고생해본 사람이라면 버전 충돌 문제를 해결하는 것이 얼마나 골치 아픈 일인지 알 것이다. 플러그인 간 의존성은 가능한 한 피하는 것이 좋다.

13.6 거버넌스

마이크로커널 아키텍처에서 거버넌스의 핵심은 아키텍트가 마이크로커널 철학을 얼마나 잘 지키는지 확인하는 것이다.

일반적인 거버넌스 확인 항목은 다음과 같다.

- 코어 시스템의 변동성 확인: 구체적인 코드 검사가 아닌, 버전 관리(version control)에서의 변경 빈도를 확인하는 적합성 함수
- 코어 시스템의 변경 속도
- 계약 테스트(점진적 진화로 인해 플러그인들이 서로 다른 버전의 계약을 지원하는 경우에는 특히나 중요하다)
- 토폴로지에 대한 기타 구조적 검증

13.7 팀 토폴로지 고려 사항

이 아키텍처에서는 팀을 토폴로지에 따라 코어 시스템을 위한 팀과 플러그인을 위한 팀들로 나누는 것이 가장 자연스럽다.

스트림 정렬 팀

코어 시스템은 시스템의 핵심 기능성을 구축하는 스트림 정렬 팀에 안성맞춤이다. 애플리케이션 유형에 따라서는 플러그인도 이 팀이 담당할 수 있다.

활성화 팀

마이크로커널 아키텍처는 활성화 팀에 매우 적합하다. 일부 행동방식을 플러그인으로 분리해서 A/B 테스트와 기타 실험을 진행할 수 있기 때문이다.

난해한 하위시스템 팀

특화된 행동방식을 플러그인으로 위임할 수 있다는 점에서, 마이크로커널은 난해한 하위시스템 팀에도 잘 맞는다. 예를 들어 스트림 정렬 팀은 핵심 행동방식(core behavior)에 초점을 두어서 작업을 진행하되, 분석(analytics) 같은 특별한 행동방식이 필요한 부분은 플러그인으로 격리해서 작업하면 된다.

플랫폼 팀

다른 모놀리스 아키텍처에서처럼 플랫폼 팀은 주로 이 아키텍처의 운영 세부 사항을 담당한다.

13.8 아키텍처 특성 등급 평가

[그림 13-9]의 특성 등급표에서 별점 1개는 그 아키텍처 특성을 이 아키텍처 스타일이 잘 지원하지 않는다는 뜻이고 별 5개 등급은 그 아키텍처 특성이 이 아키텍처 스타일의 가장 강력한 특징 중 하나라는 뜻이다. 표에 나온 각 특성은 제4장에서 정의하고 설명했다.

계층형 아키텍처처럼 마이크로커널 아키텍처 스타일도 단순성과 전반적인 비용이 주요 장점이고, 확장성, 내결함성, 탄력성이 주요 약점이다. 이런 약점들은 마이크로커널 아키텍처에서 흔히 발견되는 모놀리스 배포 때문이다. 역시 계층형 아키텍처 스타일과 마찬가지로 아키텍처 퀀텀 수는 항상 1인데, 어떤 요청이든 개별 플러그인 컴포넌트에 도달하려면 일단은 코어 시스템을 거쳐야 하기 때문이다. 하지만 계층형과의 유사점은 여기까지이다.

마이크로커널은 도메인 분할과 기술적 분할을 모두 지원하는 유일한 아키텍처 스타일이라는 점에서 독특하다. 대부분의 마이크로커널 아키텍처는 기술적으로 분할되지만, 도메인 분할 방식도 볼 수 있다. 도메인 분할 측면은 주로 강력한 도메인-아키텍처 동형성(domain-to-architecture isomorphism)을 통해 나타난다. 예를 들어 장소나 클라이언트마다 설정이 달라야 하는 문제를 해결해야 하는 경우 이 아키텍처 스타일이 아주 적합하다. 사용자 맞춤화와 확장 능력을 강조하는 제품이나 애플리케이션(이클립스 같은 IDE나 지라jira 같은 협업 도구 등)도 마찬가지이다.

아키텍처 특성		별점
	전반적인 비용	$
구조	분할 방식	기술적/도메인
	퀀텀 개수	1
	단순성	★★★★
	모듈성	★★★
엔지니어링	유지보수성	★★★
	테스트성	★★★
	배포성	★★★
	진화성	★★★
운영	반응성	★★★
	확장성	★
	탄력성	★
	내결함성	★

그림 13-9 마이크로커널 아키텍처의 특성 등급표

테스트성, 배포성, 신뢰성은 평균보다 약간 높게 평가된다(별 3개). 이는 주로 기능성을 독립적인 플러그인 컴포넌트로 격리할 수 있다는 장점 덕분이다. 이 스타일을 잘 구현한다면, 변경 사항의 전체 테스트 범위와 배포의 전체 위험이 줄어든다. 플러그인 컴포넌트들을 실행 시점에 배포하는 구조라면 더욱 그렇다.

모듈성과 진화성(evolvability)도 평균보다 약간 높다(별 3개). 마이크로커널 아키텍처 스타일에서는 독립적이고 자기완결적인 플러그인 컴포넌트를 통해서 기능성을 추가, 제거, 변경할 수 있으므로 애플리케이션의 확장과 개선이 비교적 쉽다. 또한 팀이 변화에 훨씬 빠르게 대응할 수 있다. §13.2.4에서 잠깐 언급한 세금 준비 소프트웨어의 예를 생각해 보자. 세법이 바뀌면(항상 바뀐다) 새로운 세금 양식(tax form)이 필요하다. 세금 양식을 플러그인 컴포넌트로 구현한다면 새로운 세금 양식을 큰 노력 없이 애플리케이션에 추가할 수 있다. 제거도 마찬가지이다. 기존 세금 양식이나 워크시트가 더 이상 필요하지 않으면 그냥 해당 플러그인을 애플리케이션에서 제거하면 된다.

반응성은 마이크로커널 아키텍처 스타일에서 항상 흥미로운 특성이다. 우리는 반응성에 별 3개(평균보다 약간 높음)를 주었는데, 주로 마이크로커널 애플리케이션이 일반적으로 작고 대부분의 계층형 아키텍처만큼 크게 성장하지 않기 때문이다. 또한 제10장에서 논의한 아키텍처 싱크홀 안티패턴으로 인한 고통도 덜하다. 마지막으로 불필요한 기능성을 분리해서 간소화할 수 있다는 마이크로커널 아키텍처의 장점은 애플리케이션의 실행 속도 향상으로 이어진다. 이에 대한 좋은 예가 WildFly(https://wildfly.org; 예전에는 JBoss Application Server라고 불렀다)이다. 애플리케이션 서버에서 클러스터링, 캐싱, 메시징 같은 불필요한 기능성을 분리하면, 그런 기능들이 모두 달고 있을 때보다 애플리케이션 서버가 훨씬 빠르게 실행된다.

13.9 예시와 용례

소프트웨어 개발과 배포를 위한 도구들은 대부분 마이크로커널 아키텍처로 구현된다. 이클립스 IDE(https://www.eclipse.org/ide), PMD(https://pmd.github.io), 지라(https://www.atlassian.com/software/jira), 젠킨스Jenkins(https://jenkins.io)가 좋은 예이다. 크롬Chrome이나 파이어폭스Firefox 같은 인터넷 웹 브라우저도 흔히 마이크로커널 아키텍처를 사용한다. 이런 웹 브라우저 제품들에서는 기본 브라우저(코어 시스템)에 없는 추가 기능을 뷰어viewer나 플러그인(흔히 확장 프로그램(extension)이라고 부른다)의 형태로 제공한다. 이처럼 제품 기반 소프트웨어에서 마이크로커널 아키텍처가 쓰인 사례는 무수히 많다. 그런데 대규모 비즈니스 애플리케이션은 어떨까? 마이크로커널 아키텍처는 그런 애플리케이션들에도 잘 적용된다.

이를 설명하기 위해 앞에서 언급한 세무 준비 소프트웨어의 예를 생각해 보자. 미국의 세무 기관인 IRS(Internal Revenue Service)에는 1040이라는 2쪽 분량의 기본 세무 양식이 있는데, 여기에는 개인의 세금 부담을 계산하는 데 필요한 모든 정보의 요약이 담겨 있다. 1040 세무 양식의 각 줄에는 총소득 같은 단일 숫자가 들어가며, 이러한 숫자 각각을 도출하려면 많은 다른 양식과 워크시트가 필요하다. 1040 요약 세무 양식이 코어 시스템(드라이버) 역할을 하고, 각각의 추가 양식과 워크시트는 플러그인 컴포넌트로 구현한 아키텍처를 상상해 볼 수 있다. 이렇게 하면 세법 변경을 독립적인 플러그인 컴포넌트로 격리할 수 있어서 변경이 더 쉽고 위험성도 줄어든다.

마이크로커널 아키텍처를 활용할 수 있는 대규모 복합 비즈니스 애플리케이션의 또 다른 예는 보험 청구 처리다. 청구 처리는 매우 복잡한 과정이다. 각 관할구역마다 보험 청구에서 허용되는 것과 그렇지 않은 것에 대한 규칙과 규정이 다르다. 예를 들어 앞 차가 튕긴 돌에 자동차 앞유리가 깨졌을 때 자동차 보험회사가 무료 앞유리 교체를 제공해야 하는지는 관할구역(미국의 주(state) 등)에 따라 다를 수 있다. 이런 사항들 때문에 표준 청구 프로세스에 수많은 조건이 추가된다.

대부분의 보험 청구 애플리케이션은 이러한 복잡성을 처리하기 위해 대규모의 복합 규칙 엔진을 활용한다. 여기서 **규칙 엔진**(rules engine)은 개발자(또는 최종 사용자)가 시각적 도구나 도메인 특화 언어(DSL)를 이용해 작업흐름에 대한 일련의 규칙이나 단계를 선언적(declarative)으로 정의하는 데 사용하는 프레임워크 또는 라이브러리이다. 그러나 이런 규칙들은 소위 진흙잡탕 안티패턴(§9.2.1)으로 변하기 쉽다. 규칙 하나를 간단히 변경해도 전체적인 작업흐름이 깨질 수 있으며, 그것을 방지하려면 다수의 분석가, 개발자, 테스터가 필요하다. 마이크로커널 아키텍처 패턴을 사용하면 문제들을 대거 해결할 수 있다.

예를 들어 각 관할구역의 청구 규칙을 별도의 독립형 플러그인 컴포넌트에 담으면 좋을 것이다. 각 청구 규칙은 플러그인 컴포넌트의 소스 코드에서 직접 구현할 수도 있고, 플러그인 컴포넌트가 접근하는 특정 규칙 엔진의 인스턴스로 구현할 수 있다. 어떤 방식이든 청구 규칙을 플러그인으로 만들면 특정 관할구역의 규칙을 시스템의 다른 부분에 영향을 주지 않고 추가, 제거, 변경할 수 있게 된다. 더 나아가서 새로운 관할구역을 시스템의 다른 부분에 영향을 주지 않고 추가하고 제거하는 것도 가능해진다. 이 예에서 코어 시스템은 청구를 접수하고 처리하는 표준 프로세스가 될 것이다. 이는 자주 변경되지 않는 부분이다.

마이크로커널 아키텍처 스타일은 대단히 흔하다. 이 스타일을 한 번이라도 인식한 사람은 어디서든 이 스타일을 발견하게 된다. 이것은 아키텍처 구조(코어 + 플러그인)가 커스텀화(customization)라는 일반적인 도메인 문제와 일치하는 사례에 해당한다. 커스텀화가 소프트웨어에서 매우 자주 등장하는 문제다 보니 이 아키텍처 스타일도 매우 흔하게 나타난다.

CHAPTER 14

서비스 기반 아키텍처 스타일

서비스 기반 아키텍처(service-based architecture)는 마이크로서비스 아키텍처 스타일의 혼합 변형(hybrid variant)[1] 중 하나이다. 서비스 기반 아키텍처는 대단히 실용적인 스타일로 간주되는데, 주로는 유연성이 아주 뛰어나기 때문이다. 기본적으로 분산 시스템이지만 마이크로서비스나 이벤트 기반 아키텍처 같은 다른 분산 아키텍처보다 덜 복잡하고 비용도 저렴해서 주로 비즈니스 애플리케이션에서 많이 쓰인다.

14.1 토폴로지

서비스 기반 아키텍처의 기본 토폴로지는 분리 배포된 사용자 인터페이스, 분리 배포된 원격의 성긴(coarse-grained; 세분도가 낮은) 서비스들, 그리고 모놀리스형 데이터베이스(생략 가능)로 구성된 분산 거시 계층 구조(distributed macro-layered structure)를 따른다.

[그림 14-1]은 이 스타일의 **기본** 토폴로지일 뿐, 실제 구성은 매우 다양함을 유의하자. 그림에는 없는 별도의 UI나 별도의 데이터베이스를 사용하는 경우도 있다. 이번 장에서 다양한 토폴로지 변형들도 자세히 살펴볼 것이다.

---

1 옮긴이_ 이번 장에서 보겠지만 주로는 모듈형 모놀리스 아키텍처와의 혼합이다. 여기서는 서비스 기반 아키텍처를 마이크로서비스 아키텍처의 한 변형으로 간주하지만, 역사적으로는 모놀리스 구조를 극복하기 위해 2000년대 초에 탄생한 서비스 기반 아키텍처가 서비스 지향 아키텍체(SOA)로 진화했고 그로부터 마이크로서비스 아키텍처가 나왔다는 점도 참고하기 바란다.

이 아키텍처 스타일의 서비스들은 보통 시스템 내의 특정 도메인이나 하위 도메인을 대표한다. 그래서 이 서비스들을 **도메인 서비스**라고 부른다. 일반적으로 도메인 서비스는 주문 이행, 주문 배송처럼 시스템 기능성에서 어느 정도 덩어리가 큰(성긴) 부분을 담당한다. 도메인 서비스들은 대개 서로 독립적으로 동작하며 따로 배포된다. 서비스 배포는 기존 모놀리스 애플리케이션처럼 단순한 방식일 수 있다. 즉, 컨테이너화가 필수는 아니다(하지만 필요하다면 도커나 쿠버네티스 같은 컨테이너로 배포하는 것도 물론 가능하다). 단일한 모놀리스 데이터베이스를 사용하는 경우에는 도메인 서비스의 수를 최소화하는 것이 좋다(12개 이하를 권장한다). 변경 관리, 확장성, 내결함성과 관련한 문제를 방지하기 위해서다.

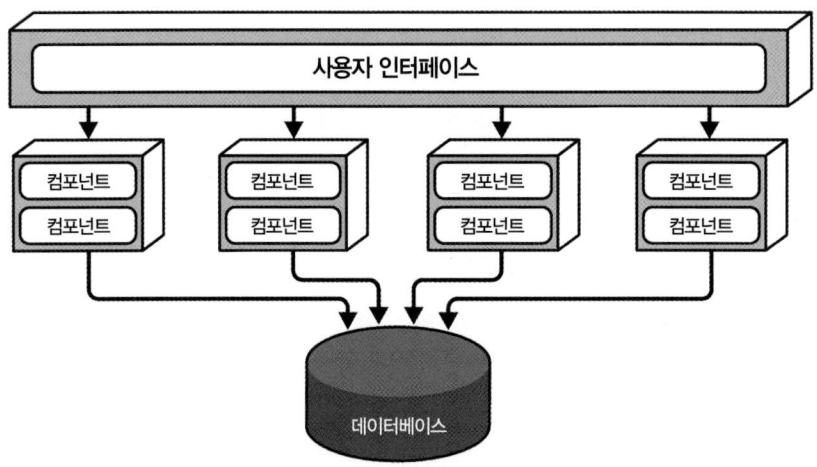

그림 14-1 서비스 기반 아키텍처 스타일의 기본 토폴로지

일반적으로 각 도메인 서비스는 단일 인스턴스로 배포된다. 하지만 시스템이 요구하는 확장성과 내결함성, 처리량에 따라서는 도메인 서비스 하나의 인스턴스를 여러 개 둘 수도 있다. 그런 경우에는 UI(사용자 인터페이스)와 도메인 서비스 사이에 어떤 종류이든 부하 분산(load-balancing) 수단을 두어서, UI의 요청을 여러 서비스 인스턴스 중 정상적이고 사용 가능한 서비스 인스턴스로 보낼 수 있게 해야 한다.

UI는 보통 REST 같은 원격 접근 프로토콜을 통해서 서비스를 원격에서 호출한다. 그밖에 메시징이나, 원격 프로시저 호출(RPC), 프록시 또는 게이트웨이를 포함한 API 계층, SOAP 등 다른 호출 방법도 많이 있다. 하지만 UI에 서비스 로케이터service locator 패턴(https://

oreil.ly/UAA5I)을 적용해서 UI가 직접 서비스를 찾아서 호출하게 하는 경우가 많다. 서비스 로케이터 패턴을 API 게이트웨이나 프록시에 내장하는 것도 가능하다.

흔히 서비스 기반 아키텍처에는 단일한 중앙집중형 공유 모놀리스 데이터베이스가 쓰인다. 그러면 전통적인 모놀리스 계층형 아키텍처에서처럼 서비스들이 SQL 쿼리query와 조인join 작업을 자유롭게 수행할 수 있다. 이 아키텍처 스타일에서는 도메인 서비스가 많지 않으므로 데이터베이스 연결이 부족해지는 문제는 거의 발생하지 않는다. 그러나 데이터베이스 스키마 변경 관리는 까다로운 난제가 될 수 있다. 서비스 기반 아키텍처에서 데이터베이스 변경을 관리하고 해결하는 기법을 §14.3 "데이터 토폴로지"에서 살펴볼 것이다.

14.2 스타일 세부 사항

서비스 기반 아키텍처의 도메인 서비스는 대체로 세분도가 낮다. 그래서 흔히 각 도메인 서비스를 API 퍼사드facade[2] 계층, 비즈니스 계층, 영속성 계층으로 구성된 계층형 아키텍처 스타일로 설계한다. 아니면 각 도메인 서비스를 하위 도메인별로 분할해서 컴포넌트로 만드는 방식도 가능하다. 후자는 모듈형 모놀리스 아키텍처 스타일(제11장 참고)과 유사하다.

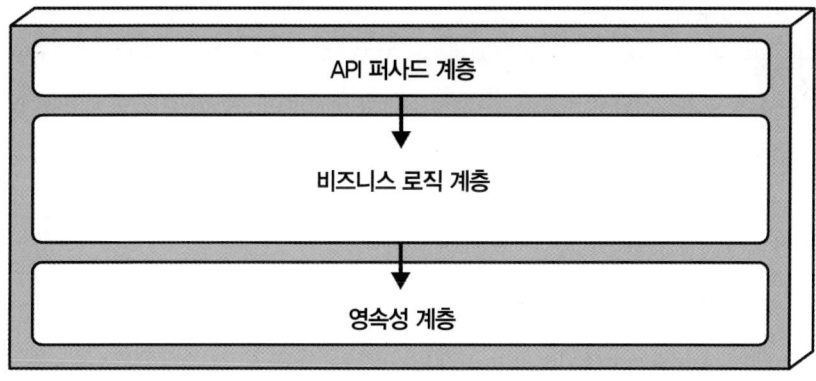

계층형 설계(기술적 분할)

그림 14-2a 사용자 인터페이스 변형: 계층형 설계

---

[2] 옮긴이_ 퍼사드는 복잡한 하위시스템에 대한 단순화된 인터페이스를 제공하는 설계 패턴이다. GoF 디자인 패턴 중 하나로, 구조적 패턴에 속한다. 이름은 건물의 '정면', '외관'을 뜻하는 프랑스어 'façade(파사드)'에서 유래했다.

도메인 설계(도메인 분할)

그림 14-2b 사용자 인터페이스 변형: 도메인 설계

어떤 설계 방식을 사용하든, UI가 비즈니스 기능성을 실행할 수 있으려면 UI와 상호작용하는 API 접근 퍼사드(어떤 형태이든)를 도메인 서비스에 반드시 포함해야 한다. API 접근 퍼사드는 주로 UI의 비즈니스 요청 흐름을 조율하는 역할을 담당한다.

전자상거래 사이트에서 서비스 기반 아키텍처를 사용하는 예를 생각해 보자. 비즈니스 요청은 UI에서 들어온다. 예를 들어 UI를 통해서 고객이 상품을 주문하면 그 요청은 `OrderService` 도메인 서비스 안의 API 접근 퍼사드에 전달된다. 그 퍼사드는 내부적으로 주문 등록, 주문 ID 생성, 결제 적용, 품목별 재고 갱신 등 요청을 처리하는 모든 로직을 조율한다. 마이크로서비스 아키텍처라면 이 요청을 개별적으로 배포된 여러 개의 단일 목적 서비스들이 상호 조율해야 했을 것이다. 이러한 세분도의 차이, 즉 서비스 기반 아키텍처는 클래스 수준의 내부 조율이지만 마이크로서비스 아키텍처에서는 외부 서비스 조율이라는 점은 두 아키텍처 스타일의 주된 차이점 중 하나이다.

도메인 서비스는 세분도가 낮기 때문에 표준적인 데이터베이스 커밋 및 롤백에 대해 통상적인 ACID(atomicity, consistency, isolation, durability; 원자성, 일관성, 고립성, 지속성) 데이터베이스 트랜잭션이 지원되며, 이에 의해 단일 도메인 서비스 안에서 데이터베이스 무결성이 보장된다. 반면에 마이크로서비스처럼 극도로 분산된 아키텍처에서는 BASE(basic availability, soft state, eventual consistency; 기본 가용성, 소프트 상태, 최종 일관성) 트랜잭션 같은 분산 트랜잭션 기법이 쓰인다. 마이크로서비스처럼 조밀한(fine-grained; 세분도가 높은) 서비스 구조에서는 서비스 기반 아키텍처의 ACID 트랜잭션에 준하는 무결성을 보장할 수 없다.

이해를 돕기 위해, 서비스 기반 전자상거래(ecommerce) 사이트의 주문 결제 과정을 생각해 보자. 고객이 상품을 주문하고 결제를 시도하지만 신용카드 유효기간이 만료되어서 결제가 거절된 경우 작업이 어떻게 흘러갈까? 하나의 서비스 안에서 결제 처리는 '원자적(atomic)' 트랜잭션이므로, 서비스는 지금까지 데이터베이스에 추가된 모든 내역을 표준 트랜잭션 롤백 rollback을 이용해서 되돌린다. 그리고 결제가 처리되지 않았다는 알림을 고객에게 전달한다.

더 작고 조밀한 서비스들로 구성된 마이크로서비스 아키텍처라면 이 과정이 어떻게 진행될지 생각해 보자. 일단 OrderPlacement 서비스가 요청을 받아 주문을 생성하고, 주문 테이블에 삽입한다. 그런 다음 OrderPlacement는 원격으로 PaymentService를 호출해서 결제를 처리한다. 만약 신용카드가 만료되어 결제가 되지 않으면, 주문은 등록됐지만 결제는 실패한 것이므로 데이터의 일관성이 깨진 상태가 된다. 데이터의 일관성을 복원하려면 OrderPlacement 서비스는 제9장에서 논의한 **보상 갱신**(compensating update)라는 별도의 조치를 추가로 적용해야 한다.

14.2.1 서비스 설계와 세분도

도메인 서비스는 세분도가 낮은 덕분에 데이터 무결성과 일관성을 효과적으로 유지할 수 있다. 하지만 그만큼 커다란 대가도 따른다. 예를 들어 서비스 기반 아키텍처에서 OrderService의 주문 처리 기능을 변경해야 한다면, 결제 처리를 포함해 모든 기능성을 테스트하고 다시 배포해야 한다. 반대로 마이크로서비스 아키텍처에서는 주문 처리 기능의 변경이 작고 조밀한 OrderPlacement 서비스로 국한되므로 PaymentService는 따로 테스트하거나 배포할 필요가 없다. 또한 도메인 서비스에는 더 많은 기능성이 포함되어 있으므로, 그 어떤 변경이라도 다른 기능성(예: 결제 처리)에 영향을 미칠 위험도 높다. 반면, 마이크로서비스에서는 각 서비스가 한 가지 책임만 지므로 다른 기능성에 영향을 미칠 가능성이 적다.

14.2.2 사용자 인터페이스 옵션들

서비스 기반 아키텍처 스타일에는 다양한 UI(사용자 인터페이스) 변형이 존재한다. 이는 이 스타일의 유연성이 높은 이유 중 하나이다. 예를 들어 아키텍트가 [그림 14-1]에 나온 단일한 모놀리스 UI를 분해해서 도메인 서비스마다 별도의 UI를 둘 수도 있다. 그러면 시스템의 확장성, 내결함성, 민첩성이 높아진다. 이러한 UI 변형들이 [그림 14-3]에 나와 있다.

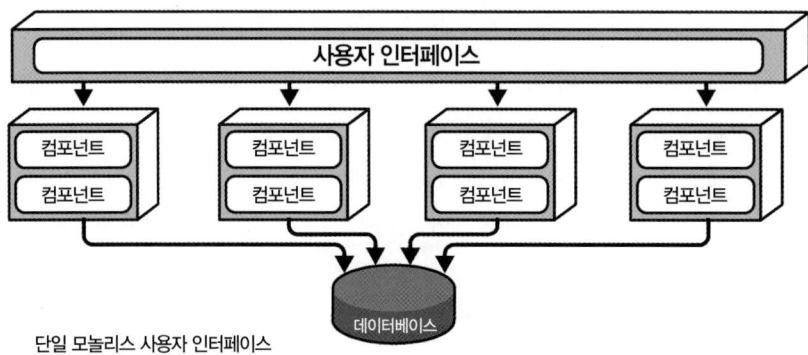

그림 14-3a 서비스 기반 아키텍처의 사용자 인터페이스 변형: 단일 모놀리스 사용자 인터페이스

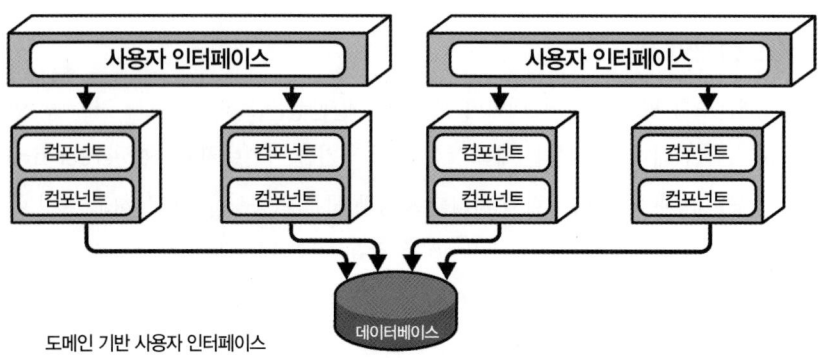

그림 14-3b 서비스 기반 아키텍처의 사용자 인터페이스 변형: 도메인 기반 사용자 인터페이스

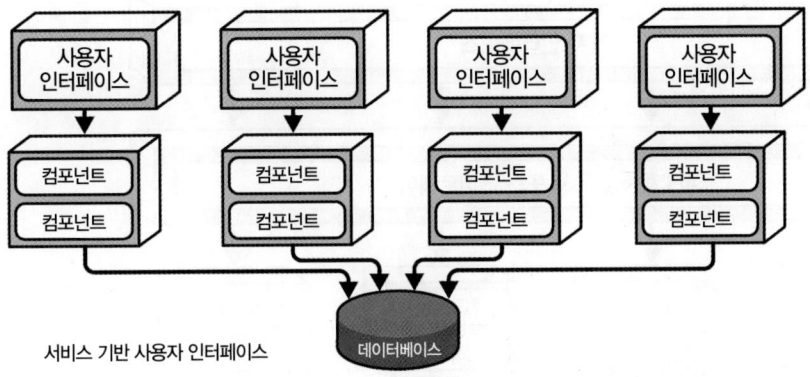

그림 14-3c 서비스 기반 아키텍처의 사용자 인터페이스 변형: 서비스 기반 사용자 인터페이스

예를 들어 전형적인 주문 시스템에는 고객이 주문을 입력하는 UI가 있고, 내부적으로는 주문 포장 담당자가 포장해야 할 항목을 볼 수 있는 별도의 UI, 그리고 고객 지원을 위한 또 다른 UI가 있을 수 있다.

14.2.3 API 게이트웨이 옵션들

이 아키텍처 스타일의 유연성 덕분에 UI와 서비스 사이에 역방향 프록시(reverse proxy)나 API 게이트웨이API Gateway로 구성된 API 계층을 추가하는 것도 가능하다. [그림 14-4]에 그러한 구성이 나와 있다. 이 방법은 도메인 서비스의 기능성을 외부 시스템에 노출하거나, 공통의 횡단 관심사들(예: 지표 측정, 보안, 감사 업무, 서비스 발견 등)을 모아서 API 게이트웨이로 옮길 때 유용하다. 또한 인스턴스가 여러 개인 서비스의 부하 분산에도 좋다.

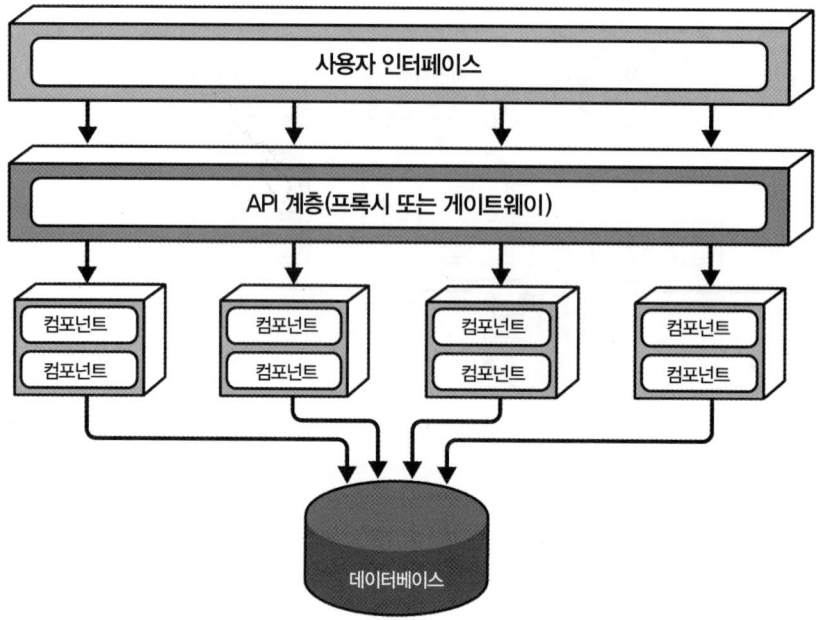

그림 14-4 UI와 도메인 서비스 사이에 API 계층을 추가한 예

14.3 데이터 토폴로지

서비스 기반 아키텍처는 데이터베이스 토폴로지에 관해서도 여러 가지 선택지를 제공한다. 이는 이 스타일이 유연성이 높은 또 다른 이유이다. 이 스타일은 분산 아키텍처이면서도 모놀리스 데이터베이스를 효과적으로 지원한다는 점에서 독특하다. 하지만 필요하다면 단일한 모놀리스 데이터베이스를 다수의 데이터베이스로 분리할 수 있다. 심지어는 개별 도메인 서비스에 대해 도메인 범위의 데이터베이스를 두는 것도 가능하다(마이크로서비스와 비슷한 방식으로). 데이터베이스를 여러 개 사용하는 경우에는 한 도메인 서비스를 위한 데이터베이스의 데이터를 다른 도메인 서비스가 필요로 하는 일은 없는지 확인해야 한다. 그런 일이 벌어지면 도메인 서비스 사이에 상호 통신이 발생할 수 있다. 일반적으로 이 아키텍처 스타일에서는 도메인 서비스가 다른 도메인 서비스를 호출하는 것보다는 그냥 데이터를 공유하는 것이 낫다. [그림 14-5]에 데이터베이스와 관련한 여러 변형이 나와 있다.

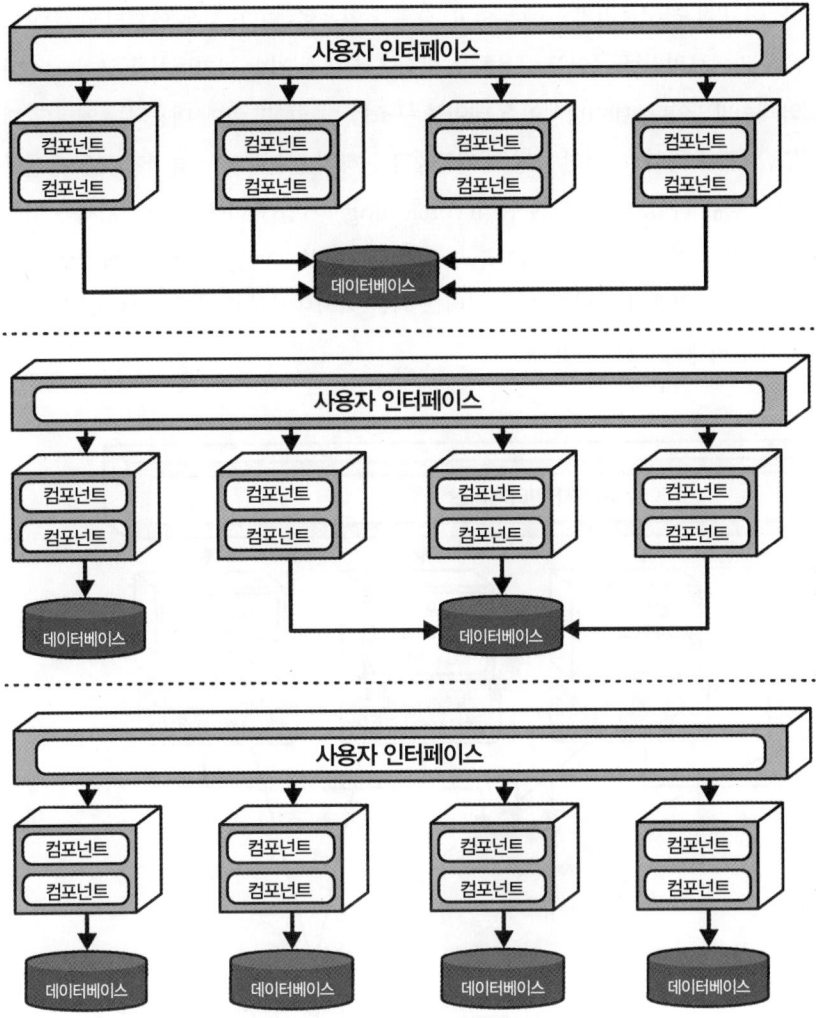

그림 14-5 서비스 기반 아키텍처의 데이터베이스 토폴로지 변형들

서비스 기반 아키텍처가 모놀리스 데이터베이스를 지원하긴 하지만, 데이터베이스 테이블의 스키마 변경을 제대로 처리하지 않으면 스키마 변경이 모든 도메인 서비스에 영향을 끼칠 수 있음을 유의해야 한다. 이 점 때문에 데이터베이스 변경 작업은 큰 노력과 협업, 그리고 전반적인 신뢰성을 요구하는 매우 비싸고 위험한 작업이 된다.

서비스 기반 아키텍처에서 데이터베이스 테이블 스키마를 나타내는 공유 클래스 파일(이른바 **엔티티 객체**)은 보통 모든 도메인 서비스가 사용하는 커스텀 공유 라이브러리(JAR, DLL 파일 등)에 포함된다. 이 공유 라이브러리 안에는 SQL 코드도 있을 수 있다. 모든 엔티티 객체를 이처럼 하나의 공유 라이브러리로 묶어서 사용하는 방식은 서비스 기반 아키텍처를 구현하는 데 **가장 효과가 떨어지는** 방법이다. 데이터베이스 테이블 구조를 변경하면 그에 대응되는 엔티티 객체 라이브러리도 바꿔야 하며, 그러면 해당 테이블에 접근하지 않는 서비스들까지 **모두** 갱신하고 배포해야 한다. 공유 라이브러리 버전 관리(versioning) 기법을 이용하면 이 문제를 어느 정도 완화할 수 있지만, 어느 서비스가 테이블 변경의 영향을 받는지는 사람이 수작업으로 분석해야 알아낼 수 있다. 그래서 이런 방식은 서비스 기반 아키텍처의 안티패턴으로 간주된다. [그림 14-6]에 이 안티패턴이 나와 있다.

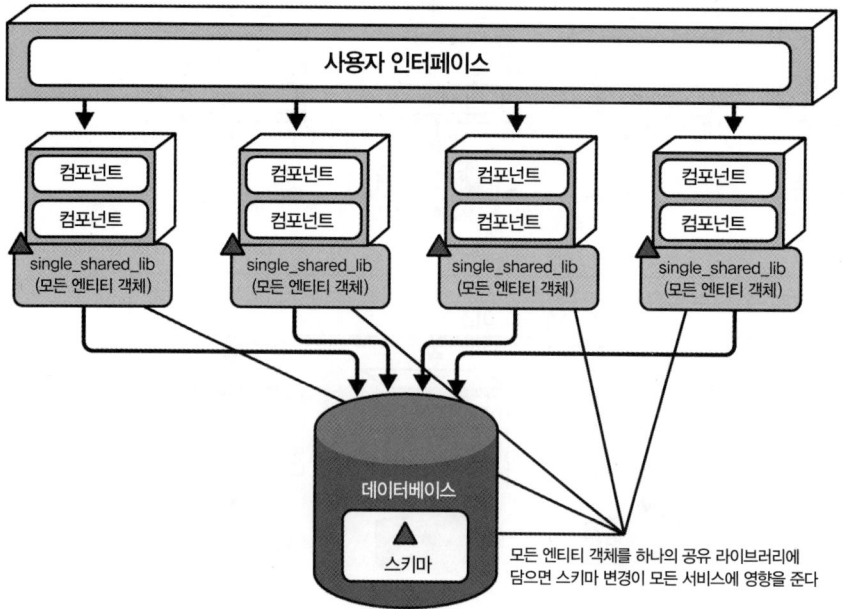

그림 14-6 모든 엔티티 객체를 하나의 공유 라이브러리에 담은 탓에 스키마 변경이 모든 서비스에 영향을 주는 방식은 서비스 기반 아키텍처의 안티패턴에 해당한다.

데이터베이스 변경의 영향과 위험도를 완화하는 한 가지 방법은 데이터베이스를 논리적으로 분할하고 그러한 분할들 각각을 별도의 공유 라이브러리로 만드는 것이다. [그림 14-7]을 보면 하나의 데이터베이스가 공통(common), 고객(customer), 청구(invoicing), 주문(order), 추적(tracking)이라는 다섯 개의 논리적 도메인으로 분할되어 있다. 도메인 서비스들은 데이터베이스의 이러한 논리적 분할에 따라 분리된 다섯 개의 공유 라이브러리를 사용한다. 이렇게 하면 특정한 논리적 도메인(이를테면 Invoicing)의 테이블에 변화가 생긴 경우 해당 엔티티 객체의 공유 라이브러리만(경우에 따라서는 SQL도 포함해서) 바꿔 주면 된다. 그러한 변경은 해당 공유 라이브러리를 사용하는 서비스들에만 영향을 줄 뿐, 다른 서비스들은 영향을 받지 않는다. 따라서 다른 서비스들은 다시 테스트하거나 재배포할 필요가 없다.

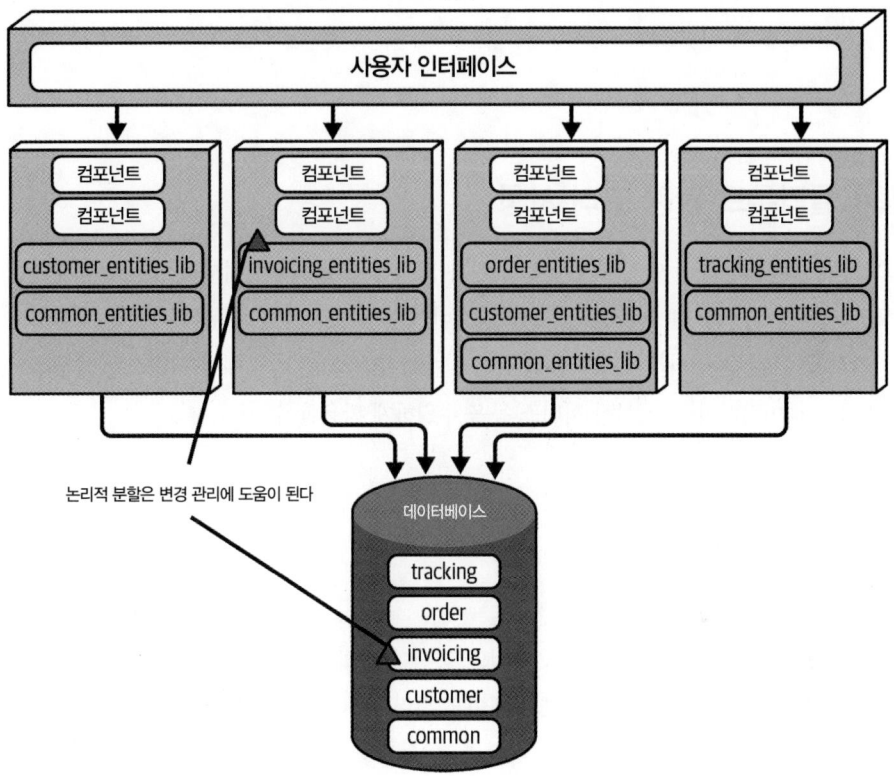

그림 14-7 데이터베이스 엔티티 객체들에 여러 개의 공유 라이브러리를 사용하는 예

[그림 14-7]에서 데이터베이스에는 common이라는 도메인과 그에 대응되는 common_entities_lib라는 공유 라이브러리가 있다. 이 공유 라이브러리는 모든 서비스가 사용한다. 실제 아키텍처들에도 이런 성격의 공유 라이브러리를 흔히 볼 수 있다. common 도메인의 테이블들은 모든 서비스에 공통이므로, 이 테이블들을 변경하면 공유 데이터베이스에 접근하는 모든 서비스를 조율해야 한다. 이러한 공통 테이블(및 해당 엔티티 객체와 도메인 서비스)의 변경 때문에 생기는 파급 효과를 줄이는 한 가지 방법은 버전 관리(version control) 시스템에서 공통 엔

제14장 서비스 기반 아키텍처 스타일 **285**

티티 객체 파일을 잠그고 데이터베이스 팀만이 변경할 수 있게 하는 것이다(버전 관리 시스템을 사용한다고 할 때). 그러면 변경 관리가 수월해질 뿐만 아니라 모든 서비스에서 사용하는 공통 테이블의 변경 중요성이 강조된다.

> **팁** 서비스 기반 아키텍처에서 데이터베이스 변경 사항을 더 잘 관리하려면 데이터베이스를 가능한 한 세밀하게 논리적으로 분할하되, 데이터 도메인들은 잘 정의된 상태로 명확하게 유지해야 한다.

14.4 클라우드 환경 고려 사항

서비스 기반 스타일은 분산 아키텍처이므로, 비록 도메인 서비스들이 대체로 세분도가 낮지만 그래도 클라우드 환경과 잘 어울린다. 도메인 서비스는 범위가 넓기 때문에 서버리스 함수로 구현하기보다는 컨테이너화해서 구현하는 것이 일반적이다. 그리고 도메인 서비스는 클라우드 파일 저장소, 데이터베이스, 메시징 서비스 등을 수월하게 활용할 수 있다.

14.5 일반적인 위험

마이크로서비스 아키텍처에서는 서비스 사이의 통신이 흔하지만, 서비스 기반 아키텍처에서는 가급적 이를 피하려 한다. 이상적으로 도메인은 독립적이어야 하고 결합은 데이터베이스 수준에서만 발생해야 한다. 도메인 서비스 사이에 통신이 많다는 것은 아키텍트가 도메인 분할을 잘못했거나 주어진 문제에 이 아키텍처 스타일이 적합하지 않음을 강력하게 시사하는 신호이다.

또 다른 일반적 위험은 도메인 서비스를 **너무 많이** 만드는 것이다. 실용적인 관점에서 하나의 시스템에 적합한 최대 도메인 서비스 개수는 약 12개 정도이다. 이를 초과하면 테스트, 배포, 모니터링, 데이터베이스 연결 및 변경 관리에서 문제가 계속 발생하게 된다.

14.6 거버넌스

순환 복잡성, 확장성, 반응성 등 이 책 전반에서 논의한 일반적인 구조적·운영적 아키텍처 거버넌스 기법들 외에, 아키텍트가 서비스 기반 아키텍처의 구조적 완결성을 보장하기 위해 적용할 수 있는 좀 더 특화된 거버넌스 테스트들이 있다.

도메인 서비스는 가능한 한 독립적이어야 한다. 이 스타일에서 가장 먼저 챙겨야 할 점은, 변경이 여러 도메인 서비스에 걸쳐 발생하지 않도록 하는 것이다. 하나의 변경이 여러 도메인 서비스에 영향을 끼친다는 것은 도메인 경계가 적절하게 정의되어 있지 않거나, 서비스 기반 아키텍처가 해당 문제에 적합한 스타일이 아닐 수 있음을 강력하게 시사하는 신호이다.

서비스 간 통신이 불가피한 경우에는 도메인 서비스들 사이의 통신량을 관리하는 데 초점을 두어야 할 것이다. 어쩔 수 없이 한 도메인 서비스가 다른 서비스와 통신해야만 하는 작업흐름이 존재한다. 예를 들어, `OrderProcessing`(주문 처리) 도메인은 주문 상태 정보를 고객에게 이메일로 보내기 위해 `CustomerNotification`(고객 알림) 도메인과 정보를 교환해야 할 수 있다. 하지만 대부분의 경우는 도메인 서비스들이 서로 독립적으로 작동하게 만들고 오케스트레이션은 UI 또는 API 게이트웨이 레벨에서 이루어지도록 설계해야 한다.

14.7 팀 토폴로지 고려 사항

서비스 기반 아키텍처는 도메인 단위로 분할되므로, 팀들도 도메인 영역별로 정렬(alignment)되어 있을 때 가장 효과적이다. 예를 들어 각 도메인을 전담하는 전문성을 갖춘 교차 기능 팀(CFT)들을 두면 좋을 것이다. 특정 도메인에 기반한 요구사항이 제기되면 해당 도메인에 초점을 둔 교차 기능 팀이 해당 도메인 서비스 안에서 그 기능을 함께 구현하면 된다. 이 과정에서 다른 팀이나 서비스와 충돌은 발생하지 않는다. 서비스 기반 아키텍처는 도메인 분할에 기반한 아키텍처 스타일이다 보니 기술적으로 분할된 팀들(UI 팀, 백엔드 팀, 데이터베이스 팀 등)과는 잘 맞지 않는다. 도메인 기반 요구를 기술에 따라 조직한 팀들에 배정하면 여러 팀 사이의 복잡한 의사소통과 협업이 필요해지는데, 이는 대부분의 조직에서 쉽지 않은 일이다.

다음은 서비스 기반 아키텍처를 §9.5 "팀 토폴로지와 아키텍처"에서 설명한 팀 토폴로지들에 정렬하려는 아키텍트가 고려해야 할 몇 가지 사항이다.

스트림 정렬 팀
도메인 경계들이 적절히 정렬되어 있다면 스트림 정렬 팀은 이 아키텍처 스타일과 잘 어울린다. 각 스트림이 특정한 하나의 도메인에 초점을 둔다면 특히 그렇다. 그러나 여러 도메인 서비스로 정의된 경계들을 넘나드는 스트림이 존재한다면 서비스 기반 아키텍처를 적용하기가 어려워진다. 그럴 때는 아키텍트가 도메인 서비스들의 경계와 세분도를 다시 분석해서 스트림에 맞게 경계를 재조정하거나, 정 안 되면 다른 아키텍처 스타일을 선택해야 한다.

활성화 팀
서비스 기반 아키텍처와 활성화 팀 토폴로지의 조합은 그리 효과적이지 않다. 도메인 서비스들의 세분도가 낮기 때문이다. 하지만 아키텍트가 각 도메인 서비스 안의 컴포넌트들을 세심하게 식별해서 적절히 정의한다면 이 스타일의 모듈성을 높이는 것이 가능하다. 그러면 전문 인력이나 교차 기능 팀원이 그런 컴포넌트들에 기반해서 뭔가를 제안하거나 실험을 수행할 수 있다.

난해한 하위시스템 팀
이 아키텍처의 도메인 및 하위 도메인 수준 모듈성이 난해한 하위시스템 팀에 도움이 된다. 난해한 하위시스템 팀은 다른 팀이나 서비스와는 독립적으로 난해한 도메인 또는 하위 도메인 처리에 집중할 수 있다.

플랫폼 팀
서비스 기반 아키텍처는 모듈성이 높으므로, 다른 팀들은 플랫폼 팀이 제공하는 공통의 도구와 서비스, API, 작업들을 활용함으로써 플랫폼 팀 토폴로지의 혜택을 누릴 수 있다.

14.8 스타일 특성

[그림 14-8]의 특성 등급표에서 별점 1개는 이 아키텍처 스타일이 그 아키텍처 특성을 잘 지원하지 않는다는 뜻이고 별 5개 등급은 그 아키텍처 특성이 이 아키텍처 스타일의 가장 강력한 특징 중 하나라는 뜻이다. 표에 나온 각 특성은 제4장에서 정의하고 설명했다.

	아키텍처 특성	별점
	전반적인 비용	$$
구조	분할 방식	도메인
구조	퀀텀 개수	1 이상
구조	단순성	★★★
구조	모듈성	★★★
엔지니어링	유지보수성	★★★★
엔지니어링	테스트성	★★★★
엔지니어링	배포성	★★★★
엔지니어링	진화성	★★★★
운영	반응성	★★★
운영	확장성	★★★
운영	탄력성	★★
운영	내결함성	★★★

그림 14-8 서비스 기반 아키텍처의 특성 등급표

서비스 기반 아키텍처는 **도메인 분할** 아키텍처이다. 즉, 표현 로직이나 영속성 로직 같은 기술적 기준이 아니라 도메인을 위주로 구조가 만들어진다.

제7장에서 소개하고 제13장에서 다시 다룬 전자제품 재활용 서비스 고잉 그린 애플리케이션의 예를 생각해 보자. 이번에는 고잉 그린이 서비스 기반 아키텍처 스타일을 사용한다고 가정하겠다. 각 서비스는 독립적으로 배포되는 소프트웨어 단위로, 특정한 하나의 도메인(예: 품목 평가)만 담당한다. 도메인 내부에서 일어나는 변화는 오직 해당 도메인 서비스 및 그와 연관된 UI와 데이터베이스에만 영향을 미친다. 예를 들어 품목 평가를 위한 도메인 서비스에서 뭔가를 변경한 경우 애플리케이션의 다른 부분은 건드릴 필요가 없다.

분산 아키텍처에서 퀀텀의 수는 1일 수도 있고 그보다 클 수도 있다. 예를 들어, 고잉 그린의 모든 서비스가 동일한 데이터베이스와 UI를 사용한다면 전체 시스템은 하나의 퀀텀에 해당한다. 그러나 §14.2 "스타일 세부 사항"에서 설명했듯이 UI와 데이터베이스를 도메인에 따

라 나눈다면 전체 시스템 안에 여러 개의 퀀텀이 생길 수 있다. [그림 14-9]의 예에서 고잉 그린 시스템의 퀀텀은 두 개이다. 하나는 고객용으로, 별도의 고객 UI와 데이터베이스, 그리고 Quoting(견적) 서비스 및 Item Status(품목 상태) 서비스 집합이 여기에 포함된다. 다른 하나는 전자기기 수령, 평가, 재활용 등 내부 운영을 담당한다. 비록 내부 운영 퀀텀에 독립적으로 배포되는 여러 서비스와 두 개의 별도 UI가 있지만, 이들은 모두 같은 데이터베이스를 공유하므로 애플리케이션의 내부 운영 부분은 하나의 퀀텀이 된다.

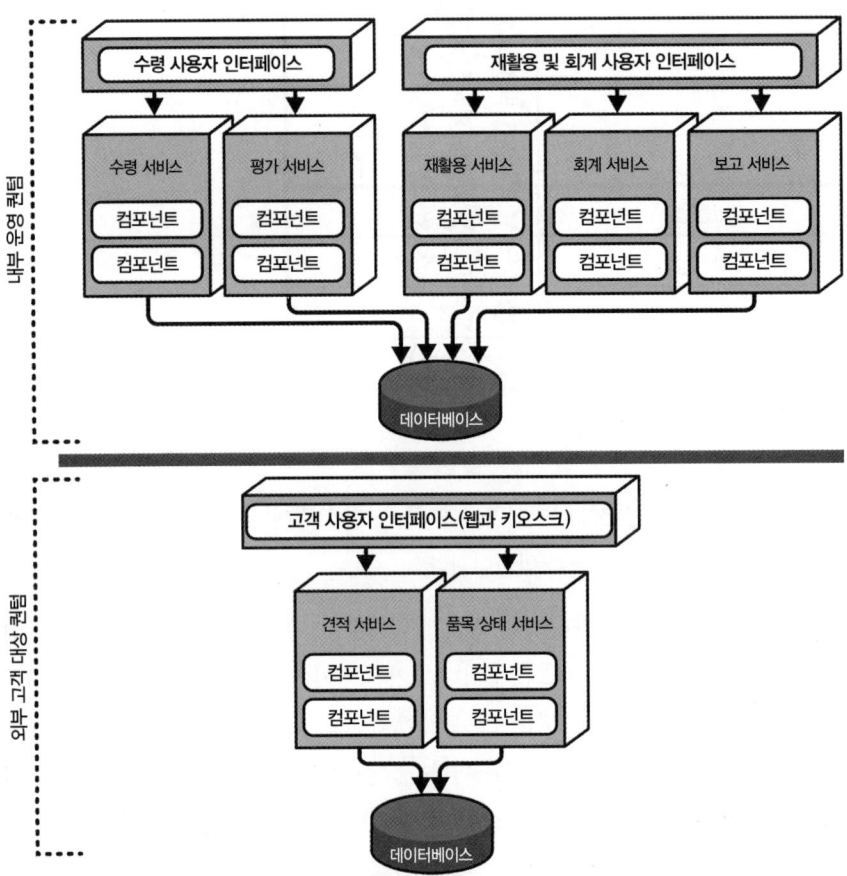

그림 14-9 한 서비스 기반 아키텍처의 개별적인 퀀텀들

서비스 기반 아키텍처에 별 5개를 받은 항목은 없다. 하지만 여러 핵심 분야에서 별 4개를 받은 만큼, 전반적인 평가는 상당히 좋다고 할 수 있다. 애플리케이션을 도메인별로 분할해서 독

립적으로 배포하는 이 아키텍처 스타일은 변경이 더 빠르다(민첩성). 그리고 도메인 범위에 기반한 모듈성 덕분에 테스트 커버리지도 좋다(테스트성). 게다가 모놀리스 아키텍처에 비해 배포가 더 잦고 위험이 적다(배포성). 이 세 특성 덕분에 제품을 좀 더 일찍 출시할 수 있으며 새 기능을 제공하거나 버그를 잡는 것도 빨라진다.

내결함성이나 전체 애플리케이션 가용성 측면에서도 서비스 기반 아키텍처는 높은 점수를 받는다. 일반적으로 도메인 서비스는 세분도가 꽤 낮지만, 그래도 내결함성과 가용성은 별이 네 개이다. 이는 대체로 서비스들이 자기완결적이고, 코드 및 데이터베이스 공유 덕분에 서비스 간 통신이 필요 없기 때문이다. 그래서 도메인 서비스 하나가 중단된다 해도 나머지 서비스들은 영향을 받지 않는다. 예를 들어 고잉 그린의 경우 `Receiving` 서비스가 다운되어도 다른 여섯 서비스는 정상적으로 작동한다.

확장성은 별이 셋뿐인데, 세분도가 낮기 때문이다. 탄력성 역시 별 2개로 낮게 평가된다. 프로그래밍적 확장성과 탄력성은 이 아키텍처 스타일에서도 확보할 수 있지만, 서비스들이 더 세밀한 아키텍처(마이크로서비스 등)보다는 기능성이 더 많이 중복된다. 그만큼 비용 효율이나 자원 활용 면에서 불리하다. 일반적으로 서비스 기반 아키텍처에서는 각각의 서비스에 대해 인스턴스가 하나만 유지된다. 단, 처리량이나 장애 조치(failover)에 대한 요구 수준이 높다면 다수의 인스턴스를 둘 수도 있다. [그림 14-9]의 예에서 보듯이 고잉 그린의 예에서는 고객 트래픽이 많은 `Quoting`(견적) 서비스와 `Item Status`(품목 상태) 서비스만 그런 식으로 확장하면 된다. 나머지 운영 서비스들은 각각 인스턴스 하나씩으로 충분하다. 이런 단일 인스턴스 서비스들에서는 단일 메모리 내 캐싱(in-memory caching)이나 데이터베이스 연결 풀링을 쉽게 활용할 수 있다.

단순성과 전체 비용 또한 이 아키텍처 스타일의 강점이다. 이는 마이크로서비스나, 이벤트 기반 아키텍처(제15장) 같은 더 비싸고 복잡한 분산 아키텍처들과 확실히 대조되는 측면이다. 심지어는 공간 기반 아키텍처(제16장)보다도 간단하고 저렴하다. 이런 장점 덕분에 서비스 기반 아키텍처는 구현이 쉽고 비용 효율이 가장 높은 분산 아키텍처 중 하나로 간주된다. 이는 분명 매력적인 특징이지만, 항상 그렇듯이 트레이드오프가 있다. 별 4개로 평가된 특성들(확장성, 탄력성, 내결함성 등)을 개선하려면 비용과 복잡성이 높아져야 한다.

유연성이 뛰어나고 별 3~4개 짜리 아키텍처 특성이 여러 개라는 점에서 서비스 기반 아키텍처는 매우 실용적인 스타일이라 할 수 있다. 물론 더 강력한 분산 아키텍처가 존재하지만, 비용이 너무 높아서 피하는 기업이 많다. 혹은 그렇게까지 강력한 구조가 필요하지 않다고 느끼기도 한다. 이는 마치 페라리를 샀는데 출근길의 도로 사정 때문에 천천히 가야 하는 것과 비슷하다. 외관은 멋지지만, 파워와 속도, 민첩성의 낭비일 뿐이다.

서비스 기반 아키텍처는 도메인 주도 설계(DDD)와도 잘 어울린다. 서비스의 세분도가 낮고 도메인 범위로 분할되므로, 각 도메인을 서비스로 만들어서 따로 배포하면 된다. 도메인의 기능성이 서비스라는 하나의 소프트웨어 단위로 묶이므로, 도메인에 변화가 생겨도 쉽게 적용할 수 있다.

분산 아키텍처에서는 데이터베이스 트랜잭션의 유지와 조정이 항상 골칫거리이다. 주된 이유는 분산 아키텍처에서는 **ACID 트랜잭션** 대신 **최종 일관성**(eventual consistency)에 의존하기 때문이다. ACID 트랜잭션은 다수의 데이터베이스 갱신을 하나의 작업 단위로 묶어서 수행하고 조정하는 것이고 최종 일관성은 갱신들을 각각 수행한 후 최종적으로 동기화하는 것이다. 하지만 서비스 기반 아키텍처는 서비스의 세분도가 낮은 덕분에 다른 분산 아키텍처들보다 ACID를 활용하기가 수월하다. 트랜잭션 범위가 각 도메인 서비스 단위로 정해지므로, 대부분의 모놀리스 애플리케이션에서 볼 수 있는 커밋 후 롤백(commit-and-rollback) 트랜잭션 기능성을 그대로 적용할 수 있다.

결론적으로, 서비스 기반 아키텍처는 서비스의 세분도와 서비스 조정의 복잡한 문제들(§ 18.2.8 "코레오그래피와 오케스트레이션" 참고)을 피하면서 적절한 수준의 모듈성을 얻고자 하는 아키텍트에게 좋은 선택지이다.

14.9 예시와 용례

서비스 기반 아키텍처의 유연성과 위력을 설명하기 위해 고잉 그린의 예를 다시 살펴보겠다. 기억하겠지만 고잉 그린 시스템은 아이폰이나 갤럭시 같은 중고 전자기기를 재활용하는 데 쓰인다.

고잉 그린의 처리 흐름은 다음과 같다. 괄호 안은 주요 도메인 영역이다.

1. 고객이 웹사이트나 키오스크를 통해 이 중고 기기를 팔면 얼마나 받을지를 문의한다(**견적**(quoting)).
2. 견적이 만족스러우면 고객이 기기를 재활용 회사로 보낸다(**수령**(receiving)).
3. 고잉 그린이 기기의 상태를 평가하고 감정한다(**평가**(assessment)).

4 기기가 정상적으로 작동하면, 고잉 그린이 고객에게 대금을 지급한다(**회계**(accounting)). 이 과정에서 고객은 언제든 웹사이트를 통해 기기의 상태를 조회할 수 있다(**품목 상태**(item status)).

5 감정 결과를 바탕으로 고잉 그린은 기기의 부품을 안전하게 분해 · 재활용하거나, 또는 페이스북 마켓플레이스, eBay와 같은 외부 판매 플랫폼에 기기를 재판매한다(**재활용**(recycling)).

6 고잉 그린은 재활용 활동에 관한 재무 및 운영 보고서를 주기적으로 작성한다(**보고**(reporting)).

[그림 14-10]은 이 시스템을 서비스 기반 아키텍처로 구현한 예이다. 앞에서 언급한 각 도메인 영역이 독립적으로 배포되는 도메인 서비스로 구현되어 있음을 주목하자. 특정 서비스의 처리량 요구가 증가해서 확장이 필요해지면 인스턴스를 여러 개 두어서 해결한다. [그림 14-10]에서는 고객 대상의 `Quoting`(견적) 서비스와 `Item Status`(품목 상태) 서비스가 그런 경우이다. 나머지 서비스들은 각각 인스턴스 하나만 유지하면 된다.

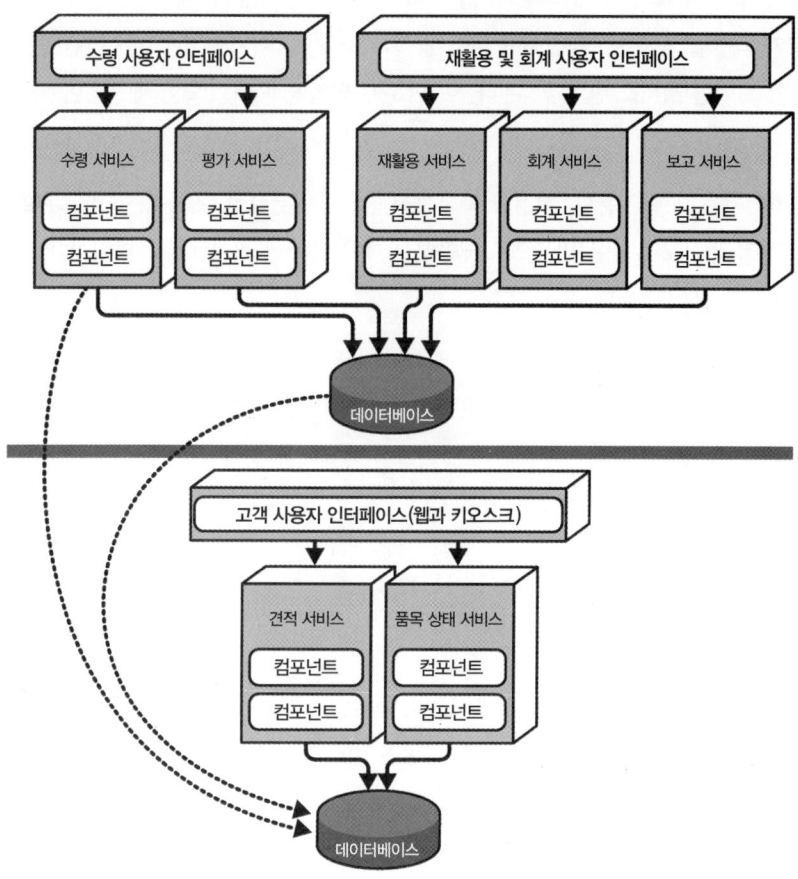

그림 14-10 서비스 기반 아키텍처로 구현한 고잉 그린 전자기기 재활용 애플리케이션

이 예에서 UI 애플리케이션은 **고객 대상, 수령, 재활용 및 회계**라는 세 도메인으로 분리되었다. 이렇게 나누면 UI 수준에서도 내결함성과 확장성이 개선되고, 외부 고객이 내부 기능에 접근할 네트워크 경로가 전혀 없으므로 보안도 좋아진다. 또한 데이터베이스도 두 개로 분리되어 있음을 주목하자. 하나는 외부 고객 대상 업무용이고 다른 하나는 내부 운영용이다. 이런 구조에서는 내부 데이터 및 관련 연산들을 외부와 분리된 네트워크 존zone(그림에서 수평선 윗부분)에 배치할 수 있다. 그러면 보안 접근 제어 및 데이터 보호가 훨씬 강화되며, 개별적인 아키텍처 퀀텀이 형성된다. 내부 서비스들은 고객 대상 정보에 접근하고 갱신할 수 있지만, 방화벽 때문에 그 반대 방향의 접근은 불가능하다. 데이터베이스에 따라서는 이렇게 하는 대신 내부 테이블 미러링mirroring이나 외부 테이블 동기화 기법을 이용해 두 데이터베이스의 데이터를 동기화하는 옵션도 있다.

한편, 특정 제품이 단종되거나 새 제품이 출시되는 등으로 시장이 계속 변함에 따라 Assessment(평가) 서비스도 자주 갱신해야 하는데, 서비스 기반 아키텍처에서는 이런 빈번한 변경이 하나의 도메인 서비스에만 국한된다. 이 덕분에 민첩성과 테스트성, 배포성이 확보된다.

서비스 기반 아키텍처는 도메인 분할, 적절한 확장성, 민첩성, 내결함성, 가용성, 그리고 빠른 반응성 등 여러 장점을 비교적 낮은 비용으로 제공하는 매우 유연한 아키텍처 스타일이다. 이런 요인들 덕분에 널리 쓰이고 있다.

또한 서비스 기반 아키텍처는 다른 분산 아키텍처로 넘어가는 '디딤돌'로 삼기에 좋은 아키텍처이다. 조직이 다른 분산 아키텍처 스타일로 이전(마이그레이션)하든, 아니면 새로운 분산 시스템을 밑바닥부터(from scratch) 만들든, 서비스 기반 아키텍처를 중간 단계로 삼으면 좋다. 이러한 장점은 다음과 같은 우리의 주장으로 이어진다.

애플리케이션의 모든 부분이 마이크로서비스일 필요는 없다.

―마크 리처즈

예를 들어 목표로 하는 아키텍처 스타일이 마이크로서비스인 경우, 마이크로서비스에 기반한 시스템을 바로 구축하는 대신 기존 시스템을 서비스 기반 아키텍처로 전환(또는 새로 구축)하면서 도메인을 분석해 보면 아키텍처에서 **반드시** 마이크로서비스이어야 하는 부분과 그렇지 않은 부분을 명확히 파악할 수 있다. 예를 들어 고잉 그린의 예에서 Recycling 서비스나 **Accounting** 서비스는 더 쪼갤 필요 없이 도메인 서비스로 그대로 남겨두어야 한다. 반면에 **Assessment** 서비스는 변경이 잦고 높은 민첩성이 요구되므로, 전자기기별로 별도의 마이크로서비스들로 세분화하면 좋을 것이다. 만일 이 단계를 생략하고 곧장 마이크로서비스 아키텍처로 이전한다면 기능성의 **모든** 조각을 마이크로서비스로 만드는 우를 범할 수 있다. 마이크로서비스가 될 필요가 없는 것들까지 말이다.

이상은 아키텍트들이 서비스 기반 아키텍처를 선호하는 수많은 이유 중 일부이다. 하지만 서비스 기반 아키텍처는 다양한 분산 아키텍처 스타일 중 하나에 불과함을 기억하자. 여러분에게 주어진 구체적인 특정 비즈니스 과제에 가장 적합한 아키텍처를 결정하려면 다양한 아키텍처를 폭넓게 이해해야 한다. 그런 취지에서, 다음 장부터 다른 여러 분산 아키텍처 스타일들을 살펴보기로 하자.

CHAPTER 15

이벤트 주도 아키텍처 스타일

이벤트 주도 아키텍처(event-driven architecture, EDA) 스타일은 인기 있는 분산 비동기 아키텍처 스타일로, 고확장성·고성능 애플리케이션을 만드는 데 흔히 쓰인다. 또한 이 스타일은 적응성이 매우 좋아서 소규모 애플리케이션부터 대규모 복합 애플리케이션까지 다양한 규모의 애플리케이션에 사용할 수 있다. 이벤트 주도 아키텍처는 분리된(decoupled, 결합이 느슨한) 이벤트 처리 컴포넌트들로 구성된다. 이 컴포넌트들은 비동기적으로 이벤트를 발생하고 반응한다. 이 스타일을 독립형 아키텍처 스타일로 사용할 수도 있고 다른 아키텍처 스타일에 포함할 수도 있다(이벤트 주도 마이크로서비스 아키텍처 등).

EDA를 아키텍처 스타일이라기보다는 아키텍처 패턴으로 보는 개발자와 소프트웨어 아키텍트가 많지만, 우리는 그런 관점에 동의하지 않는다. 우리는 시스템 전체를 EDA에만 의존해서 개발한 경험이 있다. EDA가 기본적으로 아키텍처 스타일이라는 우리의 관점은 그 경험에서 비롯된 것이다. 마이크로서비스나 공간 기반 아키텍처 같은 다른 아키텍처 스타일과 함께 혼합(hybrid) 아키텍처를 만드는 용도로 EDA를 사용할 수 있다고 해도, 기본적으로 EDA가 복잡한 시스템을 설계하는 한 방법이라는 사실은 변하지 않는다.

대부분의 애플리케이션은 [그림 15-1]에서 보듯이 소위 **요청 기반** 모델(request-based model)을 따른다. 예를 들어 고객이 지난 6개월간의 주문 내역을 요청하면, 그 요청은 먼저 **요청 오케스트레이터**(request orchestrator)로 간다. 일반적으로 요청 오케스트레이터는 하나의 사용자 인터페이스(UI)지만, API 계층이나 오케스트레이션 서비스, 이벤트 허브, 이벤트 버스, 통합 허브로 구현할 수도 있다. 요청 오케스트레이터의 역할은 요청을 여러 **요청 처리**

기(request processor)에 결정론적이고 동기적으로 전달하는 것이다. 요청 처리기들은 이름 그대로 요청을 처리하는데, 지금 예에서는 그 과정에서 데이터베이스의 고객 정보를 조회하거나 갱신한다. 여기서 주문 내역 정보 조회는 특정 맥락에서 시스템에 만들어내는 데이터 주도적이고 결정론적인 요청이지 시스템이 반응해야 하는 이벤트가 아니다. 그래서 이것을 요청 기반 모델이라고 부르는 것이다.

반면에 **이벤트 기반** 모델(event-based model)을 따르는 시스템은 특정 이벤트에 반응해서 행동을 취한다. 예를 들어 특정 상품에 대한 온라인 경매 입찰을 생각해 보자. 입찰자가 입찰을 제출하는 것은 시스템에 요청을 하는 것이 아니다. 그보다는, 현재 발표된 호가에 따라 하나의 이벤트를 개시(initiating)하는 것이라고 봐야 한다. 시스템은 이 이벤트에 반응하여 그 입찰을 같은 시기에 받은 다른 입찰들과 비교해서 현재 최고 입찰자를 결정해야 한다.

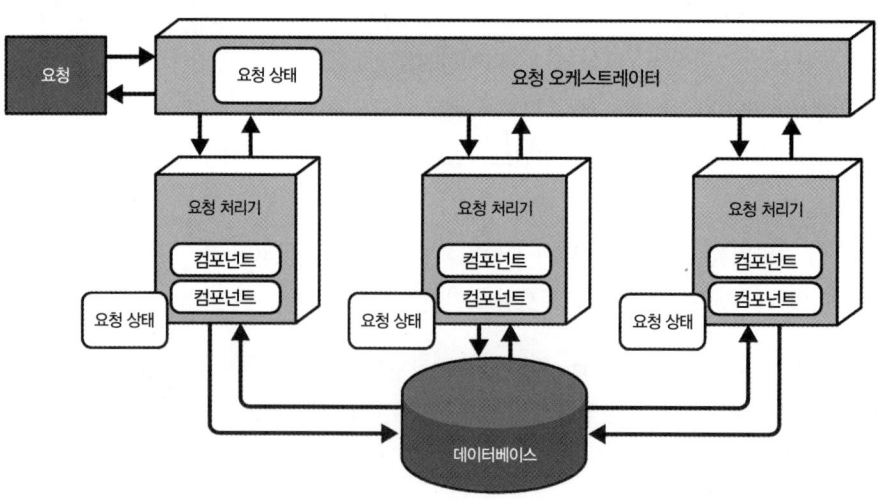

그림 15-1 요청 기반 모델

15.1 토폴로지

이벤트 주도 아키텍처는 비동기 **발사 후 망각**(fire-and-forget)[1] 통신을 활용한다. 서비스들

---

1 옮긴이_ 참고로, 이벤트를 발생한다는 뜻으로 쓰인 동사 'trigger'에는 방아쇠를 당긴다는 뜻도 있다.

이 이벤트를 발생시키면 다른 서비스들이 그 이벤트에 반응하는 방식이다. 토폴로지의 네 가지 주요 아키텍처 컴포넌트는 **개시 이벤트**(initiating event; 또는 시작 이벤트), **이벤트 브로커** event broker, **이벤트 처리기**(보통 그냥 **서비스**라고 함), **파생 이벤트**(derived event)이다.

개시 이벤트는 전체 이벤트 흐름을 시작하는 이벤트이다. 온라인 경매에서 입찰하기 같은 단순한 이벤트일 수도 있고, 직원이 결혼할 때 건강보험 체계를 갱신하는 등의 복잡한 이벤트일 수도 있다. 개시 이벤트는 **이벤트 브로커**의 이벤트 채널로 전송된다. 여러 **이벤트 처리기** 중 하나가 이벤트 브로커로부터 개시 이벤트를 받아서 처리를 시작한다.

개시 이벤트를 받은 이벤트 처리기는 그 이벤트의 처리와 관련된 구체적인 작업(경매 상품에 대한 입찰 등)을 수행한다. 그런 다음에는 **파생 이벤트**라고 부르는 이벤트를 **이벤트 브로커**에 보내서 자신이 한 일을 시스템의 나머지 부분에 비동기적으로 알린다. 다른 이벤트 처리기들은 그 파생 이벤트에 반응해서 그에 기반한 특정한 처리를 수행하고, 다시 새로운 파생 이벤트를 통해 자신이 한 일을 알린다. 이러한 과정이 모든 이벤트 처리기가 유휴 상태(idle state)가 되고 모든 파생 이벤트가 처리될 때까지 계속된다. [그림 15-2]는 이러한 이벤트 처리 흐름을 보여준다.

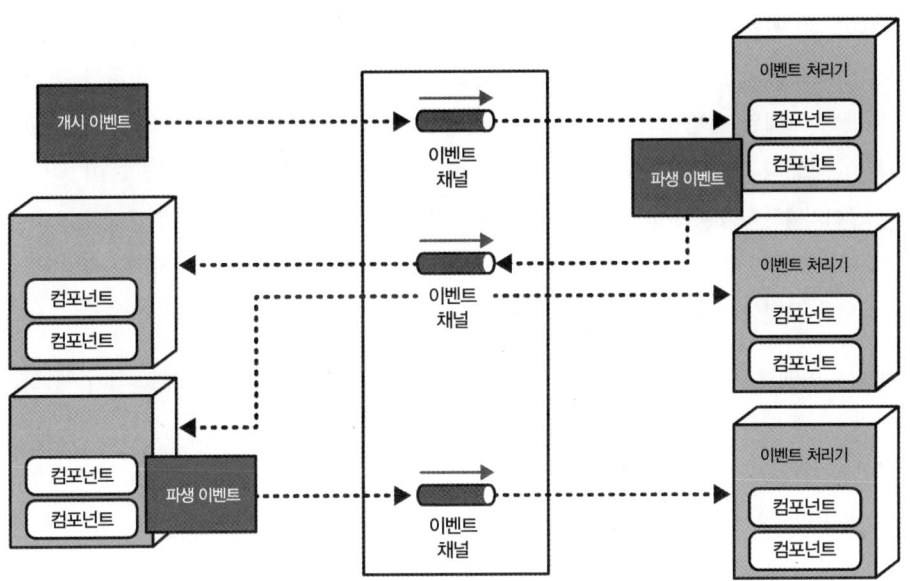

그림 15-2 이벤트 주도 아키텍처의 기본 토폴로지

일반적으로 이벤트 브로커 컴포넌트들은 **연합**(federation)되어 있다. 즉, 여러 인스턴스가 도메인에 기반해서 군집(클러스터)을 이룬다. 연합된 각 브로커는 해당 도메인의 **이벤트 흐름**(event flow; 이벤트를 처리하는 전체 작업흐름) 안에서 쓰이는 모든 **이벤트 채널**event channel(대기열, 토픽 등)을 포함한다. 이 아키텍처 스타일은 결합이 느슨하고 비동기적이며 '발사 후 망각' 브로드캐스팅의 성격을 지니고 있기 때문에, 브로커 토폴로지는 토픽이나 토픽 교환(AMQP(Advanced Message Queuing Protocol; https://oreil.ly/TQDvA)의 경우), 또는 발행 및 구독(publish-and-subscribe) 메시징 모델을 가진 스트림을 사용한다.

EDA의 전체적인 처리 방식을 [그림 15-3]에 나온 통상적인 소매 주문 입력 시스템의 작업흐름(workflow)을 통해서 살펴보자. 이것은 고객이 상품(그림에서는 이 책의 원서)을 주문할 수 있는 시스템이다. 고객이 상품을 주문하면 개시 이벤트(**주문 접수됨**)가 발생한다. 그것을 `Order Placement` 이벤트 처리기가 받아서 주문 레코드를 데이터베이스 테이블에 삽입하고 고객에게 주문 ID를 반환한다. 그런 다음 **주문 접수됨** 파생 이벤트를 발생해서 주문이 만들어졌음을 시스템의 나머지 부분에 알린다. 그림을 보면 이 파생 이벤트에 관심을 갖는 이벤트 처리기가 있다. `Notification` 이벤트 처리기, `Payment` 이벤트 처리기, `Inventory` 이벤트 처리기는 그 파생 이벤트에 반응해서 병렬로 자신의 작업을 수행한다.

`Notification` 이벤트 처리기는 **주문 접수됨** 파생 이벤트를 받아서 고객에게 주문 세부 사항이 담긴 이메일을 보낸다. `Notification` 이벤트 처리기는 자신이 한 일을 알리기 위해 적절한 파생 이벤트(**이메일 발송됨**)를 생성한다. 하지만 [그림 15-3]에서 이 파생 이벤트를 기다리는 다른 이벤트 처리기가 없음을 주목하자. 이는 EDA에서 일반적인 일이다. 그리고 이것은 이 스타일의 **아키텍처 확장 능력**(architectural extensibility), 즉 기존 시스템을 변경하지 않고도 미래의 이벤트 처리기들이 파생 이벤트에 반응할 수 있게 하는 능력의 좋은 예이다("15.2.3절" "확장 능력을 고려한 이벤트 발생" 참조).

`Inventory` 이벤트 처리기도 **주문 접수됨** 파생 이벤트를 기다리고 있다가 해당 책의 재고를 조정한다. 그런 다음 **재고 갱신됨** 파생 이벤트를 발생해서 자신의 행동을 알린다. 이 파생 이벤트에는 `Warehouse` 이벤트 처리기가 반응한다. 이 처리기는 여러 창고(warehouse)의 재고를 파악해서 공급이 너무 부족하면 상품을 재주문한다. 재고가 보충되면 `Warehouse` 이벤트 처리기가 **재고 보충됨** 파생 이벤트를 발생하고, `Inventory` 이벤트 처리기가 이에 반응해서 현재 재고를 조정한다.

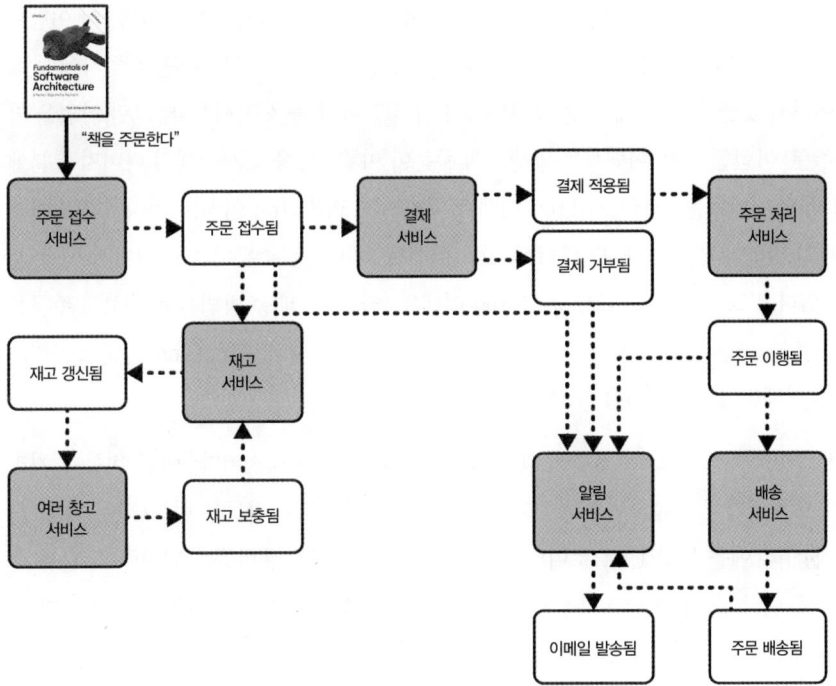

그림 15-3 이벤트 주도 아키텍처 토폴로지의 예

이때 Inventory 이벤트 처리기가 **재고 조정됨** 같은 또 다른 파생 이벤트를 발생하지 않는다. 만일 그런 이벤트를 발생한다면 재고 갱신과 조정에 대한 이벤트 처리가 영원히 반복될 것이다. 이를 **독성 이벤트**(poison event)라고 부른다.

> **주의** **독성 이벤트**는 서비스들이 파생 이벤트를 발생하고 반응하는 과정이 무한히 반복되는 것을 말한다. 이벤트 주도 아키텍처를 사용할 때 자주 일어나는 문제이므로 주의해서 피해야 한다.

Payment 이벤트 처리기도 **주문 접수됨** 파생 이벤트에 반응한다. 이 처리기는 고객의 신용카드에 요금을 청구한다. [그림 15-3]에서 보듯이 Payment 이벤트 처리기는 작업의 결과에 따라 두 가지 파생 이벤트 중 하나를 선택해서 발생한다. 결제가 정상적으로 처리된 경우에는 **결제 적용됨** 파생 이벤트를 발생해서 결제가 적용되었음을 시스템의 나머지 부분에 알리고, 결제가 거부되면 **결제 거부됨** 파생 이벤트를 발생해서 그 사실을 알린다. Notification 이벤트 처리기는 **결제 거부됨** 파생 이벤트에 관심이 있다. 그런 일이 발생하면 고객에게 신용카드 정보를 갱신하거나 다른 결제 방법을 선택해야 한다고 이메일로 알려야 하기 때문이다.

결제 적용됨 파생 이벤트에는 Order Fulfillment(주문 이행) 처리기가 반응한다. 이 이벤트 처리기는 주문 픽업 및 포장과 관련한 여러 자동화 기능을 수행한다. 이를테면 작업자에게 해당 상품을 어디서 찾을지, 주문에 어떤 크기의 상자가 필요한지 등을 지시한다. 그런 작업을 마친 후에는 **주문 이행됨** 파생 이벤트를 발생해서 주문이 이행되었음을 시스템의 나머지 부분에 알린다. 이 파생 이벤트를 Notification 이벤트 처리기와 Shipping 이벤트 처리기가 받아서 병렬로 각자의 작업을 진행한다. Notification 이벤트 처리기는 주문이 이행되어서 배송 준비가 완료되었다고 고객에게 알리고, Shipping 이벤트 처리기는 배송 방법을 선택하고 주문을 배송한 다음 **주문 배송됨** 파생 이벤트를 발생한다. 이 이벤트를 Notification 이벤트 처리기가 받아서 주문 배송이 시작되었음을 고객에게 알린다.

언급된 이벤트 처리기들은 모두 결합이 대단히 느슨하고 서로 독립적이다. 이런 비동기 처리 작업흐름은 계주 경기에 비유하면 이해하기 쉽다. 계주 경기에서 주자들은 바통(나무 막대기)을 들고 일정 거리(예를 들어 1.5킬로미터)를 달린 후 다음 주자에게 바통을 넘겨준다. 다음 주자도 같은 일을 한다. 그런 과정이 마지막 주자가 결승선을 통과할 때까지 반복된다. 주자가 일단 바통을 넘겨주면 그 경기에서 할 일이 끝난 것이므로 다른 일로 넘어갈 수 있다. 이벤트 처리기들도 마찬가지이다. 이벤트 처리기가 이벤트를 넘겨주면(즉, 이벤트를 받아서 처리하고 파생 이벤트를 발생하면) 더 이상 해당 이벤트의 처리에 관여하지 않고 다른 개시 이벤트나 파생 이벤트에 반응할 수 있게 된다. 더 나아가서, 각 이벤트 처리기를 다른 이벤트 처리기와는 독립적으로 확장하는(다양한 부하 조건(load condition)이나 백업을 처리하도록) 것도 가능하다.

15.2 스타일 세부 사항

그림 EDA를 좀 더 상세하게 살펴보자. 이 복잡한 아키텍처 스타일의 고려 사항들과 패턴, 혼합 변형들을 논의할 것이다.

15.2.1 이벤트 대 메시지

이벤트 주도 아키텍처는 이벤트를 이용해서 정보를 전달하고 처리한다. 그런데 **이벤트**가 정말 **메시지**와 그렇게 다른가? 그렇다. 아주 다르다.

이벤트는 무언가가 이미 일어났음을 다른 이벤트 처리기들에 널리 알리는(방송, 브로드캐스팅) 수단이다. 반면에 **메시지**는 "이 주문에 대한 결제를 적용하라"나 "이 주문에 대한 배송 옵션을 알려달라" 같은 명령이나 쿼리에 가깝다. 이 차이는 크다. **이벤트 처리**는 이미 일어난 일에 어떻게 **반응**하느냐에 관한 것이지만, 메시지는 **해야 할** 일을 설명한다. 앞의 예제에서 "방금 주문을 넣었다"는 앞으로 어떤 처리가 필요한지를 지시하거나 명령하는 것이 아니므로 메시지가 아니다. 이것은 일어난 사건을 말해주는 것이므로 이벤트임이 분명하다. 메시지와 구별되는 이벤트의 이러한 특징은 EDA의 분리 성질로 이어진다.

이벤트와 메시지의 두 번째 주요 차이점은, 일반적으로 이벤트는 수신자의 응답을 요구하지 않지만, 메시지는 응답을 요구한다는 것이다. 응답을 요구하지 않으면 이벤트 처리기 사이의 왕복 통신이 줄어들어서 처리기들의 결합이 더욱 느슨해진다.

이벤트와 메시지의 또 다른 주요 차이점은, 이벤트는 일반적으로 여러 이벤트 처리기에 방송되지만 메시지는 거의 항상 하나의 이벤트 처리기로 향한다는 것이다. 앞의 간단한 주문 처리 예제에서 **주문 접수됨** 이벤트에 다수의 이벤트 처리기가 반응한다. 하지만 **결제를 적용하라** 같은 메시지에는 하나의 이벤트만 응답할 것이다. 이벤트는 일반적으로 발행 및 **구독**(일대다) 형태의 통신을 사용하고, 메시지는 일반적으로 **점대점**(일대일) 형태의 통신을 사용한다.

이벤트와 메시지의 마지막 차이점은 통신 채널을 나타내는 물리적 요소이다. 이벤트는 **토픽**이나 **스트림**, 또는 알림 서비스를 이용해서 다수의 이벤트 처리기가 채널을 구독하고 이벤트를 수신할 수 있게 한다. 반면에 메시징 방식에서는 일반적으로 **대기열**이나 **메시징 서비스**를 이용해서 한 종류의 이벤트 처리기만 해당 메시지를 받을 수 있게 한다.

이벤트 주도 아키텍처는 주로 **이벤트**를 사용하지만(그래서 그런 이름이 붙었다), 필요하다면 메시지를 사용하기도 한다. 예를 들어 다른 특정한 이벤트 처리기에 데이터를 요청하는 경우라면 메시지가 더 적합할 것이다(§15.3 "데이터 토폴로지"와 §15.2.10 "요청-응답 처리" 참고). 또한, §15.2.11 "중재된 이벤트 주도 아키텍처"에서는 메시지를 이용해서 이벤트의 처리 순서를 제어하는 **중재된 이벤트 주도 아키텍처**를 소개한다.

연습 삼아 다음 문장들이 이벤트인지 메시지인지 판단해 보기 바란다.

- "어드벤처러스 항공 6557편, 230도 방향으로 좌회전하라."
- "다음 소식입니다. 한랭전선이 이 지역으로 이동해 왔습니다."

- "자, 여러분, 문제집 145페이지를 펴세요."
- "안녕하세요, 여러분! 회의에 늦어서 죄송합니다."

하나씩 살펴보자.

"어드벤처러스 항공 6557편, 230도 방향으로 좌회전하라."
이것은 조종사라는 하나의 대상을 향한 명령(해야 할 일)이므로 **메시지**이다. 다른 조종사들도 이 메시지를 들을 수 있긴 하지만, 대상이 한 명(어드벤처러스 항공 6557편의 조종사)임은 명확하다.

"다음 소식입니다. 한랭전선이 이 지역으로 이동해 왔습니다."
이것은 **이벤트**이다. 여러 사람에게 방송되는 내용이고 이미 일어난 일을 설명하며 뉴스 방송진은 응답을 기대하지 않는다. (하지만 답변을 요구하지 않는 메시지도 있다.)

"자 여러분, 문제집 145페이지를 펴세요."
이것은 조금 까다롭다. 결론부터 말하면 이것은 메시지이다. 여러 학생에게 방송되긴 하지만, 이미 일어난 일을 알리는 것이 아니라(그랬다면 이벤트가 될 것이다) 무언가를 하라는 **명령**이다. 이 예는 이벤트와 메시지의 차이에 관해 명심해야 할 점을 보여준다. 바로, (문제집 145페이지를 펴라는 것 같은) 명령을 발행 및 구독 채널을 통해 방송한다고 해서 그것이 **이벤트**가 되는 것은 아니라는 점이다.

"안녕하세요, 여러분! 회의에 늦어서 죄송합니다."
이것은 **이벤트**이다. 이 사람이 회의에 늦은 것은 이미 일어난 일이기 때문이다. 또한 여러 사람에게 방송되며, 응답을 기대하지도 않는다.

15.2.2 파생 이벤트

파생 이벤트는 EDA의 중요하고 필수적인 부분이다. 이벤트 처리기는 개시 이벤트를 받은 **후에** 파생 이벤트를 발생한다. 처리 방식에 따라서는, 하나의 입력 이벤트에 대해 이벤트 처리기가 둘 이상의 파생 이벤트를 발생할 수 있다.

[그림 15-3]에서 Payment 이벤트 처리기가 주어진 구매에 대해 고객의 신용카드에 요금을 청구할 때 발생시키는 파생 이벤트를 살펴보자. [그림 15-4]에서 보듯이 신용카드 청구 작업에는 잠재적인 사기 행위의 확인(Fraud Detection 이벤트 처리기)과 신용카드 잔액 확인(Credit Limit 이벤트 처리기가 처리함)이 포함된다. EDA에서는 **결제 적용됨**이라는 하나의 이벤트를 통해서 두 활동을 동시에 수행할 수 있다.

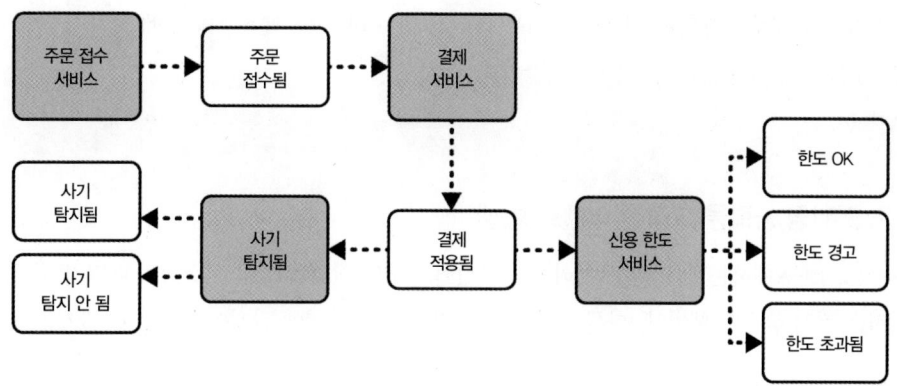

그림 15-4 파생 이벤트는 개시 이벤트에 대한 응답으로 발생한다.

이 하나의 작업이 얼마나 많은 파생 이벤트를 만들어내는지 주목하자. 하나의 입력 이벤트에 대해 Fraud Detection 이벤트 처리기는 두 가지 파생 이벤트 중 하나를 발생한다. 하나는 사기 행위가 탐지된 경우에 대한 것이고 다른 하나는 탐지되지 않은 경우에 대한 것이다. 사기 행위 탐지 결과에 따라 서로 다른 이벤트 처리기들이 추가 작업을 수행할 수도 있으므로, 두 가지 파생 이벤트 모두 필요하다.

다음으로, Credit Limit 이벤트 처리기의 파생 이벤트들을 살펴보자. 첫째, 한도 OK 파생 이벤트는 이 구매에 위험이 없고 고객에게 카드 잔액이 충분함을 시스템의 나머지 부분에 알린다. 이때 고객의 카드 잔액 수치를 이벤트 페이로드에 저장할 수도 있다(다운스트림[2] 이벤트 처리기가 그 정보를 유용하게 사용할 수도 있으므로). 둘째, 카드 한도 경고 파생 이벤트는 잔액이 신용 한도에 가깝다는 경고에 해당한다. 이 경고에 반응하는 다운스트림 이벤트 처리기들이 있을 수 있다. 예를 들어 Notification 이벤트 처리기는 고객에게 신용 한도에 근접했음을 알려줄 수도 있을 것이다. 마지막으로 한도 초과됨 파생 이벤트는 좀 더 치명적이다. Notification이나 Decline Purchase(구매 거부) 같은 처리기가 이 이벤트에 반응해야 할 것이며, 어쩌면 고객의 신용 한도를 자동으로 연장해서 구매를 허용하게 만드는 마케팅 기반 Extend Credit Limit(신용 한도 추가) 이벤트 처리기를 둘 수도 있다.

이상의 예는 하나의 이벤트 처리기가 둘 이상의 파생 이벤트를 발생할 수 있음을 보여준다. 하

---

[2] 옮긴이_ 다운스트림은 처리 흐름이나 파이프라인, 유향 그래프에서 현재 요소보다 뒤쪽에 있는 요소를 말한다. 반드시 '바로 다음 요소'일 필요는 없다. 반대말은 업스트림이다.

지만 처리 단위들이 세분화된 이벤트를 너무 많이 보내는 **하루살이 떼** 안티패턴에 빠지지 않도록 주의해야 한다(§15.2.7 "하루살이 떼 안티패턴" 참조).

15.2.3 확장 능력을 고려한 이벤트 발생

일반적으로 EDA에서는 각 이벤트 처리기가 자신이 수행한 작업을 항상 시스템의 나머지 부분에 알리는 것이 좋은 관행이다. 다른 이벤트 처리기들이 그 작업에 관심이 있는지와 관계없이 말이다.

관심을 갖거나 응답하는 이벤트 처리기가 하나도 없는 이벤트를 가리켜 우리는 **확장 가능 파생 이벤트**(extensible derived event)라고 부른다. 그런 이벤트는 필요에 따라 새로운 기능성을 추가할 수 있는 하나의 '연결 고리(hook)'로 존재하며, 따라서 **아키텍처 확장 능력**을 지원하는 요인이 된다. 그래서 확장 가능 이벤트라고 부르는 것이다. 예를 들어, 복잡한 이벤트 처리 과정에서 `Notification` 이벤트 처리기가 특정한 작업을 알리는 이메일을 고객에게 전송한 후 그 사실을 **이메일 전송됨**이라는 파생 이벤트를 통해서 시스템의 나머지 부분에 알린다고 하자. [그림 15-5]처럼 그 이벤트에 아무도 반응하지 않으면, 그런 이벤트를 발생하는 것이 그저 자원 낭비인 것처럼 보인다. 하지만 그렇지 않다. 나중에 회사가 고객에게 발송된 모든 이메일을 분석하기로 결정한다면 어떨까? **이메일 전송됨** 파생 이벤트가 있고 그 이벤트에 이미 이메일 정보가 들어 있으므로, 팀은 그냥 `Email Analyzer` 같은 이벤트 처리기를 시스템에 추가하기만 하면 된다. 다른 이벤트 처리기들은 변경할 필요가 없으므로, 최소한의 노력으로 시스템의 기능성을 확장할 수 있다.

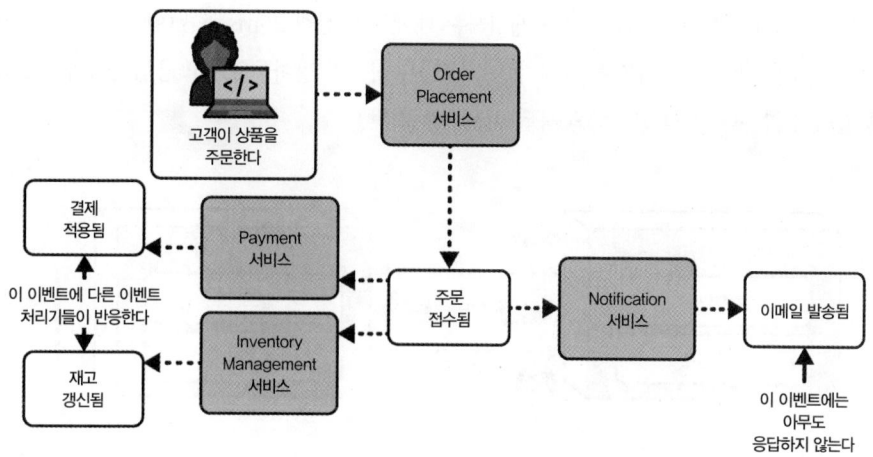

그림 15-5 Notification 서비스가 이벤트를 발생하지만 그저 무시될 뿐 사용되지 않는다.

15.2.4 비동기 역량들

이벤트 주도 아키텍처 스타일의 한 가지 독특한 특징은 **발사 후 망각** 처리(응답이 필요하지 않음)와 **요청/응답** 처리(이벤트 소비자로부터 응답이 필요한 경우; §15.2.10 "요청-응답 처리" 참조) 모두에서 주로 비동기 통신에 의존한다는 점이다. 비동기 통신(asynchronous communication)은 시스템의 전반적인 반응성을 높이는 강력한 기법이 될 수 있다.

이런 시나리오를 생각해 보자. 사용자가 웹사이트에 제품 리뷰를 올린다. Comment 서비스(그림 15-6의 이벤트 소비자)가 그 리뷰를 검증해서 게시하는 데에는 3,000ms가 걸린다. 사용자의 리뷰는 여러 파싱 엔진을 거치면서 비속어가 있는지, 욕설이 있는지("머리가 느리게 돌아간다"라거나 "제대로 생각하지 못한다" 등), 마지막으로 제품과 무관한 내용은 아닌지(정치 사안 언급 등)를 검사받는다.

[그림 15-6]의 상단 경로는 동기식 REST 호출을 사용해서 리뷰를 게시한다. 이 경우 사용자의 리뷰가 서비스에 도달하는 데 50ms의 네트워크 지연시간이 있고 서비스가 리뷰를 등록하는 데 3,000ms가 걸리며 사용자에게 리뷰가 등록되었다고 알리기까지 50ms의 지연시간이 있다. 따라서 사용자 관점에서 리뷰가 게시되는 데 걸리는 전체 시간은 3,100ms다. 하단 경로는 비동기 통신의 경우인데, 사용자가 느끼는 전체 게시 시간은 3,100ms가 아닌 단 25ms이

다. 시스템이 리뷰를 받아서 검증하고 게시하는 데에는 여전히 25ms + 3,000ms = 3,025ms가 필요하지만, 최종 사용자의 관점에서는 시스템이 리뷰를 받아들였다고 응답하기까지 25ms밖에 걸리지 않는다(아직 실제로 등록된 것은 아니지만).

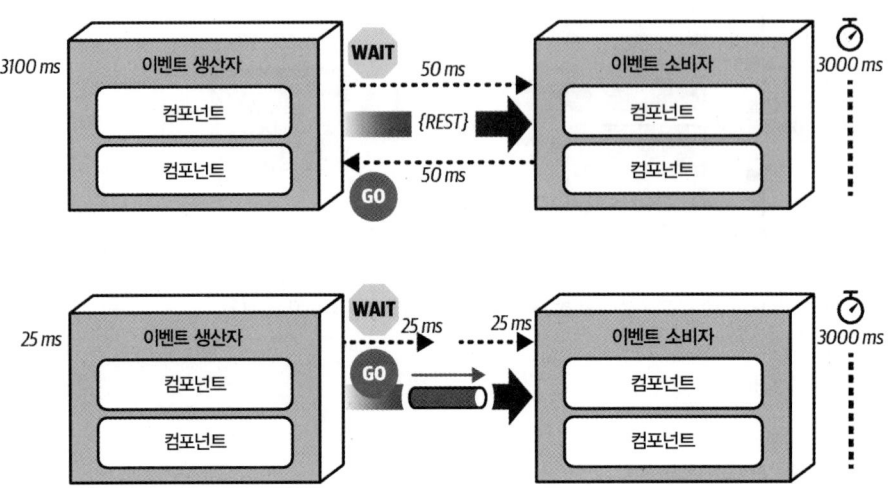

그림 15-6 동기식 통신 대 비동기식 통신

응답 시간 3,100ms과 25ms는 차이가 아주 크다. 단, 주의할 점이 있다. 상단의 동기식 경로에서는 최종 사용자의 리뷰가 반드시 등록된다는 **보장**이 있다. 하지만 하단의 비동기식 경로에서 사용자에게 주어지는 것은 그저 리뷰가 **언젠가는** 등록될 것이라는 약속일 뿐이다. 사용자의 코멘트에 욕설이 포함된 탓에 시스템이 등록을 거부한다면 어떻게 될까? 이를 최종 사용자에게 알릴 방법이 있을 수도 있고 없을 수도 있다. 예를 들어 웹사이트에 가입한 회원만 리뷰를 올릴 수 있게 한다면, 시스템은 회원 정보의 연락처를 이용해서 리뷰에 문제가 있다는 점과 리뷰 수정 방법을 알려주는 메시지를 사용자에게 보낼 수 있을 것이다.

이 예는 **반응성**(사용자에게 정보를 다시 전달하는 데 걸리는 시간)과 **성능**(리뷰를 데이터베이스에 삽입하는 데 걸리는 시간)의 차이점을 잘 보여준다. 사용자가 (확인이나 감사 메시지 외에) 그 어떤 정보도 필요로 하지 않는다면, 사용자를 굳이 기다리게 할 필요가 없다. 반응성은 작업이 수락되었고 곧 처리될 것임을 사용자에게 알리는 것이고, 성능은 종단 간(end-to-end) 프로세스를 더 빠르게 만드는 것이다. [그림 15-6] 하단의 비동기식 경로에서 아키텍트는 반응성을 높이기 위해 Comment 서비스의 리뷰 처리 방식을 최적화하는 데 노력을 들이지 않았다. 만일 아키텍트가 Comment 서비스를 최적화하는 데 시간을 들인다면(예를 들어 모든 텍스트 및 문법 파싱 엔진을 병렬로 실행하고 캐싱 및 기타 유사한 기법을 활용해서), 그러면서도 여전히 동기식 통신을 사용한다면, 아키텍트는 반응성을 높이는 것이 아니라 전반적인 **성능**을 높이는 일을 하는 것이다.

이것은 간단한 예였다. 더 복잡한 예로, 사용자가 비동기적으로 주식을 구매하는 온라인 **주식 거래**에서 사용자에게 오류를 알릴 방법이 없다면 어떻게 해야 할지 생각해 보기 바란다.

비동기 통신은 반응성을 크게 개선하지만, 대신 오류 처리가 아주 까다롭다는 단점이 있다. 오류 상황을 처리하기가 어렵다 보니 이 아키텍처 스타일의 복잡성이 가중된다. §15.2.8 "오류 처리"에서는 이 오류 처리 과제를 해결하기 위한 반응형 아키텍처(reactive architecture)의 한 패턴인 **작업흐름 이벤트** 패턴을 소개한다.

반응성 외에도 비동기 통신에는 동적 분리(dynamic decoupling) 특성이 좋아서 **동적 퀀텀 얽힘**(Dynamic Quantum Entanglement)이라고 부르는 안티패턴을 피할 수 있다는 장점이 있다. (제7장에서 이야기했듯이 아키텍처 퀀텀은 시스템의 나머지 부분과 독립적으로 배포할 수 있고 동기식 동적 결합을 통해 묶여 있는 시스템의 한 부분이며, 아키텍처 특성들은 퀀텀 수준에서 존재한다.) 동적 퀀텀 얽힘은 두 아키텍처 퀀텀 사이에 의존성이 생겨서 두 퀀텀이 본질적으로 **얽히는** 것을 말한다. 의존성 때문에 두 퀀텀은 하나의 퀀텀이 되어버린다. 비동기 통신은 그러한 동적 의존성을 제거해서 아키텍처 퀀텀들의 얽힘을 푸는 데 도움이 될 수 있다.

[그림 15-7]의 두 시스템을 예로 삼아서 이 중요한 점을 설명해 보겠다. 이 예에서 Portfolio Management(포트폴리오 관리) 시스템은 주식을 사기 위한 거래 주문을 생성해서 Trade Order(거래 주문) 시스템에 동기적으로 전송한다. Trade Order 시스템은 규제 준수(compliance) 검사를 수행하고 거래 주문을 생성한다. 이 두 시스템 간의 통신이 동기식이기 때문에, Trade Order 시스템의 거래 확인 번호를 기다리는 동안 Portfolio Management 시스템의 실행은 차단(blocking)된다. 이러한 동적 의존성 때문에 두 시스템은 얽히게 되고, 결과적으로 하나의 아키텍처 퀀텀이 되어버린다.

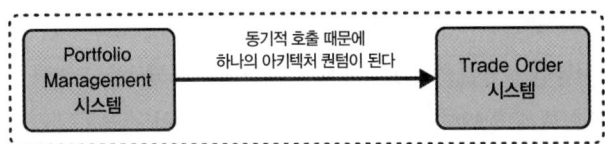

그림 15-7 동기식 동적 결합 때문에 이 시스템들은 하나의 아키텍처 퀀텀을 형성한다.

이러한 얽힘은 아키텍처 특성들이 두 시스템 **사이에** 존재하게 만든다는 점에서 심각하다. Trade Order 시스템이 사용 불가능하거나 응답하지 않으면, Portfolio Management 시스템은 거래 주문을 제출할 수 없다. 즉, 가용성은 두 시스템 사이에 존재한다. 또한, Trade Order 시스템이 느리면 Portfolio Management 시스템도 느려지므로 반응성도 두 시스템 사이에 존재한다. 확장성도 마찬가지이다. 처리 요구량이 증가해서 Portfolio Management 시스템을 확장해야 한다면 Trade Order 시스템도 확장해야 한다. Trade Order 시스템을 확장하지 않으면(또는 확장할 수 없다면), 요구가 있다고 해도 Portfolio Management 시스템을 확장할 수 없다.

아키텍트는 두 시스템 간의 동기적 호출을 비동기 호출로 바꿔서 이러한 아키텍처 퀀텀들을 분리할 수 있다(그림 15-8).

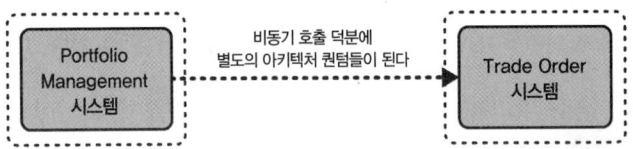

그림 15-8 비동기식 동적 결합 덕분에 이 시스템들은 개별적인 아키텍처 퀀텀들을 형성한다.

비동기 통신 방식에서는 Portfolio Management 시스템이 대기열이나 기타 비동기 수단을 통해 거래 주문을 전송할 수 있으므로, Trade Order 시스템이 거래 주문을 생성할 때까지 기다릴 필요가 없다. Trade Order 시스템은 규제 준수 검사를 수행하고 거래 주문을 생성한 후 별도의 비동기 채널을 통해 확인 번호를 Portfolio Management 시스템에 보낸다. 이런 식으로 두 시스템의 동적 결합에서 의존성을 제거하면 각자 개별적인 아키텍처 퀀텀이 된다. Trade Order 시스템이 사용 불가능하거나 응답하지 않아도 Portfolio Management 시스템은 여전히 거래 주문을 발행할 수 있다(언젠가는 그것들이 생성되고 확인 번호가 다시 전송될 것이므로).

15.2.5 브로드캐스팅 능력

EDA의 또 다른 고유한 특징은 어떠한 이벤트를 발생해서 널리 브로드캐스팅(방송)할 때 그것을 기다리는 처리기가 있는지, 있다면 어떤 식으로 처리하는지는 신경 쓸 필요가 없다는 점이다. 이 특징 덕분에 [그림 15-9]에서 보듯이 이벤트 처리기들이 동적으로 분리된다.

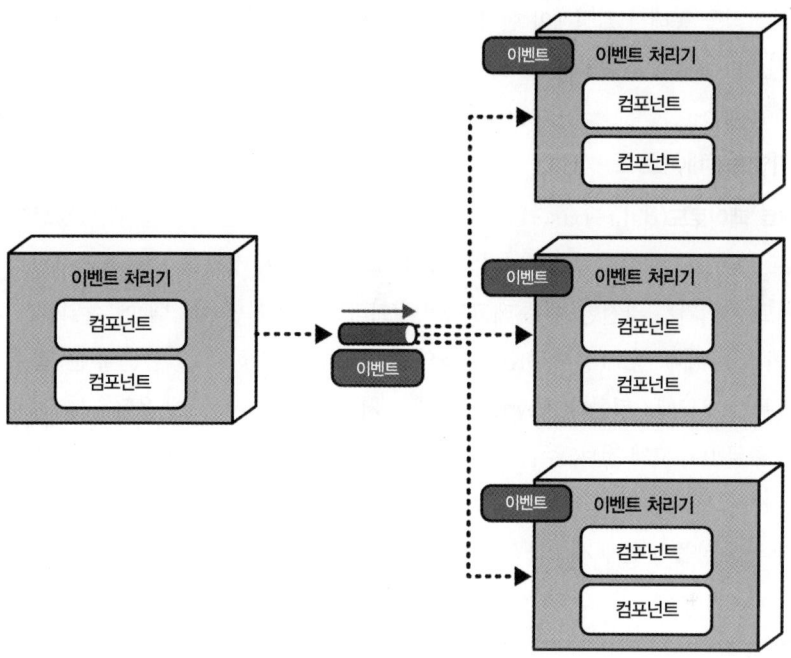

그림 15-9 이벤트를 다른 이벤트 처리기들에 브로드캐스팅할 수 있다.

브로드캐스팅 능력은 최종 일관성이나 복합 이벤트 처리(CEP) 같은 여러 패턴의 필수 요소이다. 예를 들어 주식 시장에서 거래되는 금융상품은 그 가격이 끊임없이 변한다. 특정 주식의 시세(현재 가격)가 새로 발표될 때마다 거래 분석이나 주식 매수, 매도 등을 위한 수많은 이벤트 처리기가 새 가격에 반응할 것이다. 하지만 최신 가격을 발표하는 이벤트 처리기는 단순히 그것을 브로드캐스팅할 뿐, 그 정보가 어떻게 사용될지는 전혀 모른다. 한 이벤트 처리기가 다른 이벤트 처리기들의 동작에 관해 아무것도 모른다는(또는 전혀 의존하지 않는다는) 점에서 이를 **의미적 분리**(semantic decoupling)라고 부른다.

15.2.6 이벤트 페이로드

이벤트 **페이로드**payload는 이벤트에 포함된 정보를 가리키는 용어이다. 페이로드는 그 구조나 내용이 아주 다양한데, 단순한 키-값 쌍일 수도 있고 다운스트림 처리에 필요한 모든 정보일 수도 있다. 기본적으로 이벤트 페이로드는 **데이터 기반**과 **키 기반**으로 나뉜다. 아키텍트는 시스템에서 발생하는 각각의 이벤트 유형에 대해 두 가지 페이로드 중 어떤 것이 적합한지를 신중한 트레이드오프 분석을 통해서 결정해야 한다. 그럼 두 페이로드 유형과 그에 따른 트레이드오프를 살펴보자.

데이터 기반 이벤트 페이로드

데이터 기반 이벤트 페이로드(data-based event payload)는 처리에 필요한 모든 정보를 전송하는 이벤트 페이로드다. [그림 15-10]의 예를 보자. 고객이 상품을 주문하면 Order Placement 이벤트 처리기는 완전한 주문 레코드를 데이터베이스(기록 시스템)에 삽입한다. 그런 다음 주문의 모든 세부 정보(총 500KB 분량의 속성 45개라고 하자)를 담은 **주문 접수됨**이라는 이벤트를 브로드캐스팅한다. Payment 이벤트 처리기는 이 이벤트에 응답해서, 이벤트 페이로드에서 주문 ID, 고객 정보, 주문 총액 같은 필수 정보를 뽑아서 결제를 처리한다. 그와 동시에 Inventory Management 이벤트 처리기는 이벤트 페이로드에 담긴 상품 ID와 상품 수량을 이용해서 해당 상품의 현재 재고를 조정한다.

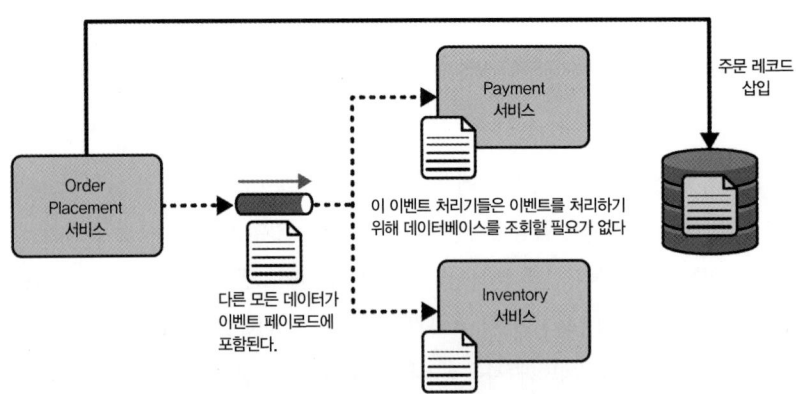

그림 15-10 데이터 기반 이벤트 페이로드는 처리에 필요한 모든 데이터를 포함한다.

Payment 이벤트 처리기와 Inventory Management 이벤트 처리기는 주문 정보를 얻기 위해 데이터베이스를 조회할 필요가 없다. 필요한 데이터가 이미 이벤트 페이로드에 포함되어 있기 때문이다. 이것이 데이터 기반 이벤트 페이로드를 사용하는 가장 큰 장점 중 하나이다. 이벤트 처리기들이 데이터베이스를 조회하는 빈도가 낮을수록 시스템의 성능, 반응성, 확장성이 더 좋아진다. 게다가 EDA의 높은 동적 분리 특징 덕분에 Order Placement 이벤트 처리기는 이 이벤트에 어떤 이벤트 처리기들이 반응하는지, 처리를 위해 어떤 데이터가 필요한지 알 필요가 없다. 그냥 이벤트 페이로드에 모든 정보를 담아서 보내면, 이벤트에 반응하는 각 이벤트 처리기가 자신의 처리에 필요한 정보를 뽑아서 쓰면 된다. 이런 방식은 이벤트 처리기들이 주문 정보가 포함된 데이터베이스에 접근할 수 없는 경우에 매우 유용하다. 경계 컨텍스트(bounded context)가 엄격하거나, 데이터베이스가 도메인별로 또는 서비스별로 따로 있는 데이터 토폴로지(§15.3 "데이터 토폴로지" 참고)에서는 그런 제약이 흔하다.

이러한 장점들로 볼 때 데이터 기반 페이로드는 반응성과 확장성, 유연성이 높은 시스템을 만드는 데 유리하다. 하지만 데이터 기반 페이로드에는 몇 가지 단점이 있다. 첫째, **다중 기록 시스템**(multiple system of record)에서 데이터 일관성(data consistency)과 데이터 무결성(data integrity)을 유지하기가 더 어렵다. 모든 주문 정보가 데이터베이스와 시스템이 발생하는 이벤트들에 **함께** 포함되므로, 주문 정보의 동기화가 깨지기 쉽다. 특히 처리 도중에 주문이 갱신되면 더욱 그렇다.

예를 들어 고객이 한 상품을 100개 주문했는데, 원래 주문하려 했던 수량이 1개였음을 주문 제출 직후 깨닫는다고 하자. 좀 더 현실적인 예로는, 배송 주소를 잘못 입력했음을 주문 직후에 깨달을 수도 있다(우리가 자주 저지르는 실수이다). 그런 상황에서 고객은 즉시 올바른 정보로 주문을 갱신할 것이다. 단일 기록 시스템(single system of record)에 해당하는 데이터베이스에서는 수정된 값이 반영되어도, 아직 처리 중인 이벤트의 페이로드에 있는 값은 수정되지 않을 수 있다. 즉, 이전의 잘못된 값이 여전히 처리에 쓰일 수 있는 것이다. 게다가 EDA에서는 이벤트의 타이밍을 제어하기가 매우 어렵다는 점 때문에 상황이 더욱 복잡해진다. 특히, 새로운 값이 이전 값**보다 먼저** 처리될 가능성이 있다. 이는 만일 어떤 이벤트 처리가 이전의 잘못된 값을 사용한다면 그 값이 올바른 새 값을 덮어쓸 수 있다는 뜻이다.

데이터 기반 이벤트 페이로드는 계약 관리와 버전 관리 측면에서도 중요한 단점이 있다. 지금 예에서 하나의 주문 레코드에는 45개의 속성이 있다. 그 모든 속성이 이벤트 페이로드에 포함되므로, 이벤트에는 어떤 형태이든 **계약**(contract)이 필요하다. 즉, 전송되는 데이터를 구조화하는 어떤 방법을 정해 두어야 한다. 아키텍트는 이제 수많은 결정에 직면한다. 페이로드 형식이 JSON 객체여야 할까? XML 객체여야 할까? 계약이 엄격해야 할까 느슨해야 할까? (**엄격한 계약**(strict contract)은 JSON 스키마, GraphQL 명세, 클래스 정의 같은 좀 더 형식화된 스키마나 객체 정의를 사용하는 계약이고 **느슨한** 계약(loose contract)은 그냥 단순한 JSON 이름-값 쌍 같은 것을 사용하는 계약이다.) 이러한 결정 사항 각각에는 많은 트레이드오프가 따르며, 각각의 선택에 따라 이벤트 처리기들 사이에 특정한 정적 결합이 만들어진다.

버전 관리 측면으로 넘어가서, 엄격한 계약의 경우 아키텍트나 개발자가 이벤트 헤더에 벤더 MIME 형식(https://oreil.ly/gj4TZ)을 이용해서 버전 번호를 지정하는 것이 가능하다. 그러면 시스템의 민첩성이 개선되고(다른 이벤트 처리기들의 작동 중지를 피할 수 있으므로) 하위 호환성이 보장된다. 하지만 이것이 제대로 작동하려면 모든 이벤트 처리기가 동일한 버전 관리 로직을 사용해야 한다. 따라서 강력한 거버넌스가 필요하다. 어떤 이벤트 처리기가 엄격한 계약을 따르는 페이로드에 응답할 때 계약의 버전을 무시한다면, 스키마를 변경했을 때 그 이벤트 처리기는 작업에 실패할 가능성이 높다. 또한 EDA처럼 고도로 분리되고 비동기적인 아키텍처에서는 버전 협상(version communication) 및 사용 중지(deprecation) 전략을 구현하기가 매우 어렵다. 이런 단점들은 모두 데이터 기반 이벤트 페이로드를 다소 취약하게 만드는 요인이 된다.

데이터 기반 이벤트 페이로드의 또 다른 문제점은 **스탬프 결합**(stamp decoupling)이다. 스탬프 결합은 여러 모듈(지금 경우 이벤트 처리기)이 어떤 공통의 자료 구조를 공유하지만, 각각의 처리기가 그 자료 구조의 일부만(그리고 많은 경우 처리기마다 다른 부분을) 사용할 때 생기는 정적 결합의 한 형태이다. 그런 상황이 발생하면 공통의 자료 구조를 변경할 때 해당 데이터에는 관심이 없는 이벤트 처리기들까지 포함해서 여러 이벤트 처리기를 변경해야 할 수 있다.

[그림 15-11]은 스탬프 결합이 어떻게 작동하고 아키텍처에 어떤 부정적 영향을 미치는지 보여준다. 이 예에서 `Order Placement` 이벤트 처리기는 주문에 대한 모든 정보를 포함하는 45개 속성으로 구성된 500KB 크기의 **주문 접수됨** 이벤트를 보낸다. `Inventory` 이벤트 처리기는 그 **주문 접수됨** 이벤트에 응답하지만, 처리에 필요한 것은 총 30바이트 분량의 `item_id`와 `quantity` 두 속성뿐이다. 그런데 해당 자료 구조에서 예를 들어 `addr_2` 속성을 제거한다면,

비록 Inventory 처리기에는 필요 없는 속성이지만 그래도 Inventory 처리기도 변경해야 할 수 있다.

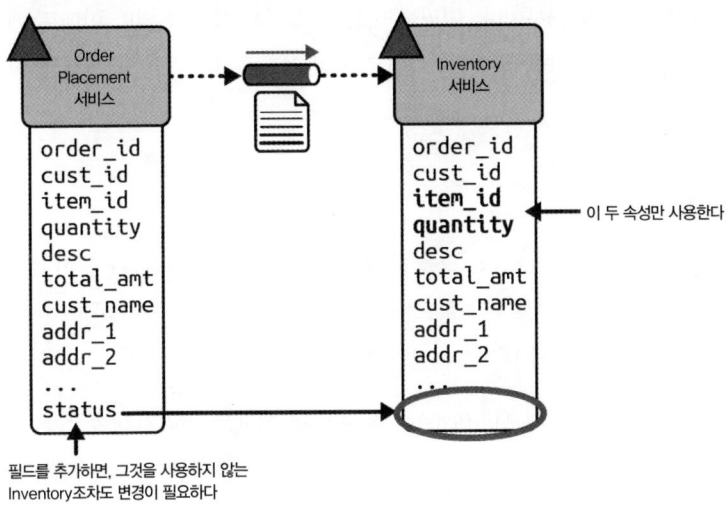

그림 15-11 스탬프 결합의 예. 다른 서비스는 전송된 데이터의 일부만 필요로 한다.

이 예에서는 엄격한 계약과 함께 계약 버전 관리를 적용하면 Inventory 이벤트 처리기가 깨질 위험을 완화할 수 있다. 하지만 언젠가는(계약 버전이 폐기되거나 계약이 크게 바뀌면) 개발자가 다시 테스트하고 배포해야 한다.

스탬프 결합에서 흔히 간과되는 문제는 **대역폭 사용률**(bandwidth utilization)이다. 제9장에서 분산 컴퓨팅에 관한 오해들(https://oreil.ly/xxVRx)을 소개했는데, 그중 셋째가 "대역폭은 무한하다"임을 기억할 것이다(§9.4.3). 사실 대부분의 클라우드 기반 환경에서 비용이 가장 많이 드는 요소는 바로 대역폭이다. [그림 15-11]의 예로 돌아가서, 500KB짜리 데이터 기반 이벤트 페이로드를 사용하는 경우 고객들이 초당 500개의 주문을 넣는다면 Inventory 이벤트 처리기는 초당 250,000KB의 대역폭을 소비한다. 하지만 실제로 **필요한** 30바이트의 데이터만 페이로드에 담아서 보낸다면 대역폭은 초당 15KB로 줄어든다. 이는 엄청난 차이이다. 따라서 데이터 기반 이벤트 페이로드를 사용할 때는 이처럼 대역폭 문제를 조사해 볼 필요가 있다.

아키텍트가 스탬프 결합을 제한하는 이유 중 하나는 소비자 주도 계약(consumer-driven

contract; https://oreil.ly/tG-eT)을 활용하기 위해서이다. 소비자 주도 계약 기법에서는 메시지의 소비자마다 처리에 필요한 데이터만 포함된 계약을 따로 둔다. 하지만 EDA는 소비자 주도 계약을 활용하기가 쉽지 않다. 어떤 이벤트 처리기가 이벤트에 응답할지 알지 못한 채로 이벤트를 브로드캐스팅하는 특징 때문이다. 이러한 이유로(그리고 데이터 기반 이벤트 페이로드의 다른 단점을 해결하기 위해) 데이터 기반 이벤트 페이로드 대신 키 기반 이벤트 페이로드를 사용하는 아키텍트가 많다.

키 기반 이벤트 페이로드

키 기반 이벤트 페이로드는 이벤트의 맥락(context)을 식별하는 키(예: 주문 ID나 고객 ID)만 담은 이벤트 페이로드이다. 키 기반 이벤트 페이로드를 사용하는 경우, 이벤트에 반응하는 이벤트 처리기는 처리에 필요한 실제 정보를 데이터베이스에서 가져와야 한다.

[그림 15-12]의 예에서 고객이 주문을 넣으면 Order Placement 이벤트 처리기가 주문 레코드를 데이터베이스에 삽입하고 **주문 접수됨**이라는 키 기반 이벤트를 발생한다. 이 이벤트의 페이로드는 order_id가 키이고 해당 주문 ID가 값인 간단한 JSON 객체만 담고 있다.

```
{
  "order_id": "123"
}
```

키 기반 이벤트 페이로드의 주요 단점 중 하나는 이벤트에 반응하는 각 이벤트 처리기가 주문 처리에 필요한 정보를 얻으려면 데이터베이스 조회가 필요하다는 것이다. 예를 들어 **주문 접수됨** 이벤트에 대해 Payment 이벤트 처리기는 결제 처리에 필요한 주문 정보를 데이터베이스에서 가져와야 한다. 그와 동시에 Inventory 이벤트 처리기도 데이터베이스에서 품목 ID와 재고 수량을 조회해야 한다. 빈번한 데이터베이스 쿼리는 반응성, 성능, 확장성에 나쁜 영향을 미친다. 특히 이벤트 주도 아키텍처 같은 고도로 병렬적이고 비동기적인 아키텍처에서는 데이터베이스에 과부하가 걸릴 수 있다. (이러한 위험을 완화하는 몇 가지 방법은 §15.3 "데이터 토폴로지"에서 논의한다.) 키 기반 이벤트 페이로드는 필요한 데이터에 쉽게 접근할 수 없는 경우 (해당 데이터가 다른 이벤트 처리기의 경계 컨텍스트 안에 있는 등)에도 문제가 된다.

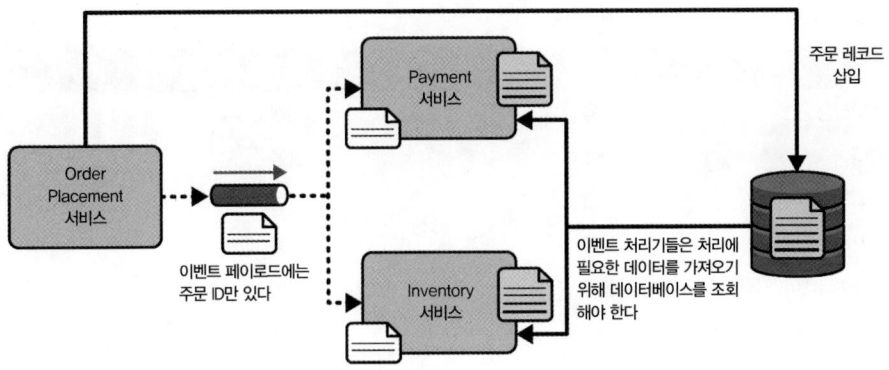

그림 15-12 키 기반 이벤트 페이로드에는 맥락을 식별하는 키만 포함된다.

하지만 키 기반 이벤트 페이로드의 장점도 많으며, 일부는 성능과 확장성에 대한 단점을 능가한다. 첫 주요 장점은 **단일 기록 시스템** 덕분에 데이터 일관성과 데이터 무결성이 전반적으로 개선된다는 점이다. 키 기반 이벤트 페이로드에서는 이벤트에 대한 데이터가 한 곳(데이터베이스)에만 있으므로, 이벤트 처리 도중에 데이터가 변경되는 상황을 데이터 기반 이벤트 페이로드보다 훨씬 쉽게 처리할 수 있다.

키 기반 이벤트 페이로드의 둘째 주요 장점은 계약이 매우 간단하고 거의 바뀌지 않으며, 키 기반 이벤트 페이로드에서는 데이터 기반 이벤트 페이로드에서 흔히 발생하는 계약 변경 관리, 버전 관리, 버전 협상 및 사용 중지 전략과 같은 문제가 없다는 점이다. 이 덕분에 아키텍트들은 계약을 느슨하고 스키마가 없는 JSON이나 XML로 구현한다.

스탬프 결합과 대역폭 문제가 없다는 것도 데이터 기반 이벤트 페이로드에 비한 키 기반 이벤트 페이로드의 또 다른 장점이다. 이벤트와 연관된 불투명한 데이터가 없으므로 계약이 간단하고 작으며, 대역폭 사용량도 아주 적다. 따라서 네트워크와 메시지 브로커 관점에서 데이터 기반 이벤트 페이로드보다 더 빠르게 수행되는 경향이 있다.

트레이드오프 요약

데이터 기반 이벤트 페이로드와 키 기반 데이터 페이로드 중 하나를 선택하려면 신중한 트레이드오프 분석이 필요하다. 우선, 모든 것을 한 방식으로 통일해야 하는 것은 아니라는 점을 기억하기 바란다. 이벤트 유형마다 다른 페이로드 유형을 사용할 수 있다. [표 15-1]은 데이터 기반과 키 기반 이벤트 페이로드와 관련된 트레이드오프를 요약한 것이다.

표 15-1 데이터 기반 대 키 기반 이벤트 페이로드

기준	데이터 기반 페이로드	키 기반 페이로드
성능과 확장성	좋음	나쁨
계약 관리	나쁨	좋음
스탬프 결합	나쁨	좋음
대역폭 사용률	나쁨	좋음
제한된 데이터베이스 접근	좋음	나쁨
전반적 시스템 취약성	나쁨	좋음

이 두 옵션 간의 전반적 트레이드오프는 확장성 및 성능 대 계약 관리 및 대역폭 사용률로 귀결된다는 점에 주목하자. 아키텍트로서 여러분은 각각의 구체적인 이벤트에 대해 어느 것이 더 중요한지 고민해야 한다. 이벤트 중에는 처리하려면 극도의 규모와 성능을 요구하는 것도 있다. 그런 이벤트라면 데이터 기반 이벤트 페이로드가 더 나은 선택이 될 것이다. 한편, 이벤트 처리에 필요한 데이터가 아주 자주 바뀌는 경우라면 키 기반 이벤트 페이로드가 더 적절할 수 있다.

소프트웨어 아키텍처의 대부분이 그렇듯이, 아키텍트의 선택은 단순한 양자택일이 아니라 스펙트럼의 한 지점을 선택하는 것이다. 이 점을 간과하면 소위 빈혈성 이벤트라고 부르는 안티패턴에 빠지기 쉽다.

빈혈성 이벤트

빈혈성 이벤트(anemic event)는 페이로드에 이벤트 처리기가 의사결정을 내리는 데 도움이 되는 충분한 정보가 들어있지 않으며 추가적인 다운스트림 처리에 필요한 맥락이 부족한 파생 이벤트이다.

[그림 15-13]은 빈혈성 파생 이벤트의 예를 보여준다. 이 예에서 고객이 사용자 프로필의 일부 정보를 갱신한다. 데이터베이스에서 해당 정보가 갱신되면 Customer Profile 이벤트 처리기가 **프로파일 갱신됨** 이벤트를 발생하는데, 이 이벤트의 페이로드에는 고객 ID만 들어 있다. 즉, 이것은 키 기반 이벤트 페이로드이다.

이 이벤트에 반응하는 세 서비스는 고객 ID와 고객 프로필이 바뀌었다는 맥락 정보만 얻게 된다. 그것만으로는 프로필에서 구체적으로 어떤 데이터가 변경되었는지 알 수 없다. 이름일 수도 있고 주소나 다른 어떤 중요한 속성일 수도 있다. 이에 대한 답은 데이터베이스 쿼리로도 알아낼 수 없으므로, 그런 정보가 필요한 이벤트 처리기는 이벤트를 제대로 처리하지 못한다. 그림의 Service 1이 그런 경우를 나타낸 것이다. Service 2는 페이로드에 담긴 정보만으로는 해당 이벤트를 자신이 처리해야 할지 아닐지 판단할 수 있는 경우이다. 마지막으로 Service 3은 변경된 프로필의 이전 값이 있어야 하는 예이다. 이 역시 페이로드와 데이터베이스에서 알아낼 수 없으므로 이벤트 처리에 실패하게 된다. 이처럼 이벤트를 처리하는 데 필요한 추가 정보를 포함하지 않는 이벤트가 바로 빈혈성 이벤트이다.

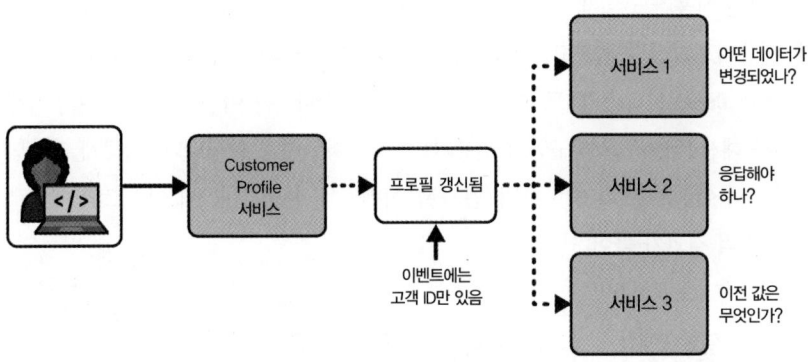

그림 15-13 빈혈성 이벤트는 이벤트를 처리하기에 충분한 맥락 정보가 부족하다.

이와 같은 빈혈성 이벤트를 피하려면 갱신된 고객 정보**뿐만 아니라 이전 값도** 페이로드에 포함해야 한다. 대부분의 데이터베이스는 일반적으로 그런 정보를 제공하지 않기 때문이다.

이상은 이벤트 페이로드 세분도(event payload granularity)의 **스펙트럼**에 대한 예이다. 스펙트럼의 제일 왼쪽에는 키만 이벤트에 포함되는 키 기반 이벤트 페이로드가 있다. 이런 페이로드는 주문을 생성하거나 삭제할 때는 의미가 있지만, 고객이 주문을 업데이트할 때는 잘 작동하지 않는다. 스펙트럼의 제일 오른쪽에는 **모든** 데이터(이벤트 처리기들에 필요하든 아니든)를 포함하는 데이터 기반 이벤트 페이로드가 있다. 여기서는 스탬프 결합이 추악한 모습을 드러낸다. 고객 프로필 갱신의 예는 적절한 수준의 정보를 제공해서 빈혈성 파생 이벤트 문제를 피한다는 점에서 이 두 극단 사이의 어딘가에 위치한다고 할 수 있다.

15.2.7 하루살이 떼 안티패턴

빈혈성 이벤트와 관련된 안티패턴으로 **하루살이 떼**(Swarm of Gnats)[3]라는 것이 있다. 하루살이는 매우 작은 날벌레로, 성가시게 머리 주위를 윙윙거리며 날아다니는 탓에 화창한 날씨에도 산책을 포기하게 만든다. 빈혈성 이벤트가 이벤트 **페이로드**의 세분도에 관한 것이라면, 하루살이 떼 안티패턴은 발생한 이벤트 **자체**의 세분도와 한 이벤트 처리기가 발생하는 파생 이벤트의 수에 관한 것이다. 하나의 이벤트 처리기에서 너무 많은 파생 이벤트를 발생하면 하루살이 떼 안티패턴에 빠질 위험이 있다.

[그림 15-14]에 나온 신용카드 결제 시나리오를 생각해 보자. 고객이 상품을 주문하고 신용카드로 결제한다. 신용카드가 청구되면 Payment 이벤트 처리기가 **결제 적용됨** 이벤트를 발생하고, (다행히) Fraud Detection 이벤트 처리기가 이에 반응한다. 이 이벤트 처리기는 주어진 청구 데이터를 분석해서 정상적인 청구인지 신용카드 사기 행위인지 판정한다. 어떻게 판정되든 Fraud Detection 이벤트 처리기는 **사기 검사됨** 이벤트를 발생한다. 이 이벤트의 페이로드에는 사기 행위 점검 결과가 들어 있다.

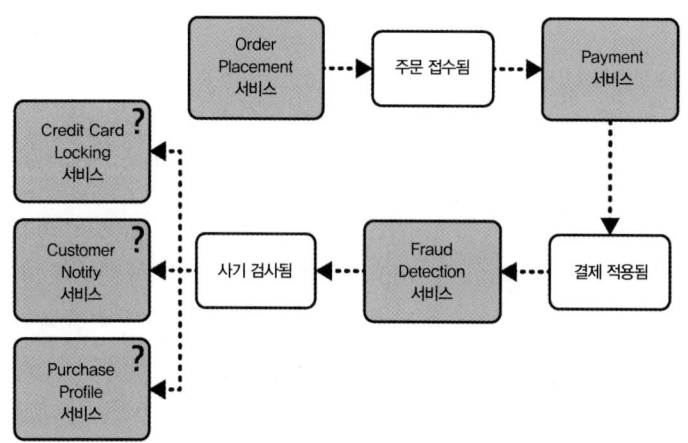

그림 15-14 세분도가 너무 낮은 이벤트의 예

이 예에서 신용카드 사기 행위 검사 결과에 관심이 있는 이벤트 처리기는 다음 세 가지이다.

---

[3] 옮긴이_ 엄밀히 말해서 *gnat*은 하루살이와는 다른 곤충인 '각다귀'에 해당하지만, 성가시게 얼굴로 날아드는 벌레라고 하면 아무래도 하루살이를 떠올리는 독자가 많을 것이다.

- 사기 행위 탐지되면 Credit Card Locking 이벤트 처리기가 고객의 신용카드를 잠가서 추가 청구를 방지한다.
- Customer Notify 이벤트 처리기는 사기 가능성을 고객에게 알린다.
- 사기 행위가 탐지되지 **않으면** Purchase Profile 이벤트 처리기는 자신의 알고리즘을 갱신한다.

문제는, 하나의 `fraud_checked` 파생 이벤트가 발생했을 때 세 이벤트 처리기 모두가 페이로드에서 결과를 확인하고 조치 여부를 결정해야 한다는 것이다. 파생 이벤트의 세분도가 너무 낮은 탓에 모든 이벤트 처리기가 추가 처리를 수행해야 한다. 사기 행위가 탐지되지 않았다면 Purchase Profile 이벤트 처리기만 조치를 취하면 된다. 다른 둘의 작업은 대역폭과 처리 능력이 낭비일 뿐이다.

훨씬 효율적인 접근법은 Fraud Detection 서비스가 [그림 15-15]에서 보듯이 **두 가지** 파생 이벤트(사기 탐지됨과 사기 탐지되지 않음)를 따로 발생하는 것이다. 이 파생 이벤트들은 이벤트 페이로드 **바깥에서** 맥락을 제공하므로, 이벤트 처리기들은 이벤트 페이로드에 담긴 데이터를 분석하지 않고도 반응 여부를 결정할 수 있다.

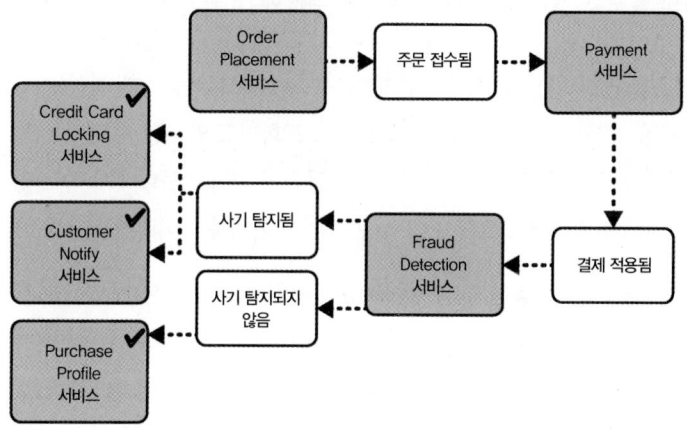

그림 15-15 이벤트들을 좀 더 세분화해서 발생하면 처리와 의사결정의 효율성이 높아진다.

이 예에서처럼 처리 결과에 따라 여러 개의 파생 이벤트를 발생하면 이벤트 흐름이 개선되고 불필요한 처리가 줄어서 전체적인 효율성이 높아진다. 그렇다고 파생 이벤트를 **너무 많이** 발생하면 **하루살이 떼** 안티패턴이 된다는 점도 주의해야 한다.

[그림 15-16]은 하루살이 떼 안티패턴이 어떻게 발생하는지 보여준다. 이 시나리오에서 고객

은 최근 이사했기 때문에 웹사이트의 사용자 프로필에서 신용카드 청구지 주소와 배송지 주소를 변경해야 한다. 또한 전화번호도 기존 유선전화에서 휴대폰으로 변경하고자 한다. 고객이 해당 항목들을 변경한 후 저장 버튼을 클릭하면 Customer Profile 이벤트 처리기가 갱신 요청을 받아서 데이터베이스를 갱신한 후, 프로필 변경에 따른 추가 처리에 필요한 정보를 담은 별도의 이벤트 하나를 발생한다.

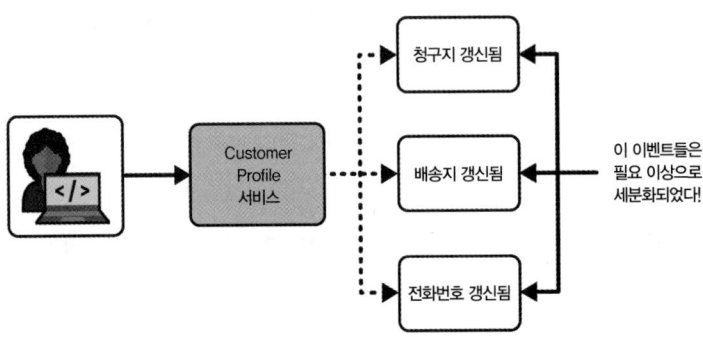

그림 15-16 너무 세밀한 파생 이벤트를 수없이 발생하는 것을 하루살이 떼 안티패턴이라고 부른다.

너무 세밀하고 상세한 이벤트를 많이 발생하는 것의 문제는, 시스템이 모두 동일한 사안(지금 예에서는 고객의 사용자 프로필 갱신)과 관련한 파생 이벤트들로 포화되고 압도될 수 있다는 것이다. 이 안티패턴은 다른 이벤트 처리기들도 작은 파생 이벤트들을 수없이 만들어내게 하는 경향이 있다. 그러면 시스템의 전체적인 이벤트 흐름을 그 누구도 쉽게 이해하기 어렵게 만든다.

지금 예의 경우 아키텍트가 개별 프로필 갱신 이벤트들을 갱신 관련 모든 활동을 포괄하는 하나의 **프로필 갱신됨** 파생 이벤트로 묶고 갱신된 모든 필드의 이전 데이터와 이후 데이터를 페이로드에 포함한다면 이 안티패턴을 피할 수 있을 것이다. 이를 반영한 것이 [그림 15-17]이다.

그림 15-17 개별 상태 변경을 단일한 파생 이벤트로 결합하면 하루살이 떼 안티패턴을 피할 수 있다.

파생 이벤트의 적절한 세분도 수준을 결정하기가 매우 어려울 수 있다. 하루살이 떼 안티패턴을 피하고 이벤트 흐름을 단순화하려면, 처리나 상태 변경의 **결과**에 초점을 맞추는 것을 권한다.

15.2.8 오류 처리

반응형 아키텍처의 작업흐름 이벤트(Workflow Event) 패턴은 비동기 작업흐름에서 오류 처리를 다루는 한 가지 방법이다. 이 패턴은 시스템의 반응성에 영향을 주지 않으면서도 시스템이 비동기 오류를 처리할 수 있게 해준다. 따라서 회복탄력성(resiliency)과 반응성 모두에 대한 답이 된다.

작업흐름 이벤트 패턴은 [그림 15-18]에서 보듯이 **작업흐름 대리자**(workflow delegate)를 통해서 위임(delegation), 봉쇄(containment), 복구(repair) 능력을 시스템에 도입한다. 이 패턴에서 이벤트 처리기는 메시지 채널을 통해 이벤트 소비자에게 비동기적으로 데이터를 전달한다. 이벤트 소비자가 데이터를 처리하는 동안 오류가 발생하면 이벤트 소비자는 즉시 그 오류를 작업흐름 처리기(workflow processor) 서비스에 위임하고 이벤트 대기열의 다음 메시지로 넘어간다. 이렇게 하면 오류가 발생해도 다음 메시지가 즉시 처리되므로 전체적인 반응성이 그대로 유지된다. 이렇게 하지 않고 이벤트 소비자가 오류를 해결하는 데 시간을 들인다면 대기열의 다음 메시지는 물론이고 다른 모든 메시지도 처리가 지연되어서 전체적인 반응성이 나빠진다.

이벤트 소비자가 보낸 메시지를 받은 작업흐름 처리기는 메시지를 분석해서 무엇이 잘못되었는지 파악한다. 정적이고 결정론적인 오류일까, 아니면 동적인 오류일까? 경우에 따라서는 머신러닝이나 AI 알고리즘을 사용해서 비정상적인 데이터를 찾을 수도 있다. 어떤 방법을 사용하든, 작업흐름 처리기는 **프로그래밍 방식으로**(즉, 사람의 개입 없이) 원본 데이터를 변경해서 복구를 시도한 다음 원래의 대기열로 다시 보낸다. 이벤트 소비자는 갱신된 메시지를 새로운 메시지로 간주해서 다시 처리를 시도한다(이번에는 성공하길 기대하면서).

물론 작업흐름 처리기가 항상 메시지의 문제를 파악할 수 있는 것은 아니다. 문제를 파악하지 못한 경우에는 그 메시지를 별도의 대기열에 보낸다. 그러면 관련 지식을 갖춘 담당자(사람)의 데스크톱 대시보드가 그것을 받아서 출력한다. 그 메시지를 본 담당자는 수동으로 메시지를 수정한 후 원래의 대기열에 다시 제출한다(흔히 `reply-to` 메시지 헤더 변수를 통해서).

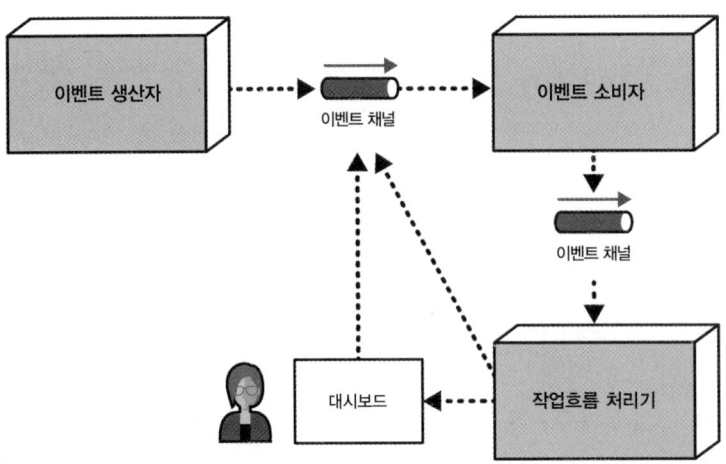

그림 15-18 반응형 아키텍처의 작업흐름 이벤트 패턴

한 예로, 어떤 지역의 거래 중개인(trading advisor)가 다른 지역의 대형 증권거래사를 대신해서 **거래 주문**(trade order; 어떤 주식을 몇 주나 매수할지에 대한 지시사항)을 받는다고 가정해 보자. 거래 중개인은 이 거래 주문들을 보통 **바스켓**basket이라고 부르는 단위로 묶어서 전국의 브로커에게 비동기적으로 전송한다. 그러면 브로커가 그것을 받아서 주식을 매수한다. 예제를 단순화하기 위해, 거래 주문이 다음과 같이 네 개의 필드로만 구성된다고 가정하자.[4] 이것은 거래 지시사항에 대한 하나의 계약이다.

```
ACCOUNT(String),SIDE(String),SYMBOL(String),SHARES(Long)
```

거래 중개인이 대형 증권거래사에 다음과 같은 애플(AAPL) 주식 거래 주문 바스켓을 보낸다면 어떤 일이 벌어질까?

```
12654A87FR4,BUY,AAPL,1254
87R54E3068U,BUY,AAPL,3122
6R4NB7609JJ,BUY,AAPL,5433
2WE35HF6DHF,BUY,AAPL,8756 SHARES
764980974R2,BUY,AAPL,1211
1533G658HD8,BUY,AAPL,2654
```

---

4 옮긴이_ 차례로 증권 계좌, 매수 또는 매도, 종목명(티커 심볼), 주식 수를 의미한다.

네 번째 거래 주문(2WE35HF6DHF,BUY,AAPL,8756 SHARES)에는 거래 주식 수 뒤에 SHARES라는 단어가 있다. 만일 증권거래사 시스템에서 이런 비동기 거래 주문을 처리하는 서비스(이를테면 TradePlacement 서비스 등)의 오류 처리가 부실하다면 다음과 같은 오류가 발생할 것이다.

```
Exception in thread "main" java.lang.NumberFormatException:
    For input string: "8756 SHARES"
    at java.lang.NumberFormatException.forInputString
    (NumberFormatException.java:65)
    at java.lang.Long.parseLong(Long.java:589)
    at java.lang.Long.<init>(Long.java:965)
    at trading.TradePlacement.execute(TradePlacement.java:23)
    at trading.TradePlacement.main(TradePlacement.java:29)
```

그런데 이것은 비동기 요청이므로, 이런 예외(exception)가 발생해도 이에 동기적으로 반응해서 오류를 수정할 사용자는 존재하지 않는다. TradePlacement 서비스로서는 그저 오류 상황을 로그에 기록하는 것 말고는 할 수 있는 일이 없다.

작업흐름 이벤트 패턴을 적용하면 이런 오류 상황을 프로그래밍적으로 해결할 수 있다. 거래 중개인이 보내는 거래 주문 데이터를 증권거래사가 선제적으로 통제할 수는 없으므로, 증권거래사 시스템은 직접 오류를 검출해서 수정해야 한다(그림 15-19). 앞에서처럼 2WE35HF6DHF,BUY,AAPL,8756 SHARES라는 계약을 위반한 데이터가 입력된 경우 Trade Placement 서비스는 즉시 비동기 메시징을 통해 오류 처리를 Trade Placement Error 서비스에 위임한다. 이때 다음과 같이 예외에 관한 정보를 전달한다.

```
Trade Placed: 12654A87FR4,BUY,AAPL,1254
Trade Placed: 87R54E3068U,BUY,AAPL,3122
Trade Placed: 6R4NB7609JJ,BUY,AAPL,5433
Error Placing Trade: "2WE35HF6DHF,BUY,AAPL,8756 SHARES"
Sending to trade error processor <-- 오류 처리를 위임하고 다음으로 넘어간다
Trade Placed: 764980974R2,BUY,AAPL,1211
```

작업흐름 대리자 역할을 하는 Trade Placement Error 서비스는 오류 정보를 받아서 예외를 검사한다. 주식 수량 필드에 SHARES라는 단어가 붙어 있는 것이 문제임을 파악한 Trade Placement Error 서비스는 SHARES를 제거하고 다시 제출해서 처리를 재개하도록 한다.

```
Received Trade Order Error: 2WE35HF6DHF,BUY,AAPL,8756 SHARES
Trade fixed: 2WE35HF6DHF,BUY,AAPL,8756
Resubmitting Trade For Re-Processing
```

이제 Trade Placement 서비스는 수정된 거래를 성공적으로 처리할 수 있다.

```
...
trade placed: 1533G658HD8,BUY,AAPL,2654
trade placed: 2WE35HF6DHF,BUY,AAPL,8756 <-- 오류를 일으켰던 거래 주문이 수정되었다
```

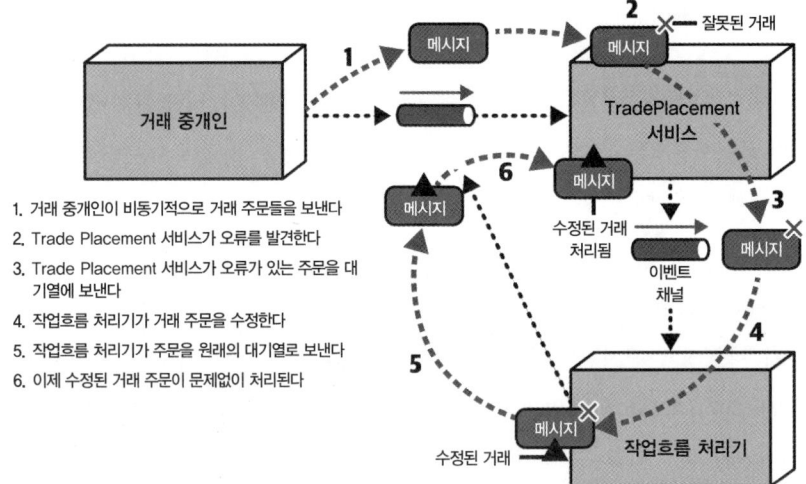

그림 15-19 작업흐름 이벤트 패턴을 이용한 오류 처리

그런데 작업흐름 이벤트 패턴을 지금처럼 사용하면, 작업흐름 처리기로 보내진 후 다시 제출된 메시지들이 원래 순서대로 처리되지 않는다는 점을 유의해야 한다. 거래 예제에서는 메시지 순서가 중요하다. 주어진 증권 계좌의 모든 거래는 반드시 순서대로 처리되어야 하기 때문이다(예를 들어 한 증권 계좌에서 IBM SELL(매도)이 AAPL BUY(매수)보다 먼저 발생해야 하는 등). 주어진 맥락(이 경우 증권 계좌 번호) 안에서 메시지들의 순서를 유지하는 것이 복잡하지만 불가능하지는 않다. 예를 들어 오류가 발생한 거래의 증권 계좌 번호와 임시 대기열을 이용해서 해결할 수 있다. 이 방법에서 Trade Placement 서비스는 증권 계좌 번호가 동일한 모

든 거래를 임시 대기열에 저장해 둔다(FIFO 순으로). 오류가 있던 거래가 수정되고 처리되면 Trade Placement 서비스는 같은 계좌의 나머지 거래들을 대기열에서 꺼내서 순서대로 처리한다.

15.2.9 데이터 손실 방지

비동기 통신을 다루는 아키텍트들은 항상 **데이터 손실**(data loss)을 우려한다. 여기서 데이터 손실은 이벤트나 메시지가 중간에 사라지거나 최종 목적지에 도달하지 못하는 것을 말한다. 다행히 데이터 손실을 방지하는 데 바로 적용할 수 있는 기법들이 있다.

아키텍트가 이벤트 채널을 구현하는 방법은 다양하다. 대부분의 이벤트 주도 아키텍처는 이벤트 발생 및 응답에 AMQP(Advanced Message Queuing Protocol; https://oreil.ly/X3Dl7)를 사용한다. AMQP 브로커의 예로는 아마존 SNS(Simple Notification Service)(https://aws.amazon.com/pm/sns), RabbitMQ(https://oreil.ly/XLNKs), Solace(https://solace.com), 그리고 Azure Event Hubs(https://oreil.ly/b2Lzw)가 있다. AMQP에서는 이벤트들이 하나의 익스체인지^{exchange}(메시지 교환 장소)로 발행된다. 익스체인지는 주어진 이벤트를 소비하는 이벤트 처리기들이 설정한 바인딩 규칙을 이용해서 해당 이벤트를 구독하는 각 이벤트 처리기의 대기열로 이벤트를 전달한다. AMQP 브로커는 또한 데이터 손실을 방지하기 위해 **이벤트 전달**(Event Forwarding) 패턴이라고 알려진 기법을 활용할 수 있다. 잠시 후에 이 패턴을 설명할 것이다.

또 다른 이벤트 채널 구현으로는 Jakarta Messaging API(이전의 Java Message Service, JMS)(https://oreil.ly/YdBvG)가 있다.[5] Jakarta Messaging은 대기열을 이용한 2단계 전달 프로세스 대신 **토픽**^{topic}을 사용한다. 그렇긴 해도, 이벤트에 응답하는 이벤트 처리기들이 지속적 구독자(durable subscriber)들로 구성되어 있다면 여전히 **이벤트 전달** 패턴을 이용해서 데이터 손실을 방지하는 것이 가능하다. 여기서 **지속적 구독자**는 이벤트 수신이 보장되는 구독자를 말한다. 이벤트 처리기가 다운되거나 사용할 수 없는 상태이면, JMS 토픽은 구독하는 이벤트 처리기가 사용 가능해질 때까지 이벤트를 저장해 둔다.

---

[5] 옮긴이_ JMS는 Java EE의 일부였으나, Java EE가 Sun Microsystems에서 Eclipse Foundation으로 이관되면서 명칭이 Jakarta EE로 바뀌었고, 이에 따라 JMS도 Jakarta Messaging으로 바뀌었다. 특별한 언급이 없는 한 이 책에서 JMS와 Jakarta Messaging은 같은 것이다.

그밖에 카프카Kafka(https://kafka.apache.org)를 **이벤트 브로커**event broker(대기열과 토픽을 포함한 소프트웨어 제품)로 이용한 이벤트 스트리밍의 형태로 이벤트 채널을 구현하는 것도 가능하다. 이벤트 스트리밍event streaming 접근법에서 데이터 손실을 방지하려면 잠시 후 설명할 이벤트 전달 패턴과는 매우 다른 기법을 사용해야 한다. 이런 종류의 스트리밍 이벤트 브로커를 사용할 때 데이터 손실을 방지하는 방법에 관한 자세한 정보는 카프카 웹사이트(https://kafka.apache.org)를 참고하기 바란다.

[그림 15-20]처럼 이벤트 처리기 A가 이벤트를 비동기적으로 메시지 브로커에 발행하고, 그 이벤트가 결국에는 AMQP 대기열이나 JMS 토픽으로 가는 일반적인 시나리오를 생각해 보자. 이벤트 처리기 B는 이 이벤트에 반응해서 데이터를 데이터베이스에 삽입한다. 이 시나리오에서 데이터 손실이 발생할 수 있는 지점은 세 곳이다(그림 15-20의 1, 2, 3).

1 이벤트 처리기 A가 이벤트를 발행했지만 이벤트 브로커로부터 승인(acknowledgment)을 받기 전에 다운되거나, 이벤트 브로커가 이벤트 처리기 A에 승인 메시지를 보냈지만 처리기가 이벤트를 수락하기 전에 이벤트 브로커가 다운된다.
2 이벤트 처리기 B가 대기열에서 이벤트를 수락하지만 이벤트를 처리하기 전에 다운된다.
3 이벤트 처리기 B가 데이터 오류 때문에 메시지를 데이터베이스에 저장하는 데 실패한다.

이러한 각각의 데이터 손실 상황을 **이벤트 전달** 패턴을 이용해서 완화할 수 있다.

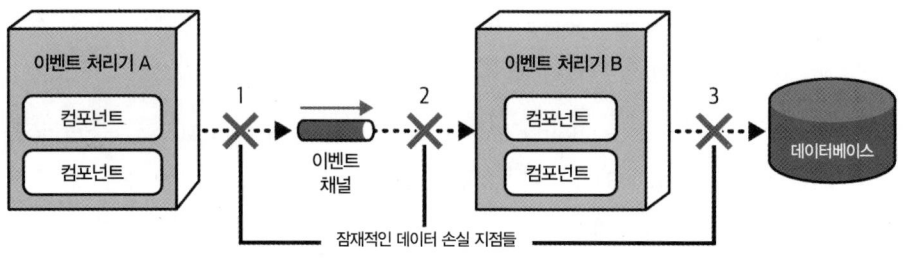

그림 15-20 이벤트 주도 아키텍처에서 데이터 손실이 발생할 수 있는 지점들

첫 번째 데이터 손실 상황은 이벤트가 대기열에 도달하지 못하거나 브로커가 이벤트를 읽기 전에 다운되는 경우이다. 이 문제는 동기적 전송과 영속적 메시지 대기열의 조합으로 해결할 수 있다. 영속적 메시지 대기열(persistent message queue)은 **보장된 전달**(guaranteed delivery)을 지원한다. 이 방법에서, 이벤트를 받은 이벤트 브로커는 빠른 검색을 위해 이벤

트를 메모리에 저장할 뿐만 아니라 어떤 형태이든 물리적 데이터 저장소(파일 시스템이나 데이터베이스 등)에도 저장해서 이벤트를 영속화한다. 그러면 이벤트 브로커가 다운되더라도 이벤트가 디스크에 물리적으로 저장되어 있으므로, 이벤트 브로커를 다시 시동한 후 처리를 재개할 수 있다. **동기적 전송**(synchronous send)은 이벤트 처리기에서 차단식 대기(blocking wait)를 수행함으로써, 브로커가 이벤트를 데이터베이스에 영속화했다고 승인해 줄 때까지 이벤트의 발생을 미룬다. 이 두 가지 기법의 조합에서는 이벤트가 아직 이벤트 생산자에 머물러 있거나 대기열에 영속화되어 있기 때문에 이벤트 생산자와 대기열 사이에서 오류가 발생해도 데이터가 손실되지 않는다.

두 번째 데이터 손실 상황은 이벤트 처리기 B가 대기열에서 이벤트를 가져왔지만 그것을 다 처리하기 전에 다운되는 경우이다. 이 문제는 **클라이언트 승인 모드**(client acknowledge mode)라고 하는 기본적인 메시징 기법으로 해결할 수 있다. 보통의 경우 소비자가 대기열에서 이벤트를 읽으면 그 이벤트는 즉시 대기열에서 제거된다(이를 **자동 승인**(auto acknowledge) 모드라고 한다). 반면에 클라이언트 승인 모드에서는 이벤트가 읽혀도 대기열에 계속 유지된다. 대신 그 이벤트에 클라이언트 ID를 붙여서, 다른 소비자가 이벤트를 읽거나 처리할 수 없게 한다. 이 모드에서는 이벤트 처리기 B가 다운되어도 이벤트는 여전히 대기열에 남아 있으므로, 결과적으로 데이터 손실이 방지된다.

세 번째 상황, 즉 이벤트 처리기 B가 데이터 오류 때문에 이벤트를 데이터베이스에 저장하지 못하는 경우는 데이터베이스 커밋commit에 기반한 ACID 트랜잭션으로 해결할 수 있다. 이벤트 처리기가 데이터베이스 커밋을 실행하면, 데이터가 데이터베이스에 영속화됨이 보장된다. *LPS*(last participant support; 최종 참여자 지원)[6]는 모든 처리가 완료되고 이벤트가 영속화되었음을 승인함으로써 영속화된 대기열에서 이벤트를 제거한다. 이에 의해 이벤트 처리기 A에서 데이터베이스까지의 전송 과정에서 이벤트가 손실되지 않음이 보장된다. [그림 15-21]은 이상의 기법들이 적용되는 지점을 보여준다.

---

6 옮긴이_ LPS는 분산 트랜잭션을 관리하는 데 쓰이는 패턴이다. IBM WebSphere 같은 애플리케이션 서버 제품이 제공하는 기능의 이름으로도 쓰인다.

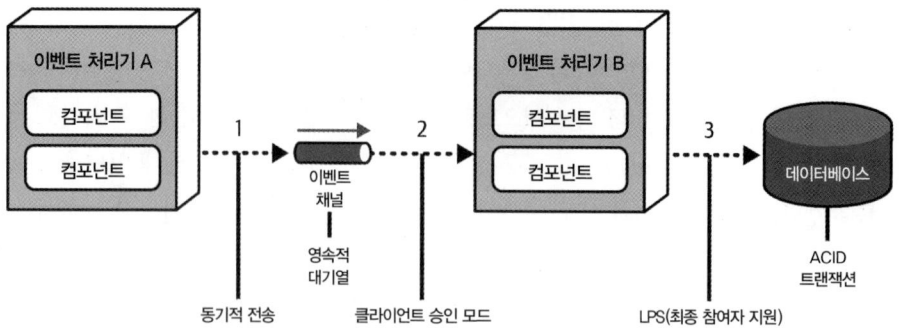

그림 15-21 이벤트 주도 아키텍처에서 데이터 손실을 방지하는 기법들

15.2.10 요청-응답 처리

지금까지는 이벤트 소비자가 즉시 응답을 할 필요가 없는 비동기 요청을 다루었다. 하지만 한 이벤트 처리기가 다른 이벤트 처리기로부터 즉시 어떤 정보를 받아야 한다면 어떨까? 예를 들어 다른 이벤트 처리기로부터 어떠한 확인 ID나 승인을 받은 후에만 이벤트를 발생하는 이벤트 처리기를 상상할 수 있을 것이다. 이런 시나리오에서 서비스가 요청을 완료하려면 동기적 통신(synchronous communication)이 필요하다.

EDA에서는 동기적 통신을 일반적으로 **요청-응답** 메시징으로 구현한다(이를 **의사동기적 통신**(pseudosynchronous communication)이라고 부르기도 한다[7]). 요청-응답 메시징에서 각각의 이벤트 채널은 두 개의 대기열로 구성된다. 하나는 **요청** 대기열(request queue)이고 다른 하나는 **응답** 대기열(reply queue)이다. 정보 요청 과정은 메시지 생산자가 시작한다. 메시지 생산자는 데이터를 요청 대기열에 비동기적으로 보낸다. '진짜' 동기적 통신과는 달리 실행의 제어권은 생산자에게 즉시 반환된다. 생산자는 필요한 추가 처리를 수행한 후 응답 대기열에 응답이 도착하길 기다린다. 메시지 소비자는 요청 대기열에서 메시지를 가져와서 처리한 후 응답을 응답 대기열에 보낸다. 그러면 이벤트 생산자가 응답 데이터가 담긴 메시지를 받게 된다. 이러한 기본 흐름이 [그림 15-22]에 나와 있다.

---

[7] 옮긴이_ '의사(pseudo)'가 붙은 이유는, 문단에서 설명하듯이 메시징 과정이 실행 차단(blocking) 없이 비동기 통신 수단을 이용해서 진행되기 때문이다.

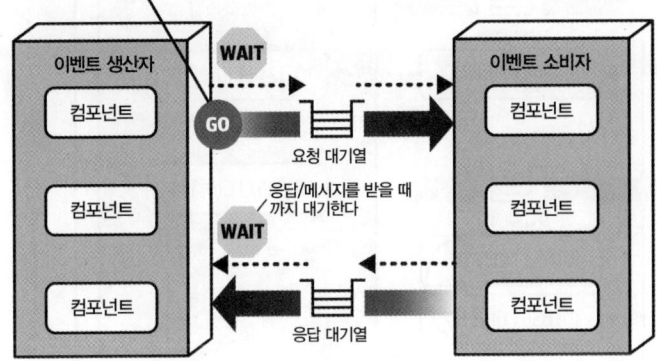

그림 15-22 요청-응답 메시지 처리 과정

요청-응답 메시징을 구현하는 방법은 크게 두 가지로 나뉜다. 첫째이자 가장 흔히 쓰이는 방법은 응답 메시지의 메시지 헤더에 **상관관계 ID**(correlation ID, CID) 필드를 넣는 것이다. 보통은 원래 요청 메시지의 메시지 ID를 CID로 사용한다(그림 15-23에서는 ID라고만 표시했음). 작동 방식은 다음과 같다.

1. 이벤트 생산자가 요청 대기열에 메시지를 보내고, 고유한 메시지 ID(ID 124)를 기록한다. 이 경우 CID는 null임에 주목하자.
2. 이벤트 생산자는 실행을 멈추고 응답 대기열에 특정 메시지가 도착하길 기다린다. 메시지 선택자(message selector)라고도 하는 메시지 필터를 적용해서 차단 대기(blocking wait)를 수행한다. 메시지 필터는 메시지 헤더의 CID가 원래 메시지 ID(124)와 같은 메시지만 선택하는 역할을 한다. 현재 상황에서 응답 대기열에는 두 개의 메시지가 있는데, 하나는 ID가 855, CID가 1200이고 다른 하나는 ID가 856, CID가 1220이다. 이벤트 생산자가 메시지 필터에 설정한 CID는 124이므로 이 메시지들은 선택되지 않는다.
3. 이벤트 소비자가 메시지(ID 124)를 받아서 요청을 처리한다.
4. 이벤트 소비자가 응답이 포함된 응답 메시지를 생성하고 메시지 헤더의 CID를 원래 메시지 ID(124)로 설정한다.
5. 이벤트 소비자가 새 메시지(ID 857)를 응답 대기열로 보낸다.
6. 단계 2의 메시지 필터에 설정된 CID와 부합하는 메시지가 들어왔으므로, 이벤트 생산자가 메시지를 받는다.

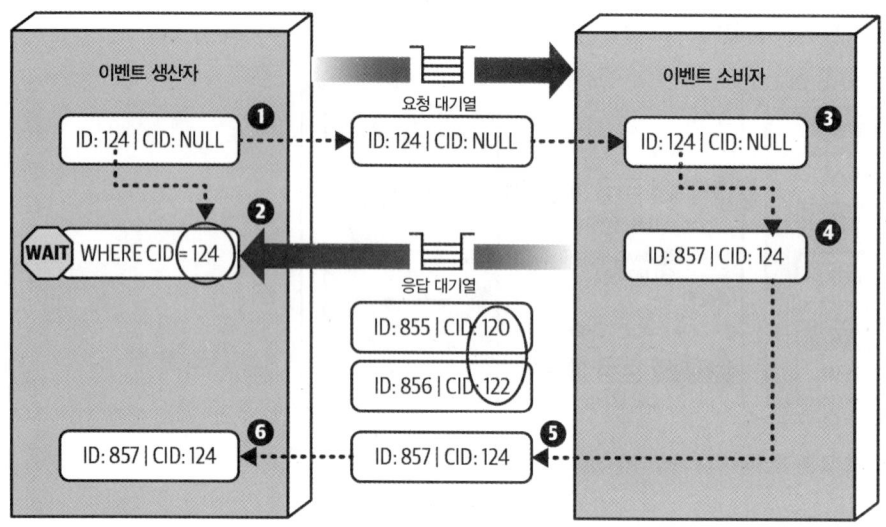

그림 15-23 CID를 이용한 요청-응답 메시지 처리

요청-응답 메시징을 구현하는 둘째 방법은 응답 대기열에 **임시 대기열**(temporary queue)을 사용하는 것이다. 임시 대기열은 특정한 하나의 요청에만 쓰이는 대기열로, 그 요청이 이루어질 때 생성되고 요청이 끝날 때 삭제된다. [그림 15-24]에서 보듯이 이 기법에서는 CID가 필요 없다. 임시 대기열은 해당 특정 요청에 대해 이벤트 생산자만 알고 있는 전용 대기열이기 때문이다. 임시 대기열 기법의 작동 방식은 다음과 같다.

1 이벤트 생산자가 임시 응답 대기열을 생성한다(메시지 브로커에 따라서는 자동으로 생성될 수도 있다). 그런 다음 요청 대기열에 메시지를 보내는데, 이때, reply-to 헤더(또는 메시지 헤더의 다른 어떤 합의된 사용자 정의 속성)에 임시 응답 대기열의 이름을 설정한다.
2 이벤트 생산자는 임시 대기열에 메시지가 도착하길 기다린다. 이 대기열로 오는 모든 메시지는 원래 메시지를 보낸 이벤트 생산자에게만 속하므로 메시지 필터는 필요하지 않다.
3 이벤트 소비자가 메시지를 받아 요청을 처리하고, reply-to 헤더에 설정된 임시 응답 대기열로 응답 메시지를 보낸다.
4 이벤트 생산자가 그 메시지를 받고 임시 응답 대기열을 삭제한다.

임시 대기열 기법이 훨씬 간단하지만, 메시지 브로커가 요청마다 임시 대기열을 생성했다가 즉시 삭제해야 한다는 부담이 있다. 이 때문에 브로커가 상당히 느려지고 전반적인 성능과 반응성이 나빠질 수 있음을 주의해야 한다. 메시지들이 동시에 많이 발생하는 시스템이라면 특히나 그렇다. 이런 이유로 우리는 CID 기법을 더 권장한다.

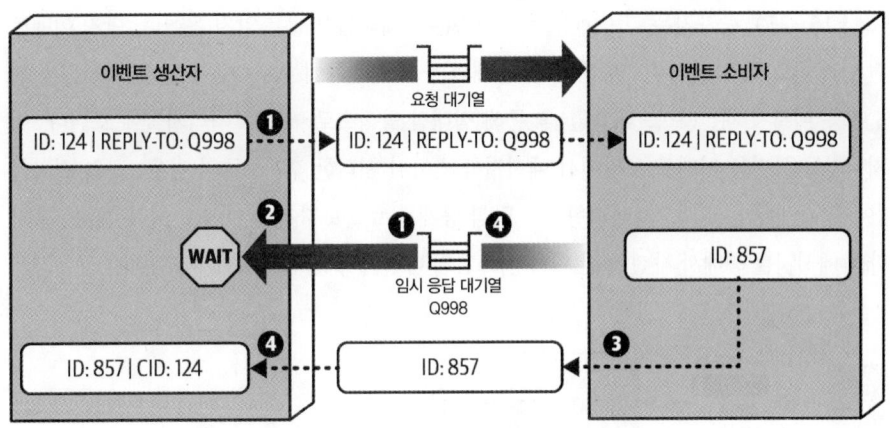

그림 15-24 임시 대기열을 이용한 요청-응답 메시지 처리

15.2.11 중재된 이벤트 주도 아키텍처

이번 장에서 지금까지는 살펴본 EDA들은 이벤트 처리기들이 브로드캐스팅을 통해 이벤트를 발생하고 여러 이벤트 처리기가 그에 반응하는 방식의 **코레오그래피형** EDA(choreographed EDA)에 해당한다. 이벤트에 응답한다. 하지만 아키텍트가 이벤트 처리를 좀 더 엄밀하게 제어하고 싶을 때도 있다. 그런 경우에는 중재자 토폴로지(mediator topology)라고 부르는, **오케스트레이션형** EDA(orchestrated EDA)가 적합하다.

중재자 토폴로지는 이번 장에서 지금까지 설명한 표준 코레오그래피형 EDA 토폴로지의 몇 가지 단점을 해결한다. 중재자 토폴로지의 중심에는 **이벤트 중재자**(event mediator)가 있다. 이벤트 중재자는 이벤트 처리기 간의 조정이 필요한 개시 이벤트(initiating event)를 위한 작업흐름을 관리하고 통제한다. 중재자 토폴로지를 구성하는 아키텍처 컴포넌트는 개시 이벤트, 이벤트 대기열, 이벤트 중재자, 이벤트 채널, 그리고 이벤트 처리기다.

한 가지 중요한 점은, 일반적으로 중재형 토폴로지는 **이벤트**보다는 **메시지**를 사용한다는 것이다. §15.2.1 "이벤트 대 메시지"에서 언급했듯이 메시지는 이미 일어난 사건(이를테면 **주문 배송됨**)보다는 앞으로 일어나야 할 일에 대한 명령(예: **주문 배송**)을 나타낸다.

코레오그래피형 토폴로지에서처럼 중재자 토폴로지에서도 전체 프로세스는 하나의 개시 이벤트로 시작된다. 차이점은, 중재자 토폴로지에서는 개시 이벤트를 이벤트 중재자가 받는다는 것이다(그림 15-25). 중재자는 그 이벤트를 처리하는 구체적인 방법은 알지 못한다. 단지 이벤트가 어떤 단계들로 처리되는지만 알 뿐이다. 중재자는 그 단계들에 해당하는 파생 메시지들을 생성해서 전용 메시지 채널(보통 대기열)을 통해 점대점 방식으로 이벤트 처리기들에 보낸다. 이벤트 처리기들은 전용 이벤트 채널에서 메시지를 받아서 처리한 후 (보통의 경우) 작업 결과를 중재자에게 알려준다. 코레오그래피형과는 달리 중재자 토폴로지에서 이벤트 처리기들은 추가적인 파생 메시지를 통해서 자신이 한 일을 시스템의 나머지 부분에 브로드캐스팅하지 않는다.

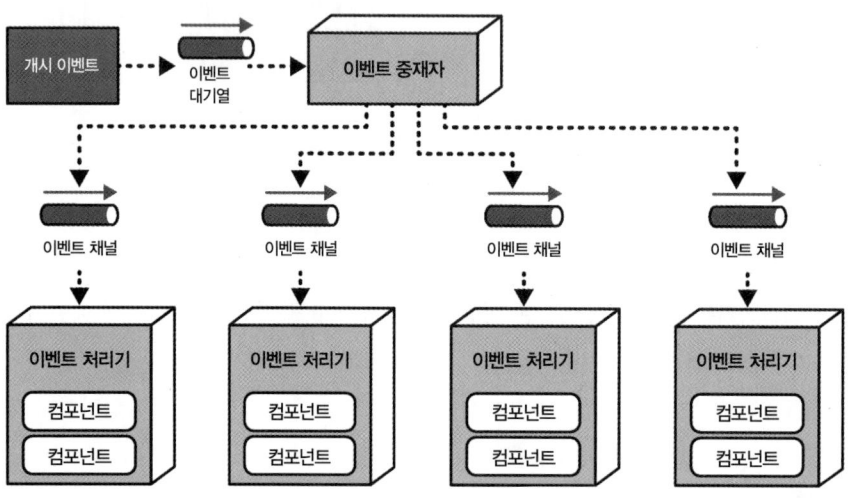

그림 15-25 중재자 토폴로지

중재자 토폴로지 구현에서 중재자가 하나가 아니라 여러 개일 때가 많다. 그런 경우 일반적으로 각 중재자는 특정 도메인이나 이벤트 그룹과 연관된다. 예를 들어 모든 고객 관련 이벤트(예: 신규 고객 등록, 프로필 업데이트)를 처리하는 고객 중재자와 모든 주문 관련 활동(예: 장바구니에 항목 추가, 결제)을 처리하는 주문 중재자를 두는 식이다. 이러한 접근법은 중재자가 단일 장애점(single point of failure, SPOF)이 되는 상황(이는 이 토폴로지의 잠재적인 문제점 중 하나이다)을 피하고, 전반적인 처리량과 성능을 향상한다.

일반적으로 아키텍트가 이벤트 중재자 구현 방법을 선택할 때 중요한 고려 사항은 이벤트 중재자가 처리하는 메시지의 성격과 복잡성이다. 예를 들어 간단한 오류 처리와 오케스트레이션이 필요한 이벤트라면 Apache Camel(https://camel.apache.org)이나 Mule ESB(https://mulesoft.com), 또는 Spring Integration(https://oreil.ly/r2e4r) 같은 중재자로 충분하다. 이런 유형의 중재자에서는 이벤트 처리 작업흐름을 제어하는 코드를 직접 작성해서(이를테면 자바나 C#으로) 메시지의 흐름과 경로를 정의하는 것이 일반적이다.

하지만 이벤트 작업흐름에 수많은 조건부 처리와 복잡한 오류 처리 지시문이 있는 다중 동적 경로가 필요하다면, Apache ODE(https://ode.apache.org)나 Oracle BPEL Process Manager(https://oreil.ly/jMtta) 같은 중재자가 낫다. 기본적으로 이런 중재자에서는 이벤트 처리에 관련된 단계들을 XML과 유사한 구조의 BPEL(Business Process Execution Language)(https://oreil.ly/Uu-Fo)이라는 언어로 정의한다. BPEL로 작성하는 산출물들에는 오류 처리, 재지정(redirection), 다중 캐스팅(multicasting) 등에 쓰이는 여러 구조적 요소들도 포함된다. BPEL은 강력하지만 배우기에 상대적으로 복잡한 언어이므로, 아키텍트들은 보통 BPEL 엔진 제품군의 GUI 도구를 이용해서 중재자를 구현한다.

BPEL은 복잡하고 동적인 작업흐름에는 적합하지만, 이벤트 처리 과정 전반에 걸쳐 사람의 개입이 필요하며 오랜 기간 실행되는 트랜잭션들이 포함된 이벤트 작업흐름에는 적합하지 않다. 주식 거래의 예에서, **거래 주문 접수됨**이라는 개시 이벤트가 발생했고 이벤트 중재자가 이 이벤트를 받아들였지만 처리 과정에서 거래 주식 수가 정해진 한도를 넘었기 때문에 사람의 승인이 필요하다는 점을 발견했다고 하자. 그러면 이벤트 중재자는 이벤트 처리를 중단하고, 수석 트레이더에게 수동 승인을 요청하도록 알린 다음 승인을 기다려야 한다. 이런 경우에는 이벤트 중재자를 사용하는 것보다 jBPM(https://jbpm.org) 같은 BPM(Business Process Management) 엔진이 더 적합하다.

어떤 종류의 이벤트 중재자를 구현할지 선택하기 전에, 처리할 이벤트의 유형을 파악하는 것이 중요하다. 사람의 상호작용이 필요하며 복잡하고 오래 실행되는 이벤트에 Apache Camel을 적용하기란 매우 어렵고 유지보수도 힘들다. 반대로, 단순한 이벤트 흐름에 BPM 엔진을 사용하는 것은 Apache Camel로 며칠 만에 달성할 수 있는 일에 몇 달의 노력을 낭비하는 셈이다.

물론 모든 이벤트가 단 하나의 복잡도 유형에 깔끔하게 들어맞는 경우는 드물다. 우리는 이벤트들을 단순함(simple), 어려움(hard), 복잡함(complex)이라는 세 가지 유형으로 분류하고, 일단은 모든 이벤트를 Apache Camel이나 Mule 같은 단순한 중재자에 보내는 방식을 권장한다. 그 중재자는 주어진 이벤트의 복잡도에 따라 자신이 직접 처리하거나 더 복잡한 이벤트 중재자에 넘겨준다. [그림 15-26]이 이러한 중재자 위임 모델을 나타낸 것이다. 이 모델은 모든 유형의 이벤트가 효과적으로 처리할 수 있는 중재자 유형에 의해 처리되게 한다.

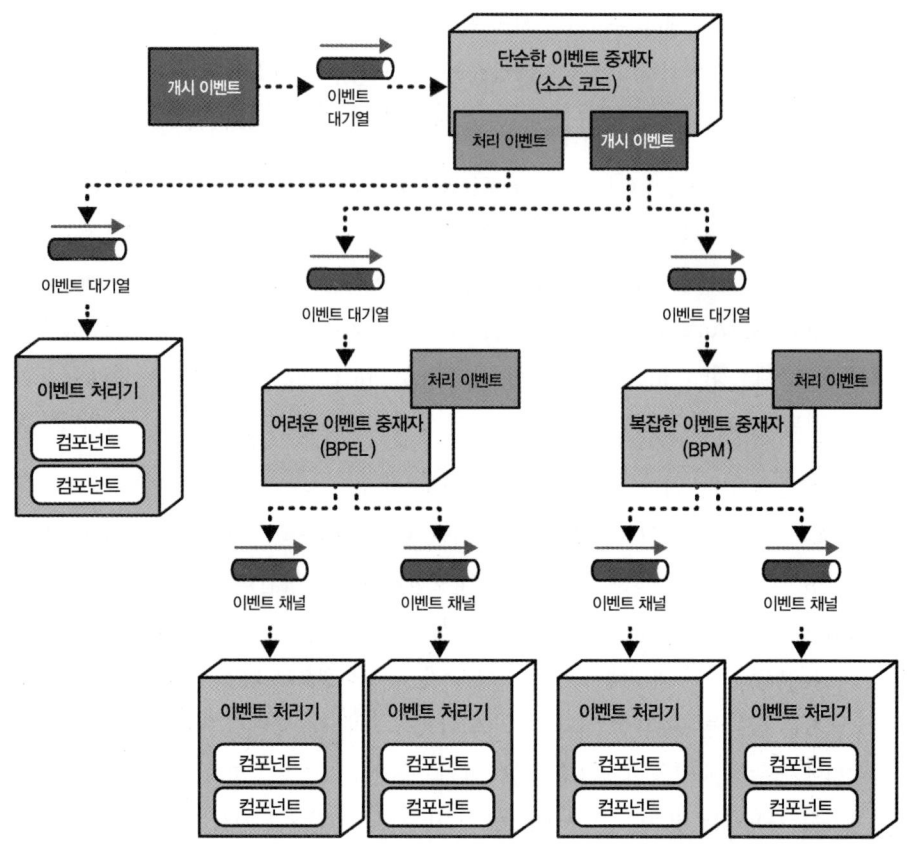

그림 15-26 적절한 유형의 이벤트 중재자로 이벤트를 위임하는 예

[그림 15-26]에서 **단순한 이벤트 중재자**는 만일 이벤트 작업흐름이 자신이 직접 처리할 수 있을 정도로 단순하면 별다른 파생 메시지를 만들지 않는다. 하지만 개시 이벤트가 어렵거나 복잡하다고 분류되면 그에 따라 적절한 이벤트 중재자(BPEL 또는 BPM)로 전달한다. 이 경우 해당 이벤트의 처리가 언제 완료되는지를 **단순한 이벤트 중재자**가 알아야 할 수도 있고(이를테면 클라이언트에게 결과를 알리기 위해), 그냥 해당 작업흐름 전체(클라이언트 알림 포함)를 다른 중재자에게 위임하고는 잊어버리게 할 수도 있다.

중재자 토폴로지의 작동 방식을 이해하기 위해, 코레오그래피형 토폴로지를 설명할 때 사용한 소매 주문 입력 시스템의 예를 중재자 토폴로지의 관점에서 다시 생각해 보자. 이 경우 중재자는 해당 이벤트를 처리하는 데 필요한 단계들을 알고 있다. [그림 15-27]은 중재자 컴포넌트의 내부 이벤트 흐름이다.

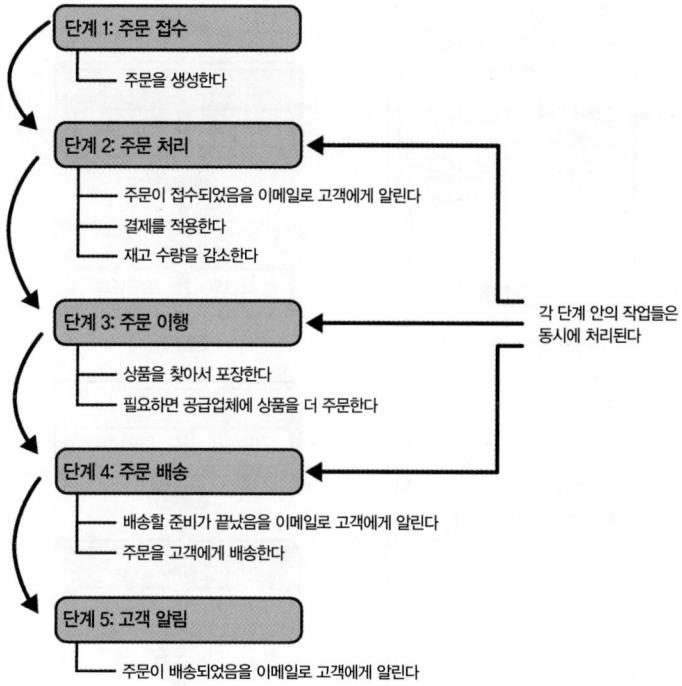

그림 15-27 중재자의 주문 처리 단계들

개시 이벤트(**주문 접수됨**)가 전용 대기열을 통해 이벤트 중재자로 전송되는 것은 이전 예제와 동일하다. 이 개시 이벤트를 `Customer`라는 이름의 중재자가 받아서 [그림 15-27]의 흐름에 따라 파생 메시지들을 생성하기 시작한다. 단계 2, 3, 4는 차례로 진행되지만, 각 단계 안의 작업들은 동시에 실행된다. 예를 들어 단계 4(주문 배송)는 단계 3(주문 이행)이 완료되고 승인 메시지를 받은 후에만 진행되지만, 고객 이메일 전송과 배송 시작은 동시에 처리할 수 있다.

이제 [그림 15-28]을 보자. `placeOrder` 대기열을 통해 개시 이벤트를 받은 `Customer` 중재자는 `create-order`라는 파생 메시지를 생성해서 대기열로 전송한다. `Order Placement` 이벤트 처리기가 이 메시지를 받아서 주문을 검증, 생성한 후 중재자에게 주문 ID와 승인 메시지를 돌려준다. 이 시점에서 중재자가 해당 주문 ID를 고객에게 전송해서 주문이 접수되었음을 알릴 수도 있고, 모든 단계가 완료될 때까지 계속 진행할 수도 있다(주문 접수에 대한 회사의 구체적인 업무 규칙에 따라 다르다).

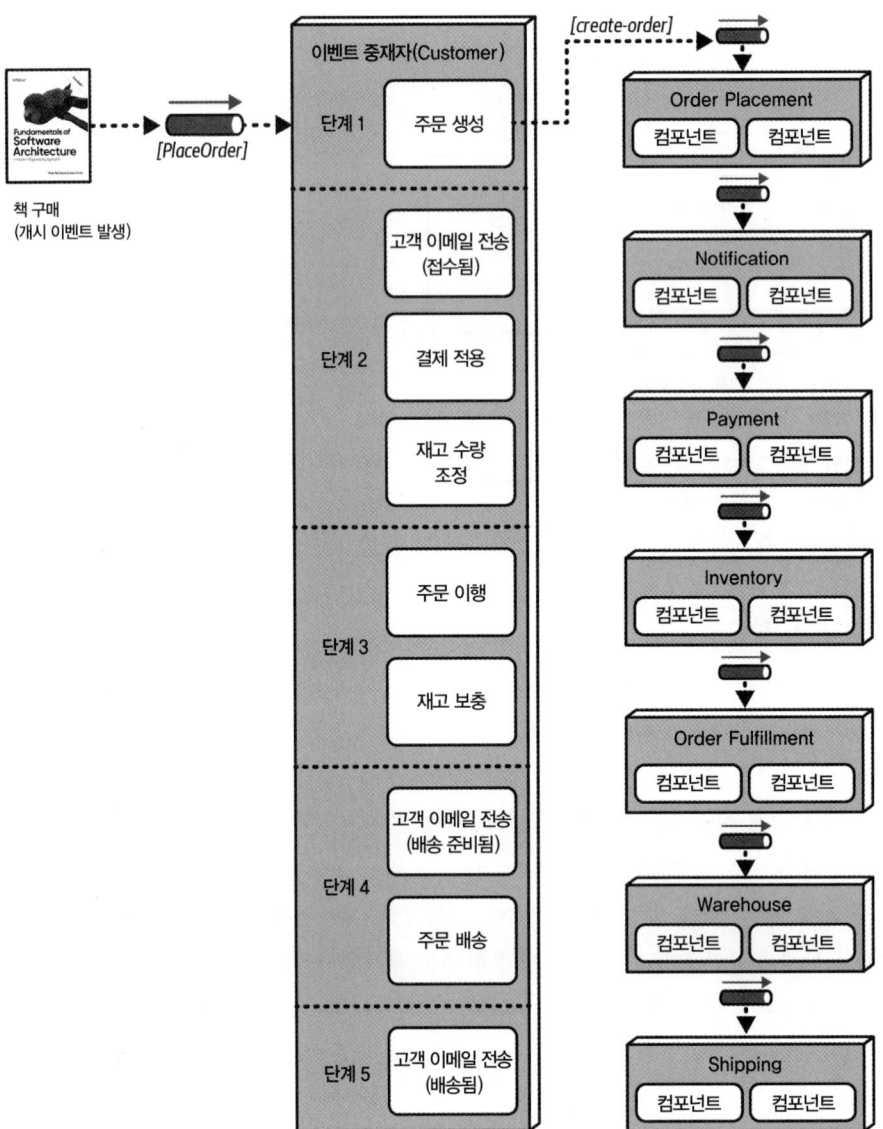

그림 15-28 중재자 예제의 단계 ①

단계 1이 끝나면 중재자는 단계 2로 넘어간다(그림 15-29). 여기서 중재자는 `email-customer`(고객 이메일 전송), `apply-payment`(결제 적용), `adjust-inventory`(재고 조정)라는 세 파생 메시지를 생성해서 각각의 대기열로 전송한다. 메시지를 받은 세 이벤트 처리기는 각자의 작업을 수행한 후 처리가 완료되었음을 중재자에게 알린다. 중재자는 병렬로 실행되는 세 이벤트 처리기 모두의 확인(승인)을 받은 후에만 단계 3으로 넘어가야 한다. 병렬 이벤트 처리기 중에서 오류가 발생한 경우, 중재자는 다음 단계로 넘어가기 위해 문제를 바로잡는 작업을 진행할 수도 있다. 이에 관해서는 잠시 후에 좀 더 이야기하겠다.

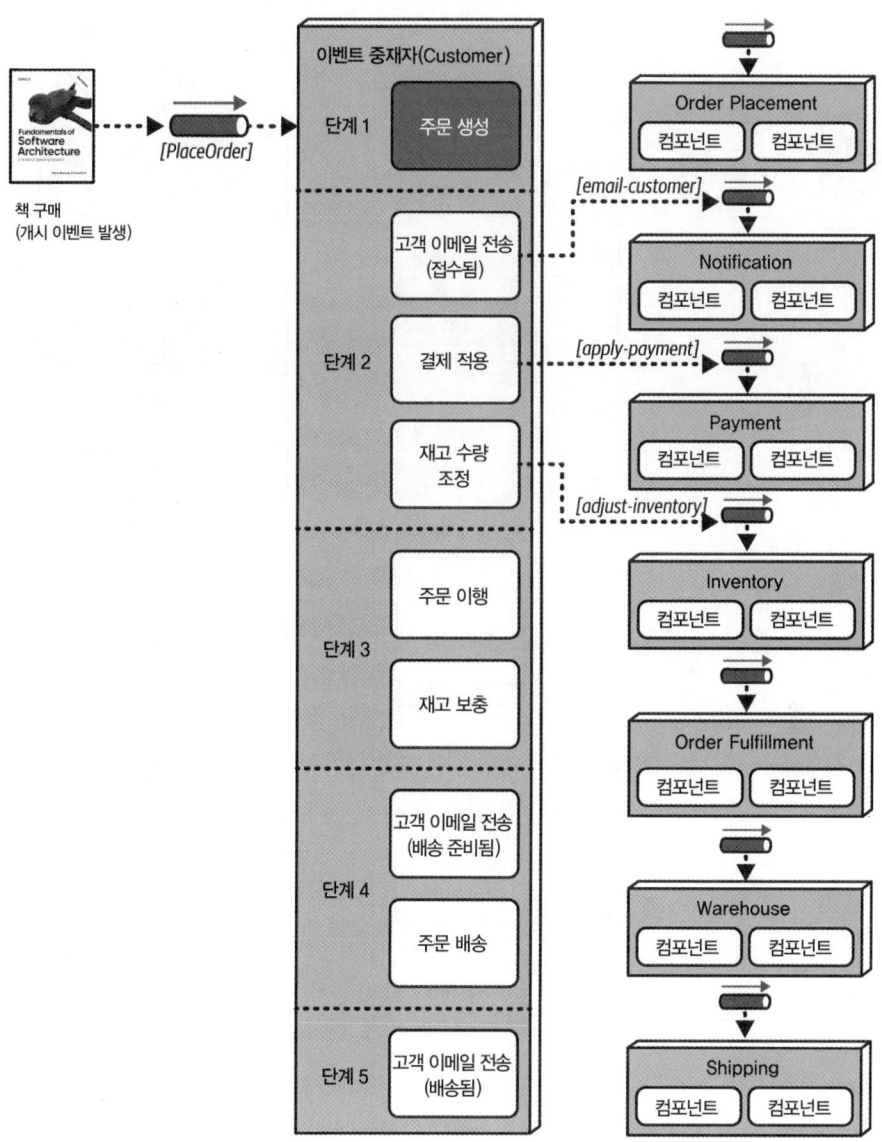

그림 15-29 중재자 예제의 단계 ②

단계 2의 모든 이벤트 처리기가 작업 성공을 확인하면 중재자는 단계 3으로 이동해서 주문을 이행한다(그림 15-30). 이 단계에서도 중재자는 두 파생 메시지(fulfill-order와 order-stock)를 동시에 전송해서 병렬로 처리되게 할 수 있다. 이벤트 처리기 Order Fulfillment와 Warehouse는 작업을 수행한 후 중재자에게 확인 메시지를 돌려준다.

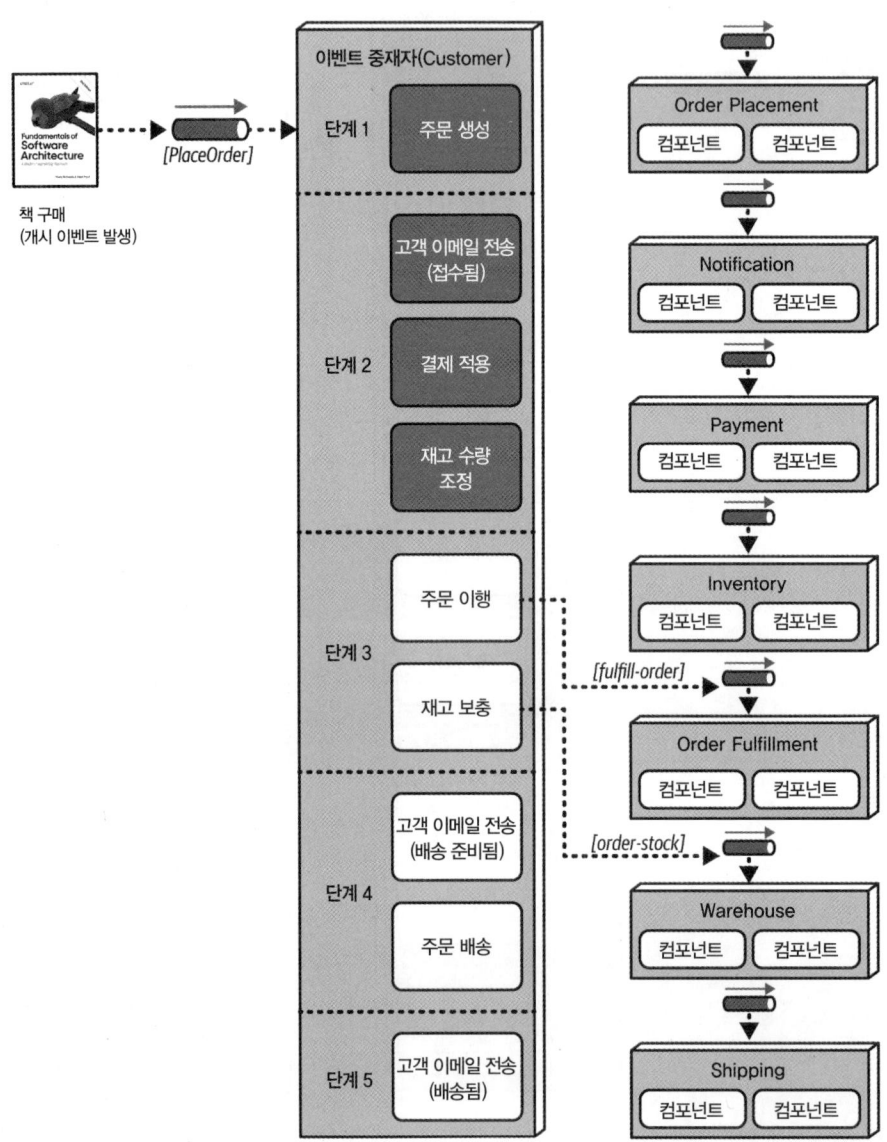

그림 15-30 중재자 예제의 단계 ③

이제 중재자는 단계 4로 이동해서 주문을 배송한다(그림 15-31). 이 단계에서는 두 개의 파생 메시지가 생성된다. 하나는 주문 배송을 지시하는 ship-order이고 다른 하나는 주문 배송이 준비되었음을 고객에게 알리기 위한 email-customer이다.

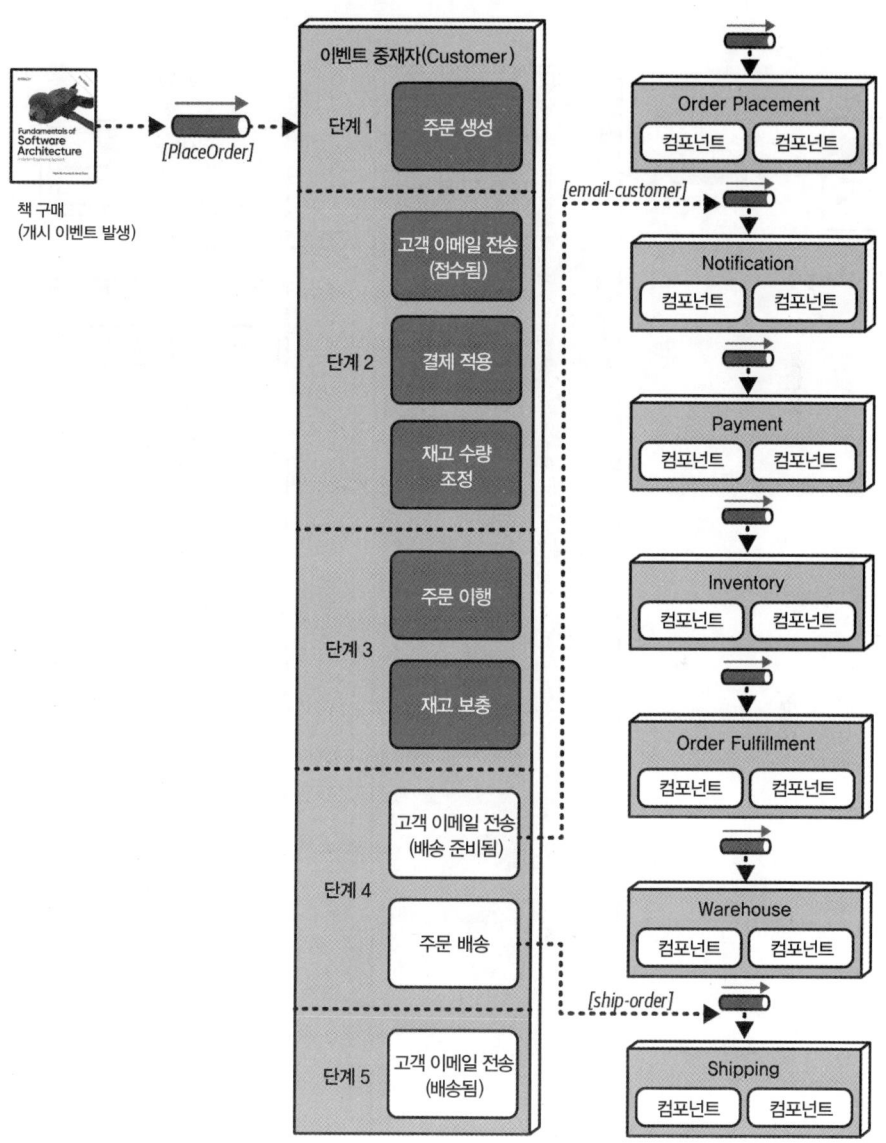

그림 15-31 중재자 예제의 단계 ④

마지막으로 중재자는 단계 5로 이동한다(그림 15-32). 이번에도 email-customer 메시지를 전송하지만, 이전과는 맥락이 다르다. 이번에는 주문이 배송되었음을 고객에게 알리기 위한 것이다. 이것으로 **주문 접수됨** 개시 이벤트에 대한 작업흐름이 끝난다. 중재자는 개시 이벤트 흐름을 완료(complete)로 표시하고, 개시 이벤트와 관련된 모든 상태를 제거한다.

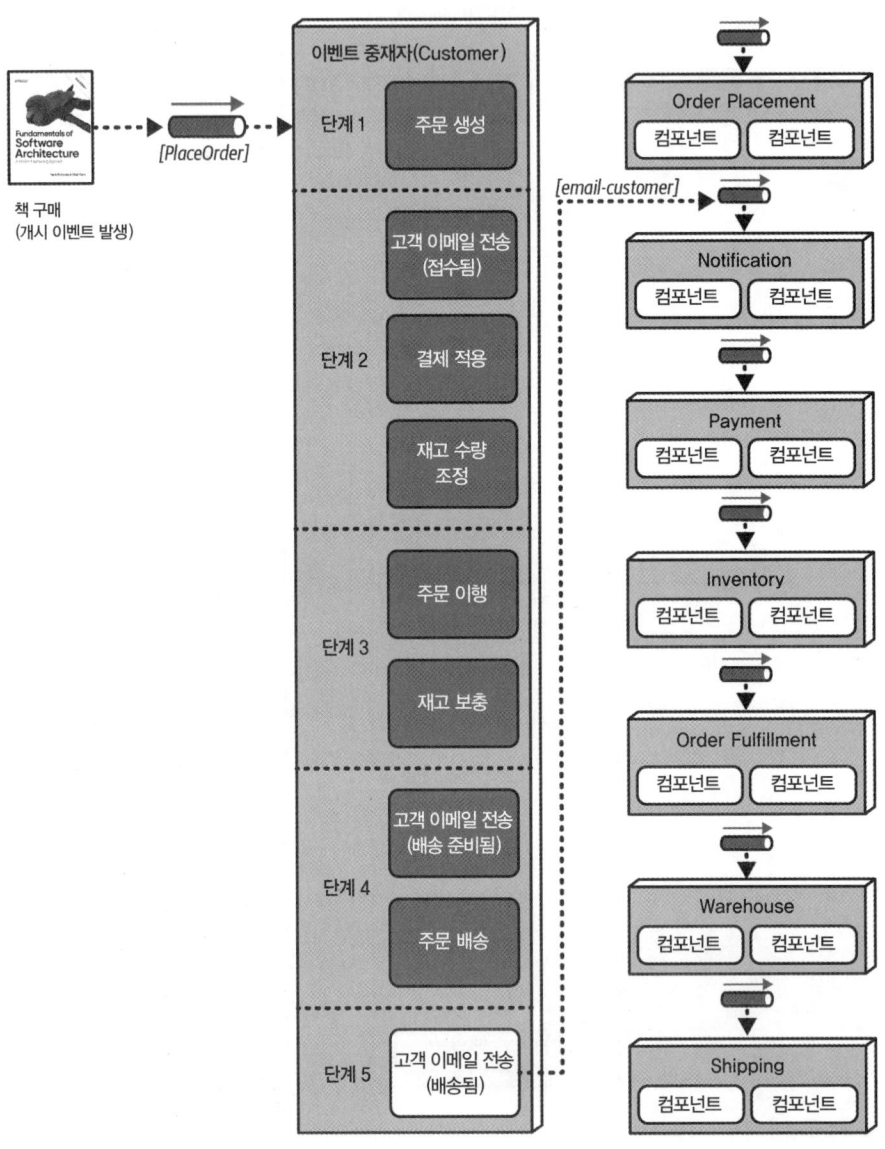

그림 15-32 중재자 예제의 단계 ⑤

코레오그래피형 토폴로지와 달리 이 토폴로지에서는 중재자 컴포넌트가 작업흐름에 대한 지식과 제어권을 갖는다. 중재자는 이벤트 상태를 유지하고 오류 처리, 복원성, 재시작 역량을 관리할 수 있다. 예를 들어, 지금 예제에서 고객의 신용카드가 만료되어서 결제가 적용되지 않았다고 하자. 중재자는 결제가 적용(단계 2)되어야만 주문을 이행(단계 3)할 수 있음을 알고 있으므로, 이런 오류가 발생하면 작업흐름을 중단하고 요청의 상태를 자체 영구적 데이터 저장소에 기록한다. 이후 결제가 적용되면, 작업흐름을 중단된 지점(이 경우 3단계 시작 부분)부터 재시작할 수 있다.

중재자 토폴로지는 코레오그래피형 토폴로지와 관련된 문제들을 해결하지만, 나름의 단점들도 존재한다. 우선, 복잡한 이벤트 흐름 내에서 발생하는 동적 처리 과정을 선언적으로 모델링하기가 매우 어렵다. 이 때문에 중재자 토폴로지에는 주로 일반적인 처리를 위한 작업흐름들을 두고, 재고 부족 상황이나 기타 비전형적인 오류 같은 동적이고 복잡한 이벤트들은 중재자와 코레오그래피 토폴로지를 결합한 혼합(hybrid) 모델로 처리하는 접근법이 흔히 쓰인다. 더 나아가서, 중재자 토폴로지에서도 코레오그래피형 토폴로지처럼 이벤트 처리기들을 확장할 수 있지만, 중재자 자체도 확장이 필요하다. 때때로 중재자가 전체 이벤트 처리 흐름에서 병목 지점이 된다는 점을 유의하기 바란다. 중재자 토폴로지에서는 이벤트 처리기들이 코레오그래피형 토폴로지에서만큼 높은 수준으로 분리되지 않는다. 마지막으로, 이 토폴로지는 성능 또한 코레오그래피형 토폴로지에 미치지 못한다. 중재자가 이벤트 처리를 제어하기 때문이다.

코레오그래피형 토폴로지와 중재자 토폴로지 사이의 트레이드오프는 본질적으로 높은 성능 및 확장성 대 작업흐름 제어 및 오류 처리 능력 사이의 균형을 맞추는 것으로 귀결된다. 중재자 토폴로지도 성능과 확장성은 양호한 편이지만, 코레오그래피 토폴로지만큼 높지는 않다.

15.3 데이터 토폴로지

지금까지 EDA의 이벤트와 이벤트 처리에 관해 많은 이야기를 했다. 이제는 EDA의 데이터 측면을 살펴볼 차례이다. 데이터베이스 토폴로지는 이 아키텍처 스타일의 독특하고도 흥미로운 측면이다. 이 스타일의 데이터 토폴로지는 선택지가 다양한데, 각각은 전체 아키텍처에 큰 영향을 미치는 중대한 트레이드오프를 가지고 있다. EDA의 다양한 데이터베이스 토폴로지를, [그림 15-3]에 나온 예를 단순화한 [그림 15-33]을 기준으로 설명해 보겠다.

고객이 책을 주문하면 Order Placement 이벤트 처리기가 주문 레코드를 생성한 후 **주문 접수됨** 이벤트를 발생한다. Payment와 Inventory 이벤트 처리기가 이에 반응해서 결제를 적용하고 재고를 조정한다. 결제가 적용되면, Order Fulfillment 이벤트 처리기가 반응해서 주문 포장자가 주문을 준비하는 데 필요한 정보를 제공한 후 **주문 이행됨** 이벤트를 발생한다. 그러면 Shipping 이벤트 처리기가 **주문 이행됨** 이벤트에 반응해서 고객에게 주문을 배송한다. 이에 의해 주문 이행 및 고객 요청 처리가 완료된다.

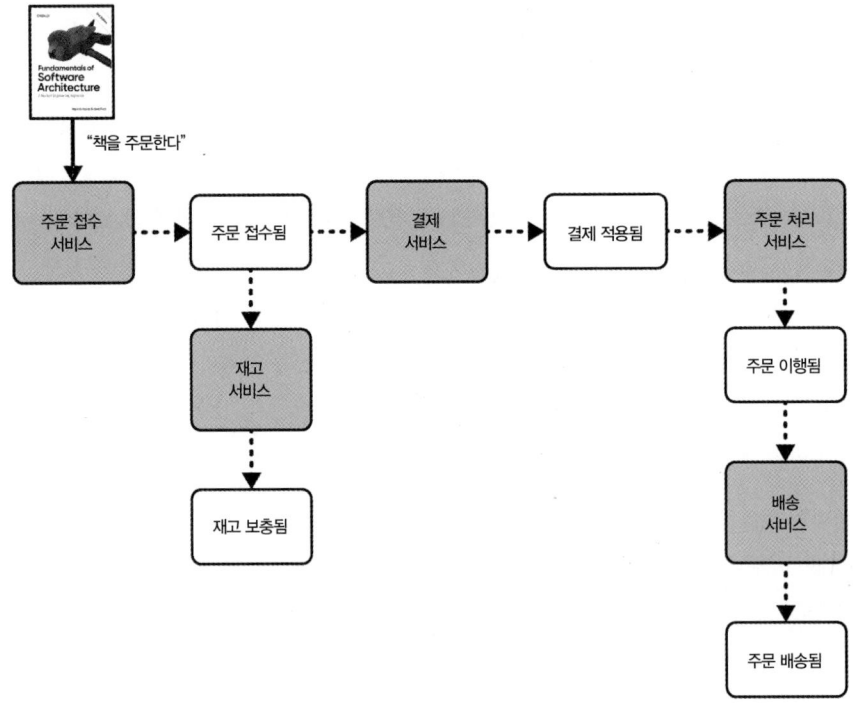

그림 15-33 EDA를 사용한 주문 입력 시스템 예제의 단순화된 버전

EDA의 한 가지 복잡한 점은 Order Placement 이벤트 처리기가 두 가지 정보를 알아야 한다는 것이다. 하나는 현재 재고 수량이고 다른 하나는 고객의 위치에 따른 배송 옵션(매장 수령, 택배 등)이다. 이러한 정보들을 얻는 방법은 아키텍처가 사용하는 데이터베이스 토폴로지 유형에 따라 달라진다. 그럼 데이터베이스 토폴로지 옵션과 그에 따른 주요 트레이드오프를 살펴보자.

15.3.1 모놀리스 데이터베이스 토폴로지

EDA에 쓰이는 첫 데이터베이스 토폴로지는 **단일 모놀리스 데이터베이스**(single monolithic database) 토폴로지다. 아마도 EDA에서 가장 흔히 쓰이는 토폴로지일 것이다. 이 토폴로지에서는 모든 이벤트 처리기가 중앙 데이터베이스를 통해 모든 데이터를 사용할 수 있다.

모놀리스 데이터베이스 토폴로지의 주요 장점은 어떤 이벤트 처리기든 다른 이벤트 처리기와 동기적으로 통신하지 않고도 필요한 데이터를 데이터베이스에서 직접 조회할 수 있다는 점이다. 일반적으로 이벤트 주도 아키텍처는 비동기 통신을 통해 소통하는 고도로 분리된 이벤트 처리기에 의존한다는 점에서 이는 상당한 장점이다. [그림 15-34]의 예에서 Order Placement 이벤트 처리기는 현재 재고 수량과 고객의 배송 옵션에 대한 정보를 그냥 중앙 모놀리스 데이터베이스를 조회해서 가져올 수 있다.

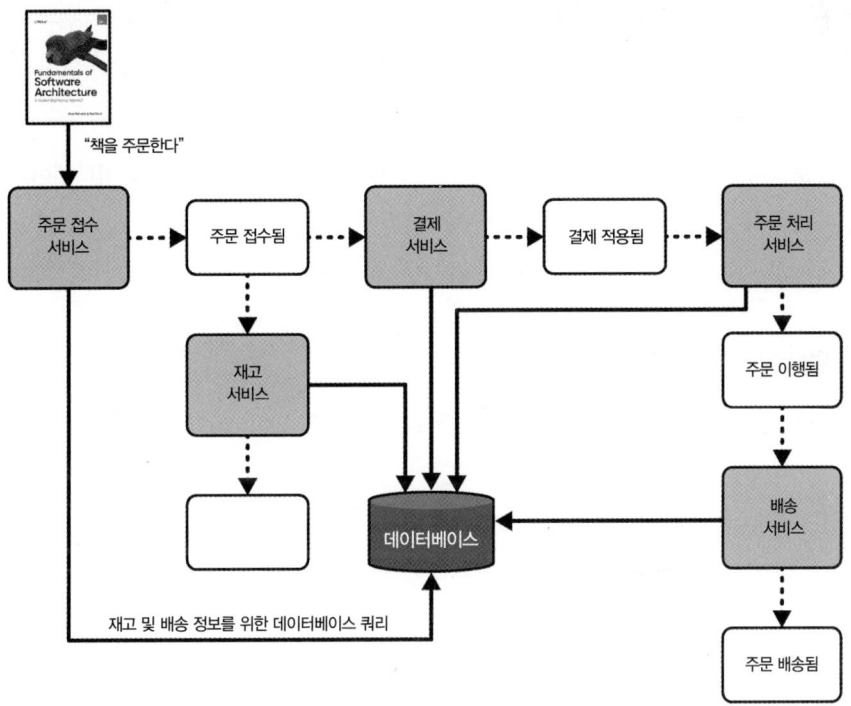

그림 15-34 모놀리스 데이터베이스 토폴로지에서는 컴포넌트들이 데이터베이스의 데이터에 직접 접근한다.

모놀리스 데이터베이스 토폴로지에는 분리(decoupling)가 좋고 이벤트 처리기들 사이의 통신이 제한된다는 장점이 있지만, 골치 아픈 단점도 몇 개 있다. 첫째는 내결함성이 나쁘다는 것이다. 중앙 모놀리스 데이터베이스가 죽거나 유지보수 때문에 가동을 중지하면, 데이터를 필요로 하는 모든 이벤트 처리기가 작동을 멈춘다.

둘째는 확장성이 떨어진다는 것이다. 이벤트 주도 아키텍처는 비동기 통신을 사용하므로 각각의 이벤트 처리기를 다른 이벤트 처리기들과는 독립적으로 확장할 수 있다. 이벤트 채널은 본질적으로 배압 지점(backpressure point)[8]으로 작용한다. 이 덕분에 개별 이벤트 처리기를 다른 이벤트 처리기의 확장 여부와 관계없이 확장할 수 있다. 하지만 모든 이벤트 처리기가 동시에 같은 데이터베이스를 읽고 쓴다면, **데이터베이스** 자체를 확장해서 그런 요구사항을 충족해야 한다. 동시성 부하(concurrency load)가 높은 상황에서 이를 달성하지 못하는 데이터베이스가 많다.

셋째 문제는 변경 관리이다. 데이터베이스의 구조가 변경되면(필드나 속성 제거 등) 다수의 이벤트 처리기가 영향을 받으므로 추가적인 조율 작업이 필요하다. 데이터베이스가 단 하나일 때도 그렇다.

마지막으로, 모놀리스 데이터베이스 토폴로지는 컴포넌트들이 하나의 모놀리스 데이터베이스를 공유한다는 점 때문에 필연적으로 단일 아키텍처 퀀텀을 만든다.

15.3.2 도메인 데이터베이스 토폴로지

EDA 내에서 가능한 또 다른 데이터베이스 토폴로지는 **도메인 데이터베이스 토폴로지**domain database topology이다. 이 토폴로지에서는 이벤트 처리기들을 도메인별로 묶고, 도메인마다 개별적인 데이터베이스를 사용한다(그림 15-35).

---

[8] 옮긴이_ 배압은 '뒤에서 오는 압력'으로, 지금 맥락에서는 생산자가 소비자보다 빠르게 데이터를 생성해서 생기는 압력을 가리킨다. 배압 지점은 그러한 압력을 조절, 해소한다.

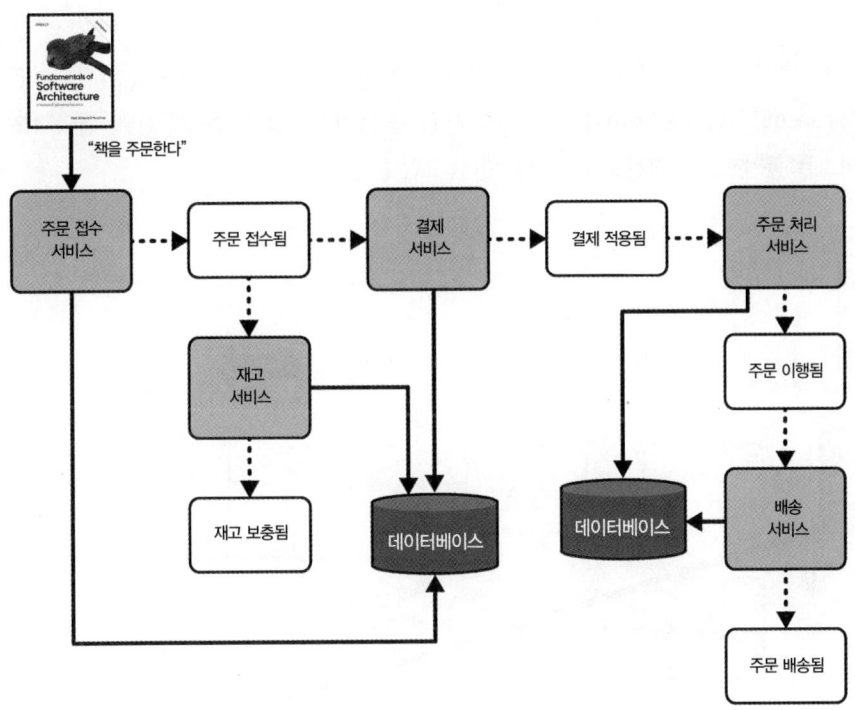

그림 15-35 도메인 데이터베이스 토폴로지는 도메인마다 별도의 데이터베이스를 사용한다.

모놀리스 데이터베이스 토폴로지에 비해 도메인 데이터베이스 토폴로지는 내결함성, 확장성, 변경 제어가 우월하다. 이러한 장점은 시스템이 도메인별로 분할된 데에서 비롯한다. [그림 15-35]의 예에서 주문 처리 도메인의 데이터베이스(Order Fulfillment와 Order Shipping 이벤트 처리기와 연결된 데이터베이스)가 죽거나 유지보수 작업 때문에 사용할 수 없게 되더라도 주문 접수 도메인은 여전히 정상 가동하므로 계속 주문을 받을 수 있다. 이 경우 **결제 적용됨** 파생 이벤트를 포함하는 이벤트 채널이 배압 지점 역할을 해서, 주문 처리 도메인의 데이터베이스가 다시 사용 가능해질 때까지 이벤트를 대기열에 담아 둔다. 확장성과 변경 제어 측면도 마찬가지이다. 각 도메인의 데이터베이스는 해당 도메인의 특정 이벤트 처리기에 기반한 확장만 고려하면 된다. 데이터베이스 구조가 바뀌어도 해당 도메인 범위의 이벤트 처리기들만 변경하면 그만이다.

하지만 장점만 있는 것은 아니다. Order Placement 이벤트 처리기에 필요한 정보를 생각해 보자. 이 처리기는 현재 보유하고 있는 책의 수량과 배송 옵션을 알아야 한다. 재고 수량은 모놀리스 데이터베이스 토폴로지에서처럼 그냥 데이터베이스를 조회하면 된다. 중앙 데이터베이스가 아니라 개별 도메인 데이터베이스라는 점이 다를 뿐이다. 그러나 배송 옵션을 가져오려면 Order Placement 처리기는 Shipping 이벤트 처리기를 **동기적으로** 호출해야 한다. 결과적으로 두 서비스는 동기적으로 결합(coupling)된다(그림 15-36).

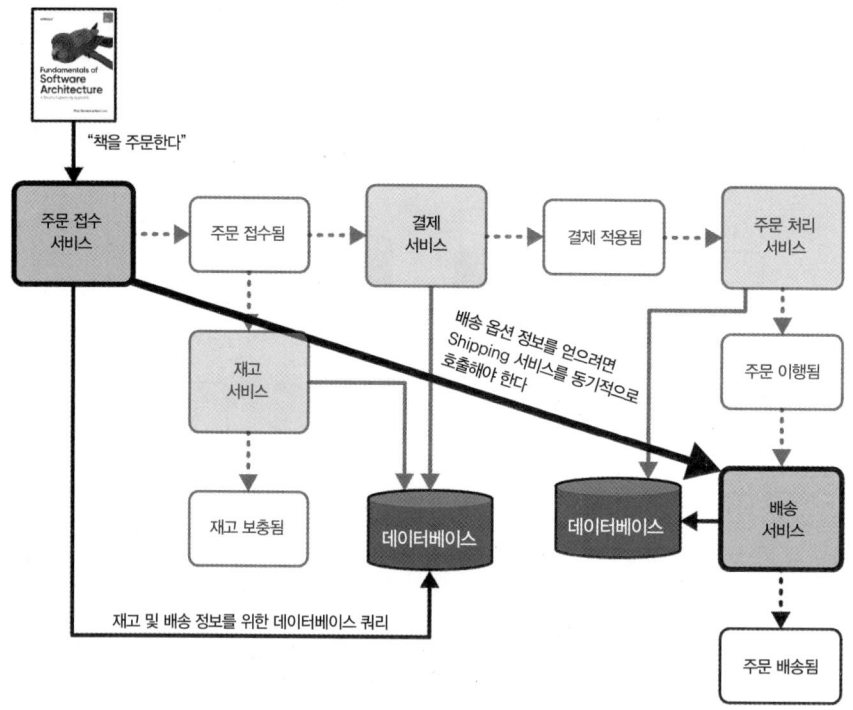

그림 15-36 Order Placement 이벤트 처리기에 필요한 데이터를 얻으려면 다른 도메인의 이벤트 처리기를 동기적으로 호출해야 한다.

EDA처럼 고도로 동적이고 분리된 아키텍처에서 아키텍트는 동기적 결합을 가능한 한 피해야 한다. 동기적 호출은 내결함성과 확장성에 악영향을 미칠 수 있다. 내결함성과 확장성이 나빠진다는 것은 도메인 데이터베이스 토폴로지의 장점이 많이 사라진다는 뜻이다. 아키텍트는 도메인들이 충분히 분리되어 있는지 항상 확인하고, 서비스 간 동기적 호출을 가능한 한 최소화해야 한다. 이벤트 처리기들 사이의 동기적 통신이 너무 많이 필요하다면, 도메인 경계를 재평가하거나 몇몇 도메인들을 하나로 결합해 보자. 정 안 되면 모놀리스 데이터베이스 토폴로지로 전환하는 것도 고려해야 한다.

15.3.3 전용 데이터 토폴로지

EDA에서 사용할 수 있는 또 다른 데이터 토폴로지로는 **전용 데이터베이스 토폴로지**(dedicated database topology)가 있다. 마이크로서비스 세계에서는 일반적으로 **서비스당 데이터베이스**(database-per-service) 패턴이라고 부른다. 이 데이터베이스 토폴로지에서는 이벤트 처리기마다 전용 데이터베이스를 둔다. 각각의 전용 데이터베이스는 마이크로서비스에서처럼 잘 정의된 경계 컨텍스트(bounded context) 안에 존재하게 된다(제18장의 §18.3 "데이터 토폴로지" 참고). [그림 15-37]에 이 토폴로지의 예가 나와 있다.

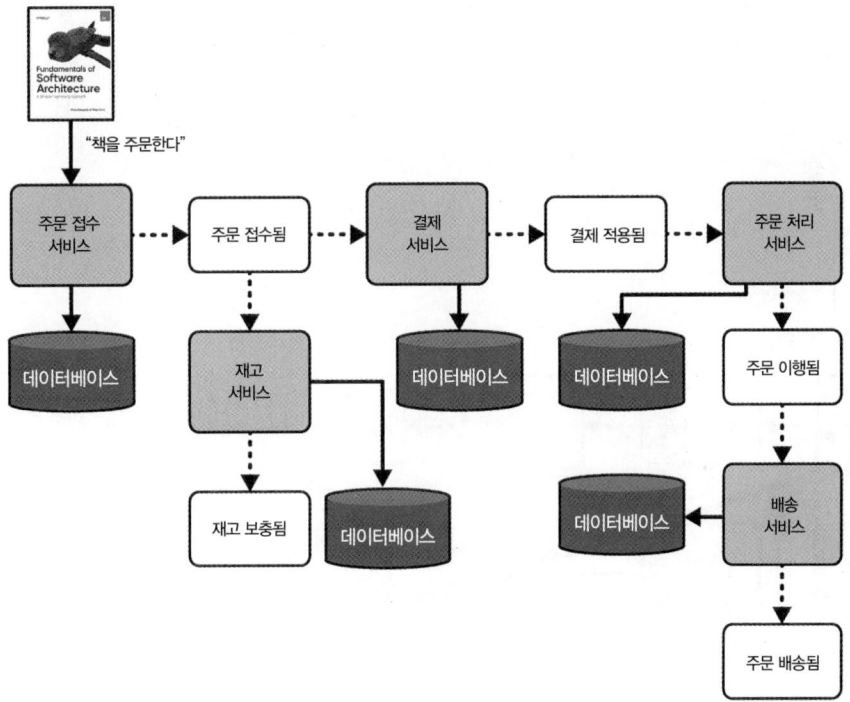

그림 15-37 EDA의 전용 데이터베이스 토폴로지는 이벤트 처리기마다 별도의 데이터베이스를 사용한다.

짐작했겠지만, 사용 가능한 모든 토폴로지 중에서 내결함성, 확장성, 변경 제어의 수준이 가장 높은 것이 전용 데이터베이스 토폴로지이다. 이벤트 처리기나 데이터베이스가 중단되어도 장애는 해당 이벤트 처리기로 국한되고, 다른 모든 이벤트 처리기는 정상적으로 작동한다. 데이터베이스를 확장할 때는 해당 경계 컨텍스트 안의 이벤트 처리기 하나만 고려하면 되므로, 이번 절에서 논의한 세 토폴로지 중에서 이 토폴로지가 확장성이 가장 좋다. 마지막으로, 데이터베이스 구조 변경 역시 해당 데이터베이스에 연결된 이벤트 처리기에만 영향을 미친다.

단점으로 넘어가자. 데이터베이스 기술 스택에 따라서는 이 토폴로지의 제반 비용이 아주 높을 수 있다. 하지만 아마도 가장 큰 단점은 이벤트 처리기 간의 동기적 동적 결합(synchronous dynamic coupling)이다. 이 단점을 설명하기 위해 Order Placement 이벤트 처리기의 예를 다시 생각해 보자. Order Placement 이벤트가 주문을 처리하려면 책 재고 수량과 배송 옵션을 알아야 한다. 전용 데이터베이스 토폴로지에서 Order Placement 이벤트 처리기가 그 두 정보를 얻으려면 Inventory 이벤트 처리기와 Order Shipment 이벤트 처리기 **모두**를 동기적으로 호출해야 한다. 결과적으로 아키텍처 전체에 긴밀한 동기적 결합 지점들이 형성된다(그림 15-38 참고). 도메인 데이터베이스 토폴로지와 마찬가지로, 이 데이터베이스 토폴로지 옵션을 선택하기 전에 아키텍트는 각 이벤트 처리기의 모든 데이터 관련 요구사항을 식별해야 한다.

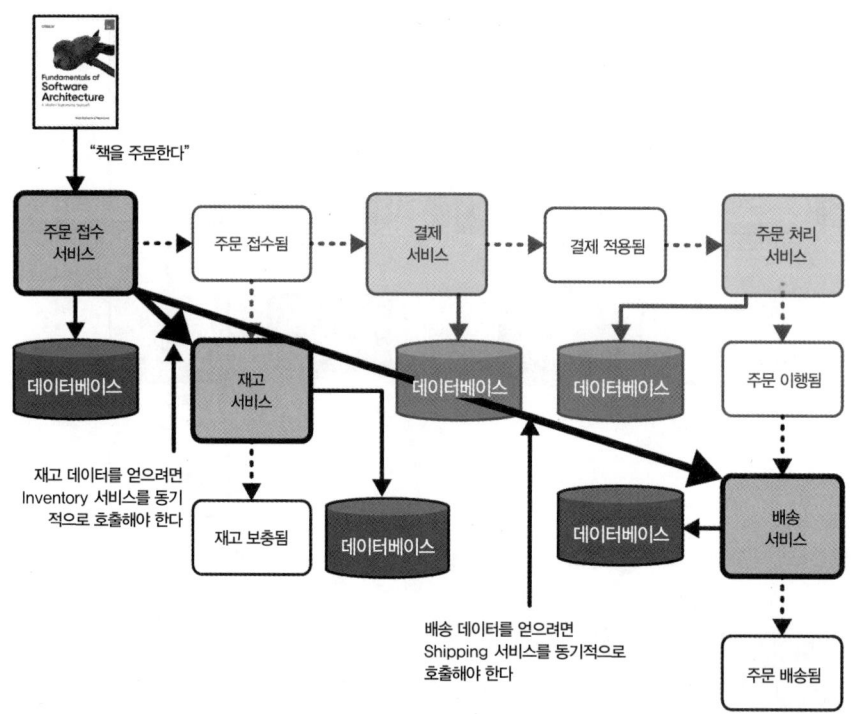

그림 15-38 Order Placement 이벤트 처리기에 필요한 데이터를 얻으려면 다른 이벤트 처리기들을 동기적으로 호출해야 한다.

전용 데이터베이스 토폴로지는 대부분의 이벤트 처리기가 자기완결적이며 경계 컨텍스트 전용 데이터베이스 안의 데이터만 필요로 하는 경우에 좋은 선택이다. 이벤트 처리기들 사이의 통신이 너무 많다면 아키텍트는 전체 성능과 확장성을 개선하기 위해 도메인 데이터베이스 토폴로지로, 심지어는 모놀리스 데이터베이스 토폴로지로 전환하는 것도 고려해야 한다(§15.6 "거버넌스" 참고). 하지만 그런 상황이라도 데이터베이스의 구조가 자주 바뀐다면, 구조 변경에 영향을 받는 이벤트 처리기 수를 최소화하는 것이 더 중요한 문제일 수 있으므로 여러 운영 특성의 트레이드오프를 세심하게 고려해야 할 것이다.

15.4 클라우드 고려 사항

이벤트 주도 아키텍처는 클라우드 기반 환경과 구현에서 잘 작동하는데, 주로는 분리성이 아주 높기 때문이다. EDA에서는 클라우드 벤더사가 제공하는 비동기 서비스들의 이점을 취하기가 수월하다. 또한 EDA는 그 형태(shape)가 클라우드 인프라와 클라우드 기반 서비스의 탄력적 성질과 잘 어울린다. 결론적으로, 클라우드 기반 환경은 본질적으로 EDA와 잘 맞는다.

15.5 일반적인 위험

EDA와 관련한 주요 위험 요소 하나는, 비결정론적(nondeterministic)인 이벤트 처리 방식이 부작용을 발생할 수 있다는 것이다. 예를 들어 이벤트 처리기가 예상치 못하게 파생 이벤트를 발생시키거나, 응답해야 할 이벤트에 반응하지 않을 수 있다. 이벤트 주도 아키텍처에서는 이벤트 작업흐름이 매우 복잡해서 어떤 이벤트가 발생했을 때 정확히 어떤 일이 벌어질지 알기 어려운 경우가 많다.

또 다른 큰 위험은 이벤트 주도 아키텍처 내에서 정적 결합이(따라서 취약성이) 너무 많아질 수 있다는 것이다. 기본적으로 EDA는 **동적** 결합도가 높지만, 이벤트 페이로드 계약(§15.2.6 "이벤트 페이로드" 참고) 때문에 **정적** 결합이 강해질 여지도 있다. 한 이벤트에 어떤 이벤트 처리기들이 반응하는지를 아키텍트가 항상 알 수 있는 것은 아니므로, 계약을 변경하기가 쉽지 않다. 이벤트 페이로드 계약이 변경되면 여러 다른 이벤트 처리기에 부정적인 영향이 미쳐서 이 아키텍처 스타일의 전반적인 취약성이 증가할 수 있다. 키 기반 이벤트 페이로드가 이런 위험을 완화하는 데 도움이 되지만, 대신 확장성과 성능이 나빠지고 빈혈성 이벤트(anemic events)가 발생할 여지가 생긴다 (§15.2.6 "이벤트 페이로드" 참고).

이벤트 처리기들의 동기적 통신이 너무 많아지는 것도 주의해야 한다. 이벤트 주도 아키텍처의 위력은 동적 분리도가 높기 때문에 생긴다. 하지만 이벤트 처리기들이 계속해서 동기적으로 통신해야 한다면 그런 위력이 사라진다. 동기적 통신이 많다는 것은 EDA가 가장 적합한 아키텍처 스타일이 아니라는 강력한 신호이다.

마지막으로 전반적인 상태 관리(state management)는 EDA에서 위험 요소이자 도전과제(challenge)이다. 개시 이벤트가 완전히 처리되었는지 알 수 있으면 좋지만, EDA의 비결정론적이고 비동기적인 병렬 이벤트 처리 때문에 이를 판단하기가 매우 어렵다. 아키텍트가 최종 처리 지점을 식별하고 개시 이벤트를 받은 이벤트 처리기가 그 "종료(ending)" 이벤트를 구독하게 해서 이 문제를 해결할 수도 있지만, 대부분의 경우 최종 처리 지점을 식별하는 것 자체가 쉽지 않다. 결과적으로 개시 이벤트가 완전히 처리되었는지, 심지어 현재 상태가 어떤지조차 파악하기 어렵다.

15.6 거버넌스

EDA와 관련한 거버넌스의 대부분은 비구조적이다. 비구조적 거버넌스를 원활히 실행하려면 전체 거버넌스 메시의 일부로 관찰성(observability; 또는 관찰가능성)이 필요한데, 그 관측성은 주로 로그 형태로 실현된다. 인프라와 환경에 따라서는 EDA와 관련된 일부 거버넌스 지표들을 아키텍트가 수동으로 수집해야 할 수도 있다.

이 스타일에서 거버넌스의 주요 영역은 계약 관리를 통한 정적 결합과 동기적 호출을 통한 동적 결합이다. EDA에서는 정적 결합과 동기적 호출은 둘 다 이 스타일의 구조를 무너뜨리는 요인으로 간주되므로, 아키텍트는 이 두 측면을 주의 깊게 살펴야 한다.

정적 결합을 제어하기 위해 아키텍트가 할 수 있는 일 하나는 이벤트 페이로드 계약의 변경률이나 전반적인 스탬프 결합 등에 대한 거버넌스 점검 수단을 설정하는 것이다. EDA는 분리도가 높기 때문에 계약 변경이 큰 위험을 초래할 수 있다. 이벤트 계약(특히, 관련된 스키마가 없는 계약)을 변경하면 하위 이벤트 처리기가 중단될 수 있음을 유의하자. 비결정론적인 종단 간 이벤트 흐름은 테스트하기가 매우 어렵다는 점에서, 이는 EDA에서 특히나 위험한 요소이다.

스탬프 결합(§15.2.6 "이벤트 페이로드" 참조)은 이벤트 계약의 필드 중에 해당 이벤트에 반응하는 이벤트 처리기들이 실제로는 사용하지 않는 것들을 지속적으로 기록하고 관찰함으로써 관리할 수 있다. 그런 미사용 필드들을 관찰하는 것은 계약의 크기를 줄이고 대역폭을 절약하는 데 도움이 되며, 더 나아가서 스탬프 결합과 그에 따른 이벤트 처리기의 불필요한 변경을 관리하는 데에도 도움이 된다.

동적 결합의 측면에서는, 로그나 기타 관측 가능한 수단을 통해(소스 코드의 애너테이션들을 조사하거나 주석이나 표준 동기적 커스텀 식별자 라이브러리를 활용하는 등) 이벤트 처리기 간의 동기적 통신을 관찰하고 추적하는 자동화된 적합성 함수를 작성해서 배치하는 것이 거버넌스에 도움이 된다. 이벤트 주도 아키텍처에서는 **모든** 동기적 통신을 추적하고 논의해서 각각의 동기적 통신이 꼭 필요한지 확인할 필요가 있다. 특히 도메인 데이터베이스 토폴로지나 전용 데이터베이스 토폴로지를 사용하는 경우에는 더욱 그렇다.

15.7 팀 토폴로지 고려 사항

EDA는 각각의 도메인이 다양한 요소(여러 이벤트 처리기, 이벤트 채널, 메시지 브로커, 데이터베이스 토폴로지에 따라서는 다수의 데이터베이스)로 구성된다는 점 때문에 주로 기술적으로 분할된 아키텍처로 간주된다. 그럼에도 EDA는 팀들이 도메인 영역 안에 정렬될 때(전문화된 교차 기능 팀처럼) 잘 작동한다. 하지만 EDA와는 잘 맞지 않는 팀 토폴로지 유형도 있다.

다음은 각 팀 토폴로지(§9.5 "팀 토폴로지와 아키텍처" 참조)에서 EDA와의 정렬과 관련해 고려할 사항들이다.

스트림 정렬 팀

시스템의 크기에 따라서는, 이벤트 처리기들의 분리(decoupling) 성질 때문에 스트림 정렬 팀이 도메인 기반 변경을 구현하는 데 어려움을 겪을 수 있다. EDA에서 도메인과 하위도메인은 일반적으로 다수의 이벤트 처리기와 파생 이벤트로 구현되는데, 그런 모든 동적인 요소를 스트림 정렬 팀이 파악하기가 항상 쉬운 일은 아니다. 예를 들어 주문 처리 작업흐름에 어떤 새로운 단계를 추가하려면 여러 이벤트 처리기를 변경해야 할 뿐만 아니라, 기존의 파생 이벤트들이 발생하는 방식(그리고 시점)을 재구성해야 할 수도 있다. 이벤트 주도 아키텍처가 크고 복잡할수록 스트림 정렬 팀의 효과는 떨어진다.

활성화 팀

활성화 팀은 이벤트 주도 아키텍처에서 잘 작동하지 않는다. EDA에서는 이벤트 처리기들을 파생 이벤트와 그 계약들을 기반으로 연동시켜야 하기 때문이다. 활성화 팀은 특정 스트림 **안에서** 효과적으로 실험하고 작동하지만, 그것이 팀의 전체 이벤트 흐름에 대한 이해와 관리를 방해할 수 있음을 주의해야 한다. 일반적으로 스트림 정렬 팀과 활성화 팀 간에 너무 많은 조정(coordination)이 필요하다.

난해한 하위시스템 팀

난해한 하위시스템 팀은 EDA의 분리되고 비동기적인 성질 덕분에 잘 작동한다. 복잡한 처리를 별도의 이벤트 처리기를 통해 쉽게 격리할 수 있으므로, 난해한 하위시스템 팀은 그런 처리에만 집중하고 덜 복잡한 처리는 스트림 정렬 팀에 맡길 수 있다. 이벤트 처리기들의 동적 분리도가 높으므로, 스트림 정렬 팀과 난해한 하위시스템 팀 사이에서 조정이 필요한 부분은 정적 이벤트 페이로드 계약과 파생 이벤트뿐이다.

플랫폼 팀

EDA에서 개발자들은 플랫폼 팀 토폴로지의 이점을 잘 누릴 수 있다. EDA의 기술적 분할 방식 덕분에 플랫폼의 공통 도구, 서비스, API, 작업을 활용하기가 수월하기 때문이다. 특히 팀들이 EDA의 인프라 관련 부분들(메시지 브로커, 이벤트 허브, 이벤트 버스, 기타 이벤트 채널 요소 등)을 플랫폼과 관련한 요소로 취급하는 경우에는 더욱 그렇다.

15.8 스타일 특성

[그림 15-39]의 특성 등급표에서 별점 1개는 이 아키텍처 스타일이 그 아키텍처 특성을 잘 지원하지 않는다는 뜻이고 별 5개 등급은 그 아키텍처 특성이 이 아키텍처 스타일의 가장 강력한 특징 중 하나라는 뜻이다. 표에 나온 각 특성은 제4장에서 정의하고 설명했다.

각 도메인이 여러 이벤트 처리기에 걸쳐 분산되고 브로커, 계약(이벤트 페이로드), 토픽을 통해 연결된다는 점에서, 이벤트 주도 아키텍처는 주로 기술적으로 분할된 아키텍처이다. 일반적으로 도메인 하나를 변경하면 다수의 이벤트 처리기와 기타 메시징 요소들에 영향이 미치므로, 일반적으로 EDA를 도메인 분할로는 간주하지 않는다.

아키텍처 특성		별점
	전반적인 비용	$$$
구조	분할 방식	기술적
	퀀텀 개수	1 이상
	단순성	★★
	모듈성	★★★★
엔지니어링	유지보수성	★★★★
	테스트성	★★
	배포성	★★★
	진화성	★★★★★
운영	반응성	★★★★★
	확장성	★★★★
	탄력성	★★★
	내결함성	★★★★★

그림 15-39 이벤트 주도 아키텍처의 특성 등급표

EDA의 퀀텀 개수는 각 이벤트 처리기 내의 데이터베이스 상호작용과 시스템이 요청-응답 처리를 사용하는지 여부에 따라 하나일 수도 있고 여러 개일 수도 있다. 여러 이벤트 처리기가 비동기 호출로 통신하는 경우라도 모든 이벤트 처리기가 하나의 데이터베이스 인스턴스를 공유한다면 모두 동일한 아키텍처 퀀텀에 포함된다. 요청-응답 처리의 경우도 마찬가지다. 이벤트 처리기 간 통신이 비동기적이라고 해도, 이벤트 소비자로부터 즉시 응답이 필요하다면 해당 이벤트 처리기들은 동기적으로 결합된다. 따라서 하나의 퀀텀을 형성한다.

예를 들어, 이벤트 처리기 A가 주문을 처리하기 위해 이벤트 처리기 B에 요청을 보낸다고 가정해 보자. 이벤트 처리기 A가 작업을 계속 진행하려면 이벤트 처리기 B가 주문 ID를 돌려주어야 한다. 이벤트 처리기 B(주문을 처리하고 주문 ID를 생성하는 처리기)가 다운되면 이벤트 처리기 A는 작업을 진행할 수 없다. 이 때문에, 비록 비동기로 메시지를 주고받긴 하지만 두 처리기는 하나의 아키텍처 퀀텀에 속하며, 따라서 동일한 아키텍처 특성들을 공유한다.

이벤트 주도 아키텍처의 주요 강점은 성능, 확장성, 내결함성이다. 표에서 이들은 모두 매

우 높은 점수(4~5점)를 받았다. 높은 성능은 비동기 통신과 고도로 병렬화된 처리의 조합 덕분이다. 높은 확장성은 이벤트 처리기의 프로그래밍적 부하 분산(programmatic load balancing; **경쟁하는 소비자들**(competing consumers)이나 **소비자 그룹**(consumer group) 이라고도 함)을 통해서 실현된다. 요청 부하가 증가한 경우, 그냥 프로그래밍 방식으로 이벤트 처리기들을 추가함으로써 늘어난 부하를 처리할 수 있다. 확장성에 별을 다섯 개가 아니라 네 개만 준 것은 데이터베이스 때문이다(확장성이 만점(별 5개)인 예는 공간 기반 아키텍처인데, 제16장에서 논의할 것이다). EDA의 높은 내결함성(5점)은 분리되고 비동기적인 이벤트 처리기들 덕분이다. 분리 및 비동기 성질은 최종 일관성(eventual consistency)과 작업흐름 방식의 이벤트 처리를 가능하게 한다. 이벤트 처리 도중에 어떤 다운스트림 처리기가 다운된다고 해도, 사용자 인터페이스나 요청을 발생한 이벤트 처리기가 즉시 응답을 필요로 하지 않는 한 시스템은 나중에 이벤트를 처리할 수 있다.

EDA의 전반적인 **단순성**과 **테스트성**은 상대적으로 점수가 낮은데, 주로 비결정론적이고 동적인 이벤트 흐름 때문이다. 요청 기반 모델에서는 일반적으로 처리의 흐름이 결정론적이라서 그 경로와 결과를 미리 알 수 있다. 그래서 테스트가 비교적 쉽다. 하지만 이벤트 주도 모델은 그렇지 않다. 때로는 아키텍트조차도 이벤트 처리기들이 동적인 이벤트에 어떻게 반응할지, 어떤 메시지를 생성할지 알지 못한다. 이를 **비결정론적 작업흐름**(nondeterministic workflow)이라고 부른다. 이러한 시스템의 '이벤트 트리 도표(event tree diagram)'는 가능한 시나리오가 수백, 수천 개가 될 정도로 극도로 복잡해질 수 있다. 그러면 거버넌스와 테스트가 매우 어렵다.

마지막으로, EDA는 진화 능력이 매우 뛰어나기 때문에 진화성이 별 5개이다. 기존 또는 새로운 이벤트 처리기를 통해 새로운 기능을 비교적 간단하게 추가할 수 있다. 이벤트 처리기들이 발생하는 여러 파생 이벤트는 기능성 확장을 위한 연결 고리(hook) 역할을 한다. 적절한 이벤트와 해당 데이터가 이미 준비되어 있는 한, 새로운 기능성을 추가하기 위해 인프라나 기존 이벤트 처리기를 변경할 필요가 없다.

EDA의 단점으로는 개시 이벤트와 관련된 전체 작업흐름을 제어하기 어렵다는 점이 있다. EDA의 이벤트 처리는 고도로 동적이다. 비즈니스의 조건이 항상 변하며, 개시 이벤트에 기반한 비즈니스 트랜잭션이 언제 완료되었는지 알기 어렵기 때문이다.

오류 처리도 EDA의 큰 난제이다. 중재자 토폴로지를 제외할 때 일반적으로 EDA에는 비즈니스 트랜잭션을 모니터링하거나 제어하는 중재자가 없기 때문에, 한 서비스에서 장애가 발생해도 다른 서비스들은 그 사실을 알지 못한다. 그런 경우 해당 개시 이벤트에 기반한 비즈니스 프로세스는 자동화된 복구 프로세스나 사람의 수동적인 개입으로 문제가 해결되기 전까지는 진행이 멈춘다. 하지만 다른 모든 프로세스는 그 오류를 무시하고 계속 진행된다. 예를 들어, 주문 시스템에서 Payment 이벤트 처리기가 다운되어서 배정된 작업을 완료하지 못하더라도, Inventory 이벤트 처리기는 여전히 재고를 조정할 것이며, 다른 모든 후속 이벤트 처리기도 모든 것이 정상인 것처럼 각자의 작업을 진행한다.

EDA에서 비즈니스 트랜잭션을 재시작하기는 매우 어렵다(따라서 복구성이 나쁘다). 개시 이벤트의 처리 과정에서 다른 여러 작업이 비동기적으로 실행되므로, 대부분의 경우 개시 이벤트를 다시 제출하는 것은 사실상 불가능하다.

15.8.1 요청 기반 모델 대 이벤트 기반 모델의 선택

요청 기반 모델과 이벤트 기반 모델 둘 다 소프트웨어 시스템을 설계하는 데 유용한 접근법이다. 하지만 올바른 모델을 선택하는 것이 성공의 관건임을 기억하기 바란다. 작업흐름을 확실히 통제하고 보장하는 것이 중요하다면, 잘 구조화되고 데이터 주도적인 요청을 특징으로 하는 요청 기반 모델이 좋다. 반면에 높은 수준의 반응성과 확장성이 요구되며 사용자 처리가 복잡하고 동적이라면, 유연한 행동 기반 이벤트를 특징으로 하는 이벤트 기반 모델을 권장한다.

이벤트 기반 모델의 트레이드오프를 이해하는 것도 최적의 선택을 결정하는 데 도움이 된다. [표 15-2]는 EDA에서 요청 기반 모델에 비한 이벤트 기반 모델의 장점과 트레이드오프를 정리한 것이다.

표 15-2 이벤트 기반 모델의 트레이드오프

요청 기반 대비 장점	트레이드오프
동적 사용자 콘텐츠에 좀 더 잘 반응함	최종 일관성만 지원함
확장성과 탄력성이 우월함	처리 흐름에 대한 제어가 부족함
민첩성과 변경 관리가 우월함	이벤트 흐름의 최종 결과에 대한 확실성 부족
적응성과 확장 능력이 우월함	테스트와 디버깅이 어려움
반응성과 성능이 우월함	
실시간 의사결정이 우월함	
상황 인식에 대한 반응이 우월함	

15.9 예시와 용례

시스템의 내부와 외부에서 일어나는 사건(이벤트)들에 대한 반응에 초점을 둔 비즈니스 문제라면 어떤 것이든 EDA를 적용하기에 좋은 후보이다. 이번 장 전체에서 사용한 주문 입력 시스템 예제는 주문을 여러 요소로 분리해서 병렬로 처리할 수 있다는 점에서 EDA의 좋은 용례에 해당한다. 반응성, 성능, 확장성, 내결함성, 탄력성이 높은 수준으로 요구되는 시스템들도 EDA의 훌륭한 후보이다.

이 책에서 예시로서 여러 번 등장한 고잉, 고잉, 곤(GGG) 경매 시스템도 EDA의 위력과 효능을 잘 보여준다. 이 시스템에서 사용자들은 경매에 올려진 물품에 입찰하고, 더 이상 더 높은 가격을 부르는 입찰자가 나오지 않으면 최종 입찰자가 해당 물품을 낙찰받는다. 일반적으로 이런 경매 시스템에서 입찰자의 수를 미리 알 수는 없다. 따라서 시스템에는 확장성과 탄력성이 모두 필요하다. 특히 경매에 시간제한이 있으며 입찰이 마감에 가까워지면 확장성과 탄력성이 더욱 중요해진다. 또한 이런 시스템은 높은 수준의 반응성을 요구한다. 하지만 온라인 입찰 시스템과 EDA가 잘 맞는 가장 좋은 이유는, EDA가 입찰을 **시스템에 대한 요청**이 아니라 **발생한 이벤트**로 간주한다는 점이다.

[그림 15-40]에서 보듯이 입찰자가 입찰하면 시스템에서 많은 작업이 진행된다. 이 작업들은 모두 비동기적으로 수행될 수 있는데, 구현 방법에 따라서는 모두 동시에 처리할 수도 있고 나중에 백엔드 처리(Bidder Tracker 이벤트 처리기 등)로서 처리할 수도 있다. 입찰에 의해 개시 이벤트가 발생하면 Bid Capture 이벤트 처리기가 그것을 받아서 입찰가가 기존 입찰가보다 높은지 확인한 후 입찰 접수됨 이벤트를 트리거한다. 그러면 Auctioneer 이벤트 처리기는 그 이벤트에 반응해서, 웹사이트에서 해당 물품의 새로운 입찰가를 업데이트한다. 동시에 Bid Streamer 이벤트 처리기도 그 이벤트에 반응해서 입찰 정보를 (UI에 따라) 웹사이트 입찰 기록 또는 개별 입찰자에게 스트리밍한다. 마지막으로 Bidder Tracker 이벤트 처리기도 동일한 **입찰됨** 이벤트에 반응해서 추적 및 감사 목적으로 입찰자와 입찰 정보를 저장한다(향후 추적 및 감사(audit) 작업을 위해).

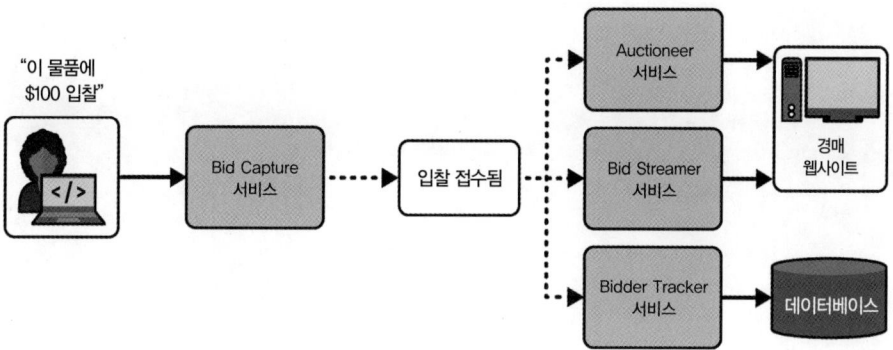

그림 15-40 EDA를 사용한 온라인 입찰 시스템 예제

이 개시 이벤트의 작업흐름에는 다수의 이벤트 처리기가 관련되며, 이들이 여러 파생 이벤트를 발생한다. [그림 15-40]에 나온 것은 그중 작은 한 부분일 뿐이지만, 이벤트 주도 아키텍처 스타일의 반응성과 내결함성, 확장성, 탄력성이 왜 우월한지를 잘 보여준다.

이벤트 주도 아키텍처는 매우 복잡한 아키텍처 스타일이다. 하지만 그와 동시에 매우 강력한 스타일이기도 하다. 아키텍트는 비즈니스 문제에 필요한 작업흐름과 처리를 면밀히 분석해서, EDA의 강력함이 그 복잡성을 감수할 만큼 가치가 있는지 판단해야 한다. 필요한 처리의 대부분이 요청 기반이라면 대신 마이크로서비스 아키텍처 스타일(제18장)을 고려하는 것이 좋다.

CHAPTER 16
공간 기반 아키텍처 스타일

대부분의 웹 기반 비즈니스 애플리케이션은 클라이언트가 웹 서버에 보낸 요청이 애플리케이션 서버를 거쳐 최종적으로 데이터베이스 서버에 도달하는 전형적인 흐름을 따른다. 이 전형적인 요청 흐름은 동시 사용자 수가 적을 때는 잘 동작하지만, 동시 사용자 부하가 증가하면 병목 현상이 발생하기 시작한다. 병목 현상은 웹 서버 계층에서부터 시작해 애플리케이션 서버 계층, 마지막으로 데이터베이스 서버 계층의 순서로 나타난다.

사용자 부하 증가로 병목 현상이 발생할 때 일반적인 대응책은 웹 서버의 규모를 확장(scaling out)하는 것이다. 이 방법은 비교적 쉽고 비용이 적게 들지만 항상 효과가 있는 것은 아니다. 사용자 부하가 높은 상황에서 웹 서버 계층을 확장하면 그저 병목 지점이 애플리케이션 서버로 옮겨지는 결과로 이어지는 것이 대부분이다. 애플리케이션 서버의 확장은 웹 서버의 확장보다 복잡하고 비용도 많이 든다. 하지만 보통의 경우 애플리케이션 서버를 확장해 봤자 병목 지점이 데이터베이스 서버로 옮겨갈 뿐이며, 데이터베이스 서버는 확장하기가 훨씬 더 어렵고 비용도 더 많이 든다. 설령 데이터베이스를 확장하더라도, 결국은 [그림 16-1]처럼 삼각형 모양의 토폴로지가 만들어진다. 삼각형의 가장 넓은 부분은 확장이 가장 쉬운 웹 서버이고, 가장 좁은 부분은 확장이 가장 어려운 데이터베이스이다.

동시 사용자 부하와 데이터 용량이 큰 대규모 애플리케이션에서 동시 트랜잭션 처리량의 상한을 제한하는 궁극적인 요인은 데이터베이스일 때가 많다. 데이터베이스 확장용 도구들이 도움이 될 수는 있지만, 보통의 애플리케이션을 극심한 부하를 견디도록 확장하는 것은 여전히 매우 어려운 과제이다.

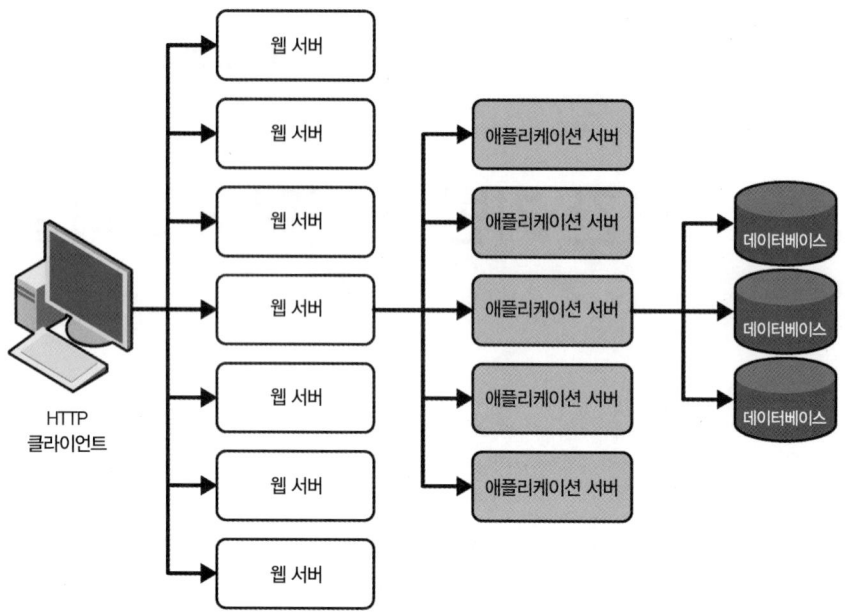

그림 16-1 전통적인 웹 기반 토폴로지의 확장성 한계

공간 기반 아키텍처(space-based architecture) 스타일은 높은 확장성, 탄력성, 동시성(concurrency)과 관련한 문제를 해결하기 위해 특별히 설계되었다. 또한 동시 사용자 수가 가변적이고 예측 불가능한 애플리케이션에도 유용하다. 극단적이고 가변적인 확장성 문제를 애초에 확장성이 떨어지는 아키텍처를 유지하면서 데이터베이스를 확장하거나 캐싱 기술을 추가해서 해결하려 드는 것보다는, 처음부터 그런 문제에 특화된 아키텍처를 사용하는 것이 낫다.

16.1 토폴로지

공간 기반 아키텍처라는 이름은 **튜플 공간**(tuple space)이라는 개념에서 유래했다. 튜플 공간은 여러 병렬 프로세서가 공유 메모리를 통해 통신하게 함으로써 병렬 처리의 이점을 취하는 기법이다. 보통의 시스템에서 중앙 데이터베이스는 시스템의 동기적 제약조건이다. 공간 기반 시스템은 중앙 데이터베이스를 두는 대신 메모리 안에서 데이터 그리드를 복제함으로써 높은 확장성과 탄력성, 성능을 달성한다.

공간 기반 아키텍처에서 애플리케이션 데이터는 메모리에 유지되며, 모든 활성 처리 단위 사이에서 복제된다. 한 처리 단위(processing unit)가 데이터를 갱신하면, 갱신 내용이 데이터 펌프를 통해 비동기적으로 데이터베이스에 전송된다. 이 과정은 보통 영속성 대기열(persistent queue)[1]을 이용한 메시징 방식으로 이루어진다. 사용자 부하가 증가하고 감소함에 따라 시스템은 동적으로 더 많은 처리 단위를 시동하거나 종료시키면서 가변적인 확장성 요구에 대응한다. 애플리케이션의 표준 트랜잭션 처리에 중앙 데이터베이스가 관여하지 않으므로 데이터베이스 병목이 제거된다. 이를 통해 애플리케이션은 거의 무한에 가까운 확장성을 확보할 수 있다.

공간 기반 아키텍처는 하나의 요청을 다양한 구성요소가 처리하는, 상당히 복잡한 아키텍처 스타일이다. 주요 구성요소는 다음과 같다.

처리 단위
처리 단위(processing unit; 또는 처리 장치)들은 애플리케이션 기능성을 담는다.

가상화된 미들웨어
가상화된 미들웨어(virtualized middleware)는 처리 단위들을 관리하고 조정하는 데 쓰이는 인프라 관련 요소들의 모음이다.

메시징 그리드
메시징 그리드messaging grid는 입력 요청과 세션 상태를 관리한다.

데이터 그리드
데이터 그리드data grid; 또는 데이터 격자는 처리 단위 간 데이터 동기화 및 복제를 관리한다.

처리 그리드
처리 그리드(processing grid)는 여러 처리 단위 간의 요청을 오케스트레이션한다.

배포 관리자
배포 관리자(deployment manager)는 부하 증감에 따른 처리 단위 인스턴스의 시작과 종료를 관리한다.

데이터 펌프
데이터 펌프data pump는 갱신된 데이터를 데이터베이스에 비동기적으로 전송한다.

---

1 옮긴이_ 영속성 대기열은 메시지들을 메모리뿐만 아니라 디스크나 기타 영구적 저장소에도 저장하는 형태의 대기열을 말한다. 저자는 'persisted' queue로 표기했지만, persistent queue가 흔히 쓰이는 용어이다.

데이터 기록기

데이터 기록기(data writer)는 데이터 펌프로부터 온 데이터 갱신을 수행한다.

데이터 판독기

데이터 판독기(data reader)는 처리 단위가 시동될 때 데이터베이스에서 데이터를 읽어서 처리 단위에 전달한다.

[그림 16-2]에 이 주요 구성요소들이 나와 있다.

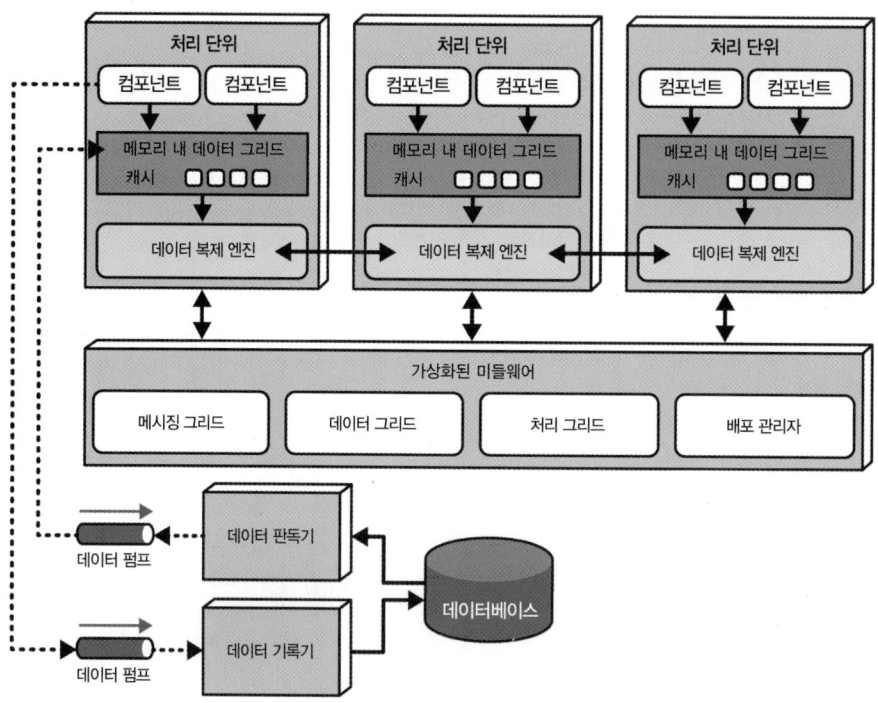

그림 16-2 공간 기반 아키텍처의 기본 토폴로지

16.2 스타일 세부 사항

그럼 각 주요 구성요소와 그 작동 방식을 좀 더 자세히 살펴보자.

16.2.1 처리 단위

처리 단위(그림 16-3)는 애플리케이션 로직 전체 또는 일부를 담는다. 보통의 경우 웹 기반 컴포넌트와 백엔드 비즈니스 로직을 모두 담고 있다. 처리 단위의 구체적인 내용은 애플리케이션 유형에 따라 달라진다. 규모가 작은 웹 애플리케이션은 시스템의 모든 기능성을 하나의 처리 단위에 담는다. 반면에 대규모 애플리케이션은 기능성을 기능 영역에 따라 여러 처리 단위로 분할하는 경우가 많다. 처리 단위에 작고 용도가 하나뿐인 서비스(마이크로서비스와 매우 흡사한)들을 포함할 수도 있다. 또한 처리 단위는 메모리 내 데이터 그리드(in-memory data grid)와 데이터 복제 엔진(data replication engine)도 포함한다. 구현에는 흔히 헤이즐캐스트Hazelcast(https://hazelcast.com), 아파치 이그나이트Apache Ignite(https://ignite.apache.org), 오라클 코히어런스Oracle Coherence(https://oreil.ly/XOUJL) 같은 제품이 쓰인다(§16.2.4 "데이터 그리드" 참고).

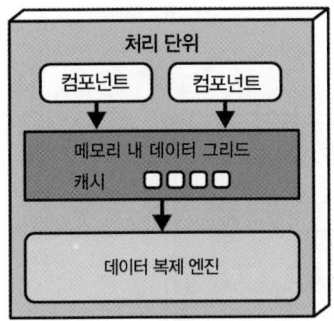

그림 16-3 처리 단위는 애플리케이션의 기능성을 담는다.

16.2.2 가상화된 미들웨어

가상화된 미들웨어(그림 16-4)는 처리 단위들을 관리하고 제어하는 역할을 하며, 다양한 인프라 관련 요소들로 구성된다. 최소한의 구성요소는 입력 요청과 사용자 세션 상태를 관리하는 **메시징 그리드**와 데이터 복제 및 동기화를 관리하는 **데이터 그리드**, 그리고 필요에 따라 처리 단위 인스턴스를 시작하고 해체하는 **배포 관리자**이다. 하나의 비즈니스 요청을 둘 이상의 처리 단위로 처리하기 위해 오케스트레이션이 필요한 경우에는 가상화된 미들웨어에 **처리 그리드**를 포함하기도 한다. 그 밖에도 아키텍트는 보안 기능성이나 지표 수집(관측성을 위한) 같은 인프라 관련 기능들을 필요에 따라 가상화된 미들웨어에 추가할 수 있다.

가상화된 미들웨어의 모든 기능을 담은 하나의 제품은 없기 때문에, 보통의 경우 아키텍트는 다수의 서드파티 제품들을 이용해서 가상화된 미들웨어를 구성한다. 그런 제품으로는 웹 서버, 캐싱 도구, 부하 분산기(load balancer), 서비스 오케스트레이터, 배포 관리자(처리 단위들의 모니터링, 시동, 종료를 관리하는) 등이 있다. 그럼 주요 미들웨어 구성요소들을 각각 좀 더 자세히 살펴보자.

16.2.3 메시징 그리드

메시징 그리드(그림 16-4)는 가상화된 미들웨어의 일부로, 입력 요청과 세션 상태를 관리한다. 요청이 가상화된 미들웨어로 들어오면, 메시징 그리드는 그 요청을 처리할 수 있는 활성 처리 단위를 선택해서 요청을 전달한다.

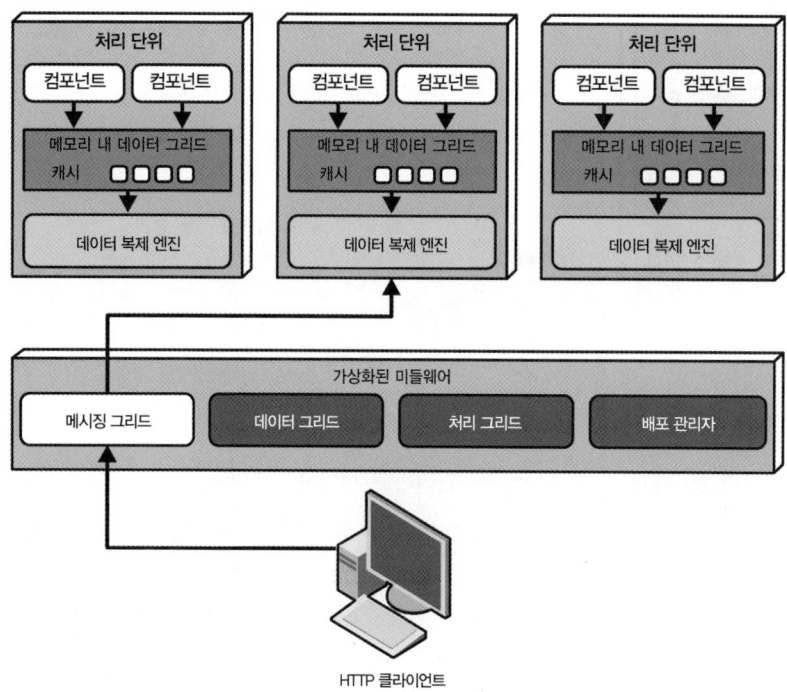

그림 16-4 메시징 그리드는 요청과 세션 상태를 처리한다.

메시징 그리드는 간단한 라운드로빈round-robin 알고리즘을 사용하는 것부터 어떤 처리 단위가 가장 여유 있는지 추적하는 더 복잡한 알고리즘을 사용하는 것까지 그 복잡도가 다양하다. 이 구성요소는 보통 HA Proxy나 Nginx처럼 부하 분산(load-balancing) 기능성을 갖춘 일반 웹 서버로 구현된다.

16.2.4 데이터 그리드

아마도 가상화 미들웨어에서 가장 중요한 구성요소가 **데이터 그리드**(그림 16-5)일 것이다. 대부분의 최신 구현에서 데이터 그리드는 전적으로 처리 단위 안에서 메모리 내 복제 캐시(in-memory replicated cache)의 형태로 구현된다(p. 371의 "복제 캐싱과 분산 캐싱" 절 참고). 하지만 외부 컨트롤러가 필요하거나 분산 캐시를 사용하는 복제 캐시 구현에서는 처리 단위뿐만 아니라 가상화 미들웨어에 **별도로** 존재하는 데이터 그리드도 이 기능성을 담당한다.

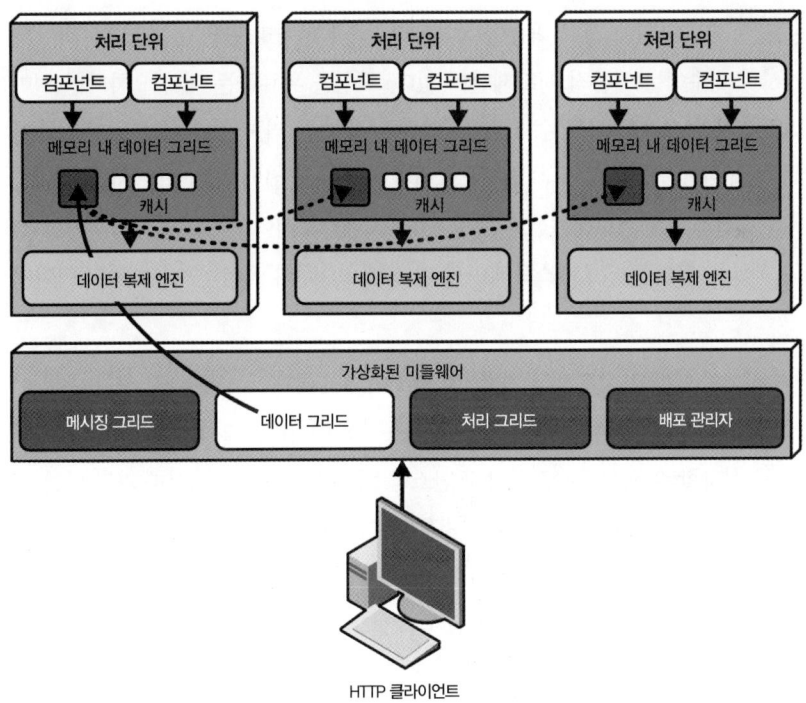

그림 16-5 데이터 그리드는 메모리 내 캐시들을 동기화한다.

메시징 그리드는 주어진 요청을 가용 처리 단위 중 어떤 곳으로든 보낼 수 있으므로, 모든 처리 단위의 메모리 내 데이터 그리드가 **정확히 동일한 데이터**를 담도록 만드는 것이 필수이다. 보통의 경우 데이터 복제는 처리 단위들 사이에서 비동기적으로 수행된다. [그림 16-5]의 점선 화살표는 이러한 비동기성을 나타낸 것이다. 데이터 복제는 대개 100ms 이내에 완료된다.

데이터는 이름이 같은 데이터 그리드를 가진 처리 단위들 사이에서 동기화된다. 예를 들어 다음 자바 코드는 헤이즐캐스트를 이용해서 고객 프로필(customer profile) 정보 관련 처리 단위들을 위한 내부 복제 데이터 그리드를 생성한다.

```
HazelcastInstance hz = Hazelcast.newHazelcastInstance();
Map<String, CustomerProfile> profileCache =
    hz.getReplicatedMap("CustomerProfile");
```

고객 프로필 정보에 접근해야 하는 모든 처리 단위는 이 코드를 포함해야 한다. 한 처리 단위가 `CustomerProfile` 캐시의 데이터를 갱신하면, 데이터 그리드에 `CustomerProfile`이라는 이름의 캐시가 있는 모든 처리 단위에 갱신 내용이 복제된다. 하나의 처리 단위가 가질 수 있는 메모리 내 복제 캐시의 개수에는 이론적으로 제한이 없다. 작업을 완료하는 데 필요하다면 얼마든지 많은 메모리 내 복제 캐시를 가질 수 있다. 이와는 달리 한 처리 단위가 다른 처리 단위를 원격으로 호출해서 데이터를 요청하거나(코레오그래피형), 다음 절에서 설명할 처리 그리드를 활용해 데이터 요청을 오케스트레이션할 수도 있다(오케스트레이션과 코레오그래피형 접근법에 관해서는 제20장 §20.2.1 "오케스트레이션 대 코레오그래피"에서 좀 더 자세히 이야기한다).

처리 단위 안에서 데이터 복제를 사용하는 경우, 지정된 이름의 복제 캐시를 가진 처리 단위 인스턴스가 하나 이상 존재하는 한 시스템은 데이터베이스에서 데이터를 읽어오지 않고도 새 처리 단위 인스턴스를 시작할 수 있다. 새로 시작된 인스턴스는 해당 이름의 캐시를 가진 다른 처리 단위에 합류(join)하겠다는 요청을 캐싱 제공자(이를테면 헤이즐캐스트)를 통해 브로드캐스팅한다. 다른 처리 단위들이 이 브로드캐스트 요청을 확인하고 새 처리 단위에 연결하면, 그 중 하나(보통은 새 처리 단위에 가장 먼저 연결된 인스턴스)가 새 인스턴스에 캐시 데이터를 전송한다. 이에 의해 새 인스턴스는 동일한 이름의 캐시를 가진 다른 모든 인스턴스와 동기화된다.

각 처리 단위 인스턴스에는 동일한 이름의 캐시를 가진 다른 모든 처리 단위 인스턴스의 IP 주소와 포트를 담은 **멤버 목록**이 있다. 예를 들어, 고객 프로필 기능성과 해당 메모리 내 복제 캐시 데이터를 담은 처리 단위 인스턴스가 단 하나라고 하자. 인스턴스가 하나뿐이므로, 멤버 목록에는 자기 자신만 포함된다. 다음은 이 점을 보여주는, 헤이즐캐스트가 생성한 로그 기록이다.

```
Instance 1:
Members {size:1, ver:1} [
    Member [172.19.248.89]:5701 - 04a6f863-dfce-41e5-9d51-9f4e356ef268 this
]
```

이후 동일한 이름의 캐시를 가진 다른 처리 단위가 시작되면, 두 인스턴스의 멤버 목록들에 서로의 IP 주소 및 포트 번호가 반영된다.

```
Instance 1:
Members {size:2, ver:2} [
    Member [172.19.248.89]:5701 - 04a6f863-dfce-41e5-9d51-9f4e356ef268 this
    Member [172.19.248.90]:5702 - ea9e4dd5-5cb3-4b27-8fe8-db5cc62c7316
]

Instance 2:
Members {size:2, ver:2} [
    Member [172.19.248.89]:5701 - 04a6f863-dfce-41e5-9d51-9f4e356ef268
    Member [172.19.248.90]:5702 - ea9e4dd5-5cb3-4b27-8fe8-db5cc62c7316 this
]
```

세 번째 처리 단위가 시작되면, 새 인스턴스를 반영해서 인스턴스 1과 인스턴스 2의 멤버 목록이 갱신된다(그리고 새 인스턴스의 멤버 목록 역시 기존 인스턴스들에 맞게 작성된다).

```
Instance 1:
Members {size:3, ver:3} [
    Member [172.19.248.89]:5701 - 04a6f863-dfce-41e5-9d51-9f4e356ef268 this
    Member [172.19.248.90]:5702 - ea9e4dd5-5cb3-4b27-8fe8-db5cc62c7316
    Member [172.19.248.91]:5703 - 1623eadf-9cfb-4b83-9983-d80520cef753
]
```

```
Instance 2:
Members {size:3, ver:3} [
    Member [172.19.248.89]:5701 - 04a6f863-dfce-41e5-9d51-9f4e356ef268
    Member [172.19.248.90]:5702 - ea9e4dd5-5cb3-4b27-8fe8-db5cc62c7316 this
    Member [172.19.248.91]:5703 - 1623eadf-9cfb-4b83-9983-d80520cef753

]
Instance 3:
Members {size:3, ver:3} [
    Member [172.19.248.89]:5701 - 04a6f863-dfce-41e5-9d51-9f4e356ef268
    Member [172.19.248.90]:5702 - ea9e4dd5-5cb3-4b27-8fe8-db5cc62c7316
    Member [172.19.248.91]:5703 - 1623eadf-9cfb-4b83-9983-d80520cef753 this
]
```

이제 세 인스턴스 모두 서로를 알고 있다(멤버 줄 끝에 있는 this라는 단어가 나타내듯이 멤버 목록에는 자기 자신도 포함된다). 인스턴스 1이 고객으로부터 청구지 주소를 갱신해달라는 요청을 받았다고 가정하자. 인스턴스 1이 cache.put() 같은 어떤 캐시 갱신 메서드로 캐시를 갱신하면, 데이터 그리드(예: 헤이즐캐스트)는 다른 복제 캐시들도 동일한 내용으로 갱신한다(이 갱신들은 비동기적으로 일어난다). 결과적으로 세 개의 고객 프로필 캐시들이 모두 새로운 청구지 주소를 포함한다. 이런 식으로 처리 단위들은 항상 동일한 데이터로 동기화된 상태를 유지한다.

한 처리 단위 인스턴스가 다운되면 다른 모든 처리 단위의 멤버 목록이 그것에 맞게 자동으로 갱신된다. 예를 들어, 인스턴스 2가 다운되면 캐싱 제품은 즉시 인스턴스 1과 3의 멤버 목록에서 인스턴스 2를 제거한다.

```
Instance 1:
Members {size:2, ver:4} [
    Member [172.19.248.89]:5701 - 04a6f863-dfce-41e5-9d51-9f4e356ef268 this
    Member [172.19.248.91]:5703 - 1623eadf-9cfb-4b83-9983-d80520cef753
]

Instance 3:
Members {size:2, ver:4} [
    Member [172.19.248.89]:5701 - 04a6f863-dfce-41e5-9d51-9f4e356ef268
    Member [172.19.248.91]:5703 - 1623eadf-9cfb-4b83-9983-d80520cef753 this
]
```

복제 캐싱과 분산 캐싱

공간 기반 아키텍처에서 애플리케이션의 트랜잭션 처리는 캐싱에 의존한다. 공간 기반 아키텍처에서는 데이터베이스에 직접 읽고 쓸 필요가 없으며, 이 덕분에 확장성, 탄력성, 성능이 높다. 이 아키텍처 스타일은 주로 메모리 내 복제 캐싱에 의존하지만, 분산 캐싱을 사용할 수도 있다.

[그림 16-6]에서 보듯이 **복제 캐싱**(replicated caching)에서는 처리 단위마다 개별적인 메모리 내 데이터 그리드를 둔다. 이 데이터 그리드들은 동일한 이름의 캐시를 사용하는 모든 처리 단위 사이에서 동기화된다. 처리 단위 중 하나의 캐시가 갱신되면 다른 처리 단위의 해당 캐시도 새로운 정보로 자동 갱신된다.

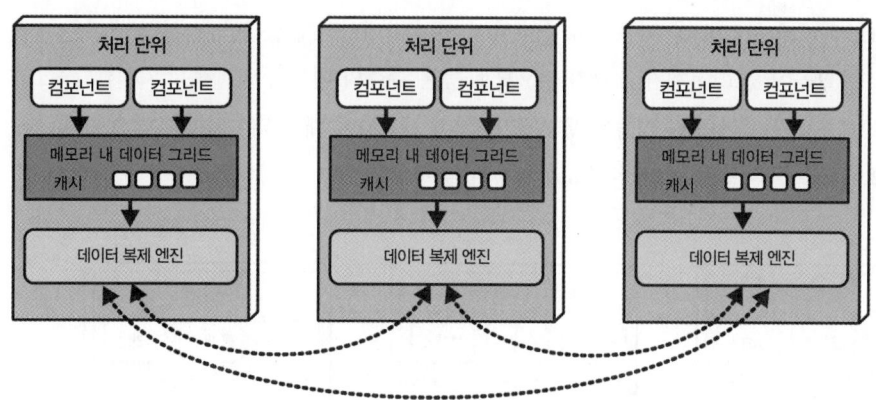

그림 16-6 복제 캐싱은 처리 단위 간 메모리 내 캐시를 동기화한다.

복제 캐싱은 속도가 매우 빠를 뿐만 아니라 내결함성도 매우 높다. 캐시를 보유하는 중앙 서버가 없기 때문에 복제 캐싱에는 단일 장애점(SPOF)이 존재하지 않는다.[2]

복제 캐싱이 공간 기반 아키텍처의 표준 캐싱 모델이기는 하지만, 적용할 수 없는 경우도 있다. 시스템이 대용량 데이터를 처리해야 하는 경우가 그렇다. 내부 메모리 캐시가 100MB 이상으로 커지면 각 처리 단위가 너무 많은 메모리를 소비하게 되므로 탄력성과 확장성에 문제가 발생할 수 있다. 일반적으로 처리 단위는 VM이나 컨테이너(예: 도커) 안에 배포되는데, 각각의

---

[2] 사용하는 캐싱 제품의 구현 방식에 따라서는 이 규칙에 예외가 있을 수 있다. 일부 캐싱 제품은 처리 단위들 사이의 데이터 복제를 모니터링하고 제어하려면 외부 컨트롤러가 반드시 필요하다. 하지만 대부분의 캐싱 제품은 그런 모델에서 벗어나는 추세이다.

VM이나 컨테이너에서 내부 캐시용으로 사용할 수 있는 메모리의 양은 유한하다. 이 때문에, 높은 처리량이 요구되는 상황을 처리하기 위해 띄울 수 있는 처리 단위 인스턴스의 수가 제한된다.

복제 캐싱은 캐시 데이터가 매우 빈번하게 갱신되는 경우에도 잘 작동하지 않는다. §16.5.4 "데이터 충돌"에서 보겠지만, 캐시 데이터의 갱신율이 너무 높으면 데이터 그리드가 이를 따라가지 못할 수 있다. 그러면 모든 처리 단위 인스턴스에 걸친 데이터 일관성에 악영향이 미친다. 이런 상황이 발생하면 대부분의 아키텍트는 복제 캐싱 대신 분산 캐시를 사용하기로 결정한다.

[그림 16-7]은 **분산 캐싱**(distributed caching) 모델을 나타낸 것이다. 그림에서 보듯이 분산 캐싱에서는 중앙집중식 캐시의 저장과 갱신을 전담하는 외부 서버 또는 서비스가 필요하다. 이 모델에서 처리 단위들은 데이터를 자신의 내부 메모리에 저장하지 않는다. 대신 전용 프로토콜(proprietary protocol)을 이용해서 중앙 캐시 서버의 데이터에 접근한다. 분산 캐싱은 데이터가 모두 한곳에 있고 복제가 필요 없으므로 높은 수준의 데이터 일관성을 지원한다. 그러나 이 모델은 복제 캐싱보다 성능이 떨어진다. 처리 단위들이 캐시 데이터에 원격으로 접근해야 하므로, 시스템의 전체 지연시간(latency)이 늘어난다.

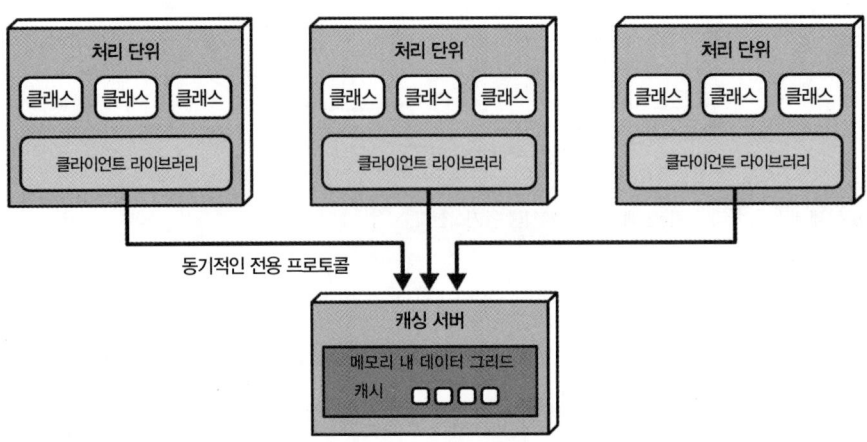

그림 16-7 분산 캐싱에서는 처리 단위들 사이의 데이터 일관성이 좋다.

내결함성 또한 분산 캐싱의 문제점이다. 데이터를 담고 있는 캐시 서버가 다운되면 어떤 처리 단위도 데이터에 접근하거나 데이터를 갱신할 수 없다. 즉, 캐시 서버가 단일 장애점이 되는 것이다. 이 문제는 분산 캐시를 미러링mirroring해서 완화할 수 있다. 하지만 데이터가 미러 캐시 서버에 전달될 틈도 없이 주 캐시 서버가 예기치 않게 다운되면 일관성 문제가 발생할 여지가 생긴다.

캐시 크기가 비교적 작고(100MB 미만) 캐시 갱신율이 캐시 제품의 복제 엔진이 감당할 수 있을 정도로 낮다면 복제 캐시와 분산 캐시 중 어느 쪽을 선택해야 할까? 이 경우는 데이터 일관성과 성능/내결함성 중 무엇을 우선시할 것인가가 주된 기준이 된다. 데이터 일관성은 분산 캐시가 복제 캐시보다 항상 더 낫다. 데이터가 여러 처리 단위에 분산되지 않고 한곳에 있기 때문이다. 그러나 성능과 내결함성은 복제 캐시가 언제나 더 낫다. 이런 점들을 고려하다 보면, 결국은 처리 단위에 캐시되는 데이터의 **유형**이 결정적인 요인이 되는 경우가 많다. 시스템이 주로 필요로 하는 것이 고도로 일관된 데이터(가용 제품의 재고 수량 등)라면 분산 캐시를 선택하는 것이 자연스럽다. 자주 변경되지 않는 데이터(이름-값 쌍, 제품 코드, 제품 설명 같은 참조 데이터 등)를 주로 캐시에 담는다면 조회 속도가 빠른 복제 캐시가 낫다. [표 16-1]은 분산 캐시와 복제 캐시를 언제 사용해야 하는지에 관한 몇 가지 선택 기준을 요약한 것이다.

표 16-1 분산 캐싱과 복제 캐싱의 비교

결정 기준	복제 캐시	분산 캐시
최적화 대상	성능	일관성
캐시 크기	작음(<100MB)	큼(>500MB)
데이터 유형	비교적 정적	매우 동적
갱신 빈도	비교적 낮음	높은 갱신율
내결함성	높음	낮음

공간 기반 아키텍처에 적용할 캐싱 모델을 선택할 때는 대부분의 경우 **두** 모델 모두 적용 가능하다는 점을 기억해야 한다. 다른 말로 하면, 복제 캐싱이나 분산 캐싱 중 하나만으로 모든 문제를 해결할 수는 없다. 처리 단위마다 다른 모델을 사용할 수도 있다. 애플리케이션 전반에 걸쳐 일관된 캐싱 모델 하나를 선택해서 타협하기보다는 처리 단위의 성격에 맞게 각 모델의 강점을 활용하는 것이 바람직하다. 예를 들어 현재 재고를 다루는 처리 단위에는 데이터 일관성을 위해 분산 캐싱 모델을 선택하고, 고객 프로필을 다루는 처리 단위에는 성능과 내결함성을 위해 복제 캐시를 선택하면 된다.

근접 캐시 고려 사항

근접 캐시(near-cache)는 메모리 내 데이터 그리드와 분산 캐시를 연결하는 혼합(hybrid) 캐싱 모델이다. [그림 16-8]에서 보듯이 이 모델에서는 분산 캐시를 **전체 후면 캐시**(full backing cache)라고 부르고 각 처리 단위 안에 있는 메모리 내 데이터 그리드는 **전면 캐시**(front cache)라고 부른다. 각 전면 캐시는 항상 전체 후면 캐시의 일부만 담으며, 정해진 **퇴거 정책**(eviction policy)에 따라 오래된 항목을 제거함으로써 새 항목을 추가할 공간을 확보한다. 전면 캐시는 퇴거 정책에 따라 크게 세 종류로 나뉜다. 하나는 가장 최근에 사용된 항목들을 유지하는(즉, 최근에 쓰이지 않은 항목들을 퇴거하는) *MRU*(most recently used; 최근 사용) 캐시고 다른 하나는 가장 자주 사용된 항목들을 유지하는 *MFU*(most frequently used; 최빈 사용) 캐시, 나머지 하나는 공간이 필요할 때 항목을 무작위로 제거하는 **임의 교체**(random replacement) 퇴거 정책을 사용하는 캐시이다. 임의 교체는 데이터를 분석해 봐도 가장 최근에 사용한 항목을 유지하거나 가장 자주 사용한 항목을 유지하는 것이 특별히 유리하다는 증거가 없을 때 적합한 퇴거 정책이다.

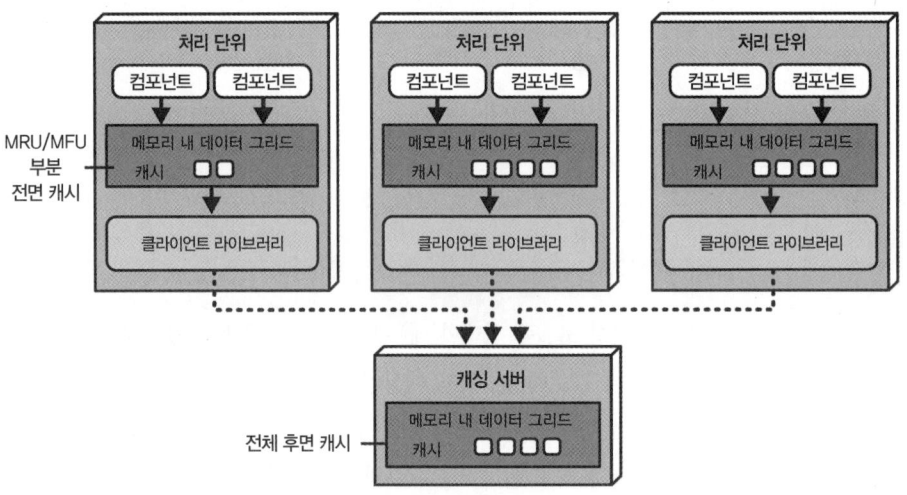

그림 16-8 근접 캐시 모델은 전면 캐시와 후면 캐시를 모두 사용한다.

전면 캐시는 항상 전체 후면 캐시와 동기화 상태를 유지하지만, 처리 단위 안의 전면 캐시들은 비록 동일한 데이터를 공유한다고 해도 동기화되지 않는다. 따라서 동일한 데이터 컨텍스트(고객 프로필 등)를 공유하는 여러 처리 단위의 전면 캐시들이 각자 다른 데이터를 가질 가능성이 높다. 그러면 처리 단위들의 성능과 반응성이 일관되지 못하게 된다. 이 때문에 우리는 공간 기반 아키텍처에서 근접 캐시 모델을 권장하지 않는다.

16.2.5 처리 그리드

[그림 16-9]에 나온 **처리 그리드**(processing grid)는 가상화된 미들웨어의 선택적인(생략 가능한) 구성요소이다. 처리 그리드는 하나의 비즈니스 요청에 여러 처리 단위가 관여할 때 처리 단위들의 오케스트레이션을 관리한다. 즉, 하나의 요청을 처리하기 위해 유형이 다른 둘 이상의 처리 단위들(예를 들어 주문 처리 단위와 결제 처리 단위)이 협력해야 한다면, 처리 그리드가 두 처리 단위 사이에서 요청을 중재하고 조율한다.

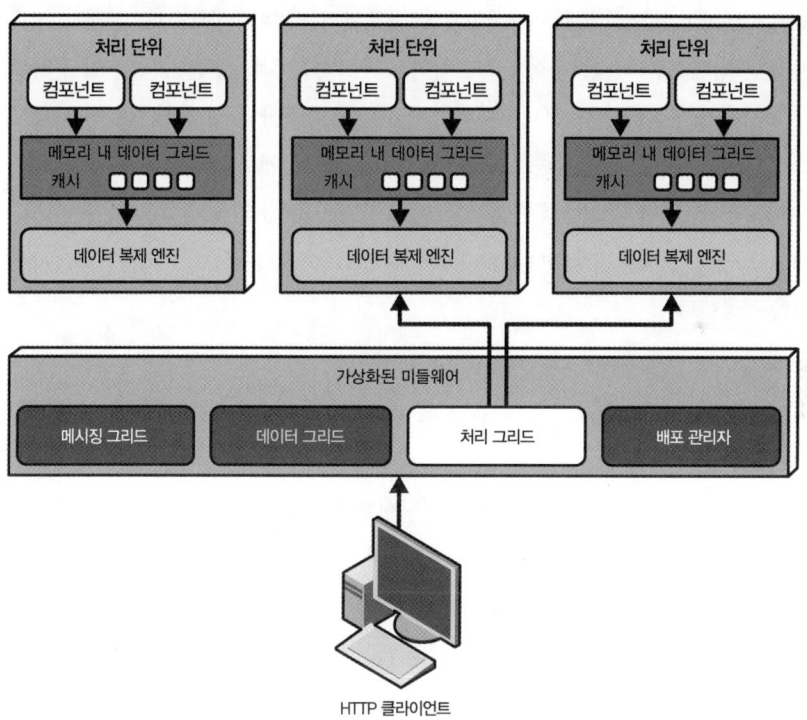

그림 16-9 처리 그리드는 처리 단위 간 오케스트레이션을 관리한다.

현대적인 공간 기반 구현들(특히 세분화된 서비스를 갖춘 구현)은 대부분 세분도가 낮은 조율 엔진 하나를 사용하는 대신 세분도가 높은 **오케스트레이션 처리 단위**(orchestration processing unit) 여러 개를 이용해서 처리 그리드 기능성을 구현한다. 이때 각 오케스트레이션 처리 단위는 각각 하나의 주요 작업흐름을 처리한다. 전자상거래의 예에서 고객이 상품을 주문하면 **주문 접수, 결제, 재고 조정**이라는 세 처리 단위가 협력해야 한다고 가정하자. 그런 경우 **주문 접수 오케스트레이터**라는 오케스트레이션 처리 단위를 만들어서 세 처리 단위의 협업을 조율하면 될 것이다. 더 나아가서, 반품 처리나 재고 보충과 같은 다른 주요 작업흐름을 위해 별도의 오케스트레이션 처리 단위를 만들 수도 있다.

16.2.6 배포 관리자

배포 관리자(deployment manager)는 가상화된 미들웨어의 필수 구성요소로, 부하(load) 조건에 따라 처리 단위 인스턴스들을 동적으로 시작하고 종료하는 작업을 관리한다. 이 구성요소는 응답 시간과 사용자 부하를 계속 모니터링하면서 부하가 증가하면 새 처리 단위를 시작하고 부하가 감소하면 기존 처리 단위를 종료한다. 애플리케이션 안에서 가변적인 확장성(탄력성)을 보장하려면 이러한 동적 인스턴스 관리가 꼭 필요하다. 대부분의 클라우드 기반 인프라는 이런 기능을 제공하며, 쿠버네티스(https://kubernetes.io) 같은 서비스 오케스트레이션 제품도 이 기능을 제공한다.

16.2.7 데이터 펌프

데이터 펌프data pump는 처리 단위가 데이터를 다른 구성요소로 보내서 그 구성요소가 데이터베이스를 갱신하게 하는 수단이다. 공간 기반 아키텍처에 데이터 펌프가 필요한 이유는 처리 단위가 데이터베이스를 직접 읽고 쓰지 않기 때문이다. 공간 기반 아키텍처의 데이터 펌프는 항상 비동기식으로 동작하며, 메모리 내 캐시와 데이터베이스 간의 최종적 일관성을 제공한다. 처리 단위 인스턴스가 요청을 받아 자신의 캐시를 갱신하면, 그 갱신 내용은 해당 처리 단위가 소유한다. 따라서 데이터 펌프를 통해 데이터를 전송해서 최종적으로 데이터베이스가 갱신되게 하는 것도 그 처리 단위의 책임이다.

공간 기반 아키텍처에서 데이터 펌프는 보통 [그림 16-10]처럼 메시징을 통해서 구현된다.

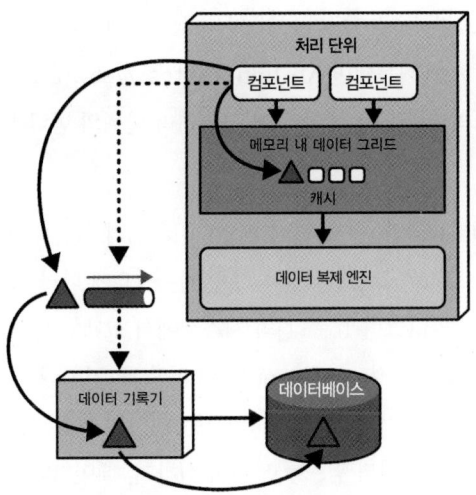

그림 16-10 데이터 펌프는 데이터베이스로 데이터를 보내는 데 쓰인다.

데이터 펌프를 통한 메시징은 비동기 통신뿐만 아니라 전달 보장, 메시지 영속성, 메시지 순서 보장(FIFO에 의한)도 제공한다. 또한, 메시징 덕분에 처리 단위와 데이터 기록기가 분리되므로 데이터 기록기가 사용 불가 상태가 되어도 처리 단위의 작업이 중단되지 않는다.

대부분의 공간 기반 아키텍처는 데이터 펌프가 여러 개이다. 보통은 도메인이나 하위 도메인 (고객이나 재고 등)마다 전용 데이터 펌프를 둔다. 하지만 캐시 유형(고객 프로필 캐시, 고객 찜 목록 캐시 등)마다 전용 데이터 펌프를 두거나, 훨씬 더 큰 범용 캐시를 포함하는 처리 단위 도메인(고객 등)마다 전용 데이터 펌프를 둘 수도 있다.

보통의 경우 데이터 펌프는 계약(contract)을 가진다. 계약에는 데이터의 형식과 데이터에 대한 연산(추가, 삭제, 갱신)이 포함된다. 계약은 JSON 스키마나 XML 스키마, 객체의 형태일 수도 있고, 경우에 따라서는 **값 주도 메시지**(value-driven message; 이름-값 쌍들을 담은 맵 map 메시지)의 형태일 수도 있다. 데이터 갱신의 경우 데이터 펌프의 메시지 페이로드에는 새로운 데이터 값만 포함하는 것이 일반적이다. 예를 들어 고객이 프로필의 전화번호를 변경했다면, 고객 ID 및 연산 종류(갱신)와 함께 새 전화번호만 전송될 것이다.

16.2.8 데이터 기록기

데이터 기록기(data writer)는 데이터 펌프에서 메시지를 받아 그 페이로드에 담긴 정보를 이용해서 데이터베이스를 갱신하는 구성요소이다(그림 16-10). 데이터 기록기는 서비스나 애플리케이션의 형태로 구현될 수도 있고, 데이터 허브(이를테면 Ab Initio(https://abinitio.com) 같은)로 구현될 수도 있다. 데이터 기록기의 세분도는 데이터 펌프와 처리 단위의 범위에 따라 달라진다.

도메인 기반 데이터 기록기(domain-based data writer)는 특정 도메인(주문 처리 등) 내의 모든 갱신을 처리하는 데 필요한 데이터베이스 로직을 포함한다. 이 기록기는 필요에 따라 얼마든지 많은 데이터 펌프를 읽을 수 있다. 예를 들어 [그림 16-11]의 시스템에서 고객 도메인은 프로필, 찜 목록(wish list), 지갑(wallet), 환경설정(preference)을 위한 네 가지 처리 단위와 네 가지 데이터 펌프로 표현되지만, 이들의 데이터 갱신을 처리하는 데이터 기록기는 단 하나이다. 이 단일 고객 데이터 기록기는 네 개의 데이터 펌프를 모두 수신하며, 데이터베이스의 고객 관련 데이터를 갱신하기 위한 데이터베이스 로직(SQL 등)을 포함한다.

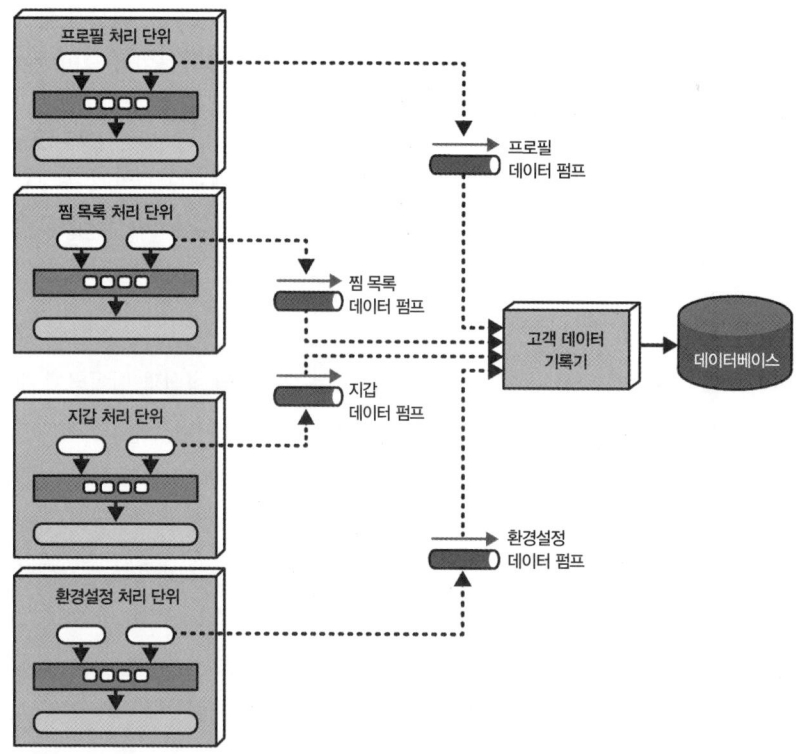

그림 16-11 도메인 기반 데이터 기록기의 예

아니면 [그림 16-12]처럼 처리 단위 유형마다 전용 데이터 기록기를 둘 수도 있다. 이 모델에서는 데이터 기록기마다 전용 데이터 펌프를 둔다. 그리고 각 데이터 기록기는 해당 처리 단위(지갑 처리 단위 등)에 필요한 데이터베이스 처리 로직만 담는다. 이 모델에서는 데이터 기록기가 많아질 수 있지만, 처리 단위와 데이터 펌프, 데이터 기록기가 잘 정렬되므로 확장성과 민첩성은 더 뛰어나다.

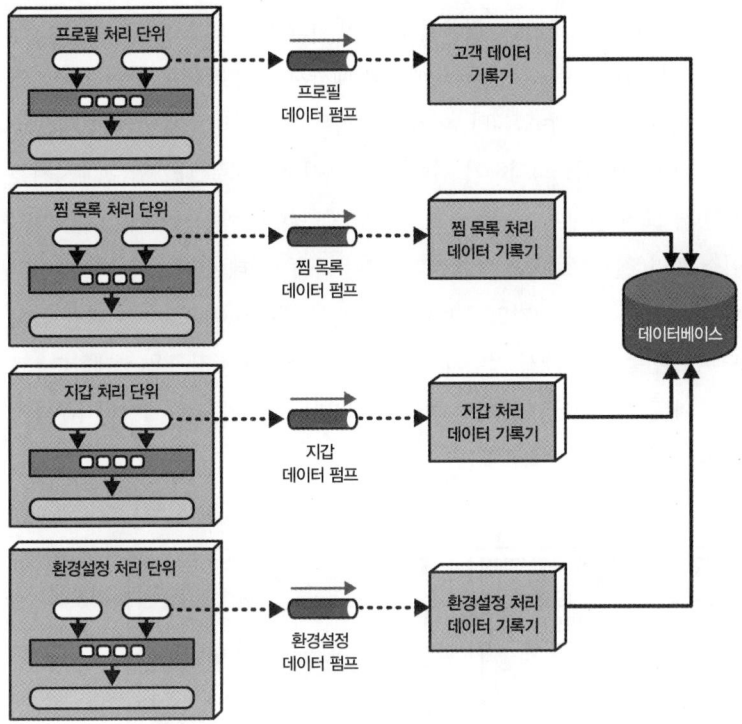

그림 16-12 데이터 펌프별 전용 데이터 기록기

16.2.9 데이터 판독기

데이터 기록기는 데이터베이스를 업데이트하는 역할을 한다. 반면 **데이터 판독기**(data reader)는 데이터베이스에서 데이터를 읽어서 역방향 **데이터 펌프**(곧 자세히 설명하겠다)를 통해 처리 단위로 전송한다. 공간 기반 아키텍처에서 데이터 판독기는 다음 세 가지 상황 중 하나에서만 호출된다. 첫째는 이름이 같은 캐시를 가진 모든 처리 단위 인스턴스가 다운되었을 때이고 둘째는 이름이 같은 캐시를 가진 모든 처리 단위가 재배포될 때, 셋째는 복제 캐시에 없고 다른 곳에 보관된(archived) 데이터를 가져와야 할 때이다.

시스템 전체가 죽었거나 재배포 때문에 모든 인스턴스가 중단되면 데이터베이스의 데이터를 캐시에 적재(loading)해야 한다. 공간 기반 아키텍처에서 이는 가급적 발생하지 않게 하는 것이 바람직한 상황이다. 한 처리 단위 유형의 인스턴스들이 다시 시작될 때, 각 인스턴스는 캐시에 대한 잠금(lock)을 획득하려고 시도한다. 잠금을 가장 먼저 획득한 인스턴스가 임시로 캐시 소유자가 되고 나머지 인스턴스들은 그 잠금이 해제될 때까지 대기 상태로 들어간다. (이 동작은 캐시 구현 유형에 따라 달라질 수 있지만, 어쨌든 핵심은 이 시나리오에서 캐시의 주 소유자가 하나뿐이라는 점이다.) 캐시를 적재하기 위해 임시 캐시 소유자는 대기열로 메시지를 보내서 데이터를 요청한다. 그러면 데이터 판독기가 그 요청을 받아서, 필요한 데이터를 가져오기 위한 데이터베이스 쿼리(질의) 로직을 수행한다. 그런 다음 이 데이터를 역방향 데이터 펌프(reverse data pump)라는 다른 대기열로 보낸다. 역방향 데이터 펌프는 데이터를 임시 캐시 소유자인 처리 단위로 전송한다. 캐시 적재가 끝나면 임시 소유자는 잠금을 해제한다. 그러면 다른 모든 인스턴스가 동기화되어서 각자의 처리를 시작할 수 있게 된다. [그림 16-13]은 이상의 처리 흐름을 나타낸 것이다.

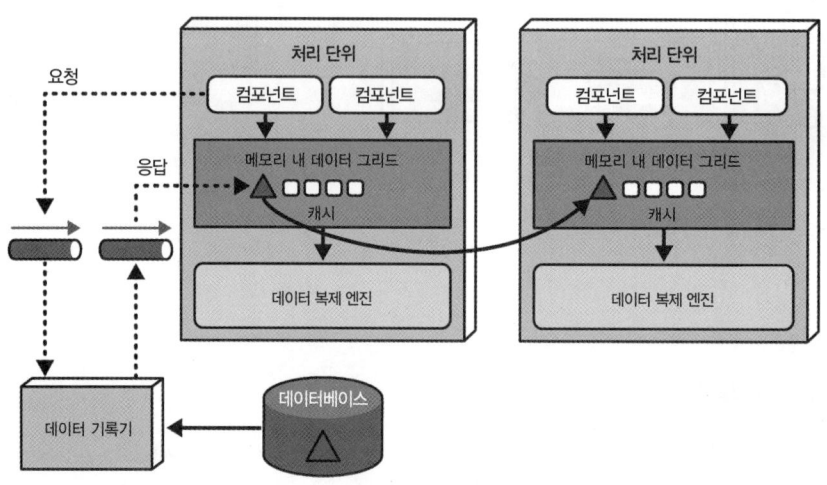

그림 16-13 데이터 판독기는 처리 단위로 데이터를 보낸다.

데이터 기록기와 마찬가지로 데이터 판독기도 도메인마다 둘 수도 있고 처리 단위 유형마다 따로 둘 수도 있다(후자가 더 일반적이다). 구현 방식 또한 서비스, 애플리케이션, 데이터 허브 등 데이터 기록기와 동일하다.

데이터 기록기와 데이터 판독기는 본질적으로 **데이터 추상화 계층**(data abstraction layer)을 형성한다. 경우에 따라서는 **데이터 접근 계층**(data access layer)일 수도 있다. 둘은 처리 단위가 데이터베이스 스키마(테이블 구조)에 대해 얼마나 상세한 지식을 가지느냐가 다르다. 데이터 접근 계층에서는 처리 단위가 데이터베이스의 바탕(underlying) 자료 구조와 결합되며, 오직 데이터 판독기와 기록기를 통해 데이터베이스에 간접적으로 접근한다. 반면에 데이터 추상화 계층에서는 별도의 계약을 이용해서 처리 단위와 바탕 데이터베이스 스키마를 분리한다.

공간 기반 아키텍처는 일반적으로 데이터 추상화 계층 모델에 의존한다. 그래야 각 처리 단위의 복제 캐시 스키마를 바탕 데이터베이스 스키마와 다르게 구성할 수 있기 때문이다. 이는 데이터베이스에 점진적 변경(incremental change)[3]이 발생해도 처리 단위에 반드시 영향을 미치지는 않는다는 뜻이다. 데이터 기록기와 판독기는 이런 점진적 변경을 용이하게 하는 변환 로직이 포함되어 있다. 예를 들어 테이블의 열(컬럼) 타입이 바뀌거나 열 또는 테이블이 삭제되는 등으로 데이터베이스가 변경되어도, 데이터 판독기와 기록기는 처리 단위 캐시에 필요한 변경이 이루어질 때까지 데이터베이스의 변경 사항을 버퍼링할 수 있다.

16.3 데이터 토폴로지

처리 단위는 데이터베이스와 직접 상호작용하지 않는다. 따라서 공간 기반 아키텍처는 사용할 수 있는 데이터베이스 토폴로지의 측면에서 대단히 유연하다. 비동기 데이터 펌프와 데이터 판독기 및 기록기의 조합 덕분에 요청 처리(트랜잭션)가 데이터베이스와 거의 독립적이다. 그래서 아키텍트가 선택할 수 있는 데이터베이스 토폴로지 유형이 매우 다양하다.

데이터베이스 토폴로지 선택은 여러 요인의 영향을 받는다. 공간 기반 아키텍처에서 가장 중요한 결정 요인은 시스템이 후면 데이터베이스(backing database)를 어떻게 사용하느냐이다.

---

[3] 옮긴이_ 점진적 변경은 데이터베이스나 시스템을 단번에 크게 바꾸지 않고 단계적으로 작은 변경 사항들을 누적시켜 나가는 것을 말한다. 데이터베이스 마이그레이션, 스키마 진화(schema evolution), 버전 관리 등과 밀접한 관련이 있으며, 무중단 배포(zero-downtime deployment)나 블루-그린 배포 전략의 핵심 개념이기도 하다.

예를 들어 보고(reporting)와 데이터 분석이 특별히 중요하다면 모놀리스 데이터베이스 토폴로지가 더 효과적일 것이다. 하지만 보고와 데이터 분석을 데이터 메시data mesh를 통해 수행한다면 도메인 기반 데이터베이스 토폴로지가 더 나은 선택일 수 있다.

데이터베이스 토폴로지를 선택할 때는 처리량과 전반적인 도메인 기반 데이터 일관성도 고려해야 한다. 단일 모놀리스 데이터베이스는 동기화 과정에서 병목 지점이 될 수 있다. 그러면 전체 동기화 시간이 느려지고 데이터 일관성이 저해된다. 반면 데이터를 도메인별로 깔끔하게 분할할 수 있다면, 도메인 기반 데이터베이스 토폴로지를 사용하는 것이 전반적인 동기화 시간을 단축하고 데이터 일관성을 높이는 데 유리하다. 마지막으로, 다운스트림 시스템이 추가 처리를 위해 데이터베이스를 사용해야 한다면 모놀리스 데이터베이스 토폴로지가 더 적합할 수 있다.

16.4 클라우드 고려 사항

공간 기반 아키텍처는 배포 환경과 관련해서 몇 가지 독특한 선택지를 제공한다. 처리 단위, 가상화된 미들웨어, 데이터 펌프, 데이터 판독기 및 기록기, 데이터베이스를 포함한 전체 시스템을 클라우드 기반 환경에 배포할 수도 있고 온프레미스에 배포할 수 있다. 하지만 이 아키텍처 스타일은 **두 환경에 동시에 배포**하는 것도 가능하다는 점을 명심하자. 이는 다른 아키텍처 스타일에서는 찾아볼 수 없는 독특하고 강력한 특징이다. [그림 16-14]에 이러한 클라우드-온프레미스 혼합 토폴로지가 나와 있다. 애플리케이션은 처리 단위와 가상화된 미들웨어를 통해서 관리형 클라우드 기반 환경(managed cloud-based environment)에 배포하고, 물리적 데이터베이스와 관련 데이터는 온프레미스에 유지한다. 공간 기반 아키텍처 스타일은 비동기 데이터 펌프와 최종 일관성(eventual consistency) 모델 덕분에 클라우드 기반 데이터 동기화가 대단히 수월하고 효과적이다. 트랜잭션 처리는 동적이고 탄력적인 클라우드 기반 환경에서 수행하고, 물리적 데이터 관리와 보고, 데이터 분석은 안전한(secure) 온프레미스 환경에서 수행하면 된다.

온프레미스와 혼합하든 아니든, 클라우드 인프라와 클라우드 기반 서비스의 탄력적인 특성은 이 아키텍처 스타일의 형태와 잘 들어맞는다. 따라서 클라우드 기반 환경은 공간 기반 아키텍처에 좋은 선택이 된다.

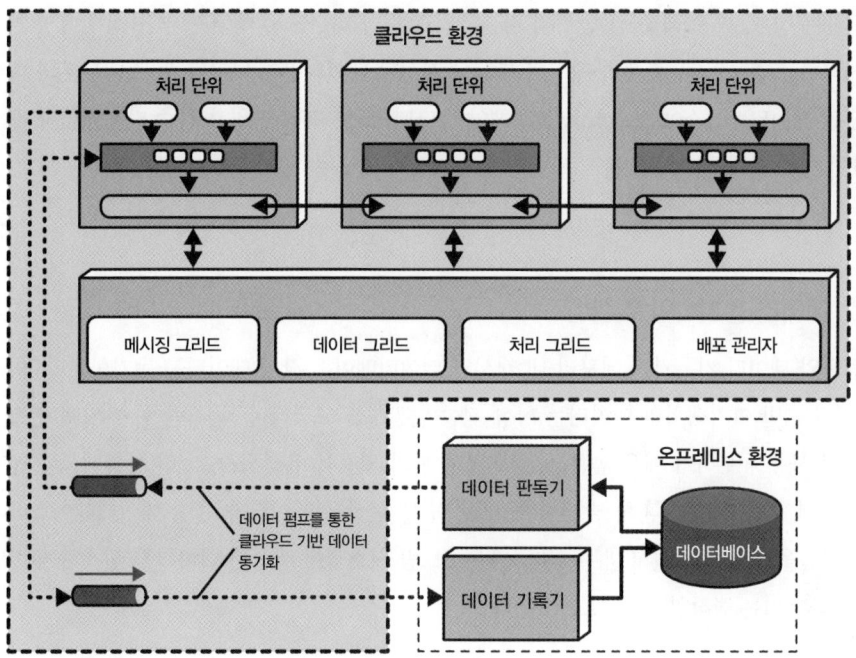

그림 16-14 클라우드–온프레미스 혼합 토폴로지

16.5 일반적인 위험

짐작했겠지만 공간 기반 아키텍처 스타일과 관련된 위험은 대부분 데이터와 관련이 있다. 캐싱과 배경 데이터 동기화를 사용하기 때문이다. 그럼 몇 가지 일반적인 위험을 차례로 살펴보자.

16.5.1 빈번한 데이터베이스 읽기

공간 기반 아키텍처가 확장성과 동시성이 높은 수준인 것은 모든 트랜잭션 데이터를 캐싱하기 때문이다. 캐싱 덕분에 시스템이 데이터베이스를 과도하게 읽고 쓰는 일이 방지된다. DB 작업이 너무 많으면 시스템의 전반적인 확장성, 탄력성, 반응성이 낮아져서, 이 아키텍처 스타일의 장점이 발휘되기 어렵다.

데이터베이스 읽기는 일반적으로 두 가지 시나리오에서만 발생한다. 하나는 보관된 데이터(주문 내역이나 과거 은행 거래 명세서 등)를 읽는 경우이고 다른 하나는 처리 단위를 **콜드 스타트**

cold-start하는 경우, 즉 아직 처리 단위의 다른 인스턴스가 하나도 실행되지 않은 상태에서 처음으로 시작하는 경우이다. 문제 도메인의 특성상 캐싱할 데이터양이 너무 많아서 대부분의 데이터를 후면 데이터베이스에 보관하고 조회해야 한다면, 또는 처리 단위가 자주 다운되거나 재배포된다면 이 아키텍처는 해당 문제 도메인에 적합하지 않을 수 있다.

16.5.2 데이터 동기화와 일관성

데이터 펌프와 데이터 기록기는 메모리 내 캐시와 데이터베이스 간의 데이터를 동기화한다. 이에 의해 공간 기반 아키텍처의 데이터는 항상 최종 일관성을 보장한다. 하지만 이 아키텍처 스타일은 동시 사용자 부하가 매우 높은 상황에 쓰일 때가 많음을 유념하자. 그런 상황에서는 데이터 펌프에서 병목 현상이 흔히 발생한다. 이런 병목 현상은 데이터가 후면 데이터베이스에 도달하는 시간을 상당히 지연시킬 수 있다. 다운스트림 시스템이 갱신된 데이터를 신속하게 받아야 하는 경우 이는 심각한 위험 요소가 된다.

데이터 동기화와 관련한 또 다른 내재적 위험은 데이터 펌프 안에서 데이터가 유실되는 것이다. 이 위험은 보통 **영속성 대기열**을 사용해 완화한다. 영속성 대기열은 데이터를 메모리뿐만 아니라 디스크에도 저장한다. 또한 데이터 기록기가 데이터 펌프에서 데이터를 읽을 때 클라이언트 확인(client-acknowledgment) 모드를 사용하는 것도 데이터 유실 위험을 완화하는 한 방법이다. 클라이언트 확인 모드에서는 데이터 기록기가 메시지 브로커에게 처리를 완료했다고 확인할 때까지 메시지가 대기열에 유지되며, 메시지를 처리하는 동안 메시지 브로커는 다른 데이터 기록기가 처리 중인 메시지를 읽지 못하도록 보장한다. 이러한 기법들은 데이터 펌프에서 데이터 유실을 방지하는 데 도움이 되지만, 전체 반응성을 저하하고 데이터 일관성을 떨어뜨릴 수도 있다.

16.5.3 대용량 데이터

모든 트랜잭션 메모리는 처리 단위들 안에 캐시된다. 따라서 데이터 용량을 비교적 낮게 유지할 필요가 있다. 처리 단위 인스턴스가 추가될수록 이 점이 특히 더 중요해진다. 처리 단위가 메모리 부족으로 다운되는 것을 피하려면 메모리 내 캐시 크기에 세심한 주의를 기울이는 것이 매우 중요하다.

16.5.4 데이터 충돌

데이터 충돌(data collision)은 한 캐시 인스턴스(캐시 A)에서 데이터가 갱신되고 그것이 다른 캐시 인스턴스(캐시 B)로 복제되는 도중에 바로 그 캐시 B에서 동일한 데이터가 갱신되어서 데이터 일관성이 깨지는 것을 말한다. 이런 현상은 복제 캐싱을 **활성/활성 상태**(active/active state)로 운용할 때 일어날 수 있다. 활성/활성 상태에서는 여러 처리 단위가 동시에 같은 데이터를 갱신할 수 있다. 데이터 충돌은 일반적으로 캐시 데이터의 갱신 속도가 **복제 지연시간**(replication latency, RL)을 능가할 때, 즉 갱신에 걸리는 시간보다 같은 이름의 캐시들을 동기화하는 데 걸리는 시간이 더 길 때 발생한다. 지금 시나리오에서는 캐시 B의 지역 갱신을 캐시 A의 기존 데이터가 덮어쓰게(override) 된다. 그리고 캐시 A의 그 데이터는 캐시 B의 갱신으로 덮어 쓰인다. 이로 인해 각 캐시의 데이터는 일관성을 잃는다.

데이터 충돌 문제를 설명하기 위해, 주문 서비스의 인스턴스가 두 개(A와 B) 있다고 가정하자. 각 인스턴스에는 제품 재고 수량(청색 부품 개수)에 대한 복제 캐시가 있다. 데이터 충돌이 일어나는 흐름은 다음과 같다.

1 재고 수량은 인스턴스 A와 B 각각 500개이다.
2 인스턴스 A가 고객으로부터 청색 부품 10개를 구매하겠다는 요청을 받아서, 청색 부품의 재고 수량 캐시를 490으로 갱신한다.
3 인스턴스 A의 데이터가 인스턴스 B로 복제되기 전에, 인스턴스 B가 고객으로부터 5개를 구매하겠다는 요청을 받아서 청색 부품의 재고 수량 캐시를 495로 갱신한다.
4 갱신된 인스턴스 A 캐시가 인스턴스 B의 캐시에 복제된다. 이제 인스턴스 B의 재고 수량 캐시는 490이다.
5 갱신된 인스턴스 B 캐시가 인스턴스 A의 캐시에 복제된다. 이제 인스턴스 A의 재고 수량 캐시는 495이다.
6 두 캐시 모두 부정확하며 동기화되지 않은 상태이다. 올바른 재고 수량은 두 인스턴스 모두 485개여야 한다.

데이터 충돌 발생 빈도에 영향을 미치는 요인은 같은 이름의 캐시를 가진 처리 단위 인스턴스의 수, 캐시의 갱신 속도, 캐시 크기, 캐싱 제품의 복제 지연시간(RL) 등으로 여러 가지이다. 이 요인들에 기반해서 잠재적인 데이터 충돌 발생 확률을 가늠할 수 있다. 다음은 시간당 잠재적 충돌 발생률, 줄여서 충돌률(collision rate)을 구하는 공식이다.

$$충돌률 = N \cdot \frac{UR^2}{S} \cdot RL$$

여기서 N은 같은 이름의 캐시를 사용하는 서비스 인스턴스의 수이고 UR은 캐시 갱신율 (update rate)[4], S는 캐시 크기(행 수), RL은 캐싱 제품의 복제 지연시간이다.

이 공식은 주어진 시간 기간(이를테면 1시간) 내의 갱신들에 기반해서 데이터 충돌 발생 빈도를 예측하는 데 유용하다. 이를 통해 해당 시스템에서 복제 캐싱을 사용하는 것이 얼마나 바람직한지 가늠할 수 있다. 예를 들어, [표 16-2]에 제시된 기준값들로 충돌률을 계산해 보자.

표 16-2 복제 캐싱 기준값들

갱신율(UR):	초당 갱신 20회
인스턴스 수(N):	5
캐시 크기(S):	50,000행
복제 지연시간(RL):	100ms
갱신:	시간당 72,000회
충돌률:	시간당 14.4회
비율:	0.02%

단위 변환(밀리초와 초, 시간(hour) 등)에 유의해서 이 값들로 계산해 보면 시간당 갱신 횟수는 72,000이고 그중 동일한 데이터에 대해 충돌 **가능성**이 있는 갱신은 약 14.4회이다. 즉, 시간당 충돌률은 14.4이다. 비율로 환산하면 0.02%인데, 이는 상당히 낮은 수준이다. 따라서 복제 캐싱은 실행 가능한 선택지가 된다.

복제 지연시간(RL)의 변화는 데이터 일관성에 상당한 영향을 미칠 수 있다. 예를 들어, 복제 지연시간을 100ms에서 1ms로 변경하면 업데이트 횟수는 시간당 72,000회로 동일하지만, 충돌률은 시간당 0.1회로 훨씬 낮아진다(표 16-3). 복제 지연시간은 네트워크 유형이나 처리 단위 간의 물리적 거리 등 여러 요인에 따라 달라진다. 아키텍트는 복제 지연시간의 구체적인 값을 프로덕션 환경의 실측 자료에 기반해서 도출해야 한다. 이는 이 값이 거의 공개되지 않는 이유이다. 앞의 예제에서 사용한 100ms라는 값은 실제 복제 지연시간을 알 수 없는 상태에서 계획을 수립할 때 사용하기에 좋은 수치이다.

---

[4] 옮긴이_ 공식에서 UR은 2제곱되었는데, 이는 데이터 충돌에 두 개의 캐시가 관여하기 때문일 것이다.

표 16-3 복제 지연시간의 영향

갱신율(UR):	초당 갱신 20회
인스턴스 수(N):	5
캐시 크기(S):	50,000행
복제 지연시간(RL):	1ms(100에서 바뀜)
갱신:	시간당 72,000회
충돌률:	시간당 0.1회
비율:	0.0002%

같은 이름의 캐시를 가진 처리 단위의 수(공식의 N) 또한 잠재적 데이터 충돌 횟수와 정비례 관계이다. 예를 들어 [표 16-4]는 처리 단위 인스턴스 개수를 5에서 2로 줄인 것인데[5], 이렇게 하면 시간당 72,000회의 갱신에 대한 데이터 충돌률이 시간당 5.8회밖에 안 된다.

표 16-4 처리 단위 인스턴스 수의 영향

갱신율(UR):	초당 갱신 20회
인스턴스 수(N):	2(5에서 바뀜)
캐시 크기(S):	50,000행
복제 지연시간(RL):	100ms
갱신:	시간당 72,000회
충돌률:	시간당 5.8회
비율:	0.008%

캐시 크기는 충돌률과 반비례하는 유일한 요소이다. 즉, 캐시 크기가 줄어들면 충돌률은 증가한다. [표 16-5]는 캐시 크기를 50,000개 행에서 10,000개 행으로 줄인 것이다(다른 모든 조건은 [표 16-2]와 동일하다). 그러면 충돌률은 시간당 72.0회로, 50,000행일 때보다 현저히 높아진다.

---

[5] 옮긴이_ 복제 지연시간은 [표 16-2]처럼 다시 100ms이다.

표 16-5 캐시 크기의 영향

갱신율(UR):	초당 갱신 20회
인스턴스 수(N):	5
캐시 크기(S):	10,000행(50,000에서 바뀜)
복제 지연시간(RL):	100ms
갱신:	시간당 72,000회
충돌률:	시간당 72.0회
비율:	0.1%

정상적인 상황에서 대부분의 시스템은 긴 시간(정규 근무 8시간 등) 동안 갱신율이 일정하게 유지되지는 않는다. 이 공식을 사용할 때는 시스템의 부하가 최고 수준(peak)일 때의 최대 갱신율을 파악해서 최대 충돌률을 계산하고, 마찬가지 방식으로 시스템 부하 수준에 따라 최소 충돌률과 보통 충돌률을 구해서 종합적으로 파악하는 것이 바람직하다.

16.6 거버넌스

공간 기반 아키텍처는 '움직이는 부품'이 많기 때문에 설계하고 구현하기 복잡하다. 성공을 보장하려면 적절한 거버넌스가 필수이다. 특히, §16.5 "일반적인 위험"에서 언급했듯이 이 스타일은 내부 메모리 사용과 관련한 문제가 있으므로 메모리 소비에 대한 적절한 거버넌스가 매우 중요하다.

이러한 메모리 문제에 대한 거버넌스 해결책으로 우리가 권장하는 것은, 지속적이고 자동화된 거버넌스 적합성 함수를 작성해서 각 처리 단위 인스턴스가 자신의 현재 메모리 사용량을 주기적으로 관측하게 만드는 것이다. 한 처리 단위 유형의 모든 인스턴스는 동일한 복제 캐시를 가지므로, 적합성 함수는 문제가 있는 처리 단위의 이름만 보고하면 된다. 그와 함께 각 처리 단위의 인스턴스 수를 기록하는 별도의 적합성 함수를 사용하면 처리 단위당 총 메모리 소비량을 계산할 수 있다. [그림 16-15]는 이런 지속적 적합성 함수로 만들 수 있는 그래프의 예이다.

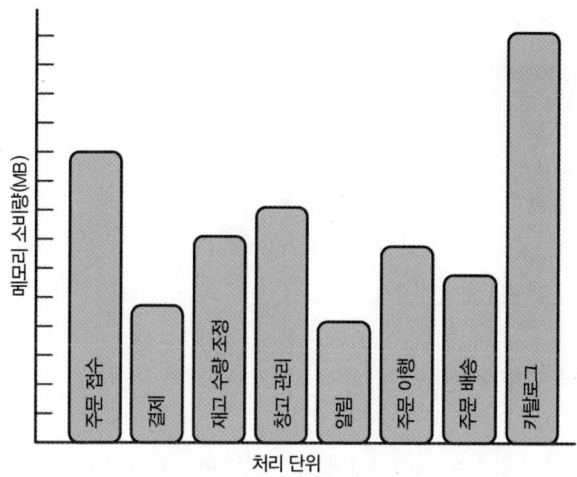

그림 16-15 메모리 사용량을 추적하는 적합성 함수의 출력 예

전체 데이터 일관성을 유지하기 위한 또 다른 유용한 거버넌스 전략은 동기화 시간(synchronization time)을 추적하고 측정하는 것이다. 여기서 동기화 시간은 캐시가 갱신된 순간부터 해당 데이터베이스가 갱신된 데이터로 동기화되기까지 걸린 시간이다. 이를 측정하는 한 가지 좋은 방법은 요청에 타임스탬프를 추가하는 것이다. 각 처리 단위는 갱신 요청을 받은 시간을 나타내는 타임스탬프를 갱신 요청 ID와 함께 스트리밍하고, 각 데이터 기록기는 데이터베이스 커밋 후 동일한 요청 ID를 커밋 시점의 타임스탬프와 함께 스트리밍한다. 이후 요청 ID별로 두 타임스탬프를 식별하고 한 타임스탬프에서 다른 타임스탬프를 빼면 동기화에 걸린 시간이 나온다. 적합성 함수에서 이 방법으로 동기화 시간들을 계산하고 추적하게 한다. 이때 적합성 함수가 개별 처리 단위의 시간을 원자적 수준에서 추적할 수도 있고, 모든 동기화 시간의 평균을 계산해서 시스템 전체의 동기화 시간을 추적할 수도 있다. 어떤 방식이든, 동기화 시간의 변화 추세를 분석해 보면 아키텍트가 아키텍처 변경의 효과를 추적하는 데 도움이 된다. 가령 어떠한 변경으로 인해 동기화 시간이 개선되었는지 또는 악화되었는지, 아키텍처가 비즈니스의 동기화 시간 목표를 충족하는지 등을 파악할 수 있다. [그림 16-16]은 이러한 종류의 거버넌스를 수행하는 지속적 적합성 함수로 얻을 수 있는 분석 결과의 예이다.

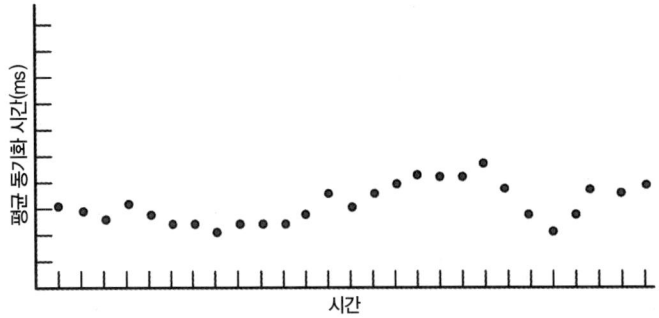

그림 16-16 평균 동기화 시간을 추적, 집계하는 적합성 함수의 예

앞에서 언급했듯이 데이터 펌프는 공간 기반 아키텍처에서 배압 지점(backpressure point) 역할을 하므로, 그리고 데이터베이스 쓰기가 캐시 쓰기보다 오래 걸리므로, 데이터 펌프는 전체 시스템의 병목 지점이 될 수 있다. 이를 통제하려면 이런 종류의 병목 현상을 지속적으로 측정하고 추정하는 것이 바람직하다. 먼저 필요한 것은 병목 현상의 정도를 파악하는 수단이다. 이를 위해 데이터 펌프로 쓰이는 대기열의 깊이를 추적하는 적합성 함수를 작성한다. 병목 현상이 너무 심해지면 동기화 시간이 늘어나고(결과적으로 데이터 일관성이 저하되고), 데이터 손실 및 데이터 충돌 가능성도 커진다. 특히 동시 사용자 수준이 높은 기간에 더욱 그렇다. 이전 적합성 함수처럼 이 함수도 각 데이터 펌프 대기열을 원자적으로 추적할 수도 있고 시스템 전체 평균을 집계할 수 있다. [그림 16-17]은 통상적인 주문 처리 시스템에서 **주문 접수** 처리 단위와 그에 해당하는 데이터 펌프의 병목 현상을 분석한 결과이다.

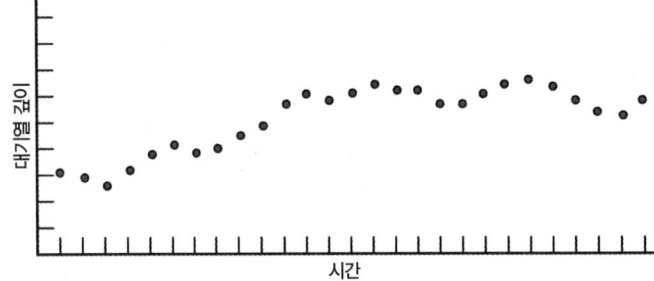

그림 16-17 데이터 펌프 병목 현상을 추적하는 적합성 함수의 예

데이터베이스 읽기(데이터 판독기에 대한 요청) 빈도를 추적하는 적합성 함수도 공간 기반 아키텍처에 적용할 수 있는 거버넌스 수단이다. 그밖에 적합성 함수로 확장성, 탄력성, 반응성을 측정하는 것도 좋은 생각이다. 이런 아키텍처 특성들은 애초에 공간 기반 아키텍처를 사용하는 주된 이유이므로, 추적하고 측정하는 것이 합당하다.

16.7 팀 토폴로지 고려 사항

공간 기반 아키텍처에서 특정한 도메인 또는 하위 도메인을 구성하는 요소들은 기술적으로 분할된 것들이 많다. 그래서 공간 기반 아키텍처는 대체로 기술적 분할 방식을 따르는 아키텍처로 간주된다. 따라서 각 기술 영역(기능성, 데이터 펌프, 데이터 판독기·기록기, 백엔드 데이터베이스 관리 등)에 정렬된 기술 분할 팀들이 담당할 때 가장 효과적이다. 하지만 도메인 영역별로 구성된 팀들(예: 전문화된 교차 기능 팀)에도 잘 작동할 수 있다. 다음은 공간 기반 아키텍처를 §9.5 "팀 토폴로지와 아키텍처"에서 설명한 팀 토폴로지들에 정렬하려는 아키텍트가 고려해야 할 몇 가지 사항이다.

스트림 정렬 팀
이 아키텍처 스타일의 기술적 분할 방식 때문에, 시스템의 크기에 따라서는 스트림 정렬 팀이 도메인 기반 변경 사항을 구현하는 데 어려움을 겪을 수 있다. 예를 들어 하나의 스트림 기반 변경이 하나 이상의 처리 단위, 데이터 펌프, 데이터 판독기, 데이터 기록기, 캐시 계약, 오케스트레이터뿐만 아니라 백엔드 데이터베이스에까지 영향을 미칠 수 있다. 단일 스트림 기반 팀이 이 모든 것을 관리하기가 쉽지 않다. 특히 해당 구성요소들을 다른 팀과 공유한다면 더욱 그렇다. 시스템이 크고 복잡할수록 공간 기반 아키텍처에서 스트림 정렬 팀의 효율성은 떨어진다.

활성화 팀
일부 구성요소(데이터 펌프, 데이터 판독기, 데이터 기록기, 가상화된 미들웨어)가 여러 영역에 걸쳐 있거나 여러 처리 단위에 공유된다는 점에서 이 스타일은 활성화 팀에 적합하다. 특정 구성요소(예: 데이터 기록기와 해당 데이터 펌프)를 전담하는 팀을 두면, 그 팀원들은 해당 구성요소를 더 효율적으로 만들기 위한 실험 및 개선 작업을 특정 처리 단위의 주요 기능성을 작업하는 팀과는 독립적으로 진행할 수 있다.

난해한 하위시스템 팀
난해한 하위시스템 팀은 공간 기반 아키텍처 스타일의 기술적 분할 특성을 활용해서 시스템의 한 부분(예: 데이터 그리드 또는 데이터 펌프)에 집중할 수 있다. 이러한 구성요소 중 일부는 극도로 복잡해질 수 있으므로 난해한 하위시스템 팀 토폴로지에 잘 맞는다. 데이터 충돌(§16.5.4 "데이터 충돌" 참조)이나 기타 비동기 데이터 동기화 오류는 처리하기가 상당히 복잡하다. 따라서 처리 단위를 작업하는 기능적 도메인 기반 팀이 신경 쓰는 것보다는 난해한 하위시스템 팀에 맡기는 것이 바람직하다.

플랫폼 팀

대부분의 아키텍처 스타일과 마찬가지로, 공간 기반 아키텍처에서 작업하는 개발자들은 플랫폼 팀이 제공하는 공통 도구, 서비스, API, 작업을 유용하게 사용할 수 있다. 특히 아키텍처의 인프라 관련 부분(예: 데이터 펌프 및 가상화된 미들웨어)이 플랫폼의 일부로 간주된다면 플랫폼 팀 토폴로지의 이점을 더욱 잘 누릴 수 있다.

16.8 스타일 특성

[그림 16-18]의 특성 등급표에서 별점 1개는 이 아키텍처 스타일이 그 아키텍처 특성을 잘 지원하지 않는다는 뜻이고 별 5개 등급은 그 아키텍처 특성이 이 아키텍처 스타일의 가장 강력한 특징 중 하나라는 뜻이다. 표에 나온 각 특성은 제4장에서 정의하고 설명했다.

	아키텍처 특성	별점
	전반적인 비용	$$$$
구조	분할 방식	기술적
	퀀텀 개수	1 이상
	단순성	★
	모듈성	★★★
엔지니어링	유지보수성	★★★
	테스트성	★
	배포성	★★★
	진화성	★★★
운영	반응성	★★★★★
	확장성	★★★★★
	탄력성	★★★★★
	내결함성	★★

그림 16-18 공간 기반 아키텍처의 특성 등급표

공간 기반 아키텍처는 탄력성, 확장성, 성능을 극대화한다. 그래서 이 특성들에 모두 별점 5개를 주었다. 이들은 이 아키텍처 스타일을 선택하게 만드는 요인이자 주된 장점이다. 메모리 내 데이터 캐싱을 활용하고 데이터베이스를 제약조건에서 제외하는 덕분에, 이 아키텍처 스타일로 구축된 시스템은 수백만 명의 동시 사용자를 너끈히 처리할 수 있을 정도로 탄력성, 확장성, 성능의 수준이 높다.

이러한 장점에 대한 트레이드오프는 시스템의 전반적인 단순성과 테스트성이다. 공간 기반 아키텍처는 매우 복잡하다. 캐싱을 사용하다 보니 최종적인 기록 시스템(system of record)의 역할을 하는 기본 데이터 저장소(primary data store)의 최종 일관성을 보장해야 하기 때문이다. 이 스타일에는 움직이는 부품이 많으므로 아키텍트는 충돌 시 데이터 손실을 방지하는 데 특별한 주의를 기울여야 한다(제15장 §15.2.9 "데이터 손실 방지" 참고).

테스트성은 별점 1개를 받았다. 이 스타일이 지원하는 높은 수준의 확장성과 탄력성을 테스트 환경에서 시뮬레이션하기가 복잡하기 때문이다. 최대 부하 상태에서 수십만 명의 동시 사용자를 테스트하는 것은 매우 복잡하고 비용이 많이 드는 작업이다. 따라서 대부분의 대용량 테스트는 실제로 극심한 부하가 발생하는 프로덕션 환경에서 수행하는데, 이런 방식의 테스트는 운영에 심대한 위험을 초래할 수 있다.

비용도 트레이드오프이다. 공간 기반 아키텍처는 전반적으로 복잡할 뿐만 아니라 캐싱 제품의 라이선스 비용이 요구되며, 높은 확장성과 탄력성을 지원하기 위해 클라우드 및 온프레미스 시스템의 자원을 활용하는 데에도 상대적으로 비용이 많이 든다.

처리 단위들은 각각 개별적으로 배포되므로 어느 정도는 도메인 분할로 볼 수 있지만, 우리는 공간 기반 아키텍처를 기술적으로 분할된 아키텍처로 간주한다. 하나의 도메인이 처리 단위, 데이터 펌프, 데이터 판독기 및 기록기, 데이터베이스 같은 서로 다른 기술적 구성요소들로 표현되기 때문이다.

공간 기반 아키텍처 내의 퀀텀 수는 UI 설계 방식이나 처리 단위들의 통신 방식에 따라 다르다. 처리 단위는 데이터베이스와 동기적으로 통신하지 않으므로, 데이터베이스 자체는 퀀텀 수 계산에 포함되지 않는다. 결과적으로 공간 기반 아키텍처의 퀀텀들은 다양한 UI와 처리 단위 간의 연관성을 기준으로 경계가 정해지는 것이 보통이다. 동기적으로 통신하는 처리 단위들(서로 통신하든, 오케스트레이션을 위해 처리 그리드를 거쳐 통신하든)은 모두 동일한 아키텍처 퀀텀에 속하게 된다.

16.9 예시와 용례

공간 기반 아키텍처는 사용자 수나 요청량이 급증하는 애플리케이션과 10,000명 이상의 동시 사용자를 위한 처리량이 요구되는 애플리케이션에 매우 적합하다. 이번 절에서는 공간 기반 아키텍처의 두 가지 용례를 살펴본다. 하나는 온라인 콘서트 티켓팅 애플리케이션이고 다른 하나는 온라인 경매 시스템이다. 두 사례 모두 높은 수준의 성능, 확장성, 탄력성을 요구한다.

16.9.1 콘서트 티켓팅 시스템

콘서트 티켓팅 시스템은 동시 사용자 수의 급증이 특징인 문제 도메인이다. 평소에는 동시 사용자 수가 비교적 적지만, 인기 있는 연예인의 콘서트 티켓 판매가 시작되면 사용자 수가 급증한다. 동시 사용자 수가 평소 수백 명 수준에서 콘서트에 따라 수천, 심지어 수만 명까지 치솟는다. 모든 사용자는 더 좋은 좌석을 구하려 든다. 인기 있는 콘서트의 경우 티켓은 불과 몇 분 만에 매진된다. 따라서 이런 시스템에는 공간 기반 아키텍처가 지원하는 특성들이 반드시 필요하다.

이런 종류의 시스템에는 많은 난제가 따른다. 첫째, 좌석 선호도와 무관하게 전체적으로 구매 가능한 티켓의 총량은 정해져 있다. 수많은 요청이 동시에 몰리므로, 좌석 현황을 계속해서 최대한 빨리 갱신해야 한다. 따라서 처리 단위들이 중앙 데이터베이스에 동기적으로 접근하는 방식은 잘 작동하지 않는다. 이런 규모와 갱신 빈도로 발생하는 수만 건의 동시 요청을 일반적인 데이터베이스의 표준 트랜잭션 기능으로 처리하기는 매우 어렵기 때문이다.

콘서트 티켓팅 시스템은 높은 탄력성을 요구하므로 공간 기반 아키텍처가 좋은 선택이 될 수 있다. **배포 관리자**는 동시 사용자 수가 갑자기 늘어난 것을 즉시 인지하고 대량의 티켓 구매 요청을 처리하기 위해 수많은 처리 단위를 새로 시작한다. 최적의 방안은 티켓 판매 시작 **직전**에 필요한 수의 처리 단위를 미리 가동하도록 배포 관리자를 설정하는 것이다. 그러면 사용자 부하가 급증하기 직전에 처리 단위들이 이미 요청을 기다리는 상태가 된다.

16.9.2 온라인 경매 시스템

온라인 경매 시스템(이베이처럼 경매 물품에 입찰하는 사이트)은 방금 설명한 온라인 콘서트 티켓팅 시스템과 비슷한 점이 많다. 두 시스템 모두 성능과 탄력성의 수준이 높아야 하고, 사용자 및 요청 부하가 예측할 수 없게 급증한다. 온라인 경매 시스템의 경우 경매가 시작될 때 얼마나 많은 사람이 참여할지 알 수 없고, 호가(asking price)마다 동시 입찰이 얼마나 많이 발생할지도 예측할 수 없다.

공간 기반 아키텍처는 이런 문제 도메인에 매우 적합하다. 부하가 증가하면 다수의 처리 단위를 시작하고, 경매가 막바지에 이르러 처리량이 적어지면 처리 단위들을 제거할 수 있기 때문이다. 각 경매에 개별적인 처리 단위를 배정함으로써 입찰 데이터의 일관성을 보장할 수 있다는 장점도 중요하다. 또한 데이터 펌프가 비동기 방식으로 작동하는 덕분에 입찰 데이터를 다른 처리(이를테면 입찰 내역, 입찰 분석, 감사 등)로 보낼 때 지연시간이 거의 발생하지 않는다. 그 결과로 입찰 프로세스의 전반적인 성능이 향상된다.

공간 기반 아키텍처는 복잡하지만 매우 강력한 아키텍처 스타일이다. 반응성과 확장성, 탄력성의 조합이 극대화되는 아키텍처 스타일은 공간 기반 아키텍처뿐이다. 이는 주로 캐싱을 활용하는 방식과 데이터베이스에 직접 접근하지 않는 점 때문이다. 따라서 공간 기반 아키텍처는 앞에서 언급한 아키텍처 특성들을 극대화해야 하는 상황에서 사용하기에 적합한, 하나의 특화된 아키텍처 스타일로 볼 수 있다.

CHAPTER 17

오케스트레이션 주도 서비스 지향 아키텍처

아키텍처 스타일은 예술 사조와도 비슷하다. 그것이 발전하던 시대의 아키텍트에게는 의미가 있지만 이후 시대에는 유관성(relevance)이 사라진다는 점에서 그렇다. **오케스트레이션 주도 서비스 지향 아키텍처**(orchestration-driven service-oriented architecture; 또는 오케스트레이션 기반 서비스 지향 아키텍처)가 바로 그런 경향을 잘 보여주는 사례이다. 아키텍처적 결정에 흔히 영향을 미치는 외부 동인(external driver)들과 논리적이지만 결국 재앙으로 이어지는 조직 철학이 맞물리면서[1] 이 아키텍처는 사장되고 말았다. 하지만 이 아키텍처는 논리적으로는 타당해 보이는 조직의 아이디어가 어떻게 개발 프로세스의 가장 중요한 부분을 저해할 수 있는지 보여주는 훌륭한 본보기이다. 특히, 소프트웨어 아키텍처의 제1법칙인 **"소프트웨어 아키텍처의 모든 것은 트레이드오프"** 라는 점을 무시할 때 생기는 위험 중 하나를 잘 보여준다.

17.1 토폴로지

오케스트레이션 주도 서비스 지향 아키텍처, 줄여서 오케스트레이션 주도 SOA의 토폴로지는 [그림 17-1]과 같다.

[그림 17-1]은 이 아키텍처 스타일의 한 예일 뿐이다. 모든 오케스트레이션 주도 SOA가 그림

---

[1] 옮긴이_ 이 외부 동인들과 조직 철학은 이번 장에서 차차 밝혀질 것이다.

과 동일한 계층들로 구성되지는 않는다. 하지만 아키텍처 내부에서 하나의 서비스 분류 체계(taxonomy of services)를 수립하며, 각 계층이 구체적이고 잘 정의된 책임을 진다는 아이디어를 따른다는 점은 모두 동일하다.

오케스트레이션 주도 SOA는 SOA(서비스 지향 아키텍처)의 일종이고, SOA는 기본적으로 분산 아키텍처이다. [그림 17-1]에는 경계가 정확히 표시되어 있지 않다. 이는 조직과 도구에 따라 경계가 달라지기 때문이다. 예를 들어 서비스 분류 체계의 일부가 애플리케이션 서버 안에 있을 수도 있다. 오케스트레이션 주도 SOA는 구체적인 서비스 분류 체계를 중심으로 구성된다. 이 분류 체계 안에서 각 계층은 고유한 기술적 책임과 역할을 맡는다.

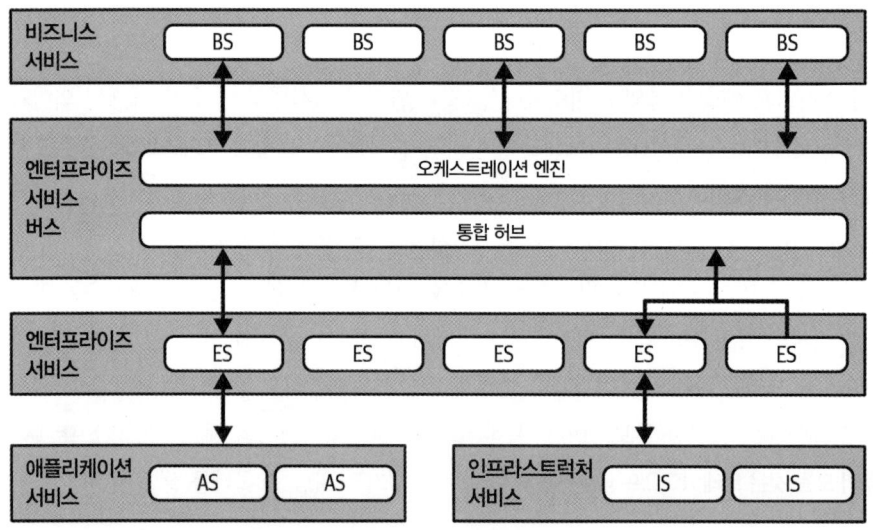

그림 17-1 오케스트레이션 주도 서비스 지향 아키텍처의 토폴로지

17.2 스타일 세부 사항

대체로, 오늘날의 아키텍트에게 오케스트레이션 주도 SOA는 역사적인 관심사일 뿐이다. 그간 사람들이 이 아키텍처를 구축하면서 얻은 교훈은 이 분야의 발전에 일조했다. 하지만 일부 통합 아키텍처(integration architecture) 사례에서는 이 아키텍처에서 꽤 유용한 요소를 발견하게 된다.

서비스 지향 아키텍처는 1990년대 후반에 등장했다. 당시 온갖 종류의 소규모 회사가 맹렬한 속도로 성장하고 더 작은 회사들과 합병하면서 엔터프라이즈급 기업이 되었는데, 그러한 성장을 수용하기 위해서는 더욱더 고도화된 IT 기술과 역량이 요구되었다. 하지만 컴퓨팅 자원은 부족하고 귀중했으며 상업적이었다. 그때 분산 컴퓨팅이 가능해지고 필수적인 기술로 자리 잡기 시작했는데, 확장성을 비롯해 분산 컴퓨팅의 여러 유익한 특성을 필요로 하는 기업이 많았다.

이 시대의 여러 외부 동인 때문에 아키텍트들은 분산 아키텍처에 시스템상의 제약조건이 상당히 많았음에도 어쩔 수 없이 분산 아키텍처를 선택해야 했다. 오픈소스 운영체제가 중요한 업무에 사용될 만큼 신뢰할 수 있다고 여겨지기 전이라서 운영체제가 비쌌고, 컴퓨터별로 라이선스를 구매해야 했다. 마찬가지로 상용 데이터베이스 서버에는 비잔틴처럼 복잡한[2] 라이선싱 정책이 따라붙었다. 이 때문에 데이터베이스 연결 풀링(connection pooling)을 제공하던 애플리케이션 서버 벤더사가 데이터베이스 벤더사와 전쟁을 벌이는 일까지 벌어졌다.[3] 대규모 환경에서는 수많은 자원이 비쌌기 때문에, 흔히 아키텍트들은 가능한 한 모든 것을 재사용하는 철학을 채택했다.

이러한 기술적 고려 사항은 정보와 작업흐름의 중복에 대한 조직적 우려 사항과 맞물렸다. 잦은 합병과 성장으로 인해 조직들은 핵심 비즈니스 엔티티 간의 다양성과 불일치로 어려움을 겪었다. 그러다 보니 SOA가 목표로 삼는 특성들이 매력적으로 보이게 되었다. 결과적으로 아키텍트들은 모든 형태의 재사용(reuse)을 이 아키텍처의 지배적인 철학으로 받아들였다. 여기에는 부작용이 따랐는데, §17.2.2 "재사용 … 그리고 결합"에서 좀 더 자세히 다룰 것이다. 이 아키텍처 스타일은 또한 아키텍트가 기술적 분할이라는 아이디어를 어느 정도까지나 극단으로 밀어붙일 수 있는지를 보여주는 사례이기도 하다. 기술적 분할은 좋은 의도에서 출발한다고 해도 극단으로 치달으면 나쁜 결과를 초래한다.

---

[2] 옮긴이_ 비잔틴 제국의 복잡한 궁정 정치와 관료제를 빗댄 표현이다.
[3] 옮긴이_ 2000년대 초 오라클^{Oracle}과 BEA 시스템즈$^{BEA\ Systems}$의 분쟁을 말하는 것으로 보인다. BEA 시스템즈는 결국 오라클에 인수되었다(https://ko.wikipedia.org/wiki/BEA_시스템즈 참고).

> **왜 이렇게 서비스 이름이 많을까?**
>
> 아키텍트들은 소프트웨어 아키텍처에서 **서비스**라고 불리는 것들이 너무 많아 종종 혼란스러워한다. 이 책만 해도 이름에 '서비스'가 들어가는 아키텍처 스타일이 세 가지인데, 이번 장의 SOA와 제18장의 마이크로서비스, 그리고 제14장의 서비스 기반 아키텍처가 그것이다. 이런 현상의 한 가지 원인은 아키텍처를 설명하는 언어가 유연하지 않다는 것이다. 그밖에, 소프트웨어 개발 생태계가 끊임없이 진화한다는 점도 하나의 원인이다. 어떤 서비스를 제공하는 무언가를 가리키기에 이름 그대로 **서비스**만큼 무난한 것이 없다 보니 아키텍트들은 이 이름을 즐겨 재사용한다. 하지만 스타일이 진화함에 따라 **서비스**의 의미도 변한다. 예를 들어, 오케스트레이션 주도 SOA의 **엔티티 서비스**는 마이크로서비스 아키텍처의 서비스와 거의 모든 면에서 다르다 (또한 제16장에서 다룬 서비스 기반 아키텍처의 서비스와도 구별된다). 짜증 나는 일이지만, 아키텍트는 이름에 **서비스**라는 단어가 나타날 때마다 그 맥락을 파악해야 한다. 용어 자체가 의미 확산(semantic diffusion, https://oreil.ly/9oQNq)을 겪었으니 어쩔 수 없다.

17.2.1 분류 체계

이 스타일이 만들어지던 시절, 소프트웨어를 계속해서 다시 작성해야 하는 상황에 불만을 품는 대기업이 많았다. 그래서 그들은 엄격한 **서비스 분류 체계**를 만들어서 그 문제를 점진적으로 해결한다는 그럴듯한 전략을 고안했다. 여기서 서비스 분류 체계는 잘 정의된 계층과 그에 상응하는 책임으로 구성된다. 분류 체계의 각 계층은 궁극적인 추상화와 재사용이라는 두 가지 목표를 모두 지원한다. 이러한 유형의 추상화와 엔터프라이즈 수준의 재사용이 바로 오케스트레이션 주도 SOA 스타일에 깔린 핵심 철학이다. 그럼 SOA를 구성하는 주요 서비스 계층들을 살펴보자.

비즈니스 서비스

이 SOA의 최상단에 위치하는 **비즈니스 서비스**business service 계층은 비즈니스 프로세스의 진입점을 제공한다. `ExecuteTrade`(거래 실행)이나 `PlaceOrder`(주문 접수) 같은 서비스가 이러한 서비스 계층의 행동방식 범위를 올바르게 나타낸 예이다. 당시에 널리 쓰이던 리트머스 검사가 있었다. 바로, 각 서비스에 대해 "이 서비스가 ~ 비즈니스를 수행하는 게 맞는가?"라는 질문에 아키텍트가 "예"라고 답할 수 있는지 확인하는 것이다. "예"라고 답했다면 그 서비스는 세분도 (granularity)가 적절한 수준인 것이다. 하지만 `ExecuteTrade` 같은 비즈니스 프로세스를 수행하기 위해 개발자에게 `CreateCustomer` 같은 메서드가 필요하다고 해도, `CreateCustomer` 메서드를 하나의 비즈니스 서비스로 간주할 수는 없다. 그것은 잘못된 수준의 추상화이다. 고객을 '생성'하는 것은 회사가 수행하는 **비즈니스**가 아니기 때문이다. 고객 생성은 단지 거래 실행에 필요한 절차일 뿐이다.

비즈니스 서비스들의 정의에는 코드가 전혀 포함되지 않는다. 비즈니스 서비스는 기본적으로 입력과 출력만으로 정의할 수 있으며, 종종 스키마 정보가 포함되기도 한다. 비즈니스 사용자나 분석가가 이 서비스의 서명(signature)을 정의하기 때문에 **비즈니스 서비스**라는 이름이 붙었다.

엔터프라이즈 서비스

엔터프라이즈 서비스enterprise service 계층의 서비스들은 세분도 높은(fine-grained) 구현체를 공유한다. 일반적으로 개발 팀은 `CreateCustomer`나 `CalculateQuote` 같은 특정 비즈니스 도메인을 중심으로 원자적(atomic) 행동방식을 구현하고 `Customer`나 `Order`, `Lineitem` 같은 트랜잭션 엔티티를 구축한다. 이러한 엔터프라이즈 서비스들을 오케스트레이션 엔진으로 연결함으로써 비즈니스 서비스가 만들어진다.

비즈니스 서비스와 엔터프라이즈 서비스 간의 추상화 수준 차이에 주목할 필요가 있다. 비즈니스 서비스는 세분도가 상당히 낮지만 엔터프라이즈 서비스는 세분도가 상당히 높으며 다양한 유형의 추상화, 작업흐름, 엔티티를 포괄하도록 설계된다. 아키텍트가 엔터프라이즈 서비스를 정의할 때 목표로 삼는 것은 완벽하게 캡슐화된 구축 요소(building block)를 만들어 내는 것이다. 각각의 빌딩 블록은 개별적인 비즈니스 기능성을 가지며, 이들을 자유롭게 조합해서 좀 더 복잡한 비즈니스 작업흐름을 만들어 낼 수 있어야 한다.

이는 아키텍트가 추구할 만한 목표이다. 하지만 아키텍트들은 상충하는 트레이드오프가 너무나 많다 보니 이 모든 힘 사이에서 이상적인 균형점을 찾기가 어렵다는, 그리고 어쩌면 불가능할지도 모른다는 사실을 깨닫게 된다. 궁극적으로 이 아키텍처는 다른 기술적 분할 아키텍처들처럼 책임들을 엄격히 분리하려 한다. 이는 재사용이라는 필수 과제 때문이다. 여기에는 개발자들이 엔터프라이즈 서비스들을 딱 적절한 수준의 세분도로 구축할 수 있다면 비즈니스 부서가 해당 비즈니스 작업흐름 부분을 다시 작성할 필요가 없으리라는 발상이 깔려 있다. 이것이 잘 진행된다면 점차 비즈니스 부서는 재사용 가능한 엔터프라이즈 서비스 형태의 자산 컬렉션을 구축하게 될 것이다. 적어도 이론상으로는 그렇다.

불행히도 현실의 동적인 특성과 소프트웨어 개발 생태계의 진화적 영향력 때문에 이런 시도가 무산되기 마련이다. 비즈니스 컴포넌트는 한 가지 해법이 수십 년씩 유지되는 건축 자재와는 성격이 다르다. 시장, 기술 변화, 엔지니어링 관행 등 수많은 다른 요인이 소프트웨어 세계에 안정성을 부여하려는 시도를 좌절시킨다.

애플리케이션 서비스

아키텍처의 모든 서비스가 엔터프라이즈 서비스와 동일한 수준의 세분도나 재사용을 요구하는 것은 아니다. **애플리케이션 서비스**application service는 일회성의 단일 구현 서비스이다. 예를 들어, 애플리케이션에 지리 위치 정보가 필요하지만 그것을 재사용 가능한 서비스로 만드는 데 시간이나 노력을 들이지는 않겠다고 회사가 결정할 수도 있다. 그런 경우 지리 위치 정보 기능성을 애플리케이션 서비스(흔히 한 애플리케이션 팀이 소유한다)로 구현하면 해결된다.

인프라 서비스

인프라 서비스(infrastructure service; 기반구조 서비스)는 모니터링, 로깅, 인증, 권한 부여 같은 운영상의 관심사를 담당한다. 이런 서비스들은 흔히 운영 팀과 긴밀하게 협력하는 공유 인프라 팀이 소유하는 구체적인 구현체의 형태로 존재한다. 아키텍트는 기술적 분할에 기반한 철학을 바탕으로 이 스타일의 아키텍처를 구축하게 되므로, 별도의 인프라 서비스를 구축하는 것이 자연스럽다.

오케스트레이션 엔진과 메시지 버스

오케스트레이션 엔진orchestration engine과 **메시지 버스**message bus는 이 분산 아키텍처의 심장부를 형성한다. 트랜잭션 조정이나 메시지 변환과 같은 기능을 갖춘 이 엔진은 오케스트레이션을 사용해서 비즈니스 서비스 구현체들을 한데 엮는 역할을 한다. 오케스트레이션 엔진은 비즈니스 서비스들과 엔터프라이즈 서비스들의 관계 및 이들의 대응(매핑) 방식, 트랜잭션 경계를 정의한다. 또한 이 엔진은 통합 허브 역할을 해서, 아키텍트가 맞춤형 코드를 패키지 및 레거시 소프트웨어 시스템과 통합할 수 있게 해준다. 이러한 기능들의 조합은 ESB(enterprise service bus) 같은 도구의 현대적 활용법을 잘 보여준다. 대부분의 아키텍트는 ESB를 중심으로 전체 아키텍처를 구축하는 것이 나쁜 생각이라고 여기지만, 통합이 많은 환경에서는 ESB가 엄청나게 유용하다. 아키텍트가 통합 허브와 오케스트레이션 엔진을 결합해야 하는 상황이라면, 그런 기능을 이미 포함하고 있는 도구를 사용하지 않을 이유가 무엇이겠는가? (이 점은 좋든 나쁘든 과대광고와는 별개로 도구의 진정한 쓰임새를 분별하는 것이 아키텍트로서 개발해야 할 또 다른 중요한 능력임을 말해준다.)

오케스트레이션 엔진과 메시지 버스가 이 아키텍처의 심장부에 해당한다는 점에 콘웨이의 법칙(제9장 "콘웨이의 법칙" 글 상자 참고)을 적용하면, 이 엔진을 책임지는 통합 아키텍트 팀은 조직 내에서 하나의 정치적 세력이 될 것이며, 결국에는 관료적 병목 지점이 되리라는 예측이 나온다.

이러한 중앙집중적이고 분류학적인 접근법이 매력적으로 들릴 수 있지만, 실제 역사를 보면 대부분 재앙에 가까웠다. 트랜잭션 행동방식(transaction behavior)을 오케스트레이션 도구에 위임하는 게 좋은 생각 같겠지만, 적절한 세분도 수준을 아키텍트가 찾아내기가 쉽지 않다. 몇몇 서비스를 분산 트랜잭션으로 감싸서 만들어 낼 수 있다고 해도 아키텍처가 점점 더 복잡해진다. 엔티티들이 점차 수많은 작업흐름에 관여하면서 개발자들은 서비스들 사이의 적절한 트랜잭션 경계가 어디에 있는지 파악하기 어려워진다. 관리자들은 조직이 트랜잭션 구축 요소들을 엔터프라이즈 서비스의 형태로 구축할 수 있으리라고 예측하고 희망했지만, 실제로는 구축이 어렵다는 점이 판명되었을 뿐이다.

메시지 흐름

모든 요청은 이 아키텍처의 로직이 상주하는 오케스트레이션 엔진을 통과한다. 따라서 [그림 17-2]에서 보듯이 내부 호출의 경우에도 메시지 흐름(message flow)은 엔진을 거쳐 간다.

[그림 17-2]에서 `CreateQuote`는 비즈니스 서비스 계층의 서비스이다. 이 서비스는 서비스 버스를 호출하며, 서비스 버스는 견적(quote) 생성을 위한 작업흐름을 정의한다. 이 작업흐름에서 `CreateCustomer` 서비스와 `CalculateQuote` 서비스가 호출된다. 이 엔터프라이즈 서비스들은 역시 서비스 버스를 통해서 애플리케이션 서비스들을 호출한다. 서비스 버스는 이 아키텍처 안의 모든 호출에 대한 중개자(intermediary)로서 작동해서, 통합 허브와 오케스트레이션 엔진의 기능을 모두 수행한다.

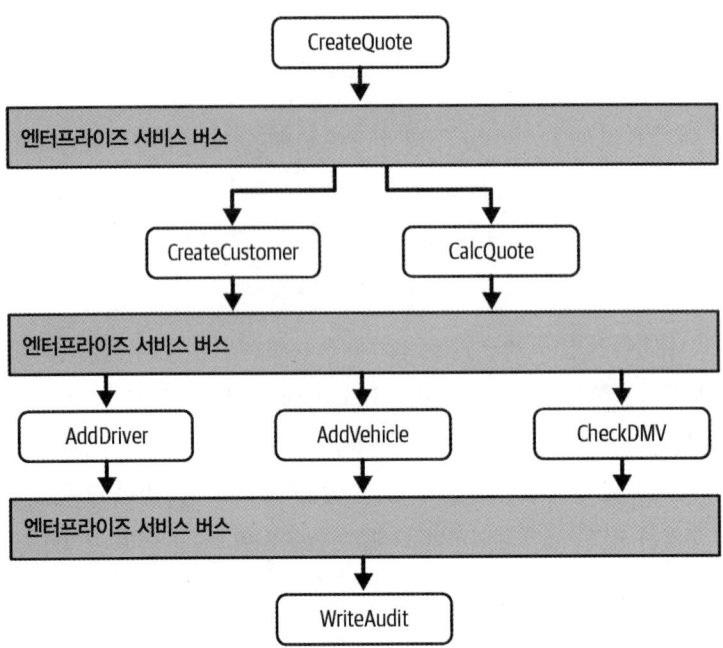

그림 17-2 서비스 지향 아키텍처의 메시지 흐름

17.2.2 재사용과 결합

이 아키텍처를 처음 활용한 아키텍트들의 주요 목표 중 하나는 서비스 수준에서의 재사용이었다. 즉, 아키텍트들은 시간이 지남에 따라 점진적으로 재사용할 수 있는 비즈니스 행동방식(business behavior)을 구축하고자 했다. 그들은 가능한 한 공격적으로 재사용 기회를 찾으라는 지시를 받았다.

예를 들어, [그림 17-3]에 묘사된 상황을 생각해 보자. 이 시나리오에서 한 아키텍트는 보험회사의 여섯 부서 모두 '고객'이라는 개념을 포함하고 있음을 깨닫는다.

이 경우 올바른 SOA 전략은 각 부서의 기존 서비스에서 '고객' 부분을 추출해서 재사용 가능한 Customer 서비스를 만들고, 기존 서비스들이 그 Customer 서비스를 참조하게 하는 것이다. [그림 17-4]가 그런 식으로 변경한 아키텍처이다. 여기서 아키텍트는 모든 고객 관련 행동방식을 단일 Customer 서비스로 분리함으로써 '명백한' 재사용 목표를 달성했다. 과연 그럴까?

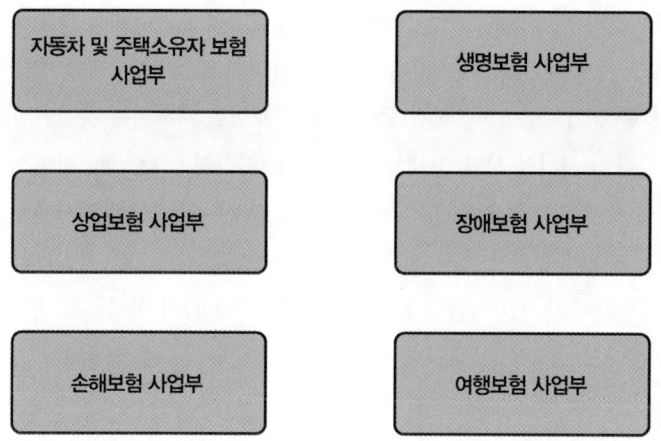

그림 17-3 서비스 지향 아키텍처에서 재사용 기회 찾기

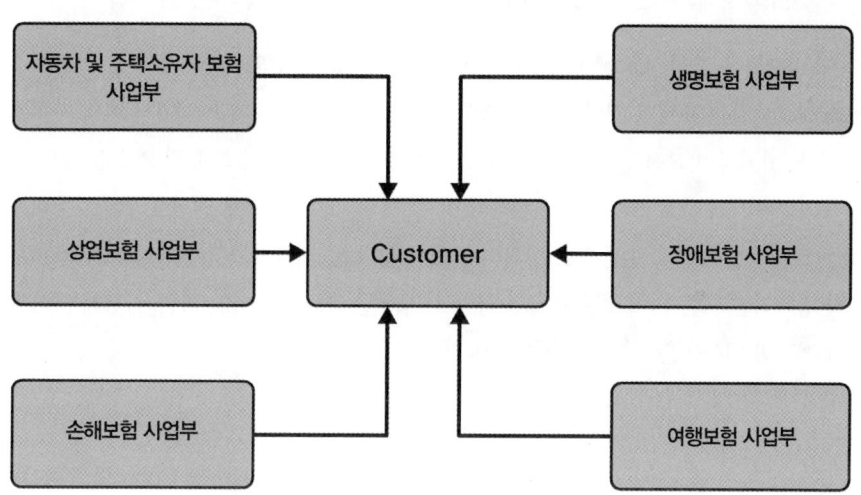

그림 17-4 서비스 지향 아키텍처에서 표준 표현 구축하기

아키텍트들은 이 설계의 부정적인 트레이드오프들을 뒤늦게야 깨달았다. 첫째로, 팀이 주로 재사용을 중심으로 시스템을 구축하면 컴포넌트들 사이의 결합이 엄청나게 늘어난다. 애초에 재사용은 다름 아닌 **결합을 통해** 구현되기 때문이다. 예를 들어 [그림 17-4]에서 Customer 서비스를 변경하면 그 영향이 다른 모든 서비스로 파급된다. 각각 변경이 잠재적으로 거대한 파급 효과를 가지기 때문에, 점진적인 변경조차도 위험 요인이 된다. 결국은 배포 조율이나 전일적 테스트(holistic testing)처럼 엔지니어링 효율성을 저해하는 관행이 필요해진다.

행동방식을 한곳으로 통합하는 것의 부작용은 그것 말고도 더 있다. [그림 17-4]에서 자동차 보험과 장애보험을 생각해 보자. 공통의 `Customer` 서비스를 지원하려면 각 부서는 고객 레코드에 알고 있는 모든 세부 정보를 포함해야 한다. 예를 들어 자동차 보험을 위해서는 운전면허증 정보가 필요하다. 이것은 차량이 아니라 사람(고객)의 속성이다. 따라서 `Customer` 서비스에는 반드시 운전면허증에 관한 세부 정보를 포함시켜야 하는데, 그 정보는 장애보험 부서에는 아무런 의미도 없다. 그렇지만 고객의 정의가 회사 전체에서 단일하므로, 장애보험 사업부의 개발 팀은 필요 없는 속성들에 의한 추가적인 복잡성을 감당해야 한다. DDD가 전체론적 재사용(holistic reuse)을 **피해야** 한다고 주장하는 것은 여러모로 이러한 종류의 아키텍처에서 겪은 경험 때문이다.

아마도 아키텍트들이 뒤늦게 깨달은 오케스트레이션 주도 SOA의 가장 해로운 측면은, 기술적 분할에 너무 치중한 아키텍처를 구축하는 것은 그 자체가 비현실적이라는 점일 것이다. 분리 및 재사용 철학의 관점에서는 그런 접근법이 타당해 보이지만, 실제로는 악몽과 같다.

예를 들어 개발자들은 흔히 "`CatalogCheckout`에 새 주소 행 추가"와 같은 작업에 참여한다. `CatalogCheckout` 같은 도메인 개념은 이 아키텍처 전반에 너무 얇게 퍼져 있어서 거의 가루가 될 지경이었다. 이처럼 비교적 간단한 작업이라도, SOA에서는 여러 계층에 걸친 수십 개의 서비스와 공통의 데이터베이스 스키마를 변경해야 할 수 있다. 게다가 현재 엔터프라이즈 서비스들이 적절한 트랜잭션 세분도 수준으로 정의되어 있지 않다면, 개발자들이 설계나 트랜잭션 행동방식을 변경하려면 기존 서비스와 거의 동일한 서비스를 새로 만들어야 하는 지경에 다다를 수 있다. 이 정도면 재사용은 그만두는 것이 낫다.

17.3 데이터 토폴로지

이 책에서 논의하는 다른 여러 아키텍처 스타일과 달리 오케스트레이션 주도 SOA의 데이터 토폴로지는 그 역사적 기원을 고려할 때 그다지 흥미롭지 않다. 이 스타일은 비록 많은 구성요소로 구성된 분산 아키텍처이지만, 그냥 하나의(또는 소수의) 관계형 데이터베이스를 사용하는 경우가 많았다. 사실 1990년대 후반에 모든 분산 아키텍처가 그런 관행을 따랐다. 심지어 트랜잭션성(transactionality)조차 데이터베이스 시스템이 아니라 아키텍처가 담당하게 했다. 이를 위해 메시지 버스에 종종 토폴로지 안의 각 엔티티에 대한 선언적 트랜잭션 행동방식을 포함시켜서, 개발자나 아키텍트, 기타 인원이 데이터베이스의(심지어는 개별 엔티티의) 상황별 재사용과는 독립적으로 트랜잭션 행동방식을 결정할 수 있도록 했다.

이 시대의 아키텍트들은 데이터를 이질적인 영역으로 간주했다. 데이터는 SOA와 이벤트 기반 아키텍처 모두에서 배관(plumbing)의 불가피한 일부이지만, 당시에는 문제 도메인의 일부라기보다는 통합 지점(integration point)으로 간주하는 경우가 많았다.

> **정말로? 선언형 트랜잭션이라고?!?**
>
> 정말이다. 오케스트레이션 주도 SOA가 유행하던 시절, 많은 애플리케이션 서버가 내세운 '기능' 중 하나는 구성 관리자(configuration manager; 또는 형상 관리자)가 개별 엔티티의 트랜잭션 범위를 변경할 수 있도록 허용한 것이었다. 엔티티가 어떤 트랜잭션 컨텍스트에서 작동하는지에 따라 범위를 다르게 하는 것이 가능했다. (물론 당시에는 장황하지만 파싱하기 쉬운 설정 포맷을 선호했으므로, 이 선언은 XML로 이루어졌다.) 엔티티(**EntityBeans**라고 부르는 특화된 타입의 자바빈JavaBean) 선언부의 한 부분에서 해당 엔티티가 작업흐름에 참여할 때의 트랜잭션 범위를 선언해 둔다. 이 작업흐름이 트랜잭션에 포함될 여부는 아키텍트가 직접 선언한다. 그러면 애플리케이션 서버는 데이터베이스와 상호작용해서 엔티티나 작업흐름, 혹은 둘 다에 필요한 행동방식과 부합하는 데이터베이스 트랜잭션을 생성하고 관리한다.
>
> 이 방식이 실패한 원인은 크게 두 가지이다. 첫째, 실행 시점에서 트랜잭션이 어떻게 진행될지를 개발자가 모르는 상황에서는 엔티티들과 의존성들이 상당히 복잡해진다. 이 때문에 개발자는 트랜잭션 범위만 다를 뿐 나머지는 동일한 버전의 엔티티를 여러 개 만들어야 하는 상황에 내몰린다. 둘째, 벤더사가 메시지 버스에 아무리 정교한 기능을 추가해도, 예상치 못한 예외 사례(edge case) 때문에 실패 모드가 많아져서 시스템이 트랜잭션을 깔끔하게 관리하지 못하는 문제가 계속 발생한다. 그 결과로 사람이 직접 풀어야 하는, 뒤죽박죽 얽힌 불일치 상태가 만들어진다. 트랜잭션처럼 복잡하고 다면적인 시스템 기능 중 일부는 깔끔하게 추상화할 수 없다. 추상화에 새는 곳이 많으면 신뢰성을 확보할 수 없게 된다.

17.4 클라우드 고려 사항

오케스트레이션 주도 SOA는 클라우드보다 수십 년 전에 등장했다. 따라서 이 아키텍처의 원래 버전은 클라우드 구축을 전혀 고려하지 않았다.

하지만 현재의 용법에서는, 클라우드 서비스들과 온프레미스 서비스들을 통합해서 작업흐름에 참여시켜야 할 때 이 스타일이 훌륭한 통합 아키텍처가 될 수 있다. 이 스타일은 주로 통합 아키텍처로 사용되므로, 클라우드 기반 서비스 및 기능과 잘 맞는다.

17.5 일반적인 위험

20세기 말과 21세기 초에 이 아키텍처의 가장 큰 위험은 주로 비용과 구현에 걸리는 시간, 그리고 (당연하게도) 시스템 유지보수 및 업데이트의 어려움에 관한 것이었다. 이런 프로젝트는 대부분 수년에 걸쳐 진행되는 비싼 사업이었고, 중요한 결정은 회사 고위층이 내렸다. 회사들은 이런 프로젝트를 '실패'로 돌리는 대신, 경계(boundary)들을 개선하고 DDD의 이상과 좀 더 잘 정렬되도록 고쳐서 통합 아키텍처로 전환하곤 했다.

아키텍트가 최신 시스템에서 ESB를 통합 기능으로 사용할 때 가장 큰 위험은, ESB 때문에 전체 아키텍처가 점차 캡슐화된다는 것이다. 마치 미끄러운 경사로를 따라 구덩이로 빠져들듯이, 아키텍트가 자신도 모르는 사이에 점진적이고 의도치 않게 완전한 오케스트레이션 주도 SOA를 구축하게 되는 것을 가리켜 **우발적 SOA**(Accidental SOA) 안티패턴이라고 한다. 우발적 SOA를 피하려면 아키텍트는 오케스트레이션을 위한 합리적인 캡슐화 경계를 보장해야 한다. 또한 트랜잭션 경계와 같은 문제에도 세심한 주의를 기울여야 한다.

17.6 거버넌스

이 아키텍처가 유행하던 시절에는 오늘날과 같은 전일적 테스트가 드물었다. 팀들은 공식적인 품질 보증 수준의 테스트 외에는 SOA를 거의 테스트하지 않았다. 그래서 도구와 프레임워크 제작자들은 개별 부분의 테스트를 용이하게 하는 데 거의 신경 쓰지 않았다. 메시지 버스와 그 관련 부품이라는 거대한 장치를 위한 모의 객체(mock object)와 스텁(stub)을 생성해 주는 테스트 프레임워크가 몇 개 등장했지만, 항상 다루기 번거롭고 일관성도 없었다.

거버넌스도 똑같은 한계에 시달렸다. 당시 아키텍처 거버넌스를 자동화한다는 생각은 테스트 자동화보다도 더 생소한 개념이었다. 그 시대의 '거버넌스'는 무거운 거버넌스 프레임워크와 회의, 그리고 코드 검토를 의미했다. 게다가 그것들은 모두 수작업으로 이루어졌.

하지만 ESB는 지금도 쓰인다. 요즘 아키텍트들은 ESB가 제공하는 특별한 기능 조합을 필요로 하는 조직에서 전략적으로 ESB를 사용한다. 특히, 많은 회사가 현대적인 시스템과 상호작용해야 하는 구식 시스템(legacy system)을 가지고 있는데, 그런 시스템은 해당 상호작용 과정에서 결과를 조합하고 행동방식을 총괄하는 경우가 많다. 이 모든 것이 이 ESB의 핵심 기능성에 해당한다. 이런 시나리오에서 적합성 함수는 데이터나 경계 컨텍스트가 생태계의 다른 부분(해당 데이터나 컨텍스트가 나타나서는 안 될)으로 '누출'되는 것을 막는 중요한 역할을 할 수 있다.

예를 들어, 전통적인 전사적 자원 관리(ERP) 패키지와 온라인 판매 도구, 그리고 좀 더 현대적인 마이크로서비스 기반 Accounting(회계) 서비스의 조정(coordination)을 ESB로 처리하는 시스템을 생각해 보자. 이 시나리오에서 조정 시스템은 ERP와 판매 시스템에는 읽기 전용으로만 접근할 수 있고, Accounting 마이크로서비스에는 쓰기 전용으로만 접근할 수 있다. 이런 상황에서 아키텍트는 먼저 모든 통신이 로그에 일관되게 기록되도록 보장하는 적합성 함수를 만든다. 그런 다음 읽기/쓰기 접근의 거버넌스를 위한 적합성 함수를 작성한다. 다음은 그러한 적합성 함수의 의사 코드이다.

```
READ logs for ERP into ERP-logs for past 24 hours
READ logs for Sales into Sales-logs for past 24 hours
FOREACH entry IN ERP-logs
    IF 'operation' is 'update' and 'target' != 'accounting' THEN
        raise fitness function violation
            "Invalid communication between integration points"
    END IF
FOREACH entry IN Sales-logs
    IF 'operation' is 'update' and 'target' != 'accounting' THEN
        raise fitness function violation
            "Invalid communication between integration points"
    END IF
```

이 적합성 함수는 두 통합 지점의 로그 항목을 읽어서, 대상이 Accounting 시스템이 아닌 갱신(쓰기) 작업이 수행되지 않도록 보장한다.

이런 적합성 함수는 팀이 ESB 같은 도구의 흔한 오용 사례에 해당하는 지점 주위에 설치하는 가드레일에 해당한다. 이 덕분에 아키텍트는 그런 도구를 안전하고도 전략적으로 활용할 수 있게 된다.

17.7 팀 토폴로지 고려 사항

앞에서 아키텍트들이 오케스트레이션 주도 SOA를 설계할 때 데이터 토폴로지를 고려하지 않았다고 말했는데, 팀 토폴로지 역시 고려하지 않았다. 애초에, 이 아키텍처 스타일이 유행할 당시 팀 토폴로지는 사람들에게 알려지지 않은 주제였다.

사실, 아키텍트들이 팀 토폴로지에 관한 원칙을 개발하게 만든 **동기** 중 하나는 이 스타일의 엄격한 분류 체계 때문에 발생하는 소통(communication) 관련 안티패턴이었다. 이 아키텍처의 **목표**는 책임의 극단적인 분리이며, 팀원들도 그러한 책임의 분리에 따라 나뉜다. 이 아키텍처를 채택한 회사에서는 **비즈니스 서비스**를 구축하는 사람과 **엔터프라이즈 서비스**를 구축하는 사람이 대화를 나누는 일이 극히 드물었다. 이들은 계약이나 인터페이스 같은 기술적 구성요소를 통해서만 소통하게 되어 있었다. 이 스타일은 추상화 수준이 높다 보니 통합 계층이 많이 만들어진다. 각 계층은 각각 다른 팀이 구현하며, 팀들은 엔터프라이즈급 티켓팅 도구를 사용해서 소통한다. 개발자들이 왜 이 스타일로 기능을 구축하는 데 시간이 오래 걸린다고 생각하는지 쉽게 알 수 있을 것이다.

17.8 스타일 특성

이 책에서 아키텍처 스타일을 평가하는 데 사용하는 여러 특성은 오케스트레이션 주도 SOA가 유행할 당시에는 중요한 기준이 아니었다. 당시 애자일 소프트웨어 운동은 막 시작되었을 뿐, 이 아키텍처를 사용할 법한 대규모 조직에는 아직 침투하지 못한 상태였다.

[그림 17-5]의 특성 등급표에서 별점 1개는 이 아키텍처 스타일이 그 아키텍처 특성을 잘 지원하지 않는다는 뜻이고 별 5개 등급은 그 아키텍처 특성이 이 아키텍처 스타일의 가장 강력한 특징 중 하나라는 뜻이다. 표에 나온 각 특성은 제4장에서 정의하고 설명했다.

아키텍처 특성		별점
	전반적인 비용	$$$$
구조	분할 방식	기술적
구조	퀀텀 개수	1 이상
구조	단순성	★
구조	모듈성	★★★★
엔지니어링	유지보수성	★
엔지니어링	테스트성	★
엔지니어링	배포성	★
엔지니어링	진화성	★
운영	반응성	★★
운영	확장성	★★★★
운영	탄력성	★★★
운영	내결함성	★★★

그림 17-5 서비스 지향 아키텍처의 특성 등급표

SOA는 아마도 이제껏 시도된 범용 아키텍처 중 가장 기술적으로 분할된 아키텍처일 것이다. 사실 마이크로서비스와 같은 좀 더 현대적인 아키텍처들은 바로 이 아키텍처의 단점에 대한 반발에서 나온 것이라고 할 수 있다. SOA는 분산 아키텍처지만 퀀텀은 단 하나이다.[4] 이유는 두 가지이다. 첫째로 이 스타일은 일반적으로 단일 데이터베이스 또는 소수의 데이터베이스만 사용하므로, 서로 다른 여러 관심사에 걸쳐 결합 지점(coupling point)이 생긴다. 둘째이자 더 중요한 이유는 오케스트레이션 엔진이 거대한 결합 지점 역할을 한다는 것이다. 오케스트레이션 엔진은 아키텍처의 모든 행동방식을 오케스트레이션하는 중재자로 작용하며, 따라서 아키텍처의 모든 부분은 결국 이 중재자의 특성들을 그대로 지니게 된다. 결과적으로 이 아키텍처는 모놀리스 아키텍처의 단점과 분산 아키텍처의 단점을 **모두** 가진다.

---

[4] 옮긴이_ [그림 17-5]에는 퀀텀 개수가 '1 이상'으로 되어 있는데, 원서 출판사의 추가 설명에 따르면 이유는 이렇다. 퀀텀이 1인 것은 모든 것을 결합하는 중앙 ESB 때문인데, 프로덕션에서는 그러한 ESB의 여러 인스턴스를 클러스터화해서 운용하기도 한다. 그래서 전체 시스템의 관점에서는 퀀텀이 여러 개일 수 있다.

배포성과 테스트성 같은 현대적 엔지니어링 목표는 이 아키텍처에서 재앙에 가까운 점수를 받는다. 지원이 미비한 탓도 있지만, 이 아키텍처가 개발될 당시에는 이런 것들이 중요한 목표가 (심지어 지향해야 할 목표도) 아니었기 때문이다.

탄력성과 확장성 같은 몇몇 목표는 이 아키텍처도 어느 정도 지원한다. 비록 구현하기는 어렵지만 말이다. 도구 벤더사들은 애플리케이션 서버 간 세션 복제 및 기타 기술을 구축해서 이 시스템의 확장성을 높이는 데 엄청난 노력을 쏟아부었다. 하지만 성능이 장점이었던 적은 한 번도 없었는데, 애초에 분산 아키텍처이기 때문이다. 각 비즈니스 요청이 아키텍처의 너무 많은 부분에 걸쳐 분할되므로 낮은 성능이 필연적이다.

이 모든 요인 때문에, 단순성과 비용 측면에서 이 스타일은 대부분의 아키텍트가 선호하는 것과는 정반대의 스타일에 해당한다. 오케스트레이션 주도 SOA는 아키텍처 발전사의 중요한 이정표로 의미가 있다. 기술적 분할이 현실적으로 어떤 한계가 있는지, 실제 환경에서 분산 트랜잭션이 얼마나 어려울 수 있는지를 아키텍트들이 깨닫게 했기 때문이다.

17.9 예시와 용례

이 아키텍처는 1990년대 후반과 2000년대 초반에 많은 대기업에서 쓰였지만, 이후 점차 마이크로서비스처럼 더 민첩한 도메인 기반 분산 아키텍처로 대체되었다. 대기업조차도 그러한 변화가 필연적임을, 그리고 소프트웨어는 정적인 존재가 아니며 시장의 동향과 새로운 기능성에 발맞춰 변해야 한다는 사실을 깨달았다.

아키텍트들이 오케스트레이션 주도 SOA 아키텍처를 채택한 주된 이유는 대규모 조직 전반에 걸쳐 시스템의 구성요소들을 효과적으로 재사용하려는 것이었다. 하지만 자신들이 만든 엄격하고 정교한 분류 체계 때문에 일반적인 변경과 업데이트가 얼마나 어려운지 깨닫게 되었다. 예를 들어 엔티티 하나의 세부 정보를 갱신하는 것은 흔히 일어나는 도메인 변경 사항이다. 운이 좋으면 개발자는 엔터프라이즈 서비스 계층의 컴포넌트만 변경해서 해당 작업을 처리하면 된다. 하지만 운이 나쁜 날에는, 즉 엔터프라이즈 아키텍트나 비즈니스 이해관계자가 이런 유형의 변경을 예상하지 못한 경우에는 상황이 다르다. 개발자가 아키텍처의 계층 서너 개 혹은 대여섯 개를 변경해야 할 수도 있다. 그런 변경 때문에 계층들이 더 강하게 결합하는 부작용은 덤이다. 그러다 보니 이 스타일을 작업하는 아키텍트는 변경이라는 단어를 듣기만 해도 두려워한다. **변경**하려면 심층적인 분석이 필요하고, 작업 범위의 변화도 너무 크기 때문이다.

§17.6 "거버넌스"에서 언급했듯이 지금도 아키텍트들은 오케스트레이션 주도 SOA의 구성요소(ESB 등)를 활용한다. 특히 통합 아키텍처에서 그렇다. 예를 들어 ESB에는 통합 허브의 기능성(통신, 프로토콜, 계약 변환을 용이하게 하는)과 오케스트레이션 엔진의 기능성(아키텍트가 다양한 통합 종단점(integration endpoint) 사이에 작업흐름을 구축할 수 있게 하는)이 모두 포함된다. 오케스트레이션 주도 SOA에는 간접층(layer of indirection)이 여러 수준으로 존재하므로, 아키텍트는 [그림 17-6]에서 보듯이 엔터프라이즈 서비스를 통합 지점, 패키지 소프트웨어, 맞춤형 코드 등 다양한 방식으로 구현할 수 있다.

클라이언트 요청에 따라 어떤 엔터프라이즈 서비스들이 어떤 순서로 호출되고 어떤 정보를 집계할지는 메시지 버스를 통해서 결정할 수 있다. 엔터프라이즈 서비스 자체는 API를 통해서 맞춤형 코드나 구식 시스템, 패키지 소프트웨어 등과 통신한다.

오케스트레이션 주도 SOA는 생태계의 제약조건 속에서 대규모 통합 문제를 처리하는 방법에 관한 흥미로운 혁신 사례이다. 예를 들어, 이 아키텍처가 유행하던 시절에는 대부분의 조직이 오픈소스 운영체제를 사용하지 않았기 때문에 마이크로서비스 같은 대안 아키텍처는 터무니없이 비쌌다. 아키텍트는 과거의 접근법에서 교훈을 얻어야 한다. 여전히 유효한 부분은 계속 사용하고, 실패한 부분과 그 원인에 대한 교훈을 내재화해야 한다.

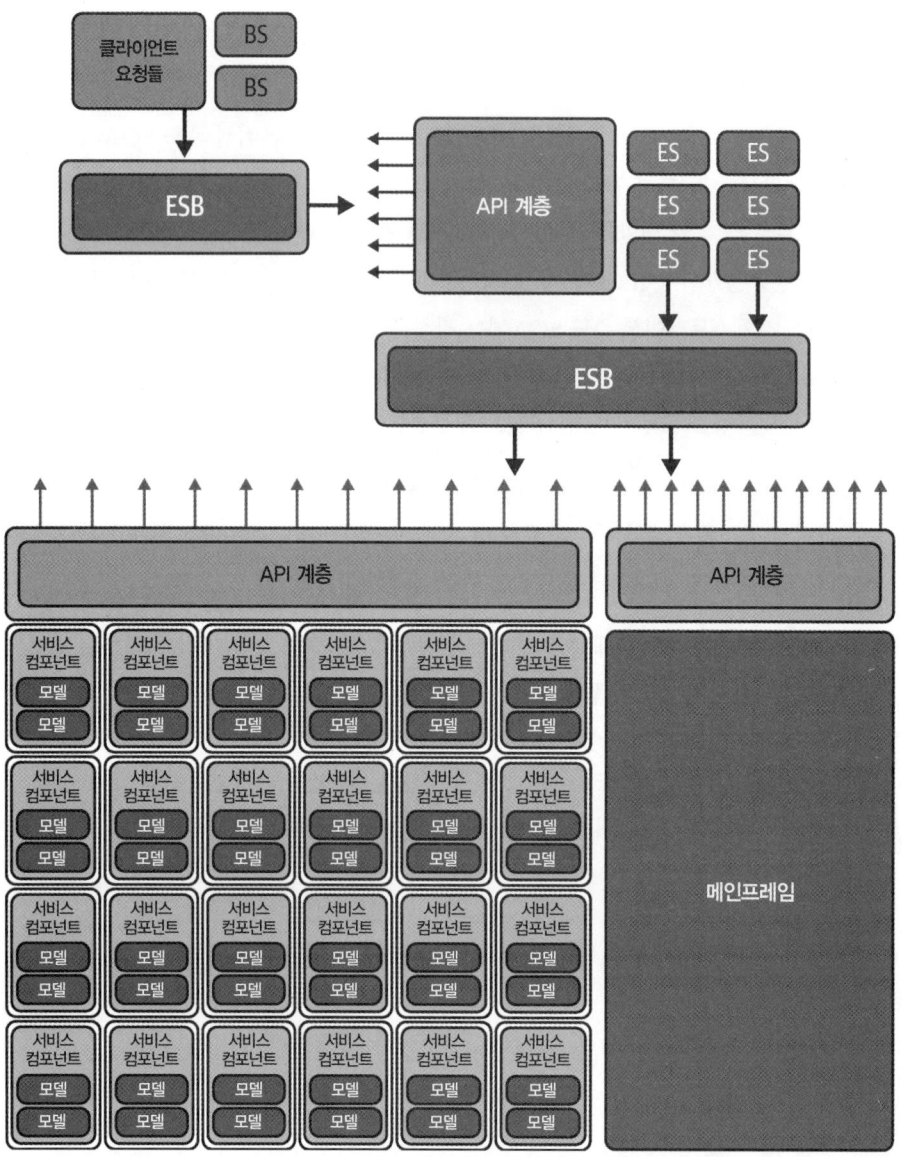

그림 17-6 이 아키텍처 스타일이 제공하는 여러 추상화 계층 덕분에 구현 유연성이 높아진다.

CHAPTER 18

마이크로서비스 아키텍처

마이크로서비스는 대단히 인기 있는 아키텍처 스타일로, 최근 몇 년간 엄청난 추진력을 얻었다. 이번 장에서는 마이크로서비스 아키텍처를 토폴로지 측면과 철학적 측면에서 다른 아키텍처와 구별 짓는 중요한 특징들을 살펴본다.

대부분의 아키텍처 스타일은 거듭 나타나는 특정한 패턴에 주목한 아키텍트가 만들어내고, 이름은 나중에야 붙는다. 다음번 대세가 될 아키텍처를 결정하는 비밀 아키텍처 집단 같은 것은 없다. 아키텍트들은 그저 소프트웨어 개발 생태계의 변화에 맞춰 의사결정을 할 뿐이다. 이러한 변화에 대응하고 이점을 얻으려는 여러 시도 중 두드러지게 뛰어난 것이 하나의 아키텍처 스타일로 자리 잡고, 그것을 다른 모든 사람이 따라 하게 된다.

하지만 마이크로서비스는 다르다. 마이크로서비스는 비교적 일찍 이름이 붙었다. 마이크로서비스라는 이름을 유명하게 만든 것은 마틴 파울러와 제임스 루이스가 2014년에 작성한 유명한 블로그 게시물(https://oreil.ly/Px3Wk)이다. 이 게시물에서 그들은 이 비교적 새로운 아키텍처 스타일의 특징을 파악하고 그 윤곽을 명확히 설명했다. 그들의 블로그 게시물은 이 아키텍처의 정의를 구체화했고, 바탕에 깔린 철학을 호기심 많은 아키텍트들이 이해하는 데 도움을 주었다.

마이크로서비스는 소프트웨어 프로젝트에 대한 논리적 설계 프로세스의 하나인 도메인 주도 설계(domain-driven design, DDD)에서 많은 영감을 받았다. 특히, DDD의 개념 중 하나인 **경계 컨텍스트**(bounded context)가 마이크로서비스에 결정적인 영감을 주었다. 경계 컨텍스트라는 개념은 일종의 분리(decoupling) 스타일을 나타낸다(제7장 '도메인 주도 설계의 경계 컨텍스트' 글 상자에서 논의했다). 바로 이런 이유로 마이크로서비스를 '무공유(share nothing)' 아키텍처라고 부르기도 한다.

도메인을 정의할 때 개발자는 코드나 데이터베이스 스키마 같은 요소들로 식별되는 수많은 엔티티와 행동방식(behavior)을 도메인에 포함한다. 예를 들어 어떤 애플리케이션에 CatalogCheckout이라는 도메인이 있다고 하자. 이 도메인에는 카탈로그 아이템, 고객, 결제 같은 개념이 포함될 것이다. 전통적인 모놀리스 아키텍처에서는 개발자들이 재사용 가능한 클래스를 만들고 데이터베이스를 연결함으로써 이런 개념 대부분을 공유하곤 했다. 경계 컨텍스트 개념에서, 하나의 경계 컨텍스트 안에 있는 코드와 데이터 스키마 같은 내부 구성요소들은 특정 작업을 수행하기 위해 결합하는 것이 허용된다. 하지만 다른 경계 컨텍스트에 속한 데이터베이스나 클래스 정의 같은 외부 요소와는 결합하는 것은 절대로 허용되지 않는다. 이 덕분에 각각의 컨텍스트는 다른 구성요소들을 신경 쓰지 않고 자신에게 필요한 것만 정의할 수 있다. 그러면 경계 컨텍스트 사이의 재사용이 제한된다.

재사용이 일반적으로 유익하기는 하지만, 소프트웨어 아키텍처의 제1법칙을 기억해야 할 것이다. 모든 것에는 트레이드오프가 있다. 재사용의 단점으로는, 재사용을 위해서는 상속이나 조합을 사용하게 되는데, 그러면 어쩔 수 없이 시스템의 결합도가 높아진다는 점을 들 수 있다.

만약 아키텍트의 목표가 고도로 분리된(decoupled) 시스템을 만드는 것이라면(이는 마이크로서비스의 주된 목표이기도 하다) 재사용보다는 중복(duplication)을 선호할 것이며, 논리적인 개념인 경계 컨텍스트를 물리적으로 모델링해서 서비스와 그에 상응하는 데이터를 거기에 포함할 것이다.

18.1 토폴로지

[그림 18-1]은 마이크로서비스의 기본 토폴로지이다. 아키텍처 스타일의 서비스는 하나의 목적을 가지기 마련이므로, 오케스트레이션 주도 SOA(제17장)나 이벤트 주도 아키텍처(제15장), 서비스 기반 아키텍처(제14장) 같은 다른 분산 아키텍처의 서비스들보다 덩치가 훨씬 작다. 아키텍트들은 서비스가 독립적으로 작동하는 데 필요한 모든 부분(데이터베이스와 기타 의존요소들)이 서비스에 포함되어 있으리라고 기대한다.

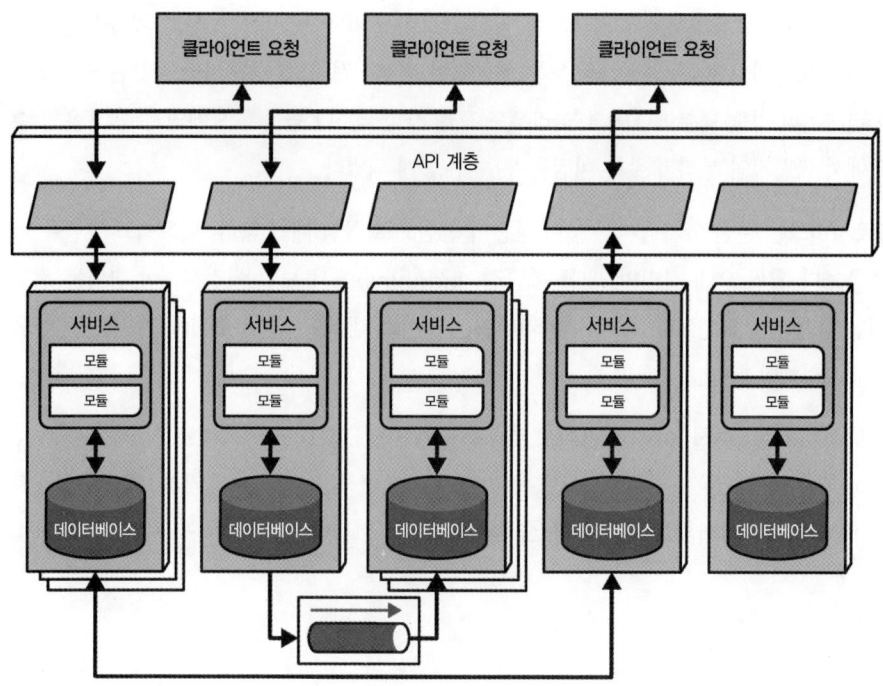

그림 18-1 마이크로서비스 아키텍처 스타일의 토폴로지

마이크로서비스는 **분산** 아키텍처 스타일이다. 각 서비스는 VM이나 컨테이너 안에서 개별 프로세스로 실행된다. 서비스를 이 정도로 분리하면, 애플리케이션 호스팅을 위해 멀티테넌트 multitenant(다중 입주)[1] 인프라를 주로 사용하는 아키텍처에서 흔히 볼 수 있는 문제점을 수월하게 해결할 수 있다. 예를 들어 실행 중인 다수의 애플리케이션을 시스템이 하나의 애플리케이션 서버를 이용해서 관리한다고 하자. 애플리케이션 서버 덕분에 네트워크 대역폭이나 메모리, 디스크 공간 같은 운영 자원을 재사용할 수 있게 되긴 하지만, 지원하는 모든 애플리케이션의 규모가 계속 커지면 결국에는 공유 인프라의 특정 자원이 한계에 부딪히게 된다.

또 다른 문제는 공유된 애플리케이션들 사이의 격리가 제대로 이루어지지 않는다는 점이다. 각 서비스를 개별 프로세스로 분리하면 공유로 인해 발생하는 모든 문제가 해결된다. 무료로 사용

---

[1] 옮긴이_ 멀티테넌트 혹은 다중 입주는 하나의 소프트웨어 인스턴스나 시스템을 여러 고객(입주자)에게 동시에 서비스를 제공하는 것을 말한다. 각 입주자는 자신만의 데이터와 설정을 가지지만, 인프라는 다른 입주자들과 공유한다.

할 수 있는 오픈소스 운영체제와 자동화된 머신 프로비저닝provisioning(조달)[2] 기술이 발전하기 전에는 도메인마다 따로 인프라를 두는 접근법이 비현실적이었다. 하지만 이제는 클라우드 자원과 컨테이너 기술 덕분에(§18.4 '클라우드 고려 사항' 참고) 팀들은 도메인 수준과 운영 수준 모두에서 극단적인 분리가 주는 이점을 누릴 수 있게 되었다.

마이크로서비스는 분산 아키텍처다 보니 성능이 단점으로 꼽힐 때가 많다. 네트워크 호출은 메서드 호출보다 훨씬 오래 걸리며, 모든 종단점(endpoint)에서 보안을 검사해야 한다는 점도 처리 시간을 늘리는 요인이다. 따라서 아키텍트는 서비스 세분도(granularity)가 미칠 영향을 신중하게 고려해야 한다.

마이크로서비스는 분산 아키텍처이므로, 숙련된 아키텍트들은 서비스 경계(service boundary)를 넘나드는 트랜잭션을 사용하지 말라고 조언한다. 서비스의 세분도를 잘 결정하는 것이야말로 이 아키텍처의 성패를 가르는 관건이다.

18.2 스타일 세부 사항

그럼 마이크로서비스 토폴로지의 주요 측면(모든 측면은 아님)을 살펴보자. 일부는 마이크로서비스만의 고유한 요소이다.

18.2.1 경계 컨텍스트

우선, 앞에서 마이크로서비스의 핵심 철학이라고 언급했던 **경계 컨텍스트** 개념을 더 깊이 파고들 필요가 있겠다. 각각의 서비스는 특정한 하나의 기능(function)이나 하위 도메인, 또는 작업흐름(workflow)을 모델링한다. 따라서 각 경계 컨텍스트에는 해당 기능이나 하위 도메인에서 작동하는 데 필요한 모든 것(논리적 컴포넌트와 클래스로 구성된 서비스, 데이터베이스 스키마, 그리고 서비스가 자신의 기능을 수행하는 데 필요한 데이터베이스 등)이 포함된다. 각 서비스는 특정 하위 도메인이나 기능을 대표하는 요소로 간주된다.

---

[2] 옮긴이_ 프로비저닝 혹은 조달은 IT 인프라에서 서버, 네트워크, 저장소 등의 컴퓨팅 자원을 준비하고 설정하는 과정을 의미한다. 전통적인 '조달'의 개념이 물리적 장비를 구매하고 배치하는 것이었다면, 현대적인 프로비저닝은 클라우드 환경에서 가상 자원을 자동으로 생성하고 구성하는 것까지 포함한다.

이러한 철학은 아키텍트가 마이크로서비스 아키텍처 안에서 내리는 많은 결정을 이끄는 요인으로 작용한다. 예를 들어, 모놀리스 애플리케이션에서 개발자는 흔히 Address 같은 공통 클래스를 만들어서 시스템의 서로 다른 부분에서 공유한다. 하지만 마이크로서비스 아키텍처에서는 결합을 피하는 것이 중요하므로, 마이크로서비스 스타일로 시스템을 구축하는 아키텍트는 결합 대신 중복을 사용해서 **모든** 코드를 해당 기능이나 하위 도메인의 경계 컨텍스트 안에 가둔다.

마이크로서비스는 도메인 분할 아키텍처의 개념을 극단까지 밀어붙인다. 여러 면에서 이 아키텍처는 도메인 주도 설계의 논리적 개념들을 물리적으로 구현한 것이라고 할 수 있다.

18.2.2 세분도

마이크로서비스를 설계하는 아키텍트는 종종 올바른 세분도(granularity) 수준을 찾는 데 어려움을 겪는다. 그리고 **마이크로**라는 용어를 글자 그대로 받아들여 서비스를 너무 작게 만드는 실수를 저지르곤 한다. 그런 실수는 유용한 작업을 수행하기 위해 서비스들 사이에 통신 링크를 다시 구축하는 또 다른 실수로 이어진다. 이는 마이크로서비스의 본래 취지를 무색하게 만들고, 결국 분산된 진흙잡탕(Big Ball of Distributed Mud)이 만들어진다.

> *마이크로서비스라는 용어는 이름표(label)이지 설명(description)이 아니다.*
>
> — 마틴 파울러

부연하자면, 이 새로운 스타일을 인식하고 사람들에게 알리고자 했던 파울러와 루이스는 적당한 **이름**이 필요하다고 생각했다. 그들은 당시(2007년경) 지배적이던, '거대 서비스(gigantic service)'라고 불러도 무방한 서비스 지향 아키텍처와 대비되도록 **마이크로서비스**를 선택했다. 하지만 이 **마이크로서비스**를 설명을 넘어 '계명'으로 받아들여서 필요 이상으로 잘게 쪼개진 서비스를 만드는 개발자가 많다.

마이크로서비스에서 서비스 경계의 목적은 도메인이나 작업흐름을 포착하는 것이다. 애플리케이션에 따라서는, 단지 어떤 비즈니스 프로세스는 다른 프로세스보다 결합도가 높다는 이유만으로도 시스템의 일부를 나누는 자연스러운 경계가 상당히 클 수 있다. 다음은 아키텍트가 적절한 경계를 찾는 데 도움이 될 만한 몇 가지 지침이다.

목적

가장 명백한 경계는 애초에 아키텍처 스타일에 영감을 준 바로 그것, 즉 문제 도메인에 따라 결정된다. 이상적으로 각 마이크로서비스는 기능적으로 응집력이 있어야 하며, 전체 애플리케이션을 대신하여 하나의 중요한 행동방식에 기여해야 한다.

트랜잭션

경계 컨텍스트는 비즈니스 작업흐름이며, 트랜잭션에서 협력해야 하는 엔티티들이 좋은 서비스 경계를 암시하는 경우가 많다. 분산 아키텍처에서 트랜잭션은 문제를 일으키므로, 트랜잭션을 피하는 것을 목표로 시스템을 설계하면 더 나은 설계로 이어지는 경향이 있다.

코레오그래피 방식

이 스타일은 여러 서비스를 묶어서 도메인을 표현하므로 도메인 격리가 뛰어나지만, 그 서비스들이 잘 작동하려면 많은 통신량이 요구된다. 아키텍트는 통신량 부담을 피하기 위해 이 서비스들을 다시 더 큰 서비스로 묶는 것을 고려할 수 있다.

좋은 서비스를 설계하려면 반복이 유일한 방법이다. 아키텍트가 첫 시도에서 세분도 수준, 데이터 의존성, 통신 스타일 등을 완벽하게 결정하는 경우는 드물다. 아키텍트는 여러 대안을 반복적으로 검토하며 설계를 개선해 나간다. 그 과정에서 시스템과 그 비즈니스 기능성에 관해 더 많이 알게 되면서 반복과 개선이 더욱 심화된다.

18.2.3 데이터 격리

마이크로서비스의 또 다른 요구사항은 **데이터 격리**(data isolation)이다. 이 역시 경계 컨텍스트 개념에서 비롯한 것이다. 영속성(persistence)을 위해 단일 데이터베이스를 사용하는 아키텍처 스타일이 많다. 하지만 마이크로서비스는 **모든** 종류의 결합을 피하려고 노력하며, 공유 스키마와 데이터베이스를 통합 지점으로 사용하는 것도 그러한 결합에 **포함된다**.

데이터 격리 역시 서비스 세분도를 살필 때 고려해야 할 요인이다. 이와 관련해서 엔티티 함정(Entity Trap)을 경계해야 한다(§8.3.1의 "엔티티 함정" 참고). 구체적으로, 서비스들을 그냥 데이터베이스의 개별 엔티티들과 유사하게 모델링하는 실수를 범하지 말기 바란다. 아키텍트들은 관계형 데이터베이스를 사용해서 시스템 내 값들을 통합하고 단일 진실 공급원(single source of truth)을 만드는 데 익숙하다. 하지만 아키텍처 전반에 데이터를 분산할 때는 그런 방법이 통하지 않는다. 따라서 모든 아키텍트는 이 문제를 어떻게 처리할지 결정해야 한다. 선택지는 두 가지이다. 첫째는 사실(fact)에 대한 진실 공급원이 될 만한 도메인 하나를 식별하고 그 도메인과 협력해서 값들을 조회하는 것이고, 둘째는 데이터베이스 복제 또는 캐싱을 통해 정보를 분산시키는 것이다.

이런 수준의 데이터 격리는 골칫거리임과 동시에 기회이기도 하다. 이제는 단일 데이터베이스를 중심으로 시스템을 통합할 필요가 없으므로, 팀마다 서비스의 예산, 저장 구조 유형, 운영 특성, 프로세스 특성 등에 가장 적합한 데이터베이스 기술을 자유롭게 선택할 수 있다. 고도로 분리된 시스템의 또 다른 장점은 어떤 팀이든 다른 팀에 영향을 주지 않고 기존 데이터베이스(또는 다른 어떤 의존요소)를 더 적합한 것으로 언제든지 변경할 수 있다는 점이다. 다른 팀들은 그 팀의 구현 세부 사항에 결합하는 것이 허용되지 않기 때문이다. (데이터 격리와 데이터베이스 고려 사항은 §18.3 "데이터 토폴로지"에서 좀 더 자세히 이야기한다.)

18.2.4 API 계층

대부분의 마이크로서비스 아키텍처는 시스템의 소비자(사용자 인터페이스 또는 다른 시스템으로부터의 호출)와 마이크로서비스 사이에 흔히 **API 게이트웨이**API Gateway라고 부르는 API 계층을 하나 둔다. 이 API 계층은 단순한 역방향 프록시(reverse proxy)로 구현할 수도 있고 보안이나 명명 서비스(naming service) 같은 횡단 관심사(cross-cutting concern)를 포함하는 좀 더 정교한 게이트웨이로 구현할 수도 있다(이에 관해서는 §18.2.5 "운영 재사용"에서 좀 더 이야기한다).

API 계층은 용도가 많지만, 이 아키텍처의 기본 철학에 충실하려면 중재자(mediator)나 오케스트레이터orchestrator로 사용해서는 안 된다. 이 아키텍처에서 모든 흥미로운 비즈니스 로직은 경계 컨텍스트 안에 있어야 하며, 오케스트레이션이나 기타 비즈니스 로직을 중재자에 넣는 것은 그 규칙을 위반하는 일이다. 중재자는 일반적으로 기술적으로 분할된 아키텍처에 쓰인다. 그와는 달리 마이크로서비스는 확고하게 도메인으로 분할된다.

> **팁** 마이크로서비스 아키텍처에서 API 계층을 사용할 때는 요청 라우팅과 보안, 모니터링, 로깅 등과 같은 횡단 관심사만 API 계층에 포함해야 한다. API 계층에 비즈니스 관련 로직을 넣지 않도록 주의하자.

18.2.5 운영 재사용

마이크로서비스는 결합보다 중복을 선호하는 아키텍처 스타일이지만, 모니터링이나 로깅, 서킷 브레이커 같은 운영상 관심사들은 결합이 오히려 도움이 된다. 마이크로서비스를 사용하는 경우 이처럼 결합이 이득이 되는 아키텍처 요소들은 어떻게 처리해야 할까? 전통적인 서비스 지향 아키텍처의 철학은 도메인과 운영 기능성을 모두 가능한 한 많이 재사용하는 것이었다. 그러나 마이크로서비스에서는 아키텍트가 이 두 가지 관심사를 분리하려고 시도한다.

한 팀이 마이크로서비스를 여러 개 구축하고 나면, 마이크로서비스들에 유사한 점이 있으므로 공통의 요소를 추출해서 재사용하면 좋겠다고 생각하는 팀원이 생기기 마련이다. 예를 들어 각 서비스 팀이 독립적으로 모니터링을 구현하도록 허용하는 것이 조직 전체의 방침이라고 할 때 각 팀이 재사용의 유혹에 빠지지 않고 실제로 그렇게 하게 하려면 어떻게 해야 할까? 그리고 모니터링이 팀마다 독립적으로 구현되었다고 할 때 조직 전체의 업그레이드 같은 문제를 어떻게 처리해야 할까? 각 팀이 새로운 버전의 모니터링 도구로 업그레이드할 책임을 져야 할까? 그렇다면 그 작업은 얼마나 걸릴까? **사이드카**Sidecar 패턴이 이런 문제에 대한 해결책을 제공한다(그림 18-2).

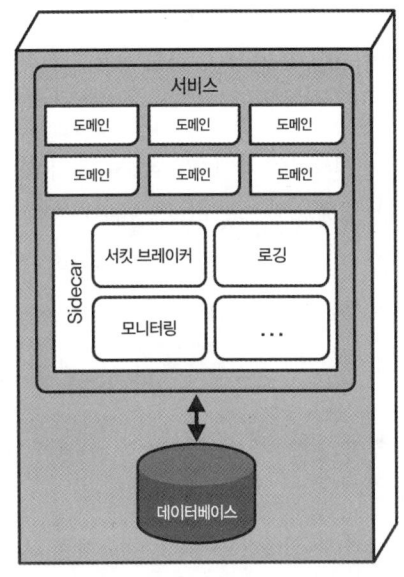
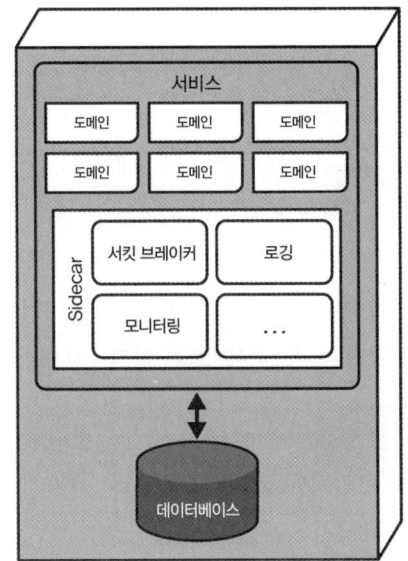

그림 18-2 마이크로서비스의 사이드카 패턴

[그림 18-2]에서 공통 운영상 관심사(서킷 브레이커, 로깅, 모니터링)는 각 서비스 내에 별도의 컴포넌트로 나타난다. 이 컴포넌트들은 개별 팀이나 공유 인프라 팀이 소유할 수 있다. Sidecar 컴포넌트는 결합을 통해 이점을 얻는 모든 운영상 관심사를 처리한다. 따라서 모니터링 도구를 업그레이드할 때가 되었을 때 그냥 공유 인프라 팀이 사이드카를 업그레이드하면 모든 마이크로서비스에 새로운 기능성이 적용된다(§18.7 "팀 토폴로지 고려 사항" 참조).

[그림 18-2]처럼 모든 서비스에 공통의 Sidecar 컴포넌트를 포함했다고 할 때, 아키텍트는 **서비스 메시**service mesh를 구축해서 팀들이 아키텍처 전반에 걸쳐 이러한 공통 관심사를 통합적으로 제어하게 만들 수 있다. [그림 18-3]에서 보듯이 사이드카 컴포넌트들은 모두 서비스 평면에 연결되며, 이에 의해 모든 마이크로서비스에 대한 일관된 운영 인터페이스가 만들어진다.

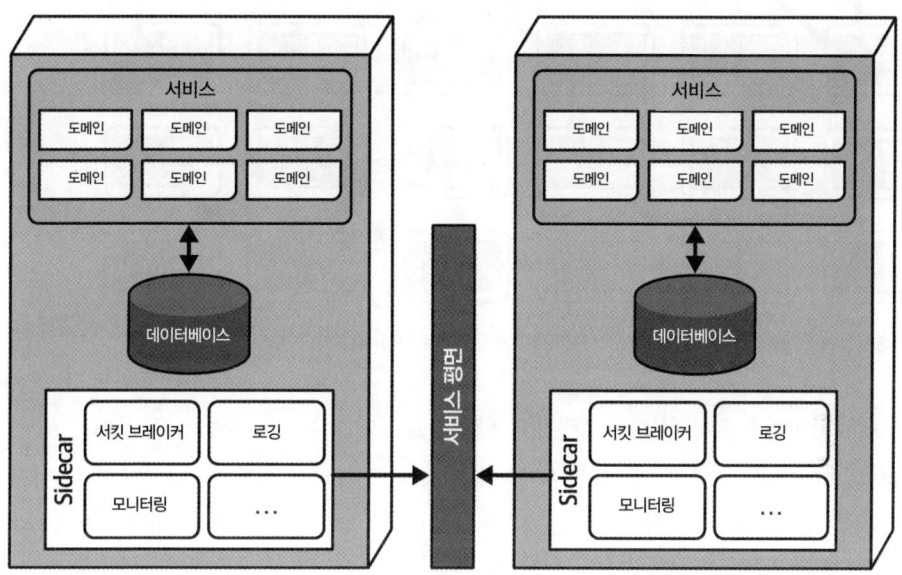

그림 18-3 서비스 평면은 서비스 메시의 사이드카들을 연결한다.

[그림 18-3]에 나온 것 같은 **서비스 평면**service plane은 일관된 인터페이스로 모든 사이드카를 연결해서 서비스 메시를 형성하는 통합 소프트웨어이다(흔히 Istio(https://oreil.ly/cohCg) 같은 제품 형태로 제공된다).

[그림 18-4]와 같이 각 서비스는 전체 메시에서 하나의 노드가 된다. 서비스 메시는 팀이 모니터링 수준, 로깅 및 기타 횡단 운영상 관심사와 같은 운영상의 결합을 전역적으로 제어할 수 있는 콘솔 역할을 한다.

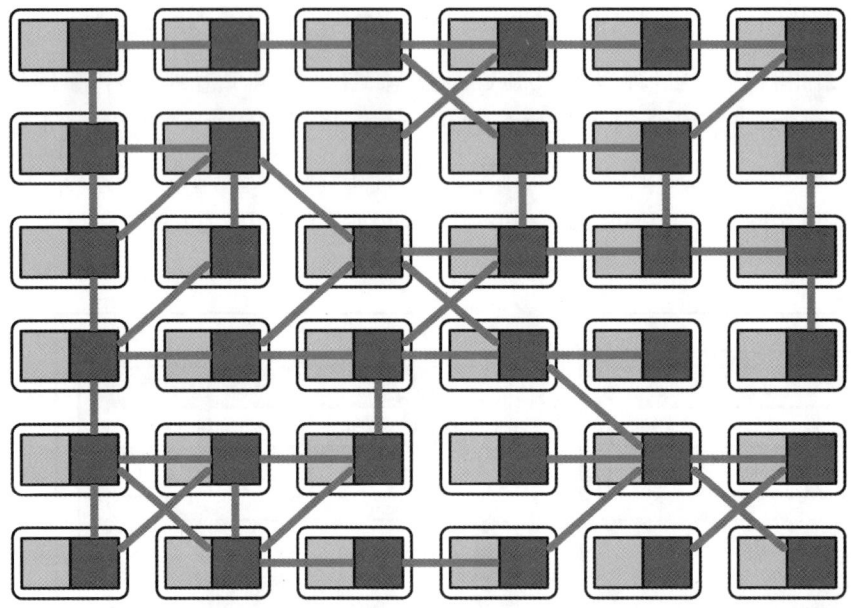

그림 18-4 서비스 메시는 마이크로서비스의 운영 측면에 대한 전체적인 뷰를 형성한다.

아키텍트가 마이크로서비스 아키텍처에 탄력성을 구축하는 한 방법으로 서비스 발견(https://oreil.ly/IvPCO)이 있다. **서비스 발견**(service discovery)은 네트워크에서 서비스를 자동으로 탐지하고 그 위치를 찾는 방법이다. 요청이 들어오면 시스템은 하나의 서비스를 호출하는 대신 서비스 발견 도구를 거친다. 이 도구는 적절한 서비스 인스턴스를 찾아주는 기능 외에, 요청의 수와 빈도를 모니터링하고 확장성이나 탄력성 문제를 처리하기 위해 새로운 서비스 인스턴스를 가동하는 기능도 제공한다. 마이크로서비스에서 아키텍트는 흔히 서비스 발견 기능을 서비스 메시에 넣어서 모든 마이크로서비스의 일부로 만든다. 서비스 발견 기능을 §18.2.4에서 언급한 API 계층에 두는 경우가 많다. 그러면 사용자 인터페이스나 다른 호출 시스템은 한 장소에서 서비스를 탄력적이고 일관된 방식으로 찾고 생성할 수 있게 된다.

18.2.6 프런트엔드

마이크로서비스는 분리를 선호한다. 이상적으로 이러한 분리에는 백엔드 관심사뿐만 아니라 사용자 인터페이스도 포함된다. 실제로, 원래 마이크로서비스는 DDD의 경계 컨텍스트 원칙에 따라 UI도 경계 컨텍스트의 일부로 포함하고자 했다. 그러나 웹 애플리케이션에 필요한 분할의 현실적인 문제(그리고 기타 외부 제약조건들) 때문에 그 목표를 달성하기는 어렵다. 마이크로서비스 아키텍처에서 UI 스타일이 크게 두 가지로 나뉘는 것은 그 때문이다.

첫 스타일은 [그림 18-5]에 나온 모놀리스 프런트엔드(monolithic frontend)로, 단일한 UI가 사용자 요청을 API 계층을 통해 시스템에 보내는 방식이다. 이 프런트엔드는 리치 데스크톱 형태일 수도 있고 모바일 앱이나 웹 애플리케이션일 수도 있다. 예를 들어 현재 많은 웹 애플리케이션이 자바스크립트 웹 프레임워크를 사용해서 단일 UI를 구축한다.

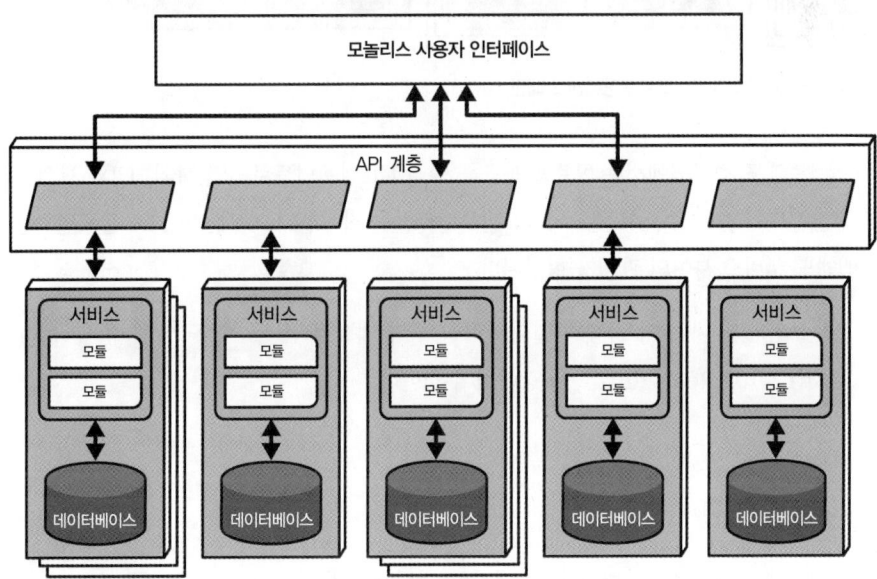

그림 18-5 모놀리스 사용자 인터페이스를 갖춘 마이크로서비스 아키텍처

둘째 UI 옵션은 [그림 18-6]과 같은 **마이크로프런트엔드**micro-frontend이다.

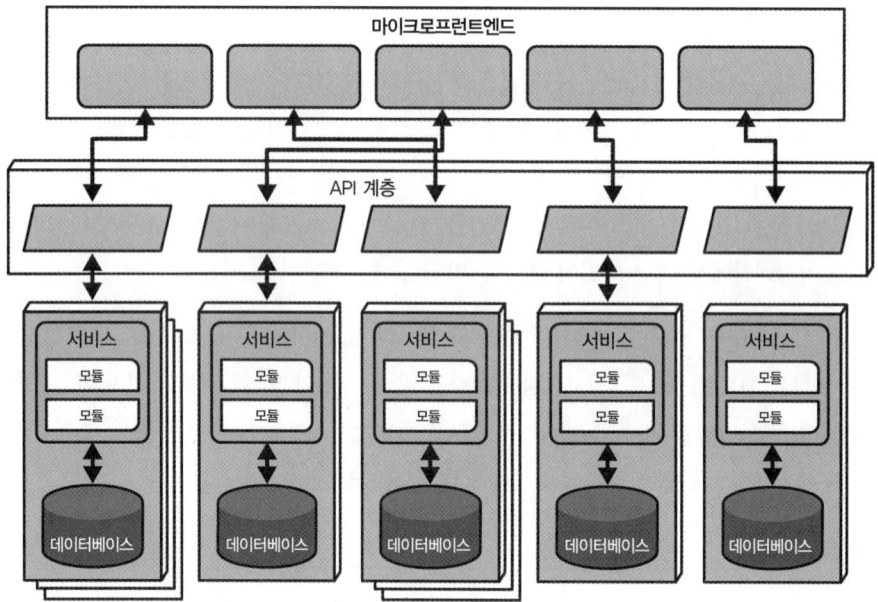

그림 18-6 마이크로서비스의 마이크로프런트엔드 패턴

마이크로프런트엔드 접근법에서는 프런트엔드를 여러 UI 컴포넌트로 구성하되, UI와 백엔드의 격리 및 세분도가 같은 수준이 되도록 UI 컴포넌트들을 작성한다. 이에 의해 UI 컴포넌트들과 해당 백엔드 서비스 사이의 관계가 형성된다.

마이크로프런트엔드에 대해 더 자세히 알아보려면 루카 메잘리라Luca Mezzalira가 쓴 『Building Micro-Frontends』 2판(O'Reilly, 2025)을 강력히 추천한다.

18.2.7 통신

마이크로서비스에서 아키텍트와 개발자는 적절한 서비스 세분도(granularity)를 찾는 데 어려움을 겪는다. 서비스 세분도는 데이터 격리와 통신 모두에 영향을 미친다. 서비스들이 분리된 상태로도 유용한 방식으로 협력할 수 있으려면 아키텍트가 올바른 서비스 간 통신 스타일을 결정해야 한다.

아키텍트에게 주어지는 선택지는 기본적으로 **동기적**(synchronous) 통신과 **비동기**(asynchronous) 통신 두 가지이다. 동기적 통신은 송신자가 수신자의 응답을 기다려야 하는 방식이다. 일반적으로 마이크로서비스 아키텍처는 서비스와의 통신에서나 서비스들 사이의 통신에서나 **프로토콜 인식 이기종 상호운용성**(protocol-aware heterogeneous interoperability)을 활용한다. 꽤 복잡한 용어인데, 부분별로 의미를 살펴보자.

프로토콜 인식

마이크로서비스에는 중앙 통합 허브가 없으므로, 각 서비스는 다른 서비스를 호출하는 방법을 알아야 한다. 이를 위해 아키텍트는 특정 서비스들이 서로를 호출하는 **방식**을 표준화한다. 이를테면 일정 수준의 REST나 메시지 대기열 등을 표준으로 정해 둔다. '프로토콜 인식'은 서비스가 다른 서비스를 호출할 때 어떤 프로토콜을 사용해야 하는지 스스로 알아내야(혹은 발견해야) 한다는 점을 의미한다.

이기종

마이크로서비스는 분산 아키텍처이므로 각 서비스는 서로 다른 기술 스택으로 작성될 수 있다. **이기종**이란 마이크로서비스가 폴리글랏polyglot 환경, 즉 서비스마다 서로 다른 플랫폼을 사용하는 환경을 완벽하게 지원함을 의미한다.

상호운용성

상호운용성은 서비스가 서로를 호출하는 것을 가리킨다. 마이크로서비스에서 아키텍트는 트랜잭션 방식의 메서드 호출을 선호하지 않지만, 협업과 정보 교환을 위해 서비스가 네트워크를 통해 다른 서비스를 호출하는 경우도 흔하다.

> **강제된 이기종성**
>
> 마이크로서비스 스타일의 선구자였던 한 유명 아키텍트의 일화이다. 언젠가 그 아키텍트는 스타트업의 수석 아키텍트로서 모바일 기기용 개인정보 관리 소프트웨어를 만들고 있었다. 모바일은 워낙 빠르게 변하는 문제 도메인이므로, 아키텍트는 팀들이 각자 독립적으로 개발을 진행하는 데 방해가 되는 결합 지점이 의도치 않게 만들어지는 일을 방지하는 방법을 고민했다. 마침 팀들은 매우 다양한 기술 역량을 보유하고 있었고, 그래서 아키텍트는 모든 개발 팀이 **서로 다른** 기술 스택을 사용해야 한다는 새로운 규칙을 발표했다. 예를 들어 한 팀이 자바를 사용하고 다른 팀이 닷넷(NET)을 사용한다면, 두 팀이 실수로 클래스를 공유하는 일은 불가능할 것이라는 생각에서였다.
>
> 이 접근법은 기술 스택을 단일하게 표준화하려는 대부분의 엔터프라이즈 거버넌스 정책과는 정반대이다. 마이크로서비스 세계의 목표는 가능한 한 가장 복잡한 생태계를 만드는 것이 아니다. 대신 좁은 범위의 문제에 맞는 올바른 규모의 기술을 선택하는 것이 목표이다. 모든 서비스에 강력한 산업용 관계형 데이터베이스가 필요한 것은 아니다. 작은 팀에 이를 강요하면 도움이 되기보다는 오히려 개발 속도가 늦어질 가능성이 더 높다. 팀마다 다른 스택이라는 정책은 마이크로서비스의 높은 분리성을 적극 활용하는 것이라 할 수 있다.

비동기 통신을 위해서는 아키텍트들이 흔히 이벤트와 메시지를 활용한다. 이 점은 제15장에서 설명한 이벤트 기반 아키텍처에서와 비슷하다.

18.2.8 코레오그래피와 오케스트레이션

마이크로서비스의 **코레오그래피**choreography에는 EDA(제15장)와 동일한 통신 스타일이 쓰인다. 코레오그래피형 아키텍처에는 중앙 조정자(coordinator)나 중재자(mediator)가 없다. 이는 경계 컨텍스트 철학과 부합하며, 서비스들 사이에서 분리된 이벤트를 자연스럽게 구현할 수 있게 한다.

코레오그래피형 통신 방식에서는 중앙 중재자 없이 각각의 서비스가 필요에 따라 다른 서비스를 호출한다. 예를 들어 [그림 18-7]의 시나리오를 생각해 보자. 그림 상단 오른쪽의 사용자가 다른 어떤 사용자의 찜 목록(wishlist)에 대한 상세 정보를 요청한다. 그런데 `CustomerWishList` 서비스는 필요한 모든 정보를 가지고 있지 않다. 그래서 `CustomerDemographics`(고객 인구통계) 서비스에 누락된 정보를 요청해서 상세 정보를 완성한 후 사용자에게 반환한다.

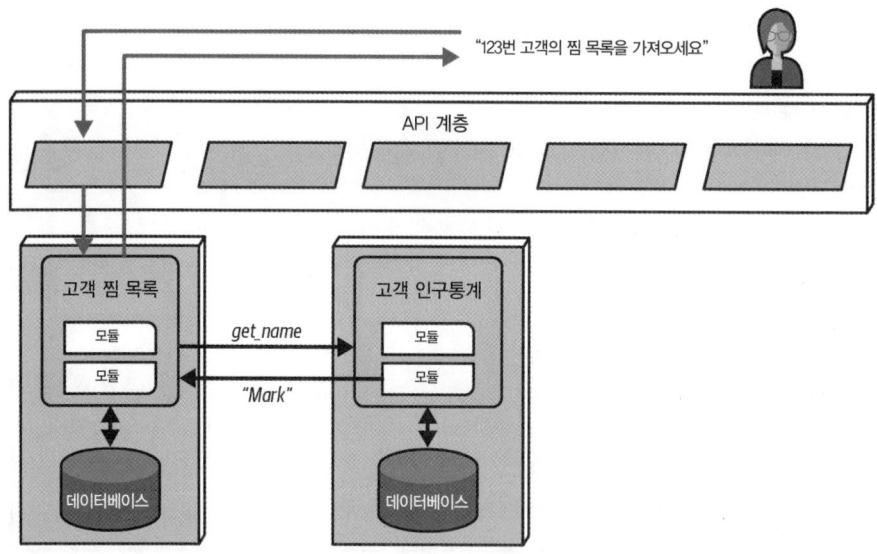

그림 18-7 마이크로서비스에서 코레오그래피를 이용한 조정 관리

다른 서비스 지향 아키텍처들처럼 마이크로서비스 아키텍처에도 전역 중재자가 없다. 여러 서비스를 조정해야 하는 상황이라면 아키텍트는 지역 중재자(localized mediator)를 따로 만들어서 적용하면 된다(흔히 **오케스트레이션 서비스**라 부르는 것이 바로 이 지역 중재자이다).

[그림 18-8]은 호출들의 조정만 책임지는 서비스를 개발자들이 만들어서 추가한 모습이다. 이 서비스를 ReportCustomerInformation(고객 정보 보고) 중재자라고 부를 수 있을 것이다. 사용자가 고객 찜 목록을 요청하면 ReportCustomerInformation은 요청된 정보를 얻는 데 필요한 다른 모든 서비스를 적절히 호출한다.

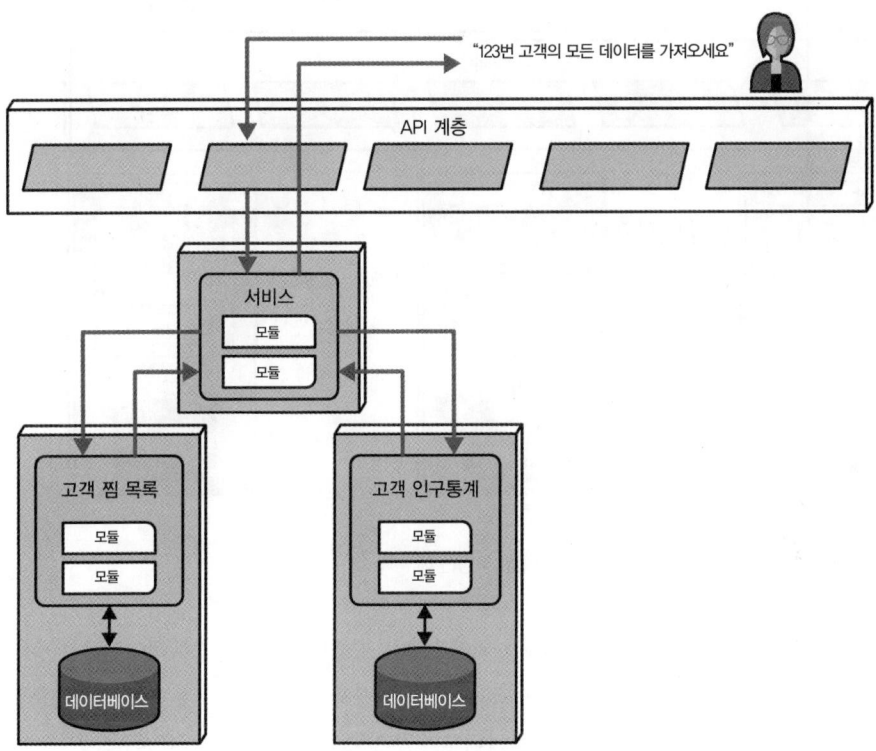

그림 18-8 마이크로서비스에서 지역적으로 오케스트레이션을 사용하는 예

소프트웨어 아키텍처 제1법칙에 따르면 이 두 해결책 중 어느 것도 완벽하지 않다. 각각 장단점과 트레이드오프가 있다. 코레오그래피는 마이크로서비스의 고도로 분리된 철학을 유지하며 그 철학이 주는 이점을 극대화한다. 하지만 오류 처리나 조정 같은 일반적인 문제를 더 복잡하게 만들기도 한다.

작업흐름이 좀 더 복잡한 예를 생각해 보자. [그림 18-9]에서, 처음 호출된 서비스는 아주 다양한 다른 서비스들과 협력해야 한다. 사실상 첫 서비스는 자신의 다른 도메인 책임 외에 중재자 역할까지 하는 셈이다. 이를 **프런트 컨트롤러**Front Controller 패턴이라고 부른다. 이 패턴에서 서비스는 명목상으로는 코레오그래피 방식이지만, 실제로는 특정 문제에 대해 서비스가 좀 더 복잡한 중재자로 작동한다. 이러한 패턴의 단점은 한 서비스가 여러 가지 역할을 맡다 보니 복잡성이 가중된다는 점이다.

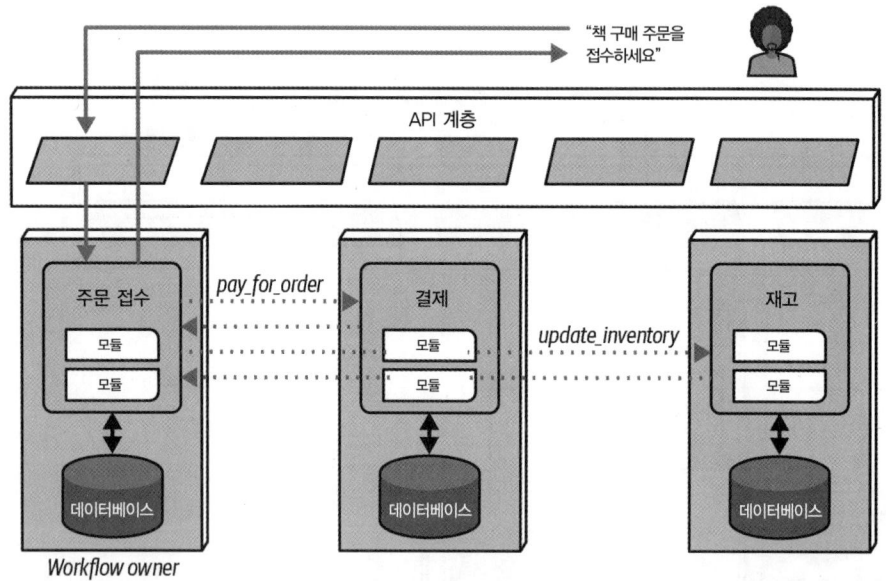

그림 18-9 복잡한 비즈니스 프로세스에 코레오그래피를 적용한 예

이에 대한 대안으로 [그림 18-10]처럼 복잡한 비즈니스 프로세스에 오케스트레이션을 사용할 수도 있다. 이 경우 아키텍트는 비즈니스 작업흐름을 조정하기 위한 중재자 서비스를 구축한다. 그러면 해당 서비스들이 결합되지만, 아키텍트가 조정 작업을 하나의 서비스에 집중시킨다면 다른 서비스들에 미치는 영향이 줄어든다. 도메인 작업흐름들은 본질적으로 결합되어 있는 경우가 많다. 따라서 아키텍트의 임무는 도메인과 아키텍처 양쪽의 목표를 가장 잘 지원하는 방식으로 그러한 결합을 표현하는 방법을 찾는 것이다.

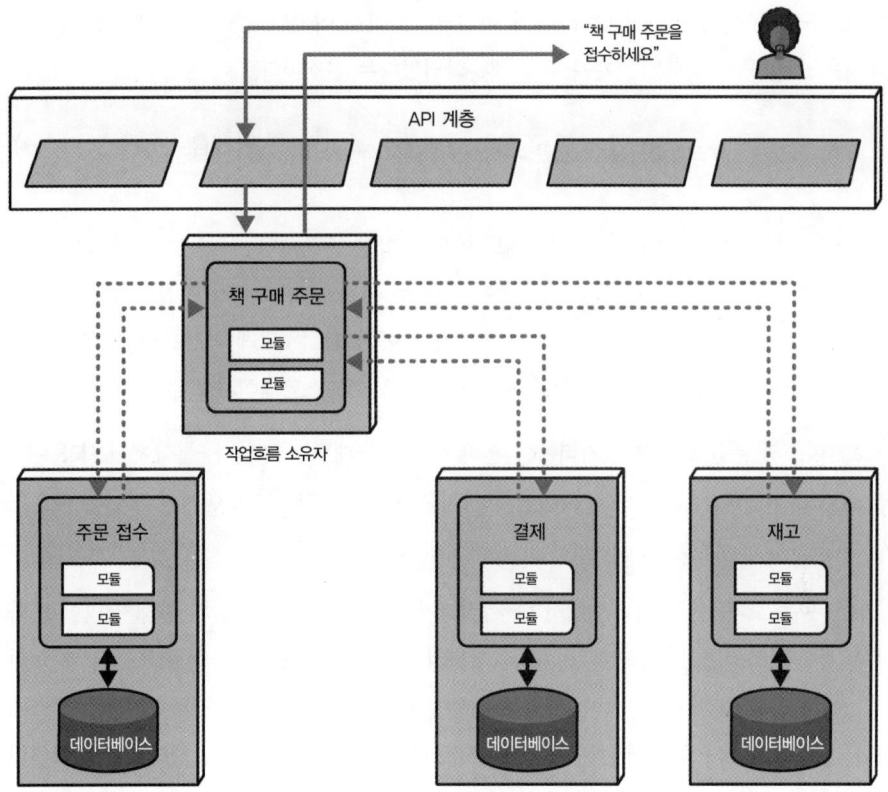

그림 18-10 복잡한 비즈니스 프로세스에 오케스트레이션을 적용한 예

18.2.9 트랜잭션과 사가

마이크로서비스에서 아키텍트는 분리를 극단적인 수준으로 밀어붙인다. 하지만 그러다 보면 여러 서비스에 걸친 트랜잭션을 어떻게 조정할 것인가 하는 문제에 부딪히곤 한다. 마이크로서비스에서는 데이터베이스도 아키텍처에서와 동일한 수준으로 분리되는 것이 바람직하다. 그래서 모놀리스 애플리케이션에서는 간단한 문제였던 원자성(atomicity)이 분산 애플리케이션에서는 까다로운 문제가 된다.

서비스 경계를 넘나드는 트랜잭션을 구축하는 것은 마이크로서비스의 핵심 분리 원칙을 위반한다. 또한 이는 최악의 동적 동변성인 **값 동변성**(§3.3.5 "동변성" 참고)을 유발한다. 서비스 간 트랜잭션을 원하는 아키텍트에게 우리가 해줄 수 있는 최고의 조언은 **"하지 마세요!"** 이다. 대신 서비스 세분도를 조율하는 것이 낫다. 만약 마이크로서비스 아키텍처를 트랜잭션들로 엮어야 할 필요성을 느낀다면, 그것은 설계가 너무 세분화되었다는 신호이다.

> **팁** 여러 마이크로서비스에 걸친 트랜잭션은 피해야 한다. 대신 서비스 세분도를 수정하자!

'상황에 따라 다르다'는 규칙에 따라, 여기에도 예외는 항상 존재한다. 예를 들어 서로 다른 서비스 경계를 요구할 정도로 아키텍처 특성들이 다른 두 서비스라고 해도, 여전히 두 서비스를 아우르는 트랜잭션 조정이 필요할 수 있다. 그런 경우 아키텍트는 트레이드오프들을 신중하게 고려한 후, 적당한 트랜잭션 패턴을 이용해서 트랜잭션을 오케스트레이션할 수 있다.

마이크로서비스의 분산 트랜잭션 처리에는 흔히 사가^{saga} 패턴이 쓰인다. 문학에서 **사가**는 영웅적인 결말로 이어지는 긴 일련의 사건을 묘사하는 서사시이다. 이 트랜잭션 패턴의 이름도 거기서 유래했다.

[그림 18-11]을 보자. 이 시나리오에서 한 서비스가 여러 서비스 호출들의 중재자 역할을 하면서 트랜잭션을 조정한다. 이 중재자는 트랜잭션의 각 부분을 호출하고, 성공 또는 실패를 기록하고, 결과를 조정한다. 모든 것이 계획대로 진행되면 서비스들과 그 안의 데이터베이스에 있는 모든 값이 동기적으로 업데이트된다. 하지만 만약 어떤 오류 조건이 발생해서 트랜잭션의 한 부분이 실패하면, 중재자는 트랜잭션의 다른 모든 부분도 성공하지 못하고 트랜잭션 이전의 상태로 돌아가게 만들어야 한다. [그림 18-12]가 그러한 상황이다.

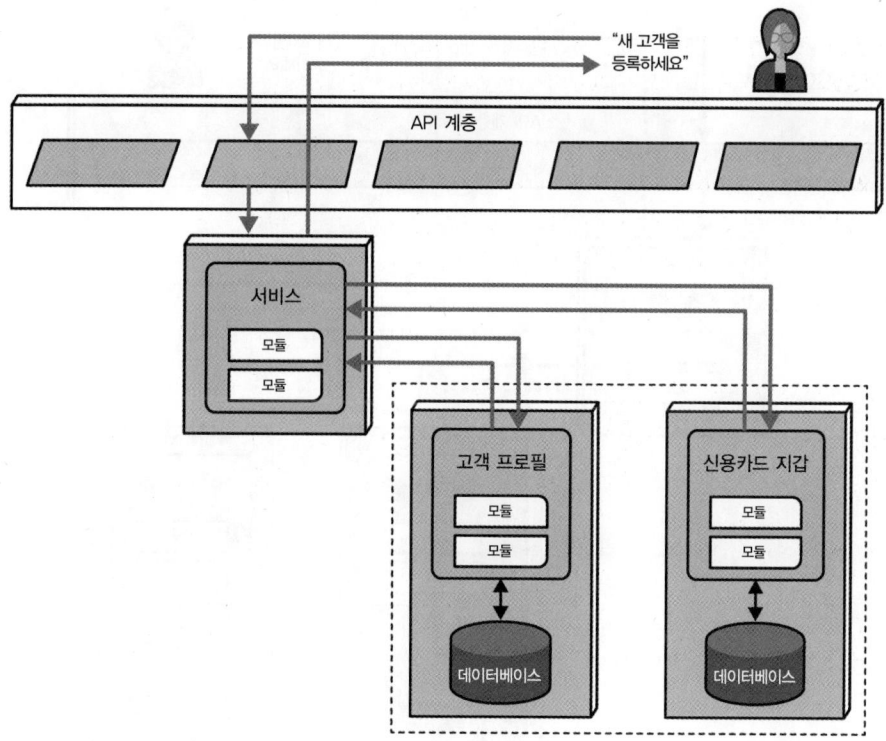

그림 18-11 마이크로서비스 아키텍처의 사가 패턴

트랜잭션의 첫 부분이 성공했지만 두 번째 부분이 실패하면, 중재자는 트랜잭션에 참여해서 작업에 성공한 다른 모든 서비스에 이전 요청을 취소(undo)하라는 요청을 보내야 한다. 이러한 스타일의 트랜잭션 조정을 **보상 트랜잭션 프레임워크**(compensating transaction framework)라고 부른다. 개발자들은 보통 중재자로부터 온 각 요청을 중재자가 전체 성공을 알릴 때까지 보류(pending) 상태로 두는 방식으로 이 패턴을 구현한다. 하지만 비동기 요청들을 조율하는 일은 복잡해질 수 있다. 특히 보류 중인 트랜잭션 상태에 따라 달라지는 새로운 요청이 나타나면 더욱 그렇다. 어떤 프로토콜을 사용하든, 보상 트랜잭션은 네트워크 수준에서 조정 트래픽을 많이 유발한다.

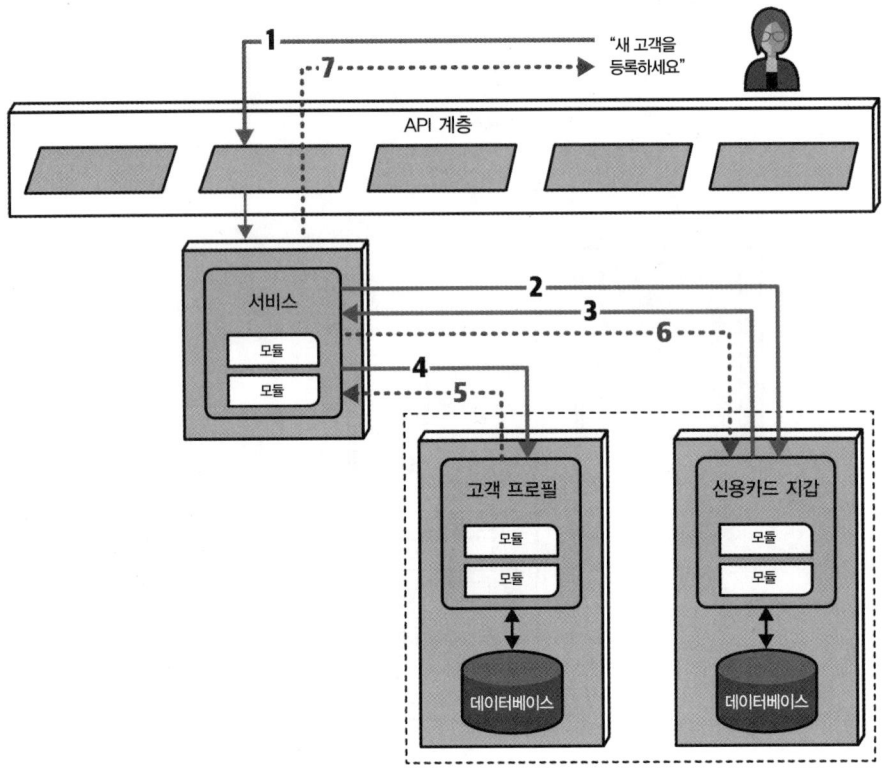

그림 18-12 사가 패턴에서 오류 발생 시의 보상 트랜잭션

> **팁** 몇몇 트랜잭션이 어쩔 수 없이 서비스 경계를 넘나들어야 할 때도 종종 있다. 하지만 그런 경우가 아키텍처의 지배적인 특징이 될 정도로 빈번하다면, 마이크로서비스가 올바른 선택이 아닐 가능성이 높다.

마이크로서비스에서 트랜잭션 관리는 복잡하다. 사실 이것은 훨씬 더 파고들 만한 주제이다. 우리는 다양한 시나리오를 해결하기 위한 서로 다른 트랜잭션 사가 패턴 8가지를 식별한 적이 있다. 이 패턴들은 우리가 프라모드 세달라지Pramod Sadalage, 세막 데그하니Zhamak Dehghani 와 함께 저술한 『Software Architecture: The Hard Parts』(O'Reilly, 2021)[3]의 제12장에 나온다.

---

3 옮긴이_ 번역서는 이일웅 옮김, 『소프트웨어 아키텍처 The Hard Parts』(한빛미디어, 2022).

18.3 데이터 토폴로지

이번 장에서 계속 논의했듯이 데이터는 마이크로서비스 아키텍처에서 매우 중요한 역할을 한다. 사실 데이터의 분리가 **필수**인 아키텍처 스타일은 마이크로서비스뿐이다. 다른 분산 아키텍처에서는 모놀리스 데이터베이스를 사용하는 것이 (항상 효과적이지는 않더라도) **가능**하지만, 마이크로서비스에서는 아예 선택지가 아니다. 제14장과 15장의 데이터 토폴로지 절(각각 §14.3과 §15.3)에서 논의한 도메인 범위의 데이터베이스 역시 허용되지 않는다. 이는 마이크로서비스의 세밀한(fine-grained) 성질과 경계 컨텍스트, 그리고 대부분의 마이크로서비스 생태계에 존재하는 수많은 서비스 때문이다.

마이크로서비스에서 모놀리스 데이터베이스가 실용적이지 않은 이유를, 60개의 서비스가 동일한 데이터베이스를 공유하는 시나리오를 통해서 살펴보자. 이런 시스템에서 가장 먼저 문제가 되는 것은 아키텍처 내부의 변경을 제어하기 어렵다는 점이다. [그림 18-13]에서 보듯이, 데이터베이스의 구조를 변경하면(컬럼명을 바꾸거나 테이블을 삭제하는 등) 해당 데이터를 사용하는 60개 서비스 모두를 그것에 맞게 변경해야 한다. 데이터베이스 변경을 배포하는 동시에, 개별적으로 배포된 60개 서비스의 유지보수, 테스트, 릴리스를 조정해야 하는 상황을 상상해 보라! 이 작업은 아무리 좋게 말해도 엄청나게 힘든 일이며, 대형 사고로 이어질 가능성이 높다.

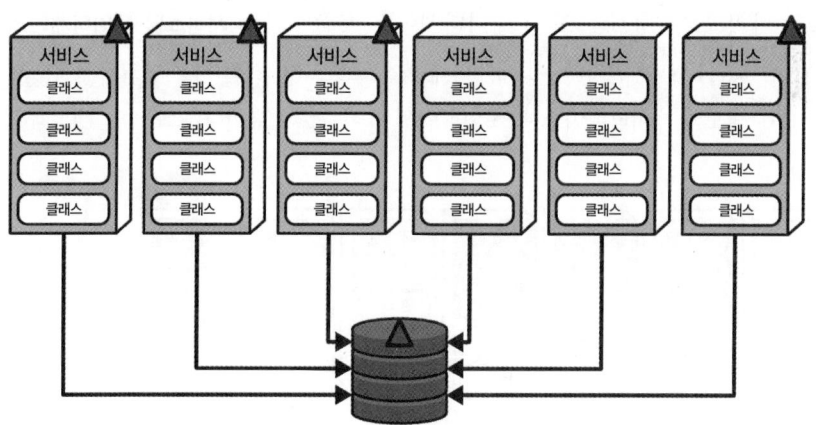

그림 18-13 모놀리스 데이터베이스 환경에서 변경을 제어하기란 매우 어려운 과제이다.

모놀리스 데이터 토폴로지를 마이크로서비스와 결합할 때 가장 큰 문제는 물리적 경계 컨텍스트라는 개념 전체가 무너진다는 점일 것이다. 경계 컨텍스트에는 특정 비즈니스 기능이나 하위 도메인을 실행하는 데 필요한 **모든** 기능성이 포함된다. 따라서 **데이터베이스와 그에 상응하는 데이터 구조도 경계 컨텍스트에 포함된다**는 점을 기억해야 한다. 모든 서비스가 하나의 데이터베이스와 데이터 구조를 공유한다면 경계 컨텍스트는 사라지고 만다.

모놀리스 데이터베이스의 또 다른 문제는 확장성과 탄력성이다. 동시 부하를 자동으로 모니터링하고 그에 맞춰 서비스 인스턴스 수를 조정하는 도구나 제품은 많다. 하지만 그런 변화에 맞게 규모가 적절히 확장되는 데이터베이스는 많지 않다. 이러한 불균형은 전반적인 반응성 문제와 요청 시간 초과(request timeout)를 유발할 수 있다. 데이터베이스 연결들을 관리하는 것도 문제이다. 마이크로서비스에서 데이터베이스 연결은 일반적으로 각각의 서비스 **인스턴스**에 있다. 서비스와 서비스 인스턴스의 수가 늘어남에 따라 사용 가능한 데이터베이스 연결이 빠르게 고갈될 수 있으며, 그러면 데이터베이스 연결 지연과 요청 시간 초과 문제가 더욱 심해진다.

마지막으로, 데이터베이스 시스템 다운이나 계획된 유지보수, 백업 등으로 데이터베이스를 사용할 수 없게 되면 전체 마이크로서비스 생태계가 중단된다. 마이크로서비스라고 해도 모놀리스 데이터베이스를 사용한다면, 모놀리스 데이터베이스를 사용하는 다른 모든 아키텍처 스타일과 다를 바가 없는 것이다. 도메인 기반 데이터베이스 토폴로지 역시 확장성, 데이터베이스 연결 풀 관리, 가용성, 내결함성 측면에서 동일한(정도는 덜할지라도) 문제를 겪을 수 있다.

이러한 이유로 마이크로서비스의 표준 데이터베이스 토폴로지는 **서비스당 데이터베이스**(Database-per-Service) 패턴이다. 이 데이터베이스 토폴로지에서는 각 마이크로서비스가 자신만의 데이터를 별도의 데이터베이스나 스키마 안의 테이블로 소유한다(그림 18-14).

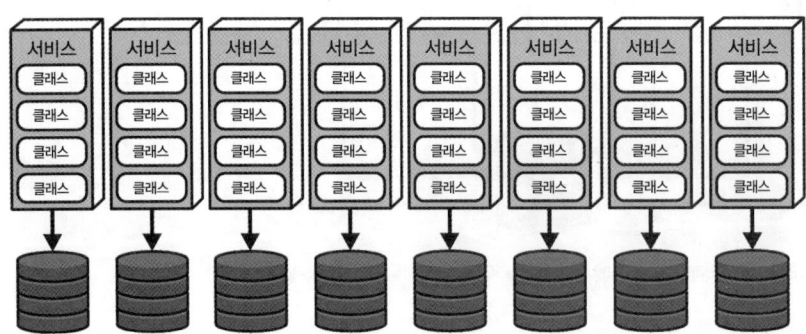

그림 18-14 서비스당 데이터베이스 패턴은 마이크로서비스의 일반적인 데이터베이스 토폴로지이다.

이 토폴로지는 경계 컨텍스트 개념을 유지하므로 아키텍트가 변경을 제어하기가 더 쉬워진다. 한 서비스가 가진 데이터가 필요한 다른 서비스는 반드시 어떠한 계약을 통해 소유자 서비스에 데이터를 요청해야 하므로, 다른 서비스는 해당 데이터 내부 구조와 결합되지 않는다. 따라서 데이터베이스 구조를 변경해도 그 영향은 경계 컨텍스트 안의 소유자 서비스에만 미칠 뿐이다. 이 덕분에 아키텍트는 한 서비스의 데이터베이스 유형을 다른 서비스에 영향을 주지 않고 자유롭게 변경할 수 있다(이를테면 관계형 데이터베이스를 문서 데이터베이스로 바꾸는 등).

서비스당 데이터베이스 토폴로지는 확장성과 탄력성, 가용성, 내결함성도 뛰어나다. 이들은 모두 모놀리스 데이터베이스 토폴로지나 도메인 기반 데이터베이스 토폴로지에서는 취약한 아키텍처 특성들이다. 게다가 경계 컨텍스트 안에서 데이터베이스 연결을 관리하는 것이 모놀리스나 도메인 기반 데이터베이스를 사용할 때보다 훨씬 수월하다.

서비스당 데이터베이스 토폴로지는 마이크로서비스에서 널리 사용되지만, 단점도 있다. 예를 들어 둘 이상의 서비스가 동일한 데이터베이스 테이블에 데이터를 기록해야 한다면 어떨까? 혹은 성능상의 이유로 경계 컨텍스트 외부의 서비스가 데이터베이스를 직접 쿼리해야만 한다면? 이런 경우(꽤 흔한 편이다), [그림 18-15]처럼 둘 이상의 서비스가 하나의 데이터베이스를 공유하도록 할 수도 있다. 하나의 데이터베이스(또는 스키마)를 공유하는 서비스가 5~6개를 넘지 않게 할 것을 권장한다. 그보다 많아지면 변경 제어, 확장성, 탄력성, 가용성, 내결함성 등에서 모놀리스 데이터베이스 토폴로지에서와 동일한 문제를 겪기 시작할 것이다.

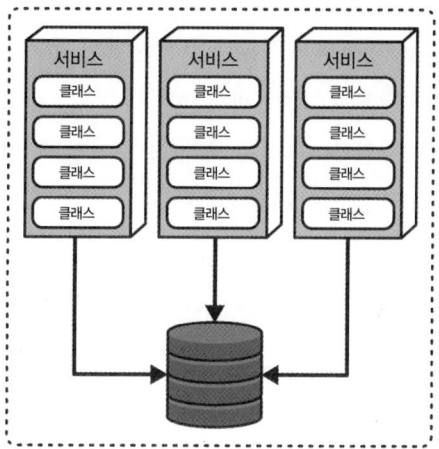

그림 18-15 소수의 마이크로서비스 간에 데이터를 공유하는 것은 가능하다.

[그림 18-15]에서 서비스들과 데이터베이스를 둘러싼 점선 상자는 경계 컨텍스트를 나타낸다. 서비스들이 데이터베이스를 공유한다고 해서 경계 컨텍스트가 아예 사라지는 것은 아니다. 단지 아키텍트가 경계 컨텍스트를 **더 넓게** 잡은 것일 뿐이다. 예를 들어 어떠한 이유로 결제 처리 서비스를 결제 유형(신용카드, 기프트카드, 페이팔, 리워드 포인트 등)에 따라 여러 개의 서비스로 분리했다고 하자. 그래도 결제 유형별 서비스들은 여전히 동일한 데이터를 읽고 써야 한다. 마찬가지로 아키텍트가 단일 배송 서비스를 각 배송 방법별로 개별 배포되는 서비스들로 나누었어도, 그 서비스들은 여전히 동일한 데이터를 읽고 써야 한다.

더 넓은 경계 컨텍스트 안에서 마이크로서비스들이 데이터를 공유하게 할 때 발생하는 주된 트레이드오프는 데이터베이스 변경 제어의 어려움이다. 데이터베이스 스키마가 변경되면, 아키텍트는 이제 여러 서비스의 변경과 배포를 조율해야 한다. 그래서 데이터베이스 변경이 더 위험해지고 덜 민첩해진다. 비즈니스 문제와 상황에 따라서는 확장성, 탄력성, 내결함성에도 부정적인 영향이 있을 수 있다.

18.4 클라우드 고려 사항

마이크로서비스를 온프레미스 시스템에 배포하는 것도 물론 가능하다. 특히 쿠버네티스(https://kubernetes.io)나 클라우드 파운드리(https://cloudfoundry.org) 같은 서비스 오케스트레이션 플랫폼이 대중화되면서 온프레미스 배포 가능성이 더욱 커졌다. 하지만 이 아키텍처 스타일은 클라우드 기반 배포에 훨씬 더 적합하다. 마이크로서비스를 '클라우드 네이티브cloud native' 아키텍처라고 부를 정도로 마이크로서비스는 클라우드와 잘 맞는다. VM, 컨테이너, 데이터베이스의 온디맨드 프로비저닝과 클라우드 환경(AWS 등)에서 볼 수 있는 서비스 기반 접근법의 조합은 마이크로서비스 아키텍처 스타일과 잘 맞아떨어진다.

주의 깊은 독자라면 왜 이 책에서 서버리스(https://oreil.ly/Oltzv)를 아키텍처 스타일의 하나로 제시하지 않는지 궁금할 것이다. 서버리스serverless는 요청에 따라 함수가 발동(trigger)되고 해당 함수의 실행에 필요한 컴퓨터 자원이 요구 기반(on-demand)으로 배정되는 방식의 클라우드 컴퓨팅 모델을 가리킨다. AWS 람다(https://aws.amazon.com/lambda), 구글 Cloud Functions(https://cloud.google.com/functions), 애저 Functions(https://oreil.ly/wzcp3) 등이 서버리스 함수에 해당한다. 우리는 서버리스가 아키텍처 스타일이 아니라 마이크로서비스 아키텍처 스타일의 **배포 모델**(deployment model) 중 하나라고 생각한다.

이번 장의 앞부분에서 제시한 **마이크로서비스**의 정의를 다시 떠올려 보자. 마이크로서비스란 '**한 가지 일**을 정말 잘하는 단일 목적의, 독립적으로 배포되는 소프트웨어 단위이다(그래서 접두사 **마이크로**가 붙는다). 따라서 마이크로서비스는 다른 아키텍처 스타일의 서비스보다 비교적 더 세분화되는 경향이 있다. 그런데 **서버리스 함수** 역시 이 정의에 잘 부합한다. 우리가 서버리스를 마이크로서비스의 일부로 여기는 이유가 바로 이것이다.

그렇다고 클라우드 환경의 마이크로서비스를 반드시 서버리스 함수의 형태로 배포해야 하는 것은 아니다. 컨테이너화된 서비스로도 얼마든지 쉽게 배포할 수 있다. 대부분의 클라우드 공급업체는 쿠버네티스(또는 어떤 형태의 쿠버네티스 플랫폼)를 채택하고 있으므로, 컨테이너화된 마이크로서비스를 배포하기란 서버리스 함수를 배포하는 것만큼이나 쉽다.

18.5 일반적인 위험

마이크로서비스의 가장 큰 위험 중 하나는 서비스를 **너무** 작게 만드는 것이다. 2016년에 저자 마크는 서비스를 해변의 모래알처럼 너무 잘게 만드는 안티패턴에 **모래알**(Grains of Sand)이라는 이름을 붙였다. 앞에서 언급했듯이 마이크로서비스의 **마이크로**는 서비스의 **크기**가 아니라 서비스가 **하는 일**에 관한 것이다. 서비스 세분도는 마이크로서비스에서 매우 중요한 측면이므로 좀 더 공부할 필요가 있다. 우리가 쓴 『Software Architecture: The Hard Parts』의 제7장 전체가 이 주제를 다루니 참고하기 바란다.

또 다른 흔한 위험은 서비스 간 통신이 너무 많아지는 것이다. 마이크로서비스의 세분화된 성질과 엄격한 경계 컨텍스트 때문에, 마이크로서비스 생태계 안의 서비스들이 작동하려면 상호 통신이 필수이다. 이 통신이 요구되는 것은 작업흐름 처리(코레오그래피나 서버리스 마이크로서비스를 위한 AWS 스텝 함수 같은) 때문일 수도 있고 다른 서비스의 데이터가 필요해서일 수도 있다(각 서비스와 데이터가 경계 컨텍스트 안에 갇히므로, 다른 서비스의 데이터를 사용하려면 통신이 필수이다). 이유가 무엇이든, 과도한 동적 결합과 서비스 간 통신은 피하도록 주의해야 한다. 이 또한 서비스가 너무 세분화되어 발생하는 경우가 많은데, 서비스들을 더 성긴(세분도가 낮은) 마이크로서비스로 통합해서 해결할 수 있다.

마이크로서비스의 또 다른 위험은 데이터 공유를 남용하는 것이다. 앞에서 언급했듯이 마이크로서비스에서도 데이터 공유가 허용되며, 때로는 필요하기도 하다. 하지만 데이터 공유가 지나치면 시스템의 변경 제어, 확장성, 내결함성, 전반적인 민첩성 등 마이크로서비스의 두드러진 장점에 해당하는 특성들(§18.8 "스타일 특성" 참조)에 악영향이 미칠 수 있다. 아키텍트는 언제 데이터를 공유해야 하고 언제 서비스 통합을 통해 데이터 공유 문제를 해결해야 하는지를 잘 판단할 수 있어야 한다.

마이크로서비스 아키텍처 스타일에서 종종 간과되는 마지막 위험은 코드 재사용과 기능성 공유에 관한 것이다. 코드 재사용은 소프트웨어 개발에서 필수적인 부분이다. 하지만 코드와 기능성을 재사용하는 것은 마이크로서비스의 원칙에 정면으로 위배된다. 이번 장의 앞부분에서 '무공유(share nothing)' 아키텍처라는 용어를 언급한 것도 그 때문이다. 아키텍트가 어떠한 공통 기능성을 커스텀 라이브러리(JAR 파일이나 DLL 같은)를 통해서 서비스들이 공유하게 하면 경계 컨텍스트의 일부가 무너진다. 즉, 재사용된 코드가 여러 경계 컨텍스트에 걸쳐 퍼지게 된다. 경계 컨텍스트의 일부가 무너져서 어떤 함수나 하위 도메인에 대한 기능성 **전체**가 해당 경계 컨텍스트 안에 포함되지는 않는 경우, 그 공유 코드를 변경하면 다른 경계 컨텍스트의 서비스가 망가질 수 있다. 버전 관리가 이 문제를 해결하는 데 도움이 되기는 하지만, 그런 경우에도 코드 공유는 마이크로서비스 생태계를 상당히 복잡하게 만든다.

18.6 거버넌스

마이크로서비스에서 적용되는 여러 거버넌스 규칙과 기법은 이전 절에서 설명한 일반적인 위험들을 해결하기 위한 것이다. 마이크로서비스 아키텍처 내의 거버넌스는 주로 구조적 붕괴(structural decay)를 방지하는 데 초점을 맞춘다.

아키텍트는 무엇보다도 서비스 간 정적 및 동적 결합의 정도를 모니터링하고 제어하는 데 거버넌스를 적용해야 한다. 정적 결합(static coupling)은 마이크로서비스들이 공통의 커스텀 라이브러리나 서드파티 라이브러리를 공유할 때, 그리고 서비스 간 통신이 필요할 때 계약의 형태로 발생한다. 계약은 특히 중요하다. 아키텍트가 비동기 통신 프로토콜을 이용해서 서비스들을 **동적으로** 분리(decoupling)한다고 해도, 그 서비스들이 공통의 계약을 따른다면 (통신 방식이야 어떻든) **정적** 결합은 여전히 남아 있는 것이다.

소프트웨어 자재 명세서(SBOM), 배포 스크립트, 의존성 관리 도구 등을 이용하면 아키텍트가 서비스들이 공유하는 요소들의 수를 파악하고 관리하는 데 도움이 될 것이다. 정적 결합이 어느 정도여야 **과도한지**에 관해 어떤 구체적인 기준은 없다. 그렇지만 정적 결합은 적을수록 좋으므로, 우리는 서비스 간 결합을 최소한으로 줄이도록 노력하라고 권하고 싶다.

동적 결합은 정적 결합보다 관리하기가 훨씬 어렵다. 적절한 지표를 수집하려면 약간의 창의성과 일관성이 필요하다. 동적 결합에 흔히 적용되는 거버넌스 기법 하나는 서비스의 호출 로그를 분석해서 다른 서비스를 얼마나 호출하는지 파악하는 것이다. 서비스가 내부 또는 서드파티 서비스를 호출할 때마다 호출된 서비스, 사용된 프로토콜 같은 상호작용 정보가 로그에 기록된다면, 아키텍트는 그러한 정보를 적합성 함수를 통해 분석해서 마이크로서비스 생태계 전반의 동적 결합 수준을 더 잘 파악할 수 있다. 하지만 이 접근법을 위해서는 각 서비스가 일관된 방식으로 로깅을 수행해서 이 정보를 노출해야 한다. 따라서 이를 보장하는 면밀한 거버넌스가 필요하다. 일관된 로깅을 보장하는 한 가지 방법은 일관된 API를 제공하는 로깅용 커스텀 라이브러리(JAR 파일이나 DLL 등)를 컴파일 시점에서 모든 서비스와 바인딩하는 것이다.

레지스트리 항목들에서 동적 결합 지표를 수집할 수도 있다. 각 서비스의 첫 인스턴스가 시작될 때마다 해당 서비스가 자신의 서비스 간 호출을 일종의 계약(JSON 등)을 통해 아파치 주키퍼(https://zookeeper.apache.org) 같은 커스텀 설정 서비스나 설정 서버에 등록한다면, 아키텍트는 설정 서버를 쿼리해서 마이크로서비스 생태계 전체의 모든 서비스 간 호출 맵을 얻고 그것을 이용해서 서비스 간 통신량을 관리하고 제어할 수 있다.

18.7 팀 토폴로지 고려 사항

마이크로서비스 아키텍처는 도메인 분할 방식이므로, 팀 역시 도메인 영역별로 정렬했을 때 (이를테면 전문성을 갖춘 교차 기능 팀처럼) 가장 잘 작동한다. 어떤 도메인 기반 요구사항이 생겼을 때 해당 도메인에 초점을 둔 교차 기능 팀은 다른 팀이나 서비스를 방해하지 않고 해당 도메인 서비스 안에서 요구된 기능을 구현할 수 있다. 반대로 기술적으로 분할된 팀들(UI팀, 백엔드팀, 데이터베이스 팀 등)은 도메인 분할 방식의 이 아키텍처 스타일과 잘 맞지 않는다. 기술적으로 조직된 팀에 도메인 기반 요구사항을 배정하면 팀 간 소통과 협업이 대부분의 조직에서는 감당하기 어려운 수준으로 요구된다.

다음은 §9.5 "팀 토폴로지와 아키텍처"에서 설명한 개별 특정 팀 토폴로지들을 마이크로서비스 아키텍처와 정렬할 때 고려할 사항들이다.

스트림 정렬 팀

도메인 경계가 적절히 정렬되어 있다면 스트림 정렬 팀은 이 아키텍처 스타일과 잘 맞는다. 스트림이 특정 도메인에 집중되어 있다면 특히나 그렇다. 하지만 스트림이 특정 하위 도메인이나 도메인을 벗어나 여러 경계 컨텍스트와 서비스에 걸쳐 있는 팀은 마이크로서비스 아키텍처를 다루기가 어렵다. 그런 경우에는 마이크로서비스의 경계 컨텍스트와 세분도를 분석해서 스트림에 맞게 재조정하거나, 여의찮다면 다른 아키텍처 스타일을 선택하는 것이 좋다.

활성화 팀

마이크로서비스 아키텍처에서 활성화 팀은 전문화되거나 횡단 관심사에 대한 공유 서비스를 사용할 수 있을 때 가장 효과적이다. 마이크로서비스의 높은 모듈성 덕분에 활성화 팀은 스트림 정렬 팀과 독립적으로, 서로에 방해가 되지 않는 방식으로 작업하면서 추가적인 전문 기능 및 공유 기능성을 제공할 수 있다. 또한 플랫폼 팀과 협력해서 서비스 메시를 구성하는 사이드카 컴포넌트(§18.2.5 "운영 재사용" 참고)를 만드는 데에도 도움을 줄 수 있다.

난해한 하위시스템 팀

난해한 하위시스템 팀에는 이 아키텍처 스타일의 서비스 수준 모듈성이 도움이 된다. 모듈성 덕분에 난해한 하위시스템 팀은 다른 팀원(그리고 서비스)과 독립적으로, 난해한 도메인/하위 도메인의 처리에 집중해서 작업할 수 있다.

플랫폼 팀

마이크로서비스에서 발견되는 높은 수준의 모듈성 덕분에 스트림 정렬 팀은 플랫폼 팀이 제공하는 공통 도구, 서비스, API, 작업(task)을 유용하게 사용할 수 있다. 마이크로서비스에서는 플랫폼 팀이 (때로는 활성화 팀과 협력해서) 사이드카(§18.2.5 "운영 재사용" 참조)와 서비스 메시에서 발견되는 횡단 운영 기능성(cross-cutting operational functionality)을 만들고 유지하는 데 집중하는 경우가 많다. 플랫폼 팀이 이 부분을 처리해 주면 스트림 정렬 팀은 그런 운영상의 문제에서 벗어날 수 있다.

18.8 스타일 특성

[그림 18-16]에서 보듯이 마이크로서비스 아키텍처 스타일의 몇몇 특성은 이 책의 표준 등급 척도에서 극과 극을 달린다. 그림의 특성 등급표에서 별 1개 등급은 이 아키텍처 스타일이 해당 아키텍처 특성을 잘 지원하지 않는다는 뜻이고 별 5개 등급은 그 아키텍처 특성이 이 아키텍처 스타일에서 가장 강력한 특징 중 하나라는 뜻이다. 표에 나온 각 특성은 제4장에서 정의

하고 설명했다.

마이크로서비스는 배포 자동화나 지속적 테스트 같은 현대적 엔지니어링 관행을 매우 잘 지원한다. 그래서 배포성과 테스트성 모두 별이 5개이다. 사실 마이크로서비스는 운영상 관심사의 자동화에 매진해 온 데브옵스 혁명 없이는 존재할 수 없었다.

구분	아키텍처 특성	별점
	전반적인 비용	$$$$$
구조	분할 방식	도메인
구조	퀀텀 개수	1 이상
구조	단순성	★
구조	모듈성	★★★★★
엔지니어링	유지보수성	★★★★★
엔지니어링	테스트성	★★★★★
엔지니어링	배포성	★★★★★
엔지니어링	진화성	★★★★★
운영	반응성	★★
운영	확장성	★★★★★
운영	탄력성	★★★★
운영	내결함성	★★★★★

그림 18-16 마이크로서비스 아키텍처 특성 등급표

이 아키텍처 스타일의 서비스들은 각자 단일한 목적을 지니며 다른 서비스들과 독립적이다. 따라서 서비스들의 세분도가 높다. 이러한 특징은 일반적으로 높은 내결함성으로 이어진다. 등급표에서 내결함성이 별 5개인 것은 이 때문이다.

이 아키텍처는 확장성, 탄력성, 진화성(evolvability)도 아주 좋다. 지금까지 작성된 가장 확장성 높은 시스템 중 일부는 마이크로서비스를 활용해서 큰 성공을 거두었다. 마찬가지로, 이 스타일은 운영 자동화 및 지능적 통합에 크게 의존하므로, 아키텍트가 탄력성 지원 기능을 시스템에 내장하기가 수월하다. 또한, 이 아키텍처는 점진적인 수준(incremental level)에서 고도의 분리(decoupling)를 지향하므로, 진화적 변경(evolutionary change)이라는 현대 비즈니스 관행을 아키텍처 차원에서 지원한다. 현대 비즈니스는 빠르게 변하며, 소프트웨어 개발은 그 속도를 따라가기 위해 고군분투해 왔다. 이 아키텍처는 극도로 작고 고도로 분리된 배포 단위로 구성되므로 더 빠른 변화 속도를 지원할 수 있다.

성능은 마이크로서비스에서 종종 문제가 된다. 분산 아키텍처에서는 작업을 완료하기까지 네트워크 호출이 아주 많이 요구된다. 이는 상당한 성능상의 추가부담을 유발한다. 또한 각 종단점(endpoint)에서 신원(identity)과 접근 권한을 확인하는 보안 검사를 수행해야 하므로 지연시간이 더욱 길어진다. **데이터 지연시간**(data latency)도 마이크로서비스에서 흔히 문제가 되는 부분이다. 하나의 요청을 처리하기 위해 여러 서비스가 협력해야 한다는 것은 여러 번의 데이터베이스 호출을 의미한다.

이러한 이유로 마이크로서비스 세계에는 성능 향상을 위한 아키텍처 패턴이 많다. 과도한 네트워크 호출을 방지하기 위한 지능적 데이터 캐싱 및 복제가 그 예이다. 성능은 마이크로서비스에서 흔히 오케스트레이션보다는 코레오그래피 방식으로 서비스들을 조정하는 이유이기도 하다. 결합도가 낮을수록 통신이 빨라지고 병목 현상이 줄어든다.

마이크로서비스는 명백히 도메인 분할 아키텍처이다. 각 서비스 경계는 도메인과 일치해야 한다. 또한 경계 컨텍스트 덕분에 현대 아키텍처 중에서 퀀텀 구분이 가장 뚜렷하다. 마이크로서비스는 여러 면에서 퀀텀이라는 측정 기준이 평가하려는 바를 가장 잘 보여주는 사례이다. 극단적인 분리를 추구하는 기본 철학이 골칫거리가 되기도 하지만, 잘 해내면 엄청난 이점을 가져다준다. 다른 모든 아키텍처에서도 마찬가지지만, 아키텍트가 규칙을 지능적으로 깨려면 먼저 그 규칙을 이해해야 한다.

18.9 예시와 용례

기능과 데이터 모듈성이 높은 시스템은 마이크로서비스 아키텍처를 적용하기에 좋다. 이 스타일의 강점을 잘 보여주는 용례 하나는 심박수나, 혈압, 산소 수치 같은 환자의 활력 징후(vital sign)를 모니터링하는 의료 모니터링 시스템이다. 시스템이 모니터링하는 각각의 활력 징후는 별도의 데이터를 요구하는 독립적인 기능성에 대응된다. 이 점은 이 아키텍처 스타일과 경계 컨텍스트 개념에 잘 맞는다.

환자 모니터링 시스템은 모니터링 의료기기에서 입력을 읽어서 활력 징후를 기록, 분석해서 문제나 이상 여부를 파악하고, 문제가 발견되면 의료 전문가에게 알린다. 각 활력 징후는 다른 서비스 및 데이터와는 거의 독립적인 별도의 마이크로서비스로 표현될 수 있다. 단, 한 활력 징후(예: 심박수) 서비스가 경고나 문제를 분석하기 위해 다른 활력 징후 서비스(예: 수면 모니터 서비스)에서 추가 정보를 가져오는 경우는 이러한 독립성의 예외에 해당한다.

[그림 18-17]은 마이크로서비스 아키텍처를 이용해서 이러한 환자 모니터링 시스템을 설계한 예이다. 각 활력 징후가 어떻게 개별 마이크로서비스로 구현되는지 살펴보기 바란다. 특히, 서비스별로 활력 징후 측정값과 이력 데이터(historical data)를 담는 데이터 저장소가 따로 있음을 주목하자.

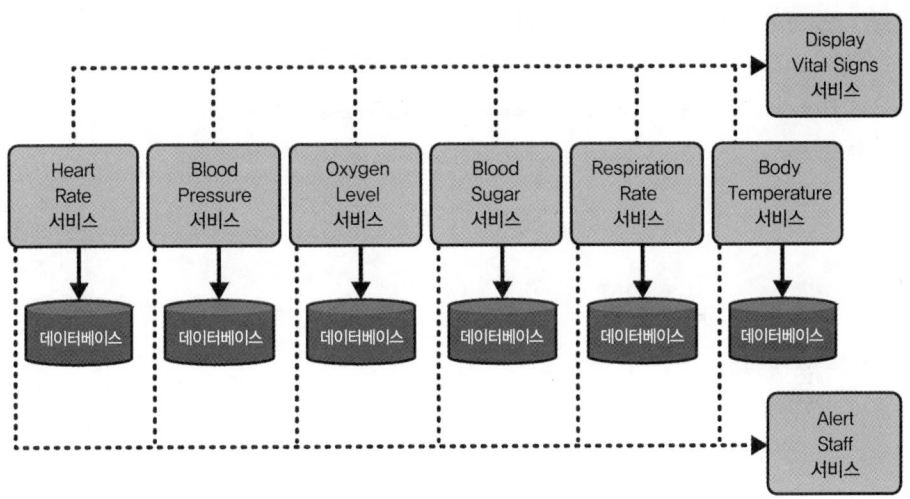

그림 18-17 마이크로서비스 아키텍처로 구현된 환자 의료 모니터링 시스템

알림(notification) 기능성은 모든 활력 징후 서비스에 공통이다. 이 기능성은 `Alert Staff`(의료진 호출)라는 **공유 서비스**(shared service)로 표현된다. 특정 서비스가 측정값에서 이상을 감지하면 이 서비스가 간호사나 의사에게 그 사실을 알린다. 각 서비스는 자신의 최신 활력 징후 측정값을 환자실에 있는 모니터로 비동기적으로 전송한다. 그 모니터의 화면은 `Display Vital Signs`(활력 징후 표시) 공유 서비스가 담당한다.

이 예는 마이크로서비스 아키텍처의 강점 및 장점 일부를 명확하게 보여준다. 먼저 **내결함성**을 예로 들어보자. 만약 활력 징후 서비스 중 하나가 다운되거나 응답하지 않게 되더라도 나머지 모든 활력 징후 모니터링 서비스는 완전히 정상적으로 작동한다. 이는 의료 모니터링에서 특히나 중요한 특성이다. 또 다른 강점은 **테스트성**이다. 개발자가 혈압 모니터링 서비스를 일부 유지보수한다고 하자. 테스트 범위가 충분히 작기 때문에 해당 활력 징후가 완전히 테스트되었음을 확신할 수 있고, 그 유지보수가 다른 활력 징후 서비스에 영향을 미치지 않았음도 보장할 수 있다. 마지막으로, 아키텍트가 다른 서비스에 영향을 주지 않고 또 다른 활력 징후 모니터를 쉽게 추가할 수 있다는 점은 마이크로서비스의 또 다른 강점인 **진화성**의 증거이다.

이번 장에서는 마이크로서비스 아키텍처의 여러 주요 측면을 다루었다. 더 자세히 배우고 싶다면 참고할 만한 훌륭한 자료가 많이 있다. 마이크로서비스를 깊이 있게 파고들고 싶다면 다음 자료들을 추천한다.

- Sam Newman, 『*Building Microservices*』, 2판, (O'Reilly, 2021)[4]
- Luca Mezzalira, 『*Building Micro-Frontends*』, 2판, (O'Reilly, 2025)
- Mark Richards, 『*Microservices vs. Service-Oriented Architecture*』(O'Reilly, 2016)
- Mark Richards, 『*Microservices AntiPatterns and Pitfalls*』(O'Reilly, 2016)

---

[4] 옮긴이_ 번역서는 정성권 옮김, 『마이크로서비스 아키텍처 구축(전면 개정판)』(한빛미디어, 2023).

CHAPTER 19

적절한 아키텍처 스타일의 선택

짐작했겠지만 적절한 아키텍처 스타일은 상황에 따라 다르다. 우리도 "이 스타일을 써야 한다"라고 단정적으로 말할 수 있다면 좋겠지만, 선택할 수 있는 아키텍처 스타일은 매우 많은 데다가 새 스타일이 거의 매일 등장하다 보니 그럴 수 없다. 어떤 아키텍처 스타일이 적합한지는 구체적인 맥락, 즉 조직 내부의 다양한 요인과 개발하려는 소프트웨어의 특성에 따라 달라진다. 아키텍처 스타일 선택은 아키텍처의 특성, 도메인, 전략적 목표 등 여러 요인에 관한 트레이드오프를 분석하고 고찰하는 지난한 프로세스의 결과이다. 제2장부터 이야기한 "상황에 따라 다르다"의 근거가 바로 이것이다.

결정이 아무리 맥락에 의존적이라고 해도, 적절한 아키텍처 스타일을 선택하는 데 도움이 될 만한 몇 가지 일반적인 조언은 존재한다. 이번 장에서 그러한 조언을 찾을 수 있을 것이다.

19.1 아키텍처 '유행'의 변화

소프트웨어 업계가 선호하는 아키텍처 스타일은 시간이 흐르면서 여러 요인에 따라 바뀐다. 그 요인들은 다음과 같다.

과거 경험에서 얻은 통찰

새로운 아키텍처 스타일은 보통 과거 경험, 특히 고충점(pain point)에 대한 관찰에서 비롯된다. 아키텍트가 시스템을 다루면서 쌓은 경험은 미래의 시스템에 대한 생각에 영향을 미친다. 사실 그런 경험 덕분에 우리가 아키텍트가 된 것이기도 하다. 새로운 아키텍처 설계에는 과거 아키텍처 스타일에서 발견된 특정한 결함을 해결하려는 노력이 반영되는 경우가 많다. 예를 들어, 코드 재사용에 중점을 둔 아키텍처를 구축해 본 아키텍트들은 그것의 부정적인 트레이드오프를 깨닫고 코드 재사용의 의미를 심각하게 재고했다.

생태계의 변화
소프트웨어 개발 생태계에서는 모든 것이 항상 변한다. 이 끊임없는 변화가 너무나 혼란스럽다 보니 다음에 어떤 유형의 변화가 닥칠지 예측하는 것조차 불가능할 정도이다. 불과 몇 년 전만 해도 쿠버네티스가 무엇인지 아는 사람이 없었지만, 이제는 많은 개발자의 일상적인 업무 환경이 되었다. 그러나 앞으로 몇 년 안에 쿠버네티스 역시 다른 도구(아직 개발되지도 않은)로 대체될지 모른다.

새로운 역량
아키텍트는 새로운 도구뿐만 아니라 새로운 패러다임에도 예리한 시선을 유지해야 한다. 새로운 역량(capability)이 등장하면서 아키텍처가 단지 도구 하나를 다른 것으로 교체하는 수준을 넘어 완전히 새로운 패러다임으로 전환될 수 있다. 예를 들어, 도커 같은 컨테이너의 출현이 소프트웨어 개발 세계에 가져온 거대한 지각 변동을 예상한 사람은 별로 없었다. 크게 보면 발전의 한 단계일 뿐이지만, 컨테이너는 아키텍트들과 도구들, 엔지니어링 관행(practice; 실천 방식)을 비롯해 수많은 요소에 심대한 영향을 미쳤다. 생태계는 끊임없이 변하면서 새로운 도구와 역량을 꾸준히 내놓는다. 새로 등장한 무언가가 기존에 있던 것과 별다른 바 없어 보여도, 생태계를 근본적으로 바꿀 만한 미묘한 차이가 숨어 있을 수 있다. 개발 세계 전체를 뒤흔들 정도로 엄청난 신기능일 필요도 없다. 아키텍트의 목표와 정확히 일치하는 사소한 변화만으로도 모든 것이 바뀔 수 있다.

가속화
생태계는 끊임없이 변할 뿐만 아니라, 그 변화의 속도는 점점 더 빨라지고 더 널리 퍼진다. 새로운 도구는 새로운 엔지니어링 관행을 낳고, 새로운 관행은 다시 새로운 설계와 역량으로 이어진다. 결국 소프트웨어 아키텍트는 끊임없이 변화하는 상태를 다루어야 한다. 생성형 AI(generative AI)의 부상과 영향력은 이러한 끊임없는 발전과 그에 따른 예측 불가능성을 보여주는 대표적인 사례이다.

도메인의 변화
우리가 소프트웨어를 작성하는 대상인 도메인 역시, 비즈니스가 발전하거나 다른 회사와 합병하면서 끊임없이 바뀌고 움직인다.

기술의 변화
조직들은 적어도 몇 가지 기술 변화에는 뒤처지지 않으려 노력한다. 특히 수익에 직접적인 도움이 되는 기술 변화라면 더욱 그렇다.

외부 요인
소프트웨어 개발과 간접적으로만 관련된 수많은 외부 요인이 조직 내 변화를 이끌기도 한다. 예를 들어, 아키텍트와 개발자가 아주 만족스럽게 사용하는 도구가 있다고 하자. 상황이 변하면서 그 도구의 라이선스 비용이 감당하기 어려울 정도로 비싸지면 회사로서는 다른 대안으로 옮길 수밖에 없다.

아키텍트는 현재 업계의 동향을 이해해야 한다. 그래야 조직이 당대의 아키텍처 유행을 얼마나 밀접하게 따르는지와는 관계없이 어떤 흐름을 따르고 언제 예외를 두어야 할지 현명하게 결정할 수 있다.

19.2 결정의 기준들

아키텍처 스타일을 선택할 때 아키텍트는 도메인 설계 구조에 기여하는 모든 다양한 요인을 고려해야 한다. 근본적으로 아키텍트가 설계하는 것은 두 가지이다. 하나는 명시된 도메인이고, 다른 하나는 시스템을 성공시키는 데 필요한 구조적 요소(structural element)들이다. 이 구조적 요소들은 아키텍처 특성을 통해 제공된다.

아키텍처 스타일의 선택은 아키텍트가 다음 요인들에 관한 충분한 지식을 갖춘 후에 시도해야 한다.

도메인

아키텍트는 비즈니스 도메인의 중요한 측면들을 최대한 많이 이해해야 한다. 특히 운영 아키텍처 특성에 영향을 미치는 것들을 이해할 필요가 있다. 아키텍트가 반드시 해당 분야의 전문가이어야 하는 것은 아니지만, 설계 대상 도메인의 주요 측면들은 전체적으로 잘 파악하고 있어야 한다. 도메인 지식이 부족한 부분은 비즈니스 분석가 같은 다른 전문가의 도움을 받아서 채울 수 있다.

구조적 결정에 영향을 미치는 아키텍처 특성

아키텍트는 스타일 선택 과정의 핵심 활동 중 하나인 아키텍처 특성 분석(architectural characteristics analysis)을 수행해서, 도메인과 기타 외부 요인을 지원하는 데 필요한 아키텍처 특성들을 식별하고 확실하게 파악해야 한다.

어떤 문제 도메인이라도 거의 모든 범용 아키텍처 스타일로 구현할 수 있다. **범용**(generic)이라는 말은 결국 다목적이라는 뜻이다. 확장성이 매우 높은 경매 사이트처럼 특별한 운영 아키텍처 특성을 요구하는 도메인은 예외지만, 대부분의 경우 아키텍처 스타일들의 진정한 차별화 지점은 대상 도메인이 무엇이냐가 아니라 다양한 아키텍처 특성들을 얼마나 잘 지원하느냐에 있다.

이 책의 2부에서 아키텍처 스타일들을 비교하기 위해 사용한 별점 등급표가 도메인이 아니라 아키텍처 **특성**들에 초점을 두고 있음을 주목하자. 이는 스타일을 선택할 때 아키텍처 특성을 이해하는 것이 얼마나 중요한지를 반영한 것이다.

데이터 아키텍처

아키텍트와 데이터 개발자는 데이터베이스, 스키마, 기타 데이터 관련 사안에 대해 협력해야 한다. 데이터 아키텍처는 그 자체로 하나의 전문 분야이므로, 이 책에서는 스타일별 고려 사항 외에는 많이 다루지 않는다. 하지만 아키텍트는 주어진 데이터 설계가 아키텍처 설계에 미칠 수 있는 영향을 이해해야 한다. 특히 새로운 시스템이 오래된 데이터 아키텍처나 이미 사용 중인 아키텍처와 상호작용해야 하는 경우 더욱 그렇다.

클라우드 배포

요즘은 아키텍처의 최종적인 종착지가 클라우드인 경우가 많다. 이는 컴퓨팅과 데이터를 어디에 둘 것인가 라는 오래된 문제에 대한 최신의 해답에 해당한다. 온프레미스에서 실행할 애플리케이션을 설계할 때의 트레이드오프는 클라우드용 애플리케이션을 설계할 때와는 사뭇 다르다. 클라우드 배포와 관련해서 아키텍트가 고려할 사항이 많은데, 특히 애플리케이션이 얼마나 많은 데이터를 저장해야 하는지, 그리고 얼마나 많은 데이터를 이동시킬 수 있는지(이는 상당한 비용을 초래할 수 있다) 등을 파악할 필요가 있다.

클라우드는 정교한 기능이 시간이 지남에 따라 어떻게 일상재(commodity)로 변하는지를 잘 보여주는 예이다. 10년 전만 해도 탄력성과 확장성이 매우 높은 온프레미스 시스템을 구축하려면 마치 마법처럼 보일 정도로 난해한 기술과 능력이 필요했다. 하지만 요즘은 아키텍트가 클라우드 제공업체의 구성 매개변수를 변경하는 것만으로 동일한 결과를 얻을 수 있다.

조직 요인

설계에 영향을 미치는 외부 요인이 많다. 예를 들어 특정 클라우드 공급업체의 비용 문제 때문에 기업이 이상적인 설계를 채택하지 못할 수도 있다. 마찬가지로, 회사가 인수합병을 계획하고 있다는 사실을 알게 되면 아키텍트는 개방형 솔루션과 통합 아키텍처 쪽으로 마음이 기울게 될 수 있다.

프로세스, 팀, 운영상 관심사에 관한 지식

소프트웨어 개발 프로세스, 아키텍트와 운영 팀의 상호작용(또는 상호작용 부족), QA 프로세스 등 여러 구체적인 프로젝트 요인이 아키텍트의 설계에 영향을 미친다. 예를 들어 조직이 애자일 엔지니어링 관행에 익숙하지 않다면, 그런 관행을 잘 따라야 성공할 수 있는 아키텍처 스타일(마이크로서비스 등)을 적용하기가 어렵다.

도메인/아키텍처 동형성

다소 난해한 용어인 **아키텍처 동형성**(isomorphism)은 그냥 아키텍처의 전반적인 '형태', 즉 전체 토폴로지 내에서 여러 구성요소가 서로 어떻게 의존하는지를 나타낸다. 동형성의 원문 *isomorphism*은 '같다'를 의미하는 그리스어 *isos*와 '형태' 또는 '모양'을 의미하는 *morph*를 어원으로 하며, '집합 원소들 사이의 관계를 보존하는 사상(mapping)'이라는 뜻으로 쓰인다.[1]

아키텍트는 아키텍처의 적합성을 고려할 때 전체적인 형태를 생각한다. 예를 들어 [그림 19-1]은 계층형 모놀리스 아키텍처 스타일과 모듈형 모놀리스 아키텍처 스타일의 동형성을 표현한 것이다. 그림을 보면 아키텍처의 형태 차이가 뚜렷하다. 계층형 스타일은 구성요소들을 계층별로 분리했고 모듈형 스타일은 도메인별로 분리했다.

---

1 옮긴이_ 수학에서는 '동형사상'으로 옮긴다. 수학의 동형사상도 아키텍처 동형성처럼 이름이나 구체적인 표현이 달라도 전체적인 형태(구조와 관계)가 같으면 동일한 것으로 간주한다는 개념을 깔고 있다.

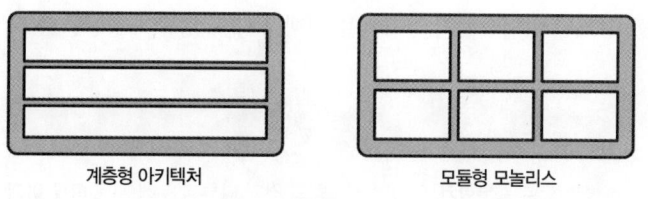

그림 19-1 계층형 모놀리스와 모듈형 모놀리스의 동형성 표현 비교

마찬가지로, 모놀리스 아키텍처와 분산 아키텍처의 차이점도 동형성 표현을 보면 명확하게 드러난다. [그림 19-2]를 보면, 핵심 구성요소들의 배치에 따른 아키텍처의 거시적 구조 차이가 명확하다.

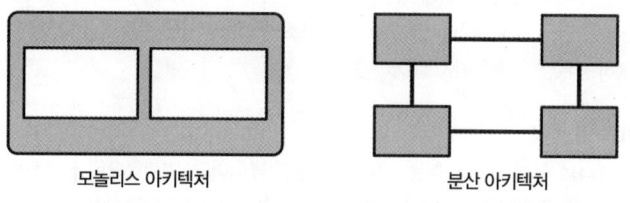

그림 19-2 모놀리스 아키텍처 스타일과 분산 아키텍처 스타일의 동형성 표현 비교

문제 도메인 중에는 주어진 아키텍처의 토폴로지와 잘 맞는 것도 있고 아닌 것도 있다. 예를 들어, 마이크로커널 아키텍처 스타일은 맞춤성(customizability)이 필요한 시스템에 완벽하게 적합하다. 아키텍트는 사용자 정의 기능을 플러그인으로 설계하면 된다. 또 다른 예로, 개별 연산을 수없이 수행해야 하는 유전체 분석 시스템은 다수의 개별 처리기(processor)를 제공하는 공간 기반 아키텍처에 잘 맞을 수 있다.

반대로 문제 도메인과 아키텍처 스타일의 궁합이 아주 나쁜 예를 몇 가지 들자면, 우선 확장성이 높은 시스템은 거대한 모놀리스 설계와는 잘 맞지 않는다. 결합도가 높은 코드베이스로는 다수의 동시 사용자를 지원하기 어렵기 때문이다. 의미론적 결합이 매우 큰 문제 도메인은 고도로 분리된 분산 아키텍처와 잘 맞지 않기 마련이다. 예를 들어 현재 페이지가 이전 페이지의 맥락에 의존하는 형태의 다중 페이지 양식(form)으로 구성된 보험 애플리케이션은 결합도가 매우 높은 문제 도메인에 해당한다. 이런 도메인을 마이크로서비스처럼 분리된 아키텍처로 모델링하기는 어려울 것이다. 그보다는, 서비스 기반 아키텍처처럼 의도적으로 결합된 아키텍처가 더 적합하다.

아키텍트가 이러한 모든 요인을 고려해서 아키텍처 스타일을 선택할 때 결정할 사항들을 정리하면 다음과 같다.

모놀리스 대 분산

시스템 전체에 하나의 아키텍처 특성 집합으로 충분한가, 아니면 시스템의 각기 다른 부분에 서로 다른 아키텍처 특성이 필요한가? 단일 집합으로 충분하다면 모놀리스가 더 적합하다는 뜻이다(물론 다른 요인들로 인해 분산 아키텍처가 제안될 수도 있다). 서로 다른 아키텍처 특성 집합이 필요하다면 분산 아키텍처가 나을 수 있다. 이 결정에는 제7장에서 말한 아키텍처 퀀텀 개념이 도움이 된다.

데이터는 어디에 둘 것인가?

일반적으로 모놀리스 아키텍처에서는 관계형 데이터베이스가 하나이다(때로는 서너 개 정도일 수도 있다). 이 경우에는 아키텍트가 크게 고민할 것이 없다. 반면에 분산 아키텍처에서는 데이터를 어떤 서비스가 영속화해야 할지를 아키텍트가 결정해야 한다. 이 결정을 위해서는 작업흐름을 구축하기 위해 데이터가 아키텍처를 통해 어떻게 흘러갈지를 고민해야 한다. 아키텍처를 설계할 때는 구조와 행동방식을 모두 고려하고, 더 나은 조합을 찾기 위해 설계를 반복하는 것을 두려워하지 말아야 한다.

서비스 간 통신은 동기적인가, 비동기인가?

데이터를 어디에 둘지 결정했다면, 그다음 설계 고려 사항은 서비스 간 통신 방식이다. 기본적으로 선택지는 동기적 통신 대 비동기 통신 두 가지이다. 동기적 통신이 더 편리한 경우가 많지만, 대신 확장성이나 신뢰성 같은 바람직한 특성들이 희생될 수 있음을 주의해야 한다. 비동기 통신은 성능과 규모 면에서 독특한 이점을 제공할 수 있지만, 데이터 동기화, 교착 상태, 경쟁 조건, 디버깅 등과 관련해서 많은 골칫거리를 유발할 수 있다. (이러한 문제 중 다수를 제15장에서 다루었다.)

동기적 통신은 설계, 구현, 디버깅이 비교적 쉬우므로, 우리는 가능하면 동기적 통신을 기본으로 하되 필요할 때만 비동기 통신을 사용하는 것을 권장한다.

> **팁** 기본적으로 동기적 통신을 사용하고, 필요할 때만 비동기 통신을 사용하라.

이 설계 과정의 결과물은 크게 세 가지로, 하나는 선택된 아키텍처 스타일(그리고 관련 혼합 스타일들)을 포함한 **아키텍처 토폴로지**이고 다른 하나는 설계 부분에 대한 아키텍처적 결정 기록(ADR), 나머지 하나는 중요한 원칙과 운영 아키텍처 특성을 보호하기 위한 아키텍처 적합성 함수들이다. 이 중 아키텍처적 결정 기록을 작성하는 데 가장 많은 노력이 요구된다.

19.3 모놀리스 사례 연구: 실리콘 샌드위치

제5장의 실리콘 샌드위치 아키텍처 카타(§5.4)에서 우리는 아키텍처 특성들을 분석한 후 시스템을 구현하는 데 퀀텀 하나로 충분하다고 판단했다. 예산이 많지 않고 애플리케이션이 비교적 간단하기 때문에 단순한 모놀리스 아키텍처가 매력적이었다.

그 카타에서는 실리콘 샌드위치 시스템의 컴포넌트들을 두 가지 방식으로 설계해 보았는데, 하나는 도메인 분할 방식이었고 다른 하나는 기술적 분할 방식이었다. 잘 기억나지 않는다면 제5장을 다시 읽어보길 권한다. 이번 장에서는 제5장의 단순한 솔루션을 좀 더 구체화해서 두 가지 모놀리스 아키텍처 스타일(모듈형과 마이크로커널)로 설계하고 그 트레이드오프를 논의할 것이다. 그럼 모듈형 모놀리스 아키텍처부터 살펴보자.

19.3.1 모듈형 모놀리스

모듈형 모놀리스(modular monolith)는 도메인 중심 컴포넌트들을 단일 데이터베이스와 함께 구축해서 단일 퀀텀으로 배포한다. [그림 19-3]에 실리콘 샌드위치를 위한 모듈형 모놀리스의 설계가 나와 있다.

이것은 단일 관계형 데이터베이스를 사용하는 모놀리스이며, 전체 비용을 낮추기 위해 단일 웹 기반 UI(모바일 기기에 대한 세심한 설계 고려 사항도 포함되었다)로 구현한다. 제5장에서 식별한 각 도메인이 각자 하나의 컴포넌트로 표현되었음을 주목하자. 시간과 자원이 충분하다면, 테이블 및 기타 데이터베이스 자산 역시 도메인 컴포넌트와 동일한 방식으로 분리해 보면 좋을 것이다. 그러면 향후 요구사항에 따라 이 아키텍처를 분산 아키텍처로 마이그레이션하기가 훨씬 쉬워진다.

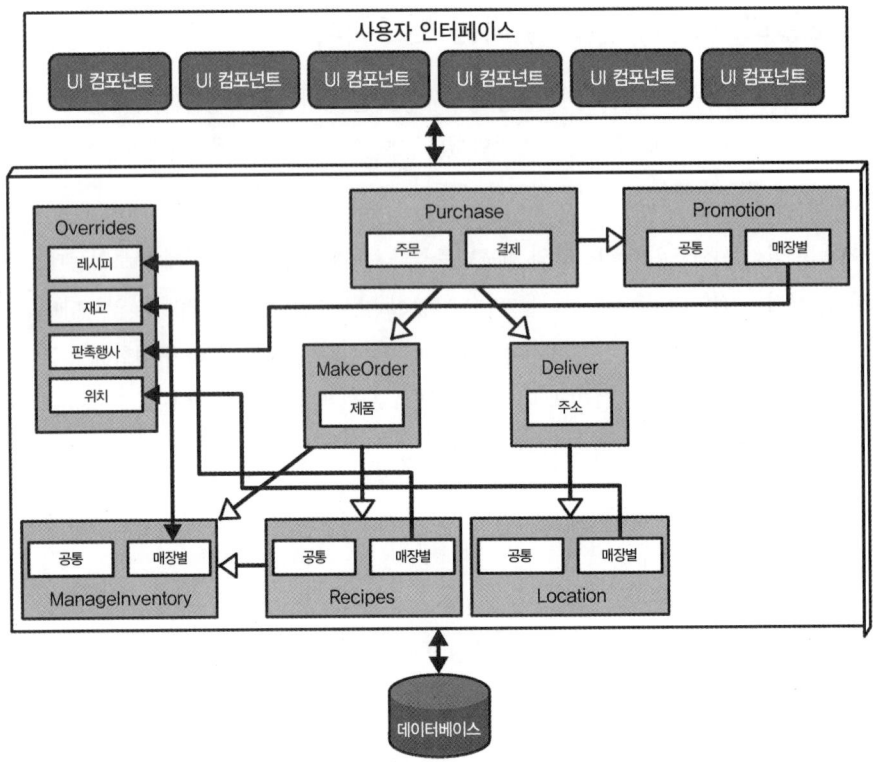

그림 19-3 실리콘 샌드위치의 모듈형 모놀리스 구현

모듈형 모놀리스 스타일에는 커스텀화(사용자 정의 기능)를 위한 장치가 없다. 따라서 커스텀화는 도메인 설계의 일부로 구현해야 한다. 지금 예에서 아키텍트는 Override 종단점을 설계해서 개발자들이 개별 커스텀화 사항을 업로드할 수 있게 한다. 이를 위해서는 모든 도메인 컴포넌트에서 모든 커스텀화 가능한 기능이 Override 컴포넌트를 참조하도록 보장해야 한다. (이 부분의 점검은 아키텍처 적합성 함수를 적용하기에 안성맞춤인 작업이다.)

19.3.2 마이크로커널

제5장에서 실리콘 샌드위치의 아키텍처 특성들을 분석하면서 고도의 맞춤성(customizability)이 필요하다고 말했다. [그림 19-4]는 이러한 요구를 도메인/아키텍처 동형성을 이용해서 마이크로커널 아키텍처로 구현한 예이다.

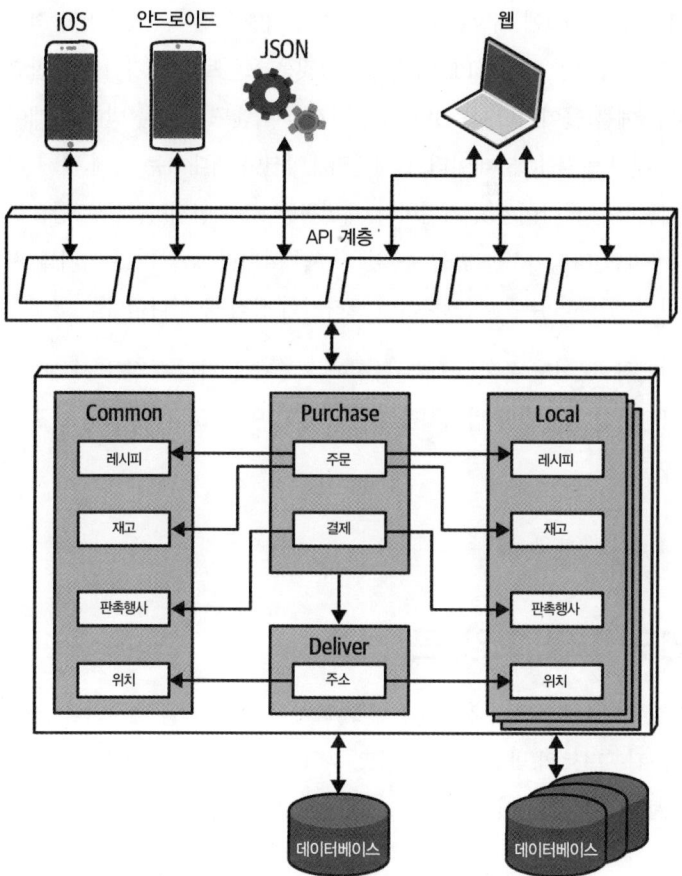

그림 19-4 실리콘 샌드위치의 마이크로커널 구현

[그림 19-4]에서 코어 시스템은 도메인 컴포넌트들과 단일 관계형 데이터베이스로 구성된다. 모듈형 모놀리스 설계에서처럼, 도메인과 데이터 설계를 세심하게 동기화해 두면 향후 코어를 분산 아키텍처로 마이그레이션하기가 수월해진다. 이 설계에서 각각의 커스텀화 기능은 플러그인으로 나타난다. 공통적인 것들은 단일 플러그인 집합(과 그에 상응하는 데이터베이스)으로 나타나고, 일련의 지역(매장별) 플러그인들은 각각 자체 데이터를 가진다. 플러그인들은 서로 결합될 필요가 없으므로, 각각 자신의 데이터를 유지하면서 다른 플러그인들과 분리된 상태를 유지할 수 있다.

이 설계의 또 다른 독특한 특징은 코어 아키텍처 외에 하나의 API 계층이 얇은(thin) 마이크로커널 어댑터 역할을 한다는 점이다. 이것은 프런트엔드용 백엔드(Backends for Frontends,

BFF) 패턴(https://oreil.ly/i3Hsc)에 해당한다. API 계층이 백엔드에서 가져온 일반적인 정보를 적절한 BFF 어댑터에 제공하면 해당 BFF 어댑터가 그것을 프런트엔드 기기에 적합한 형식으로 변환하는 방식이다. 예를 들어, iOS용 BFF는 일반적인 백엔드 출력을 받아서 데이터 형식, 페이지네이션, 지연시간 등을 iOS 네이티브 애플리케이션이 기대하는 것에 맞게 커스텀화한다. 이렇게 하면 지원하는 클라이언트 기기마다 개별적인 BFF 어댑터를 구축함으로써 최대한 풍부한(rich) 사용자 인터페이스를 만들 수 있을 뿐만 아니라 향후 다른 기기를 지원하도록 아키텍처를 확장할 수 있다. 이는 마이크로커널 스타일의 장점 중 하나이다.

이 두 실리콘 샌드위치 아키텍처 중 어느 쪽이든 내부 통신에는 그냥 동기적 통신을 사용하면 된다. 이 애플리케이션은 극단적인 성능이나 탄력성을 요구하지 않으며, 그 어떤 작업도 길게 이어지지 않을 것이기 때문이다.

19.4 분산 사례 연구: 고잉, 고잉, 곤

제8장의 고잉, 고잉, 곤(GGG) 카타는 좀 더 흥미로운 아키텍처 과제 몇 개를 제시한다. §8.5 "사례 연구: 고잉, 고잉, 곤—컴포넌트의 발견"의 컴포넌트 분석에 따르면 이 아키텍처는 부분별로 서로 다른 특성을 요구한다. 예를 들어 경매사(auctioneer)와 입찰자(bidder)는 가용성과 확장성에 대한 요구사항이 서로 다르다.

GGG의 시스템 요구사항 문서에는 규모, 탄력성, 성능을 비롯해 다루기 까다로운 여러 운영 아키텍처 특성에 대한 다소 대담한 기대치가 명시되어 있다. 이러한 요구를 충족하려면 커스텀화를 높은 세분도와 자유도로 지원하는 아키텍처 패턴이 필요하다. 분산 아키텍처 관련 패턴 중 요구된 아키텍처 특성 대부분에 가장 잘 부합하는 두 가지를 꼽자면 저수준(low-level) 이벤트 주도 아키텍처와 마이크로서비스가 있다. 둘 중에서는 마이크로서비스가 운영 아키텍처 특성 간의 편차를 지원하는 데 더 뛰어나다. (순수 이벤트 주도 아키텍처는 보통 아키텍처 특성이 아니라, 오케스트레이션 통신을 사용하는지 혹은 코레오그래피형 통신을 사용하는지에 따라 컴포넌트들을 분리한다.)

그런데 마이크로서비스로는 요구된 성능 목표를 달성하기가 쉽지 않다. 하지만 아키텍처의 약점을 해결하는 최선의 방법은 그 약점을 보완하도록 설계하는 것이다. 예를 들어 마이크로서비스는 본질적으로 높은 확장성을 제공하지만, 과도한 오케스트레이션이나 지나치게 공격적인 데이터 분리 등의 문제로 인해 특정한 성능 문제를 일으키는 경우가 많으므로, 설계 시 이를 보완하는 방법을 고민해야 한다.

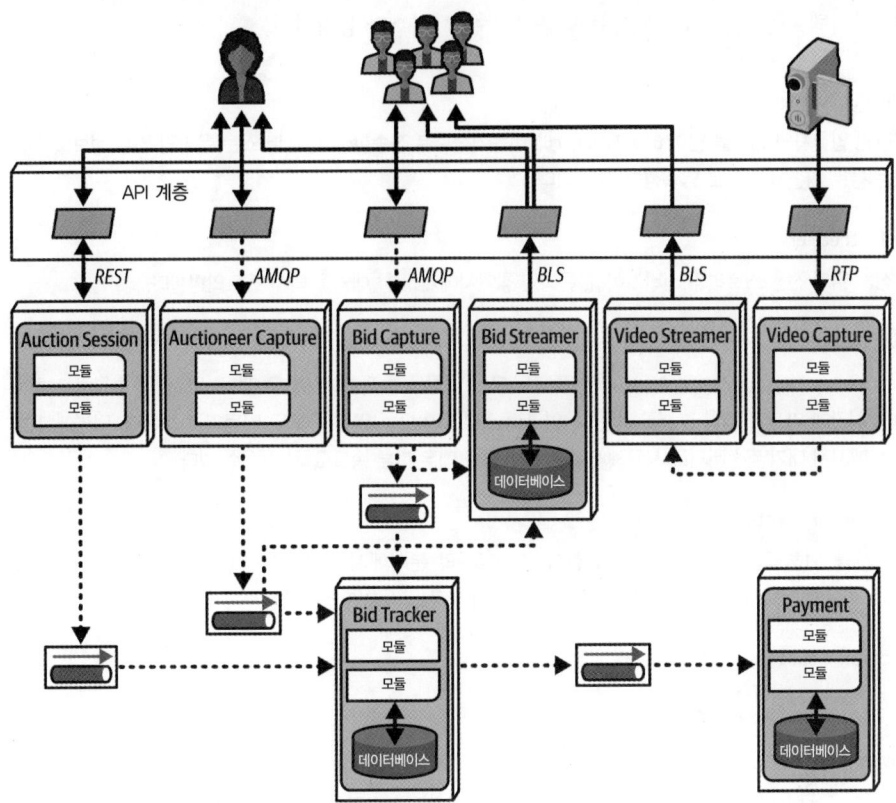

그림 19-5 마이크로서비스로 구현한 고잉, 고잉, 곤

[그림 19-5]에 GGG의 마이크로서비스 구현이 나와 있다. 식별된 각 컴포넌트가 아키텍처의 개별 서비스가 되도록 컴포넌트와 서비스의 세분도를 일치시켰음을 주목하자. GGG에는 세 가지 고유한 사용자 인터페이스가 있다.

입찰자(Bidder)
온라인 경매에 참여하는 수많은 입찰자를 대표한다.

경매사(Auctioneer)
경매 진행자로, 경매당 한 명이다.

스트리머(Streamer)

입찰자에게 비디오와 입찰 내역을 스트리밍하는 서비스이다. 이 스트림은 읽기 전용이다. 따라서 갱신이 필요한 경우에는 적용할 수 없는 최적화 기법을 적용할 수 있다.

GGG 아키텍처를 위한 이 설계에는 다음과 같은 서비스가 등장한다.

Bid Capture

온라인 입찰자의 입력을 받아 Bid Tracker에 비동기적으로 전송한다. 이 서비스는 온라인 입찰 정보를 전달하는 통로 역할을 하므로 영속성이 필요 없다.

Bid Streamer

고성능 읽기 전용 스트리밍 서비스이다. 온라인 참가자에게 입찰 내역을 다시 스트리밍한다.

Bid Tracker

Auctioneer Capture와 Bid Capture 양쪽에서 오는 입찰을 추적한다. 이 두 정보 스트림을 통합하고 최대한 실시간에 가깝게 입찰 순서를 정한다. 이 서비스로 들어오는 연결은 모두 비동기 방식이다. 덕분에 개발자는 메시지 대기열을 버퍼로 사용해서 메시지 흐름을 매우 다른 속도로 처리할 수 있다.

Auctioneer Capture

경매사를 위해 입찰들을 캡처(수집)한다. "8.5절"의 분석에서 보았듯이 Bid Capture와 Auctioneer Capture는 아키텍처 특성들이 상당히 다르다. 그래서 두 서비스를 분리했다.

Auction Session

개별 경매의 작업흐름을 관리한다.

Payment

Auction Session이 경매를 완료한 후 결제 정보를 처리하는 서드파티 결제 공급자이다.

Video Capture

라이브 경매의 동영상 스트림을 캡처한다.

Video Streamer

경매 동영상을 온라인 입찰자에게 스트리밍한다.

제8장에서 이 아키텍처의 동기적 통신 스타일과 비동기 통신 스타일을 면밀하게 분석해서 비동기 통신을 선택했다. 비동기 통신을 선택한 주된 이유는 서비스마다 다른 운영 아키텍처 특성을 수용하기 위해서였다. 예를 들어, Payment 서비스가 결제 하나를 처리하는 데 500ms가 걸리는데 수많은 경매가 동시에 종료된다고 가정해 보자. 이 경우 서비스들이 동기적으로 통신

한다면 시간만료(timeout)를 비롯한 여러 안정성 문제가 발생할 것이다. 메시지 대기열은 아키텍처에서 중요하지만 취약한 부분에 안정성을 더해준다.

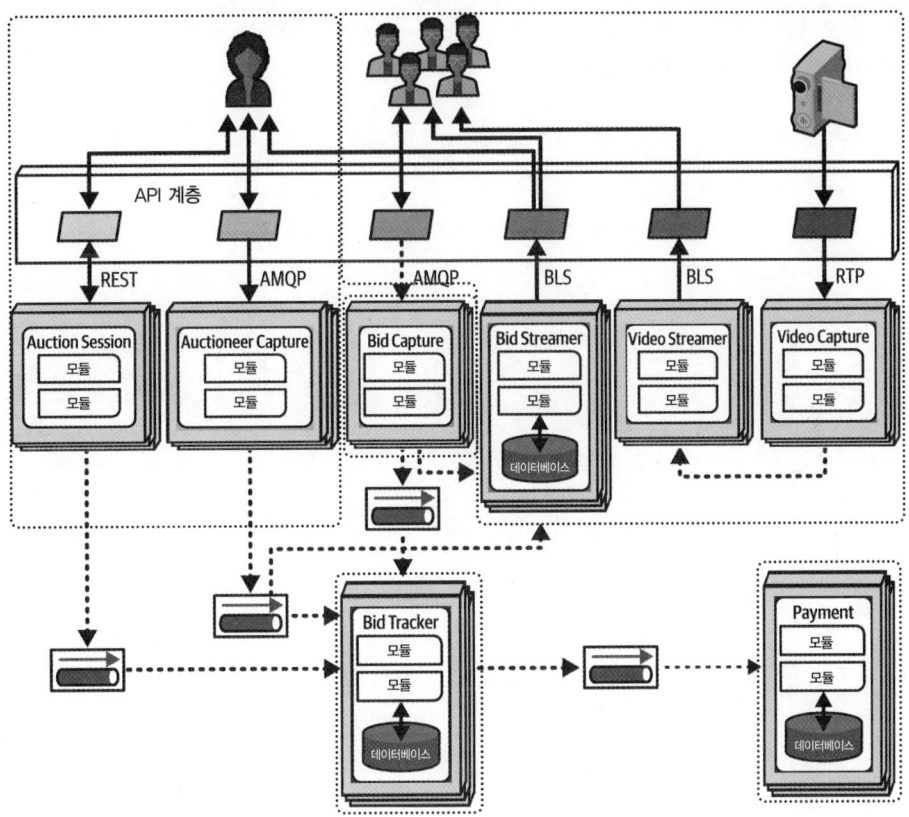

그림 19-6 GGG의 퀀텀들[2]

[그림 19-6]은 이상의 분석으로 식별한 퀀텀들을 나타낸 것이다. 시스템의 서비스들이 대략 결제, 경매 진행, 입찰자, 입찰자 스트리밍, 입찰 추적에 해당하는 다섯 가지 퀀텀으로 구분됨을 알 수 있다(이 도식에서 서비스를 감싼 상자가 여러 개 겹쳐 있는 것은 해당 서비스가 여러 인스턴스로 실행될 수 있음을 나타낸다). 컴포넌트 설계 단계에서 퀀텀 분석을 활용한 덕분에 서비스, 데이터, 통신 경계를 더 쉽게 식별할 수 있었다.

---

2 옮긴이_ 독자의 이해를 돕기 위해 다섯 퀀텀을 점선 테두리로 표시해 두었다. 점선 화살표는 비동기 통신을 나타낸다는 점(§16.2.4)과 비동기 통신은 퀀텀들을 분리한다는 점(그림 15-8)에 기반해서 퀀텀들을 직접 식별해 보는 것도 학습에 도움이 될 것이다.

이 설계가 GGG를 위한 설계의 '정답'은 아님을 유의하자. 또한 이것이 유일한 설계도 절대 아니다. 우리는 이것이 최선의 설계라고 생각하지 않는다. 단지 '가장 덜 나쁜' 트레이드오프들의 집합에 해당하는 설계일 뿐이다. 이 아키텍처는 마이크로서비스 패턴에 기반해서 이벤트와 메시지를 현명하게 사용함으로써 범용 아키텍처 패턴의 장점을 최대한 활용하고, 그와 함께 향후 개발과 확장을 위한 토대도 마련한다.

CHAPTER 20

아키텍처 패턴

제9장에서 아키텍처 스타일과 아키텍처 패턴이 어떻게 다른지 이야기했다. 요약하자면, **스타일**은 이름이 붙은 토폴로지이다. 아키텍트는 토폴로지, 물리적 아키텍처, 배포, 통신 스타일, 데이터 토폴로지의 차이점을 보고 두 스타일을 구별한다. 반면 아키텍처 패턴은 흔히 언급되는 GoF의 『*Design Patterns*』(Addison-Wesley, 1994)[1]에서 영감을 얻은 개념으로, 특정 문제에 대한 맥락화된 해법(contextualized solution)이다.

아키텍처 패턴과 '모범관행(best practice)'(제21장에서 더 자세히 다룬다)의 구분도 중요하다. 어떤 관행 혹은 실천사항을 두고 '모범관행'이라고 부른다는 것은 아키텍트가 특정 상황이 발생할 때마다 반드시 그 관행을 실천해야 한다는 의무가 있음을 암시한다. '더 나은' 관행이라고 부른다면 뭔가 논쟁하거나 재고찰할 여지가 있지만, '모범'이라는 말을 붙여서 모범관행이라고 부르다 보니 아키텍트들은 다른 생각 하지 말고 무조건 따라야 하는 본보기 해법이라는 느낌을 강하게 받게 된다.

패턴과 **솔루션**solution 또는 해법을 구분하는 것도 중요하다. 도구나 프레임워크, 라이브러리, 기타 소프트웨어 개발 과정에서 만들어진 요소 중에는 하나 이상의 패턴을 캡슐화한 것들이 많다. 특정 패턴을 얼마나 충실하게 따르는지, 다른 패턴과는 얼마나 섞여 있는지는 그 구현 방식에 따라 다를 수 있다. 아키텍트는 먼저 가장 적절한 패턴을 식별하는 데 집중한 다음, 그 패턴을 구현하는 가장 적절한 방법을 선택해야 한다.

---

1 옮긴이_ 번역서는 김정아 옮김, 『GOF의 디자인 패턴』(프로텍미디어, 2015).

이번 장에서는 주요 아키텍처 패턴 몇 가지를 소개한다. 제2부에서 논의한 스타일들과 대조해서 그 스타일들에 대한 맥락을 제공하는 것이 목표이므로, 이 패턴들을 아주 자세하게 파고 들어가지는 않을 것이다. 그럼 패턴과 구현의 차이를 잘 보여주는 아키텍처 재사용 패턴들부터 살펴보자.

20.1 재사용

도메인 결합(domain coupling)과 운영 결합(operational coupling)을 구분하는 것은 마이크로서비스 같은 분산 아키텍처에서 일반적인 아키텍처 관심사이다.

20.1.1 도메인 결합과 운영 결합의 구분

마이크로서비스 아키텍처의 설계 목표 중 하나는 높은 수준의 분리(decoupling)이다. 이를 "결합보다 중복이 낫다"라는 조언으로 표현하곤 한다.

두 서비스가 고객 프로필 정보를 주고받아야 하지만, 아키텍처의 도메인 주도적 경계 컨텍스트 때문에 각 서비스의 구현 세부 사항이 서비스 외부로 노출되지 않아야 한다고 하자. 이런 성격의 문제에 대한 일반적인 해결책은 각 서비스에 Profile 같은 엔티티의 내부 표현을 두고, JSON의 이름–값 쌍 같은 느슨하게 결합된 통신 수단을 이용해서 정보를 전달하는 것이다. 이렇게 하면 한 서비스의 내부 표현(기술 스택 포함)을 변경해도 다른 서비스들과의 통합이 깨지지 않으므로 서비스의 변경이 자유롭다. 개발자들은 일반적으로 코드 중복을 싫어한다. 동기화 깨짐이나 의미 이탈(semantic drift) 같은 문제를 일으킬 수 있기 때문이다. 하지만 중복보다 나쁜 것들이 있다. 마이크로서비스에서는 결합이 그것이다.

마이크로서비스를 설계하다 보면, 분리를 유지하기 위해서는 구현을 중복할 수밖에 없는 상황에 몰리기도 한다. 대체로 아키텍트들은 그러한 현실을 받아들인다. 하지만 높은 결합이 오히려 **이득**이 되는 역량도 있다. 예를 들어 모니터링, 로깅, 인증 및 권한 부여(인가), 서킷 브레이커 같은 운영 기능은 거의 모든 서비스에 공통이다. 이런 의존성을 팀마다 따로 관리하게 하면 혼란이 생길 가능성이 크다.

예를 들어 어떤 회사가 모든 서비스의 운영을 쉽게 하기 위해 하나의 표준 모니터링 솔루션을 선택하려 하는 시나리오를 생각해 보자. 여러 서비스 팀(Payment 서비스 팀, Inventory 서비스 팀 등)이 서비스에 대한 모니터링을 그 표준 모니터링 솔루션을 이용해서 각자 따로 구현해야 한다고 아키텍트가 결정한다면 어떨까? 그런 경우 모든 팀이 실제로 해당 모니터링을 잘 구현해서 운영하는지를 운영 팀이 확신하기 어렵다. 또한 통합 업그레이드 같은 문제도 있다. 조직 전체에서 표준화된 모니터링 솔루션을 업그레이드해야 한다면, 모든 팀이 이를 제대로 진행하게 만들 수 있어야 한다.

육각형 아키텍처

[그림 20-1]은 **육각형** 아키텍처(Hexagonal architecture) 패턴을 나타낸 것이다. 그림에서 보듯이 육각형 아키텍처의 중심(핵심부)에는 도메인 로직이 있고, 육각형 가장자리에 있는 여러 어댑터가 포트port를 통해서 핵심부와 연결된다(이 때문에 이 패턴을 **포트와 어댑터** 패턴이라고 부르기도 한다).

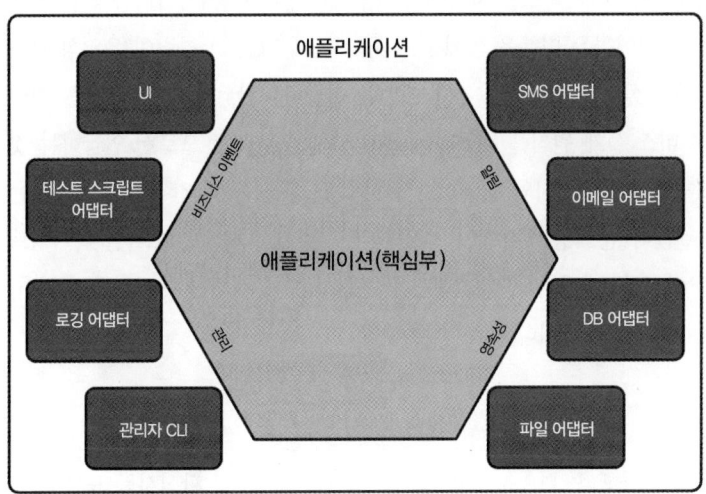

그림 20-1 육각형 아키텍처 패턴

예리한 독자들은 육각형의 여섯 면 중 네 면만 사용됨을 눈치챘을 것이다. 이 패턴의 창시자인 알리스테어 코번Alistair Cockburn은 처음에 이것을 실제로 육각형으로 그리고 육각형 아키텍처 패턴이라고 불렀다. 하지만 거의 즉시 후회했는데, '포트와 어댑터'라는 이름이 이 패턴을 더 잘 설명해 주기 때문이었다. 그러나 너무 늦었다. 많은 아키텍트가 '육각형'이 더 멋있다고 생각해서 그 이름이 굳어졌다.

사람들은 흔히 패턴과 구현을 혼동해서 위험에 빠지곤 하는데, 육각형 아키텍처 패턴이 좋은 예이다. 육각형 아키텍처를 마이크로서비스를 설명하는 수단으로 사용하는 것은 오히려 이해에 방해가 될 수 있다. 그런 접근법은 이 패턴의 원래 의도를 아는 사람들에게나 유효하다. 육각형 아키텍처는 현재의 마이크로서비스보다 이전에 나왔지만, 둘은 비슷한 점이 많다. 물론 차이점도 있는데, 특히 데이터 충실도(data fidelity)와 관련한 차이점이 중요하다. 육각형 아키텍처는 데이터베이스를 그저 포트를 통해서 연결할 수 있는 어댑터의 일종으로 취급한다. 데이터베이스 스키마는 핵심부의 비즈니스 로직에 포함되지 않는데, 이는 데이터베이스가 완전히 별개의 장치라는 잘못된 인식 때문이었다(육각형 패턴 이름이 만들어진 당시에 그런 오해가 흔했다). 에릭 에반스Eric Evans는 저서 『Domain-Driven Design』에서 이 실수를 바로잡는 통찰력을 보였다. 에반스는 데이터베이스 스키마가 어디에 있든 관계없이 시스템의 비즈니스 로직을 반영하도록 변경되어야 함을 지적했다.

이런 오해 때문에 육각형 패턴은 아키텍트들 사이에서 끊임없이 혼동과 논쟁거리를 만들어 내고 있다. 누군가가 육각형 패턴이라는 이름을 입에 올릴 때마다, 우리는 그 사람이 운영상 관심사와 도메인 관심사의 분리를 설명하기 위해 육각형 패턴을 언급하는지, 아니면 데이터를 격리함으로써 핵심 마이크로서비스 설계 원칙을 위반하는 문자 그대로의 '패턴'으로서 언급하는 것인지 헷갈린다. 이 패턴을 '도메인 관심사와 운영상 관심사의 분리'를 좀 더 간결하게 지칭하는 수단으로 사용하는 것은 괜찮다(문맥상 헷갈릴 여지가 없다고 할 때). 하지만 오늘날 아키텍트들에게 이 구현은 필수가 아니다. 이제는 육각형 패턴을 구현하는 더 적절한 메커니즘이 있다. 바로 **서비스 메시**(Service Mesh) 패턴이다.

서비스 메시

서비스 메시는 제18장에서 언급했다. §18.2.5 "운영 재사용"에서 기술적 관심사를 도메인 관심사로부터 분리하는 일반적인 아키텍처 접근법의 하나로 사이드카 패턴과 서비스 메시 패턴의 적용을 제시했음을 기억할 것이다.

사이드카 패턴이 단지 운영 기능을 도메인에서 분리하는 방법만은 아니다. 이것은 특정 종류의 결합을 다루는 직교 재사용 패턴이다('직교 결합' 글 상자 참고). 아키텍처 솔루션에는 흔히 여러 종류의 결합이 요구된다. 지금 논의에서는 도메인 결합과 운영 결합이 그러한 예이다. **직교 재사용**(Orthogonal Reuse) 패턴은 선호하는 아키텍처의 하나 이상의 관심사로 표현되는 어떤 측면이 아키텍트가 선호하는 위계 조직화(hierarchical organization)에 잘 맞아들어가지 않는 경우에 그 측면을 재사용하는 한 방법을 제시한다. 예를 들어, 마이크로서비스 아키텍처는 도메인 위주로 구성되지만, 운영 결합은 그런 도메인들을 가로질러야 한다. 사이드카 패턴을 이용하면 그런 관심사들을 아키텍처 전반을 가로지르는, 그러나 일관적인 하나의 계층으로 격리할 수 있다.

> **직교 결합**
>
> 수학에서 두 직선이 직각으로 교차하는 것을 **직교**한다(orthogonal)고 말한다. 직교라는 용어는 어떤 두 요소가 서로 독립적임을 나타내기도 한다. 소프트웨어 아키텍처에서는, 목적은 완전히 다르지만 하나의 솔루션을 형성하려면 여전히 교차해야 하는 아키텍처의 두 부분을 가리켜 **직교로 결합된다**고 말한다. 앞에서 언급한 모니터링 같은 운영상 관심사가 좋은 예이다. 모니터링은 카탈로그 체크아웃 같은 도메인 행동방식과는 독립적이지만, 시스템이 돌아가려면 둘 다 필요하다. 이런 직교 결합들을 잘 파악하면, 관심사들이 가장 덜 뒤엉키는 교차점을 찾을 수 있다.

사이드카 패턴은 좋은 추상화를 제공하지만, 다른 모든 아키텍처 접근법과 마찬가지로 트레이드오프가 존재한다(표 20-1).

표 20-1 사이드카 패턴 및 서비스 메시 패턴의 트레이드오프

장점	단점
격리된 결합을 생성하는 일관된 방법 제공	플랫폼마다 사이드카를 구현해야 함
일관된 인프라 조정 허용	사이드카 컴포넌트가 크고 복잡해질 수 있음
팀별 소유권, 중앙집중화, 또는 둘의 조합	독립적인 팀들 간의 구현 '이탈'

육각형 패턴과 서비스 메시 패턴은 모두 도메인을 운영상의 관심사로부터 분리하는 재사용 패턴을 구현하는 방법을 보여준다. 육각형 구현은 범용이지만 서비스 메시는 마이크로서비스 같은 분산 아키텍처들에 적합하다. 아키텍트에게 중요한 것은 먼저 분리의 패턴을 식별하는 것이다. 그런 다음 그것을 자신의 아키텍처에서 구현하는 최선의 방법을 결정해야 한다.

20.2 통신

통신 패턴을 포함한 여러 아키텍처 패턴은 이벤트 기반 아키텍처에서 나온 것이지만, 메시지나 이벤트를 통해 통신하는 모든 분산 아키텍처에 적용된다. 제15장과 제18장에서 논의한 아키텍처들도 이에 포함되는데, 실제로 그 장들에 여러 통신 패턴이 등장했다. 단지 패턴 이름을 명시적으로 제시하지 않았을 뿐이다. 사실 아키텍트들은 깨닫지 못한 채로 기존 패턴을 구현하는 경우가 많다. 어차피 패턴은 일반적인 문제에 대한 해법일 뿐이므로 이는 자연스러운 일이다.

20.2.1 오케스트레이션 대 코레오그래피

코레오그래피와 오케스트레이션은 §15.2.11 "중재된 이벤트 주도 아키텍처"와 §18.2.8 "코레오그래피와 오케스트레이션"에서 살펴보았다. [그림 20-2]는 이 두 가지 통신 패턴의 동형(isomorphic) 작업흐름들을 나타낸 것이다.

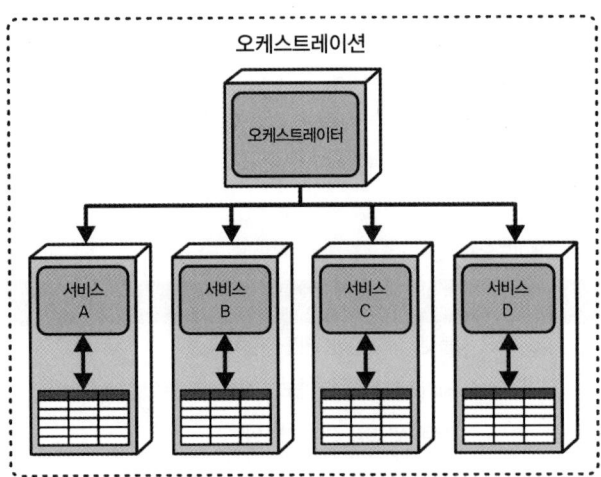

그림 20-2a 마이크로서비스 아키텍처의 오케스트레이션

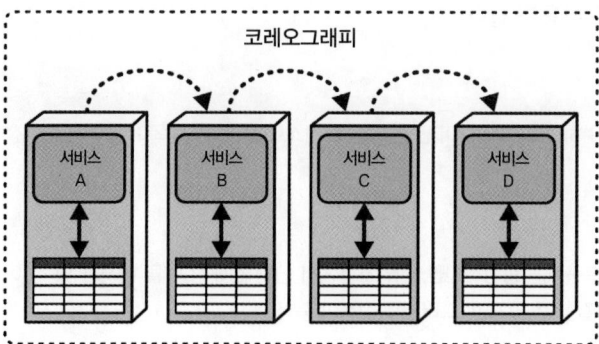

그림 20-2b 마이크로서비스 아키텍처의 코레오그래피

[그림 20-2]에서 오케스트레이션과 코레오그래피 둘 다 각각 네 개의 도메인 서비스(서비스 A에서 D)가 협업해서 작업흐름을 형성해야 한다. 오케스트레이션의 경우에는 작업흐름의 조정자 역할을 하는 별도의 서비스가 있다. 바로 **오케스트레이터**이다.

이전 장들에서 이런 통신을 **오케스트레이션**으로도, **중재**(mediation)로도 설명했는데, 이름이 다를 뿐 패턴은 동일하다. 구현 안에 숨어있는 패턴을 인식하는 것은 아키텍트에게 도움이 된다. 트레이드오프들이 더 명확해지기 때문이다.

이 문제는 이전 장들에서 중개와 오케스트레이션의 트레이드오프를 설명할 때 많이 다루었으므로, 여기서는 장점들만 간단히 요약하겠다.

중앙집중화된 작업흐름
복잡성이 증가함에 따라 상태, 행동방식, 경계 조건(boundary condition)을 위한 통합된 컴포넌트를 활용하는 것이 이득이 된다.

오류 처리
오류 처리는 많은 도메인 작업흐름의 주요 부분이다. 작업흐름을 위한 상태 소유자(state owner)가 있으면 오류 처리가 수월해진다.

복구성
오케스트레이터가 작업흐름의 상태를 모니터링하기 때문에, 하나 이상의 도메인 서비스가 잠시 가동이 중지되는 경우 아키텍트가 재시도 로직을 추가할 수 있다.

상태 관리
오케스트레이터가 있으면 작업흐름의 상태를 조회할 수 있게 된다. 따라서 다른 작업흐름들과 기타 일시적 상태(transient state)들을 한 곳에서 관찰할 수 있다.

오케스트레이션의 일반적인 단점은 다음과 같다.

반응성
모든 통신이 오케스트레이터를 거쳐야 하므로, 처리량이 많은 경우 오케스트레이터가 병목이 되어서 반응성이 나빠질 수 있다.

내결함성
오케스트레이션은 도메인 서비스의 복구성을 향상하지만, 작업흐름에서 단일 장애점이 될 여지가 있다. 이 문제를 중복성(redundancy)으로 해결할 수 있지만, 그러면 복잡성이 증가한다.

확장성
오케스트레이터는 조정점(coordination point)을 더 많이 추가하므로 잠재적인 병렬성이 감소한다. 따라서 오케스트레이션 통신 스타일은 코레오그래피형 통신보다 확장성이 나쁘다.

서비스 결합
중앙 오케스트레이터는 도메인 컴포넌트들과 단단하게 결합한다. 이런 결합이 필요한 경우도 있지만, 마이크로서비스 아키텍처에서는 그리 바람직하지 않다.

코레오그래피 역시 이전 장들에서 마이크로서비스와 이벤트 주도 아키텍처 모두에 대해 논의했다. 코레오그래피형 작업흐름의 트레이드오프는 다음과 같다.

반응성
이 통신 스타일은 단일 병목 지점이 적기 때문에 병렬성을 활용할 기회가 더 많다.

확장성
오케스트레이터 같은 조정점이 없어서 좀 더 독립적인 확장이 가능하다.

내결함성
단일 오케스트레이터가 없어서 아키텍트는 여러 인스턴스를 사용해서 내결함성을 향상할 수 있다. 물론 오케스트레이션 방식에서도 오케스트레이터를 여러 개 둘 수 있지만, 어차피 모든 통신이 여러 오케스트레이터를 거쳐야 한다. 그래서 코레오그래피형에 비해 작업흐름의 전반적인 내결함성 수준에 좀 더 민감하다.

서비스 분리
오케스트레이터가 없으므로 결합이 약하다.

코레오그래피형 통신 스타일의 단점은 다음과 같다.

분산 작업흐름
작업흐름의 소유자가 없으므로 오류나 기타 경계 조건을 관리하기가 어렵다.

상태 관리
중앙집중화된 상태 소유자가 없으므로 지속적인 상태 관리가 어렵다.

오류 처리
오케스트레이터가 없으므로 각 도메인 서비스가 작업흐름에 관해 더 많은 것을 알아야 한다. 이 때문에 오류 처리가 좀 더 어려워진다.

복구성
재시도나 기타 상황 해결 작업을 수행할 오케스트레이터가 없으므로 복구성이 나쁘다

이 두 패턴은 우리가 스타일과 패턴을 구분해서 다루는 이유를 잘 말해준다. 모든 분산 아키텍처는 두 통신 패턴 중 어느 것이든 사용할 수 있다. 아키텍트는 이들의 트레이드오프를 평가하는 방법을 익혀야 한다. "**트레이드오프 분석을 단 한 번만 하고 끝낼 수는 없다.**"라는 소프트웨어 아키텍처 제2법칙을 기억하자. 이 두 패턴은 또한 공통 패턴(common pattern)이 어디에나 존재한다는 점도 잘 말해준다. 그래서 공통 패턴이라고 부르는 것이다.

20.3 CQRS

다수의 분산 아키텍처에서(그리고 몇몇 모놀리스형 아키텍처에서도) 볼 수 있는 또 다른 일반적인 통신 패턴으로 **CQRS**(Command-Query-Responsibility-Segregation; 명령과 질의의 책임 분리)가 있다. 이것은 간단한 통신 및 데이터 패턴으로, [그림 20-3]의 오른쪽 구조에서 보듯이 데이터베이스와의 일반적으로 모놀리스형 통신을 두 부분으로 나누는 것이 특징이다.

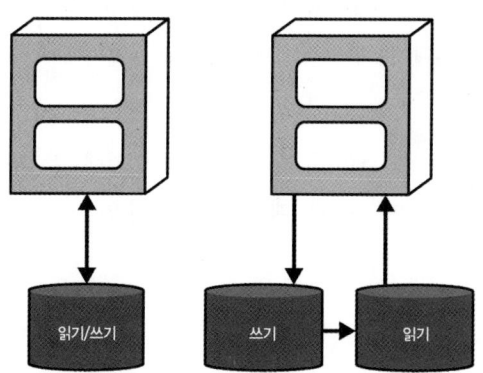

그림 20-3 클라이언트/서버와 CQRS의 비교

[그림 20-3]에서 왼쪽 구조는 일반적인 **클라이언트/서버** 데이터 상호작용을 보여준다. 여기서 애플리케이션은 데이터베이스를 애플리케이션 인프라의 일부로 활용해서, 데이터베이스 쿼리(질의) 기능을 통해서 데이터베이스의 데이터를 읽고 트랜잭션 쓰기 기능을 통해서 데이터베이스에 데이터를 기록한다. 이것이 일반적인 패턴이다. 하지만 읽기 작업의 양과 쓰기 작업의 양이 크게 차이가 나는 시스템도 있고 보안이나 기타 관심사 때문에 읽기를 쓰기로부터 격리하는 것이 바람직한 시스템도 있다. 그런 시스템이라면 [그림 20-3]의 오른쪽에 표시된 CQRS 패턴이 해답이 된다.

CQRS는 쓰기를 하나의 데이터 저장소(보통은 데이터베이스, 경우에 따라서는 지속적 메시지 대기열 같은 다른 인프라)로 격리한다. 이 데이터 저장소는 데이터를 또 다른 데이터베이스로 동기화한다(보통 비동기적으로). 읽기 요청은 그 데이터베이스가 처리한다.

이처럼 읽기와 쓰기를 분리하면 아키텍트는 데이터에 따라 서로 다른 아키텍처 특성들을 격리할 수 있게 된다. 또한, 필요하다면 데이터베이스마다 서로 다른 데이터 모델을 사용하는 것도 가능해진다.

CQRS는 데이터 기능성의 유형이나 보안 관심사, 그리고 물리적 분리가 유리한 기타 요소들에 따라 서로 다른 아키텍처 특성을 지원하는 데이터 통신 패턴의 좋은 예이다.

20.4 인프라

소프트웨어 아키텍처에 관한 공통의 문제에 부딪혔을 때 개발 팀은 그 문제를 푸는 데 유용한 '맥락화된 해법'을 찾곤 한다. 그런 모든 공통의 문제에 대해 패턴이 존재한다. 그리고 그런 패턴들은 생태계의 다른 부분들과 교차하는 경우가 많다(이 부분에 관해서는 제26장에서 본격적으로 논의할 것이다).

컴포넌트들 사이의 결합이나 데이터 요소들 사이의 결합, API들 사이의 결합 등 아키텍트는 다양한 결합에 신경을 쓴다. 다음의 브로커-도메인Broker-Domain 패턴에서 보듯이 인프라와의 결합 역시 아키텍트가 챙겨야 할 관심사이다.

20.4.1 브로커-도메인 패턴

이번 절에서는 이전 장들에서 자주 본 주문 접수 작업흐름을 예로 들겠다. [그림 20-4]에서 보듯이, 이번에는 이 작업흐름을 이벤트 주도 아키텍처(EDA)로 구현한다.

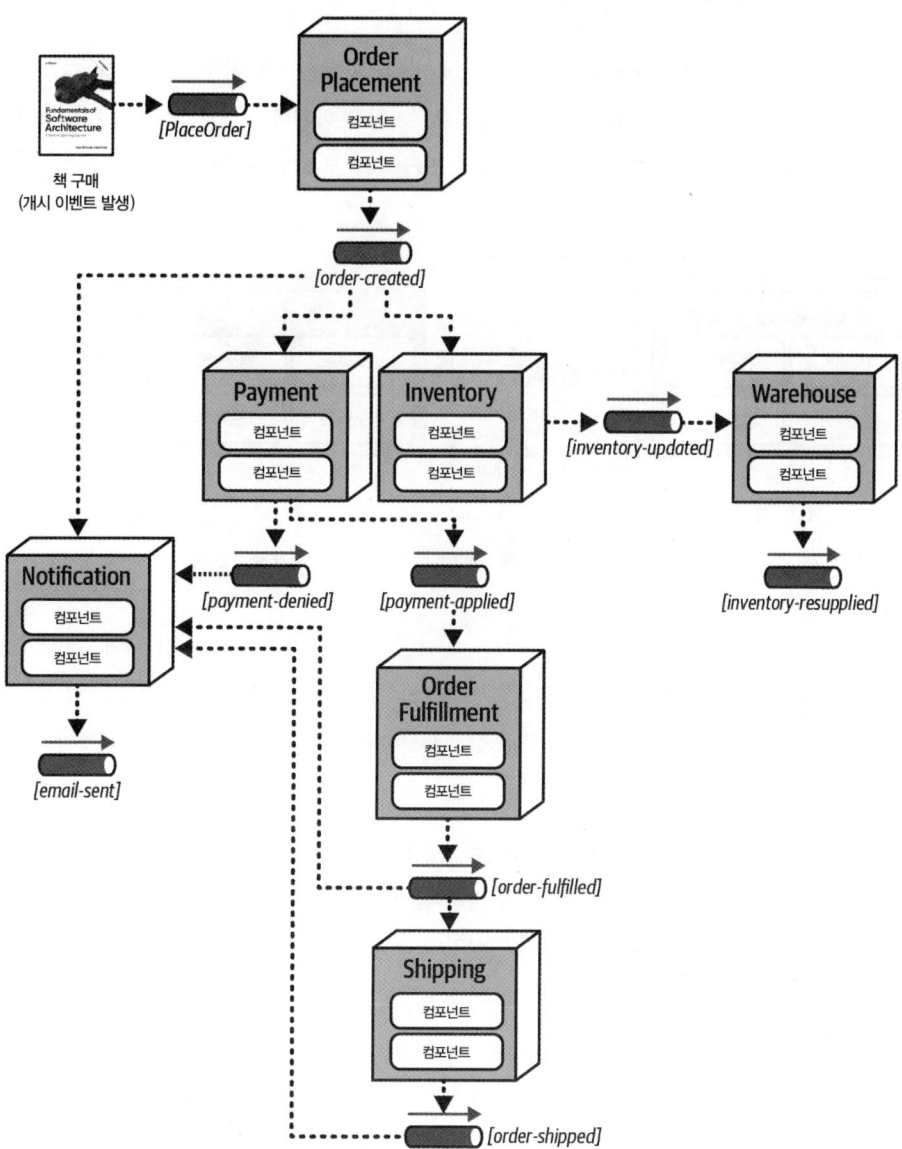

그림 20-4 EDA로 구현된 주문 접수 작업흐름

EDA가 서비스 간 통신에 이벤트를 사용한다는 점은 이전에 이미 이야기했다. EDA에서는 이벤트 처리기(event processor)들이 적절한 서비스를 구독함으로써 작업흐름이 만들어진다. 이벤트 처리기는 **브로커**로 구현되는데, 브로커들은 아키텍처 인프라의 일부이다. EDA에서 토픽이나 대기열은 일반적으로 발신자(sender)가 소유한다. 예를 들어 Payment가 어떤 토픽을 구독하려면 그 토픽의 주소를 알아야 한다.

[그림 20-5]에서 Order Placement는 다른 프로세서들이 구독할 브로커를 '소유'한다. 다시 말해, 이 서비스를 지원하는 데 필요한 인프라에는 브로커가 포함된다. 만일 시스템이 모든 통신에 하나의 브로커만 사용한다면, 모든 서비스가 인프라의 한 부분에 의존하게 된다.

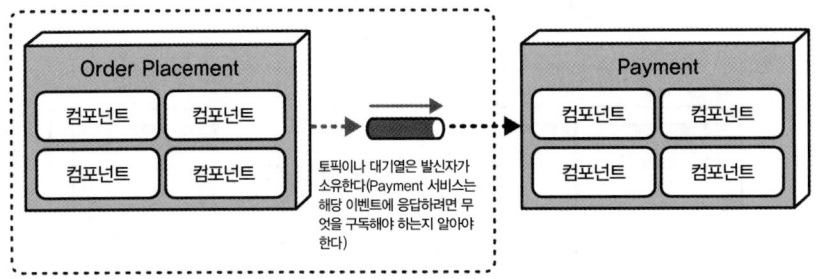

그림 20-5 이벤트 주도 코레오그래피에서는 일반적으로 토픽이나 대기열을 발신자가 소유한다.

[그림 20-6]은 작업흐름의 인프라에 브로커가 하나만 있는 예이다. 브로커가 하나뿐이므로, 모든 이벤트 처리기가 작업흐름 협업 요소를 구독하기 위해 어디로 가야 할지 "알고" 있다. 더 나아가서, 이처럼 단일 브로커를 사용하면 로깅, 모니터링, 기타 거버넌스를 한 장소에서 처리할 수 있다.

하지만 분산 아키텍처의 목표 중 하나는 내결함성을 개선하는 것임을 유념하자. [그림 20-6]의 단일 브로커가 다운되면 전체 작업흐름이 멈춘다. 또한 확장성 문제도 고려해야 한다. 모든 메시지가 단일 브로커를 통과해야 한다면, 메시지량이 증가함에 따라 브로커에 과부하가 걸릴 위험이 있다.

이에 대한 대안은 **도메인-브로커**Domain-Broker 패턴이다. 이 패턴은 인프라를 도메인의 세분도에 상응하는 방식으로 취급한다. [그림 20-7]을 보자.

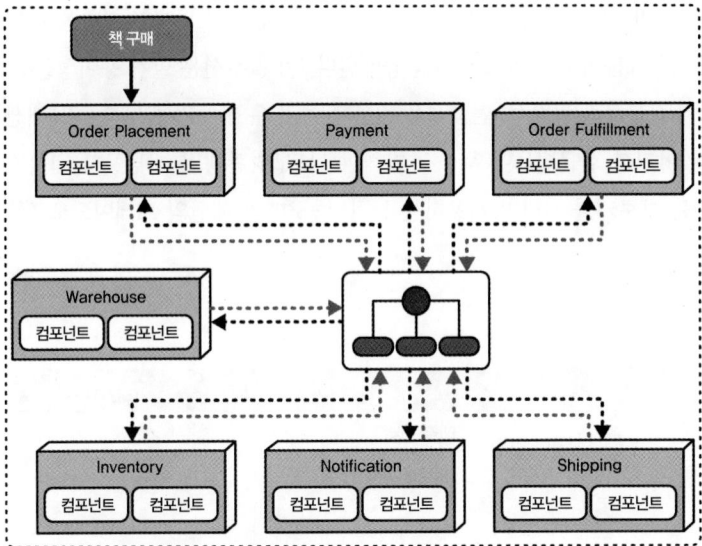

그림 20-6 전체 작업흐름에 하나의 브로커를 사용하는 예

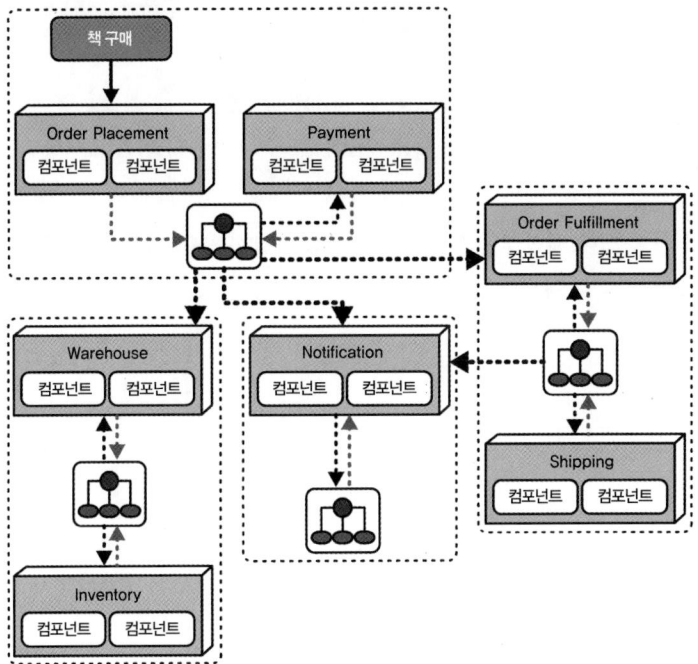

그림 20-7 도메인-브로커 패턴을 적용해서 인프라에 소유권을 배정한 예

제20장 아키텍처 패턴 473

[그림 20-7]에 나온 대안적 아키텍처에서는 서비스들을 아키텍처 전반의 도메인 분할을 반영해서 여러 그룹으로 묶고, 각 그룹이 하나의 브로커를 공유한다. 이 솔루션은 발견 용이성을 크게 저해하지 않으면서도 내결함성과 확장성, 탄력성을 비롯한 여러 운영 아키텍처 특성을 개선한다. 하지만 지금까지 이야기한 접근법들이 무조건 따라야 할 '모범관행'은 아님을 유념하기 바란다. 먼저, [표 20-2]는 브로커를 하나만 사용하는 브로커-도메인 패턴의 트레이드오프들이다.

표 20-2 브로커-도메인 패턴의 트레이드오프

장점	단점
중앙집중식 발견성	내결함성
가능한 최소한의 인프라	처리량 제한

그리고 도메인-브로커 패턴에도 물론 트레이드오프가 있다(표 20-3).

표 20-3 도메인-브로커 패턴의 트레이드오프

장점	단점
더 나은 격리 수준	대기열/토픽 발견이 더 어려움
도메인 경계와 일치함	인프라가 많아서 비용이 증가함
확장성 좋음	'움직이는 부품'이 많아서 유지보수 부담이 증가함

주어진 시스템에 가장 적합한 인프라 패턴을 결정할 때 아키텍트는 발견 용이성과 도메인 격리 필요성 사이의 균형을 맞춰야 한다.

PART 03

기법과 소프트 스킬

소프트웨어 아키텍처의 기술적 측면만 알아서는 유능한 소프트웨어 아키텍트가 되기 힘들다. 아키텍트처럼 생각하고, 개발 팀을 이끌고, 다양한 이해관계자에게 아키텍처를 효과적으로 전달하는 데 필요한 핵심 기법(technique)과 소프트 스킬soft skill도 갖추어야 한다. 이 책의 제3부에서는 유능한 소프트웨어 아키텍트가 되는 데 필요한 핵심 기법과 소프트 스킬을 다룬다.

PART 03

기법과 소프트 스킬

21장 아키텍처적 결정

22장 아키텍처 위험 분석

23장 아키텍처 도식화

24장 유능한 팀 만들기

25장 협상과 리더십 스킬

26장 아키텍처 교차점

27장 다시 살펴본 소프트웨어 아키텍처 법칙들

CHAPTER 21

아키텍처적 결정

사람들이 아키텍트에게 기대하는 핵심 역할 중 하나는 아키텍처와 관련한 사항들을 결정하는 것이다. 이러한 아키텍처적 결정(architectural decision)은 주로 애플리케이션이나 시스템의 구조와 관련된다. 하지만 기술적인 결정 사항들, 특히 아키텍처 특성에 영향을 미치는 기술적 결정 사항들도 아키텍처적 결정에 포함될 수 있다. 어떤 경우이든 좋은 아키텍처적 결정이란 개발 팀이 올바른 기술을 선택하도록 이끌어주는 결정이다. 아키텍처적 결정을 위해서는 아키텍트가 관련 정보를 충분히 수집하고, 그 결정을 정당화하고, 문서로 남기고, 적절한 이해관계자에게 효과적으로 전달해야 한다.

21.1 아키텍처적 결정의 안티패턴들

프로그래머 앤드류 쾨니히(https://oreil.ly/p9i_Y)는 **안티패턴**을 "처음에는 좋은 생각처럼 보이지만 결국 문제를 일으키는 것"이라고 정의한다. 안티패턴의 또 다른 정의는 '부정적인 결과를 낳는 반복 가능한 프로세스'이다. 아키텍트가 결정을 내릴 때 나타날 수 있는 (그리고 실제로 자주 나타나는) 가장 흔한 아키텍처적 결정 안티패턴을 세 가지 꼽자면 '보신주의' 안티패턴, '사랑의 블랙홀' 안티패턴, '이메일 주도 아키텍처' 안티패턴이 있다. 보통 이 세 안티패턴은 차례로 이어진다. 보신주의 안티패턴을 극복하면 사랑의 블랙홀 안티패턴이 나타나고, 그것을 극복하면 이메일 주도 아키텍처 안티패턴으로 이어지는 식이다. 효과적이고 정확한 아키텍처적 결정을 위해서는 이 세 가지를 모두 극복해야 한다.

21.1.1 보신주의 안티패턴

보신주의(Cover Your Assets)[1] 안티패턴은 아키텍트가 잘못된 선택을 할까 두려워 아키텍처적 결정을 회피하거나 미룰 때 발생한다. 이를 극복하는 방법은 두 가지이다. 첫째는, 중요한 아키텍처적 결정을 **책임이 따르는 마지막 순간**(last responsible moment, LRM)까지 기다리는 것이다. 이는 결정을 정당화하고 검증할 정보를 충분히 확보할 수 있을 때까지 결정을 늦추되, 개발 팀의 작업을 지연시키거나 아키텍트가 **분석 마비**(Analysis Paralysis) 안티패턴에 빠질 만큼 늦추지는 않는 것을 말한다. 분석 마비 안티패턴은 결정에 관한 분석에만 빠져서 아무것도 결정하지 못하는 것을 말한다. 언제가 '책임이 따르는 마지막 순간'인지 알아내는 데 좋은 방법 하나는 결정을 미루는 데 드는 비용이 결정을 내리는 데 따르는 위험을 초과하는 시점이 언제인지 자문해 보는 것이다. [그림 21-1]을 보자. X 축은 결정을 내리는 시간이고 Y 축은 비용과 위험이다. 초기에는 시간을 적게 쓰므로 비용(실선)이 낮지만, 문제나 해결책에 대해 알려진 바가 적기 때문에 위험(점선)은 높다. 결정을 미루는 데 시간을 더 많이 쓸수록 비용은 증가하지만, 아키텍트가 문제와 대안을 더 완벽하게 분석할 수 있으므로 위험은 감소한다. 결정을 내려야 할 시점은 실선과 점선이 교차하는 지점, 즉 비용 증가분이 위험 감소분을 넘어서는 순간이다.

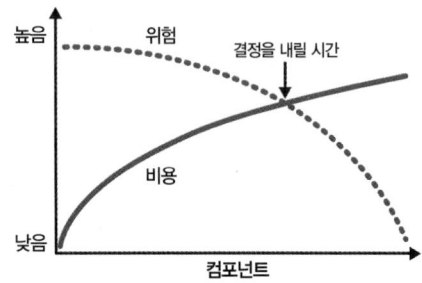

그림 21-1 책임이 따르는 마지막 순간

이 안티패턴을 피하는 또 다른 방법은 결정한 사항이 예상대로 구현될 수 있는지를 개발 팀과 협업해서 확인하는 것이다. 이는 매우 중요하다. 왜냐하면 어떤 아키텍트도 특정 기술과 관련된 모든 문제의 세부 사항을 전부 알 수는 없기 때문이다. 개발 팀과 긴밀히 협업하면 아키텍트

---

1 옮긴이_ 참고로 Covering Your Assets는 보신주의 혹은 무사안일주의를 뜻하는 좀 더 노골적인 표현 "cover your a***"를 순화한 것이다.

는 신속하게 대응하고, 더 깊은 통찰력을 얻으며, 잘못된 결정을 내릴 위험을 줄일 수 있다.

간단한 시나리오를 예로 들어서 이 점을 좀 더 설명해 보겠다. 이 시나리오에서 아키텍트가 모든 제품 관련 참조 데이터(제품 설명, 무게, 크기 등)를 해당 정보가 필요한 모든 서비스 인스턴스에 캐싱하기로 결정한다. 이를 위해 읽기 전용 복제 캐시를 사용하고, 기본 캐시는 Catalog 서비스가 소유하기로 한다. (**복제 캐시** 혹은 **메모리 내** 캐시를 사용한다는 것은 제품 정보가 변경되거나 신제품이 추가되어서 Catalog 서비스가 자신의 캐시를 갱신하면 복제 캐싱 제품이 그 내용을 해당 데이터가 필요한 다른 모든 서비스로 복제한다는 뜻이다.) 이렇게 결정한 이유는 서비스 간의 결합을 줄이고 서비스 간 호출 없이 데이터를 효과적으로 공유하기 위함이다. 하지만 이 아키텍처적 결정을 구현하는 개발 팀은 일부 서비스의 확장성 요구사항 때문에 이 결정대로라면 가용량보다 더 많은 프로세스 내부 메모리가 필요하다는 사실을 발견한다. 다행히 아키텍트는 이 팀들과 긴밀하게 협업하고 있기 때문에, 이 문제를 신속하게 인지하고 그에 맞춰 아키텍처적 결정을 조정한다.

21.1.2 사랑의 블랙홀 안티패턴

사랑의 블랙홀 안티패턴은 사람들이 왜 아키텍트가 특정 결정을 내렸는지 몰라서 그 결정을 계속해서 논의만 하고 최종적인 결론이나 합의에 이르지 못할 때 발생한다. 이 이름은 1993년에 개봉된 영화 〈사랑의 블랙홀〉에서 따왔다.[2] 이 영화에서 빌 머리Bill Murray가 연기한 주인공은 매일 2월 2일을 반복해서 살아야만 한다.

이 안티패턴은 아키텍트가 자신의 결정을 정당화하지 못할 때(혹은 부분적으로만 정당화했을 때) 발생한다. 아키텍처적 결정을 내릴 때는 기술적 명분[3]과 비즈니스적 명분을 모두 제시하는 것이 중요하다.

예를 들어 아키텍트가 모놀리스형 애플리케이션을 여러 개의 개별 서비스로 분리하기로 결정하고, 이에 대한 명분으로 "애플리케이션의 기능적 측면을 분리해서 각 부분이 더 적은 VM 자

---

[2] 옮긴이_ 이 안티패턴 이름의 원문이자 영화 원제는 Groundhog Day이다. 영어권에서 groundhog day는 마멋이라고도 부르는 다람쥐과 동물 그라운드호그가 겨울잠에서 깨어나서 겨울이 얼마나 남았는지 확인한다는 날로, 경칩(3월 5일 또는 6일)보다는 한 달 정도 빠른 2월 2일이다.

[3] 옮긴이_ '정당화'와 '명분' 둘 다 justification을 옮긴 것이다. 정당화는 뭔가가 정당하며 타당하다는 점을 입증하는 행위이고, 명분은 그러한 정당화를 위해 내세우는 근거나 논리 등을 뜻한다.

원을 사용하고, 개별적으로 유지보수 및 배포가 가능하게 한다"를 제시했다고 하자. 이는 기술적으로는 훌륭한 명분이지만, **비즈니스** 측면의 논리가 빠져 있다. 즉, 이 명분은 비즈니스 관점에서 왜 이 아키텍처 리팩터링에 비용을 지불해야 하는가라는 질문에 답을 제시하지 못한다. 이 결정에 대한 좋은 비즈니스적 명분으로는 새로운 비즈니스 기능성을 더 빨리 제공해서 시장 출시 기간을 단축하는 것을 들 수 있다. 또는 새로운 기능을 개발하고 출시하는 데 드는 비용을 절감하는 것도 좋은 명분이 될 수 있다.

아키텍처적 결정을 정당화할 때 비즈니스 가치를 제시하는 것은 매우 중요하다. 또한 이것은 애초에 해당 아키텍처적 결정을 내려야 하는지를 판단하는 좋은 리트머스 시험지이기도 하다. 만약 아무런 비즈니스 가치도 제공하지 못한다면, 아키텍트는 그 결정을 재고해야 할 것이다.

가장 흔한 비즈니스적 명분 네 가지는 비용, 시장 출시 기간, 사용자 만족도, 전략적 입지이다. 아키텍트는 이들 중 비즈니스 이해관계자에게 중요한 것이 무엇인지 고민해야 한다. 만일 비즈니스 이해관계자들이 시장 출시 기간을 더 중요하게 생각한다면, 단지 비용 절감만을 근거로 특정 결정을 정당화하는 것은 올바른 선택이 아닐 수 있다.

21.1.3 이메일 주도 아키텍처 안티패턴

아키텍트가 뭔가를 결정하고 그것을 충분히 정당화했다고 해도, 이메일 주도 아키텍처(Email-Driven Architecture)라는 또 다른 안티패턴이 고개를 들곤 한다. 이 안티패턴은 사람들이 아키텍처적 결정 사항을 놓치거나 잊어버릴 때 발생한다. 애초에 그런 결정이 내려졌다는 사실조차 몰라서 결정을 이행할 수 없는 경우도 마찬가지이다. 이 안티패턴을 극복하는 것은 아키텍처적 결정을 얼마나 효과적으로 전파하느냐에 달려 있다. 이메일은 훌륭한 의사소통 도구이지만, 문서를 보관하는 저장소 시스템으로는 적합하지 않다.

다행히 아키텍트가 이메일 주도 아키텍처 안티패턴을 피하기 위해 아키텍처적 결정을 효과적으로 전파하는 방법을 익히는 것은 그리 어렵지 않다. 가장 먼저 명심할 점은 결정 사항을 이메일 본문에 담지 않는 것이다. 결정 사항을 이메일 자체에 포함하면, 그 결정에 대한 기록 시스템이 여러 개 만들어진다. 결정 사항이 단 한 곳에만 있는 것이 아니라 이메일마다 그 사본이 담기기 때문이다. 그런 이메일에는 결정의 중요한 세부 사항(정당화 명분 등)이 빠져 있기 마련이므로 또다시 사랑의 블랙홀 안티패턴이 발생할 여지가 생긴다. 또한, 아키텍처적 결정이 변경되거나 대체될 경우, 모든 관련자가 수정된 결정 사항을 공유받았는지 확인하기 어렵다.

더 나은 접근법은, 아키텍처적 결정의 세부 사항은 단일 기록 시스템에 저장해 두고, 이메일 본문에는 결정 사항의 성격 및 맥락만 언급하고 세부 사항은 해당 저장 장소로의 링크로 대신하는 것이다. 그 링크는 위키 페이지 링크일 수도 있고 파일 시스템에 있는 어떤 문서를 가리키는 것일 수도 있다.

아키텍처적 결정에 관한 다음 이메일을 살펴보자.

> "샌드라 님, 안녕하세요. 담당하시는 업무에 직접적인 영향을 미치는 서비스 간 통신에 관한 중요한 결정을 내렸습니다. 다음 링크에서 결정 사항을 확인해 주세요."

첫 문장의 후반부를 보면, 실제 결정 내용 자체는 없고 서비스 간 통신이라는 맥락만 언급된 것을 알 수 있다. 첫 문장의 서두 역시 중요하다. 아키텍처적 결정에 직접적으로 영향을 받지 않는 사람에게 굳이 그 결정을 이메일로 알릴 필요는 없다. 이는 어떤 이해관계자(개발자 포함)에게 아키텍처적 결정을 직접 알려야 하는지 판단하는 훌륭한 리트머스 시험지가 된다. 예시의 두 번째 문장은 아키텍처적 결정이 있는 단일 위치로의 링크를 제공한다. 이에 의해 결정 사항에 대한 단일 기록 시스템이 보장된다.

21.2 아키텍처적 중요성

특정 기술과 관련된 결정은 아키텍처적 결정이 아니라 기술적인 결정이라고 믿는 아키텍트가 많다. 하지만 항상 그런 것은 아니다. 만약 아키텍트가 어떤 기술을 사용하기로 결정한 이유가 그 기술이 특정 아키텍처 특성(성능이나 확장성 등)을 직접 지원하기 때문이라면, 그것은 여전히 아키텍처적 결정이다.

유명 소프트웨어 아키텍트이자 『Release It!』 2판(Pragmatic Bookshelf, 2018)[4]의 저자인 마이클 나이가드Michael Nygard(https://michaelnygard.com)는 아키텍트가 책임져야 할 결정의 범위(즉, 무엇이 아키텍처적 결정을 구성하는지) 문제를 다루기 위해 **아키텍처적으로 중요한**(architecturally significant)이라는 표현을 만들었다. 나이가드에 따르면 아키텍처적으로

---

[4] 옮긴이_ 번역서는 박성철 옮김. 『Release의 모든 것』(한빛미디어, 2023).

중요한 결정이란 시스템의 구조, 비기능적 특성, 의존성, 인터페이스, 또는 구축 기법에 영향을 미치는 결정을 말한다.

여기서 **구조**(structure)에 영향을 미치는 결정은 곧 사용 중인 아키텍처 패턴이나 스타일에 영향을 미치는 결정이다. 예를 들어, 마이크로서비스 집합들이 코드를 공유하도록 한 결정은 마이크로서비스의 경계 컨텍스트에 영향을 미치므로 시스템의 구조에 대한 결정에 해당한다.

시스템의 **비기능적 특성**(non-functional characteristic)은 개발하거나 유지보수하는 시스템에 중요한 아키텍처 특성을 가리킨다. 예를 들어, 어떤 기술 선택이 성능에 영향을 미치고 성능이 애플리케이션의 중요한 측면이라면, 비록 그 선택이 특정 제품이나 프레임워크, 기술을 명시하더라도 아키텍처적 결정이 된다.

의존성(dependency)은 시스템을 구성하는 컴포넌트들이나 서비스들 사이의 결합점(coupling point)에 대한 것이다. 의존성은 확장성, 모듈성, 민첩성, 테스트성, 신뢰성 같은 아키텍처 특성들에 영향을 미칠 수 있으므로, 의존성에 관한 결정은 아키텍처적 결정이 된다.

인터페이스는 시스템이나 사용자 혹은 다른 어떤 요소들이 서비스들과 컴포넌트들에 접근하고 오케스트레이션하는 방식을 말한다. 접근은 흔히 게이트웨이나 통합 허브, 서비스 버스, 어댑터, API 프록시 등을 통해 이루어진다. 일반적으로 인터페이스에 대한 결정에는 버전 관리와 지원 중단 전략을 포함한 계약을 정의하는 작업이 수반된다. 인터페이스는 시스템을 사용하는 다른 사람들에게 영향을 미치므로, 인터페이스에 대한 결정은 아키텍처적 결정이다.

마지막으로 **구축 기법**(construction technique)에 대한 결정은 플랫폼, 프레임워크, 도구, 심지어 프로세스에 관한 결정을 뜻한다. 이러한 결정들은 본질적으로 기술적이지만, 아키텍처의 특정 측면에 영향을 미칠 수 있다.

21.3 아키텍처적 결정 기록

아키텍처적 결정을 매우 효과적으로 문서화하는 방법으로 **아키텍처적 결정 기록**(Architectural Decision Record, ADR; 또는 아키텍처 의사결정 레코드)(https://adr.github.io)을 들 수 있다. ADR은 마이클 나이가드가 2011년 블로그 게시물(https://oreil.ly/yDcU2)에서 처음으로 주창했으며, 2017년에는 소트웍스 기술 레이더(https://oreil.ly/0nwHw)가 이 기법을 널리 채택하도록 권장했다.

하나의 ADR은 특정 아키텍처적 결정을 기술하는 짧은 텍스트 파일(보통 1~2페이지 분량)이다. ADR은 일반 텍스트나 위키 페이지 템플릿을 사용해 작성할 수도 있지만, 보통은 AsciiDoc(http://asciidoc.org)이나 마크다운Markdown(https://markdownguide.org) 같은 텍스트 문서 형식을 이용해서 작성한다.

ADR 관리를 위한 도구들도 있다. 『Growing Object-Oriented Software, Guided by Tests』(Addison-Wesley, 2009)[5]의 공저자인 냇 프라이스Nat Pryce는 ADR Tools(https://oreil.ly/6d8LN)라는 오픈소스 도구를 작성했다. 이 도구는 문서 번호 체계, 위치, 대체된 결정 로직 등을 포함해 ADR을 관리하는 명령줄 인터페이스를 제공한다. 독일의 소프트웨어 엔지니어인 미샤 콥스Micha Kops가 ADR Tools를 이용해서 ADR들을 관리하는 훌륭한 예제(https://oreil.ly/OgBZK)를 작성했으니 참고하기 바란다.

21.3.1 기본 구조

기본적으로 ADR는 **제목**(Title), **상태**(Status), **맥락**(Context), **결정**(Decision), **결과**(Consequences)라는 다섯 가지 주요 섹션으로 구성된다. 우리는 보통 여기에 준수(Compliance), **참고**(Notes)라는 두 섹션을 추가한다. 준수 섹션은 아키텍처적 결정의 거버넌스와 시행(enforcement) 방법(수동일 수도 있고 자동화된 적합성 함수를 이용할 수도 있다)을 고민하고 문서화하는 공간이고, 참고 섹션은 작성자, 승인자, 생성일 등 결정에 관한 메타데이터를 포함하는 공간이다. 이러한 일곱 섹션이 우리가 사용하는 ADR의 기본 구조를 형성한다.

[그림 21-2]에 기존 ADR 구조가 나와 있다. 다른 섹션을 더 추가할 수도 있는데, 예를 들어 모든 가능한 해결책을 분석하는 **대안**(Alternatives) 섹션을 추가하는 것도 좋은 생각이다. 필요에 따라 적절한 섹션을 추가하기 바란다. 중요한 것은 템플릿을 일관되고 간결하게 유지하는 것이다.

---

[5] 옮긴이_ 번역서는 이대엽 옮김, 『테스트 주도 개발로 배우는 객체 지향 설계와 실천』(인사이트, 2013).

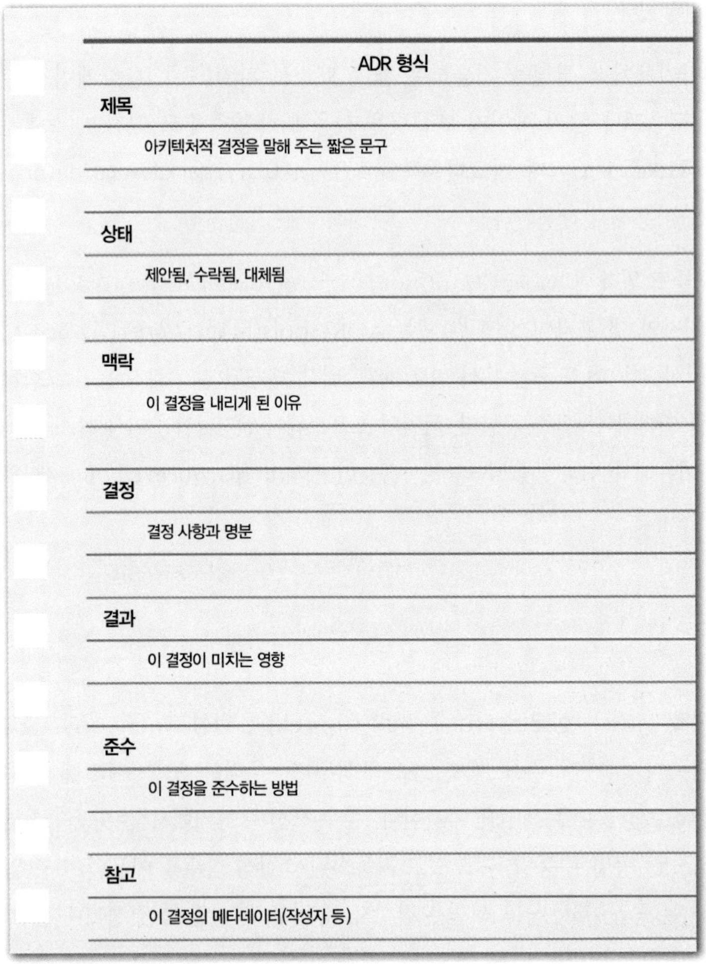

```
                    ADR 형식
  제목
      아키텍처적 결정을 말해 주는 짧은 문구


  상태
      제안됨, 수락됨, 대체됨


  맥락
      이 결정을 내리게 된 이유


  결정
      결정 사항과 명분


  결과
      이 결정이 미치는 영향


  준수
      이 결정을 준수하는 방법


  참고
      이 결정의 메타데이터(작성자 등)
```

그림 21-2 ADR 기본 구조

제목 섹션

ADR의 제목은 흔히 문서 일련번호 다음에 해당 아키텍처적 결정을 설명하는 짧은 구문으로 구성된다. 예를 들어 주문 서비스와 결제 서비스 사이에서 비동기 메시징을 사용하기로 한 결정을 설명하는 ADR 제목은 "42. 주문 서비스와 결제 서비스 간 비동기 메시징 사용"이 될 것이다. 제목은 짧고 간결해야 하지만, 결정의 성격과 맥락에 대한 모호함을 없앨 수 있을 만큼 충분히 설명적이어야 한다.

상태 섹션

모든 ADR은 **제안됨**(Proposed), **수락됨**(Accepted), **대체됨**(Superseded) 세 가지 상태 중 하나를 갖는다. 제안됨 상태는 해당 결정이 상위 의사 결정권자나 아키텍처 거버넌스 기구(예: 아키텍처 검토 위원회)의 승인을 받아야 함을 의미한다. 수락됨은 결정이 승인되어 구현 준비가 되었음을 뜻한다. 대체됨은 결정이 변경되어 다른 ADR로 대체되었음을 나타낸다. 대체됨 상태는 항상 이전 ADR의 상태가 수락됨이었음을 전제로 한다. 즉, 제안됨 상태의 ADR은 다른 ADR로 대체되지 않으며, 수락될 때까지 수정될 뿐이다.

대체됨 상태는 어떤 결정이 내려졌는지, 당시 왜 그런 결정이 내려졌는지, 새로운 결정은 무엇인지, 그리고 왜 변경되었는지에 대한 역사적 기록을 유지하는 강력한 방법이다. 보통 어떤 ADR이 대체되면, 그 ADR을 대체한 ADR의 문서 번호를 기입해 둔다. 마찬가지로, 다른 ADR을 대체하는 결정에는 자신이 대체한 ADR의 문서 번호를 기입한다.

예를 들어 ADR 42번("주문과 결제 서비스 간 비동기 메시징 사용")이 수락됨 상태였는데, 나중에 결제 서비스의 구현과 위치가 바뀌어서 두 서비스가 REST를 이용해서 통신하기로 결정을 바꾸었다고 하자. 그러면 아키텍트는 변경된 결정을 새로운 ADR로 문서화한다. 새 ADR의 문서 번호가 68이라고 하자. 이제 각 ADR의 상태 섹션은 다음과 같은 모습이 된다.

ADR 42. 주문과 결제 서비스 간 비동기 메시징 사용
상태: 68번에 의해 대체됨

ADR 68. 주문과 결제 서비스 간 REST 사용
상태: 수락됨, 42번을 대체함

이처럼 ADR 42번과 68번의 관계를 기록해 두면, 누군가가 ADR 68번에 대해 "그냥 메시징을 사용하면 어떨까요?" 같은 질문을 던지는 일(흔히 일어난다)을 피할 수 있다.

> ### ADR과 의견 수렴(RFC)
>
> ADR 초안을 공유해서 의견을 구하면 더 많은 이해관계자를 대상으로 자신의 가정과 주장이 타당한지 검증하는 데 도움이 된다. 개발자들의 참여를 유도하고 협업을 시작하는 효과적인 방법은 **의견 수렴 중**(Request for Comments, RFC)이라는 새로운 상태를 만들어서 ADR의 상태 섹션에 적용하는 것이다. 이때 검토자들이 피드백을 완료할 마감 기한도 명시하는 것이 좋다. 명시된 마감 일자가 되면 아키텍트는 의견들을 취합, 분석하고 필요하다면 결정 사항을 수정해서 최종 결정을 내린다. 그런 다음에는 ADR의 상태를 '제안됨'으로 변경한다. 만약 아키텍트에게 결정 사항을 직접 승인할 권한이 있다면 '수락됨'으로 설정할 수도 있다.
>
> 다음은 RFC를 적용한 ADR 상태 섹션의 예이다.
>
> **상태**
> 의견 수렴 중, 마감 기한 2026년 1월 9일

ADR의 상태 섹션을 작성하려면 아키텍트가 상사나 수석 아키텍트와 함께 아키텍처적 결정 사항의 승인에 관해 논의해야 한다. 이러한 논의를 강제한다는 점도 상태 섹션을 두는 것이 바람직한 이유이다. 이 논의에는 그러한 결정 사항을 승인하는 기준과 결정 사항을 아키텍트가 직접 승인할 수 있는지 아니면 상위 아키텍트나 아키텍처 검토 위원회(Architecture Review Board, ARB) 또는 다른 어떤 거버넌스 단위의 승인을 받아야 하는지 등이 포함된다.

이러한 논의를 시작하기 좋은 세 가지 기준점은 비용, 팀 간 영향, 보안이다. 비용에는 소프트웨어 구매 또는 라이선스 비용, 추가 하드웨어 비용, 아키텍처적 결정 사항을 구현하는 데 드는 전반적인 노력이 포함되어야 한다. 이 비용을 추산하려면, 결정 사항 구현에 필요한 예상 시간에 회사의 표준 *FTE*(Full-Time Equivalency)[6] 단가를 곱하면 된다. FTE 단가는 보통 프로젝트 소유자나 프로젝트 관리자가 알고 있다. 이러한 논의를 통해서, 예를 들어 아키텍처적 결정에 드는 비용이 특정 금액을 초과하면 상태를 '제안됨'으로 설정하고 다른 사람의 승인을 받게 하고, 결정 사항이 다른 팀이나 시스템에 영향을 주거나 어떤 형태로든 보안과 관련해서 뭔가를 바꾸어야 한다면 상위 거버넌스 기구나 수석 아키텍트의 승인을 받도록 하자고 모두가 합의할 수 있을 것이다.

팀이 승인 기준 및 관련 한도(예: "5,000달러를 초과하는 비용은 ARB의 승인을 받아야 한다")를 수립하고 합의했다면, 다음으로 할 일은 이를 잘 문서화하는 것이다. 문서로 만들어 두어야

---

[6] 옮긴이_ FTE는 파트타임 근무자나 파견 직원 등 다양한 형태의 근무자들의 업무량을 정규직(풀타임) 근무자를 기준으로 환산하기 위한 단위이다. 1FTE는 1명의 정규직 직원이 단위 시간 동안 일하는 것과 동등한 업무량을 의미한다.

ADR을 작성하는 모든 아키텍트가 언제 자신의 아키텍처적 결정을 직접 승인할 수 있고 언제 그럴 수 없는지 알 수 있다.

맥락 섹션

ADR의 맥락 섹션에는 현재 상황에 영향을 미치는 요인들을 명시한다. 다른 말로 하면, 이 섹션은 "어떤 상황 때문에 이러한 결정을 내려야 하는가?"에 대한 답이다. 아키텍트는 이 섹션에서 해당 결정과 관련한 구체적인 상황을 설명하고, 가능한 대안들을 간결하게 상세히 기술한다. 만약 각 대안에 대한 분석을 더 자세하게 문서화해야 한다면, 분석 내용을 맥락 섹션에 직접 포함하는 대신 '대안' 섹션에 따로 작성하는 것이 좋다.

맥락 섹션은 아키텍처 자체의 구체적인 한 영역을 문서화하는 공간이 되기도 한다. 아키텍트가 맥락을 설명하면서 아키텍처도 함께 설명하는 셈이다. 앞의 주문/결제 서비스의 예에서 맥락 섹션은 이런 문장이 될 것이다. "주문 서비스는 현재 진행 중인 주문 건을 결제하기 위해 결제 서비스로 정보를 전달해야 한다. REST나 비동기 메시징을 사용해서 수행할 수 있다." 이 간결한 문장에 시나리오뿐만 아니라 고려된 대안들까지 명시되어 있음을 주목하자.

결정 섹션

ADR의 결정 섹션은 아키텍처적 결정에 대한 설명과 그에 대한 충분한 명분을 담는다. 나이가 드는 아키텍처적 결정을 수동적인 어조가 아닌, 긍정적이고 단정적인 어조로 서술하라고 권장한다. 예를 들어 서비스 간에 비동기 메시징을 사용하기로 한 결정은 "서비스 간 통신에는 비동기 메시징을 **사용하기로 한다**"라고 작성해야 한다. 이는 "서비스 간 통신에는 비동기 메시징이 최선의 선택이라고 **생각한다**"보다 훨씬 낫다. 후자는 결정이 무엇인지, 심지어 결정이 내려졌는지조차 불분명하게 만들고 단지 아키텍트의 의견만을 전달할 뿐이다.

ADR의 결정 섹션이 갖는 가장 강력한 측면 중 하나는 아키텍트가 결정 사항의 명분을 강조할 수 있다는 점이다. 어떤 결정이 내려진 **이유**를 이해하는 것은 그것이 **어떻게** 동작하는지 이해하는 것보다 훨씬 더 중요하다. 이를 통해 개발자와 다른 이해관계자들은 결정의 배경에 있는 논리를 더 잘 이해하게 되고, 결과적으로 그 결정에 더 쉽게 동의하게 된다.

이해를 돕기 위해 이런 시나리오를 생각해 보자. 반응성이 매우 높아야 하는 어떤 시스템을 다루는 아키텍트가, 네트워크 지연시간을 줄이기 위해 두 서비스 간 통신에 구글의

gRPC(https://grpc.io)를 사용하기로 결정했다. 그런데 몇 년 후에 새로 온 아키텍트가 서비스 간 통신을 더 일관성 있게 만든다는 취지로 gRPC 대신 REST를 사용하기로 결정했다. 새 아키텍트는 이전 아키텍트가 gRPC를 선택한 **이유**를 이해하지 못했기 때문에, 그의 결정은 결국 지연시간에 심각한 영향을 미쳐 상위 시스템에서 타임아웃을 유발하고 말았다. 만약 새 아키텍트가 ADR을 볼 수 있었다면 gRPC를 사용하기로 한 원래의 결정이 (서비스 간의 강한 결합을 감수하고서라도) 지연시간을 줄이기 위함이었음을 이해했을 것이고, 그러면 이런 문제를 일으키지 않았을 것이다.

결과 섹션

아키텍트가 내리는 모든 결정 사항은 어떤 식으로든(좋든 나쁘든) 영향을 미친다. ADR의 결과 섹션에서 아키텍트는 결정의 전반적인 영향을 서술한다. 이 섹션을 작성하면서 아키텍트는 부정적인 영향이 이점보다 더 큰 것은 아닌지 생각하게 된다.

이 섹션은 결정 과정에서 아키텍트가 수행한 트레이드오프 분석을 문서화하기에도 좋은 공간이다. 예를 들어 아키텍트가 웹사이트에 리뷰를 게시하는 기능에 '발사 후 망각(fire-and-forget)'이라고도 부르는 비동기 메시징 방법을 사용하기로 결정했는데, 사용자는 실제 리뷰가 게시될 때까지 기다릴 필요 없이, 메시지가 대기열로 전송되기만 하면 되므로 반응성이 개선된다는 점(3,100밀리초에서 25밀리초로 단축)을 명분으로 제시했다고 하자. 그런데 개발 팀의 한 사람이 비동기 요청과 관련된 오류 처리의 복잡성 때문에 이것이 나쁜 생각이라고 주장한다. "누군가 금칙어가 포함된 리뷰를 게시하면 어떻게 되나요?" 그러나 이 팀원이 모르는 사실이 있다. 아키텍트는 이 결정의 트레이드오프를 분석할 때 바로 그 문제를 비즈니스 이해관계자 및 다른 아키텍트들과 논의했고, 리뷰 게시 성공 여부에 대한 피드백을 제공하기 위해 대기 시간을 늘리는 것보다는 복잡한 오류 처리를 감수하더라도 반응성을 높이는 것이 더 낫다는 점에 모두가 동의했다는 사실 말이다. 만일 아키텍트가 이 결정을 ADR로 문서화하면서 결과 섹션에 이러한 트레이드오프 분석 내용을 담아 두었다면, 이런 종류의 이견이 미연에 방지되었을 것이다.

준수 섹션

준수 섹션이 ADR의 표준 섹션은 아니다. 하지만 우리는 이 섹션을 추가할 것을 강력히 권장한다. 준수 섹션은 아키텍처적 결정을 어떻게 측정하고 거버넌스할 것인지를 명시한다. 이 결정에 대한 준수 여부를 사람이 수동으로 확인할 것인가? 아니면 적합성 함수를 이용해서 자동화할 수 있는가? 만약 자동화가 가능하다면, 아키텍트는 적합성 함수를 작성하는 방법이나 이 아키텍처적 결정의 준수 여부를 측정하기 위해 코드베이스에 필요한 다른 변경 사항들을 이 섹션에 명시할 수 있다.

예를 들어 아키텍트가 [그림 21-3]과 같은 전통적인 n층 아키텍처에서, 비즈니스 계층의 비즈니스 객체들이 사용하는 모든 공유 객체를 공유 서비스 계층(Shared Services layer)에 두어야 한다고 결정했다고 하자. 이는 모든 공유 기능성을 격리해서 한 곳에 모은다는 취지에서이다.

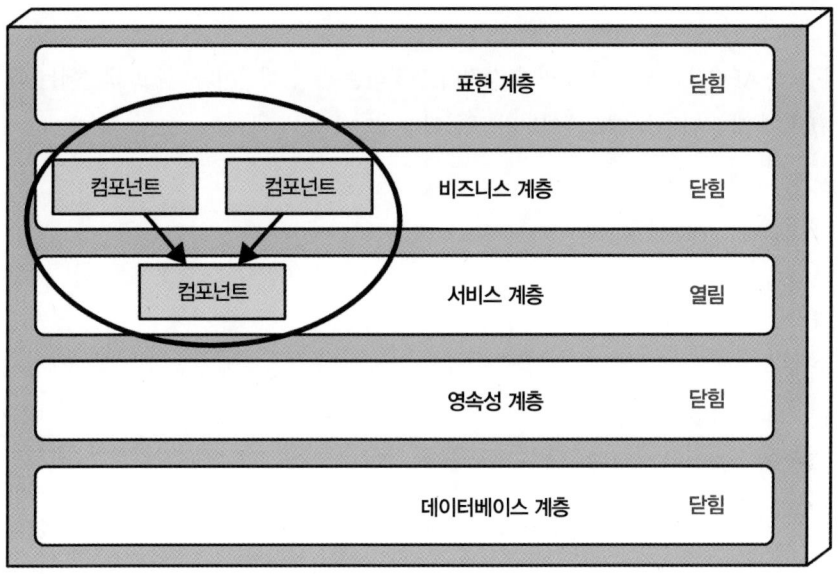

그림 21-3 준수 섹션과 관련한 아키텍처적 결정의 예

이 아키텍처적 결정은 자바의 ArchUnit(https://archunit.org)이나 C#의 NetArchTest(https://oreil.ly/0J5fN)를 비롯한 다양한 자동화 도구를 사용해서 측정하고 거버넌스할 수 있다. 다음은 이 아키텍처적 결정을 자동으로 점검하는 적합성 함수를 자바의 ArchUnit을 이용해서 구현한 예이다.

```
@Test
public void shared_services_should_reside_in_services_layer() {
    classes().that().areAnnotatedWith(SharedService.class)
        .should().resideInAPackage("..services..")
        .check(myClasses);
}
```

개발 팀은 새로운 사용자 스토리를 작성해서 @SharedService라는 자바 애너테이션을 만들고, 모든 공유 클래스에 이 애너테이션을 추가해서 자동 적합성 함수를 적용함으로써 이러한 거버넌스 방식을 지원한다.

참고 섹션

참고 섹션은 표준 ADR에는 없지만 우리가 강력히 권장하는 추가 섹션이다. 참고 섹션에는 다음과 같이 ADR에 대한 다양한 메타데이터가 포함된다.

- 최초 작성자
- 승인 일자
- 승인자
- 대체 일자
- 마지막 수정일
- 수정자
- 마지막 수정 내용

ADR 문서들을 깃^{Git} 같은 버전 관리(version control) 시스템에 저장하더라도, 해당 저장소(repository)가 지원하는 것 이상의 추가 메타데이터가 있으면 유용하다. 아키텍트가 ADR을 어떻게, 어디에 저장하든 이 섹션을 추가하기를 권장한다.

21.3.2 ADR의 예

이 책의 예제 중 하나인 GGG(고잉, 고잉, 곤) 경매 시스템에는 수십 개의 아키텍처적 결정이 포함된다. 이를테면 입찰자와 경매사의 사용자 인터페이스를 분리한 것, 이벤트 주도 아키텍처와 마이크로서비스로 구성된 혼합 아키텍처를 사용하기로 한 것, 영상 캡처에 RTP(Real-time Transport Protocol)를 활용한 것, 단일 API 게이트웨이를 사용한 것, 메시징에 별도의 대기열을 사용한 것 등이 아키텍트가 내린 아키텍처적 결정이다. 아키텍트가 내리는 모든 아키텍처적 결정은 문서화하고 그 근거를 제시해야 한다. 아무리 당연해 보이는 결정이라도 예외가 아니다.

[그림 21-4]는 GGG 경매 시스템의 아키텍처적 결정 중 하나를 보여준다. 입찰 캡처, 입찰 스트리머, 입찰 추적 서비스들이 하나의 발행-구독 토픽(혹은 REST)을 이용해서 통신하는 대신 별도의 점대점(point-to-point) 대기열들을 사용하도록 한 결정이다.

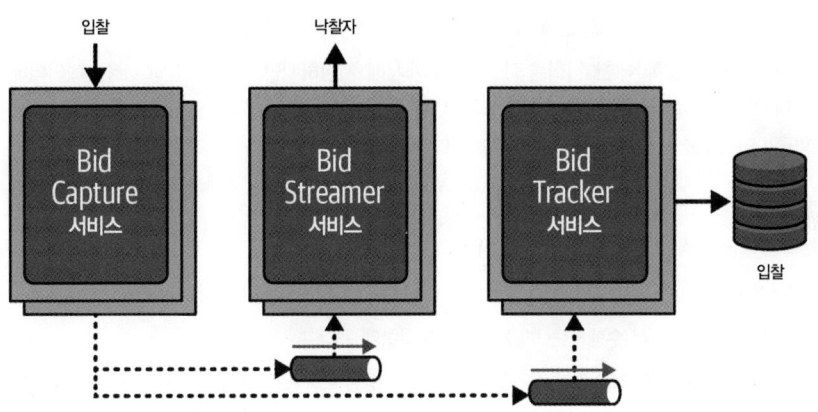

그림 21-4 서비스 간 점대점 통신의 예

이런 결정을 정당화하는 ADR이 없다면, 이 시스템을 설계하고 개발하는 다른 관계자들은 이 통신 방식에 동의하지 않고 다른 방식으로 구현하기로 결정할지도 모른다.

다음은 이 아키텍처적 결정에 대한 ADR의 예이다.

ADR 76. Bid Streamer 서비스와 Bidder Tracker 서비스를 위한 별도 대기열

상태

수락됨

맥락

Bid Capture 서비스는 입찰을 받으면 해당 입찰을 Bid Streamer 서비스와 Bidder Tracker 서비스로 전달해야 한다. 이 작업은 단일 토픽을 이용할 수도 있고(발행/구독 방식), 서비스마다 별도의 대기열을 둘 수도 있고(점대점 방식), 또는 온라인 경매 API 계층을 통한 REST를 이용할 수도 있다.

결정

Bid Streamer 서비스와 Bidder Tracker 서비스에 별도의 대기열을 사용하기로 한다.

Bid Capture 서비스는 Bid Streamer 서비스나 Bidder Tracker 서비스로부터 어떠한 정보도 필요로 하지 않는다(통신은 단방향이다).

Bid Streamer 서비스는 Bid Capture 서비스가 수락한 순서와 정확히 동일한 순서로 입찰을 받아야 한다. 메시징과 FIFO(first-in, first-out; 선입선출) 대기열을 사용하면 스트림의 입찰 순서가 자동으로 보장된다.

동일한 호가에 대해 다수의 입찰이 들어올 수 있다(이를테면 "100달러 없습니까?"에 여러 명이 응답하는 상황). Bid Streamer 서비스에는 해당 호가에 가장 먼저 접수된 입찰만 있으면 되지만, Bidder Tracker 서비스에는 접수된 모든 입찰이 필요하다. 토픽(발행/구독 방식)을 사용하면 Bid Streamer가 이전 호가와 동일한 입찰을 무시해야 하므로, 인스턴스 간에 공유 상태를 저장해야 하는 부담이 생긴다.

Bid Streamer 서비스는 매물에 대한 입찰을 메모리 내 캐시에 저장하지만 Bidder Tracker는 데이터베이스에 저장한다. 따라서 Bidder Tracker는 더 느리며, 배압(backpressure)이 필요할 수 있다. Bidder Tracker에 별도의 대기열을 사용한다면, 그 대기열은 이 서비스만을 위한 배압 지점으로도 작용한다.

결과

메시지 대기열의 클러스터링과 고가용성이 요구된다.

이 결정으로 인해 Bid Capture 서비스는 동일한 정보를 여러 대기열로 전송해야 한다.

내부 입찰 이벤트는 API 계층에서 수행하는 보안 검사를 우회하게 된다.

업데이트: 2025년 1월 14일 ARB 회의 검토 결과, ARB는 이것이 수용 가능한 트레이드오프이며 이들 서비스 간 입찰 이벤트에 대한 추가적인 보안 검사는 필요 없다고 결정했다.

규정 준수

주기적인 수동 코드 검토를 통해 Bid Capture 서비스, Bid Streamer 서비스, Bidder Tracker 서비스 간에 비동기 발행/구독 메시징이 사용되고 있는지 확인할 것이다.

참고

작성자: 수바시니 나델라

승인: ARB 회의 구성원 일동, 2025년 1월 14일

마지막 갱신: 2025년 1월 14일

21.3.3 ADR의 저장

아키텍트가 ADR을 작성했다면 어딘가에 저장해야 한다. 어디에 어떤 형식(개별 파일 또는 위키 페이지 등)으로 저장하든, 모든 아키텍처적 결정에 대한 ADR을 각각 따로 저장해야 한다는 것이다. ADR을 소스 코드와 동일한 깃 저장소에 보관하는 것을 선호하는 아키텍트들도 있

다. 그렇게 하면 팀이 ADR의 버전을 소스 코드에 하는 것과 동일한 방식으로 관리하고 추적하는 것이 가능해진다.

하지만 규모가 큰 조직에서는 그런 방식을 권장하지 않는데, 이유는 여러 가지이다. 첫째, 아키텍처적 결정을 봐야 할 사람 중에 ADR이 담긴 깃 저장소에 접근하지 못하는 사람도 있을 수 있다. 둘째, 애플리케이션의 범위에서 벗어난 맥락을 가진 ADR(통합 아키텍처적 결정, 엔터프라이즈 아키텍처적 결정, 모든 애플리케이션에 공통적인 결정 등)을 애플리케이션의 깃 저장소에 저장하는 것은 바람직하지 않다. 이런 이유로 우리는 ADR을 모든 사람이 접근할 수 있는 ADR 전용 깃 저장소나 위키(위키 템플릿 사용), 또는 위키 도구나 기타 문서 렌더링 소프트웨어로 쉽게 접근할 수 있는 공유 파일 서버의 공유 디렉터리에 저장할 것을 권장한다.

[그림 21-5]는 ADR 저장을 위한 디렉터리 구조(또는 위키 페이지 탐색 구조)의 예이다.

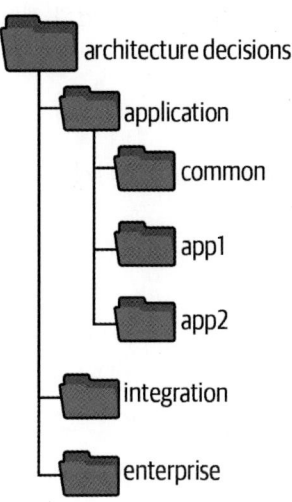

그림 21-5 ADR 저장용 디렉터리 구조의 예

application 디렉터리에는 애플리케이션(어떤 형태이든) 또는 제품의 맥락에 국한된 아키텍처적 결정의 ADR을 저장한다. 이 디렉터리는 다음과 같은 하위 디렉터리들로 나뉜다.

common

common 하위 디렉터리는 모든 애플리케이션에 적용되는 공통의 아키텍처적 결정들을 위한 곳이다. 예를 들어 "모든 프레임워크 관련 클래스는 해당 클래스가 내부 프레임워크 코드에 속함을 나타내는 애너테이션(자바의 @Framework) 또는 속성(C#의 [Framework])을 포함해야 한다" 같은 결정이 여기에 해당한다.

app1, app2 등 개별 애플리케이션 디렉터리들

common 이외의 하위 디렉터리들(그림의 *app1*과 *app2*)은 구체적인 애플리케이션이나 시스템 맥락에 대응된다. 이 하위 디렉터리들에는 해당 애플리케이션이나 시스템에만 적용되는 아키텍처적 결정의 ADR 문서를 담는다(이 예시에서는 *app1*과 *app2* 애플리케이션).

integration

integration 디렉터리에는 애플리케이션, 시스템, 또는 서비스 간의 통신과 관련된 ADR을 저장한다.

enterprise

enterprise 디렉터리에는 전사적(엔터프라이즈) ADR들을 저장한다. 이들은 모든 시스템과 애플리케이션에 영향을 미치는 전사적인 아키텍처적 결정들에 해당한다. 전사적 ADR의 예로는 "시스템 데이터베이스에는 그 데이터베이스를 소유한 시스템만 접근할 수 있다"가 있다. 이 결정은 여러 시스템이 데이터베이스를 공유하는 것을 방지한다.

ADR을 위키에 저장할 때도 이와 동일한 구조가 적용된다. 각 디렉터리 구조는 탐색 랜딩 페이지(navigational landing page)에 대응되고, 각 ADR은 해당 탐색 랜딩 페이지 안의 개별 위키 페이지로 표현된다.

이번 절에서 제시한 디렉터리 및 랜딩 페이지 이름은 권장 사항이자 예일 뿐이다. 여러분 회사의 상황에 맞는 이름들을 선택하면 된다. 중요한 것은 팀 전체가 그 이름들을 일관되게 사용하는 것이다.

21.3.4 문서화로서의 ADR

소프트웨어 아키텍처를 문서화하는 일은 늘 어려웠다. 아키텍처 다이어그램에 대한 표준은 몇 개 나왔다. 예를 들어 소프트웨어 아키텍트 사이먼 브라운^{Simon Brown}의 C4 모델(https://c4model.com)이나 디 오픈 그룹^{The Open Group}의 ArchiMate(https://oreil.ly/gbNQG)가 있다. 하지만 소프트웨어 아키텍처의 문서화에 관해 합의된 표준은 아직 없다. 바로 이 지점에서 ADR에 주목할 필요가 있다.

ADR은 소프트웨어 아키텍처를 문서화하는 효과적인 수단이 될 수 있다. 맥락 섹션은 아키텍처적 결정이 필요한 시스템의 특정 영역을 설명하고 대안을 기술할 좋은 기회를 제공한다. 더 중요한 것은, 해당 결정이 내려진 이유를 결정 섹션에서 설명한다는 점이다. 현재까지는 이것이 최고의 아키텍처 문서화 형식이다. 결과 섹션은 해당 결정에 대한 트레이드오프 분석을 서술함으로써 마지막 퍼즐 조각을 맞춘다. 예를 들어 확장성보다 성능을 선택한 이유(그리고 선택 시 고려한 트레이드오프들)를 설명하는 식이다.

21.3.5 표준을 위한 ADR

표준을 좋아하는 개발자는 거의 없다. 안타깝게도 종종 표준은 유용한 목적을 제공하기보다는 통제를 위한 수단으로 작용할 뿐이다. 표준을 ADR 형식으로 문서화한다면 이러한 나쁜 관행을 바꿀 수 있다. 예를 들어 ADR의 맥락 섹션에서는 조직이 특정 표준을 채택하게 만든 상황을 설명한다. 그리고 ADR의 결정 섹션에서는 해당 표준이 무엇인지는 물론이고 그 표준이 존재하는 이유(이것이 더 중요할 것이다)도 설명한다.

이는 특정 표준이 애초에 존재해야 하는지를 고찰하고 정당화하기에 좋은 방법이다. 아키텍트가 정당화하지 못하는 표준이라면 애초에 조직에서 강제할 만한 표준이 아닐 수 있다. 더 나아가서 개발자들이 특정 표준이 **왜** 존재하는지를 잘 이해할수록 그 표준을 준수할(따라서 이의를 제기하지 않을) 가능성이 커진다. ADR의 결과 섹션은 표준이 타당한지 검증할 수 있는 또 다른 좋은 기회이다. 이 섹션을 작성하려면 아키텍트가 표준의 영향과 결과를 고찰해야 한다. 그러면 아키텍트는 해당 표준을 구현해야 할지 말아야 할지를 좀 더 잘 판단할 수 있다.

21.3.6 기존 시스템을 위한 ADR

기존 시스템에까지 ADR을 작성하는 게 좋은 일인지 의문을 제기하는 아키텍트가 많다. 이미 아키텍처적 결정들이 내려졌고 시스템이 잘 돌아가는 시점에서 ADR을 작성하는 게 과연 의미가 있을까? 답은 "있다"이다. ADR이 단순한 문서 이상이라는 점을 기억하자. ADR은 어떠한 아키텍처적 결정이 왜 내려졌고 그것이 가장 적절한 결정이었는지를 아키텍트와 개발자가 이해하는 데 도움이 된다.

과거에 내려진 중요한 아키텍처적 결정 몇 개를 선택해서 ADR을 작성하고 그 결정이 올바른 것이었는지 자문하는 것으로 시작하면 좋을 것이다. 예를 들어 기존 시스템에서 여러 서비스가 하나의 데이터베이스를 공유하고 있다면, 예전의 아키텍트가 왜 그렇게 하기로 했을지 고민해 보자. 타당한 이유가 있는가? 데이터를 분리해야 했기 때문일까?

기존 시스템에 ADR을 도입하는 여정의 일부는 이런 **왜**라는 질문의 답을 파헤치는 일종의 탐정 수사 작업을 포함한다. 원래의 결정을 내린 사람이 오래전에 회사를 떠나서 답을 아는 사람이 아무도 없을 수도 있다. 그런 경우 여러 대안과 옵션의 트레이드오프를 파악하고 분석해서 기존 결정을 검증(또는 무효화)하는 것은 아키텍트의 몫이다. 어떤 경우이든, 아키텍트가 이런 종류의 중요한 결정에 대한 ADR을 작성해 나가면 시스템에 대한 명분과 근거(그리고 핵심 지식)를 점차 이해하게 되며, 그러한 이해는 아키텍트가 아키텍처의 비효율성과 잘못된 시스템 설계를 식별하는 데 도움이 된다.

21.3.7 생성형 AI와 LLM을 활용한 아키텍처적 결정

생성형 AI는 여러모로 흥미로운 존재이다. 이 책의 목적에서 특히나 관심이 가는 측면은, 과연 아키텍트가 결정을 내리고 검증하는 데 AI가 도움이 될 것인가이다. 예를 들어 서비스가 다운스트림으로 데이터를 보낼 때 메시징, 스트리밍, 이벤트 소싱event sourcing 중 무엇을 사용해야 할까? 데이터베이스를 단일 모놀리스로 유지해야 할까, 아니면 데이터베이스를 도메인별로 분할해야 할까? 결제 처리 기능은 단일 서비스로 배포해야 할까, 아니면 결제 유형별로 하나씩 여러 서비스로 나누어야 할까?

대부분의 아키텍트는 이런 질문에 대한 답을 이미 알고 있다. 바로, "상황에 따라 다르다"이다. 소프트웨어 아키텍처 제1법칙인 **"소프트웨어 아키텍처의 모든 것은 트레이드오프이다"**를 떠올리기 바란다. 이런 종류의 결정들은 해당 결정이 적용되는 특정 맥락을 비롯한 수많은 요인에 따라 달라진다. 모든 상황과 환경은 저마다 다르다. 이런 종류의 구조적 질문에 '모범관행'이 존재하지 않는 것은 이 때문이다.

대부분의 LLM은 주로 확률에 기반해서 결과를 도출한다. 다시 말해, 프롬프트의 맥락을 고려할 때 가장 확률이 높은 답변 혹은 '모범관행'이 무엇인지를 출력할 뿐이다. 하지만 아키텍처적 결정을 내리는 데 확률과 '모범관행'이 끼어들 자리는 없다. 아키텍처에 관한 질문에 답하려면 아키텍트는 관련된 트레이드오프들을 신중하게 분석해야 한다. 또한 구체적인 비즈니스 맥락과 기술적 맥락을 적용해서 가장 적절한 선택지를 찾아내야 한다. 예를 들어, 경영진이 시장 출시 시간을 가장 중요하게 여긴다면(즉, 변경 사항과 새로운 기능을 가능한 한 빨리 고객에게 제공하고자 한다면), **성능**보다 **유지보수성**이 훨씬 더 중요해진다. 따라서 대부분의 의사결정 과정은 유지보수성을 최적화하는 방향으로 가게 된다.

아키텍처적 결정을 위해서는 시장 출시 시간이나 지속적 성장 같은 비즈니스 관심사를 유지보수성, 테스트성, 배포성 같은 아키텍처 특성으로 변환해야 한다. 그런 변환 과정이 항상 명확한 것은 아니다. 이를 올바르게 해내려면 수년간의 경험이 필요하다. 그러한 변환으로 얻은 아키텍처 특성들은 트레이드오프 분석의 기반이 된다. 예를 들어, 결제 처리를 단일 서비스로 둘지 아니면 결제 유형별 서비스로 나눌지 결정하는 문제는 결국 유지보수성과 성능 사이의 트레이드오프로 귀결된다. 단일 서비스는 성능이 더 좋지만, 여러 서비스로 나누면 유지보수성이 향상된다. 만약 경영진이 주로 시장 출시 시간을 중시한다면 성능보다 유지보수성이 훨씬 중요하다. 따라서 그런 경우에는 서비스를 분리하는 것이 적절한 선택이다.

트레이드오프와 비즈니스 맥락을 분석하는 작업은 매우 구체적이고 개별적이다. 이 때문에 현재 존재하는 생성형 AI가 가장 적절한 아키텍처적 결정에 도달하기는 어렵다. 우리가 최근 수행한 실험에 따르면, 아키텍처적 결정과 관련해서 생성형 AI에 맡기기에 제일 좋은 작업은 주어진 결정에 관한 트레이드오프들을 개괄하는 것이다. 이는 아키텍트가 혹시 놓쳤을지 모를 트레이드오프를 식별하는 데 도움이 된다. 생성형 AI 도구는 풍부한 지식을 갖추고 있지만, 가장 적절한 아키텍처적 결정을 내리는 데 필요한 지혜는 부족하다는 점을 명심하자.

CHAPTER 22

아키텍처 위험 분석

모든 아키텍처에는 위험이 따른다. 위험은 다양하다. 운영상의 위험(가용성, 확장성, 데이터 무결성 등)도 있고 구조적 위험(논리적 컴포넌트 간의 정적 결합 등)도 있다. 이러한 아키텍처 위험을 분석하는 일은 아키텍트의 가장 중요한 활동 중 하나이다. 위험 분석을 통해 아키텍트는 아키텍처의 결함과 구조적 부패를 해결하고 시정 조치를 취할 수 있다. 이번 장에서는 위험을 정량화하고, 평가하고, 식별하는 핵심 기법과 관행 몇 가지를 살펴보고, **리스크스토밍**이라는 활동을 소개한다.

22.1 위험 평가 행렬

아키텍처 위험을 평가할 때 가장 먼저 결정할 것은 위험의 수준(level)이다. 즉, 아키텍트는 아키텍처의 특정 측면의 위험이 낮은지, 보통인지, 높은지를 판단해야 한다. 여기서 어려운 점은 위험 평가가 **주관적**일 수 있다는 것이다. 한 아키텍트는 아키텍처의 어떤 측면이 높은 수준으로 위험하다고 **생각**할 수 있지만, 다른 아키텍트는 그 측면의 위험 수준이 중간 정도라고 **생각**할 수 있다. 여기서 **생각**을 다른 글꼴로 표시한 것은 위험 평가의 주관성을 강조하기 위해서이다. 다행히, 아키텍트가 위험 수준을 좀 더 객관적으로 측정하는 데 도움이 되는 수단들이 있다. 그중 하나가 위험 평가 행렬(risk-assessment matrix)이다.

[그림 22-1]과 같은 아키텍처 위험 평가 행렬은 위험을 두 차원으로 정량화한다. 한 차원(축)은 주어진 위험이 미치는 전반적인 영향(impact)이고 다른 한 차원은 그 위험이 발생할 가능성이다. 위험 평가 행렬에서 각 칸(성분)의 값은 그 칸에 해당하는 두 차원의 값들을 곱한 것이다. 아키텍트는 각 차원을 낮음(1), 중간(2), 높음(3)으로 평가하고, 행렬에서 두 값이 교차하는 칸의 값을 읽는다. 그 칸의 값이 위험 평가 점수(혹은 등급)이다. 점수 1과 2는 낮은 위험(흔히 녹색으로 표시한다)이고 3과 4는 중간 위험(흔히 노란색), 6에서 9까지는 높은 위험(흔히 빨간색)으로 간주한다. 이 값들을 녹색, 노란색, 빨간색 대신 세 가지 회색조(gray scale)로 표시한다면 색상을 구분하지 못하는 사람들에게 도움이 될 것이다.

그림 22-1 아키텍처 위험 평가 행렬

예제를 통해서 이 행렬이 어떻게 유용한지 살펴보자. 이 시나리오에서는 아키텍트가 애플리케이션의 기본 중앙 데이터베이스의 가용성을 걱정한다.

> **팁** 이 위험 평가 행렬로 위험의 점수를 매길 때는 영향을 먼저, 가능성을 나중에 고려하라. 가능성이 확실하지 않다면, 확실해질 때까지는 일단 높음(3)으로 평가해야 한다.

먼저 아키텍트는 중앙 데이터베이스의 가용성 문제에 따른 위험의 전반적인 영향을 고려해야 한다. 데이터베이스가 다운되거나 사용할 수 없게 되면 어떻게 될까? 아키텍트가 그 영향이 크다고 판단한다. 그러면 이 위험의 점수는 [그림 22-1] 행렬의 마지막 행(전반적 영향 높음)에 있는 3(중간), 6(높음), 9(높음) 중 하나가 된다. 셋 중 어떤 것인지는 둘째 차원, 즉 위험 발생 가능성으로 결정된다. 아키텍트는 데이터베이스가 클러스터로 구성된 고가용성 서버들에서 운영 중이므로 데이터베이스를 사용할 수 없게 될 **가능성**은 낮다고 판단한다. 이는 행렬의 첫 열에 해당한다. 셋째 행(전반적 영향 높음)과 첫 열(발생 가능성 낮음)이 교차하는 칸의 값은 3이므로, 기본 중앙 데이터베이스의 가용성에 대한 전반적인 위험 등급은 3(중간 위험)이 된다.

22.2 위험 평가표

위험 평가 행렬을 이용하면 **위험 평가표**(risk assessment)라고 부르는 도표를 작성할 수 있다. 위험 평가표는 아키텍처의 전반적인 위험을 특정 맥락(시스템의 서비스, 하위 도메인 영역, 도메인 영역 등)에서 의미 있는 평가 기준들로 평가해서 요약한 도표이다. 우리는 위험 평가를 여러 차례 수행해 보고 아키텍처 특성이 훌륭한 위험 평가 기준이 된다는 사실을 발견했다. 시스템의 핵심 아키텍처 특성이 확장성, 탄력성, 데이터 무결성이라면 굳이 성능 위험을 분석하는 데 시간을 쓸 이유가 있겠는가? 제4장에서 설명한 것과 같은 특성들을 파악하는 것이 아키텍처 위험 분석의 첫걸음이다.

> 팁 아키텍처가 지원해야 할 가장 중요한 아키텍처 특성들은 훌륭한 위험 평가 기준이 된다.

[그림 22-2]에서 보듯이 위험 평가표는 기본적으로 스프레드시트와 비슷한 형식이다. 스프레드시트의 왼쪽에는 위험 기준이, 위쪽에는 맥락이 나열된다. 각 칸은 위험 평가 점수인데, 위험 평가 행렬에서처럼 1과 2는 낮은 위험, 3과 4는 중간 위험, 6과 9는 높은 위험을 나타낸다.

[그림 22-2]의 예는 전자상거래 주문 시스템에 관한 것이다. 이 위험 평가표는 시스템의 핵심 아키텍처 특성들에 해당하는 다섯 가지 기준을 평가한다. 상단에는 네 가지 맥락이 있는데, 이들은 별개의 도메인(고객 등록, 카탈로그 결제, 주문 이행, 주문 배송)을 대표한다. 맥락으로는 도메인이나 하위 도메인 단위가 적합하다. 대체로, 서비스 단위를 맥락으로 잡으면 세분도가 너무 높아서 여러 서비스 간의 통신이나 조정과 관련된 위험을 제대로 파악하기 어렵다.

위험 기준	고객 등록	카탈로그 결제	주문 이행	주문 배송	총 위험
확장성	2	6	1	2	11
가용성	3	4	2	1	10
성능	4	2	3	6	15
보안	6	3	1	1	11
데이터 무결성	9	6	1	1	17
총 위험	24	21	8	11	

그림 22-2 표준 위험 평가표의 예

이런 식으로 위험을 정량화하는 것의 한 가지 장점은 아키텍트가 위험 기준과 맥락을 모두 고려하게 된다는 것이다. 예를 들어 [그림 22-2]에서 위험 기준의 관점에서 가장 위험한 특성은 총 위험 점수가 17인 데이터 무결성이고 가장 덜 위험한 것은 총점이 10인 가용성이다. 한편 맥락의 측면에서는 고객 등록이 가장 위험한 도메인이고 주문 이행은 가장 위험이 낮다. 이러한 정보는 아키텍트가 우선순위를 정할 때, 그리고 위험을 줄이기 위해 어디에 노력을 더 투입할지 결정할 때 유용하다.

이 예제 위험 평가표는 모든 위험의 분석 결과를 보여준다. 하지만 특정 문제를 부각하기 위해 일부 항목은 생략하는 것이 유용할 때도 있다. 예를 들어 이 시스템의 아키텍트가 회의에서 이해관계자들에게 시스템의 고위험 영역들을 설명한다고 하자. 그런 경우 [그림 22-2]처럼 전체 위험 평가표를 보여주기보다는, 낮음 및 중간 위험 영역(잡음에 해당)을 생략하고 고위험 영역(신호에 해당)만 강조해서 보여주는 것이 낫다. 집중에 방해되는 요소들을 제거해서 전체적인 신호 대 잡음비를 개선하면 메시지를 좀 더 효과적으로 전달할 수 있다. [그림 22-3]은 [그림 22-2]의 위험 평가표를 그런 식으로 필터링한 버전이다. 두 이미지를 비교해 보면 필터링된 두 번째 평가표에서 메시지가 얼마나 더 명확해졌는지 알 수 있다.

그런데 지금까지 살펴본 형식의 위험 평가표에는 문제가 하나 있다. 바로, 특정 시점의 스냅숏만 보여줄 뿐 상황이 개선되는지 나빠지는지는 알려주지 않는다는 것이다. 다른 말로 하면, [그림 22-2]는 **위험의 방향**을 보여주지 않는다. 위험의 방향(direction)은 제6장에서 설명한 적합성 함수들을 이용해서 시스템을 지속적으로 모니터링하고 측정함으로써 파악할 수 있다. 특히, 각 위험 기준을 객관적으로 분석하고 추세를 관찰해서 위험 기준의 방향을 파악하는 것이 중요하다.

위험 기준	고객 등록	카탈로그 결제	주문 이행	주문 배송	총 위험
확장성		6			6
가용성					0
성능				6	6
보안	6				6
데이터 무결성	9	6			15
총 위험	15	12	0	6	

그림 22-3 위험 평가표를 필터링해서 고위험만 표시한 모습

[그림 22-4]는 위험 평가표에 세 번째 차원인 **방향**을 추가한 것이다. 방향은 위험 점수를 감싼 도형으로 나타낸다. 위를 향한 삼각형은 해당 기준-맥락 조합의 위험 점수가 높아지고 있음을, 즉 위험이 증가함을 뜻한다. 삼각형이 위쪽을 가리키므로 점수가 **올라간다**고 기억하면 된다. 반대로 아래를 향한 삼각형은 해당 위험이 줄어든다는 뜻이다. 마지막으로, 위험 점수가 변하지 않으면, 즉 위험이 나아지지도 나빠지지도 않으면 원으로 표시한다. 사실 이런 방식은 다소 헷갈릴 수 있으므로, 각 도형의 의미를 개별적인 범례로 표시하는 것이 바람직하다.

이처럼 방향을 표시한 아키텍처 위험 평가표를 보면 이전의 평가표로는 불가능한 통찰을 얻을 수 있다. 첫째로, 카탈로그 결제와 주문 이행, 주문 배송에 대한 지속적인 측정 결과 데이터 무결성이 나빠지고 있음을 알 수 있다(위쪽 삼각형). 어쩌면 데이터베이스에 뭔가 문제가 있을지 모르므로 확인해 봐야 할 것이다. 반면에 고객 등록과 카탈로그 결제에서는 보안과 가용성이 전반적으로 개선되고 있다(아래쪽 삼각형). 이는 해당 영역들이 개선되었음을 나타낸다.

위험 기준	고객 등록	카탈로그 결제	주문 이행	주문 배송	총 위험
확장성	2	6	1	2	11
가용성	3	4	2	1	10
성능	4	2	3	6	15
보안	6	3	1	1	11
데이터 무결성	9	6	1	1	17
총 위험	24	21	8	11	

그림 22-4 삼각형으로 위험 방향을 나타낸 버전

위험 평가표는 이 정도로 마무리하고, 다음 절에서는 팀이 특정한 맥락과 기준에 대한 위험 수준을 식별하는 **방법**을 결정하는 데 도움이 되는 **리스크스토밍**이라는 프로세스를 소개한다.

22.3 리스크스토밍

아키텍트 혼자서는 시스템의 전반적인 위험을 판단할 수 없다. 이유는 두 가지이다. 첫째, 아키텍트가 혼자 작업하면 일부 위험 영역을 놓치거나 간과할 수 있다. 둘째, 시스템의 모든 부분을 완벽하게 아는 아키텍트는 거의 없다. 이러한 한계를 극복할 수 있는 방법이 **리스크스토밍**risk-storming[1]이다.

리스크스토밍은 특정 차원(맥락 또는 기준)에서 아키텍처 위험 수준을 결정하기 위한 협업 활동이다. 대부분의 리스크스토밍 활동에는 둘 이상의 아키텍트가 참여하지만, 우리는 수석 개발자와 기술 리더도 참여할 것을 강력히 권장한다. 아키텍처 위험을 구현의 관점에서 본 이들의 의견이 아키텍트에게 도움이 될 뿐만 아니라, 참여를 통해 아키텍처를 더 잘 이해하게 된다는 점에서 그들 자신에게도 도움이 된다.

---

[1] 옮긴이_ 리스크 스토밍, 리스크–스토밍 같은 변형이 있지만, 이 번역서에서는 '브레인스토밍'의 예에 따라 붙여 쓴 '리스크스토밍'으로 표기한다.

리스크스토밍은 식별(identification), 합의(consensus), 완화(mitigation)의 세 페이즈 phase로 구성된다. 페이즈 1(식별 페이즈)은 참가자들이 각자 따로 진행한다. 모든 참가자는 각자 위험 평가 행렬을 이용해서 아키텍처의 여러 영역에 대한 위험 수준을 평가한다. 리스크스토밍의 이 개인별 페이즈는 참가자들이 서로에게 영향을 주거나 특정 아키텍처 영역에서 다른 사람의 주의를 분산시키지 않도록 하기 위한 것으로, 반드시 수행해야 한다. 그다음 두 페이즈는 참가자들이 협업한다. 페이즈 2(합의 페이즈)에서는 모든 참가자가 함께 논의해서 위험 영역들을 선정하고, 페이즈 3(완화 페이즈)에서는 그 위험들에 대한 완화 방안을 마련한다.

세 페이즈 모두, 제23장에서 소개할 상세한 또는 문맥별 아키텍처 다이어그램(architecture diagram)을 활용한다. 리스크스토밍 활동을 진행하는 아키텍트를 **진행자**(facilitator)라고 부르기로 하자. 리스크스토밍 세션이 진행됨에 따라 갱신된 도식들을 모든 참가자에게 보내는 것은 진행자의 책임이다.

[그림 22-5]에 나온 아키텍처를 예로 들어서 리스크스토밍 프로세스를 설명해 보겠다.

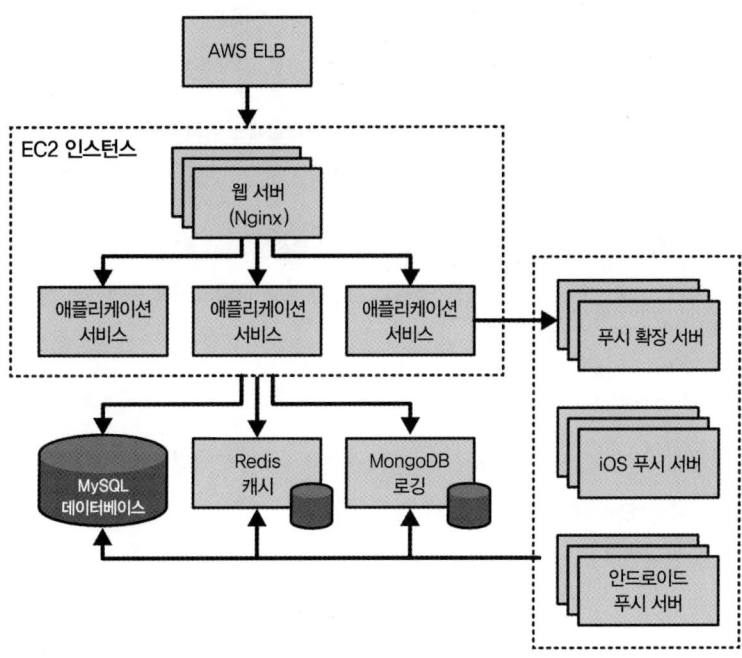

그림 22-5 리스크스토밍 세션을 위한 예제 아키텍처

이 아키텍처에서 부하 분산기(load balancer) 역할을 하는 AWS ELB(Elastic Load Balancing)는 EC2 인스턴스들로 요청을 전달한다. 각 EC2 인스턴스는 하나 이상의 웹 서버 (Nginx)와 애플리케이션 서비스를 포함한다. 각 애플리케이션 서비스는 MySQL 데이터베이스, Redis 캐시, 그리고 MongoDB 데이터베이스(로깅용)를 호출한다. 애플리케이션 서비스는 또한 푸시 확장 서버(Push Expansion Server)도 호출하는데, 이 서버들은 다시 MySQL 데이터베이스, Redis 캐시, MongoDB 로깅 기능과 연동된다. (이 모든 제품과 전문 용어를 이해하지 못해도 걱정할 필요는 없다. 이 다소 모호하고 일반화된 아키텍처는 리스크스토밍이 어떻게 작동하는지 설명하기 위한 것일 뿐이다.)

그럼 페이즈 1부터 시작하자.

22.3.1 페이즈 1: 식별

리스크스토밍의 **식별** 페이즈에서는 각 참가자가 개별적으로 아키텍처의 위험 영역들을 식별한다. 각 참가자가 다른 참가자와는 독립적으로 위험을 편견 없이 평가하고 기록한다는 점에서 이 개인 식별 페이즈가 매우 중요하다. 식별 페이즈는 다음 세 단계로 진행된다.

1. 진행자는 모든 참가자에게 협업 페이즈들에 대한 초대장을 보낸다. 초대장에는 아키텍처 도식(또는 그것이 있는 위치), 분석할 위험 기준과 맥락, 협업 세션의 날짜 · 시간 · 장소(물리적 또는 가상) 및 기타 필요한 세부 정보가 포함된다.
2. 참가자들은 위험 평가 행렬을 이용해서 각자 따로 아키텍처 위험들을 분석한다.
3. 참가자들은 각 위험을 낮음(1~2), 중간(3~4), 높음(6~9)으로 분류하고, 해당 숫자를 녹색, 노란색, 빨간색의 작은 스티커 메모(sticky note)에 적는다.

대부분의 리스크스토밍 활동은 한 가지 기준 또는 맥락만 분석한다(이를테면 "보안이 위험한 부분은 어디인가?" 또는 "고객 등록 맥락에서 위험한 영역은 어디인가?" 등). 하지만 인력이나 시간 확보 측면에 문제가 있다면 위험 평가팀이 특정 맥락 안에서 둘 이상의 기준(예: 성능과 확장성)을 분석해야 할 수도 있다. 이런 경우 참가자들은 보통 스티커 메모의 위험 점수 옆에 해당 기준을 기재한다. 예를 들어, 세 명의 참가자가 중앙 데이터베이스(맥락)에 위험이 있다고 식별했다고 가정하자. 세 참가자 모두 위험 수준이 높다고(6) 판단했지만, 한 참가자는 이를 가용성 위험으로, 나머지 두 참가자는 성능 위험으로 보았다. 참가자들은 이 두 가지 기준을 별도로 논의해야 한다.

> **팁** 가능하다면 리스크스토밍 활동을 하나의 기준 또는 하나의 맥락으로 제한하자. 그러면 참가자들이 특정 차원 하나에 집중할 수 있고 실제 위험이 무엇인지에 대한 혼란을 피할 수 있다.

22.3.2 페이즈 2: 합의

리스크스토밍의 **합의** 페이즈는 고도의 협업 과정이다. 이 페이즈의 목표는 아키텍처 내의 위험에 대해 모든 참가자 간의 합의를 끌어내는 것이다. 이 활동은 진행자가 커다랗게 인쇄한 아키텍처 도식을 벽에 붙여 놓고(혹은 대형 화면에 전자 버전을 띄워놓고) 진행할 때 가장 효과적이다. 리스크스토밍 세션에 참가자들이 모두 모이면 진행자는 아키텍처 다이어그램의 관련 영역에 각자 준비한 위험 수준 스티커 메모를 붙이라고 안내한다(그림 22-6 참고).

스티커 메모를 모두 붙였으면 합의 페이즈를 본격적으로 시작한다. 두 협업 페이즈 중 첫 번째인 이 페이즈의 목표는 참가자들이 함께 위험 영역을 분석하고 위험 수준에 대한 합의에 도달하는 것이다. [그림 22-6]의 예에서 참가자들은 여러 위험 영역을 식별했다. (이 예시에서는 실제 기준은 중요하지 않다.) 참가자들이 식별한 위험들을 요약하면 다음과 같다.

- 두 명의 참가자가 AWS ELB를 중간 위험(3)으로 식별했고, 한 명의 참가자는 높은 위험(6)으로 식별했다.
- 한 명의 참가자가 푸시 확장 서버를 높은 위험(9)으로 식별했다.
- 세 명의 참가자가 MySQL 데이터베이스를 중간 위험(3)으로 식별했다.
- 한 명의 참가자가 Redis 캐시를 높은 위험(9)으로 식별했다.
- 세 명의 참가자가 MongoDB 로깅을 낮은 위험(2)으로 식별했다.
- 그 밖의 영역들에는 스티커 메모가 없다. 즉, 이 영역들에서는 참가자들이 아무런 위험도 식별하지 않았다.

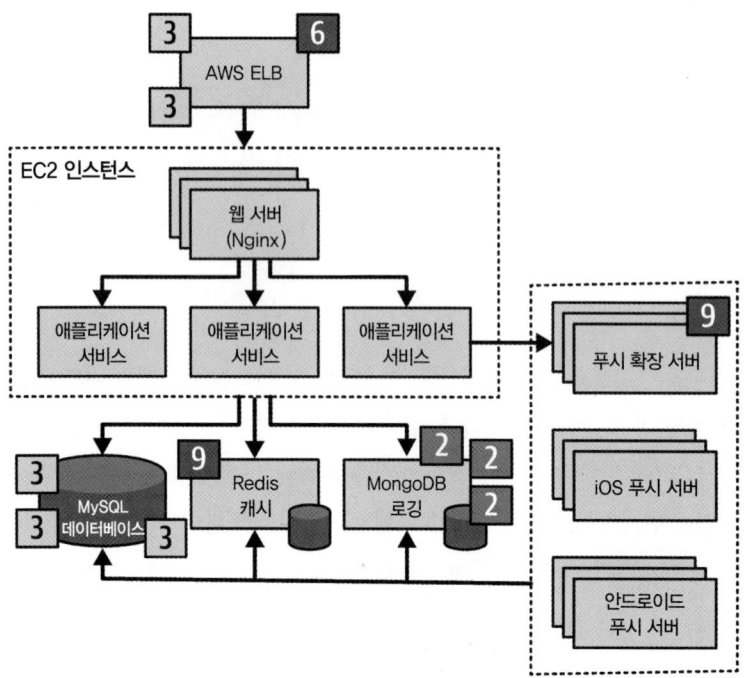

그림 22-6 위험 영역의 초기 식별 결과

MySQL 데이터베이스와 MongoDB 로깅의 위험 수준은 이미 모든 참가자가 동일하게 평가했으므로 합의할 것이 없다. 하지만 AWS ELB에 관해서는 의견이 엇갈렸고 푸시 확장 서비스와 Redis 캐시는 각각 한 명의 참가자만 위험으로 식별했다. 이런 차이를 해결하는 것이 바로 합의 페이즈의 핵심이다.

두 명의 참가자(오스틴과 로건이라고 하자)는 ELB를 중간 위험(3)으로 식별했지만, 한 명(애디슨이라고 하자)은 고위험(6)으로 식별했다. ELB를 고위험으로 식별한 이유를 오스틴과 로건이 묻자 애디슨은 ELB가 다운되면 전체 시스템에 접근할 수 없게 된다고 답했다. 이는 사실이며, 그래서 **전반적인 영향**의 위험 점수가 높다. 하지만 다른 두 참가자는 클러스터화 때문에 그런 일이 일어날 가능성이 작다며 애디슨을 설득했다. 애디슨이 이에 동의했고, 그룹은 **발생 가능성** 위험 수준을 중간(3)으로 낮췄다.

하지만 다른 방향으로 갈 수도 있었다. ELB의 한 측면에 위험이 있음을 애디슨이 감지했지만 오스틴과 로건은 그것을 놓쳤고, 애디슨이 그 둘을 설득해서 위험 수준을 중간이 아닌 고위험으로 분류한다는 시나리오도 가능하다. 이는 리스크스토밍의 합의 단계가 왜 그토록 중요한지 말해주는 예이다.

한 참가자는 푸시 확장 서버를 고위험(9)으로 식별했지만, 다른 참가자들은 아키텍처의 이 영역에서 어떤 위험도 식별하지 않았다. 위험을 식별한 사람은 이 아키텍처의 부하(load)와 비슷한 높은 부하에서 푸시 확장 서버가 계속 다운되는 나쁜 경험이 있어서 고위험으로 평가했다고 설명했다. 이 예 역시 리스크스토밍의 가치를 보여준다. 그 참가자가 없었다면 실제 프로덕션 환경에서 해당 문제가 발생할 수 있다.

Redis 캐시는 흥미로운 사례이다. 이 세션에 참여한 데번이라는 개발자가 이것을 고위험(9)으로 식별했지만, 다른 사람들은 그 캐시에서 아무런 위험도 보지 못했다. 다른 참가자들이 이것을 고위험으로 평가한 근거를 묻자 데번은 "Redis 캐시가 뭔가요?"라고 답했다. 이처럼, 리스크스토밍에서 참가자에게 생소한 기술에는 자동으로 고위험 수준(9)을 배정하는 것이 바람직하다.

> **팁** 입증되지 않거나 알려지지 않은 기술에는 항상 최고 위험 등급(9)을 부여해야 한다. 그런 기술에 해당하는 위험 기준이나 맥락에는 위험 평가 행렬을 적용할 수 없기 때문이다.

Redis 캐시의 예는 리스크스토밍 세션에 개발자가 참여하는 것이 중요한 이유를 말해준다. 참가자가 특정 기술을 모른다는 사실은 아키텍트에게 전체 위험에 대한 귀중한 정보가 된다. 이런 경우 아키텍트는 그것을 다른 기술로 바꿀 수도 있고, 또는 개발 팀의 역량을 높이는 교육에 비용을 들이기로 결정할 수 있다.

이 페이즈는 모든 참가자가 식별된 위험 영역들에 합의할 때까지 계속된다. 모든 스티커 메모가 통합되면 이 페이즈가 끝난다. 최종 결과가 [그림 22-7]에 나와 있다.

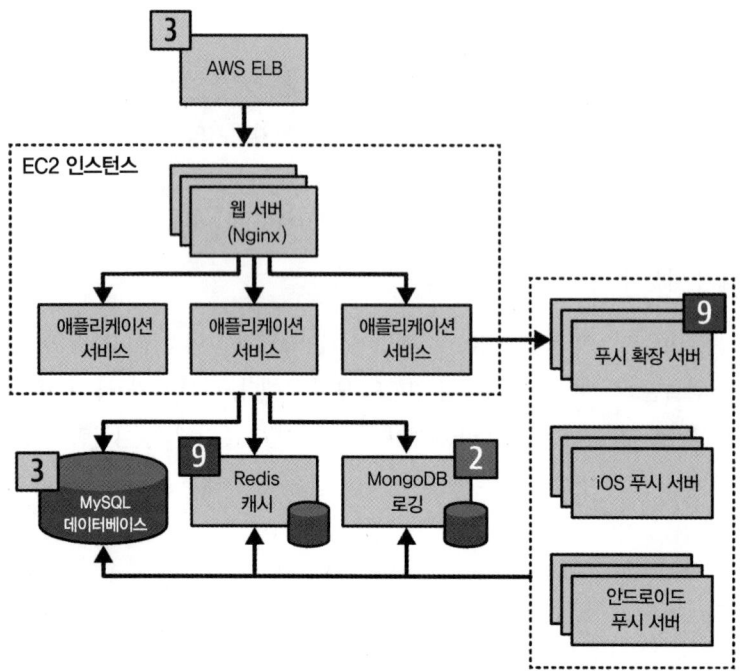

그림 22-7 위험 영역들에 합의를 이룬 결과

22.3.3 페이즈 3: 위험 완화

모든 참가자가 아키텍처의 위험 수준에 동의했다면 **위험 완화** 페이즈로 넘어간다. 위험을 완화한다는 것은 대개 아키텍처에서 원래대로라면 완벽하다고 여겼을 특정 영역들을 변경하는 일을 수반한다.

이 페이즈도 페이즈 2처럼 협업적이다. 이 페이즈에서는 합의 페이즈에서 식별한 위험들을 검토해서 완화 방법을 고안한다. 완화 방법은 원래의 아키텍처를 완전히 바꾸는 것일 수도 있고 제한된 영역에 직접적인 아키텍처 리팩터링(처리량 병목을 줄이기 위해 배압용 대기열을 추가하는 등)을 적용하는 것일 수도 있다.

무엇을 어떻게 바꾸기로 결정하든, 위험 완화 페이즈는 추가 비용을 유발하기 마련이다. 그래서 주어진 완화 솔루션의 비용이 위험보다 큰지 결정할 권한을 가진 핵심 비즈니스 이해관계자들을 이 페이즈에 참여시키는 것이 중요하다.

예를 들어, 리스크스토밍에서 참가자들이 중앙 데이터베이스를 전체 시스템 가용성과 관련한 중간 위험(4)으로 식별했으며 데이터베이스를 클러스터화하고 별도의 물리적 데이터베이스로 분리하면 그 위험을 완화할 수 있다는 데 합의했다고 하자. 하지만 그 솔루션은 50,000달러가 들 것이다. 진행을 맡은 아키텍트는 소유자를 포함한 핵심 비즈니스 이해관계자들과 만나서 가용성의 위험과 비용에 대한 트레이드오프를 논의한다. 비즈니스 소유자는 50,000달러는 너무 과하며, 가용성 위험에 따른 비용이 그보다 크지는 않을 것이라고 결정한다. 그러면 아키텍트는 다른 접근법을 제안한다. 값비싼 클러스터화 대신에 데이터베이스를 두 개의 별도 도메인 기반 데이터베이스로 분리하는 것은 어떨까? 이 솔루션은 16,000달러만 들지만, 50,000달러짜리 솔루션만큼이나 가용성 위험을 줄일 수 있을 것이다. 이해관계자들은 이 타협안에 동의한다.

이 시나리오는 리스크스토밍이 전체 아키텍처에 변화를 가져올 뿐만 아니라 아키텍트와 비즈니스 이해관계자의 협상 방식에도 영향을 미친다는 점을 잘 보여준다. §22.2에서 설명한 위험 평가표와 함께 이 리스크스토밍은 위험을 식별·추적하고, 아키텍처를 개선하고, 핵심 이해관계자들 간의 협상을 구조화하는 훌륭한 수단이다.

22.4 사용자 스토리 위험 분석

리스크스토밍은 아키텍처 위험 식별 외에도 소프트웨어 개발의 여러 측면에 도움이 된다. 예를 들어 개발 팀은 스토리 그루밍story grooming[2] 도중에 주어진 반복 내에서 사용자 스토리 완성과 관련된 전체 위험을 파악하는(그리고 결과적으로 해당 반복의 전체 위험을 평가하는) 목적으로 리스크스토밍을 활용할 수 있다. 아키텍트가 사용하는 것과 동일한 위험 평가 행렬을 이용해서 개발 팀은 스토리가 반복 내에서 완료되지 않을 때의 전체 영향과 스토리가 현재 반복에서 완료되지 않을 가능성을 식별함으로써 사용자 스토리의 위험들을 파악한다. 이를 통해서 개발 팀은 고위험 스토리를 식별하고 주의 깊게 추적할 수 있으며, 우선순위를 더 잘 매길 수 있게 된다.

---

[2] 옮긴이_ story grooming은 애자일 개발 방법론에서 사용되는 용어로, 다음번 스프린트를 위해 백로그에 있는 사용자 스토리들을 검토하고 정련(refinement)하는 활동을 의미한다. backlog refinement라고도 한다.

22.5 리스크스토밍의 예

리스크스토밍의 힘과 그것이 전체 아키텍처를 어떻게 개선할 수 있는지 보여주기 위해, 간호사들이 환자들에게 다양한 건강 상태에 대해 조언하는 콜센터 지원 시스템의 예시를 생각해 보자. 이 예시 시스템 요구사항은 다음과 같다.

- 서드파티 진단 엔진(diagnostics engine)은 질문(문진) 항목들을 비롯해 간호사와 환자가 거쳐 가야 할 문진 과정을 제시한다. 이 엔진은 초당 약 500건의 요청을 처리할 수 있다.
- 환자들은 콜센터로 전화를 걸어서 간호사와 대화할 수도 있고 셀프서비스 웹사이트(동일한 진단 엔진을 사용한다)를 이용할 수도 있다.
- 시스템은 전국의 간호사 250명과 수십만 명의 셀프서비스 환자들을 동시에 지원해야 한다.
- 간호사들은 의료 기록 교환(medical records exchange) 장치를 통해 환자의 의료 기록에 접근할 수 있지만, 환자들은 자신의 의료 기록에 접근할 수 없다.
- 시스템은 HIPAA(Health Insurance Portability and Accountability Act; https://oreil.ly/qoJmT)[3] 규정을 준수해야 한다. 즉, 간호사 외에는 누구도 환자의 의료 기록에 접근할 수 없다는 것이 필수적이다. 셀프서비스 옵션은 HIPAA 준수를 보장할 수 없다.

이 시스템을 담당하는 아키텍트인 로건은 이 요구사항들을 분석해서 아키텍처를 설계한다. [그림 22-8]은 로건이 설계한 아키텍처의 고수준 도식이다. 이 아키텍처에는 웹 기반 UI가 세 개인데, 하나는 셀프서비스용이고 다른 하나는 전화를 받은 간호사용, 나머지 하나는 관리자용이다. 관리자용 UI는 관리 직원이 간호사 프로필과 설정을 추가하고 유지하는 데 사용한다. 시스템의 콜센터 부분은 통화를 받는 `Call Accepter`(통화 접수기) 서비스와 상담 요청자를 적절한 간호사에게 라우팅하는 `Call Router`(통화 라우터) 서비스로 구성된다. `Call Router` 서비스는 적절한 간호사를 간호사의 기술 프로필에 기반해서 판단하므로, 중앙 데이터베이스에서 간호사 프로필 정보를 얻어야 한다. 이 아키텍처의 중심은 보안 검사를 수행하고 요청을 적절한 백엔드 서비스로 보내는 진단 시스템 API 게이트웨이다.

---

3 옮긴이_ '건강보험 이동성 및 책임에 관한 법률'로 번역되는 HIPAA는 미국에서 의료기관이 환자의 개인건강정보(PHI, Protected Health Information)를 다룰 때 준수해야 하는 보안 및 개인정보보호 규정을 정의하는 법안이다.

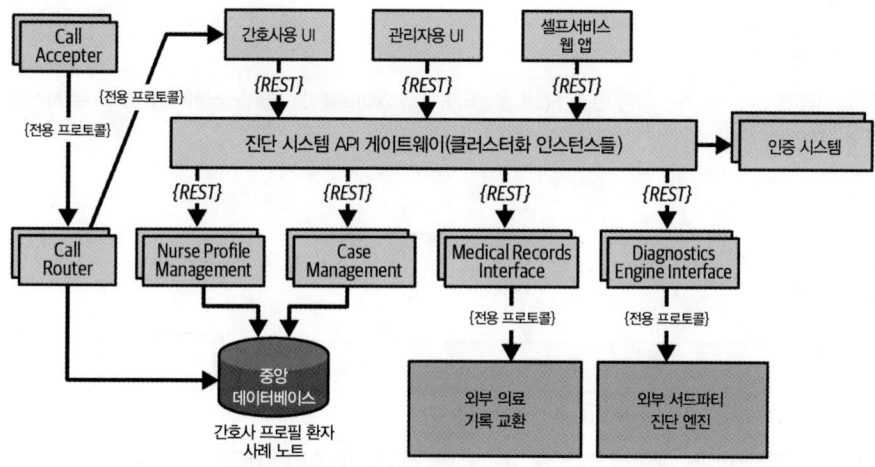

그림 22-8 간호 핫라인 진단 시스템의 고수준 아키텍처

이 시스템의 네 가지 주요 서비스는 Case Management(환자 사례 관리) 서비스, Nurse Profile Management(간호사 프로필 관리) 서비스, 의료 기록 교환에 대한 Medical Records Interface(의료 기록 교환) 서비스, 그리고 외부 서드파티 Diagnostics Engine Interface(진단 엔진 인터페이스) 서비스이다. 모든 통신은 외부 시스템과 콜센터 서비스에 대한 전용(proprietary) 프로토콜을 제외하고는 REST를 사용한다. 아키텍처가 지원해야 하는 핵심적인 특성은 가용성, 탄력성, 그리고 보안이다.

이 아키텍처를 여러 번 검토한 후 로건은 구현할 준비가 되었다고 생각한다. 하지만 책임감 있고 효과적인 아키텍트로서 로건은 리스크스토밍을 실천하기로 결정한다.

22.5.1 가용성

리스크스토밍 진행자로서 로건은 시스템의 성패를 가르는 가용성에 초점을 두고 첫 번째 리스크스토밍을 시행하기로 했다. 개인별 식별 페이즈와 협업적 합의 페이즈를 거쳐서 참가자들은 다음과 같은 위험 영역들을 도출했다(그림 22-9 참고).

- 중앙 데이터베이스 가용성: 영향이 높고(3) 가능성이 중간(2)이라서 고위험(6)으로 평가되었다. 필요할 때 데이터베이스를 사용할 수 없으면 매우 위험하므로 타당한 평가이다.
- Diagnostics Engine 가용성: 높은 영향(3)과 알 수 없는 가능성(3) 때문에 고위험(9)으로 평가되었다. 이 엔진이 언제 사용할 수 없게 되는지 알지 못하는 것은 그 자체로 매우 위험하다.

- Medical Records Interface 가용성: 이 구성요소는 특정 의료 결과를 결정하는 데 필요하지 않으므로 저위험(2)으로 평가되었다.
- 팀은 아키텍처의 각 서비스가 다중 인스턴스로 운용되며 API 게이트웨이도 클러스터화되어 있으므로 시스템의 다른 부분들은 가용성 위험이 없다고 판단했다.

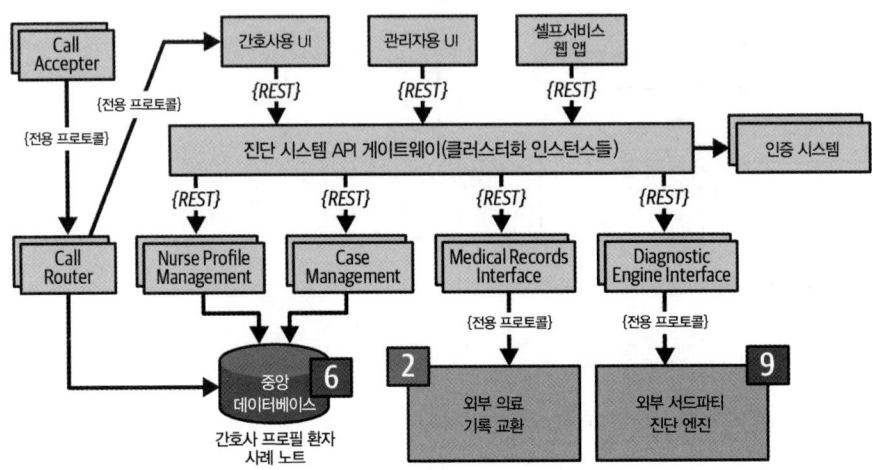

그림 22-9 리스크스토밍 팀이 식별한 가용성 위험 영역들

모든 참가자는 데이터베이스가 다운되면 비록 간호사들이 환자 사례(case) 노트를 손으로 기입할 수는 있다고 해도 통화 라우터가 작동하지 않으므로 시스템 전체가 제대로 돌아가지 않을 것이라는 점에 동의했다. 그리고 이 위험을 완화하기 위해 하나의 물리적 데이터베이스를 두 개의 개별 데이터베이스로 분할하는 완화책에 모두가 합의했다. 하나는 간호사 프로필 정보를 담는 클러스터형 데이터베이스이고 다른 하나는 사례 노트를 위한 단일 인스턴스 데이터베이스이다. 이러한 아키텍처 변경은 데이터베이스 가용성 문제를 해결할 뿐만 아니라 사례 노트의 보안도 강화한다.

외부 시스템(지금 예에서 Diagnostics Engine과 Medical Records Interface)의 가용성 위험은 완화하기가 훨씬 어렵다. 그런 시스템은 서드파티가 제어하기 때문이다. 팀은 두 서드파티 시스템의 서비스 수준 협약(SLA)이나 서비스 수준 목표(SLO)가 공개되어 있는지 조사하기로 결정했다. SLA는 일반적으로 법적 구속력이 있는 계약상 합의지만 SLO는 법적 구속력이 없는 것이 보통이다. 팀은 두 시스템 모두 SLA를 찾아냈다. Diagnostics Engine의 SLA에 따르면 이 엔진은 99.99% 가용성을 보장한다(연간 다운타임 52.60분). 그리고 Medical

Records Interface의 가용성 보장 수준은 99.90%이다(연간 다운타임 8.77시간). 이러한 분석을 바탕으로 위험 평가팀은 식별된 위험을 제거할 수 있는 충분한 정보를 얻었다.

이 리스크스토밍 세션 후 팀은 두 개의 데이터베이스를 아키텍처에 추가했다. [그림 22-10]이 수정된 아키텍처이다. 두 SLA도 아키텍처 다이어그램에 추가되었다.

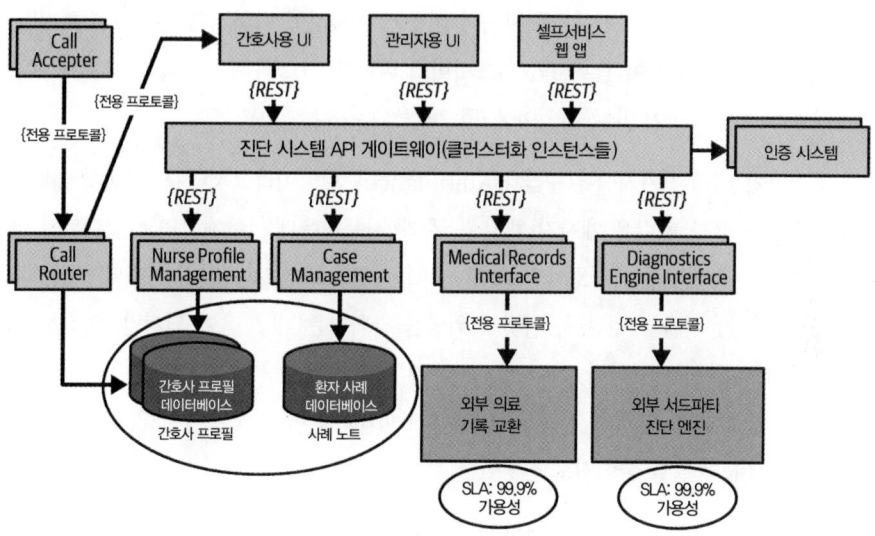

그림 22-10 별도의 데이터베이스를 사용해서 가용성 위험 영역을 완화할 수 있다.

22.5.2 탄력성

두 번째 리스크스토밍 세션은 사용자 부하의 급증에 대한 대처 능력을 뜻하는 탄력성(가변 확장성(variable scalability))에 초점을 맞춘다. 간호사가 250명뿐이므로 Diagnostics Engine에 동시에 접근하는 간호사는 많아야 250명이다. 하지만 간호사 외에도 수많은 사용자가 셀프서비스 UI를 통해서 Diagnostics Engine에 접근할 수 있으므로 동시 요청 수는 250보다 훨씬 클 수 있다. 리스크스토밍 참가자들은 특히 독감 시즌과 COVID 유행 시기에 시스템의 예상 부하가 크게 증가할 것임을 우려했다.

모든 참가자가 Diagnostics Engine 인터페이스의 위험 수준을 고위험(9)으로 식별했다. 이 엔진은 초당 500개의 요청만 처리할 수 있기 때문에 예상되는 처리량을 따라잡지 못할 위험이 높다는 점에서 이는 올바른 결정이다. 특히 REST를 인터페이스 프로토콜로 사용하는 경우 처리량 부담이 더욱 클 것이다.

팀은 이 위험을 완화하기 위해 API 게이트웨이와 Diagnostics Engine이 비동기 대기열 기반 메시징 방식으로 통신하도록 바꾸기로 결정했다. 이렇게 하면 Diagnostics Engine에 대한 요청이 누적될 때 대기열이 배압(backpressure) 지점으로 작용한다. 그러나 이 완화책이 모든 위험을 완전히 제거하지는 못한다. 둘 사이의 비동기 메시징이 바람직한 관행이긴 하지만, Diagnostics Engine의 응답이 간호사와 셀프서비스 환자에 전달되는 시간을 줄여주지는 않는다. 응답이 늦어져서 요청이 만료(타임아웃)될 가능성이 높다.

이 문제를 해결하기 위해 참가자들은 **구급차**(Ambulance) 패턴이라고 하는 아키텍처 패턴을 적용하기로 했다. 구급차 패턴은 메시지 채널을 두 개 사용하는데, 두 채널의 우선순위를 다르게 둘 수 있다. 지금 예에서는 간호사의 요청이 셀프서비스 요청보다 먼저 처리되게 함으로써 간호사용 UI의 반응성을 개선한다. 이것이 위험을 완화하는 데 도움이 되지만, 여전히 대기 시간 문제를 해결하지는 못한다. 더 많은 논의 후 참가자들은 특정 진단 질문들(주로 독감 등 유행병과 관련한)을 캐싱해서 Diagnostics Engine에 아예 도달하지 않게 함으로써 Diagnostics Engine 호출을 줄이기로 결정했다.

합의된 완화책들에 따라 팀은 두 개의 메시징 채널(간호사용 하나, 셀프서비스 환자용 하나)을 만들고, 유행병 관련 질문에 대한 모든 요청을 처리하는 Diagnostics Outbreak Cache Server라는 새로운 서비스를 만들었다. 이런 식으로 수정한 아키텍처가 [그림 22-11]에 나와 있다. 새 아키텍처는 진단 엔진에 대한 호출 수가 줄어든 덕분에 다른 증상과 관련된 동시 요청을 더 많이 처리할 수 있다. 리스크스토밍이 없었다면 독감 시즌이 닥쳐서야 이 위험을 알아챘을지도 모른다.

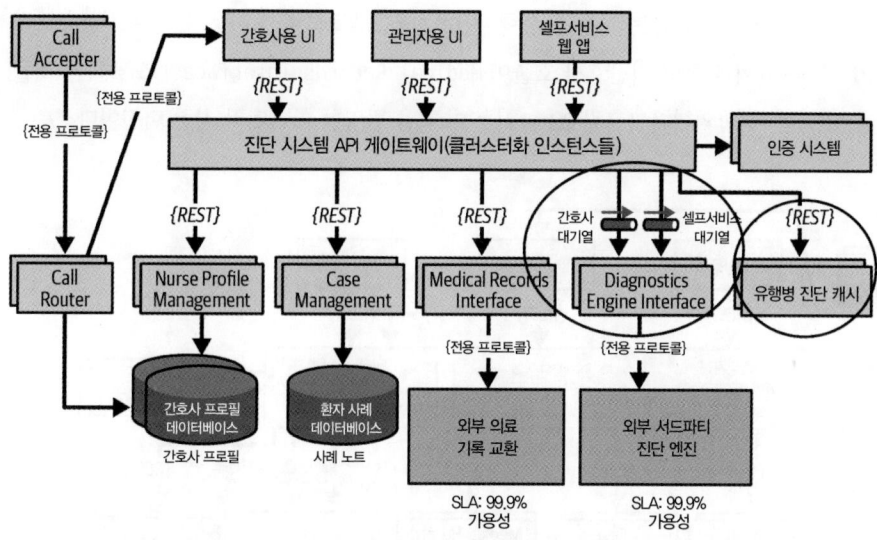

그림 22-11 탄력성 위험을 해결하기 위해 수정된 아키텍처

22.5.3 보안

이러한 성공에 고무된 로건은 이 시스템의 또 다른 중요한 특성인 보안에 초점을 두고 마지막 리스크스토밍 세션을 진행하기로 결정했다. HIPAA 규정 요건 때문에, 환자의 의료 기록을 제공하는 Medical Records Interface에는 간호사만 접근할 수 있어야 한다. 로건은 API 게이트웨이의 인증 및 권한 부여 검사가 이 위험을 완화한다고 믿지만, 참가자들이 또 다른 보안 위험을 발견할 수도 있으므로 리스크스토밍을 한 번 더 진행하기로 했다.

참가자들은 모두 진단 시스템에 대한 API 게이트웨이의 보안을 고위험(6)으로 식별한다. 전반적 영향은 높음(3)으로 평가되었는데, 관리 직원이나 셀프서비스 환자가 의료 기록에 접근하는 것은 절대로 안 될 일이기 때문이다. 한편 발생 가능성은 중간(2)으로 평가되었다. API 게이트웨이가 각 API 호출에 대한 보안을 검사하는 것이 도움이 된다는 점과, 그렇긴 해도 모든 호출(셀프서비스, 관리자, 간호사)이 여전히 동일한 API 게이트웨이를 통과한다는 점을 고려한 것이다. 로건은 원래 이 위험을 낮음(2)으로 평가했지만, 참가자들과의 논의 끝에 이것이 실제로 위험한 영역이며 완화가 필요하다는 점을 인정했다.

완화 페이즈에서 모든 참가자는 사용자 유형(관리 직원, 셀프서비스 사용자, 간호사)별로 별도의 API 게이트웨이를 두면 비간호사 호출이 Medical Records Interface에 도달하는 것을 방지할 수 있다는 데 합의했다. [그림 22-12]는 이 점을 반영한 아키텍처 최종 버전이다.

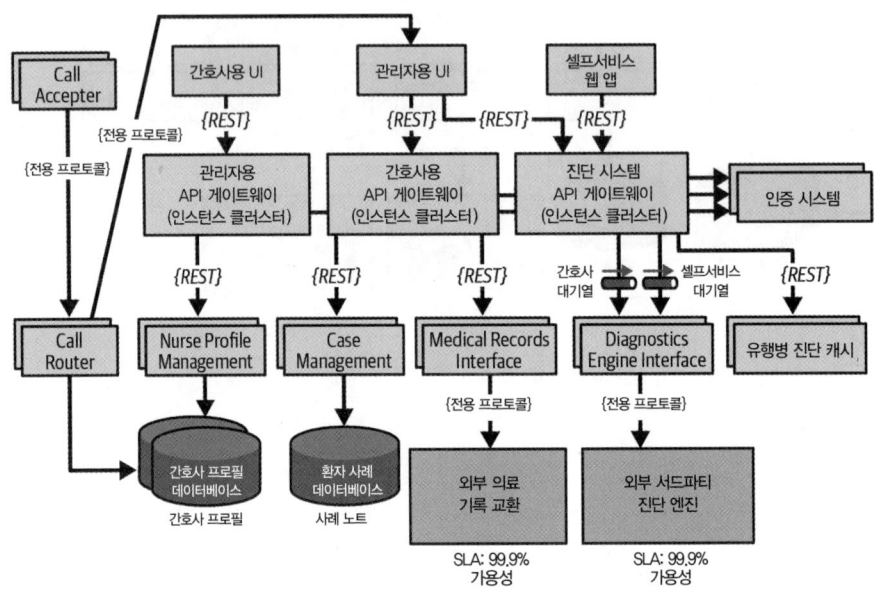

그림 22-12 보안 위험을 해결하기 위한 아키텍처 수정

이 예는 리스크스토밍의 힘을 보여준다. 아키텍트와 개발자, 그리고 주요 이해관계자들이 협력해서 시스템 성공에 가장 중요한 아키텍처 특성을 고찰하고 위험 영역들을 식별하는 덕분에, 리스크스토밍이 없었다면 놓쳤을 위험 요소들을 발견하게 된다.

원래의 아키텍처(그림 22-8)와 리스크스토밍을 거친 후의 아키텍처(그림 22-12)를 비교해 보기 바란다. 후자는 가용성, 탄력성, 보안에 대한 우려 사항이 해결된 덕분에 아키텍처가 좀 더 효과적이 되었고 성공 가능성이 높아졌다.

22.6 요약

리스크스토밍은 일회성 프로세스가 아니다. 시스템을 프로덕션에 배치하기 전까지 시스템 개발 수명 주기 전체에서 팀은 위험 영역을 식별하고 완화하기 위한 리스크스토밍을 반복해야 한다. 조직이 리스크스토밍 세션을 실행하는 횟수와 빈도는 상황과 요구의 변경 빈도나 아키텍처 리팩터링 노력, 아키텍처의 점진적 발전 등 여러 요인에 따라 달라진다. 일반적으로는 주요 기능을 추가한 후 또는 각 반복 주기의 끝에서 특정 차원 또는 특성에 대해 리스크스토밍을 수행해서 아키텍처가 올바르고 비즈니스 요구사항을 해결할 수 있는지 확인한다.

CHAPTER 23

아키텍처 도식화

새로 임명된 소프트웨어 아키텍트는 이 직무가 얼마나 다양한 일을 포함하는지에 종종 놀라게 된다. 아키텍트로 일하려면 자신을 그 자리에 있게 한 기술적 지식과 경험 외에도 많은 것이 필요하다. 특히, 효과적인 의사소통 능력은 아키텍트의 성공에 매우 중요하다. 아무리 뛰어난 기술적 아이디어를 가지고 있더라도, 그 생각을 관리자에게 설득해서 예산을 이끌어내지 못하거나 개발자에게 그것을 구현하도록 동기를 부여하지 못한다면 아무 소용이 없다.

도식화(diagramming) 혹은 다이어그램 그리기는 아키텍트에게 중요한 의사소통 기술이다. 이번 장에서는 다이어그램 그리기에 관한 여러 주제를 살펴본다. 중요한 주제들이라서 주제마다 따로 책이 나와 있을 정도지만, 여기서는 각각의 몇 가지 주요 측면을 짚어보는 것으로 만족하기로 하겠다.

아키텍트가 누군가에게 아키텍처를 시각적으로 설명할 때는 아키텍처를 다양한 관점에서 본 뷰view를 제시하는 것이 바람직할 때가 많다. 이를테면 전체 토폴로지의 개요로 출발해서 아키텍처의 특정 부분에 대한 설계 세부 사항으로 점차 내려가는 식이다. 그러나 해당 부분이 전체적인 아키텍처에서 어디에 속하는지 보여주지 않으면 보는 이가 헷갈릴 수 있다.

표현 일관성(representational consistency)이란 아키텍처의 한 부분을 보여주는 뷰에서 다른 부분을 보여주는 뷰로 넘어갈 때 그 부분들이 어떤 관계인지를 먼저 보여주는 관행을 말한다. 이것은 다이어그램에서나 발표(프리젠테이션)에서나 똑같이 중요하다. 예를 들어, 실리콘 샌드위치 솔루션에서 플러그인들이 서로 어떻게 연결되는지 세부적으로 설명하고자 한다면,

시스템 전체 토폴로지의 아키텍처 다이어그램으로 시작해서 토폴로지와 플러그인 구조의 관계를 보여준 다음에야 실제 플러그인 구조로 들어가야 한다. [그림 23-1]이 이러한 접근법의 예이다.

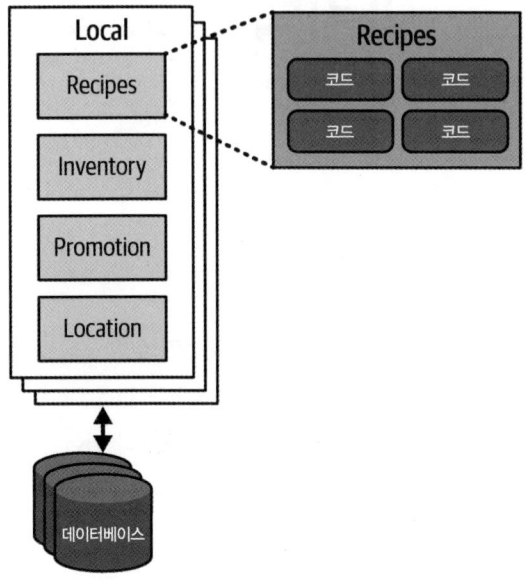

그림 23-1 더 큰 다이어그램 안에서 표현의 일관성을 이용해 맥락을 나타낸 예

표현상의 일관성을 신경 써서 사용하면, 다이어그램에 표현된 요소들의 범위가 명확해진다. 그러면 흔히 발생하는 오해를 미연에 방지할 수 있다.

23.1 도식화

아키텍처의 토폴로지는 아키텍트와 개발자 모두에게 늘 큰 관심사이다. 토폴로지는 구조가 어떻게 맞물리는지 보여주며, 이를 통해 팀이 가치 있는 공동의 이해를 얻을 수 있기 때문이다. 아키텍트로서 여러분의 도식화(다이어그램 그리기) 역량을 날카롭게 연마하길 권한다.

23.1.1 도구

요즘에는 매우 강력한 아키텍트용 다이어그램 도구가 많이 나와 있다. 아키텍트라면 적절한 도구를 선택해서 깊이 있게 익혀야 한다. 단, 덜 정확한 산출물(artifact)들도 무시하지는 말기 바란다. 특히, 설계 초기에 만들어진 산출물들도 나름 유용하다. 초기에 완전히 임시적인 설계 산출물을 만들어 두면, 아키텍트가 자신이 만든 결과물에 과도하게 집착하는 현상을 피할 수 있기 때문이다. 그런 현상을 우리는 **비합리적 산출물 집착**(Irrational Artifact Attachment) 안티패턴이라고 부른다.

> ▌**비합리적 산출물 집착**
>
> 비합리적 산출물 집착 안티패턴은 어떤 사람이 산출물을 만드는 데 투자한 시간이 많을수록 그 산출물에 비합리적으로 집착하게 되는 현상을 설명한다. 예를 들어, 아키텍트가 비지오Visio 같은 도구로 멋진 다이어그램을 네 시간 동안 만들었다면, 겨우 두 시간을 들인 때보다 훨씬 더 그 산출물에 집착하기 쉽다.
>
> 애자일 소프트웨어 개발 방식의 장점 중 하나는 최소한의 의례(ritual)와 절차만을 거쳐 "적시에(just-in-time)" 산출물을 만든다는 점이다. 그래서 많은 애자일 실천가들이 인덱스카드와 포스트잇 같은 도구를 좋아한다. 이런 '로테크low-tech' 도구를 이용할 때는 잘못된 산출물도 부담 없이 폐기할 수 있어서 실험적인 시도가 좀 더 자유롭다. 실험적으로 수정을 반복하다 보면 산출물의 진정한 본질이 드러난다. 이는 협업과 토론에도 도움이 된다.

대표적인 임시 산출물은 화이트보드에 그린 다이어그램을 휴대전화 카메라로 촬영한 사진이다(늘 "지우지 마세요!"라는 경고가 따라붙곤 한다). 요즘은 화이트보드 대신 오버헤드 프로젝터에 연결한 태블릿을 쓰는 아키텍트가 많은데, 몇 가지 장점이 있다. 첫째, 태블릿은 무한한 캔버스를 제공한다. 팀이 필요로 하는 만큼 많은 그림을 그릴 수 있다. 둘째, 태블릿에서는 '가상(what-if)' 시나리오를 복사해서 붙여 넣을 수 있다. 화이트보드였다면 원본 그림 위에 가상 시나리오를 지저분하게 덮어 그려야 했을 것이다. 셋째, 태블릿으로 만든 이미지는 이미 디지털화된 형태라서 화이트보드 사진의 반사광 문제가 없다. 넷째, 전자 이미지를 사용하면 원격 근무 환경에서도 작업이 훨씬 쉽고 협업도 수월하다.

결국에는 고급 도구를 사용해 멋진 다이어그램을 만들어 내야 한다. 그 전에 팀이 설계를 충분히 반복해서 다듬었는지 반드시 확인하는 것을 잊지 말자. 확인을 마쳤다면 실제로 다이어그램 그리기에 들어간다. 어떤 플랫폼이든 강력한 다이어그램 도구가 존재한다. 이 책(원서)의 모든 그림은 우리가 OmniGraffle(https://oreil.ly/fEoKR)로 만든 원본을 오라일리 출판사의 일러스트레이터가 다듬었다. 여기서 어떤 특정 도구를 권하지는 않겠다. 다만, 적어도 다음과 같은 기능이 꼭 필요하다고 생각한다.

레이어
많은 그리기 도구가 레이어^{layer}를 지원한다. 아키텍트는 레이어 활용법을 반드시 익혀야 한다. 레이어는 사용자가 여러 항목을 논리적으로 묶거나, 필요에 따라 보이거나 숨길 수 있도록 해 준다. 예를 들어 발표용으로 모든 정보를 담은 복합 다이어그램을 만들되, 세부 내용이 필요 없는 상황에서는 복잡한 부분을 감출 수도 있다. 또한 레이어를 활용하면 다이어그램을 점진적으로 추가해서 전개하는 방식의 설명이 가능해진다.

스텐실/템플릿
스텐실^{stencil} 도구를 이용하면 자주 쓰는 시각적 구성요소들(여러 도형을 조합한 복합 객체 등)을 모아서 라이브러리를 구성할 수 있다. 이 책의 여러 그림에 등장한 표준 마이크로서비스 아이콘도 우리가 만든 스텐실 도구의 한 항목이다. 조직에서 자주 쓰는 패턴이나 구성요소들을 스텐실로 만들어서 활용한다면 아키텍처 다이어그램의 일관성이 높아지고 새 다이어그램을 만드는 시간도 크게 줄어들 것이다.

자석
많은 다이어그램 도구는 도형과 도형을 연결하는 선을 쉽게 그릴 수 있는 자석 기능을 제공한다. **자석** 기능 혹은 스냅 기능은 선의 끝을 연결 지점 근처로 가져가면 자동으로 선이 붙는 기능이다. 이 기능을 이용하면 선이나 도형 가장자리가 좀 더 깔끔하게 정렬되는 등 다양한 시각적 효과를 얻을 수 있다. 어떤 도구는 자석 연결 지점을 사용자가 추가하거나 직접 만들 수도 있게 해 준다.

> ### 레이어는 장식이 아니라 의미를 위해 사용하라
>
> **우리**는 레이어 기능을 지원하는 그리기 도구를 선호한다. 관련해서 독자들에게 레이어를 항상 의미에 따라 사용하라고 권하고 싶다. 즉, 레이어는 전체 이미지의 의미 전달에 도움이 되어야 한다. 예를 들어, 모든 다이어그램의 기반 레이어(base layer)는 아키텍처의 토폴로지를 나타내야 한다. 즉, 기반 레이어에는 컨테이너, 데이터베이스, 의존성, 브로커 및 기타 핵심 요소가 포함되어야 한다. 이 레이어는 구현이 아닌 아키텍처에 집중해야 하며, 구체적인 프로토콜 이름을 표기하기보다는 '동기적 통신' 같은 추상적인 이름을 사용하는 것이 바람직하다. 그다음 레이어에는 실제 구현 세부 정보를 배치한다. 예를 들면, 데이터베이스 종류, 통신 프로토콜 등이다.
>
> 이런 방식을 따르면 다이어그램을 확장 가능하게(extensible) 만들 수 있다. 도메인 주도 설계의 경계(boundary)나 트랜잭션 범위, 그 밖에 아키텍트가 토폴로지와 대조해 보고 싶은 다양한 부가 정보를 나타내는 컨텍스트별 레이어들을 추가해 나가는 것이 가능하다.

그리기 도구는 이런 특화된 기능 외에 기본기에 해당하는 기능들도 당연히 잘 지원해야 한다. 선, 색상, 도형, 기타 시각 요소 등을 그리기 쉬워야 하며, 산출물을 다양한 형식의 파일로 내보내는 기능도 꼭 필요하다.

23.1.2 다이어그램 표준: UML, C4, ArchiMate

소프트웨어 업계에는 여러 가지 공식 기술 다이어그램 표준이 존재한다. 그중에서도 널리 쓰이는 세 가지를 살펴보자.

UML

그레이디 부치Grady Booch, 이바르 야콥손Ivar Jacobson, 짐 럼보Jim Rumbaugh는 1980년대에 자신들의 상충하는 설계 철학들을 통합하려고 UML(Unified Modeling Language; 통합 모델링 언어) 표준을 만들었다. UML은 그 설계 철학들의 모든 장점을 아우를 것으로 기대했지만, "위원회가 설계한(designed by committee)"[1] 다른 많은 것들과 마찬가지로 실제로는 사용이 의무화된 일부 조직 말고는 영향력이 크지 않았다. UML 클래스 다이어그램과 시퀀스 다이어그램은 지금도 아키텍트와 개발자들이 구조와 작업흐름을 전달하는 데 쓰이지만, 그 밖의 UML 다이어그램 유형들은 별로 쓰이지 않는다.

C4

C4는 사이먼 브라운Simon Brown이 2006년부터 2011년까지 개발한 도식화 기법이다. 이 방식은 UML의 한계를 해결하고, 보다 현대적인 접근법을 제시한다. C4라는 이름은 C로 시작하는 네 가지 뷰를 뜻한다. 네 가지 뷰는 다음과 같다.

> **Context(컨텍스트)**
> 컨텍스트 뷰는 시스템의 전체 컨텍스트를 담는다. 여기에는 사용자 역할과 외부 의존성이 포함된다.
>
> **Container(컨테이너)**
> 컨테이너 뷰는 아키텍처 안의 물리적인(그리고 종종 논리적인) 배포 경계와 컨테이너를 나타낸다. 이 뷰는 운영 팀과 아키텍트의 효과적인 소통 지점이 된다.

---

1 옮긴이_ "designed by committee"는 다양한 구성원의 요구를 모두 충족하려다 보니 최악의 결과물이 나오는 상황을 빗댄 표현이다. "사공이 많으면 배가 산으로 간다"라는 속담과 일맥상통한다.

Component(컴포넌트)

컴포넌트의 관점에서 시스템을 본 뷰이다. 아키텍트가 시스템을 바라보는 방식과 가장 깔끔하게 일치한다.

Class(클래스)

C4는 UML에서 사용하는 것과 동일한 스타일의 클래스 다이어그램을 사용한다. 이미 효과적이기 때문에 대체할 필요가 없다.

C4는 표준 도식화 기법을 찾는 모든 기업에 좋은 대안을 제시한다. C4의 개발자들은 오랜 기간 동안 활발하게 활동해 왔으며, 광범위한 사용자층을 확보하고 있다. 특히 소프트웨어 개발 생태계의 변화에 뒤처지지 않고 새로운 능력을 적극적으로 포용해 왔다. 많은 다이어그램 도구가 C4 다이어그램용 템플릿을 제공한다. 또한 C4 생태계(https://c4model.com)에는 아키텍트를 위한 다양한 도구와 프레임워크가 있다. C4는 컴포넌트, 선(line), 컨테이너, 데이터베이스와 같은 일반적인 요소들에 대한 표준도 정의한다. [그림 23-2]는 실리콘 샌드위치의 모듈형 모놀리스 데이터 설계를 C4로 도식화한 것이다.

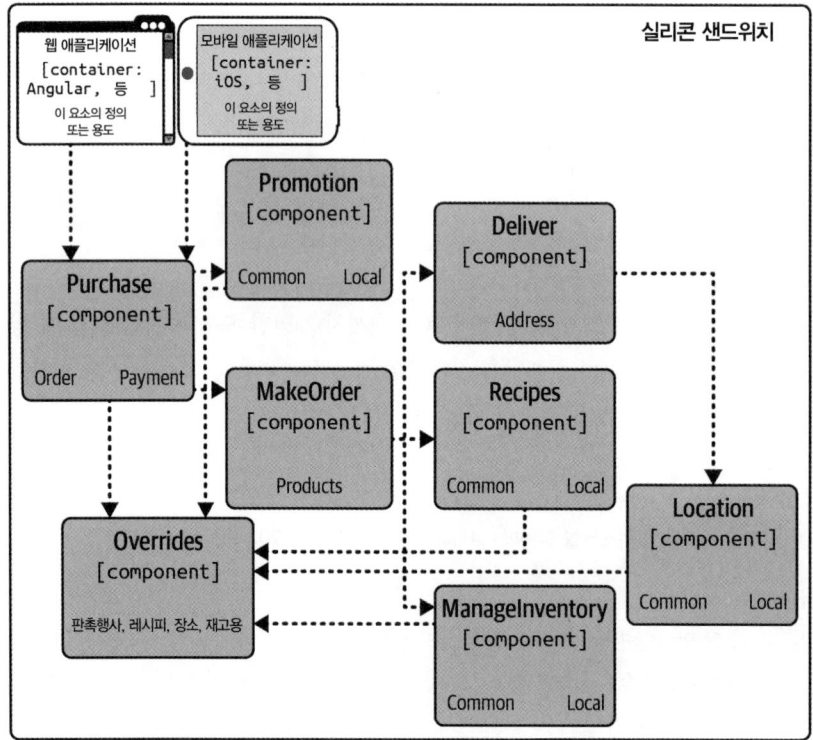

그림 23-2 C4로 작성한 실리콘 샌드위치 컴포넌트 다이어그램

ArchiMate

ArchiMate(architecture와 animate의 합성어)는 디 오픈 그룹The Open Group에서 제공하는 오픈소스 엔터프라이즈 아키텍처 모델링 언어이다. 이 언어는 비즈니스 도메인 내외부의 아키텍처를 설명, 분석, 시각화하는 데 쓰인다. ArchiMate는 엔터프라이즈 생태계에 적합한 경량 모델링 언어로, "가능한 한 작은" 기술 표준을 만드는 것을 목표로 했기 때문에 모든 예외 상황(edge case)을 포괄하지는 않는다. 현재 아키텍트들 사이에서 인기가 높은 언어이다.

23.1.3 다이어그램 작성 지침

아키텍트라면 누구나 자신만의 다이어그램 스타일을 발전시켜야 한다. 자신만의 모델링 언어를 사용해도 좋고, 공식적인 언어 중 하나를 활용해도 된다. 다른 사람의 표현 중 특별히 효과적이라고 생각하는 것이 있다면 차용해도 좋다. 다음은 기술 다이어그램을 만들 때 참고할 만한 일반 지침이다.

제목

다이어그램의 모든 요소에 제목(title)을 붙여야 한다. 단, 청중에게 아주 익숙한 항목이라면 예외로 할 수 있다. 회전 등의 효과를 활용해서 제목이 대상 요소와 잘 "붙어" 있고 공간 낭비가 없도록 해야 한다.

선

선은 충분히 두껍게 그려서 잘 보이게 해야 한다. 정보 흐름을 나타낼 때는 화살표를 이용해서 한쪽 방향 또는 양방향 흐름을 명확히 표시해야 한다. 항상 일관성을 유지하는 한, 서로 다른 의미를 전달하기 위해 다양한 화살표 머리 모양을 사용하는 것은 좋다.

거의 항상 실선은 동기적 통신을 나타내고 점선은 비동기 통신을 나타낸다. 이는 아키텍처 다이어그램에서 몇 안 되는 공통의 표준 중 하나이다.

도형

앞에서 설명한 모든 공식 모델링 언어에는 표준 도형 모음이 존재한다. 그러나 소프트웨어 개발 업계 전반에 통용되는 표준 도형 모음 같은 것은 없다. 대부분의 아키텍트는 자신만의 표준 도형 모음을 만든다. 그것이 조직 전체에 적용되는 표준 언어로 채택되기도 한다.

예를 들어, 우리는 배포 가능한 요소들을 3차원 상자로 표시하고, 컨테이너는 사각형, 데이터베이스는 원통 형태로 표시하는 것을 선호한다. 그 밖에는 특별한 기준을 두지 않는다.

레이블

다이어그램의 모든 요소에는 반드시 레이블label(이름표)을 붙여야 한다. 의미가 둘 이상이 될 만한 요소라면 레이블을 붙이는 것이 특히나 중요하다.

색상

아키텍트들은 색상을 충분히 활용하지 않는 경우가 많다. 오래전부터 흑백으로 인쇄된 책이 많다 보니 아키텍트와 개발자는 단색 그림에 익숙해졌다. 우리도 흑백 도식을 선호하지만, 서로 다른 요소들을 구분해야 할 때는 색상이 유용하다는 점도 인정한다. 색상을 자유롭게 쓰지 못하는 상황이라면 회색조(gray scale)도 좋다. 예를 들어 제19장에서 마이크로서비스의 아키텍처 퀀텀을 설명할 때 사용한 [그림 19-6]에서는 여러 서비스 그룹을 서로 다른 회색 음영으로 구별했다(독자의 편의를 위해 그 다이어그램을 [그림 23-3]에 다시 표시한다).

그런데 중요한 차이점을 강조하기 위해 색상을 사용할 때는 조심해야 한다. 색각 이상자(여러 형태의 색맹, 색약)나 시각 장애인은 그런 차이를 인식하지 못할 수 있기 때문이다. 그런 경우 색상과 함께 고유한 아이콘 같은 다른 힌트도 사용하는 것이 좋다. 색상만으로 의미를 전달하지 말고, 누구나 의미를 알 수 있게 해야 함을 기억하기 바란다. 좋은 예가 횡단보도 신호등이다. 횡단보도 신호등은 초록색과 빨간색뿐만 아니라 고유한 사람 모양으로도 횡단과 정지를 구분한다.

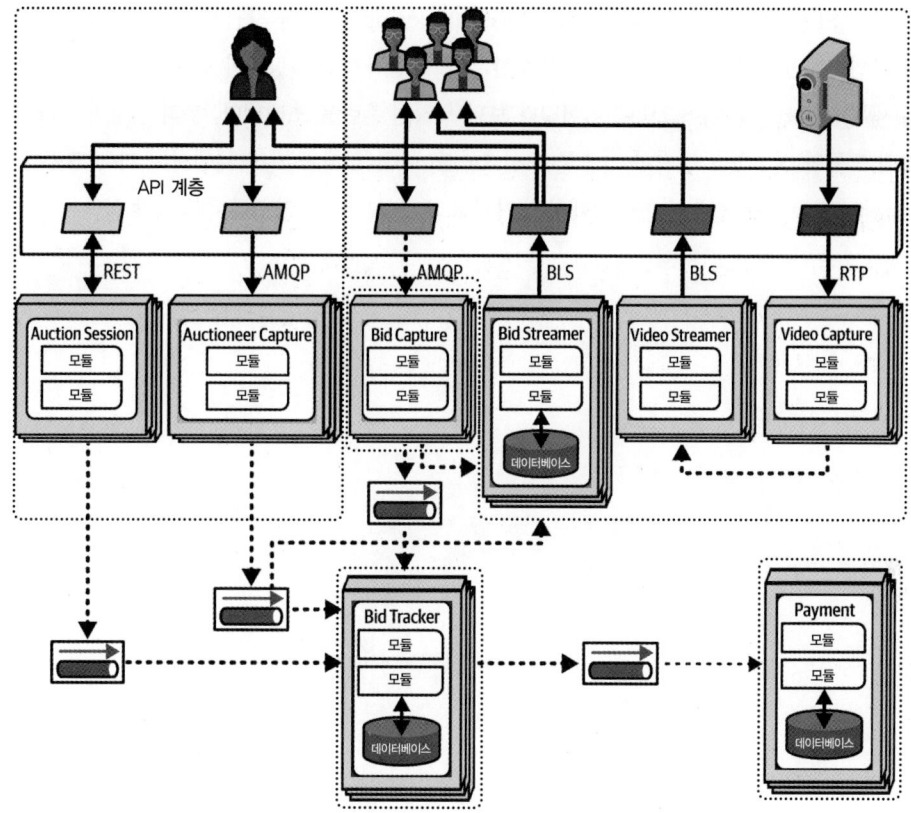

그림 23-3 제19장에 나온 마이크로서비스 통신 예시. 테두리로 서로 다른 서비스를 구별한다.

범례

도형의 의미가 모호할 수 있다면, 각 도형이 무엇을 의미하는지 명확히 설명하는 범례를 반드시 함께 제공해야 한다. 의미를 오해할 수 있는 다이어그램은 없으니만 못하다.

23.2 요약

도식화 표준은 조직의 일관된 의사소통에 도움이 된다. 하지만 아키텍트는 규칙을 자주 깨뜨린다. 표준이 설계의 내용을 명확히 나타낼 수 있는 수단을 제공하지 못한다면 더욱 그렇다. 조직은 표준을 제정하되, 합리적인 예외는 허용해야 한다.

무거운 CASE(computer-aided software engineering; 컴퓨터 지원 소프트웨어 공학) 도구가 보편적이던 예전에는 아키텍트가 단순한 것도 복잡하게 모델링해야 했다. 실제로는 필요 없는 세부 사항까지 다이어그램에 집어넣다 보니 오히려 혼란을 초래했다. 우리는 가벼운 다이어그램 도구와 신속하고 간략한 산출물을 선호한다. 특히 설계 초기 단계에서는 더욱 그렇다. 단, 자신이 만든 산출물에 지나치게 애착을 가져서 객관성을 잃지 않도록 주의해야 한다.

CHAPTER 24

유능한 팀 만들기

기술적 아키텍처를 만들고 아키텍처적 결정을 내리는 것으로 소프트웨어 아키텍트의 일이 끝나는 것은 아니다. 소프트웨어 아키텍트는 개발 팀을 이끌어야 한다. 특히, 아키텍처 구현 과정에서 팀에게 적절한 지침을 제공할 책임이 있다. 아키텍트가 이 역할을 잘 수행하면, 성공적인 솔루션을 만들기 위해 긴밀하게 협력하는 유능한(effective) 개발 팀이 만들어진다. 아키텍트라면 당연히 그래야 하는 것 아니겠냐고 생각하겠지만, 우리는 개발 팀을 무시하고 사일로 환경에서 혼자 아키텍처를 만드는 아키텍트를 너무나 많이 보았다. 그런 아키텍처가 개발 팀에 전달되면, 개발자들은 이를 올바르게 구현하는 데 어려움을 겪는다.

팀의 생산성을 높이는 것은 성공적인 소프트웨어 아키텍트가 자신을 차별화하는 방법의 하나이다. 이번 장에서는 개발 팀의 효율성을 향상하는 몇 가지 기본 기법을 소개한다.

24.1 협업

소프트웨어 업계는 아키텍처와 개발을 완전히 별개의 활동으로 취급하는 경우가 너무 많다. [그림 24-1]을 보자. 이것은 아키텍트의 전통적인 책임과 개발자의 책임을 비교한 것이다. 아키텍트는 비즈니스 요구사항을 분석해서 아키텍처 특성을 추출·정의하고, 문제 영역을 해결하기 위한 아키텍처 패턴과 스타일을 선택하고, 논리적 컴포넌트를 만드는 활동을 담당한다. 개발 팀은 아키텍트가 그런 활동 중에 만든 여러 요소를 이용해서 컴포넌트의 클래스 다이어그램을 만들고, UI 화면을 구축하고, 소스 코드를 작성하고 테스트한다.

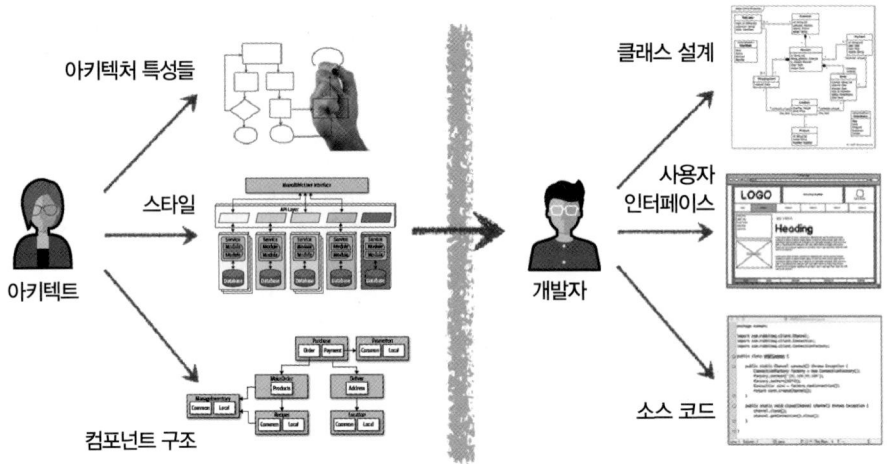

그림 24-1 아키텍트와 개발자의 전통적인 역할

[그림 24-1]을 잘 살펴보면 이런 전통적인 아키텍처 접근법이 제대로 작동하지 않는 이유를 알 수 있다. 아키텍트와 개발자 사이의 가상 혹은 물리적인 장벽을 통과하는 단방향 화살표에 주목하자. 바로 그것이 모든 문제의 원인이다. 아키텍트의 결정이 개발 팀에 항상 전달되지는 않는다. 그리고 개발 팀이 아키텍처를 변경할 때도 그것이 아키텍트에게 다시 전달되는 경우는 거의 없다. 이 모델에서는 아키텍트와 개발 팀이 철저히 분리되어 있기 때문에, 아키텍처의 목표들이 달성되는 경우가 거의 없다.

아키텍처가 제대로 작동하게 만드는 비결은 아키텍트와 개발자 사이의 물리적, 가상적 장벽을 허물고 둘 사이에 강력한 양방향 협업 관계를 형성하는 것이다. [그림 24-2]가 그러한 협업(collaboration) 모델을 나타낸 것이다. 그림에서처럼 아키텍트와 개발 팀은 반드시 하나의 가상 팀에 속해야 한다. 이 모델은 강력한 양방향 소통과 협력을 촉진할 뿐만 아니라, 아키텍트가 개발자를 멘토링하고 지도할 수 있게 해준다.

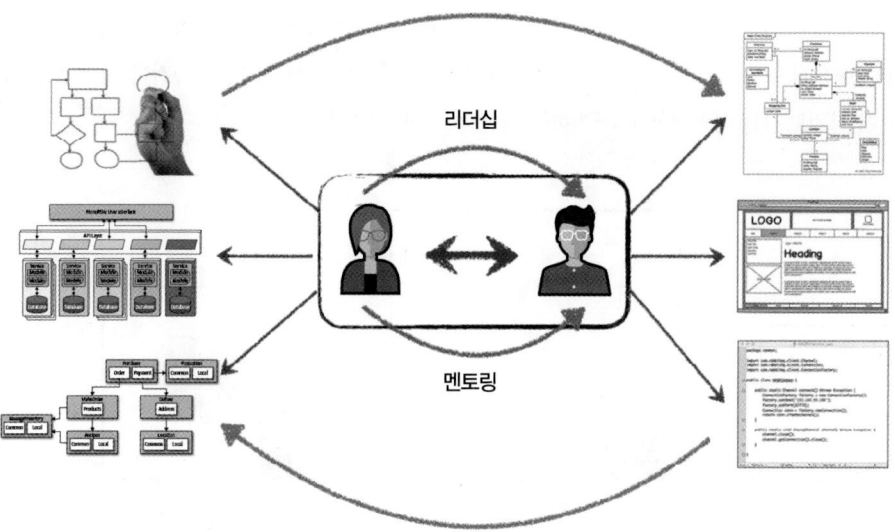

그림 24-2 협업을 통해 아키텍처가 작동하게 만들기

정적이고 경직된 구식 폭포수(waterfall) 접근법과는 달리, 요즘에는 제품 개발 프로세스의 거의 모든 반복(iteration)이나 단계마다 소프트웨어 아키텍처가 변화하고 진화한다. 따라서 아키텍트와 개발 팀 사이의 긴밀한 협업이 성공에 필수적이다.

이번 장의 나머지 부분과 제25장에서는 개발 팀을 더 유능하게 만들 뿐만 아니라 아키텍처를 더 견고하고 성공적으로 만드는 건강하고 양방향적인 협업 관계를 형성하는 기법들을 보여줄 것이다.

24.2 제약조건과 경계

소프트웨어 아키텍트가 개발 팀의 성공 또는 실패에 상당한 영향을 미칠 수 있다는 것이 우리의 경험이다. 소외감을 느끼거나 아키텍트로부터 멀어진 느낌을 받는 팀은 시스템의 다양한 제약조건에 관한 지식이 부족한 경우가 많다. 적절한 수준의 지침이 없으면 아키텍처를 올바르게 구현하는 데 어려움을 겪는다.

소프트웨어 아키텍트의 역할 중 하나는 개발 팀이 아키텍처를 구현할 때 반드시 지켜야 하는 제약조건(constraint)들을 작성해서 전달하는 것이다. 이러한 제약조건들을, 개발 팀이 그 안에 들어가서 아키텍처를 구현하는 '방(room)'의 경계(boundary)를 규정하는 것이라고 생각하면 이해하기가 쉬울 것이다. [그림 24-3]에서 보듯이 경계가 너무 엄격하거나 너무 느슨하면 팀이 아키텍처를 성공적으로 구현하는 능력이 즉시 저하된다.

경계가 너무 엄격하면 불만이 생긴다

경계가 너무 느슨하면 혼란이 생긴다

경계가 적당하면 유능한 팀이 만들어진다

그림 24-3 소프트웨어 아키텍트가 정한 경계는 개발 팀의 아키텍처 구현 능력에 영향을 미친다.

제약이 너무 많으면 방이 너무 작아져서 개발 팀은 시스템을 구현하는 데 필요한 많은 도구, 라이브러리, 관행에 접근할 수 없게 된다. 그러면 불만이 생기기 마련이다. 보통의 경우 개발자들은 더 행복하고 건강한 환경을 찾아서 현재 프로젝트를 떠나게 된다.

반대 상황도 일어날 수 있다. 제약조건이 너무 느슨하거나 아예 없으면 방이 너무 커진다. 그러면 선택지가 너무나 많아져서, 모든 중요한 아키텍처적 결정을 개발 팀이 스스로 내리게 된다. 개발 팀이 아키텍트 역할까지 하게 되는 셈이다. 아키텍트가 적절한 지침을 제공하지 않으면 개발자들은 개념 증명을 수없이 수행해야 하고, 설계상의 결정으로 고민해야 한다. 결국 모든 일이 비생산적이고 혼란스럽게 느껴져서 좌절하게 된다.

유능한 소프트웨어 아키텍트는 팀이 필요한 모든 것을 갖도록 적절한 수준의 지침과 적절한 제약조건을 제공하려고 노력한다. 이번 장의 나머지 부분은 이런 적절한 경계를 만드는 방법을 보여주는 데 할애된다.

24.3 아키텍트 성향

개념을 명확히 하기 위해 과감하게 일반화해서 말하자면, 아키텍트의 성향은 크게 세 가지로 나뉜다. 바로 **통제광 아키텍트, 탁상공론 아키텍트, 유능한 아키텍트**이다. 통제광 아키텍트는 엄격한 경계를, 탁상공론 아키텍트는 느슨한 경계를, 유능한 아키텍트는 적절한 경계를 만드는 경향이 있다. 그럼 이 세 성향을 좀 더 자세히 살펴보자.

24.3.1 통제광 아키텍트

통제광 아키텍트(control-freak architect)는 소프트웨어 개발 프로세스의 모든 세부 사항을 통제하려 든다. 이런 아키텍트가 내리는 모든 결정은 보통 너무 세분화되어 있고 지나치게 저수준(low-level)[1]이다. 그 결과 개발 팀에 대한 경계가 너무 엄격해지고 제약조건이 너무 많아진다.

예를 들어 통제광 아키텍트는 개발 작업에 유용하거나 심지어 필수적인 오픈소스나 서드파티 라이브러리를 개발 팀이 내려받지 못하도록 막는다. 또는 명명 규칙, 클래스 설계, 메서드 길이 등에 대해 엄격한 제약을 가하기도 한다. 심지어 개발 팀이 구현할 의사 코드를 직접 작성해서 개발자에게서 프로그래밍이라는 예술(art)을 사실상 빼앗아 버리기도 한다. 이런 상황에 개발자들은 좌절하기 마련이며, 아키텍트에 대한 존경심을 잃기도 한다.

안타깝게도 통제광 아키텍트가 되기는 매우 쉽다. 특히, 소프트웨어 개발자에서 아키텍처를 담당하는 자리로 전환한 사람들이 그러기 쉽다. 아키텍트의 역할은 애플리케이션의 구축 요소(논리적 컴포넌트)들을 정의하고 그것들이 상호작용하는 방식을 결정하는 것이다. 그러한 논리적 컴포넌트를 클래스 다이어그램과 설계 패턴을 활용해서 가장 잘 구현하는 방법을 결정하는 것은 아키텍트가 아니라 개발자의 역할이다. 개발자 시절에 직접 클래스 다이어그램을 만들고 설계 패턴을 선택하는 데 익숙한 신규 아키텍트는 그런 일을 직접 하고자 하는 유혹에 빠지기 쉽다.

예를 들어 아키텍트가 시스템 내부의 참조 데이터를 관리하는 논리적 컴포넌트를 정의한다고 하자. 여기서 참조 데이터(reference data)는 웹사이트에서 사용하는 정적인 이름-값

---

[1] 옮긴이_ 여기서(그리고 이 책의 대부분의 맥락에서) 저수준은 설계보다는 구현에 더 가깝다는 뜻이다.

쌍 데이터나 제품 코드, 창고 코드 같은 것이다. 아키텍트의 역할은 논리적 컴포넌트(이 경우 `Reference Manager`)를 식별하고, 핵심 작업 집합(예: `GetData`, `SetData`, `ReloadCache`, `NotifyOnUpdate`)을 결정하고, `Reference Manager`와 상호작용해야 할 다른 컴포넌트가 무엇인지 가려내는 것이다. 통제광 아키텍트는 병렬 로더(parallel loader) 패턴을 적용해서 특정 자료 구조를 가진 내부 캐시를 활용하는 것이 이 컴포넌트의 가장 좋은 구현 방법이라고 생각할지 모른다. 그것이 효과적인 설계일 수는 있지만, 유일한 설계는 아니다. 더 중요한 것은 `Reference Manager`의 내부 설계를 고안하는 것은 아키텍트가 할 일이 아니라는 점이다. 그것은 개발자의 몫이다.

이번 장에서 차차 이야기하겠지만, 프로젝트의 복잡성과 팀의 기술 수준에 따라서는 아키텍트가 실제로 통제광 역할을 해야 할 때도 있다. 하지만 대부분의 경우 통제광 아키텍트는 올바른 수준의 지침을 제공하지 못하고 그저 개발 팀의 일을 방해하는 걸림돌이 될 뿐이다. 일반적으로 리더로서는 비효율적인 유형이다.

24.3.2 탁상공론 아키텍트

탁상공론 아키텍트(armchair architect)는 코딩을 한 지 아주 오래되었거나(어쩌면 한 번도 해본 적이 없거나) 아키텍처를 만들 때 구현 세부 사항을 고려하지 않는 아키텍트이다. 보통 이런 아키텍트는 개발 팀과 단절되어 있다. 개발 팀과 자리를 함께하는 일이 거의 없으며, 초기 아키텍처 다이어그램을 완성한 후에는 개발 팀에 신경을 끊고 그저 다음 프로젝트로 넘어가 버린다.

탁상공론 아키텍트 중에는 애초에 아키텍트 자격이 없는 사람도 있다. 즉, 리더십이나 지침을 제공하기에는 기술이나 비즈니스 도메인을 충분히 알지 못하는 사람이 어쩌다 아키텍트를 맡게 된 것이다. 이렇게 생각해 보자. 개발자는 무슨 일을 할까? 당연히 소스 코드를 작성한다. 소스 코드 작성 능력은 속이기가 정말 어렵다. 소스 코드를 제대로 작성하거나, 그렇지 못하거나 둘 중 하나이다. 하지만 아키텍트는 무슨 일을 할까? 아무도 모른다! 선과 상자를 많이 그리면 아키텍트인가? 아키텍트인 척하기는 너무나 쉽다.

예를 들어 그런 자격 미달 탁상공론 아키텍트가 주식 거래 시스템을 설계하는 상황을 상상해 보자. 아키텍트의 아키텍처 다이어그램에는 상자가 두 개뿐이다. 하나는 거래 시스템을, 다른 하나는 거래 시스템과 통신하는 거래 규정 준수 엔진을 나타낸다. 이 아키텍처에 **잘못된** 것은 없다. 다만 너무 고수준이어서 누구에게도 쓸모가 없을 뿐이다.

탁상공론 아키텍트는 개발 팀 주위에 느슨한 경계를 만들기 때문에, 결국은 아키텍트가 해야 했을 일을 팀원들이 하게 된다. 그 결과 팀의 속도와 생산성은 저하되고, 모두가 시스템이 어떻게 작동해야 하는지 혼란스러워한다.

통제광이 되기 쉬운 만큼 탁상공론 아키텍트가 되기도 쉽다. 만일 아키텍트가 아키텍처를 구현하는 개발 팀을 위한 시간을 내기 어렵다고(또는 그러고 싶지 않다고) 느낀다면, 이는 탁상공론 아키텍트가 되고 있다는 신호일 수 있다. 개발 팀에게는 아키텍트의 지원과 지침이 필요하며, 질문에 답해 줄 아키텍트가 곁에 있어야 한다. 탁상공론 아키텍트의 다른 징후는 다음과 같다.

- 비즈니스 도메인이나 비즈니스 문제, 또는 사용되는 기술을 완전히 이해하지 못한다.
- 소프트웨어 개발에 대한 실무 경험이 부족하다.
- 특정 아키텍처 솔루션 구현에 따르는 영향(복잡성, 유지보수, 테스트 등)을 고려하지 않는다.

일부러 탁상공론 아키텍트가 되려는 아키텍트는 거의 없다. 너무 많은 프로젝트나 팀에 관여하다 보니 기술이나 비즈니스 도메인과의 접점을 잃어버려서 '자신도 모르게' 그렇게 될 뿐이다. 이를 피하려면 프로젝트 기술들에 더 많이 관여하고, 비즈니스 문제와 도메인에 대한 이해를 더 깊게 쌓는 것이 좋다.

24.3.3 유능한 아키텍트

유능한 아키텍트(effective architect)는 적절한 제약조건과 경계를 만들고, 팀원들이 서로 잘 협력하도록 보장하며, 올바른 수준의 지침을 제공한다. 또한 유능한 아키텍트는 팀이 올바른 도구와 기술을 갖추게 하고, 개발 팀과 목표 사이에 놓인 다른 장애물들을 제거한다.

당연히 그래야 하고 그렇게 하기가 쉬울 것 같지만, 항상 쉽지는 않다. 유능한 소프트웨어 아키텍트가 되는 데에는, 더 나아가서 유능한 **리더**가 되는 데에는 기술이 필요하다. 무엇보다도 개발 팀과 긴밀히 협업하고 그들의 존경을 얻어야 한다. 다음 절에서는 아키텍트가 개발 팀에 얼마나 관여해야 하는지 결정하는 기법 몇 가지를 살펴본다.

24.4 어느 정도까지 관여할 것인가?

유능한 아키텍트가 되려면 개발 팀에 얼마나 관여해야 할지, 그리고 언제 개발 팀이 자율적으로 진행하게 할지를 알아야 한다. 이 부분은 작가이자 컨설턴트인 로이 오셔로브Roy Osherove가 주창하고 대중화한 탄력적 리더십(Elastic Leadership, https://elasticleadership.com)과 관련된다. 아래의 내용은 소프트웨어 아키텍처 리더십에 특화된 요인에 초점을 두었기 때문에 오셔로브의 연구와는 조금 다른 부분이 있다.

개발 팀에 얼마나 관여해야 할지 알기가 쉽지는 않다. 한 아키텍트가 한 번에 몇 개의 팀이나 프로젝트를 관리할 수 있는지 결정하는 것도 마찬가지이다. 다음은 이와 관련해서 고려해야 할 다섯 가지 핵심 요인이다.

팀 친숙도
팀원들이 서로를 얼마나 잘 아는가? 이전에 함께 일해 본 적이 있는가? 일반적으로 팀원들이 서로를 더 잘 알수록 더 자율적으로 조직화할 수 있고 아키텍트의 관여가 덜 필요하다. 반대로 팀원들이 아직 서먹하다면, 협업을 촉진하고 파벌을 줄이기 위해 아키텍트가 더 많이 개입해야 할 것이다.

팀 규모
우리는 개발자가 12명이 넘으면 큰 팀으로 간주하고 5명 이하이면 작은 팀으로 간주한다. 팀이 클수록 아키텍트가 더 많이 관여해야 한다. 이 주제는 §24.5 "팀의 이상 징후"에서 좀 더 이야기할 것이다.

팀의 전반적 경험 수준
팀의 시니어 개발자 대 주니어(경험이 부족한) 개발자 비율은 어느 정도인가? 팀원들이 기술과 비즈니스 도메인을 얼마나 잘 알고 있는가? (만약 팀이 특별히 복잡한 비즈니스 도메인을 다룬다면, 팀원들의 전반적인 기술 경험 수준과 해당 비즈니스 도메인에 대한 경험을 별도로 평가해야 할 수도 있다.) 주니어 개발자가 많은 팀은 아키텍트의 관여와 멘토링이 더 많이 요구된다. 시니어 개발자가 더 많은 팀에서는 아키텍트가 멘토보다는 촉진자(facilitator) 역할을 하는 것이 바람직할 수 있다.

프로젝트 복잡성
복잡성이 높은 프로젝트는 문제 해결을 돕기 위해 아키텍트가 더 자주 관여해야 한다. 반대로 비교적 단순하고 간단한 프로젝트는 관여가 덜 필요하다.

프로젝트 기간
프로젝트의 기간은 어떠한가? 단기(가령 2개월)인가, 장기(2년)인가, 아니면 평균(약 6개월)인가? 프로젝트 기간이 길어질수록 아키텍트의 관여 필요성도 커진다.

이러한 요인 대부분은 명백해 보이지만, 프로젝트 기간은 좀 더 설명이 필요할 수 있겠다. 앞에서 프로젝트 기간이 짧을수록 관여가 덜 필요하고 길수록 더 많이 필요하다고 말했는데, 그 반대가 아닌가 생각하는 독자도 있을 것이다. 2개월짜리 단기 프로젝트를 생각해 보자. 2개월은 요구사항을 검증하고, 실험하고, 코드를 개발하고, 모든 시나리오를 테스트하고, 프로덕션에 배포하기에 긴 시간이 아니다. 이 경우 아키텍트는 탁상공론 아키텍트처럼 행동해야 한다. 개발 팀은 이미 강한 긴박감을 느끼고 있으므로, 통제광 아키텍트는 방해만 되고 프로젝트를 지연시킬 뿐이다. 반면에 2년짜리 프로젝트에서는 개발자들은 더 여유롭고 긴박감을 느끼지 않는다. 휴가를 계획하는 개발자도 있을 것이다. 또한 점심시간이 길어지기도 한다. 이런 장기 프로젝트에서는 아키텍트가 좀 더 개입해서, 프로젝트가 일정에 맞춰 진행되게 하고 팀이 가장 복잡한 작업을 먼저 완수하게 만들어야 한다.

[그림 24-4]는 이상의 요인들을 이용해서 적절한 관여 수준을 결정하는 데 유용한 '저울'이다. 각각의 요인은 저울의 바늘을 20점만큼 왼쪽(+) 또는 오른쪽(-)으로 움직인다. 음수 쪽은 관여도가 낮음을 나타낸다. 관여도가 최하인 -100점은 탁상공론 아키텍트에 해당한다. 반대로 양수 쪽은 관여도가 높은 것이다. 최고인 +100점은 통제광 아키텍트에 해당한다.

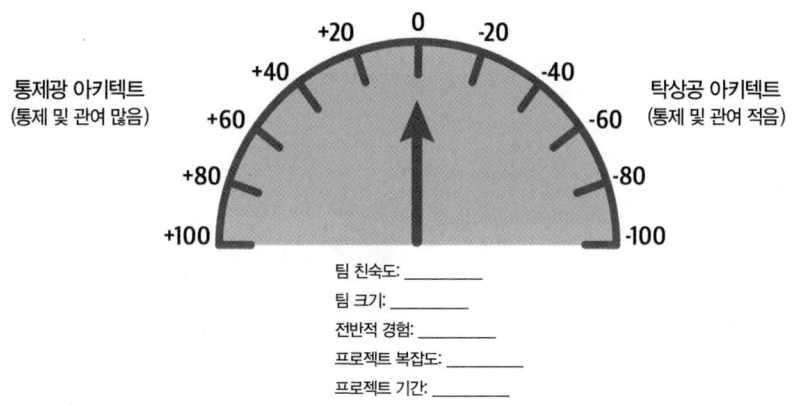

그림 24-4 개발 팀에 대한 아키텍트의 관여도를 측정하는 저울

아주 정교한 저울은 아니지만, 아키텍트가 개발 팀에 어느 정도 관여해야 할지 결정하는 데 도움이 된다. 두 가지 프로젝트 시나리오를 예로 들어서 좀 더 설명해 보겠다. [표 24-1]과 [그림 24-5]는 시나리오 1을 나타낸 것이다. 앞에서 언급했듯이 표의 각 요인은 '바늘'을 왼쪽 또는

오른쪽으로 움직인다. +20점은 관여가 더 필요함을 뜻하며, 저울을 왼쪽으로 20눈금만큼 움직인다. -20점은 관여가 덜 필요함을 나타내며, 저울을 오른쪽으로 20눈금만큼 움직인다. 시나리오 1의 요인 점수 총합은 -60이다. 이는 아키텍트가 일상적인 상호작용에 제한적으로만 관여해야 함을 뜻한다. 즉, 아키텍트는 팀의 작업을 방해하지 말고 촉진자 역할을 하는 것이 바람직하다. 아키텍트가 아예 필요 없다는 것은 아니다. 여전히 아키텍트는 개발자들의 질문에 답해야 하고, 작업이 제대로 진행되고 있는지 확인해야 한다. 하지만 대부분의 경우 아키텍트는 크게 관여하지 않고 숙련된 팀이 가장 잘하는 일(소프트웨어를 신속하게 개발하는 것)을 하게 내버려두어야 한다.

표 24-1 아키텍트 관여도 예시: 시나리오 1

요인	평가	점수	성향
팀 친숙도	신규 팀원들	+20	통제광 아키텍트
팀 규모	소규모(4명)	-20	탁상공론 아키텍트
전반적 경험	모두 숙련됨	-20	탁상공론 아키텍트
프로젝트 복잡도	비교적 단순함	-20	탁상공론 아키텍트
프로젝트 기간	2개월	-20	탁상공론 아키텍트
총점		-60	탁상공론 아키텍트

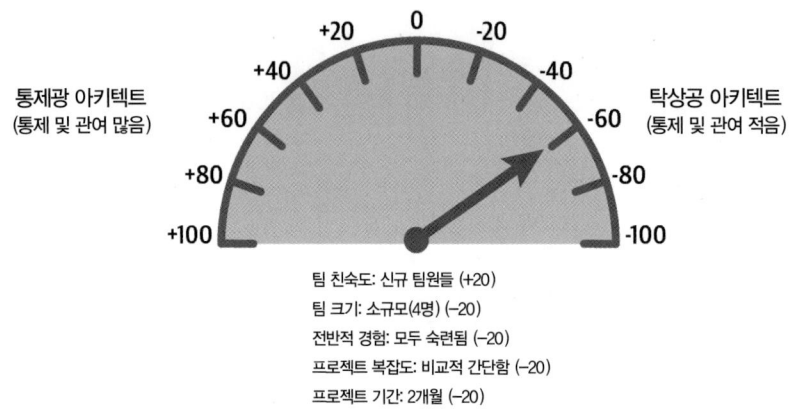

그림 24-5 시나리오 1의 아키텍트 관여도

이제 시나리오 2로 넘어가서 [표 24-2]와 [그림 24-6]을 잘 살펴보기 바란다. 이 시나리오에서 팀원들은 서로 잘 알지만, 팀 규모가 크고(12명) 대부분 주니어 개발자로 구성되어 있다. 프로젝트는 비교적 복잡하고 기간은 6개월이다. 총점은 +20점인데, 이는 유능한 아키텍트가 멘토링과 코칭 역할을 맡아 일상적인 활동에 상당히 관여해야 함을 나타낸다. 단, 팀을 방해할 정도는 아니어야 한다.

표 24-2 아키텍트 관여도 예시: 시나리오 2

요인	평가	점수	성향
팀 친숙도	서로 친함	-20	탁상공론 아키텍트
팀 규모	대규모(12명)	+20	통제광 아키텍트
전반적 경험	대부분 주니어	+20	통제광 아키텍트
프로젝트 복잡도	높음	+20	통제광 아키텍트
프로젝트 기간	6개월	-20	탁상공론 아키텍트
총점		+20	통제광 아키텍트

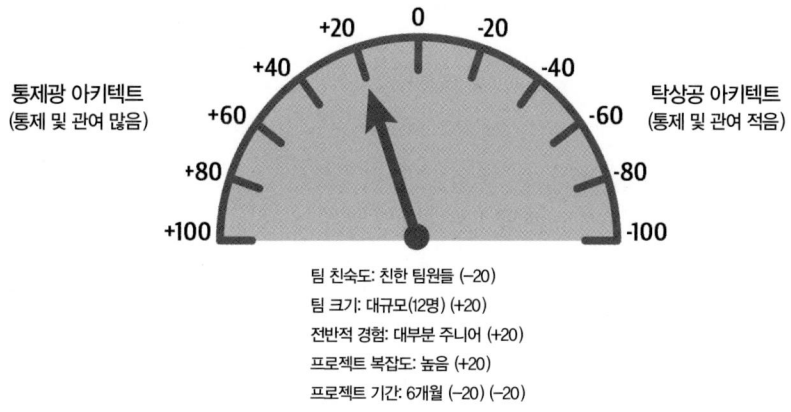

그림 24-6 시나리오 2의 아키텍트 관여도

아키텍트는 프로젝트 시작 시점에 이 요인들을 이용해 자신의 관여도를 결정한다. 하지만 프로젝트가 진행됨에 따라 관여도가 달라지는 것이 보통이므로, 프로젝트 수명 주기 내내 이 요인들을 계속 분석해서 관여도를 조정하는 것이 바람직하다.

이 요인들을 객관적으로 평가하기란 쉽지 않다. 팀의 전반적인 경험 수준 같은 일부 요인이 다른 요인보다 더 중요할 수 있기 때문이다. 그런 경우에는 상황에 맞게 특정 요인에 가중치를 두거나 수정하면 된다.

하지만 개발 팀에 대한 아키텍트의 적절한 관여도가 이 다섯 가지 요인에 따라 달라진다는 점은 변하지 않는다. 이것이 이번 절의 핵심이다. 아키텍트는 이 요인들을 사용해 자신의 관여 수준을 가늠함으로써 적절한 경계를 설정하고 팀에 알맞은 크기의 '방'을 만들어 줄 수 있다.

24.5 팀의 이상 징후

앞에서 아키텍트가 개발 팀에 관여하는 정도를 결정하는 데 도움이 되는 다섯 가지 요인 중 하나로 팀 규모를 언급했다. 팀이 클수록 아키텍트가 더 많이 관여해야 하고, 팀이 작을수록 덜 관여해야 한다. 하지만 팀이 '크다'는 기준이 무엇일까? 이 절에서는 아키텍트가 팀이 너무 커서 제 기능을 발휘하지 못하는지 판단하는 데 도움이 되는 세 가지 요인을 살펴볼 것이다.

24.5.1 프로세스 손실

프로세스 손실(process loss)은 프레드 브룩스 Fred Brooks가 고안한 용어로, 그의 고전 『*The Mythical Man-Month*』(Addison-Wesley, 1995)[2]에 나온다. 브룩스의 법칙(Brooks's Law https://oreil.ly/rZt88)으로도 알려진 프로세스 손실의 기본 개념은 **프로젝트에 사람을 더 투입할수록 프로젝트를 수행하는 시간이 더 길어진다**는 것이다. [그림 24-7]에서 보듯이, **집단 잠재력**(group potential)은 팀의 모든 구성원이 함께 노력한 결과로 정의된다. 하지만 브룩스에 따르면 어떤 팀이든 **실질** 생산성(actual productivity)은 항상 **잠재적** 생산성(potential productivity)보다 낮다. 그 차이가 바로 팀의 **프로세스 손실**이다.

---

2 옮긴이_ 번역서는 강중빈 옮김, 『맨먼스 미신』(인사이트, 2015).

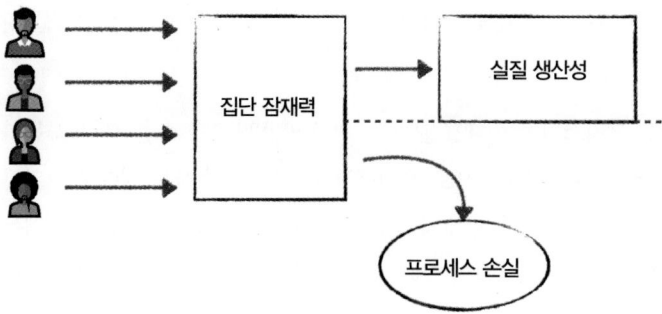

그림 24-7 브룩스의 법칙에 따르면 팀 규모는 실제 생산성에 영향을 미친다.

프로세스 손실은 특정 프로젝트에 적합한 팀 규모를 결정하는 데 유용한 요인이다. 유능한 소프트웨어 아키텍트는 개발 팀을 관찰해서 프로세스 손실의 징후를 찾는다. 예를 들어, 팀원들이 코드 저장소(repository)에 코드를 푸시할 때 병합 충돌이 자주 발생한다면, 이는 그들이 동일한 코드를 수정하면서 서로의 작업을 방해하고 있을 가능성이 있다는 징후이다.

프로세스 손실을 피하려면 병렬로 처리할 수 있는 영역을 찾아 팀원들이 각자 다른 서비스나 애플리케이션 영역에서 작업하도록 하는 것이 좋다. 프로젝트 관리자가 프로젝트에 새로운 팀원을 추가하자고 제안할 때마다, 유능한 아키텍트는 병렬 작업흐름을 만들 기회를 찾아야 한다. 그리고 만약 그런 기회를 찾지 못하면, 아키텍트는 프로젝트 관리자에게 인원 추가가 팀에 부정적인 영향을 미칠 수 있음을 알려야 한다.

24.5.2 다원적 무지

다원적 무지(pluralistic ignorance)란 모든 사람이 마음속으로는 어떤 규범을 거부하지만, 남들이 다 아는 명백한 무언가를 자신이 잘 모르고 있다고 생각해서 그 규범에 동의하는 현상을 말한다. 예를 들어 대규모 팀에서 두 원격 서비스 사이에 메시징을 사용하는 것이 최상의 해결책이라는 데 대다수의 팀원이 동의했다고 하자. 두 서비스 사이에 보안 방화벽이 있기 때문에 이것이 어리석은 아이디어라고 생각하는 팀원도 있지만, 공개적으로는 다른 모든 사람과 함께 메시징 사용에 동의한다. 마음속으로는 그 아이디어를 거부하면서도, 자신이 명백한 무언가를 놓치고 있을까 봐 두려워서 자신의 의견을 입 밖으로 꺼내지 못하는 것이다. 집단이 클수록 사람들은 다른 사람과 대립하기를 꺼린다. 더 작은 팀이었다면 그런 아이디어에 이의를 제기했을지도 모른다. 그러면 팀은 더 나은 해결책을 위해 REST 같은 다른 프로토콜을 채택했을 것이다.

다원적 무지라는 개념은 한스 크리스티안 안데르센Hans Christian Andersen이 쓴 덴마크 동화 '벌거벗은 임금님'(https://oreil.ly/R0vce)으로 유명해졌다. 이야기 속에서 재단사로 위장한 두 사기꾼은 임금에게 자신들이 '만든' 새 옷이 자격 없는 사람에게는 보이지 않는다고 설득한다. 임금은 옷이 보이지 않지만 자신이 자격이 없다는 것을 인정하기 싫어서 완전히 벌거벗은 채로 거들먹거리며 모든 신하에게 새 옷이 어떤지 묻는다. 신하들은 자격이 없다고 여겨질까 두려워 임금에게 그의 새 옷이 최고라고 장담한다. 이 어리석은 행동은 마침내 한 아이가 임금님이 아무것도 입지 않았다고 외칠 때까지 계속된다.

유능한 소프트웨어 아키텍트는 회의 중에 사람들의 표정과 몸짓을 관찰하면서 혹시 다원적 무지 때문에 자신의 회의적인 시각을 감추고 있는 사람은 없는지 살펴봐야 한다. 실제로 그런 사람을 감지했다면 아키텍트는 촉진자 역할을 해야 한다. 이를테면 회의를 잠시 중단하고 회의적인 사람에게 제안된 해결책에 대해 어떻게 생각하는지 묻고, 그 사람이 틀렸더라도 발언할 때 지지해 주는 것이다. 이때 아키텍트가 진행자로서 모든 사람이 거리낌 없이 말할 수 있을 만큼 안전한 환경이라고 느끼게 만드는 것이 매우 중요하다.

24.5.3 책임 확산

팀 규모가 적절한지 가늠하는 데 사용할 수 있는 세 번째 요인은 **책임 확산**(diffusion of responsibility)이다. 팀이 커질수록 의사소통이 나빠지기 마련이다. 팀원들이 누가 무엇을 책임져야 하는지 혼란스러워하고 업무가 누락된다면, 이는 팀이 너무 크다는 좋은 신호이다.

[그림 24-8]을 보자. 시골길에서 고장 난 차 옆에 사람이 있다. 이 길을 지나는 사람 중 몇 명이나 멈춰 서서 운전자에게 괜찮은지 물어볼까? 풍경으로 봐서 아마 작은 마을 근처의 도로일 것이다. 그렇다면 모든 사람이 멈춰 설지도 모른다. 하지만 만약 같은 운전자가 대도시의 붐비는 고속도로변에 발이 묶여 있다면 어떨까? 수천 대의 차가 지나가겠지만, 멈춰서 괜찮은지 묻는 사람은 하나도 없을지도 모른다. 이것이 바로 책임 확산의 좋은 예이다. 도시가 더 붐비고 혼잡해질수록 사람들은 운전자가 이미 도움을 요청했거나 그 상황을 목격한 다른 누군가가 도울 것이라고 가정한다. 하지만 대부분의 경우 아무도 도와주지 않으며, 휴대전화 배터리가 방전되었거나 휴대전화를 깜빡 잊고 가져오지 않은 운전자는 꼼짝없이 발을 묶인다.

그림 24-8 책임 확산

유능한 아키텍트는 아키텍처 구현 과정에서 개발 팀을 이끌 뿐만 아니라, 팀원들의 건강과 행복을 챙기고 공동의 목표 달성을 위해 협업하게 만들어야 한다. 아키텍트가 앞서 말한 세 가지 이상 징후를 찾아보고 해당 문제점의 해결에 힘을 보태는 것은 유능한 개발 팀을 만드는 좋은 방법이다.

24.6 체크리스트 활용

항공기 조종사는 비행할 때마다 체크리스트checklist를 사용한다. 경험 많고 노련한 베테랑 조종사도 이륙, 착륙을 비롯한 수천 가지 상황에 대비한 체크리스트를 가지고 있다. 여기에는 흔한 상황은 물론이고 흔치 않은 예외 사례도 포함된다. 조종사들이 체크리스트를 사용하는 이유는 안전한 비행을 위해서다. 항공기 설정이나 절차를 하나라도 놓치면(예를 들어 이륙 전 플랩을 10도로 설정하는 것을 잊는 등) 치명적인 사고가 발생할 수 있다.

아툴 가완디Atul Gawande 박사는 훌륭한 저서 『The Checklist Manifesto』에서 수술 절차를 더 안전하게 만드는 체크리스트의 힘을 설명했다. 가완디 박사는 병원의 높은 포도상구균 감염률에 경각심을 느끼고 수술용 체크리스트를 만들었다. 체크리스트를 사용한 병원의 감염률은 거의 0

으로 떨어졌지만 체크리스트를 사용하지 않은 대조군 병원의 감염률은 계속 상승했다.

체크리스트는 확실히 유용하다. 특히 체크리스트는 모든 작업(task)이 빠짐없이 처리되었는지 확인하는 훌륭한 수단이다. 그렇다면 소프트웨어 개발 업계는 왜 체크리스트를 활용하지 않을까? 이 업계에서 다년간 일해 온 우리는 체크리스트 활용 여부에 따라 개발 팀의 효율성이 크게 달라진다고 굳게 믿는다. 물론 대부분의 소프트웨어 개발자는 항공기 조종이나 심장 수술처럼 생사가 걸린 문제를 다루지는 않는다. 달리 말하면, 소프트웨어 개발자가 하는 모든 일에 체크리스트가 필요하지는 않다. 핵심은 언제 체크리스트를 활용하고 언제 사용하지 말아야 할지 아는 것이다.

[그림 24-9]는 체크리스트가 아니다. 이것은 새 데이터베이스 테이블을 생성하는 절차를 그냥 나열한 것일 뿐이다. 따라서 체크리스트 형식으로 만들면 안 된다. 이 작업 중 일부는 의존성이 있다. 예를 들어, 양식(form)이 아직 제출되지 않았다면 데이터베이스 테이블을 검증할 수 없다. 의존적인 작업들로 구성된, 어떠한 흐름이 있는 프로세스는 체크리스트 형식으로 만들지 말아야 한다. 거의 실수 없이 실행할 수 있는 단순하고 익숙한 프로세스도 체크리스트로 만들 필요가 없다.

완료	작업 설명
☐	데이터베이스 컬럼 필드들의 이름과 타입을 결정한다
☐	데이터베이스 테이블 요청 양식을 채운다
☐	새 데이터베이스 테이블 생성을 위한 권한을 얻는다
☐	요청 양식을 데이터베이스 그룹에 제출한다
☐	테이블이 생성되면 제대로 생성되었는지 확인한다

그림 24-9 잘못된 체크리스트의 예

체크리스트에 적합한 후보로는 정해진 절차적 순서나 의존적인 작업이 없는 프로세스나 사람들이 단계를 자주 건너뛰거나 실수를 저지르는 프로세스 등이 있다. 처음부터 모든 것을 체크리스트로 만들려 들지는 말자. '과유불급'을 기억하기 바란다. 체크리스트가 실제로 개발 팀의 효율성을 높인다는 사실을 알게 된 아키텍트들이 종종 그런 실수를 저지른다. 모든 것을 체크리스트로 만들다 보면 **수확 체감 법칙**(Law of Diminishing Returns)이라고 하는 현상을 초래할 위험이 있다. 아키텍트가 체크리스트를 많이 만들수록 개발자가 그것을 사용할 가능성은 오히려 줄어든다. 또한 체크리스트는 필요한 모든 단계를 담으면서도 가능한 한 작게 만드는 것이 현명하다. 일반적으로 개발자들은 지나치게 긴 체크리스트를 잘 따르지 않는다. 그리고 체크리스트에 나열된 작업 중 자동화할 수 있는 것이 있다면, 자동화한 후 체크리스트에서 제거해야 한다.

> **참고** 당연한 내용이라고 체크리스트에 담기를 주저하지는 말자. 당연할수록 오히려 놓치기 쉽다.

우리가 가장 유용하다고 생각하는 세 가지 체크리스트는 개발자 코드 완성, 단위 및 기능 테스트, 소프트웨어 릴리스에 대한 것이다. 그럼 이 세 체크리스트를 차례로 살펴보자.

호손 효과

개발 팀에 체크리스트를 도입할 때 가장 어려운 부분은 개발자들이 실제로 사용하게 만드는 것이다. 시간이 부족하다는 이유로, 실제로 작업을 완료하지도 않고 체크리스트의 모든 항목을 그냥 체크해 버리는 개발자가 너무나 흔하다.

이 문제를 해결하는 한 가지 방법은 팀원들과 체크리스트의 효과에 대해 이야기하고 아툴 가완디의 『The Checklist Manifesto』를 읽게 하는 것이다. 모든 팀원이 모든 체크리스트에 깔린 논리를 이해하도록 해야 한다. 어떤 절차를 체크리스트에 포함하고 제외할지 팀원들이 협력해서 결정하게 하는 것도 고려해볼 만하다. 그런 식으로 주인의식을 심어주는 것도 도움이 된다.

다른 모든 방법이 실패했을 때 쓸 수 있는 것이 바로 호손 효과(Hawthorne effect)이다. 호손 효과란, 자신이 관찰 또는 감시당하고 있음을 알게 되면 행동방식을 바꾸는(일반적으로는 바람직한 방향으로) 경향을 말한다. 실제로 감시하지 않더라도, 그냥 감시받고 있다고 알게 하는 것만으로도 효과가 발생한다. 예를 들어 눈에 잘 띄는 곳에 가짜 CCTV 카메라를 설치하는 고용주가 많다. 또한 웹사이트 모니터링 소프트웨어를 설치하고는 거의 확인하지 않는 고용주들도 흔하다. (해당 보고서를 실제로 보는 관리자가 몇 명이나 될까?)

호손 효과를 이용해 체크리스트 사용을 유도하는 한 방법은 팀의 생산성에 체크리스트 사용이 매우 중요하므로 모든 체크리스트를 검증해서 작업들이 실제로 수행되었는지를 여러분이 확인할 것임을 팀에 공지하는 것이다. 그렇다고 실제로 일일이 확인할 필요는 없다. 가끔 불시에 점검하는 것만으로도 충분하다. 그러면 개발자들이 항목을 건너뛰거나 완료했다고 거짓으로 표시할 가능성이 훨씬 줄어들 것이다.

24.6.1 개발자 코드 완성 체크리스트

개발자 코드 완성 체크리스트(developer code-completion checklist)는 유용한 도구이다. 특히 개발자가 코드 작업을 "다 했다"(done)라고 말할 때 더욱 그렇다. 또한 '완료 정의(definition of done)'를 공식화하는 데에도 유용하다. 체크리스트의 모든 항목이 완료되었다면, 개발자는 자신이 작업하던 코드를 정말로 다 끝냈다고 말할 수 있다.

다음은 개발자 코드 완성 체크리스트에 포함할 만한 몇 가지 항목이다.

- 자동화 도구에 포함되지 않은 코딩 및 포매팅 표준
- 자주 간과되는 항목(예: 무시된 예외(absorbed exception))
- 프로젝트별 표준
- 팀의 특별 지침 또는 절차

[그림 24-10]은 개발자 코드 완성 체크리스트의 예이다. '코드 정리 및 코드 포매팅 기능 실행'이나 '무시된 예외가 남아 있는지 확인'처럼 당연해 보이는 작업들이 포함되어 있음을 주목하자. 개발자가 바쁘다 보면 IDE에서 코드 정리 및 포매팅 기능을 실행하는 것을 잊어버리는 일이 아주 많다. 의사들도 마찬가지이다. 가완디는 명백한 작업일수록 자주 누락되는 현상이 수술 절차에서도 발견된다는 점을 『The Checklist Manifesto』에서 언급했다.

완료	작업 설명
☐	코드 정리 및 코드 포매팅 기능 실행
☐	커스텀 소스 유효성 점검 도구 실행
☐	모든 갱신에 대해 감사(audit) 로그가 기록되었는지 확인
☐	무시된 예외가 남아 있는지 확인
☐	하드코딩된 값들을 찾아서 상수로 변환
☐	퍼블릭 메서드들만 setFailure()를 호출하는지 확인
☐	서비스 API 클래스들에 @ServiceEntrypoint 적용

그림 24-10 개발자 코드 완성 체크리스트의 예

아키텍트는 체크리스트에서 자동화할 수 있는 항목이 있는지를 항상 검토해야 한다. 개발자 코드 완성 체크리스트의 경우에는 코드 유효성 검사기(code-validation checker)용 플러그인으로 작성할 수 있는 항목이 있는지 찾아볼 필요가 있다. 프로젝트별 작업들(지금 예에서 커스텀 소스 유효성 점검 도구 실행, 감사 로그 작성 확인, `setFailure()` 메서드 호출, `@ServiceEntrypoint` 애너테이션 포함 등)을 체크리스트에 두는 것은 좋다. 하지만 그중 일부는 자동화할 수 있다. 예를 들어, "서비스 API 클래스에 `@ServiceEntrypoint` 적용" 항목을 자동화하기란 어려울 수 있지만, "퍼블릭 메서드들만 `setFailure()`를 호출하는지 확인" 항목은 자동화가 가능하다. 코드 크롤링 도구를 사용하면 간단히 자동화할 수 있다. 자동화할 영역을 찾아내서 체크리스트를 더 짧게 만들고 신호 대 잡음비를 개선하는 데 시간을 투자하기 바란다.

24.6.2 단위 및 기능 테스트 체크리스트

단위 테스트(unit test)와 기능 테스트(functional test)를 위한 체크리스트는 아마도 가장 유용한 체크리스트에 속할 것이다. 이 체크리스트에는 소프트웨어 개발자가 테스트하기를 잊곤 하는 이례적이고 특별한 테스트 케이스들이 포함된다. QA 담당자가 어떤 테스트 케이스를 통해서 코드의 문제점을 발견할 때마다 해당 테스트 케이스를 이 체크리스트에 추가해야 한다.

이 체크리스트는 코드에 대해 실행할 수 있는 모든 종류의 테스트를 담는다. 따라서 아주 긴 경우가 많다. 이 체크리스트의 목적은 최대한 완결적이고 포괄적인 테스트를 보장하는 것이다. 개발자가 이 체크리스트의 테스트들을 모두 완료했다면 코드를 안심하고 프로덕션에 배포할 수 있을 정도가 되어야 한다.

다음은 일반적인 단위 및 기능 테스트 체크리스트를 통해서 흔히 점검하는 몇 가지 항목이다.

- 텍스트 및 숫자 필드의 특수 문자
- 최솟값 및 최댓값 유효 범위
- 이례적이거나 극단적인 테스트 케이스
- 누락된 필드

개발자 코드 완성 체크리스트와 마찬가지로, 자동화된 테스트로 만들 수 있는 항목은 자동화 후 체크리스트에서 제거해야 한다. 이미 자동화된 테스트 모음(test suite)에 포함된 항목들도 마찬가지이다.

종종 개발자가 단위 테스트를 어디서부터 작성해야 할지, 또는 얼마나 많이 작성해야 할지 모를 때가 있다. 이 체크리스트는 포괄적이고도 구체적인 테스트 시나리오가 개발 프로세스에 포함되게 만드는 수단으로 작용한다. 테스트 팀과 개발 팀이 분리된 조직에서는 이 체크리스트가 둘 사이의 간극을 메우는 데 도움이 된다. 개발 팀이 테스트를 더 완결적으로 수행할수록 테스트 팀의 업무가 더 쉬워진다. 그러면 테스트 팀은 체크리스트에 포함되지 않은 비즈니스 시나리오에 집중할 여유를 갖게 된다.

24.6.3 소프트웨어 릴리스 체크리스트

소프트웨어를 프로덕션 환경에 릴리스release하는 것은 소프트웨어 개발 생명주기에서 아마도 가장 오류가 발생하기 쉬운 지점 중 하나일 것이다. 그런 만큼 체크리스트를 만들기에 아주 적합한 대상이다. 소프트웨어 릴리스 체크리스트는 빌드 및 배포 실패를 방지하는 데 도움이 되며, 결과적으로 소프트웨어 릴리스와 관련한 위험을 크게 줄여준다.

소프트웨어 릴리스 체크리스트는 여기서 소개한 체크리스트 중 보통 가장 변동성이 크다. 배포가 실패하거나 문제가 발생할 때마다 새로운 오류와 변화하는 상황에 대처해서 내용을 바꾸어야 하기 때문이다.

소프트웨어 릴리스 체크리스트를 통해서 흔히 점검하는 항목들은 다음과 같다.

- 서버 또는 외부 설정 서버(configuration server)의 설정 변경
- 프로젝트에 추가된 서드파티 라이브러리(JAR, DLL 등)
- 데이터베이스 업데이트 및 관련 데이터베이스 마이그레이션 스크립트

빌드나 배포가 실패할 때마다 아키텍트는 실패의 근본 원인을 분석하고, 그에 상응하는 항목을 소프트웨어 릴리스 체크리스트에 추가해야 한다. 이렇게 하면 다음 빌드나 배포 시 해당 항목을 검증하게 되므로, 동일한 문제가 재발하는 것을 막을 수 있다.

24.7 지침 제공

소프트웨어 아키텍트가 팀을 더 유능하게 만드는 또 다른 방법은 설계 원칙들을 이용해서 지침을 제공하는 것이다. 이는 개발자들이 그 안에서 일할 '방'(아키텍처를 구현하면서 지켜야 할

제약조건들; §24.2 참고)을 형성하는 데도 도움이 된다. 아키텍트가 그들에게 설계 원칙을 잘 전달하는 것은 성공적인 팀을 만드는 비결 중 하나이다.

이 점을 설명하기 위해, 개발자들이 소위 **계층형 스택**(layered stack)을 사용하도록 아키텍트가 개발 팀을 이끌어야 하는 상황을 상상해 보자. 여기서 계층형 스택은 애플리케이션을 구성하는 서드파티 라이브러리들의 모음이다. 일반적으로 개발 팀은 계층형 스택에 관해 많은 것을 알고 싶어 한다. 예를 들어 어떤 라이브러리는 괜찮고 어떤 것은 안 되는지, 라이브러리에 관한 의사결정을 직접 내려도 되는지, 된다면 언제 그럴 수 있는지 등을 궁금해한다.

이들에게 올바른 지침을 제공하는 첫 단계는 개발자가 원하는 라이브러리들에 관해 이런 질문들을 던져보는 것이다.

- 제안된 라이브러리와 시스템의 기존 기능성 사이에 중복되는 부분은 없는가?
- 제안된 라이브러리를 사용해야 하는 타당한 이유는 무엇인가?

첫 질문은 개발자가 새 라이브러리가 제공하는 기능성을 기존 라이브러리나 기능성으로 충족할 수 있는지 확인하도록 유도한다. 개발자가 이 부분을 확인하지 않고 건너뛰면(종종 있는 일이다) 기능이 대거 중복될 수 있다. 특히 대규모 프로젝트와 팀에서 그렇다.

둘째 질문은 개발자에게 새 라이브러리나 기능성이 정말 필요한지 자문하게 한다. 우리는 개발자들에게 기술적 명분과 비즈니스적 명분을 모두 요구하길 권장한다. 개발자가 비즈니스적 명분을 제시해야 할 필요성을 인식하는 데에도 도움이 된다는 것이 부분적인 이유이다.

비즈니스 정당화의 효과

저자 중 한 명은 특히나 복잡한 자바 기반 프로젝트에서 수석 아키텍트로 일한 적이 있다. 대규모 개발 팀과 함께 작업했는데, 개발자 한 명이 스칼라Scala 프로그래밍 언어에 심취해 프로젝트에 꼭 사용하고 싶어했다. 스칼라를 사용하려는 그의 열망은 너무나 파괴적이어서, 핵심 팀원 두 명이 "독성이 덜한" 다른 환경을 찾아 프로젝트를 떠나겠다고 선언할 지경에 이르렀다. 저자는 그들을 설득해서 팀에 남게 했다. 그런 다음 스칼라 애호가에게는, 교육과 재작성에 수반되는 비용에 대한 비즈니스적 명분을 제시한다면 프로젝트 내 스칼라 사용을 지지하겠다고 말했다. 그 스칼라 애호가는 황홀해하며 바로 착수하겠다고 답했다. 그는 "고맙습니다, 최고예요!"라고 외치며 회의실을 나갔다.

다음 날 스칼라 애호가는 사무실로 찾아와 저자와의 면담을 요청했는데, 전날과는 태도가 완전히 달랐다. 그는 대뜸 (그리고 겸손하게) "감사합니다"라고 말하며 이야기를 시작했다. 그 스칼라 애호가는 스칼라를 사용해야 할 갖가지 기술적 이유를 찾아보았지만, 비용과 예산, 일정 측면에서 비즈니스 가치를 제공하는 것은 하

> 나도 없었다고 말했다. 사실 그는 두 가지를 깨달았다. 첫째는 스칼라 도입 시 비용, 예산, 일정이 늘어나지만 이득은 전혀 없다는 것이고, 둘째는 자신이 팀의 화합을 깨뜨리고 있었다는 점이다. 머지않아 그 스칼라 애호가는 팀에서 가장 뛰어나고 도움이 되는 구성원 중 한 명으로 변모했다. 자신이 원하는 것에 대한 비즈니스적 명분을 제시하라는 요구는 비즈니스 요구사항에 대한 인식을 높일 계기가 되었고, 그래서 그는 더 나은 소프트웨어 개발자가 되었다. 그리고 팀은 더 강하고 건강해졌다. 떠나려 했던 두 핵심 개발자도 팀에 남았다.

설계 원칙을 전달하는 또 다른 좋은 방법은 개발 팀이 내릴 수 있는 결정과 내릴 수 없는 결정을 그림으로 보여주는 것이다. 예를 들어 [그림 24-11]은 계층형 스택에 대한 결정 권한을 보여주는 그림이다.

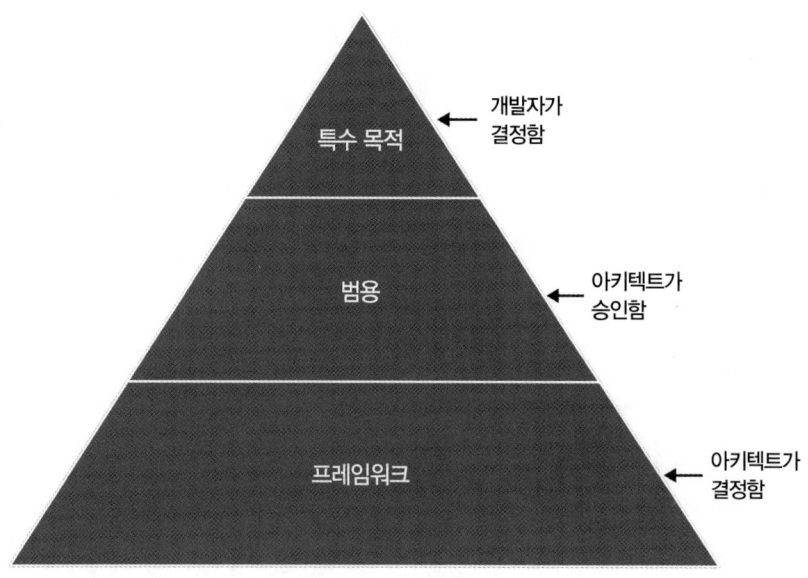

그림 24-11 계층형 스택에 대한 지침 제공

여기서는 라이브러리들을 세 범주로 나누었지만, 이것은 예일 뿐이다. 필요하다면 더 세밀하게 나눌 수도 있다. 아키텍트는 개발 팀이 사용하겠다고 제안한 서드파티 라이브러리들을 적절한 범주로 분류해서 승인 또는 기각해야 한다. [그림 24-11]의 세 범주를 간단히 설명하면 다음과 같다.

특수 목적
PDF 렌더링, 바코드 스캔 등 맞춤형 소프트웨어를 작성할 정도는 아닌 특정 작업을 위해 사용되는 라이브러리들은 특수 목적(special purpose) 라이브러리에 속한다.

범용
언어 API를 감싼 래퍼wrapper 라이브러리들은 범용(general purpose) 라이브러리에 속한다. 자바의 아파치 커먼즈Apache Commons나 구아바Guava 등이 여기에 해당한다.

프레임워크
영속성(예: 하이버네이트)이나 제어 역전(예: 스프링) 같은 일에 사용되는 라이브러리들은 프레임워크로 분류된다. 애플리케이션의 전체 계층이나 구조를 구성하며 매우 침습적(invasive)인 라이브러리들이다.

다음으로, 아키텍트는 이 설계 원칙을 중심으로 '방'을 만든다. [그림 24-11]의 예에서 아키텍트는 특수 목적 라이브러리에 관한 결정을 아키텍트와 상의 없이 개발 팀이 직접 내리도록 허락했다. 그러나 범용 라이브러리에 속하는 라이브러리들은 아키텍트가 승인해야 한다. 개발자가 중복 분석을 수행하고 명분과 추천 이유를 제시해서 승인 여부에 영향을 미칠 수는 있지만, 최종 결정은 아키텍트가 내린다. 마지막으로 프레임워크 라이브러리는 전적으로 아키텍트의 책임이다. 개발 팀은 이런 유형의 라이브러리에 대해서는 분석조차 수행해서는 안 된다.

24.8 요약

아키텍트가 개발 팀을 유능하게 만들기란 쉽지 않다. 아키텍트에게 풍부한 경험과 실천 및 훈련이 필요하며, 강력한 대인 관계 스킬도 요구된다(이 부분은 다음 장들에서 논의할 것이다). 그렇긴 해도, 이번 장에서 다룬 탄력적 리더십, 체크리스트 활용, 설계 원칙 전달을 통한 지침 제공 같은 간단한 기법들은 실제로 효과가 있다. 우리는 이 기법들이 개발 팀이 더 지능적으로 일하게 만드는 데 얼마나 유용한지 직접 확인했다.

이런 활동에서 아키텍트의 역할에 의문을 제기하는 사람들도 있다. 그런 업무는 개발 관리자나 프로젝트 관리자가 담당해야 한다는 주장인데, 우리는 이에 강력히 반대한다. 소프트웨어 아키텍트는 기술적 사안에서 팀을 이끌고 아키텍처 구현 과정에서 팀을 지도하는 역할을 한다. 개발 팀과 긴밀한 협력 관계를 구축하면, 아키텍트가 팀 역학을 관찰하고 팀의 생산성을 높이는 변화를 이끌어낼 수 있다.

CHAPTER 25

협상과 리더십 스킬

협상과 리더십은 단기간에 터득할 수 없는 '하드 스킬hard skill'이다. 오랜 시간 학습과 실전 경험, 그리고 많은 시행착오를 거쳐야만 얻을 수 있다. 그러나 효과적인 소프트웨어 아키텍트가 되려면 이 스킬을 반드시 갖춰야 한다. 이 책 한 권으로 협상과 리더십 전문가가 될 수는 없지만, 이번 장에서 소개하는 기법들이 좋은 출발점이 될 것이다. 더 배우고 싶은 독자에게는 타냐 라일리Tanya Reilly의 『The Staff Engineer's Path: A Guide for Individual Contributors』 (O'Reilly, 2022)[1]와 협상의 고전인 로저 피셔Roger Fisher, 윌리엄 L. 유리William L. Ury, 브루스 패튼Bruce Patton의 『Getting to Yes: Negotiating Agreement Without Giving In』(Penguin Books, 2011)[2]을 추천한다.

25.1 협상과 촉진

제1장에서 사람들이 소프트웨어 아키텍트에게 기대하는 역할 혹은 역량을 소개했다. 그중 마지막으로 다룬 것이 바로 조직의 정치적 역학을 이해하고 그 속에서 원활하게 움직일 수 있어야 한다는 점이었다. 이것이 왜 중요한가? 소프트웨어 아키텍트가 내리는 거의 모든 결정은 누군가의 반대에 부딪히기 때문이다. 아키텍트보다 아키텍처를 더 잘 안다고 생각하는 개발자나

---

[1] 옮긴이_ 번역서는 김그레이스 옮김, 『개발자를 넘어 기술 리더로 가는 길』(디코딩, 2023).
[2] 옮긴이_ 번역서는 박영환, 이성대 옮김, 『Yes를 이끌어내는 협상법』(장락, 2014).

더 나은 접근법이 있다고 주장하는 다른 아키텍트, 비용이 너무 많거나 일정이 너무 길다고 생각하는 이해관계자 같은 사람이 항상 나타난다.

협상(negotiation)은 아키텍트에게 가장 중요한 스킬 중 하나이다. 아키텍트는 조직의 정치적 환경을 파악하고 뛰어난 협상 및 촉진(facilitation)[3] 능력을 발휘해야 하며, 의견 충돌을 극복하고 모든 이해관계자가 동의할 수 있는 해답을 만들어야 한다.

25.1.1 비즈니스 이해관계자와의 협상

수석 아키텍트가 중요한 비즈니스 이해관계자와 협상하는 시나리오를 생각해 보자.

> **시나리오 1**
> 이 프로젝트의 책임자이자 제품 스폰서인 파커Parker 부사장은 신규 글로벌 트레이딩 시스템의 가용성이 반드시 99.999%(일명 '파이브 나인')를 만족해야 한다고 주장한다. 그러나 아키텍트는, 실제 글로벌 마켓 간 트레이딩이 이루어지지 않는 시간이 두 시간씩 존재한다는 점을 고려할 때 99.9%(스리 나인)만 되어도 충분하다는 사실을 알고 있다. 문제는 파커라는 인간이 지적당하거나 틀렸다는 말을 극도로 싫어한다는 점이다. 특히 상대가 자신을 깔보거나 무시한다고 느끼면 더 심하게 반응한다. 파커는 기술전문가가 아니지만 스스로 기술전문가라고 착각하며, 프로젝트의 비기능적 요구에도 종종 간섭한다. 아키텍트의 목표는 협상을 통해 99.9% 가용성만으로도 충분하다는 사실을 파커가 납득하도록 만드는 것이다.

이 상황에서는 아키텍트가 자기주장이 너무 강한 것은 좋지 않다. 그렇다고 협상 과정에서 자신에게 불리하게 작용할 만한 사항을 반박하지 않고 그냥 넘겨서도 안 된다. 이런 이해관계자와의 협상에서 유용한 핵심 협상 기법이 몇 가지 있다. 첫 기법은 다음과 같다.

> **팁** 사람들이 사용하는 유행어, 전문 용어, 심지어 의미 없어 보이는 말까지 유심히 듣자. 그 안에 협상의 실마리가 담겨 있을 때가 많다.

사람들이 회사에서 쓰는 유행어(buzzword)는 대부분 별 의미가 없어 보인다. 그러나 실제로 협상 과정에 들어가기 전에 그 속에서 가치 있는 정보를 얻을 수도 있다. 예를 들어 "말씀하신 기능이 언제 필요한지요?"라고 물었을 때 파커가 "어제 필요했다"라고 답했다고 하자. 어제로 돌아가서 그 기능을 제공하는 것은 불가능하다. 하지만 이 말만으로도 그 이해관계자가 출시

---

[3] 옮긴이_ facilitation을 '조정'으로 옮기기도 하지만, 이 책에 자주 등장하는 coordination과 구별하기 위해 '촉진'을 사용하기로 한다.

시점을 얼마나 중시하는지 파악할 수 있다. 또 "이 시스템은 번개처럼 빨라야(lightning fast) 한다"라는 표현은 성능 요구가 매우 중요하다는 의미다. "제로 다운타임zero downtime"이라는 말 역시, 정말로 가동 중지 시간이 0이어야 한다는 뜻이라기보다는 시스템 가용성이 매우 중요함을 강조하는 것이다. 유능한 소프트웨어 아키텍트는 이런 과장된 표현 속에서 이해관계자의 진짜 우선순위를 읽어낸다. 이는 둘째 협상 기법으로 이어진다.

> **팁** 협상에 들어가기 전에 가능한 한 많은 정보를 미리 확보하자.

파커가 '파이브 나인'을 언급했다는 것은 시스템 가용성을 매우 높게 유지하고 싶다는 뜻이다. 파이브 나인이 가동 시간 99.999%를 뜻한다는 점은 파커도 알 것이다. 하지만 파이브 나인의 연간 가동 중지 시간(다운타임)이 구체적으로 어느 정도인지는 파커가 잘 모를 가능성도 크다. [표 25-1]은 가용성 수준('9'의 개수에 따른)별 연간 가동 중지 시간을 정리한 것이다.

표 25-1 가용성 수준(9의 개수)별 연간 가동 중지 시간

가용성(%)	연간 가동 중지 시간(괄호 안은 일일 환산)
90.0%(원 나인)	36일 12시간 (일 2.4시간)
99.0% (투 나인)	87시간 46분 (일 14분)
99.9% (스리 나인)	8시간 46분 (일 86초)
99.99% (포 나인)	52분 33초 (일 7초)
99.999% (파이브 나인)	5분 35초 (일 1초)
99.9999% (식스 나인)	31.5초 (일 86ms)

99.999% 가용성, 즉 '파이브 나인'의 연간 가동 중지 시간은 5분 35초에 불과하다. 하루 평균으로 환산하면 하루 중 1초 정도만 계획에 없던 가동 중지 상황이 발생할 수 있다는 의미이다. 이 정도의 가용성을 달성하기는 매우 어렵고 비용도 많이 든다. 시나리오 1에서 언급한 실제 글로벌 트레이딩 시간 간격을 생각하면, 이렇게까지 할 필요가 전혀 없다. 가용성 목표를 9의 개수 대신 구체적인 시간과 분(혹은 경우에 따라 초) 단위로 설명하면, 상대방은 의사결정에 참고할 수 있는 객관적인 기준과 수치를 얻게 된다. 그러면 대화를 훨씬 더 효과적으로 진행할 수 있다.

시나리오 1의 경우 아키텍트는 일단 파커의 우려에 공감하는 것으로 협상을 시작해야 한다 ("이 시스템에서 가용성이 얼마나 중요한지 충분히 이해합니다"). 그런 다음 협상의 논점을 '~ 나인'이라는 용어에서 벗어나 현실적인 시간 단위(몇 시간, 몇 분, 혹은 몇 초의 예기치 못한 가동 중지 시간)로 유도한다. 아키텍트가 적절하다고 판단한 '스리 나인'(99.9%)은 하루 평균 86초의 다운타임에 해당한다. 글로벌 트레이딩 시스템의 맥락에서 볼 때 이는 매우 합리적인 수치다. 이렇게 설명하면 파커도 그 정도의 가동 중지 시간이 충분하다고 인정할지 모른다. 만약 그래도 동의하지 않으면, 다음과 같은 방법을 시도해 볼 수 있다.

> **팁** 다른 모든 방법이 실패했다면, **구체적인** 비용과 시간을 제시하자.

이 협상 전략은 되도록 마지막에 쓰는 편이 낫다. 협상 시작부터 "그건 돈이 너무 많이 든다"라거나 "우리에게는 그럴 시간이 없다"라고 말하면 대개 상황이 꼬인다. 물론 돈과 시간은(그리고 수반되는 노력도) 항상 중요한 요인이다. 그렇지만 협상 초반에는 더 근본적이고 상대방에게 의미 있는 다른 명분과 근거를 먼저 제시하는 것이 좋다. 비용과 시간을 언급하는 것은 앞의 방법으로도 의견 일치에 도달하지 못했을 때의 마지막 수단으로 미뤄 두자. 비용이나 일정이 정말 중요한 문제인지 고찰하는 것은 어떤 방법으로든 일단 이해관계자와 합의에 도달한 후에 해도 된다.

이런 상황에서 쓸 수 있는 또 하나의 중요한 협상 기법이 있다.

> **팁** 요구사항을 분류하거나 범위를 좁힐 필요가 있을 때는 '분할 정복' 전략을 사용하자.

중국의 병법가 손무는 《손자병법》에서 적의 군세가 하나로 뭉쳐 있으면 분산시키라고 말했다. 실제 협상에서도 이 '분할 정복(divide-and-conquer)' 전술이 유용하게 쓰일 수 있다. 시나리오 1에서 Parker는 새로운 트레이딩 시스템 전체에 99.999% 가용성을 요구하고 있다. 하지만 반드시 **시스템 전체**가 파이브 나인 가용성을 갖춰야 하는가? 시스템에서 파이브 나인 가용성이 꼭 필요한 특정 영역들로 요구를 한정하면 어떨까? 그렇게 하면 과도하거나 비싼 요구사항의 범위를 줄일 수 있을 뿐만 아니라 협상의 논점도 좁힐 수 있다.

25.1.2 다른 아키텍트와의 협상

아키텍트가 프로젝트의 다른 아키텍트와 협상해야 하는 상황은 흔히 발생한다. 두 아키텍트가 어떤 프로토콜을 사용할지를 두고 의견이 갈리는 시나리오를 생각해 보자.

> **시나리오 2**
>
> 프로젝트의 두 아키텍트 중 시니어인 로건Logan은 여러 서비스 사이의 통신에 비동기 메시징을 사용하는 것이 성능과 확장성을 모두 높일 수 있는 올바른 접근법이라고 믿는다. 그러나 프로젝트의 다른 아키텍트인 애디슨Addison은 그 생각에 강력히 반대한다. 애디슨은 REST가 메시징보다 항상 더 빠르고, 확장성도 마찬가지로 뛰어나기 때문에 REST가 더 나은 선택이라고 주장한다. 애디슨은 구글 검색 결과와 유명 생성형 AI 도구에 프롬프트를 입력해서 얻은 결과물을 자신의 근거로 제시한다. 이런 격렬한 논쟁은 이번이 처음이 아니다. 그리고 마지막도 아닐 것이다. 로건은 애디슨에게 메시징이 올바른 해결책임을 설득하고자 한다.

시니어 아키텍트로서 로건이 애디슨에게 그의 의견은 중요하지 않다고 말하고 그냥 무시할 수도 있다. 하지만 그러면 서로의 감정만 더 격해질 뿐이다. 프로젝트의 두 아키텍트가 원만하게 협업하지 않고 껄끄러운 관계가 되면 개발 팀 전체에 부정적인 영향을 미칠 가능성이 크다.

> **팁** 논쟁하는 것보다 보여주는 것이 낫다는 점을 항상 기억하자. **백문이 불여일견**(demonstration defeats discussion)이다.

REST와 메시징 중 어느 것을 선택할지 논쟁하기보다는, 왜 메시징이 이 환경에서 더 좋은 선택인지를 애디슨에게 **직접 보여주는** 것이 바람직하다. 환경마다 조건이 다르므로 단순히 인터넷 검색만으로는 제대로 된 답을 얻기 어렵다. 실제 프로덕션 환경과 유사한 상황에서 두 가지 방식을 비교하고, 그 결과를 애디슨에게 보여주면 불필요한 논쟁 없이 해결이 가능하다.

> **팁** 지나치게 논쟁적으로 굴거나 감정적으로 흐르지는 말아야 한다. 차분한 리더십과 명확하고 간결한 논거가 협상에서는 언제나 효과적이다.

이 방법은 대립 관계를 원만히 풀어가는 데 매우 강력한 방법이다. 회의 분위기가 너무 개인적이거나 감정적으로 변했다면, 협상을 잠시 중단하는 것이 최선이다. 양측이 진정된 후 다시 협상에 임해야 한다. 아키텍트끼리 충돌이 일어나는 일은 종종 있지만, 침착함을 유지하고 리더십을 보여주면 상대방이 한발 물러서는 일이 많다.

25.1.3 개발자와의 협상

유능한 소프트웨어 아키텍트는 개발 팀과 함께 일하면서 개발자들의 존중을 얻는다. 그래야 아키텍트가 어떤 요청을 하더라도, 개발 팀에서는 불필요하게 반발하거나 불만을 품지 않게 된다.

제24장에서 다룬 것처럼, 개발 팀과 협업하는 일은 언제나 쉽지 않다. 아키텍처와(또는 아키텍트와) 거리감을 느끼는 개발 팀은 자신들이 의사결정 과정에서 배제된다고 생각하기 쉽다. 이는 **상아탑**(Ivory Tower) 아키텍처 안티패턴의 대표적인 사례이다. 상아탑 아키텍처 안티패턴에서 아키텍트는 자신의 상아탑에 틀어박혀서 일방적으로 지시만 내리고, 개발 팀의 생각이나 우려는 무시한다. 그러면 개발 팀은 아키텍트를 더 이상 존중하지 않게 되고, 궁극적으로 팀의 역동성 자체가 무너지는 결과로 이어지기 마련이다. 이런 상황을 개선할 수 있는 협상 기술 중 하나는 아키텍트가 항상 자신의 결정을 뒷받침하는 명분(정당화 근거)을 함께 제시하는 것이다.

> **팁** 아키텍처적 결정이나 특정 작업을 개발자에게 요청할 때는 그냥 "윗사람 말이니까 따르세요"라고 하지 말고 반드시 명분을 제시해야 한다.

개발자들에게 뭔가를 요구할 때 왜 그것이 필요한지 이유를 제시하면 그 요구에 좀 더 쉽게 동의한다. 예를 들어, 전통적인 n층 아키텍처에서 단순 쿼리(simple query)들을 처리하는 방식을 두고 아키텍트와 개발자가 다음과 같은 대화를 나눈다고 하자.

아키텍트: "그 호출은 반드시 비즈니스 계층을 거쳐야 해요."

개발자: "동의하지 않습니다. 그냥 데이터베이스에 직접 접근하는 게 훨씬 빠르죠."

이 대화에는 여러 가지 문제가 있다. 먼저, 아키텍트가 "반드시 ~해야 한다"라는 명령조를 사용했다는 점이 문제다. 이는 개발자를 얕보는 표현일 뿐만 아니라, 협상(혹은 대화)에서 시작하기에 최악의 방식 중 하나이다. 개발자가 비즈니스 계층을 거치면 속도가 느려진다는 이유를 제시하면서 그 요구에 반발하는 것도 당연하다.

대화가 이런 식으로 흘러간다면 어떨까?

아키텍트: "닫힌 계층 아키텍처를 만든 것은 변경 관리(change control)가 제일 중요하기 때문입니다. 그러려면 데이터베이스 접근을 반드시 비즈니스 계층에서만 요청해야 해요."

개발자: "알겠습니다. 그런데 그러면 단순 쿼리의 성능 문제는 어떻게 대응하죠?"

여기서는 아키텍트가 비즈니스 계층을 거쳐야 하는 **이유**부터 설명한다. 명분을 먼저 제시하는 것은 언제나 좋은 전략이다. 대부분의 사람은 자신의 의견에 반대하는 말이 들리면 그 뒤의 이야기는 더 듣지 않기 때문이다. 요구 이전에 이유를 밝히면, 개발자는 아키텍트가 제시하는 명분을 들을 수밖에 없다.

또한 아키텍트가 요구를 덜 명령조로 전달했다는 점도 주목하자. 아키텍트는 "반드시 ~해야 한다" 대신, "이는 ~라는 의미다"라고 말함으로써 요구를 사실의 진술처럼 전달했다. 개발자의 반응도 달라졌다. 이제는 계층형 아키텍처에 반대하지 않고, 그저 단순 쿼리의 성능을 개선하는 방법을 물었을 뿐이다. 따라서 두 사람은 아키텍처의 닫힌 계층들을 유지하면서 단순 쿼리의 성능을 높일 수 있는 방안을 찾아 함께 논의할 수 있다.

이 밖에 개발자가 스스로 답을 찾도록 유도하는 것도 효과적인 협상 전략이다. 이런 시나리오를 생각해 보자. 아키텍트는 프레임워크 X와 프레임워크 Y 중 하나를 선택해야 한다. 프레임워크들을 확인해 본 결과, 프레임워크 Y는 시스템의 보안 기준을 충족하지 못하는 것으로 밝혀졌다. 그래서 아키텍트는 당연히 프레임워크 X를 선택한다. 그런데 팀의 한 개발자가 프레임워크 Y가 더 나은 선택이라고 강하게 주장한다. 아키텍트는 그 주장을 직접 반박하는 대신, 만일 개발자가 프레임워크 Y의 보안 관련 우려 사항들을 해소할 수 있다면 프레임워크 Y를 선택하겠다고 제안한다.

여기서 가능한 결과는 두 가지이다. 첫째는 프레임워크 Y가 보안 요건을 충족한다는 점을 개발자가 입증하려고 노력했지만 결국 실패하는 것이다. 그 과정에서 개발자는 프레임워크 Y를 사용할 수 없는 이유를 스스로 명확히 깨닫는다. 그리고 개발자가 결론에 스스로 이르렀으므로, 프레임워크 X를 선택하는 것에 자동으로 동의하게 된다. 마치 개발자 스스로 프레임워크 X를 선택한 것처럼 보인다는 점에서 이는 완벽한 승리이다. 둘째는 개발자가 실제로 프레임워크 Y의 보안 관련 우려 사항을 해결하는 방법을 찾아내서 시연하는 것이다. 이 결과 역시 성공이다. 아키텍트가 프레임워크 Y를 평가하면서 놓친 항목이 발견되어서 더 나은 해법을 얻었기 때문이다(또한 개발자 역시 의사결정에 참여했다는 효능감을 얻을 수 있다).

> **팁** 아키텍트가 내린 결정에 개발자가 동의하지 않는다면, 개발자 스스로 답을 찾을 수 있게 하자.

개발자는 똑똑하고 다양한 전문 지식을 갖춘 인재이다. 아키텍트는 개발 팀과 협업해야 한다. 그래야 존중을 얻을 수 있으며, 더 나은 해법을 찾는 데 도움도 받을 수 있다. 개발자들에게 존경받을수록 아키텍트는 협상을 쉽게 이끌어 갈 수 있음을 명심하자.

25.2 리더로서의 소프트웨어 아키텍트

소프트웨어 아키텍트는 개발 팀이 아키텍처를 구현하도록 이끄는 리더이기도 하다. 우리는 유능한 소프트웨어 아키텍트의 자질 중 약 50%가 촉진과 리더십을 포함한 대인 관계 스킬이라고 생각한다. 그럼 소프트웨어 아키텍트에게 필요한 리더십 기법들을 살펴보자.

25.2.1 아키텍처의 4C

여러 번 강조하지만, 변화는 항상 일어난다. 그리고 그 변화는 뭔가가 좀 더 단순해지는 방향이 아니라 더 복잡해지는 방향일 때가 많다. 업무 프로세스나 기술은 물론이고 심지어 아키텍처 자체도 그렇다. 제3부에서 보았듯이 아키텍처 중에는 **매우** 복잡한 아키텍처도 있다. 예를 들어, 99.9999% 수준의 가용성을 보장해야 하는 아키텍처를 생각해 보자. 가용성 99.9999%는 예기치 않은 가동 중지 시간이 일일 약 86밀리초, 1년으로는 31.5초에 불과해야 한다는 뜻이다. 이런 종류의 복잡성을 **본질적 복잡성**(essential complexity)이라고 부른다. 다른 말로 하면, 이런 복잡성은 "문제가 진짜로 어려운 경우"에 해당한다.

하지만 아키텍트들은(그리고 개발자도) 솔루션이나 다이어그램, 문서에 본질적이지 않은 복잡성을 추가하는 함정에 빠지곤 한다. 저자 닐의 말을 인용해 보자.

> 개발자는 마치 나방이 불빛에 끌리듯 복잡성에 끌린다. 그리고 그 결과 역시 나방의 운명과 비슷할 때가 많다.

[그림 25-1]은 초대형 글로벌 은행이 사용하는 백엔드 처리 시스템의 주요 정보 흐름을 나타낸 것이다. 과연 이 시스템이 **꼭** 이렇게 복잡해야 하는가? 즉, 반드시 이렇게 복잡할 **필요가 있는가?** 그 누구도 확답할 수 없다. 이런 복잡성은 아키텍트가 시스템을 그런 식으로 복잡하게 **만**

들었기 때문에 생긴 것이다. 이런 종류의 복잡성은 **우발적 복잡성**(accidental complexity)이라고 부른다. 즉, 아키텍트가 "스스로 문제를 어렵게 만든 경우"에 해당한다. 이유는 다양하다. 아키텍트가 본인이 중요한 존재임을 과시하고 싶었을 수도 있고, 의사결정 과정에 꼭 개입하려 했거나 일자리를 지키고 싶어서 쓸데없이 복잡한 구조를 도입했을 수도 있다. 이유야 어찌 됐든, 본질적이고 필연적이지 않은 복잡성을 굳이 도입하는 것은 아키텍트로서 리더십과 신뢰를 잃는 가장 빠른 길이다.

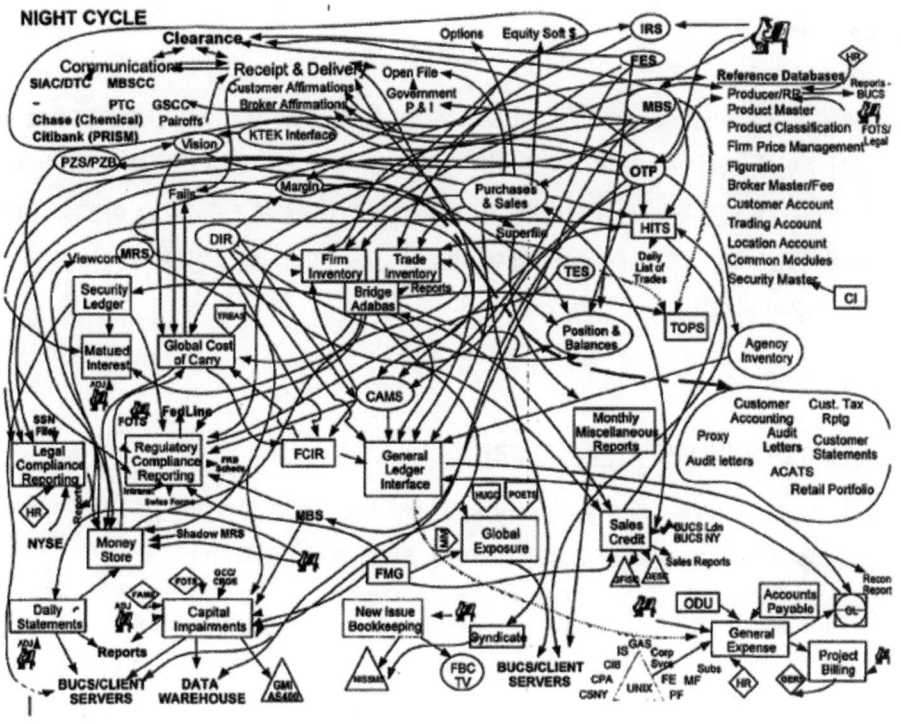

그림 25-1 문제에 우발적 복잡성이 도입된 결과의 예

우발적 복잡성을 피하려면 이 책에서 아키텍처 리더십의 4C라고 부르는 것을 활용해야 한다. 4C란 Communication(의사소통), Collaboration(협업), Clear(명확함), Concise(간결함)을 뜻한다 (C4 다이어그램 모델에서 말하는 네 가지 C와 혼동하지 말자). [그림 25-2]에 이 네 요소가 나와 있다. 아키텍트가 팀 내에서 효과적인 의사소통자이자 협업자가 되려면 이 네 가지 'C'가 필수이다.

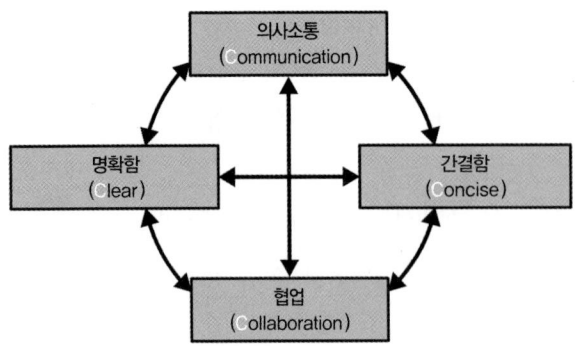

그림 25-2 아키텍처의 4C

리더이자 촉진자(facilitator), 협상가로서 소프트웨어 아키텍트는 **명확**하고 **간결하게 의사소통**할 수 있어야 한다. 또한 개발자, 비즈니스 이해관계자, 그리고 다른 아키텍트들과 **협업**하는 역량도 똑같이 중요하다. 아키텍트가 팀의 존중을 얻는 데에는 이 4C에 집중하는 것이 도움이 된다. 또한 아키텍트가 프로젝트에서 질문, 조언, 멘토링, 코칭, 리더십의 중심인물로 자리매김하는 데에도 도움이 된다.

25.2.2 현실적이면서도 비전을 가져라

유능한 소프트웨어 아키텍트라면 현실적이면서도 비전을 갖추어야 한다. 이 균형을 유지하는 것이 말처럼 쉽지는 않다. 꽤 높은 수준의 성숙함과 풍부한 경험이 필요하다.

비전가(visionary; 비전을 가진 사람)는 상상력이나 지혜로 미래를 내다보고 계획한다. 비전을 가진다는 것은 문제에 전략적으로 접근한다는 뜻이며, 아키텍트가 해야 할 일도 바로 그것이다. 아키텍트는 미래를 내다보면서 오랫동안 유효하고 쓸모 있을 아키텍처를 설계한다. 그러나 이러한 계획과 설계에서 아키텍트가 지나치게 이론적으로 흐르기도 한다. 그런 경우에 실현하기도, 이해하기도 어려운 복잡한 해법을 내놓기 쉽다.

다음으로, 동전의 다른 면인 **현실적** 부분을 생각해 보자. 현실적이라는 것은 이론보다는 **실용**에 근거해서 합리적이면서 실질적으로 해결책을 찾는 태도를 말한다. 아키텍트는 비전을 가짐과 동시에, 현실적이고 실현 가능하며 실제로 적용할 수 있는 해법을 내놓아야 한다. 다음은 현실적인 아키텍처 해법을 고민할 때 반드시 고려해야 하는 사항들이다.

- 예산 제약조건과 기타 비용 관련 요인들
- 일정 제약조건과 기타 시간 관련 요인들
- 개발 팀의 역량과 숙련도
- 각 아키텍처 결정의 트레이드오프와 그 영향
- 제안하는 설계나 해법의 기술적 한계

유능한 소프트웨어 아키텍트는 문제 해결 과정에서 실용성과 상상력, 지혜를 균형 있게 조화시킨다(그림 25-3).

예를 들어 갑자기 동시 접속자가 급증했는데 그 이유를 알 수 없는 상황에서 아키텍트는 어떻게 행동해야 할까? 비전에 치우친 아키텍트는 데이터베이스를 분리하고 복잡한 **데이터 메시**를 구축해 시스템의 탄력성을 높이려 할 것이다. 참고로 **데이터 메시**^{data mesh}는 분석용 데이터를 트랜잭션 데이터에서 분리하기 위한, 도메인별로 분산된 데이터베이스 집합이다. 그런 해법이 이론상으로는 가능할지 모르지만, 실용성을 고려할 필요가 있다. 그 회사가 이전에 데이터 메시를 도입한 적이 있는가? 데이터 메시를 쓸 때의 트레이드오프는 무엇인가? 이 해법이 정말로 문제를 해결해 줄까?

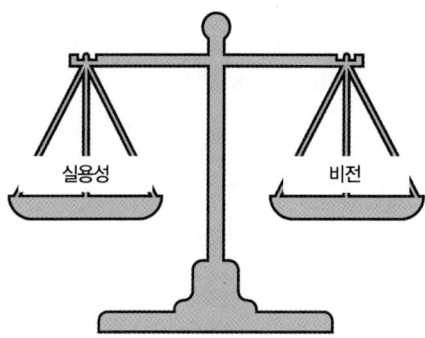

그림 25-3 유능한 아키텍트는 실용성과 비전의 균형을 찾는다.

실용성과 비전의 균형을 유지하는 것은 아키텍트로서 신뢰를 얻는 지름길이다. 비즈니스 이해관계자는 주어진 제약조건 안에서 미래지향적인 해법을 높이 평가하는 반면에 개발자들은 이론보다 실제로 구현할 수 있는 현실적인 해법을 선호한다.

다시 동시 접속자 급증의 예로 돌아가서, 현실적인 측면을 강조하는 아키텍트라면 먼저 시스템의 탄력성을 제한하는 요인이 무엇인지부터 파악할 것이다. 병목 지점을 찾아서 격리하는 것이 이 문제에 대한 첫 번째 실용적인 접근법이다. 일부 서비스나 외부 자원 접근과 관련해서 데이터베이스가 병목이 되고 있는가? 만일 그렇다면 해당 데이터의 일부를 캐싱해서 데이터베이스 요청을 줄이면 된다.

25.2.3 솔선수범으로 팀 이끌기

나쁜 소프트웨어 아키텍트는 "계급장을 내세워서", 그러니까 직책을 이용해서 사람들을 움직이려 한다. 유능한 소프트웨어 아키텍트는 솔선수범해서, 그러니까 스스로 모범을 보여서 사람들을 움직인다. 이 점도 아키텍트가 개발 팀, 비즈니스 이해관계자, 그리고 조직 전체의 다른 사람들(운영 책임자, 개발 관리자, 제품 소유자 등)에게 존중을 얻는 데 중요한 문제이다.

"직책이 아닌 솔선수범으로 이끌라"라는 격언을 잘 말해주는 고전적인 일화가 있다. 어떤 전장에서 병사들과 멀리 떨어진 대위가 병사들에게 점령하기 힘든 고지를 향해 진격하라고 명령한다. 병사들은 반신반의하며 대위보다 계급이 낮은 하사를 쳐다본다. 상황을 이해한 하사가 조용히 고개를 끄덕이자, 병사들은 즉시 확신을 갖고 고지를 점령하러 나아간다.

이 이야기의 교훈은 사람들을 이끄는 데 있어 계급과 직책은 거의 의미가 없다는 것이다. 컴퓨터 과학자 제럴드 와인버그$^{Gerald\ Weinberg}$(https://oreil.ly/6fI2m)는 "문제가 무엇이든, 그것은 사람의 문제이다"라는 말로 유명하다.[4] 대부분의 사람은 기술적 문제를 해결하는 것이 대인 관계 스킬과는 무관하고 오직 기술적 지식과만 관련 있다고 생각한다. 기술적 지식이 꼭 필요한 것은 사실이지만, 그것은 문제의 해법에서 한 부분만 차지할 뿐이다.

예를 들어 어떤 아키텍트가 프로덕션에서 발생한 문제점을 해결하기 위해 개발자팀과 회의를 한다고 가정해 보자. 개발자 중 한 명이 뭔가를 제안하자 아키텍트가 "음, 그건 멍청한 생각이군요"라고 대답한다. 그러면 그 개발자는 더 이상 어떤 제안도 하지 않을 뿐만 아니라, 다른 개발자들 역시 감히 아무 말도 하지 못하게 된다. 아키텍트가 팀 전체의 협업을 막아버린 셈이다. 아키텍트와 개발자의 대화가 이런 식으로 흘러가도 문제이다.

---

4 옮긴이_ 제럴드 와인버그는 미국의 컴퓨터 과학자이자 작가로, 특히 소프트웨어 개발의 심리적, 사회적 측면을 탐구한 선구자로 알려져 있다. 대표적인 저서는 『The Psychology of Computer Programming』(번역서는 조상민 옮김, 『프로그래밍 심리학』)이다. 본문의 인용구는 또 다른 저서 『The Secrets of Consulting』(번역서는 홍성완 옮김, 『컨설팅의 비밀』)에 나온다.

> *개발자:* "이 성능 문제를 어떻게 해결해야 할까요?"
> *아키텍트:* "반드시 캐시를 사용해야 해요. 그러면 문제가 해결될 겁니다."
> *개발자:* "나한테 이래라저래라 하지 마세요."
> *아키텍트:* "아니 나는 그냥 그러면 문제가 해결될 거라는 뜻이었요."

이것은 **협업이 없는** 의사소통의 좋은 예이다. "반드시 ~해야 해요"라는 표현을 사용함으로써 아키텍트는 협업의 문을 닫아버린다.

> *개발자:* "이 성능 문제를 어떻게 해결해야 할까요?"
> *아키텍트:* "캐시 사용을 고려해 봤나요? 그러면 문제가 해결될 것 같습니다."
> *개발자:* "흠, 아니, 그건 생각하지 않았는데요. 아키텍트님 생각은 어떤가요?"
> *아키텍트:* "음, 여기에 캐시를 넣으면…"

아키텍트는 "고려해 봤나요"라는 표현을 사용해서 명령을 의견 요청으로 바꾼 덕분에 대화의 통제권이 개발자에게 넘어가서 개발자가 아키텍트와 협력적인 대화를 나눌 수 있게 되었다. 이처럼 어떤 화법을 사용하느냐는 협업 환경을 구축하는 데 매우 중요하다.

아키텍트로서 협업을 이끄는 문제가 단순히 아키텍트 개인이 다른 사람들과 어떻게 협업하는지에 관한 것만은 아니다. 팀원들 사이의 협업을 촉진하는 것이기도 하다. 팀 내부의 역학(dynamics)을 관찰하고, 앞의 잘못된 대화 예시들과 같은 상황이 벌어지지는 않는지 주시해야 한다. 거만한 언어를 사용하는 팀원이 있다면 그 사람을 따로 불러 협력적인 언어를 사용하도록 코칭하자. 이는 팀 역학을 개선할 뿐만 아니라, 팀원들이 서로 존중하게 하는 데에도 도움이 된다.

만일 다른 사람이 하고 싶어 하지 않을 만한 일을 시켜야 한다면, 요청(request)을 부탁(favor)으로 바꾸는 것이 최선일 때가 있다. 일반적으로 사람들은 지시받는 것을 싫어하지만, 다른 사람을 돕는 것은 좋아한다. 바쁜 반복(iteration) 중에 아키텍처 리팩터링 작업을 두고 아키텍트와 개발자 사이에 벌어지는 다음 대화를 생각해 보라.

> *아키텍트:* "결제 서비스를 5개의 다른 서비스로 분리해야 하는데요. 각 서비스는 우리가 받는 결제 유형, 즉 멤버십 포인트, 신용카드, 페이팔, 기프트 카드, 리워드 포인트 각각에 대한 기능성을 담아야 합니다. 그러면 웹사이트의 내결함성과 확장성이 더 좋아질 것입니다. 그리 오래 걸리지는 않

> *개발자:* "미안하지만, 이번 반복에서는 너무 바빠서 못 합니다. 정말 할 수가 없어요."
> *아키텍트:* "아니, 이건 정말 중요해요. 이번 반복에서 꼭 해야 하는 일입니다."
> *개발자:* "미안하지만 안 되겠어요. 다른 개발자가 할 수 있을지도 모르지만 저는 너무 바쁩니다."

아키텍트가 내결함성과 확장성을 높이기 위한 작업이라고 정당화했음에도 개발자는 즉시 그 일을 거절한다. 아키텍트는 개발자에게 너무 바빠서 할 수 없는 일을 하라고 **지시**하고 있다. 심지어 아키텍트는 개발자의 이름도 언급하지 않고 자신의 요구만 전달했다. 이제 요청을 부탁으로 바꾸는 기법을 살펴보자.

> *아키텍트:* "스리다르 님 안녕하세요. 제가 지금 상황이 아주 곤란한데요. 내결함성과 확장성을 높이려면 결제 서비스를 결제 유형별로 분리해야 되는데 너무 늦은 거 아닌가 싶네요. 어떻게 이번 이터레이션에서 이 일 좀 처리해 줄 수 있을까요? 그러면 제게 정말 큰 도움이 될 겁니다."
> *개발자 (잠시 멈칫하며):* "이번 이터레이션에 정말 바쁘긴 한데요. 한 번 살펴볼게요."
> *아키텍트:* "고마워요 스리다르 님. 정말 도움이 됩니다. 신세 졌네요."
> *개발자:* "뭘요. 이번 반복에서 처리하도록 하죠."

첫째, 상대방의 이름을 부르면 대화가 비인격적인 업무상의 요구가 아닌, 더 개인적이고 친숙한 느낌을 준다. 대화나 협상 중에 상대방의 이름과 적절한 호칭을 사용하면 존중심과 건강한 관계를 구축하는 데 도움이 된다. 사람들은 자기 이름을 듣는 것을 좋아할 뿐만 아니라, 이름을 불러 준 사람에게 친밀감을 느끼기까지 한다. 사람들의 이름을 외우는 좋은 방법은 자주 부르는 것이다. 발음하기 어려운 이름이 있다면, 정확한 발음을 찾아보고 완벽해질 때까지 연습하자. 우리는 누군가 자기 이름을 알려주면 그 이름을 따라 말해 보고 발음이 맞는지 물어본다. 틀렸다면 맞을 때까지 이 과정을 반복한다.

둘째, 앞의 대화에서 아키텍트는 자신이 "아주 곤란한" 상황에 처했으며 서비스를 분리하는 것이 "정말 큰 도움이 될 것"임을 인정한다. 이 방법이 항상 통하는 것은 아니지만, 이처럼 다른 사람을 도우려는 인간의 기본적 욕구를 활용하는 것이 첫 번째 대화보다 성공 확률이 높다. 다음에 이런 상황에 부딪히면 한번 시도해 보기 바란다.

처음 만나는 사람이나 가끔 만나는 사람을 맞이할 때 효과적인 또 다른 리더십 기법은 항상 악수하고 눈을 맞추는 것이다. 악수는 중세 시대로 거슬러 올라가는 중요한 대인 관계 스킬이다.

악수는 서로가 적이 아닌 친구임을 알리고 둘 사이에 유대를 형성한다. 그렇긴 해도 악수의 문화적 측면은 인지해야 한다. 예를 들어 미국, 영국, 유럽, 호주에서는 악수가 용인되는 인사법이지만, 다른 문화권에서는 다른 인사법을 사용한다(가령 일본에서는 허리 숙여 절을 하며, 그 타이밍이 중요하다). 그리고 악수가 용인되는 문화라고 해도, 악수를 제대로 하기가 그리 쉽지만은 않다.

악수할 때 손에 적당히 힘을 주되, 상대를 제압할 정도는 아니어야 한다. 그리고 상대방의 눈을 보아야 한다. 악수가 통용되는 문화권에서 악수하면서 시선을 피하는 것은 무례함의 표시일 가능성이 크며, 대부분의 사람이 그러한 무례함을 인식한다. 또한 악수를 너무 오래 하면 안 된다. 2~3초면 충분하다. 악수를 남발해서도 안 된다. 매일 아침 사무실에 와서 모든 사람과 악수하는 것으로 하루를 시작하는 것은 사람들을 불편하게 할 만큼 이상한 행동이다. 하지만 운영 책임자와의 월례 회의는 자리에서 일어나 "안녕하세요, 루스. 다시 뵙게 되어 반갑습니다"라고 말하면서 빠르고 힘차게 악수하기에 완벽한 기회이다. 언제 악수하고 언제 하지 말아야 할지를 아는 것은 복잡한 대인 관계 스킬의 일부이다.

리더로서 아키텍트는 모든 직급의 사람들 사이에 존재하는 개인 경계선(personal boundary)을 존중하고 지키도록 주의해야 한다. 악수는 전문적인 업무 관계의 사람들과 물리적 유대를 형성하는 전문적인 방법이다. 그런데 악수가 유대감 형성에 좋은 방법이라면, 껴안는 것은 더 좋은 방법이 아니겠는가 하고 생각하는 사람도 있다. 그렇지 않다. 어떤 환경이든 전문적인 업무 관계에서 포옹은 사람들을 불편하게 할 수 있다. 심지어는 직장 내 괴롭힘의 한 형태가 될 수도 있다. 사무실 안의 일상 활동에서는 물론이고 동료와 함께 출장 갈 때도 마찬가지이다. 포옹은 생략하고, 상식적인 전문가의 행동 강령을 준수하며, 악수만 하자.

좋은 리더는 팀에서 의지가 되는 사람, 즉 개발자들이 질문이 있거나 문제가 생겼을 때 가장 먼저 떠올리고 찾아가는 사람(go-to person)이 되어야 한다. 유능한 소프트웨어 아키텍트는 자신의 직책이나 팀에서의 역할에 상관없이 기회를 포착하고 주도적으로 팀을 이끈다. 누군가 기술적인 문제로 어려움을 겪고 있다면, 주도적으로 나서서 도움이나 지침을 제공하자. 비기술적인 상황에서도 마찬가지이다. 만약 팀원이 뭔가 분명히 좋지 않은 일이 있는 것처럼 우울하고 힘들어 보이는 모습으로 출근했을 때 유능한 소프트웨어 아키텍트는 "이봐, 안토니오, 나 커피 마시러 가는데. 같이 가지 않겠나?"라고 하면서 대화를 유도하고, 탕비실로 걸어가면서 괜찮은지 물어볼 것이다. 이런 접근법은 상대방과 좀 더 개인적인 대화를 위한 물꼬를 튼다. 상황이 잘 풀린다면 멘토링과 코칭의 기회까지 얻을 수 있을 것이다. 그렇다고 대화를 강제해서는 안 된다. 유능한 리더는 상대방의 언어적, 비언어적 신호(표정이나 몸짓 같은)를 주시하면서 물러날 때를 알아챈다.

팀에서 의지가 되는 사람으로 자리매김하는 또 다른 방법은 디자인 패턴이나 최신 프로그래밍 언어 릴리스의 새로운 기능 같은 특정 기법이나 기술에 대해 주기적으로 '점심시간 스터디' 세션을 주최하는 것이다. 이 책을 읽고 있는 독자는 다른 사람들에게는 없는 특별한 기술이나 지식을 가지고 있을 것이다. 그런 행사를 주최하는 것은 개발자에게 귀중한 정보를 제공하거나 자신의 기술력을 과시할 기회가 될 뿐만 아니라, 멘토링과 대중 의사소통 기술을 연습할 기회이자, 여러분을 리더와 멘토로 각인시키는 계기가 된다.

25.3 개발 팀에 녹아들기

[그림 25-4]의 예처럼 아키텍트의 일정은 회의가 꼬리를 물기 마련이다. 그렇다면 아키텍트가 팀에 녹아들고, 그들을 이끌고 멘토링하며, 질문이나 우려 사항에 대응할 시간을 어떻게 확보해야 할까?

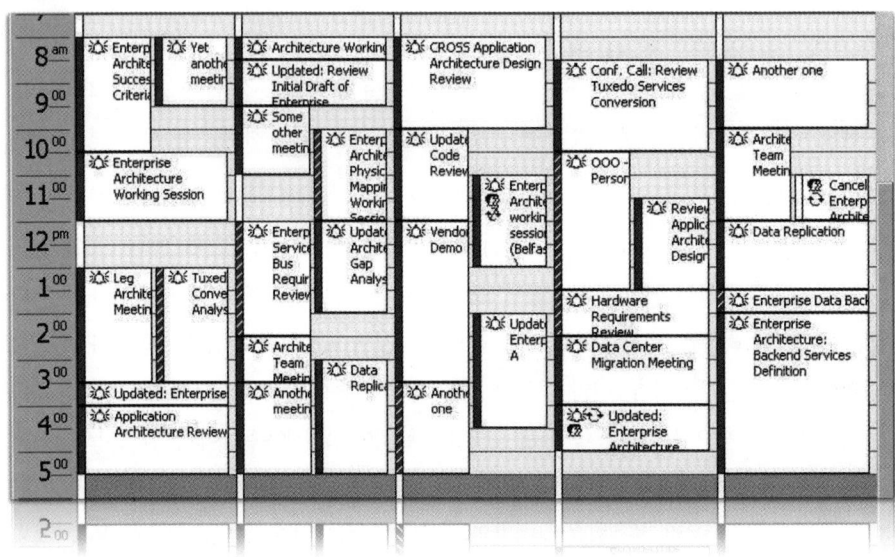

그림 25-4 전형적인 소프트웨어 아키텍트의 일정표

안타깝지만 잦은 회의는 필요악이다. 좋은 것이 아니지만 피할 수 없다. 핵심은 회의들을 잘 통제해서 팀을 위한 시간을 내는 것이다. [그림 25-5]에서 보듯이 회의는 크게 두 종류로 나뉜다. 하나는 누군가가 여러분을 불렀기 때문에 참석하는 회의이고 다른 하나는 여러분이 다른 사람들을 불러서 진행하는 회의이다. 전자를 **초대된 회의**, 후자를 **소집한 회의**라고 부르기로 하자.

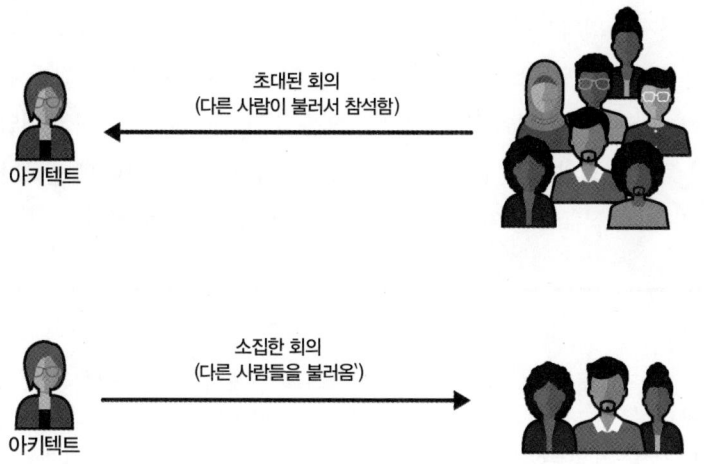

그림 25-5 두 가지 회의 유형. 화살표는 소집 요청의 방향을 나타낸다.

다른 사람이 초대한 회의는 통제하기가 가장 어렵다. 소프트웨어 아키텍트는 수많은 이해관계자와 소통하고 협력해야 하므로 수많은 회의에 초대받는다. 그중에는 실제로 참석할 필요가 없는 회의도 많다. 회의에 초대받으면 주최자에게 왜 자신이 필요한지 물어보자. 만일 여러분을 초대하는 것이 단지 정보 공유를 위한 것이라면, 문서(회의록 등)로 대신할 수 있다. 회의에 **왜** 참석해야 하는지 물어보면 어떤 회의에 참석하고 어떤 회의는 건너뛸지 결정하는 데 도움이 된다. 이때 회의 안건을 살펴보는 것도 유용하다. 또한 회의 **전체**에 참석해야 하는지, 아니면 특정 주제를 논의하는 부분에만 참여하면 되는지도 확인하자. 해당 안건이 끝나고 자리를 떠도 된다면 그렇게 하는 게 좋다. 개발 팀의 문제 해결을 돕는 데 쓸 수 있는 시간을 회의에 낭비하지 말자.

> 팁 사전에 회의 안건을 요청하자. 그러면 회의에 정말 참석해야 하는지 판단하는 데 도움이 된다.

개발 팀의 개발자나 기술 리더가 회의에 초대받았다면, 그들 대신 여러분이 참석하는 것도 좋다. 특히 여러분과 기술 리더가 모두 초대받았다면 더욱 그렇다. 그러면 팀은 당면한 과제에 계속 집중할 수 있다. 유용한 팀원들 대신 아키텍트가 회의에 참석하면, **아키텍트**가 회의에 쓰는 시간은 늘어나겠지만 개발 팀의 생산성이 개선되고 아키텍트에 대한 존중심도 높아진다.

아키텍트가 다른 사람들을 불러서 회의를 소집해야 할 때도 있다. 이런 회의는 여러분이 통제할 수 있으므로, 최소한으로 유지하도록 노력해야 한다. 안건을 정하고 그대로 따르자. 모든 회의 참석자와 관련이 없는 문제로 회의가 방해받게 두면 안 된다. 회의 자체를 줄이는 것도 중요하다. 여러분이 소집하는 회의가 팀원들을 업무에서 떼어놓을 만큼 중요한지 자문해 봐야 한다. 예를 들어 중요한 정보를 전달하는 것이 목적이라면 회의를 소집하는 대신 간단히 이메일을 보낼 수도 있다. 개발 팀과의 회의가 꼭 필요하다면, 개발자들의 핵심 업무 시간에 방해가 되지 않도록 아침 일찍이나 점심 직후 또는 일과가 끝날 무렵에 일정을 잡는 것이 좋다.

> **개발자의 몰입 상태**
>
> **몰입**(flow)은 개발자가 어떤 문제에 뇌를 100% 집중해서 창의력을 최대로 발휘하는 정신 상태를 말한다. 예를 들어 개발자들은 특별히 어려운 알고리즘이나 코드 조각을 몇 시간이나 작업하고도 몇 분밖에 지나지 않은 것처럼 느끼곤 한다. 아키텍트는 팀의 **생산성 몰입**(productivity flow)에 세심한 주의를 기울이고 그것을 방해하지 말아야 한다. 몰입 상태에 관한 좀 더 자세한 내용은 미하이 칙센트미하이$^{Mihaly\ Csikszentmihalyi}$의 저서 『Flow: The Psychology of Optimal Experience』(Harper Perennial, 2008)[5]에서 읽을 수 있다.

아키텍트가 개발 팀과 같은 사무실에서 일한다면, 그들 곁에 앉아서 일하는 것도 개발 팀에 녹아드는 데 좋은 방법이다. 팀과 떨어진 칸막이 안에 앉아 있는 것은 "나는 특별하니 방해하지 마시오"라는 메시지를 보낸다. 반면에 팀과 나란히 앉으면 "나는 팀의 핵심적인 일원이며 질문이나 우려 사항에 대해 언제든 응할 준비가 되어 있다"라는 메시지를 보내게 된다. 같은 사무실이라도 개발 팀과 함께 앉을 여건이 아니라면 가장 좋은 방법은 가능한 한 많이 돌아다니며 얼굴을 비추는 것이다. 다른 층에 있거나 항상 자기 사무실에 틀어박혀서 개발 팀에게 전혀 모습을 보이지 않는 아키텍트는 팀을 이끌 수 없다. 아침 시간이나 점심 직후, 또는 늦은 오후에 시간을 따로 마련해서 대화를 나누고, 문제를 돕고, 질문에 답하며, 기본적인 코칭과 멘토링을 하자. 개발자들은 이런 종류의 소통을 감사히 여기며, 낮 동안 자신들을 위해 시간을 내주는 여러

---

5 옮긴이_ 번역서는 이희재 옮김, 『몰입의 즐거움』(해냄출판사, 2021).

분을 존중할 것이다. 이는 다른 이해관계자들에게도 마찬가지이다. 커피를 가지러 가는 길에 운영 책임자에게 들러 인사를 건네는 것은 소통 창구를 열어두는 훌륭한 방법이다.

원격 근무 환경 등, 개발 팀과 함께 앉거나 돌아다니며 얼굴을 비추는 것이 불가능한 경우도 있다. 그러면 협업이 훨씬 더 어려워진다. 원격 팀 관리에 대한 더 자세한 정보는 재퀴 리드Jacqui Read의 저서 『Communication Patterns』(O'Reilly, 2023)[6]를 강력히 추천한다. 리드의 책은 원격 팀과 관련한 문제를 제4부 전체에서 논의한다.

25.4 요약

이번 장에서 제시한 협상 및 리더십 팁은 소프트웨어 아키텍트가 개발 팀 및 다른 이해관계자들과 더 나은 협력 관계를 형성하는 데 도움을 주기 위한 것이다. 이것들은 필수 스킬에 해당한다. 이것이 전부는 아니라는 점도 기억하기 바란다. 이 밖에도 여러 팁과 기법이 있을 수 있다. 미국 제26대 대통령 시어도어 루스벨트(https://oreil.ly/g4ELb)의 말을 인용하면서 이번 장을 마무리하겠다.

성공 공식에서 가장 중요한 요소는 사람들과 잘 지내는 법을 아는 것이다.

— *시어도어 루스벨트*

---

[6] 옮긴이_ 번역서는 곽지원 옮김, 『코드 밖 커뮤니케이션』(한빛미디어, 2024).

CHAPTER **26**

아키텍처 교차점

지금까지의 여정을 잠시 정리해 보자. 우리는 아키텍처가 반드시 지원해야 하는 핵심 특성들을 식별하는 방법과 식별된 특성 및 비즈니스 문제에 가장 적합한 아키텍처 스타일을 선택하는 방법을 살펴보았다. 그리고 효과적으로 아키텍처적 결정을 내리는 방법과 그것에 맞게 아키텍처를 구현하도록 개발 팀을 이끌고 지도하는 방법도 설명했다. 그런데 아키텍처가 제대로 작동하려면 그것만으로는 부족하다. 아키텍처는 기술적 환경 및 비즈니스 환경의 다른 여러 측면과도 정렬되어야 한다. 아키텍처와 정렬이 요구되는 그런 측면들을 이 책에서는 **아키텍처 교차점** (architectural intersection)이라고 부른다.

이번 장에서는 소프트웨어 아키텍처를 만들거나 검증할 때 제기되는, 다음과 같은 주요 교차점을 논의한다.

구현
구현이 운영 특성과 아키텍처 제약조건, 아키텍처의 내부 구조와 정렬되는가?

인프라
인프라와 아키텍처 배포 방식이 확장성, 반응성, 내결함성, 가용성 같은 아키텍처의 운영상 관심사와 정렬되는가?

데이터 토폴로지
아키텍처와 데이터 토폴로지 및 데이터 타입의 교차점은 널리 간과되는 정렬 요인 중 하나이다. 시스템이 작동하려면 데이터 토폴로지(모놀리스, 도메인 데이터베이스, 서비스별 데이터베이스 등)가 아키텍처 스타일과 잘 정렬되어야 한다.

엔지니어링 관행

개발 팀이 소프트웨어를 만들고, 유지보수하고, 테스트하는 방식이 해당 아키텍처와 부합하는가? 배포 파이프라인이 아키텍처 스타일과 부합하는가?

팀 토폴로지

팀이 구성되는 방식은 아키텍처에 큰 영향을 미칠 수 있고, 그 반대도 마찬가지다. 일반적으로, 팀 구조가 아키텍처와 제대로 정렬되지 않으면 개발 팀이 고생하게 된다. 심지어 가장 간단한 변경조차도 어려워진다.

시스템 통합

아키텍처가 다른 어떤 시스템이나 서비스와 통신해야 하는가? 이 특별한 교차점에 주의를 기울이지 않으면 유지보수, 신뢰성, 그리고 확장성, 반응성, 가용성과 같은 운영 특성 측면에서 파괴적인 결과를 초래할 수 있다.

엔터프라이즈

아키텍처가 조직과 엔터프라이즈 전반의 프레임워크, 관행, 지도 원칙, 표준과 정렬되는가?

비즈니스 환경

아키텍처가 비즈니스 환경 및 문제 도메인과 제대로 정렬되는가? 이 중요한 교차점을 무시하는 아키텍트가 너무나 많다. 이 측면을 간과하면 아키텍처가 비즈니스의 목표나 요구를 충족하지 못하게 된다.

생성형 AI

LLM(대규모 언어 모델)의 사용 증가가 아키텍처에 어떤 영향을 미치는가? 시스템 안에서 생성형 AI를 활용하는 회사가 많아지면서 이 교차점의 중요성도 빠르게 높아지고 있다.

그럼 이상의 교차점들을 차례로 좀 더 자세히 살펴보자.

26.1 아키텍처와 구현

소프트웨어 아키텍처의 제1법칙은 공교롭게도 소프트웨어 아키텍트가 어떤 질문에든 가장 흔하게 내놓는 답변이기도 하다. 바로 "상황에 따라 다르다"이다. 아마 두 번째로 흔한 답변은 "그건 구현 세부 사항(implementation detail)이다"일 것이다. 소프트웨어 아키텍처가 목표 달성에 실패하면, 종종 이 두 번째 답변이 그 원인이 되곤 한다.

아키텍처가 제대로 작동하려면 그 **구현**(아키텍처의 소스 코드)이 설계와 잘 정렬되어서 세 가지 문제를 해결해야 한다. 세 문제는 바로 아키텍처의 운영상 관심사(내결함성, 반응성, 확장성 등), 내부 구조, 그리고 제약조건이다. 이번 절에서 이 세 가지를 차례로 살펴본다.

26.1.1 운영상 관심사

운영상 관심사(operational concern)는 이 책의 제1부에서 집중적으로 다룬 아키텍처 특성이다. 어떤 소프트웨어 아키텍처든, 운영상 관심사에 해당하는 특성들은 그 아키텍처의 기초를 형성한다. 또한 당면한 비즈니스 문제를 해결하기 위해 아키텍처가 반드시 지원해야 하는 특성들이기도 하다. 아키텍처 특성은 아키텍처적 결정을 이끄는 원동력이다(제21장에서 설명했다).

그렇다면 시스템의 운영상 관심사를 다루는 방식에서 아키텍처와 구현이 정렬되지 않는다는 것은 무엇을 의미할까? 아키텍트가 수천에서 수십만 명의 동시 접속 고객을 지원해야 하는 새로운 주문 입력 시스템을 개발하는 시나리오를 생각해 보자. 이 시스템은 높은 확장성과 탄력성을 요구하므로, 아키텍트는 제18장의 §18.8 "스타일 특성"에 나온 별점 등급표에 근거해서 마이크로서비스 아키텍처 스타일을 선택한다. 하지만 **구현** 단계에서 개발 팀은 서비스의 경계 컨텍스트(§18.2.1 "경계 컨텍스트" 참고)들이 너무 조밀하게 형성되어 있음을 발견한다. 이 때문에 Order Placement 서비스가 재고 데이터베이스에 직접 접근할 수 없다. 고객이 구매하려는 모든 품목의 현재 재고를 파악하려면 반드시 Inventory Management 서비스를 동기적으로 호출해야 한다. 이 동기적 호출은 두 서비스를 강하게 결합할 뿐만 아니라, 시스템의 반응성을 크게 낮춘다.

그래서 개발 팀은 [그림 26-1]처럼 서비스들 사이에 **메모리 내 복제 캐시**를 사용하기로 한다. 이 경우 데이터는 각 서비스 인스턴스의 **내부 메모리**에 상주하며, 배경에서 일어나는 캐싱 연산을 통해서 항상 동기화 상태를 유지한다. 이런 목적에 부합하는 캐싱 제품으로는 아파치 이그나이트Apache Ignite(https://ignite.apache.org)나 헤이즐캐스트Hazelcast(https://hazelcast.com)가 있다. 수정된 설계에서 Inventory Management 서비스의 메모리 내부 캐시에는 품목 ID와 현재 재고량이 담기고, Order Placement 서비스의 각 인스턴스에 있는 메모리 내부 캐시에는 Inventory Management 캐시의 읽기 전용 복사본이 담긴다. 이런 식으로 메모리 내부 복제 캐시를 사용하면 서비스 간의 결합이 느슨해지고 반응성이 **상당히** 개선된다.

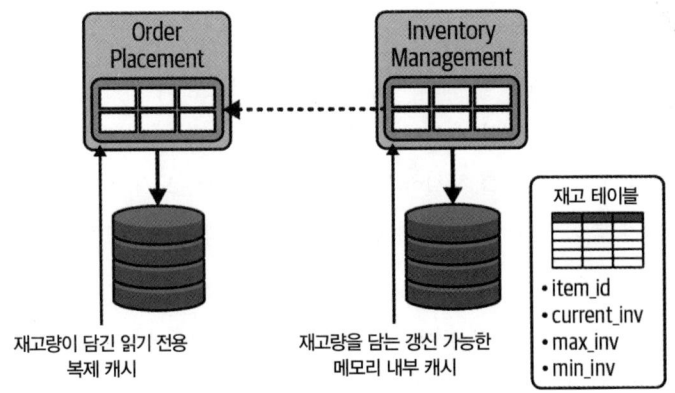

그림 26-1 개발 팀은 서비스 간에 인메모리 복제 캐시를 사용하기로 했지만, 그 결과 서비스를 확장할 때 메모리 부족 (out-of-memory) 오류가 발생했다.

수정한 아키텍처를 프로덕션 배포하고 시간이 지나서 동시 사용자 수가 증가했다. 증가한 부하를 각 서비스의 인스턴스를 더 많이 생성해서 처리하긴 했지만, 동시 접속 고객이 약 8만 명에 이르자 시스템이 버티지 못하고 다운되었다. 내부 캐시의 메모리 요구량이 너무 커져서 모든 VM에서 메모리 부족 오류가 발생한 것이다.

이 시나리오에서는 아키텍처와 구현이 정렬되지 못하고 서로 어긋나 있다. 아키텍처는 높은 수준의 **확장성**과 **탄력성**을 지원하는 데 초점을 맞추었지만 구현은 **반응성**과 **서비스 분리**에 집중했다. 아키텍트와 개발 팀 모두 자신의 관점에서는 올바른 결정을 내렸지만, 서로 다른 목표를 추구했기 때문에 부정적인 결과가 나왔다.

26.1.2 구조적 무결성

제8장에서 배웠듯이 어떤 시스템에서도 기본적인 구성요소는 논리적 컴포넌트(logical component)이다. 논리적 컴포넌트들은 시스템의 **논리적 아키텍처**(logical architecture)를 형성한다. 이들은 보통 소스 코드 저장소의 디렉터리 구조(프로그래밍 언어에 따라서는 이름공간)를 통해 표현된다. 논리적 아키텍처는 시스템의 작동 방식을, 그리고 시스템의 어떤 부분이 다른 어떤 부분과 상호작용하는지를 말해준다. 따라서 소스 코드의 구조가 논리적 아키텍처의 구조와 부합하는 것이 매우 중요하다.

적절한 지침과 지식, 거버넌스가 없다면 개발자들이 시스템의 논리적 아키텍처를 무시하기 쉽다. 시스템의 무결성(integrity)에 미칠 영향을 고려하지 않은 채 마음대로 디렉터리 구조와 이름공간을 만들기 시작하는 것이다. 이러한 오정렬(misalignment; 또는 정렬불량)은 아키텍처의 유지보수성, 테스트성, 배포성 저하로 이어지며, 그러면 새로운 기능에 맞게 아키텍처를 진화시키거나 적응시키기가 어렵게 된다. [그림 26-2]에 그러한 논리적 아키텍처의 예가 나와 있다.[1]

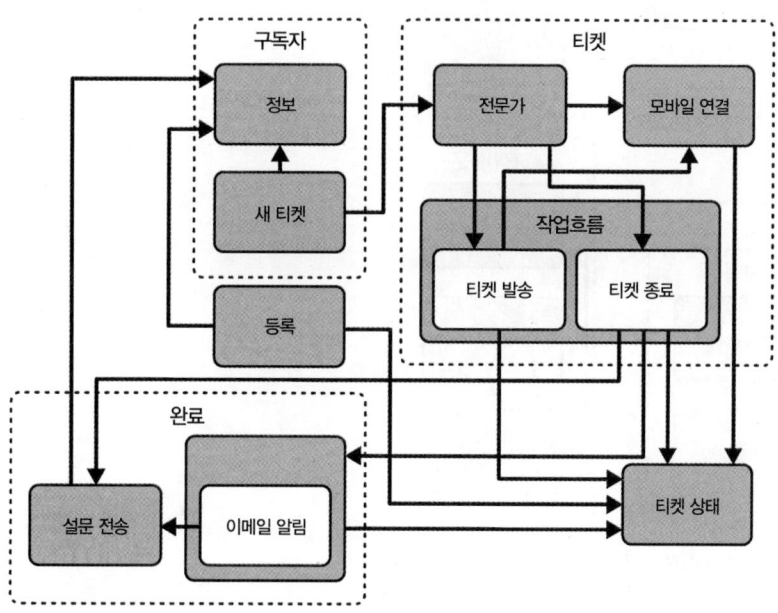

그림 26-2 거버넌스와 정렬이 부재한 내부 논리적 아키텍처의 예

소스 코드 구조와 논리적 아키텍처의 정렬을 보장하는 방법으로 우리는 자동화된 거버넌스 도구의 사용을 권장한다. 예를 들어 자바 플랫폼용 ArchUnit(https://archunit.org), .NET 플랫폼용 ArchUnitNet(https://oreil.ly/qgPAf) 및 NetArchTest(https://oreil.ly/2ZX8p), 파이썬용 PyTestArch(https://oreil.ly/NmRZI), 타입스크립트 및 자바스크립트용 TSArch(https://oreil.ly/4Z8Ze) 같은 도구를 사용하면 될 것이다. 이런 자동화된 도구를 아키텍트와 개발 팀 간의 원활한 소통 및 협업과 결합하면 [그림 26-3]처럼 아키텍처와 잘 정렬된 구현을 만들어낼 수 있다.

---

1 옮긴이_ 참고로 이 예는 고객 서비스 시스템을 위한 아키텍처(의 일부분)이다. 티켓은 고객 문의 처리의 기본 단위이고 전문가는 고객 문의 혹은 A/S 요청에 응할 수 있는 담당자, 설문은 이를테면 상담 후에 고객 만족도를 조사하기 위한 것이라고 생각하면 될 것이다.

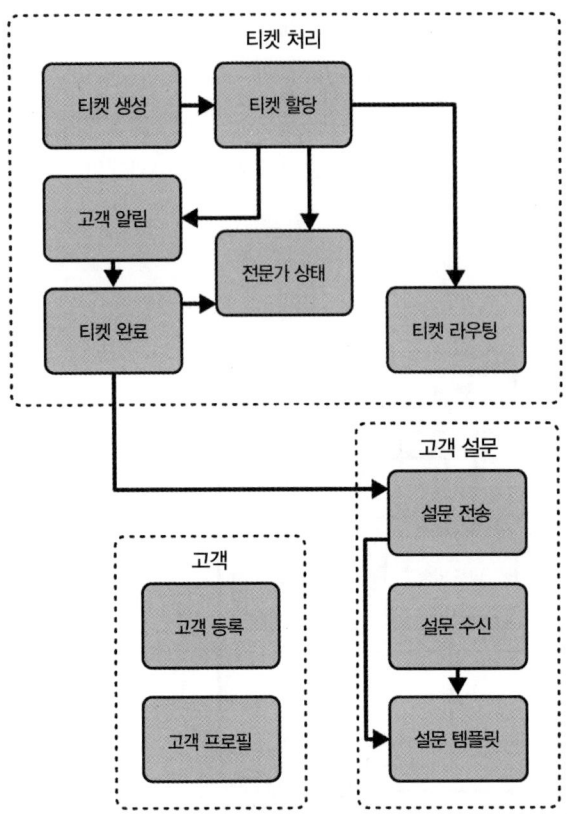

그림 26-3 적절한 거버넌스와 정렬에 기반한 내부 논리적 아키텍처의 예

[그림 26-2]와 [그림 26-3]을 비교해 보기 바란다. [그림 26-3]의 아키텍처가 [그림 26-2]의 잘못 정렬된 아키텍처보다 얼마나 더 유지보수하기 좋고, 테스트하기 쉬우며, 배포하기 편하고, 신뢰할 수 있으며, 적응성과 확장 능력(extensibility)이 뛰어난지 주목하자. 이 비교를 통해 이런 종류의 구현 정렬이 얼마나 중요한지 알 수 있다.

26.1.3 아키텍처 제약조건

제약조건(constraint)은 아키텍처의 목표를 달성하는 데 필요한 아키텍처 내의 어떤 종류의 제한 사항(가령 통신을 REST로만 제한하거나 특정 유형의 데이터베이스를 사용하는 것 등)을 나타내는 지배적인 규칙 또는 원칙이다. 시스템 구현이 제약조건을 지키지 않는다면 아키텍처는 성공하지 못한다. 따라서 아키텍처의 **제약조건**들을 식별하고 소통하는 것은 소프트웨어 아키텍트가 할 일의 일부이다.

이해를 돕기 위해, 조직의 한 사업부가 새로운 시스템을 출시하려 하지만 예산이 아주 한정되고 일정도 매우 촉박한 상황을 생각해 보자. 이 시나리오에서 사업부는 데이터베이스의 구조 변경이 많이 발생할 것으로 예상하며, 일정 문제로 변경 작업을 가능한 한 빨리 끝내야 한다. 이런 상황이라면 전통적인 계층형 아키텍처(제10장 참조)가 아주 적합하다. 단순성, 비용 효율성, 기술적 분할이라는 이점 때문이다. 계층형 아키텍처에서는 이름 그대로 시스템이 여러 계층으로 분리된다. 데이터베이스 변경을 하나의 계층에만 국한할 수 있어서 변경이 훨씬 더 쉽고 빠르다.

이 사업부 시나리오에서 계층형 아키텍처가 제대로 작동하게 하려면 아키텍트는 다음과 같은 제약조건을 정의해야 한다.

- 모든 데이터베이스 로직은 반드시 영속성 계층(Persistence layer)에 있어야 한다.
- 표현 계층(Presentation layer)은 영속성 계층에 직접 접근할 수 없다. 단순한 쿼리일지라도 다른 모든 계층을 거쳐서 영속성 계층에 도달해야 한다.

데이터베이스 로직이 아키텍처 전체에 퍼지는 것을 막으려면 이러한 제약조건이 꼭 필요하다. 또한 물리적 데이터베이스 구조 변경(테이블을 삭제하거나 컬럼명을 바꾸는 등)이 영속성 계층 바깥의 어떤 코드에도 영향을 미치지 않게 하기 위해서도 필요하다.

여기서 상황을 좀 꼬아 보자. UI 개발자들은 데이터베이스를 직접 호출하는 편이 더 빠르다고 판단해서 아키텍처를 그런 식으로 구현하기로 한다. 더 나아가서 백엔드 개발자들은 비즈니스 로직과 데이터베이스 로직을 함께 두면 코드를 유지보수하고 테스트하기가 훨씬 쉽다는 사실을 깨닫는다. 그래서 그들 역시 제약조건을 무시하고는 두 관심사를 아키텍처의 비즈니스 계층에서 결합한다. 이런 식의 구현은 아키텍처의 제약조건과 정렬되지 않는다. 이제는 데이터베이스 변경이 모든 계층의 모든 코드에 영향을 미치기 때문에, 변경에 시간이 너무 오래 걸려서 결국 시스템이 비즈니스 목표를 달성하지 못하게 된다.

앞에서 언급한 자동화된 거버넌스 도구들은 아키텍처 제약조건을 관리하는 데에도 유용하다.

26.2 아키텍처와 인프라

지난 수십 년에 걸쳐 소프트웨어 아키텍처의 범위는 점점 커졌다. 그에 따라 더 많은 책임(responsibility)과 관점(perspective)을 포괄하게 되었다. 2000년대 중반 무렵만 해도 아키텍처와 운영의 일반적인 관계는 계약에 기반한 형식적인 관계였으며, 관료주의적인 절차도 많았다. 대부분의 회사는 자체 운영 환경을 호스팅하는 복잡성을 피하고자 운영을 서드파티에 아웃소싱했다. 그리고 가동 시간, 확장성, 반응성을 비롯해 여러 주요 특성에 대해 SLA(서비스 수준 협약)를 맺었다. 그러나 오늘날 마이크로서비스 같은 아키텍처 스타일은 예전에는 전적으로 운영상의 특성이었던 것들을 자유롭게 활용한다. 예를 들어 탄력적 확장(elastic scaling)은 한때 공간 기반 아키텍처(제16장 참조)에 내장된 기능이었지만, 현재의 마이크로서비스는 아키텍트와 데브옵스DevOps 간의 긴밀한 협력을 통해 이를 덜 고통스러운 방식으로 처리한다.

> **역사: 아키텍트들이 Pets.com에서 탄력적 확장 기법을 배우게 된 사연**
>
> 탄력적 확장처럼 흔히 쓰이는 기술을 어느 똑똑한 개발자 한 명이 그냥 뚝딱 발명한 것이라고 생각하는 사람들이 있다. 하지만 현실에서 최고의 아이디어는 값비싼 교훈을 통해 탄생하는 경우가 많다. 초기의 예로 Pets.com이 있다. Pets.com은 1998년경에 등장한 온라인 쇼핑몰 사이트로, 애완용품 업계의 아마존닷컴Amazon.com이 되겠다는 포부를 품고 있었다. 이 회사의 뛰어난 마케팅 부서는 아주 매력적인 마스코트를 만들어냈다. 마이크를 든 양말 인형이었는데, 거침없는 말을 내뱉는 캐릭터였다. 이 마스코트는 슈퍼스타가 되어 퍼레이드나 전국적인 스포츠 행사에 모습을 드러냈다.
>
> 불행히도 Pets.com 경영진은 모든 돈을 인프라가 아닌 마스코트에 쏟아부은 듯하다. 주문이 쇄도했지만 그들은 준비가 되어 있지 않았다. 웹사이트는 느려졌고, 트랜잭션은 유실되었으며, 배송은 지연되었다. 거의 최악의 시나리오였다. 끔찍했던 크리스마스 대목 직후 Pets.com은 문을 닫았다. 유일하게 남은 가치 있는 자산은 마스코트였지만, 그것마저도 팔아야 했다.
>
> Pets.com에 필요했던 것은 바로 탄력적 확장이었다. 필요할 때 자원 인스턴스를 더 많이 구동할 수 있는 능력 말이다. 클라우드 제공업체들은 이제 이 기능을 상용 서비스로 제공하지만, 초창기 전자상거래 회사들은 자체 인프라를 관리해야 했고, 많은 회사가 이전에는 들어본 적 없는 현상의 희생양이 되었다. 바로 지나친 성공이 오히려 비즈니스를 죽일 수 있다는 현상이었다. Pets.com의 몰락과 그 밖의 유사한 참혹한 사례들로 인해 아키텍트들은 소프트웨어 아키텍처를 설계할 때 이런 교차점들에 더욱 주의를 기울이게 되었다.

아키텍처와 인프라의 교차점이 중요한 이유는 운영상 아키텍처 특성을 실현할 수 있게 해주기 때문이다. 어떤 아키텍처가 높은 확장성을 지원할 **수 있다**고 해서 실제로도 그렇다는 뜻은 아니다. 그에 상응하는 인프라가 이를 뒷받침하지 않으면 불가능하다(Pets.com의 사례가 이를 보여준다). 우리는 고객사에서 아키텍처와 인프라 간의 오정렬로 인한 아키텍처 실패의 책임을 아키텍트와 개발자들이 떠안는 경우를 너무나 자주 목격했다.

대부분의 경우 이러한 오정렬은 아키텍트와 인프라 및 운영 책임자 간의 소통과 협업 부족으로 인해 발생한다. 인프라가 확장성, 반응성, 내결함성, 성능, 가용성, 탄력성 등과 같은 특성에 미치는 영향을 아키텍트가 제대로 인식하지 못하는 경우가 드물지 않다. 이런 오정렬 문제 때문에 데브옵스 분야가 등장했다.

오랜 세월 동안 많은 기업이 운영을 소프트웨어 개발과는 별개의 것으로 간주했다. 비용 절감 조치로 운영 업무를 서드파티 회사에 아웃소싱하는 경우도 많았다. 1990년대와 2000년대에는 많은 아키텍처가, 운영의 외주화 때문에 시스템을 아키텍트가 통제할 수 없을 것이라는 가정하에 방어적으로 설계되었다. (이에 대한 좋은 예는 제16장에서 볼 수 있다.) 그러나 2000년대 중반부터 기업들은 여러 가지 운영상 관심사를 결합한 새로운 형태의 아키텍처를 실험하기 시작했다. 예를 들어, 오케스트레이션 주도 SOA와 같은 오래된 아키텍처 스타일에서는 확장성이나 탄력성 같은 기능성을 지원하려면 정교한 도구와 프레임워크가 필요했고, 그래서 구현이 매우 복잡했다. 그래서 아키텍트들은 확장성, 성능, 탄력성 및 기타 여러 역량을 **내부적으로** 처리할 수 있는 아키텍처를 구축했다. 하지만 그러다 보니 아키텍처가 엄청나게 더 복잡해지는 부작용이 생겼다.

마이크로서비스 아키텍처 스타일의 창시자들은 운영상 관심사들을 운영 팀이 더 잘 처리한다는 사실을 깨달았다. 아키텍처와 운영 사이에 협업 관계를 구축함으로써 설계를 단순화할 수 있으며 운영 문제는 그것을 가장 잘 다루는 사람들인 운영 팀에 맡길 수 있다는 점을 깨달은 아키텍트들은 협력해서 마이크로서비스를 만들었으며, 훗날 데브옵스라고 불릴 움직임의 기반을 닦았다. 하지만 아키텍처와 인프라의 이 교차점은 대부분의 기업에서 여전히 문제점으로 남아 있다. 데브옵스가 도움이 되긴 했지만, 완전히 해결하지는 못했다.

인프라에 대한 걱정을 줄였다고 해도, 클라우드 환경은 여전히 아키텍처와 정렬이 어긋날 수 있다. 예를 들어 서비스를 여러 리전이나 가용 영역에 걸쳐 배포하면 메모리 내 복제 캐시나 분산 캐시가 주는 성능 및 데이터 무결성 이점이 감소하거나 심지어 상쇄될 수 있다. 반대로, 서비스들과 컨테이너들을(심지어는 쿠버네티스 파드들까지도) 동일한 VM에 배치하면 성능이 크게 향상되겠지만 확장성, 내결함성, 가용성, 탄력성은 나빠질 것이다.

아키텍처와 인프라의 정렬을 위해서는 아키텍트와 인프라 팀 구성원 간의 긴밀한 소통과 협업이 필요하다. 어쩌면 데브옵스 관행들을 도입해서 모든 이해관계자가 중요한 운영상 관심사들을 이해하도록 해야 할 수도 있다. 그런 다음에야 아키텍트는 자신이 선택한 아키텍처의 운영상 이점들, 그러니까 우리가 그토록 멋진 별점 5개를 부여하게 만든 바로 그 이점들을 진정으로 실현할 수 있게 된다.

26.3 아키텍처와 데이터 토폴로지

아키텍처와 데이터 토폴로지의 교차점은 종종 간과된다. 데이터베이스 유형이나 토폴로지를 잘못 선택하면 아키텍처가 피해를 본다. 데이터 토폴로지와의 오정렬 때문에 최고의 아키텍처 특성들이 무효화될 수 있음을 유념하자. 예를 들어 모놀리스형 데이터베이스는 데이터 일관성과 트랜잭션 지원은 좋지만 확장성과 내결함성을 저해할 수 있다. 한편 분산 데이터베이스 토폴로지는 확장성과 변경 제어에는 유리하지만 시스템의 데이터 무결성, 데이터 일관성, 성능을 저하할 수 있다.

그럼 아키텍처와 데이터 토폴로지의 교차점을 좀 더 자세히 살펴보자.

26.3.1 데이터베이스 토폴로지

데이터베이스 **토폴로지**는 아키텍처 안에서 물리적 데이터베이스들이 어떻게 구성되는지를 나타낸다. 제15장에서 논의했듯이 기본적인 토폴로지는 모놀리스 데이터베이스, 분산 도메인 기반 데이터베이스, 분산 서비스별 데이터베이스 토폴로지이다. [그림 26-4]는 이 세 가지 기본 데이터베이스 토폴로지 유형을 보여준다.

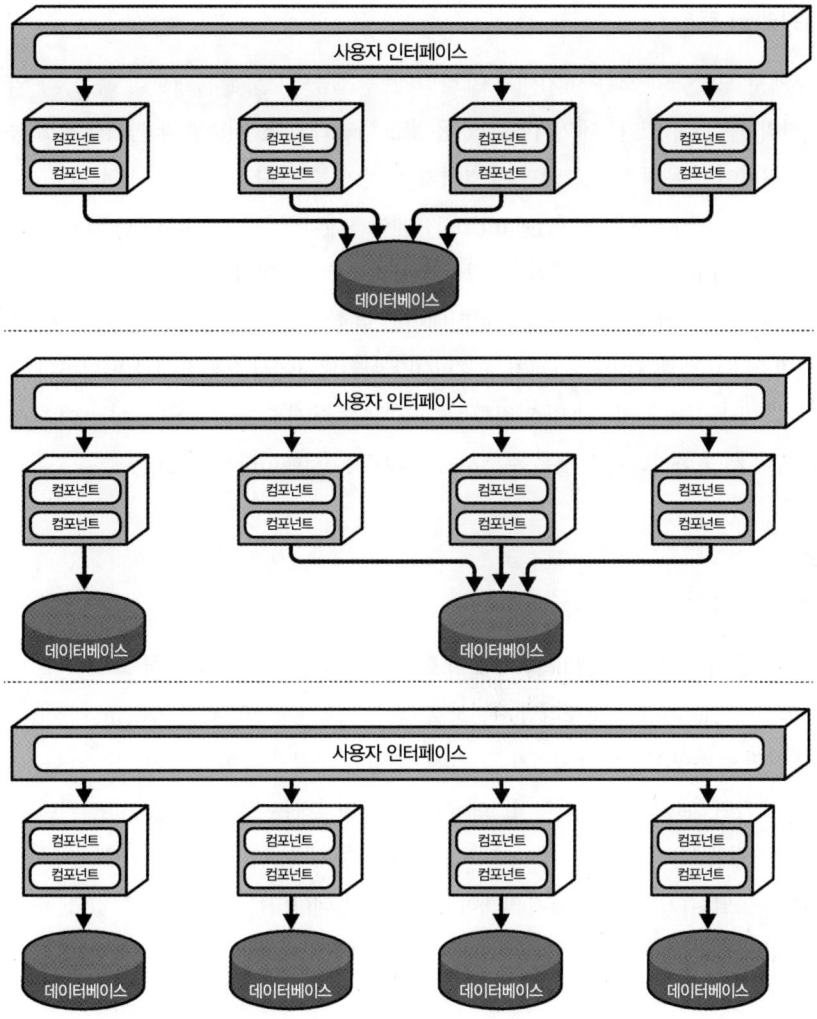

그림 26-4 일반적인 데이터베이스 토폴로지 유형: 위에서부터 모놀리스 데이터베이스, 분산 도메인 기반 데이터베이스, 분산 서비스별 데이터베이스

데이터베이스 토폴로지가 제대로 작동하려면 아키텍처와 정렬되어야 한다. 예를 들어 마이크로서비스 아키텍처는 일반적으로 경계 컨텍스트(bounded context)들을 엄격하게 유지하기 위해 서비스별 데이터베이스 패턴을 사용한다. 이 정렬이 어긋나면 아키텍트가 변경을 제어하기가 극히 어려워질 것이다. 또한 내결함성, 확장성, 탄력성, 유지보수성, 테스트성, 배포성 같은 시스템의 운영상 특성들도 모두 나빠질 것이다. 그렇긴 하지만, 서비스 기반 아키텍처(제14장 참조)처럼 물리적 데이터베이스 토폴로지 측면에서 좀 더 유연한 스타일도 있다.

제26장 아키텍처 교차점 **585**

26.3.2 아키텍처 특성

이 책의 제2부에서 보았듯이 모든 아키텍처 스타일에는 '초능력'(별 4~5개짜리 특성)과 약점(별 1~2개짜리 특성)이 있다. 데이터베이스 유형도 마찬가지다. 시스템의 아키텍처 초능력을 해당 데이터베이스 유형의 초능력과 정렬시키는 것이 중요하다. 우리는 저서 『Software Architecture: The Hard Parts』에서 관계형(relational) 데이터베이스, 키-값(key-value) 데이터베이스, 문서(document) 데이터베이스, 컬럼형(columnar) 데이터베이스, 그래프 데이터베이스, NoSQL 그래프라는 여섯 가지 데이터베이스 유형의 특성을 평가했다. 기억하겠지만 마이크로서비스나 이벤트 기반 아키텍처, 공간 기반 아키텍처에서는 확장성과 탄력성이 초능력에 해당한다. 이 특성들은 키-값 및 컬럼형 데이터베이스에서도 초능력이다. 이는 이 데이터베이스 유형들이 해당 아키텍처 특성을 증폭시키는 데 좋은 선택이라는 뜻이다.

26.3.3 데이터의 구조

시스템의 구성요소들이 읽고 쓰는 **데이터의 구조** 또한 이 교차점에서 고려해야 할 요소이다. 만약 데이터가 관계형(relational) 구조라면, 즉 상호 의존적인 관계들의 위계구조(hierarchy)로 이루어져 있다면 관계형 데이터베이스가 잘 맞을 것이다. 하지만 데이터가 키-값 쌍(key-value pair) 구조라면, 관계형 데이터베이스에 데이터를 저장하는 것은 오정렬이다. 이런 오정렬은 데이터베이스와 아키텍처 모두에 비효율을 초래할 수 있다. 한 아키텍처의 모든 데이터가 동일한 구조는 아닐 수 있다는 점도 유의해야 한다. 어떤 데이터는 관계형일 수 있고, 다른 데이터는 문서 기반일 수 있으며(특히 JSON 기반 이벤트나 요청 페이로드를 저장할 때), 또 다른 데이터는 키-값 기반일 수 있다. 주어진 아키텍처 내에서 데이터의 구조가 다양할 수 있다는 점을 고려할 때, 가능하다면 폴리글랏polyglot 데이터베이스[2]를 활용하는 것도 좋은 방법이다.

---

[2] 옮긴이_ 폴리글랏 데이터베이스는 데이터의 구조에 따라 서로 다른 데이터베이스 제품을 사용하는 패턴 혹은 접근법을 말한다. 예를 들어 관계형 데이터는 포스트그레스, 키-값 쌍은 레디스, 그래프는 Neo4J에 담는 식이다. 하나의 제품이 여러 형식의 데이터를 지원하는 것은 다중 모델 데이터베이스(multi-model database)라고 부른다.

26.3.4 읽기/쓰기 우선순위

주어진 비즈니스 문제를 풀기 위해 대량의 읽기 또는 쓰기 작업이 요구되기도 한다. 요구되는 읽기, 쓰기 작업량은 데이터베이스 토폴로지를 아키텍처와 정렬시키는 데 중요한 정보이다. 예를 들어 드문 읽기 작업보다는 대량의 쓰기 작업을 처리하는 데 우선순위가 있는 아키텍처라면 컬럼형 데이터베이스가 적합할 것이다. 하지만 그 반대로 대량의 읽기 작업을 우선시한다면 키-값 데이터베이스나 문서 데이터베이스, 그래프 데이터베이스가 더 적절하다. 읽기와 쓰기의 우선순위가 거의 같다면 관계형 데이터베이스와 NewSQL 데이터베이스[3]가 좋은 선택이 될 것이다. 이 측면의 정렬이 어긋나면 시스템 성능이 저하될 수 있다.

26.4 아키텍처와 엔지니어링 관행

20세기 후에 폭포수(Waterfall) 모델과 여러 애자일 변종(스크럼, 익스트림 프로그래밍, 린, 크리스탈 등)을 포함한 수십 가지 소프트웨어 개발 방법론이 인기를 끌었다. 당시 대부분의 아키텍트는 이런 것들이 소프트웨어 아키텍처에 전혀 영향을 미치지 않는다고 믿었고, 개발을 완전히 별개의 프로세스로 취급했다. 그러나 지난 몇 년간 엔지니어링 기술이 발전하면서 프로세스에 관한 고려 사항이 소프트웨어 아키텍처에도 영향을 미치게 되었다. 이제는 소프트웨어 개발 **프로세스**와 **엔지니어링 관행**(engineering practice)을 구분하는 것이 도움이 된다. **프로세스**는 팀을 구성하고 관리하는 방법과 회의를 진행하고 작업흐름을 구성하는 방법 등 사람들이 조직을 이루고 상호작용하는 메커니즘을 의미한다. 반면에 **엔지니어링 관행** 혹은 **엔지니어링 실천사항**은 팀이 소프트웨어를 개발하고 릴리스하는 데 사용하는, 프로세스와 무관한 기술과 도구를 가리킨다. 예를 들어 XP(eXtreme Programming), CI(continuous integration; 지속적 통합), CD(continuous delivery; 지속적 전달), TDD(test-driven development; 테스트 주도 개발)은 모두 특정 프로세스에 의존하지 않는, 검증된 엔지니어링 **관행**이다. 따라서 **소프트웨어 엔지니어링** 혹은 **소프트웨어 공학**이라는 용어는 소프트웨어 개발과 이러한 관행을 모두 포괄한다.

엔지니어링 관행에 집중하는 것은 중요하다. 소프트웨어 개발에는 좀 더 성숙한 다른 엔지니어

---

[3] 옮긴이_ 참고로 NewSQL은 NoSQL과는 다른 것으로, 관계형(SQL) 모델과 ACID 트랜잭션을 유지하면서 NoSQL 수준의 확장성과 성능을 꾀하는 새로운 관계형 데이터베이스 유형이다.

링 분야들이 갖춘 특징 상당수가 빠져 있다. 예를 들어, 토목 공학자는 구조적 변화를 매우 정확하게 예측할 수 있지만, 소프트웨어 엔지니어는 소프트웨어 구조의 유사한 측면을 그만큼 정확하게 예측하지 못한다. 이는 소프트웨어 개발의 아킬레스건이 바로 추정(estimation)임을 의미한다. 소프트웨어를 개발하는 데 걸리는 시간과 자원, 비용을 정확히 추정하기는 매우 어렵다. 이러한 어려움의 원인 중 하나는 전통적인 추정 방식이 소프트웨어 개발의 탐색적 성격(exploratory nature)과 개발 중에 흔히 발생하는 미지의 요소들을 제대로 수용하지 못하기 때문이다.

대체로 프로세스는 아키텍처와 별개지만, 반복적 프로세스(iterative process)들이 아키텍처의 성격에 더 잘 맞는 것은 사실이다. 폭포수 모델처럼 낡고 비반복적인 프로세스를 적용해서 마이크로서비스 같은 현대적인 시스템을 구축하려고 하면 엄청난 마찰이 생길 것이다. 아키텍처와 관련한 여러 작업 중 애자일 방법론이 특히 빛을 발하는 것은 한 아키텍처 스타일에서 다른 스타일로 마이그레이션하는 것이다. 애자일 방법론은 피드백 루프가 짧고 교살자 무화과 패턴(Strangler Fig Pattern)[4]이나 기능 토글(feature toggle; https://oreil.ly/dqpyK) 같은 기법을 장려하기 때문에, 계획 중심의 무거운 프로세스에 비해 이러한 변경을 더 잘 지원한다.

아키텍트는 프로젝트의 기술 리더 역할까지 수행하는 경우도 드물지 않다. 기술 리더 역할을 하다 보면 당연히 팀이 사용할 엔지니어링 관행들도 결정하게 된다. 아키텍처를 선택하기 전에 문제 도메인을 신중하게 고려하는 것처럼, 아키텍트는 자신의 아키텍처 스타일과 잘 맞물리는 엔지니어링 관행들을 선택할 필요가 있다. 예를 들어 마이크로서비스 아키텍처에는 팀이 머신 프로비저닝, 테스트, 배포 같은 작업을 자동화할 것이라는 가정이 깔려 있으므로, 구식의 운영 그룹과 수동 프로세스, 미미한 테스트를 가지고 마이크로서비스 아키텍처를 구축하려 한다면 실패할 가능성이 높다. 문제 도메인에 따라 적합한 아키텍처 스타일이 달라지듯이, 특정 엔지니어링 관행도 스타일에 따라 달라져야 한다.

엔지니어링 관행들이 발전하면서 새로운 아키텍처 역량들이 가능해졌고, 그에 따라 소프트웨어 엔지니어링에 관한 사고(생각)도 XP에서 CD를 거쳐 그 너머까지 계속 진화한다. 닐 포드

---

4 옮긴이_ 교살자 무화과 패턴은 레거시 시스템 마이그레이션 패턴의 하나로, 새로운 시스템이 기존 시스템의 기능을 점진적으로 대체해 나가다가 최종적으로 완전히 교체하는 방식을 말한다. 교살자 무화과라고 하는 기생 나무가 기존의 나무(숙주)를 감싸며 자라다가 결국에는 대체하는 것에서 이름을 따왔다.

의 저서 『Building Evolutionary Architectures』(O'Reilly, 2022)[5]는 아키텍처 거버넌스를 자동화하는 방법을 개선할 수 있는, 엔지니어링 관행과 아키텍처의 교차점에 관한 새로운 사고방식을 조명한다. 그 책은 아키텍처 특성에 대한 중요한 새 용어와 사고방식을 제공하며, 시간이 지남에 따라 우아하게 변경되는 아키텍처를 구축하는 기법을 다룬다.

소프트웨어 개발 세계에서 변하지 않는 것은 없다. 아키텍트는 특정 기준을 충족하도록 시스템을 설계한다고 해도, 그 설계가 구현 과정과 피할 수 없는 변화의 행진 속에서 살아남는다는 보장은 없다. 그러한 보장에 필요한 것이 **진화적 아키텍처**(evolutionary architecture)이다.

『Building Evolutionary Architectures』는 시간이 흐르면서 발생하는 변화에 대응해서 아키텍처 특성을 보호(및 통제)하는 데 **아키텍처 적합성 함수**(architectural fitness function)를 활용한다는 개념을 소개한다. 제6장에서 설명했듯이 아키텍처 적합성 함수는 특정한 아키텍처 특성의 무결성을 객관적으로 평가(assessment)하는 수단이다. 이 평가 작업에는 지표 측정, 단위 테스트, 모니터, 카오스 엔지니어링 등 다양한 메커니즘이 포함된다.

적합성 함수가 이 교차점을 정렬하는 데 어떻게 도움이 되는지 이해하기 위해, 시장 출시 기간을 단축해야 하는 비즈니스 문제를 생각해 보자. 시장 출시 기간(time to market)은 결국 **민첩성**(agility)의 문제이다. 민첩성이란 변경에 신속하게 대응하는 시스템의 능력을 말한다. 민첩성은 유지보수성, 테스트성, 배포성으로 구성된 복합 아키텍처 특성이다(제6장 참조). 이 세 가지 아키텍처 특성은 모두 엔지니어링 관행과 절차의 영향을 받으므로, 적합성 함수를 통해 측정하고 추적할 수 있다. 예를 들어, 마이크로서비스와 서비스 기반 아키텍처는 모두 높은 수준의 민첩성을 지원한다. 그러나 이러한 아키텍처 특성을 둘러싼 엔지니어링 관행들이 아키텍처와 정렬되지 않으면, 시스템은 민첩성 목표와 요구사항을 충족하지 못할 것이다. 그러한 오정렬을 적합성 함수를 이용해서 식별할 수 있다. 오정렬이 식별되면 아키텍트는 엔지니어링 관행들을 아키텍처에 맞게 재조정하거나 그 반대의 조치를 취한다.

26.5 아키텍처와 팀 토폴로지

이 책의 제2부 전체에서 논의했듯이, 팀 토폴로지는 소프트웨어 아키텍처에 직접적인 영향을

---

[5] 옮긴이_ 번역서는 정병열 옮김, 『진화적 아키텍처』(한빛미디어, 2023).

미칠 수 있으며, 그 반대도 마찬가지이다. 이러한 정렬이 매우 중요하기 때문에 우리는 아키텍처 스타일을 논의하는 장마다 팀 토폴로지에 관한 절을 포함했다.

팀 토폴로지를 아키텍처와 정렬하는 가장 기본적인 방법은 아키텍처의 분할 유형에 따라 팀 토폴로지를 선택하는 것이다. 아키텍처와 마찬가지로 팀도 도메인 분할 또는 기술적 분할로 나뉜다. 도메인 분할 방식에서는 팀들이 도메인 영역별로 조직되는데, 이런 팀들은 대체로 팀 전체에 전문화(specialization)가 이루어진 교차 기능 팀(cross-functional team)이다. 예를 들어 시스템의 고객 대면 부분에 초점을 둔 도메인 분할 팀이 있을 수 있는데, 그런 팀은 UI부터 데이터베이스까지 고객 관련 기능성의 종단 간(end-to-end) 처리를 책임진다. 반면, 기술적 분할 방식에서는 아키텍처의 개별 기술 기능(technical function)에 초점을 두고 기술 범주별로 팀을 조직한다. 예를 들어 UI 팀, 백엔드 처리팀, 공유 서비스 팀, 데이터베이스 팀으로 나누는 식인데, 이런 팀 토폴로지는 기술적 분할 방식의 계층형 아키텍처 스타일과 아주 잘 들어맞을 것이다. 또는 개발자들을 비즈니스 기능 팀과 데이터 동기화 팀으로 나누는 것도 기술적 분할의 예이다. 이런 팀 토폴로지는 공간 기반 아키텍처 스타일과 잘 어울린다.

팀이 어떻게 조직되는지 이해하는 것은 시스템의 성공을 보장하는 데 매우 중요하다. 조직의 팀 토폴로지가 아키텍처와 정렬되지 않으면 팀들이 아키텍처를 구현하고 유지하는 데 어려움을 겪을 것이고, 결국 비즈니스 목표를 달성하지 못할 가능성이 높다.

26.6 아키텍처와 시스템 통합

하나의 시스템이 독립적으로 존재하는 경우는 드물다. 대부분의 시스템은 다른 시스템의 추가 처리와 데이터를 필요로 한다. 그 지점이 아키텍처와 시스템 통합(system integration)이 만나는 교차점이다. 한 시스템이 추가 처리나 데이터 검색을 위해 다른 시스템과 통신해야 한다면, 아키텍트는 그러한 통신이 유발하는 여러 문제를 해결해야 한다. 예를 들어, 호출되는 시스템의 가용성은 어떠한가? 호출하는 시스템의 요구사항과 동일한 수준으로 확장되고 성능을 발휘하는가?

아키텍트가 시스템 통합에 충분히 집중하지 않으면 시스템 간의 정적 및 동적 결합도가 높아지고, 그러면 아키텍처의 확장성, 반응성, 민첩성이 나빠진다. 아키텍트는 시스템을 다른 시스템과 통합할 때 어떤 통신 프로토콜을 사용할지, 시스템 간에 어떤 유형의 계약을 맺을지, 시스템들의 아키텍처 특성이 호환되는지, 그리고 통합이 각 시스템의 아키텍처 퀀텀을 보존하는지를 고려해야 한다.

26.7 아키텍처와 엔터프라이즈

모든 엔터프라이즈enterprise는 나름의 표준과 지도 원칙을 가지고 있다. 여기서 **엔터프라이즈**란 회사(또는 회사의 한 부서나 사업부)에 속한 모든 시스템과 제품의 집합을 뜻한다. 아키텍트는 아키텍처와 엔터프라이즈의 교차점도 살펴봐야 한다. 예를 들어 시스템의 유형과 관계없는 보안 표준이나 관행, 절차를 아키텍처 솔루션에 강제하는 회사가 많다. 엔터프라이즈 표준에는 플랫폼, 기술, 문서화 표준, 다이어그램 표준 등도 포함될 수 있다. 아키텍트는 엔터프라이즈 수준의 표준과 관행을 파악하고 아키텍처가 그것과 적절히 정렬되도록 해야 한다.

우리는 아키텍트가 엔터프라이즈 수준의 관행, 표준, 절차를 무시하는 상황을 많이 경험했다. 그러면 기술적으로 아무리 효과적인 아키텍처 솔루션이라도 실패한 '일회성' 솔루션으로 간주되어 폐기되는 경우가 많았다. 아키텍처의 성공을 보장하기 위해 엔터프라이즈 관행과 아키텍처를 정렬하는 것의 중요성은 아무리 강조해도 지나치지 않다.

26.8 아키텍처와 비즈니스 환경

비즈니스 환경(business environment)은 시스템 아키텍처에 중대하고 **직접적인** 영향을 미친다(그 반대도 마찬가지이다). 또한 비즈니스 환경은 계속 변한다. 회사가 생존을 위해 극심한 비용 절감을 겪고 있는가, 아니면 공격적으로 확장하고 있는가? 비즈니스가 매우 변동성이 크고 경쟁이 치열한 시장에서 틈새를 찾기 위해 분기마다 방향을 바꾸고 재배치하고 있는가, 아니면 안정적인 위치에 있는가? 유능한 소프트웨어 아키텍트는 회사의 위치와 방향을 이해하고, 핵심 시스템의 아키텍처를 비즈니스 환경에 맞게 정렬한다.

우리는 이러한 정렬을 **도메인-아키텍처 동형성**(domain-to-architecture isomorphism)이라고 부른다. 예를 들어, 극심한 비용 절감을 겪고 있는 회사에는 마이크로서비스나 공간 기반 아키텍처가 잘 맞지 않을 것이다. 그런 아키텍처는 작성하고 유지하는 데 비용이 많이 들기 때문이다. 반대로 인수합병을 통해 공격적으로 확장하는 비즈니스에는 모놀리스 아키텍처 스타일이 적합하지 않다. 그런 아키텍처 스타일은 진화하고 적응하는 능력이 부족하기 때문에 공격적인 비즈니스에 적합한 서비스를 제공하기가 어렵다.

아키텍트가 이 교차점에서 일반적으로 직면하는 한 가지 문제는 비즈니스 변화, 특히 **알려지지 않은 변화**(unknown change)이다. 관련해서 전 미국 국방부 장관 도널드 럼즈펠드의 유명한 말이 있다(https://oreil.ly/PQCJk).

> 기지의 기지(known knowns)가 있다. 즉, 우리가 알고 있음을 아는 것들이다. 기지의 미지(known unknowns)도 있다. 이는 우리가 모르고 있음을 아는 것들이다. 하지만 미지의 미지(unknown unknowns)도 있다. 우리가 모른다는 사실조차 모르는 것들이다.

많은 제품과 시스템은 **기지의 미지**, 즉 개발자들이 도메인과 기술에 대해 배워야 하고 변화할 것이라고 알고 있는 것들의 목록으로 시작한다. 그러나 그렇게 만든 시스템이 **미지의 미지**, 즉 아무도 나타날 줄 몰랐지만 예기치 않게 등장한 것들의 희생양이 되기도 한다. '미지의 미지'는 소프트웨어 시스템의 천적이다. 모든 '빅 디자인 업 프런트Big Design Up Front' 접근법, 즉 상세한 설계를 완성한 후에 개발을 시작하는 방식이 고통스러운 이유가 바로 이것이다. 아키텍트는 미지의 미지를 대비해서 시스템을 설계할 수 없다. 마크의 말을 인용하자면 다음과 같다.

> 모든 아키텍처는 **미지의 미지** 때문에 수정을 반복하게 된다. 애자일은 단지 이를 인식하고 더 빨리 실행할 뿐이다.

소프트웨어 아키텍처에서 변화를 계획하는 것은 **어렵다**. 진화적 아키텍처의 관행들은 끊임없이 변하는 비즈니스 환경에 대처하는 데 도움이 되며, 반복적 아키텍처(iterative architecture)도 마찬가지이다. **이식성, 확장성, 진화성, 적응성** 같은 아키텍처 특성을 수용하는 것 또한 소프트웨어 아키텍처를 더 유연하고 변화에 잘 적응하게 만드는 데 도움이 된다.

복잡성 이론과 소프트웨어 설계 전문가이자 숙련된 소프트웨어 아키텍트인 배리 오라일리Barry O'Reilly는 **잔여성 이론**(residuality theory)이라고 부르는, 끊임없는 비즈니스 변화에 대한 새로운 사고방식을 제시했다. 저서 『Residues: Time, Change, and Uncertainty in Software Architecture』(Leanpub, 2024)에서 오라일리는 비즈니스 변화를 **스트레스 요인**(stressor)으로, 그에 상응하는 아키텍처 변경을 **잔여물**(residue)로 다루는 기법을 설명한다. 변화에 대응하기 위해 아키텍트가 잔여물을 계속 아키텍처에 적용하다 보면 누적된 잔여물들이 아키텍트가 도저히 예측할 수 없는 **미지**의 변화에 대처하기 시작하며, 결국에는 아키텍처가 복잡성 이론의 범위 안에서 하나의 임계 상태(critical state)에 도달하리라는 것이 그의 이론이다. 이는 실로 흥미로운 이론이며, 우리도 면밀히 주시하고 있다.

26.9 아키텍처와 생성형 AI

이 책의 2판을 집필하는 시점(2025년 초)에서 **생성형 인공지능**(Gen AI)과 대규모 언어 모델(LLM)이 소프트웨어 개발 및 소프트웨어 설계의 세계에 침투했다. 많은 회사가 이전에는 사람이 수동으로만 수행했던 작업을 기계에 맡기기 위해 LLM을 시스템에 도입(incorporating)하고 있다. 당연하게도 생성형 AI는 소프트웨어 아키텍처와도 교차한다. 아키텍트들은 LLM을 소프트웨어 아키텍처에 도입하고 있으며, 일부는 어려운 문제를 해결할 때 보조 도구로 생성형 AI를 사용한다.

26.9.1 생성형 AI를 아키텍처에 도입

생성형 AI를 아키텍처에 도입할 때 우리가 추천하는 접근법은 **추상화**(abstraction)와 **모듈성**(modularity)을 활용하는 것이다. 특히, 한 LLM을 다른 LLM으로 신속하게 교체할 수 있는 능력이 중요하다. 또한 다양한 LLM에 대해 가드레일guardrail(줄여서 '레일')을 설정하고 결과를 평가할(evaluate; 줄여서 eval) 수 있게 하는 것도 중요하다.

예를 들어, 어떤 구인 회사가 생성형 AI를 활용해서 이력서를 익명화한다고 가정해 보자. 이때 익명화(anonymization)는 편견을 줄이고 지원자의 인구통계학적 정보나 기타 요인보다는 기술에 초점을 맞추는 것이 목표이다. 이 작업은 보통 사람이 하지만, LLM으로도 쉽게 처리할 수 있다. 그러나 LLM이 내놓는 결과가 정확할까? 이력서에서 너무 많은 정보를 제거하지는 않을까? 반대로 인구통계학적 정보를 너무 많이 남겨두지는 않을까? 이런 종류의 시스템에서는 표본(sample)과 지표를 수집하고 여러 LLM 엔진을 비교할 수 있는 능력이 매우 중요하다. Langfuse(https://langfuse.com) 같은 도구를 사용하면 아키텍처 내부에 그런 종류의 관측성을 좀 더 수월하게 구축할 수 있다.

26.9.2 아키텍트를 보조하는 생성형 AI

코파일럿(https://oreil.ly/kaEdv) 같은 LLM 기반 챗봇에 적절한 프롬프트를 입력하면 소스 코드가 생성된다. 이를 통해 개발자의 시간과 노력을 크게 절약할 수 있다. LLM은 매우 구체적이고 결정론적인(deterministic) 문제를 푸는 데 탁월하다. 예를 들어 "중복되는 숫자 없이 고유한 네 자리 PIN 번호를 생성하는 C# 프로그래밍 언어 소스 코드를 작성해"가 그런 문제이다. 하지만 LLM 기술이 소프트웨어 아키텍트의 일반적인 업무까지도 보조할 수 있을까? 다음은 아키텍처와 관련된 프롬프트의 몇 가지 일반적인 예시이다.

- 위험 평가: "이 아키텍처에 위험 영역이 있는가?"
- 위험 완화: "이 위험을 어떻게 해결해야 할까?"
- 안티패턴: "이 아키텍처에 흔한 안티패턴이 있는가?"
- 결정: "이 작업흐름에 오케스트레이션과 코레오그래피 중 무엇을 사용해야 할까?"

이 책의 2판을 집필하는 시점(2025년 초)까지, 우리는 이러한 시도에서 큰 성공을 거두지 못했다. 주어진 상황에 마이크로서비스와 공간 기반 아키텍처 중 어느 것이 더 적합한지 LLM에게 물어봐도 올바른 답을 얻는 경우는 거의 없다. 왜 그럴까? 이 책에서 여러 차례 설명했듯이, **소프트웨어 아키텍처의 모든 것은 트레이드오프**이기 때문이다. LLM은 **지식**(knowledge)을 이해하는 데는 뛰어나지만, 오늘날까지도 적절한 결정을 내리는 데 필요한 **지혜**(wisdom)는 부족하다. 그 지혜에는 너무나 많은 맥락이 포함되어 있다. 그래서 LLM에게 문제와 그것을 둘러싼 광범위한 환경 및 맥락을 모두 가르치는 것보다 아키텍트가 직접 비즈니스 문제를 해결하는 편이 훨씬 빠르다. 우리가 이 책에서 다룬 아키텍처 교차점이 생성형 AI와의 교차점 외에도 여덟 개나 된다는 사실만 봐도 이것이 얼마나 어려운 일인지 충분히 짐작할 수 있다.

그렇긴 해도, 우리는 몇 가지 유망한 도구를 발견했다. 예를 들어 소트웍스 헤이븐 Haiven(https://oreil.ly/7gW6M)은 아키텍처 다이어그램을 해석해서 소프트웨어 아키텍처를 완전하게 설명한다. LLM에 대한 프롬프트로 사용하기 위해 사람이 다이어그램을 XML처럼 컴퓨터가 읽을 수 있는 형식으로 변환할 필요가 없다. 그냥 아키텍처 다이어그램들을 헤이븐에 입력한 후에는 아키텍처에 관해 간단한 질문(병목 현상이나 문제점이 있는지 등)을 던질 수 있다. 그 밖에도 PlantUML 다이어그램이나 의사 언어(pseudolanguage)로 서술된 아키텍처를 실행 가능한 ArchUnit 코드로 변환해서 시스템 구조를 통제하는 데 LLM을 활용하려는 시도들이 있었다. 이 분야에서 많은 일이 일어나고 있으므로, 앞으로 몇 년 안에 생성형 AI가 아키텍트를 지원하는 방식이 빠르게 변할 것으로 예상된다.

26.10 요약

소프트웨어 아키텍처는 조직의 여러 측면을 포함하는 총체적인 활동이다. 유능한 소프트웨어 아키텍트라면 잘 알고 있겠지만, 아키텍처를 만들고 유지하는 것은 단순히 특정 아키텍처 스타일을 선택하고 구현으로 나아가는 것 이상의 일이다. 이것은 아키텍처가 환경의 다른 측면과 잘 조화를 이루도록 보장하는 것이기도 하고, 제3부에서 설명한 의사소통 및 협업 기술을 사용해서 그러한 조화를 실현하는 과정이기도 하다.

CHAPTER 27

다시 살펴본 소프트웨어 아키텍처 법칙들

제1장에서 소프트웨어 아키텍처의 세 가지 법칙을 소개했다.

- 소프트웨어 아키텍처의 모든 것은 트레이드오프이다.
- **어떻게**(방법)보다 **왜**(이유)가 더 중요하다.
- 대부분의 아키텍처적 결정은 양자택일이 아니라 양극단 사이의 스펙트럼에 있는 한 지점이다.

이 책의 거의 모든 예시가 이 법칙들을 잘 보여준다. 애초에 이 법칙들은 바로 그 예시들에서 비롯한 것이다. 1판을 집필하면서 우리는 소프트웨어 아키텍처에 관해 보편적으로 통용될 만한 사실들을 많이 찾아내서 그것들을 **법칙**으로 성문화한다는 대담한 목표를 세웠다. 처음에는 10개에서 15개쯤은 찾을 수 있으리라 기대했지만, 놀랍게도 1판에서는 고작 두 개의 법칙을 찾아내는 데 그쳤고, 2판을 집필하면서 하나를 더 발견했다. 애초의 의도대로, 이 세 가지 법칙은 꽤 보편적이며, 현업 소프트웨어 아키텍트에게 여러 중요한 관점을 알려준다.

이 짧은 장에서는 지금까지 살펴본 예시들에 비추어 이 법칙들을 다시 살펴보고, 트레이드오프 분석의 몇 가지 미묘한 차이점을 짚어볼 것이다.

27.1 제1법칙: 소프트웨어 아키텍처의 모든 것은 트레이드오프이다

모든 것이 트레이드오프라는 제1법칙은 소프트웨어 아키텍처를 정의하는 특징 중 하나이다. 까다로운 문제에 대한 '은탄환(silver bullet; 특효약)'을 찾아내서 영웅이 되는 것이 소프트웨어 아키텍트의 역할이라고 생각하는 사람이 많지만, 그런 일은 드물다. (아키텍트는 나쁜 결정에 대해서는 항상 비난받지만 좋은 결정에 대해서는 좀처럼 공을 인정받지 못한다.) 소프트웨어 아키텍처의 진정한 역할은 트레이드오프를 분석하는 것이다.

우리는 아키텍트가 특정 접근법을 '전도(evangelization)'하는 사람이 아니라 트레이드오프를 객관적으로 중재하는 사람이라는 평판을 얻는 것이 바람직하다고 생각한다. 이유는 여러 가지이다.

첫째, 아키텍처에서 무언가를 전도하는 행위는 장기적으로 위험하다. 어제의 모범관행이 내일의 안티패턴이 되기 십상이기 때문이다. 아키텍트는 불완전한 지식을 가지고 현재의 요인과 상황에 근거해서 최선의 트레이드오프 결정을 내린다. 그러나 결정이 내려진 시점에는 그것이 타당했더라도, 소프트웨어 개발 생태계는 끊임없이 진화하고 요동친다는 점을 유념하자. 주변 상황이 서서히 변하면서 그 결정의 효력이 약해지거나 무효화될 가능성이 높다. 만약 아키텍트가 특정 솔루션을 전도하는 데 '사회자본(social capital)'[1]을 투자했다면, 나중에 그 결정을 바꿔야 할 때 평판이 나빠질 수 있다. 오래가지 못할 결정에 자신의 신뢰도를 결부시키는 일을 피하려면, 기술 선택에 대해 항상 냉철하고 객관적인 시각을 유지해야 한다.

둘째, 조직의 의사 결정권자들은 열정적인 옹호보다는 냉정한 객관성을 원한다. 객관적인 트레이드오프 분석이 필요할 때 가장 먼저 찾는 사람으로 명성을 쌓은 아키텍트는 조직의 귀중한 자산이 된다. 결정이 중요할수록 의사 결정권자들은 판단을 신뢰할 수 있는 사람을 원한다. 이 책을 읽는 바로 여러분이 그런 사람이 되어야 한다.

그럼 몇 가지 소프트웨어 아키텍처 결정에 대한 트레이드오프 분석 사례를 살펴보자. 그런 다음 이해 과정에서 흔히 발생하는 간극을 논의하겠다.

27.1.1 공유 라이브러리 대 공유 서비스

아키텍트가 흔히 겪는 딜레마는 마이크로서비스나 EDA 같은 분산 아키텍처에서 공통의 행동 방식(behavior)을 어떻게 처리할 것인가 하는 문제이다. 실행 시점에서 다른 서비스가 호출하는 공유 서비스를 사용해야 할까, 아니면 빌드 시점에서 개별 서비스마다 컴파일되는 공유

---

1 옮긴이_ 사회적 자본이라고도 하는 사회자본은 개인이나 조직이 사회적 관계와 네트워크를 통해 축적한 신뢰, 평판, 영향력 등의 무형 자산을 의미한다. 지금 맥락에서는 아키텍트가 동료들과의 관계에서 쌓아온 전문성에 대한 인정과 신뢰를 뜻한다.

라이브러리를 사용해야 할까? [그림 27-1]의 왼쪽은 공유 서비스를, 오른쪽은 공유 라이브러리를 선택한 경우이다.

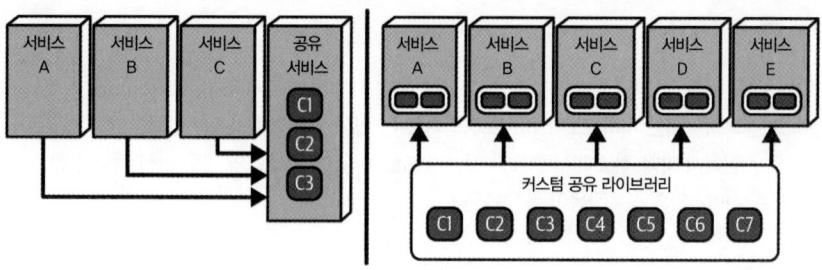

그림 27-1 공통의 기능성을 위해 공유 서비스를 사용해야 할까, 아니면 공유 라이브러리를 사용해야 할까?

[그림 27-1]의 왼쪽에서 공유 서비스는 공통의 기능성을 캡슐화하고 있으며, 다른 서비스들은 이 서비스를 호출함으로써 그 기능성에 접근한다. 오른쪽의 공유 라이브러리는 배포 전에 서비스마다 따로 컴파일된다. 어느 쪽이 더 나을까?

이제는 여러분도 이런 질문을 포함한 모든 질문의 답을 알 것이다. 바로 "상황에 따라 다르다!"이다. 하지만 완전한 솔루션을 얻으려면 "지금은 어떤 상황인가?"라는 후속 질문에 반드시 답해야 한다. 소프트웨어 아키텍처의 다른 여러 자명하지 않은 결정들과 마찬가지로 이 질문의 답은 그리 명확하지 않다. 답을 명확히 하려면 아키텍트로서 여러분이 트레이드오프 분석을 시작해야 한다.

먼저, 이 솔루션에 영향을 미치는 모든 맥락적 트레이드오프(contextualized trade-off)를 파악해야 한다. 구체적인 트레이드오프들은 조작에 따라, 그리고 풀고자 하는 문제 자체에 따라 크게 달라질 것이다. 따라서 조직, 기술 환경, 팀 역량, 예산 등 트레이드오프 항목들에 영향을 주는 모든 것에 대한 아키텍트의 지식에 의존할 수밖에 없다. 다음은 지금 예시의 트레이드오프 분석에서 중요하게 고려해야 할 요인들이다.

이기종 코드

솔루션이 여러 플랫폼으로 작성된 경우, 어떤 기술 스택을 사용하든 호출자들은 네트워크를 통해 서비스에 접근할 것이다. 따라서 구현 플랫폼에 의존하지 않는 서비스 방식이 더 작업하기 쉽다. 반면에 라이브러리 방식에서는 팀이 각 기술 스택에 맞는 버전의 코드를 따로 마련해야 하고 버전 간 동기화도 유지해야 하므로 프로젝트 전체의 복잡도가 크게 증가한다.

높은 코드 변동성

§3.3에서 언급했듯이 코드의 변동성(volatility)은 코드의 변화(보통 **처닝**churning이라고 부른다)가 얼마나 빠르고 빈번한지를 나타내는 지표이다. 서비스 방식에서는 변경된 서비스를 배포하는 즉시 호출자가 새로운 기능성에 접근할 수 있다. 반면에 라이브러리 방식에서는 변경된 라이브러리에 의존하는 모든 서비스를 다시 컴파일하고 배포해야 한다.

변경 사항 버전 관리 능력

버전을 적용하고 관리하는 것은 서비스보다 라이브러리가 훨씬 쉽다. 라이브러리를 변경해야 할 때 팀은 버전 차이를 컴파일 시점에서 파악, 해소해서 필요한 것만 빌드할 수 있다. 서비스의 경우 버전 정보가 실행 시점에서 결정되므로, 서비스와의 상호작용이 복잡해진다.

전반적인 변경 위험

변경 위험(change risk) 측면은 라이브러리가 더 낫다. 라이브러리 코드를 변경하고 서비스에 성공적으로 컴파일했다면, 제대로 작동할 것이라고 높은 확신을 가질 수 있다. 반면 서비스는 컴파일 시점의 검증 없이도 변경될 수 있으므로, 호출 시 실행 시점 오류가 발생할 가능성이 크다.

성능

서비스 방식은 네트워크 통신을 요구하는 반면 라이브러리 방식은 프로세스 내부 호출을 사용하므로 라이브러리 쪽이 성능이 월등히 좋다. 네트워크 지연시간 같은 요인 때문에 서비스 호출은 프로세스 내부 호출보다 훨씬 느리다.

내결함성

제9장에서 논의했듯이, 실행 시점 서비스 방식에는 항상 네트워크 문제가 발생할 가능성이 있다. 지금 예의 서비스도 마찬가지이다. 그런 면에서 공유 라이브러리 방식이 내결함성이 더 높다. 라이브러리 방식에서는 일단 서비스를 컴파일하고, 테스트하고, 배포하고 나면 안정적으로 작동할 것이라는 높은 확신을 가질 수 있다.

확장성

성능과 같은 맥락에서, 서비스 간 호출은 지연시간(latency) 문제 때문에 확장성이 나쁘다. 반면에 라이브러리 방식은 프로세스 내부 호출 덕분에 공통의 행동방식에 대한 접근이 훨씬 효율적이며, 따라서 확장성이 좋다.

이런 식으로 주요 요인들을 선별한 후에는, 각 요인에 두 방식이 각각 얼마나 잘 부합하는지를 [표 27-1]과 같은 형태로 정리한다.

표 27-1 공유 서비스와 공유 라이브러리의 트레이드오프

요인	공유 라이브러리	공유 서비스
이기종 코드	−	+
높은 코드 변동성	−	+
변경 사항 버전 관리 능력	+	−

요인	공유 라이브러리	공유 서비스
전반적인 변경 위험	+	−
성능	+	−
내결함성	+	−
확장성	+	−

긍정적인 평가(+)가 더 많은 공유 라이브러리 방식이 승자처럼 보인다. 적어도 이 요인과 이 맥락에서는 그렇다. 하지만 반드시 이것이 주어진 문제의 최종 솔루션이라는 뜻은 아니다. 요인마다 가중치를 다르게 두어야 할 수도 있기 때문이다(잠시 후 §27.1.4 "귀결 2: 트레이드오프 분석을 단 한 번만 하고 끝낼 수는 없다"에서 좀 더 이야기한다). 그렇긴 해도, 이제 여러분과 여러분의 팀은 이 결정에 어떤 힘들이 작용하는지를 알게 되었다.

27.1.2 동기적 메시징과 비동기 메시징

트레이드오프 분석의 또 다른 예를 생각해 보자. 팀이 거래 정보를 Notification(알림) 서비스와 Analytics(분석) 서비스에 전송하는 분산 아키텍처를 구축하고자 한다. 아키텍트는 그러한 전송을 위해 **대기열**과 **토픽** 중 무엇을 사용할지 결정해야 한다.

첫 옵션인 대기열은 점대점(point-to-point) 통신 프로토콜에 해당한다. 제2장에서 살펴본 것처럼, 이 경우 발신자는 메시지를 누가 받는지 알고 있다. 메시지를 여러 소비자에 전달하려면 각 소비자마다 하나씩의 메시지를 대기열에 보내야 한다. 예를 들어 Trading(거래) 서비스가 대기열을 사용해 Analytics 서비스와 Reporting(보고) 서비스에 거래 정보를 알리고 싶다면, [그림 27-2]와 같은 구조가 될 것이다.

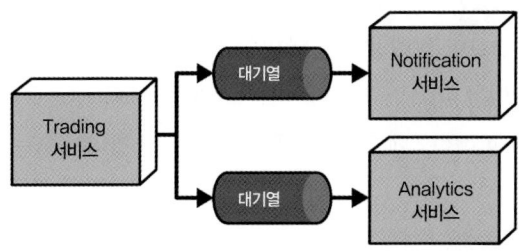

그림 27-2 대기열을 이용해서 거래 정보를 Notification과 Analytics에 전달하는 방식

[그림 27-2]에서 Trading 서비스는 소비자별 대기열을 통해 메시지를 전송한다. 소비자마다 자신의 대기열이 있으며, 발신자는 각각 대기열에 메시지를 보낸다.

대안으로는 토픽 구조가 있다. 이것은 점대점 전달이 아니라 브로드캐스트(방송) 방식이다. [그림 27-3]에서 Trading 서비스는 메시지 하나만 토픽에 게시한다. 소비자들은 그 토픽을 구독하며, 토픽에 메시지가 게시되면 모든 구독자가 알림을 받는다. 이 방식에서 메시지 발행자(지금 예의 Trading 서비스)는 소비자가 누구인지 알지도 못하고, 신경 쓸 필요도 없다. 이 덕분에 팀은 언제라도 새 소비자를 추가할 수 있으며, 소비자를 추가해도 기존 소비자들이나 생산자는 변경할 필요가 없다.

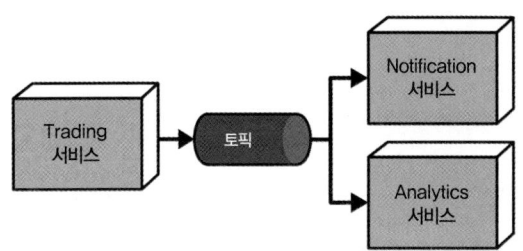

그림 27-3 토픽을 이용해서 거래 정보를 Notification과 Analytics에 전달하는 방식

지금 예에서 두 방식 모두 유효하다. 이럴 땐 트레이드오프 분석으로 결정한다.

대기열 방식에서는 Trading 서비스가 알림을 보내야 하는 서비스마다 별도의 대기열이 필요하다. 만일 Notification 서비스와 Analytics 서비스가 서로 다른 정보를 필요로 한다면, 대기열을 따로 두면 각각 다른 메시지를 보낼 수 있으므로 유용하다. 또한 Trading 서비스가 자신과 연결된 모든 시스템을 알고 있으므로 다른(어쩌면 악의적인) 서비스가 메시지를 몰래 훔쳐 듣기 어렵다. 보안이 중요하다면 이는 큰 장점이다. 확장성 면에서도 유리하다. 각 대기열이 서로 독립적이므로, 개별적으로 모니터링할 수 있고 필요하다면 독립적으로 확장할 수 있다. 단점은, Trading 서비스와 소비자들 사이의 결합이 강해진다는 것이다. 생산자(Trading 서비스)는 소비자의 개수와 존재를 미리 알고 있어야 한다. 만일 상황이 변해서 Compliance(준수) 서비스에도 메시지를 보내야 한다면, Trading 서비스에 세 번째 대기열로 메시지를 발송하는 작업을 추가해야 한다.

[표 27-2]는 이 시나리오에서 대기열을 사용할 때의 트레이드오프들을 요약한 것이다.

표 27-2 대기열 사용 시 트레이드오프

장점	단점
소비자마다 다른 메시지를 보낼 수 있다	결합도가 높아진다
대기열마다 처리 현황을 개별적으로 모니터링할 수 있다	Trading 서비스가 다수의 대기열에 연결해야 한다
더 안전하다	추가적인 인프라가 필요하다
확장 능력(extensibility)이 낮다(새 소비자 추가 시 대기열도 추가해야 함)	확장 능력과 진화성이 좋다

토픽을 사용하는 옵션도 같은 방식으로 분석해 보자. 명백한 장점은 확장 능력(extensibility)이다. 토픽은 기능 확장 능력이 아주 뛰어나다. 예를 들어, Compliance 서비스 같은 새로운 서비스가 추가되어도 기존 행동방식은 건드리지 않고 토픽에 구독만 추가하면 된다. 하지만 이런 장점에는 단점이 따른다. 모든 소비자는 동일한 메시지를 토픽에서 소비해야 하므로, **스탬프 결합**(stamp coupling) 문제가 생길 수 있다(그림 9-9 참고). 또한 모든 소비자가 모든 메시지를 읽을 수 있으므로 보안에도 문제가 생긴다. 따라서 아키텍트는 "과연 모두가 모든 메시지를 읽을 권한이 있어야 하는가?"라는 질문을 던져야 한다.

[표 27-3]은 이러한 관점에 따라 토픽의 트레이드오프들을 정리한 표이다.

표 27-3 토픽 사용 시 트레이드오프

장점	단점
결합도가 낮다	모든 소비자가 동일한 메시지를 받아야 한다
Trading 서비스가 메시지를 한 번만 생성한다	각 소비자를 개별적으로 모니터링하거나 확장할 수 없다
확장 능력과 진화성이 뛰어나다	덜 안전하다
	확장성(scalability)과 관련한 선택지가 더 제한적이다

이제 트레이드오프 분석이 끝났으니, 조직의 목표에 따라 어느 방식이 더 적합한지 검토해야 한다. 만약 보안이 더 중요하다면 대기열을 선택하는 것이 좋다. 반면 조직이 빠르게 성장하고 있으며 거래와 관련된 서비스를 계속 추가하는 중이라면 확장 능력이 더 중요하니 토픽이 적합하다.

27.1.3 귀결 1: 누락된 트레이드오프

소프트웨어 아키텍처의 제1법칙에서 두 가지 귀결(corollary; 따름정리)이 도출된다. 첫 귀결은 다음과 같다.

> 트레이드오프가 아닌 무언가를 발견했다고 생각한다면, 아마도 트레이드오프를 아직 찾아내지 못했을 가능성이 높다.
>
> — 귀결 1

소프트웨어 아키텍처에 대해 뭔가를 결정할 때 핵심은 트레이드오프 분석이다. 그런데 결정할 항목에 딱히 트레이드오프가 없어 보일 때도 있다. 그러면 어떻게 해야 할까? 우리의 조언은 "더 찾아보자"이다.

예를 들어 코드 재사용을 생각해 보자. 코드 재사용은 좋은 점만 있는 관행처럼 보인다. 조직이 코드를 더 많이 재사용할수록 직접 작성해야 할 코드가 줄어들고, 시간과 중복이 감소한다. 트레이드오프는 없다!

코드 재사용이 효과적이려면 두 가지 요인이 필요하다. 아키텍트들은 첫 요인에만 주목하고 둘째 요인은 간과할 때가 많다. 첫 요인은 바로 **추상화**(abstraction)이다. 추상화해서 여러 지점에서 활용할 수 있는 코드는 재사용에 적합하다. 둘째 요인은 **낮은 변동성**(low volatility)이다. 자주 바뀌는 코드를 여러 곳에서 재사용하면 전체 시스템에 혼란이 생긴다. 공통의 코드가 변경될 때마다, 그 코드를 사용하는 모든 호출자를 그 변경에 맞춰 조율해야 한다. 하위 호환성이 깨질 정도의 변경은 아니라고 해도, 팀은 변경 때문에 문제가 발생하지는 않는지 검증해야 한다. 잘못된 코드 재사용은 아키텍처 전반에 걸쳐 예기치 않은 파급 효과를 가져온다. 이것이 바로 오케스트레이션 주도 SOA 아키텍처 스타일(제17장 참조)에서 아키텍트들이 배운 주요 교훈 중 하나이다. SOA의 철학적 기반 중 하나가 코드를 더 많이 재사용하는 것이었는데, 실제로 그런 아키텍처에서 일하는 팀들은 마치 모래 늪에서 헤엄치는 느낌을 받았다. 어떤 변경이든 예측 불가능한 부작용을 시스템 전체로 확산시킬 수 있었기 때문이다.

그것이 바로 코드 재사용에 숨겨진 트레이드오프이다. 효과적인 코드 재사용을 위해서는 대상 코드의 추상화 수준이 높아야 함과 **동시에** 자주 바뀌지 않아야 한다. 그래서 아키텍처에서 가장 성공적으로 재사용되는 대상은 '배관(plumbing)'에 해당하는 부분, 즉 기술 프레임워크나 라이브러리, 플랫폼 등이다. 대부분의 소프트웨어에서 가장 빠르게 바뀌는 부분은 바로 도메인

(즉, 그 소프트웨어가 존재하는 이유 자체)이다. 따라서 도메인에 해당하는 코드는 최악의 재사용 대상이 된다. (DDD에서는 경계 컨텍스트(bounded context)의 원칙에 따라 그 어떤 경계 컨텍스트도 다른 경계 컨텍스트의 구현 세부 사항을 재사용하지 않는다는 점을 떠올리기 바란다.)

> **좋은 것만 가질 수는 없는 이유: 트레이드오프**
>
> 직업적 컨설턴트로서 우리는 "결합도가 낮은 마이크로서비스 개념과 분산 아키텍처는 민첩성과 빠른 배포가 가능하다는 점에서 마음에 들지만, 팀들이 코드 재작성을 줄이도록 재사용도 많이 하고 싶은데 좋은 방법이 없을까요?" 같은 요청을 자주 받는다.
>
> 안타깝게도 두 장점을 모두 취하는 것은 불가능하다. 애초에 코드 재사용은 결합이 있어야 가능하기 때문이다. 그 어떤 조직도 낮은 결합도와 높은 수준의 재사용을 동시에 달성할 수는 없다. 그 두 가지는 근본적으로 양립할 수 없다. 둘을 모두 원하는 것은 조직이 핵심 트레이드오프를 잘못 파악한 대표적 예이다.

27.1.4 귀결 2: 트레이드오프 분석을 단 한 번만 하고 끝낼 수는 없다

아키텍트가 트레이드오프 분석을 한 번으로 끝낼 수 있다면, 예를 들어 **아주 고심해서** 모든 작업 흐름에 대해 코레오그래피형 통신을 사용하기로 결정하고는 잊어버릴 수 있다면 정말 좋을 것이다. 하지만 현실은 그렇지 않은데, 이유는 두 가지이다. 첫째, 의사결정에 영향을 주는 변수는 수십, 수백 가지이다(기술적인 것들과 그렇지 않은 것들 모두). 예를 들어 복잡성, 팀 경험, 예산, 팀 구성, 일정 압박 등 끝없이 많다. 이런 변수들이 조금만 바뀌어도 트레이드오프 분석 결과가 완전히 달라질 수 있다. 아키텍트가 미래에는 얼마든지 달라질 수 있는 가정에 근거해서 지나치게 포괄적이고 일회성으로 결정을 내리는 것은 극히 위험한 일이다.

이 귀결을 아키텍트의 직업 안정성이 걸린 문제로 생각하기 바란다. 아키텍트는 비슷해 보이는 상황들에서도 트레이드오프 분석을 반복해야 한다. 이러한 반복은 영구적이고 완벽한 결정을 내리는 것이 아키텍트의 임무가 아니며, 그보다는 트레이드오프 분석 자체가 진정으로 아키텍트의 임무임을 강조하는 효과를 낸다.

27.2 제2법칙: 어떻게(방법)보다 왜(이유)가 더 중요하다

소프트웨어 아키텍처의 제2법칙은 **어떻게**보다 **왜**가 더 중요하다는 것이다. 경험 많은 아키텍트라면, 기존 시스템을 살펴보고 그것이 **어떻게** 작동하는지 파악할 수 있다. 하지만 원래의 아키텍트가 최종 솔루션과 함께 모든 결정 기준을 기록해 둔 것이 아닌 한, 그 아키텍처와 관련한 결정들을 **왜** 내렸는지, 이를테면 특정한 통신 방식을 다른 대안들보다 우선시한 이유까지 알아내기란 쉽지 않다.

이것이 바로 이 책에서 아키텍처 다이어그램과 ADR(제21장)을 함께 사용하는 것이 중요하다고 강조한 이유이다. 모든 트레이드오프 분석 과정에서는 엄청난 양의 맥락 정보가 생성되지만, 솔루션 자체에는 대부분 드러나지 않는다. 미래에 어떤 아키텍트(바로 여러분일 수도 있다)가 아키텍처를 분석하면서 그저 **왜** 그렇게 결정했는지 이해하기 위해 원래의 아키텍트와 동일한 분석을 다시 반복해야 하는 상황이 벌어지지 않게 하려면, 분석 내용을(그리고 알려진 절충안과 솔루션의 한계점들도) 반드시 문서로 남겨야 한다.

27.2.1 '맥락 벗어남' 안티패턴

트레이드오프 분석에서 흔히 나타나는 안티패턴 중 하나는 **맥락 벗어남**(Out of Context) 안티패턴이다. 이 안티패턴은 아키텍트가 트레이드오프는 이해하지만, 현재의 맥락에 기초해서 각 항목에 **가중치**를 부여하는 방법을 알 수 없을 때 발생한다.

§27.1.1 "공유 라이브러리 대 공유 서비스"에서 수행했던 트레이드오프 분석을 생각해 보자. 객관적으로 보면 공유 라이브러리가 더 나은 해결책처럼 보인다. 부정적인 평가보다 긍정적인 평가를 더 많이 받았기 때문이다. 하지만 이 트레이드오프 분석에는 잠재적인 결함이 있다. 과연 모든 기준의 가중치가 동일할까?

어떤 팀이 작성하는 코드가 여러 플랫폼에 걸쳐 있다고 하자. 이 팀은 성능이나 규모에는 크게 신경 쓰지 않지만, 공통의 행동방식을 깔끔하게 관리할 방법을 원한다. 이는 처음 두 가지 트레이드오프 기준(이기종 코드와 높은 코드 변동성)의 우선순위가 훨씬 높다는 뜻이므로, 공유 서비스를 선택하는 것이 타당하다. 덤으로, 이 팀은 어떤 문제를 완화해야 할지도 이미 파악한 상태이다.

아키텍트는 경험에 의존해서 트레이드오프 기준들을 선정한다. 하지만 솔루션에 딱 맞는 트레이드오프를 선택하려면 각 기준에 적절한 가중치를 부여해야 한다. 일반적인(generic) 트레이드오프 분석은 그다지 유용하지 않다. 트레이드오프 분석은 구체적인 맥락에서 수행할 때 비로소 가치가 생긴다.

27.3 양극단 사이의 스펙트럼

이 책의 초판에서는 두 가지 법칙만 제시했다. 하지만 우리는 점차 세 번째 법칙이 존재함을 깨닫게 되었다.

> 대부분의 아키텍처적 결정은 양자택일이 아니라 양극단 사이의 스펙트럼에 있는 한 지점이다.
> — 소프트웨어 아키텍처 제3법칙

깔끔하게 딱 떨어지는 이분법적 결정만 존재하는 세상에 산다면 좋겠지만, 소프트웨어 아키텍처는 그런 세상에 존재하지 않는다. 사람들은 종종 소프트웨어 아키텍처의 중요한 개념들에 대해 포괄적인 정의를 내리는 것이 얼마나 어려운지 실감한다. 아키텍처 대 디자인, 오케스트레이션 대 코레오그래피, 토픽 대 대기열 등이 그 예이다. 근본적인 이유는 결정 기준이 이분법적이지 않기 때문이다. 그 기준들은 상당히 복잡한 스펙트럼 위에 놓여 있다.

§2.1 "아키텍처와 설계의 차이"에서 아키텍처와 설계 사이의 스펙트럼을 소개하고 특정한 결정이 그 스펙트럼의 어디에 위치하는지 판단하는 방법을 논의했다. 사실 이 제3 법칙은 아키텍처적 결정, 즉 그 스펙트럼에서 설계보다는 소프트웨어 아키텍처 쪽에 더 가까운 곳에 해당하는 결정들을 고민할 때 유용하다.

> 소프트웨어 아키텍처적 결정이란 각각의 선택지가 모두 중요한 트레이드오프를 갖는 결정이다.

소프트웨어 아키텍처의 모든 것이 트레이드오프라면, 아키텍처적 결정은 반드시 각 선택지에 대한 트레이드오프를 수반해야 한다.

아키텍트로서 모든 결정을 이분법적으로 단순화하려 하지 말자. 이 세계에 그런 결정은 거의 없다. 이것이 바로 소프트웨어 아키텍처의 모든 질문에 대한 답이 "상황에 따라 다르다"인 이유

중 하나이다. 상황에 따라 다르다는 것은 결국, 해당 기준이 가능한 솔루션들의 스펙트럼 중 어디에 놓이는가에 따라 달라진다는 뜻이다.

아키텍트는 불확실성의 늪에 빠진 채로 결정을 내린다. 그 점을 인정하기가 즐겁지는 않겠지만, 어쩔 수 없는 일이다. 아키텍트로서 여러분은 종종 불완전한 정보에 기초해서 중요한 결정을 내려야 한다. 그리고 모든 정보를 다 가지고 있더라도 결정이 명확하지 않은 경우가 많다. 왜냐하면 그 결정은 양극단 사이의 스펙트럼 어딘가에 존재하기 때문이다.

그런 소프트웨어 아키텍처의 세계에 온 여러분을 환영한다!

27.4 마지막 조언

> 훌륭한 설계자는 어떻게 탄생하는가? 당연한 말이지만 훌륭한 설계자는 설계를 한다.
>
> — 프레드 브룩스*Fred Brooks*

> 평생 아키텍처를 설계할 기회가 대여섯 번도 채 되지 않는다면, 훌륭한 아키텍트가 어떻게 탄생하겠는가?
>
> — 테드 뉴어드*Ted Neward*

어떤 분야든, 실력 향상과 성장의 비결이 연습이라는 점은 입증된 사실이다. 아키텍처도 마찬가지이다. 신입이든 경력 아키텍트이든, 모든 아키텍트는 꾸준히 아키텍처 설계 역량을 연마해야 하고, 그와 동시에 기술적 시야를 넓혀야 한다. 이런 취지에서 우리는 이 책의 예시들을 바탕으로 만든 아키텍처 카타들을 원서 웹사이트에 올려 두었다(`https://oreil.ly/EPop7`). 이 카타들을 여러분의 아키텍처 실력과 사고력을 키우는 데 활용하기 바란다.

이 카타들을 활용하는 사람들은 종종 우리에게 "모범 답안집이 있나요?"라고 묻는다. 아쉽겠지만 답안집은 없다. 대신 닐의 말을 인용한다.

> 아키텍처에는 정답이나 오답이 없다. 오직 **트레이드오프**가 있을 뿐이다.

아키텍처 카타들을 실습 강의에서 활용하기 시작했을 때 우리는 수강생들이 그린 다이어그램으로 정답 저장소(answer repository)를 만들 계획이었다. 그러나 이내 그만두었다. 그러한 그림들은 불완전한 산출물이었기 때문이다. 팀이 그린 다이어그램은 해당 솔루션을 **어떻게** 구현했는지에 대한 기록이라 할 수 있다. 하지만 아키텍처 훈련의 관점은 **왜** 그런 선택을 했는지가 더 흥미롭다. 우리의 수강생들은 수업에서 트레이드오프를 잘 설명했지만, ADR을 남길 시간은 없었다. 단지 **어떻게**만 남기면 이야기가 반쪽짜리가 된다.

이제 마지막 조언을 전달할 때가 되었다. 항상 배우고, 항상 연습하세요! 그리고 이제 **직접 아키텍처를 설계해 보세요!**

APPENDIX A

토론용 질문 모음

제1장 서론

1. 소프트웨어 아키텍처를 정의하는 네 가지 차원은 무엇인가?
2. 아키텍처적 결정과 설계 원칙의 차이점은 무엇인가?
3. 소프트웨어 아키텍트의 여덟 가지 핵심 기대 사항을 나열하라.
4. 소프트웨어 아키텍처 제1법칙은 무엇인가?

제2장 아키텍처적 사고

1. 주어진 결정이 아키텍처와 설계 중 어느 쪽에 더 가까운지 판단하는 기준 세 가지를 말하라.
2. 지식 피라미드의 세 가지 지식 수준을 나열하고 각각의 예를 제시하라.
3. 아키텍트가 기술적 깊이보다 기술적 너비에 집중하는 것이 더 중요한 이유는 무엇인가?
4. 아키텍트가 기술적 깊이와 실무 감각을 유지하는 방법에는 어떤 것들이 있는가?

제3장 모듈성

1. 모듈성과 세분도의 차이점을 설명하고 각각의 예를 제시하라.

2 결합(coupling)과 응집(cohesion)의 차이점은 무엇인가?

3 **동변성**이라는 용어는 무엇을 의미하는가?

4 정적 동변성과 동적 동변성의 차이점은 무엇인가?

5 가장 강한 동변성 유형은 무엇인가?

6 가장 약한 동변성 유형은 무엇인가?

7 코드베이스 안에서는 정적 동변성과 동적 동변성 중 어느 것이 더 바람직한가?

제4장 아키텍처 특성의 정의

1 어떤 속성을 아키텍처 특성으로 간주하려면 반드시 충족해야 하는 기준 세 가지는 무엇인가?

2 암묵적 특성과 명시적 특성의 차이점은 무엇인가? 각각의 예를 제시하라.

3 운영 특성의 예를 하나 제시하라.

4 구조적 특성의 예를 하나 제시하라.

5 횡단적 특성의 예를 하나 제시하라.

6 업계 표준 아키텍처 특성 목록을 만드는 것이 불가능한 이유는 무엇인가?

제5장 아키텍처 특성의 식별

1 아키텍처가 지원해야 할 특성(주로 '-성'으로 끝나는 속성 혹은 요구사항)의 수를 제한하는 것이 바람직한 이유를 설명하라.

2 참 또는 거짓: 대부분의 아키텍처 특성은 비즈니스 요구사항과 사용자 스토리에서 나온다.

3 비즈니스 이해관계자가 빠른 시장 출시 속도(즉, 새로운 기능과 버그 수정을 가능한 한 빨리 사용자에게 배포하는 것)가 가장 중요한 비즈니스 관심사라고 말했다고 하자. 아키텍처가 반드시 지원해야 할 아키텍처 특성들을 제시하라.

4 확장성과 탄력성의 차이점은 무엇인가?

5 **복합** 아키텍처 특성의 정의는 무엇인가? 예를 하나 제시하라.

제6장 아키텍처 특성의 측정과 거버넌스

1. 순환 복잡도가 아키텍처 분석에서 매우 중요한 지표인 이유는 무엇인가?
2. 아키텍처 적합성 함수란 무엇인가? 그것을 이용해서 아키텍처를 분석하는 방법은 무엇인가?
3. 아키텍처의 확장성을 측정하기 위한 아키텍처 적합성 함수의 예를 제시하라.
4. 아키텍트와 개발자가 적합성 함수를 작성할 수 있으려면 아키텍처 특성이 어떤 요건을 충족해야 할까? 가장 중요한 요건은 무엇인가?

제7장 아키텍처 특성의 범위

1. 아키텍처 퀀텀이란 무엇이고 아키텍처에서 왜 중요한가?
2. 단일 사용자 인터페이스와 독립적으로 배포된 네 개의 서비스로 구성된 시스템이 있는데 서비스마다 데이터베이스가 따로 있다고 가정하자. 이 시스템의 퀀텀은 하나인가, 아니면 네 개인가? 그 이유는 무엇인가?
3. **정적** 결합과 동적 결합의 차이점은 무엇인가? 각각의 예를 제시하라.
4. **동기적** 통신이 **비동기** 통신보다 운영 아키텍처 특성에 미칠 수 있는 영향이 더 큰 이유는 무엇인가?

제8장 컴포넌트 기반 사고

1. **컴포넌트**는 애플리케이션의 구성요소로, 애플리케이션이 수행하는 어떤 것에 대응된다. 일반적으로 컴포넌트는 클래스나 소스 파일 그룹으로 구성된다. 애플리케이션이나 서비스 내에서 컴포넌트는 일반적으로 어떤 형태로 실현되는가?
2. 기술적 분할과 도메인 분할의 차이점은 무엇인가? 각각의 예를 제시하라.
3. 도메인 분할의 장점은 무엇인가?
4. 도메인 분할보다 기술적 분할이 더 나은 선택인 상황은 어떤 것인가?
5. 엔티티의 함정(Entity Trap)이란 무엇인가? 이것이 컴포넌트 식별에 좋은 접근법이 아닌 이유는 무엇인가?
6. 핵심 컴포넌트를 식별할 때 행위자/행동 접근법보다 작업흐름(Workflow) 접근법이 바람직한 경우는 어떤 것인가?

제9장 아키텍처 스타일의 기초

1 분산 컴퓨팅의 8가지 오해를 나열하라.
2 분산 아키텍처에는 있지만 모놀리스 아키텍처에는 없는 세 가지 어려움을 말하라.
3 스탬프 결합이란 무엇인가? 스탬프 결합을 해결하는 방법으로는 어떤 것들이 있는가?
4 기술적 분할과 도메인 분할의 차이점은 무엇인가?
5 아키텍처 스타일을 패턴과 구별 짓는 세 가지 특징을 나열하라.

제10장 계층형 아키텍처 스타일

1 열린 계층과 닫힌 계층의 차이점은 무엇인가?
2 **계층 간 격리**의 개념과 그 이점을 설명하라.
3 아키텍처 싱크홀 안티패턴이란 무엇인가?
4 계층형 아키텍처를 사용하게 만드는 주된 아키텍처 특성들은 무엇인가?
5 계층형 아키텍처 스타일에서 테스트성이 잘 지원되지 않는 이유는 무엇인가?
6 계층형 아키텍처 스타일에서 민첩성이 잘 지원되지 않는 이유는 무엇인가?

제11장 모듈형 모놀리스 아키텍처 스타일

1 모듈형 모놀리스는 N층 아키텍처와 어떻게 다른가?
2 모듈 간 통신에서 동급 간 접근법과 중재자 접근법의 차이점을 설명하라.
3 모듈형 모놀리스 아키텍처 스타일과 관련된 일반적인 위험 세 가지는 무엇인가?
4 모듈형 모놀리스의 주된 강점 세 가지를 들고, 모듈형 모놀리스를 언제 사용하면 좋은지 설명하라.
5 모듈형 모놀리스가 모듈성을 갖추고 있음에도 확장성이나 내결함성(fault tolerance) 같은 운영 특성이 좋지 않은 이유는 무엇인가?

제12장 파이프라인 아키텍처 스타일

1. 파이프라인 아키텍처에서 파이프는 양방향이 될 수 있는가?
2. 네 가지 필터 유형과 각각의 목적을 말하라.
3. 하나의 필터가 여러 파이프를 통해 데이터를 내보낼 수 있는가?
4. 파이프라인 아키텍처가 클라우드 기반 환경에 특히 적합한 이유를 설명하라.
5. 파이프라인 아키텍처 스타일은 기술적으로 분할되는가, 아니면 도메인으로 분할되는가?
6. 파이프라인 아키텍처는 어떤 방식으로 모듈성을 지원하는가?

제13장 마이크로커널 아키텍처 스타일

1. 마이크로커널 아키텍처 스타일의 다른 이름은 무엇인가?
2. 어떤 상황에서 플러그인 컴포넌트가 다른 플러그인 컴포넌트에 의존해도 괜찮은가?
3. 플러그인을 관리하는 데 사용할 수 있는 도구나 프레임워크에는 어떤 것들이 있는가?
4. 코어 시스템의 표준 플러그인 계약을 따르지 않는 서드파티 플러그인이 있다면 어떻게 해야 할까?
5. 마이크로커널 아키텍처 스타일의 예를 두 가지 제시하라.
6. '마이크로커널성'의 정도를 결정하는 코어 시스템의 특성들은 무엇인가?
7. 마이크로커널 아키텍처가 항상 단일 아키텍처 퀀텀인 이유는 무엇인가?
8. **도메인-아키텍처 동형성**이란 무엇인가?

제14장 서비스 기반 아키텍처 스타일

1. 서비스 기반 아키텍처의 서비스를 **도메인 서비스**라고 부르는 이유는 무엇인가?
2. 서비스 기반 아키텍처와 관련된 일반적인 위험 두 가지를 말하라.
3. 모놀리스/도메인/전용 데이터베이스 토폴로지 중 서비스 기반 아키텍처에서 사용할 수 있는 것은 무엇인가?
4. 서비스 기반 아키텍처에서 데이터베이스 변경을 관리하는 데 사용할 수 있는 기법들을 나열하라.
5. 도메인 서비스를 실행하려면 컨테이너(예: 도커)가 필요한가?
6. 서비스 기반 아키텍처 스타일이 잘 지원하는 아키텍처 특성들은 무엇인가?

7 서비스 기반 아키텍처에서 일반적으로 탄력성(elasticity)이 잘 지원되지 않는 이유는 무엇인가?

8 서비스 기반 아키텍처에서 아키텍처 퀀텀의 수를 늘리려면 어떻게 해야 하는가?

제15장 이벤트 주도 아키텍처 스타일

1 이벤트와 메시지의 차이점 네 가지를 나열하라.

2 개시 이벤트와 파생 이벤트의 차이점은 무엇인가?

3 **독성 이벤트**란 무엇인가?

4 이벤트 처리기가 여러 개의 파생 이벤트를 발생할 수 있는가? 있다면 왜 그렇게 해야 하는가?

5 다른 모든 이벤트 처리기가 응답하지 않을 이벤트를 이벤트 처리기가 발생하는 이유는 무엇인가?

6 비동기 처리를 사용할 때의 부정적인 트레이드오프에는 어떤 것들이 있는가?

7 하루살이 떼 안티패턴을 설명하고 그것을 피해야 하는 이유를 설명하라.

8 이벤트 기반 아키텍처의 반응성이 높고 성능 특성이 뛰어난 주된 이유 두 가지를 제시하라.

9 대기열에 메시지를 보내고 받을 때 데이터 손실을 방지하는 기법에는 어떤 것들이 있는가?

제16장 공간 기반 아키텍처 스타일

1 공간 기반 아키텍처라는 이름은 어디에서 유래했는가?

2 다른 아키텍처 스타일과는 구별되는 공간 기반 아키텍처만의 특징은 무엇인가?

3 공간 기반 아키텍처 안에서 가상화된 미들웨어(virtualized middleware)를 구성하는 네 가지 구성요소를 나열하라.

4 공간 기반 아키텍처에서 데이터 기록기의 역할은 무엇인가?

5 서비스가 반드시 데이터 판독기를 통해 데이터베이스의 데이터에 접근해야 하는 조건들은 무엇인가?

6 캐시 크기가 작으면 데이터 충돌 가능성이 커질까, 아니면 작아질까?

7 복제 캐시와 분산 캐시(distributed cache)의 차이점은 무엇인가? 공간 기반 아키텍처에서는 일반적으로 어느 쪽을 사용하는가?

8 공간 기반 아키텍처가 가장 강력하게 지원하는 아키텍처 특성 세 가지를 나열하라.

9 공간 기반 아키텍처에서 테스트성의 점수가 그렇게 낮은 이유는 무엇인가?

제17장 오케스트레이션 주도 서비스 지향 아키텍처

1 서비스 지향 아키텍처(SOA)의 주된 원동력은 무엇이었는가?
2 서비스 지향 아키텍처의 네 가지 주요 서비스 유형은 무엇인가?
3 서비스 지향 아키텍처의 몰락을 초래한 요인 몇 가지를 나열하라.
4 SOA는 기술적 분할 방식인가, 아니면 도메인 분할 방식인가?
5 SOA에서는 도메인 재사용을 어떻게 다루는가? 운영 재사용은 어떻게 다루는가?
6 현대적인 시스템에서 이 아키텍처 스타일의 주된 용도는 무엇인가?

제18장 마이크로서비스 아키텍처

1 마이크로서비스의 **경계 컨텍스트** 개념을 설명하라. 이 개념이 마이크로서비스 아키텍처에서 왜 그토록 중요한가?
2 마이크로서비스 아키텍처에서 데이터를 격리하는 것이 왜 그토록 중요한가?
3 **프로토콜 인식 이기종 상호운용성**이 무엇을 의미하는지, 그리고 마이크로서비스가 이를 어떻게 지원하는지 설명하라.
4 마이크로서비스에서 오케스트레이션과 코레오그래피의 차이점은 무엇인가? 각각의 통신 스타일이 적합한 선택이 될 수 있는 사례를 제시하라.
5 마이크로서비스가 서비스별 데이터베이스 토폴로지를 사용하는 이유는 무엇인가? 모놀리스 데이터베이스 토폴로지나 도메인 데이터베이스 토폴로지를 사용할 수는 없는가?
6 마이크로서비스 아키텍처의 가장 큰 위험 두 가지는 무엇인가?
7 마이크로서비스에서 민첩성, 테스트성, 배포성이 그토록 잘 지원되는 이유는 무엇인가?
8 일반적으로 마이크로서비스에서 성능이 문제가 되는 세 가지 이유는 무엇인가?
9 마이크로서비스 생태계의 퀀텀이 단 하나가 되게 하는 토폴로지를 설명하라.

제19장 적절한 아키텍처 스타일의 선택

1 시스템의 데이터 아키텍처, 즉 논리적 및 물리적 데이터 모델의 구조는 아키텍처 스타일 선택에 어떤 영향을 미치는가?
2 아키텍트가 시스템의 아키텍처 스타일, 데이터 분할, 통신 스타일을 결정하는 절차의 단계들을 설명하라.

3 아키텍트가 분산 아키텍처를 선택하게 만드는 요인은 무엇인가?

4 아키텍트가 적절한 아키텍처 스타일을 선택하기 위해 수행해야 할 두 가지 입력 분석은 무엇인가?

제20장 아키텍처 패턴

1 운영상 관심사와 도메인 관심사의 분리라는 아키텍처적 관심사 분리를 구현하는 패턴 두 가지를 제시하라.

2 오케스트레이션 방식의 작업흐름(중재자 토폴로지)에는 있지만 코레오그래피형 작업흐름에는 없는 구성 요소는 무엇인가?

3 이벤트 주도 아키텍처에서 단일 브로커를 사용할 때의 장점은 무엇인가? 단점은 무엇인가?

4 CQRS가 분리하는 두 가지 데이터 작업은 무엇인가?

제21장 아키텍처적 결정

1 '보신주의' 안티패턴은 무엇인가?

2 '이메일 주도 아키텍처' 안티패턴을 피하기 위한 기법에는 어떤 것들이 있는가?

3 마이클 나이가드가 정의한, 아키텍처적으로 중요한 결정을 식별할 때 기준이 되는 다섯 가지 요인은 무엇인가?

4 ADR(아키텍처적 결정 기록)의 다섯 가지 기본 섹션은 무엇인가?

5 일반적으로 아키텍처적 결정의 명분과 근거는 ADR의 어느 섹션에서 설명하는가?

6 ADR에 별도의 '대안' 섹션을 두지 않는다고 할 때, 제안된 해결책의 대안들은 ADR의 어느 섹션에 나열 하면 좋을까?

8 ADR의 상태를 **제안됨**으로 표시하는 게 바람직한 세 가지 기본 시나리오는 무엇인가?

제22장 아키텍처 위험 분석

1 위험 평가 행렬의 두 축(차원)은 무엇인가?

2 리스크스토밍의 세 가지 주요 활동을 설명하라.

3 리스크스토밍이 전체적으로 협업적인 활동이어야 하는 이유는 무엇인가?
4 리스크스토밍의 식별 활동은 협업이 아니라 개인 활동이어야 하는 이유는 무엇인가?
5 세 명의 참가자는 특정 아키텍처 영역의 위험을 높음(6)으로 식별했지만, 다른 한 명의 참가자는 중간(3)으로만 식별했다고 하자. 아키텍트로서 이 상황을 어떻게 정리해야 할까?
6 입증되지 않았거나 알려지지 않은 기술에 어떤 위험 등급(1~9)을 배정해야 할까?

제23장 아키텍처 도식화

1 **비합리적 산출물** 집착 안티패턴이 무엇이고, 아키텍처를 문서화하고 다이어그램으로 표현하는 것과 관련해서 이 안티패턴이 왜 중요한가?
2 C4 모델링 기법에서 C로 시작하는 네 가지 뷰는 무엇인가?
3 아키텍처를 다이어그램으로 표현할 때 컴포넌트 사이의 점선은 무엇을 의미하는가?
4 아키텍처 다이어그램에 항상 제목과 범례를 포함하는 것이 중요한 이유는 무엇인가?

제24장 유능한 팀 만들기

1 아키텍트의 세 가지 성향은 무엇인가? 세 성향은 각각 어떤 경계를 만드는가?
2 아키텍트가 팀에 관여하는 수준을 결정할 때 고려해야 할 다섯 가지 요소는 무엇인가?
3 팀이 너무 커지고 있다는 세 가지 경고 신호는 무엇인가?
4 개발 팀이 사용하기에 좋은 세 가지 기본 체크리스트를 나열하라.

제25장 협상과 리더십 스킬

1 협상 능력이 아키텍트에게 그토록 중요한 이유는 무엇인가?
2 비즈니스 이해관계자가 99.999%(파이브 나인)의 가용성을 주장하지만 실제로는 99.9%(스리 나인)만 필요한 상황에서 아키텍트가 사용할 수 있는 협상 기법 몇 가지를 제시하라.
3 "어제 필요했어요"라고 말하는 비즈니스 이해관계자로부터 무엇을 추론할 수 있는가?
4 백문이 불여일견 기법이 그토록 효과적인 이유는 무엇인가?

5 **분할 정복** 전술이 무엇인가? 비즈니스 이해관계자와 아키텍처 특성을 협상할 때 이 전술을 어떻게 적용할 수 있는가? 예를 들어 설명하라.

6 아키텍처의 4C를 나열하라.

7 아키텍트가 실용적이면서도 비전을 가지는 것이 중요한 이유를 설명하라.

8 아키텍트가 초대받는 회의의 수를 관리하고 줄이기 위한 기법에는 어떤 것들이 있는가?

제26장 아키텍처 교차점

1 개발 팀이 아키텍처와의 구조적 정렬을 유지하면서 아키텍처를 구현하게 만드는 기법들을 나열하라.

2 아키텍처와 인프라의 정렬이 왜 그토록 중요한지 설명하고, 그러한 정렬의 예를 제시하라.

3 팀의 토폴로지가 아키텍처와 정렬되지 않을 수 있는 예를 제시하라.

4 특정 시스템을 책임지는 아키텍트가 아키텍처와 시스템 통합의 교차점에 대해 왜 관심을 가져야 하는가? 아키텍처와 시스템 통합의 정렬이 어긋날 수 있는 예를 제시하라.

5 **도메인-아키텍처 동형성**은 무엇인가? 아키텍처와 비즈니스의 교차점을 고려할 때 이것이 그토록 중요한 이유를 설명하라.

6 아키텍처-엔터프라이즈 교차점의 예를 제시하라.

제27장 다시 살펴본 소프트웨어 아키텍처 법칙들

1 일반적으로 공유 서비스보다 공유 라이브러리가 나은 점 세 가지를 나열하라. 그런 장점들이 있다는 것이, 아키텍트가 공유 서비스와 공유 라이브러리 중 하나를 선택해야 할 때 **항상** 공유 라이브러리를 선택해야 한다는 의미일까?

2 소프트웨어 아키텍처 제1법칙의 첫 귀결은 무엇인가?

3 소프트웨어 아키텍처 제1법칙의 둘째 귀결의 근거는 무엇인가? 즉, 왜 트레이드오프 분석을 반복해서 수행해야 하는가?

4 소프트웨어 아키텍처 결정 중에는 편리한 양자택일보다는 스펙트럼상에서 이해하는 것이 더 나은 것들이 아주 많다. 그 이유는 무엇인가?

INDEX

ㄱ

가변 확장성   515
가상화된 미들웨어   363
가용성   102, 121, 215, 234, 251, 291, 513
가장 덜 나쁜 아키텍처   107, 178
값 동변성   93, 431
값 주도 메시지   377
개발 프로세스 특성   132
개발자 코드 완성   548
개시 이벤트   299
개인 경계선   569
개인정보보호   104
거버넌스   133
견고성   102
결합, 결합도   72, 80, 86, 145, 171, 195, 211, 226, 263, 419, 451, 590, 603
경계 컨텍스트   95, 146, 349, 415, 437, 585
경쟁하는 소비자들   356
계약   314, 316, 377
계층 간 격리   210
계층형 스택   551
계층형 아키텍처   47, 78, 139, 181, 189, 207, 258, 277, 581
고잉 그린 예제   152, 261, 266, 289, 292
고잉, 고잉, 곤 예제   175, 358, 456, 490
고충점   447
고통 지역   90
공간 기반 아키텍처   362
공유 데이터베이스   267
공유 라이브러리   284, 598
공유 서비스   445, 598
공존성   105
관심사 분리   209
관여   538
관측성   204, 352

교살자 무화과 패턴   588
구글   438
구급차   516
구심 결합도   86, 171
구조적 붕괴   46, 440
구조적 아키텍처 특성   102
구조적 진화성   143
구조적 특성   129
구조적 프로그래밍   79
구축 기법   482
구현 결합   146
구현 세부 사항   576
국제 표준화 기구   105
국제화   120
권한 부여   104
규약 동변성   92
규칙 엔진   273
그레이디 부치   525
근접 캐시   374
글렌포드 J. 마이어스   77
기능 테스트   549
기능 토글   588
기능적 요구사항   98
기능적 응집   82, 144
기능적 적합성   107
기능점 분석   98
기밀성   106
기술 거품   65
기술 레이더   65
기술 부채   75
기술적 관심사의 분리   191
기술적 깊이   58
기술적 너비   58
기술적 분할   194, 209, 249, 270, 354, 411, 590
기술적 역량   189

INDEX

기술적 최상위 분할　189
기지의 미지　592
긴 꼬리　197
꽁꽁 언 원시인　62

난해한 하위시스템 팀　205
내결함성　106, 215, 234, 251, 291, 346, 355, 372, 443, 446, 600
냇 프라이스　483
네트워크　196
네트워크 관리자　201
네트워크 토폴로지　200
넷플릭스　141
노라 존스　142
논리적 계층　208
논리적 아키텍처　157, 578
논리적 응집　82
논리적 컴포넌트　38, 155, 578
니클라우스 비르트　80
다원적 무지　543
다중 기록 시스템　313
다중 입주　417
단순성　217, 232, 250, 270, 291, 356, 393, 412
단위 테스트　140, 549
단일 기록 시스템　313
단일 데이터베이스　214, 227, 243, 267
단일 모놀리스 데이터베이스　345
단일 장애점　334, 371
닫힌 계층　210
대기열　70, 601
대역폭　198
대역폭 사용률　315
대인 관계 스킬　49
대체성　106

더그 매킬로이　242
데메테르의 법칙　173
데브옵스　38, 102, 129, 134, 182, 443, 582
데이터 격리　420
데이터 그리드　363
데이터 기록기　364, 377
데이터 기반 이벤트 페이로드　312
데이터 메시　382, 565
데이터 무결성　313
데이터 손실　327
데이터 일관성　313
데이터 접근 계층　381
데이터 지연시간　444
데이터 추상화 계층　381
데이터 충돌　385
데이터 충실도　464
데이터 토폴로지　182, 584
데이터 판독기　364, 379
데이터 펌프　363, 376
데이터베이스 추출·변환·적재(ETL)　252
데이터베이스 토폴로지　584
도널드 커누스　241
도메인　449
도메인 결합　462
도메인 관심사　111
도메인 기반 데이터 기록기　378
도메인 기반 데이터베이스　382
도메인 데이터베이스 토폴로지　346
도메인 문제　111
도메인 분할　190, 194, 209, 221, 232, 270, 289, 444, 590
도메인 서비스　276
도메인 주도 설계(DDD)　95, 145, 190, 209, 221, 234, 292, 406, 415, 425, 524
도메인-브로커　472

INDEX

도메인-아키텍처 동형성　591
도식화　521
독립적 배포　145
독성 이벤트　301
동급 간　225
동기적 동적 결합　350
동기적 전송　329
동기적 통신　147, 330, 426
동기화 시간　389
동변성　91
동변성 규칙　95
동적 결합　147, 351
동적 동변성　91, 93, 431
동적 분리　309
동적 퀀텀 얽힘　309
동질적 계약　73
동형 구조　221, 240

래리 콘스탄틴　86
레베카 파슨스　134
레이어　524
레지스트리　264
로드캐스팅　311
로버트 C. 마틴　87
로이 오셔로브　538
로저 피셔　555
루카 메잘리라　426
리더십　555, 562
리스크스토밍　504
리치 히키　72
린터　264
마누엘 파이스　204
마이크로서비스　38, 56, 78, 100, 198, 349, 415, 456

마이크로서비스 아키텍처　182
마이크로커널성　264
마이크로커널　255, 454
마이크로프런트엔드　425
마이클 나이가드　481
마크다운　483
마틴 파울러　57, 415
맞춤성　119, 121, 454
매튜 스켈턴　204
맥락 벗어남　606
맥락적 트레이드오프　599
맵　265
멀티테넌트　417
메모리 부족　384
메서드 응집 결여도　84
메시지　303
메시지 버스　402
메시지 흐름　403
메시징 그리드　363
메일리어 페이지존스　91
멘토링　532, 541, 570
멤버 목록　369
명령과 질의의 책임 분리　469
명분　551
명시적 아키텍처 특성　117
명시적 특성　100
모놀리스 데이터베이스　382, 435
모놀리스 아키텍처　80, 100, 139, 181, 195, 198, 222, 262, 268
모놀리스 프런트엔드　425
모듈　222, 228
모듈 간 통신량　230
모듈성　77, 106, 232, 250, 271
모듈형 구조　223
모듈형 모놀리스　188, 221, 277, 453

찾아보기　**623**

INDEX

모듈형 언어 80
모래알 439
모범 답안집 608
모범관행 461
모호성 107
목적 함수 134
몰입 572
무결성 106, 579
무공유 416, 440
무용 지역 90
문서화 494
문제 도메인 97
물리적 아키텍처 158, 181
미샤 콥스 483
미지의 기지 59
미지의 미지 59, 592
미하이 칙센트미하이 572
민첩성 113, 132, 153, 291, 589

ㅂ

바사호 123
반복적 아키텍처 592
반복적 프로세스 588
반응성 218, 272, 308, 323
반응형 아키텍처 323
발사 후 망각 298
발행 및 구독 70, 300
방송 311
배리 오라일리 592
배압 지점 346
배포 관리자 363, 376
배포 모델 439
배포 빈도 182
배포성 133, 218, 233, 250, 271, 291, 412, 443
백분위수 197

버전 관리 203, 600
번역 중 손실 112
벌거벗은 임금님 544
범용 아키텍처 123
범위 143, 148
범위 의존성 146
법적 요건 104
변경 관리 346
변경 위험 600
변동성 260, 268, 600, 604
변환기 241
병목 함정 74
보관성 104
보상 갱신 204, 279
보상 트랜잭션 프레임워크 433
보신주의 478
보안 104, 121, 517
보편 언어 108, 128
복구성 102, 106
복잡계 78
복잡성 562
복제 지연시간 (RL) 385
복제 캐싱 371
복합 아키텍처 특성 113, 153
본질적 복잡성 562
부인 방지 106
분리된 배포 214
분산 거시 계층 구조 275
분산 아키텍처 78, 100, 145, 147, 182, 195, 198, 251, 294, 398, 417
분산 캐싱 372
분산 함수 244
분석 마비 478
분석성 106
분할 188

INDEX

분할 정복　558
불안정도　88
브라이언 푸트　183
브로커-도메인　470
브루스 패튼　555
브룩스의 법칙　542
비결정론적 작업흐름　356
비기능적 요구사항　98
비기능적 특성　482
비기능점　98
비동기 통신　307
비용　217, 232, 250, 291, 393, 412
비전가　564
비정형 모놀리스　228
비즈니스 계층　209
비즈니스 도메인　48
비즈니스 동인　74
비즈니스 서비스　400
비즈니스 위임　211
비즈니스 이해관계자　556
비즈니스 정당화　551
비즈니스 환경　591
비합리적 산출물 집착　523
빈 양동이　161
빈혈성 이벤트　318, 352

사가　432
사랑의 블랙홀　479
사베인스-옥슬리법　104
사용성　104
사용자 경험　119
사용자 스토리　166, 511
사용자 오류 보호　106
사용자 인터페이스　280, 425

사이드카　422, 465
사이먼 브라운　188, 494, 525
사일로　531
사회자본　598
상관관계 ID　331
상아탑 아키텍처　122, 560
상태　240
상태 관리　352
상호운용성　105
생산성 몰입　572
생산자　241
생성형　496, 593
서버리스　438
서비스 경계　148
서비스 기반 아키텍처　275
서비스 로케이터　276
서비스 메시　423, 464
서비스 발견　424
서비스 분류 체계　400
서비스 수준 목표　514
서비스 수준 협약　514
서비스 지향 아키텍처　398
서비스 평면　423
서비스당 데이터베이스　349, 436
선언형 트랜잭션　407
설계　55
설계 패턴　119, 182
설명책임성　106
설정성　102
설치성　102, 106
성능　102, 120, 308, 355, 372, 393, 600
성능 예산　129
성능 효율성　105
성숙도　106
성취성　104

INDEX

세막 데그하니 434
세분도 78, 165, 182, 275, 279, 319, 401, 419, 426
소비자 241
소비자 그룹 356
소비자 주도 계약 315
소트웍스 기술 레이더 65, 482
소트웍스 헤이븐 594
소프트 스킬 475
소프트웨어 개발 도구 272
소프트웨어 릴리스 550
소프트웨어 아키텍처 제1법칙 43, 597
소프트웨어 아키텍처 제2법칙 44, 606
소프트웨어 아키텍처 제3법칙 44, 607
소프트웨어 아키텍트 37, 45, 62, 531, 555
손자병법 558
솔루션 461
솔선수범 566
수정성 106
수확 체감 법칙 546
순차적 응집 82
순환 복잡성 256
순환 의존성 136
스웨덴 군함 123
스탬프 결합 198, 314, 353, 603
스토리 그루밍 511
스트림 정렬 팀 205
스펙트럼 319, 607
시간적 결합 172
시간적 응집도 82
시미언 아미 141
시스템 통합 590
신뢰성 102, 106, 121, 271
신원 동변성 94
실리콘 샌드위치 예제 116, 192, 453

실질 생산성 542
실행 동변성 93
실행 시점 플러그인 261

아마존 327
아키텍처 교차점 575
아키텍처 동형성 450
아키텍처 문서화 494
아키텍처 스타일 38, 149, 181
아키텍처 싱크홀 213
아키텍처 의사결정 레코드 482
아키텍처 카타 114, 152, 192, 453, 608
아키텍처 퀀텀 144, 218, 232, 249, 262, 270, 290, 309, 355, 411
아키텍처 토폴로지 452
아키텍처 특성 38, 97, 169, 217, 449, 477, 586
아키텍처 특성 도출 112
아키텍처 특성 등급표 217
아키텍처 특성 워크시트 124
아키텍처 패턴 181, 461
아키텍처 확장 능력 71
아키텍처 활력 46
아키텍처와 설계의 스펙 트럼 56
아키텍처적 결정 42, 607
아키텍처적 결정 기록(ADR) 452, 482, 606
아키텍처적 사고 55
아키텍처적 중요성 481
아키텍트 ☞ 소프트웨어 아키텍트
아키텍트 관여도 540
아키텍트 성향 535
아톨 가완디 142, 545
아파치 주키퍼 265, 441
아파치 카프카 252, 328
악수 569

INDEX

안전성　102
안티패턴　62, 113, 122, 123, 136, 164, 183, 207, 213, 226, 284, 309, 318, 320, 408, 420, 439, 477, 523, 560, 606
알고리즘 동변성　92
알리스테어 코번　463
암묵적 도메인 지식　111
암묵적 아키텍처 특성　120
암묵적 특성　100
애너테이션　246
애저　438
애플리케이션 사일로　50
애플리케이션 서비스　402
앤드류 쾨니히　62, 477
양방향 통신　245
어노테이션　246
업계 트렌드　47
업그레이드성　103
에드워드 요든　86
에릭 에반스　190, 464
에릭 프리먼　189
에반 보쳐　205
에츠허르 데이크스트라　79
엔지니어링 관행　587
엔터프라이즈　591
엔터프라이즈 서비스　401
엔트로피　78
엔티티 객체　283
엔티티 함정　164, 420
엘리자베스 롭슨　189
역 콘웨이 기동　190
역량　98
역방향 데이터 펌프　380
역방향 프록시　281, 421
연속성　102

연합　300
열린 계층　210
영속성　151
영속성 계층　209
영속성 대기열　384
오류 조건　245
오류 처리　356
오정렬　579
오케스트레이션　333, 466
오케스트레이션 서비스　429
오케스트레이션 엔진　402
오케스트레이션 주도 서비스 지향 아키텍처　397, 583
오케스트레이션 처리 단위　376
오해　196
온디맨드　103
온디맨드 프로비저닝　227
온라인 경매 시스템　70, 175
온라인 주문 기능　116
외판원 순회 문제　135
요청 기반 모델　297
요청 대 부탁　567
요청 대기열　330
요청 오케스트레이터　297
요청 처리기　298
요청-응답　129, 330
우발적 복잡성　563
우발적 아키텍처　207
우발적 응집　83
우발적 SOA　408
운영 결합　462
운영 아키텍처 특성　101
운영 특성　128
운영상 관심사　101, 422, 423, 450, 577, 583
운영체제　219
원격 근무　573

INDEX

원격 측정　252
원심 결합도　86, 172
웨이의 법칙　189
웹 브라우저　272
위치 동변성　92
위험　499
위험 식별　506
위험 완화　510
위험 평가　507
위험 평가 행렬　499
위험 평가표　501
위험의 방향　503
월리엄 L. 유리　555
유능한 아키텍트　537
유지보수성　103, 106, 260, 496
육각형 아키텍처　463
은탄환　597
응답 대기열　330
응집 결여도　84
응집 유형　82
응집, 응집도　81, 145, 168
의견 수렴　486
의료 모니터링 시스템　444
의미 동변성　92
의미적 결합　146
의미적 분리　311
의사결정 지점　130
의사동기적 통신　330
의존성　482
의존성 없는 플러그인　268
이름 동변성　92
이름 충돌　81
이름공간　80, 156, 229, 262
이메일 주도 아키텍처　480
이바르 야콥손　525

이벤트 계약　352
이벤트 기반 모델　298
이벤트 브로커　299, 328
이벤트 전달　327
이벤트 주도 아키텍처　297, 456, 471
이벤트 중재자　333
이벤트 채널　300
이벤트 처리기　299, 472
이식성　103, 106
이지밀즈 예제　235
이클립스　256, 272
인증　104
인프라　470, 582
인프라 서비스　402
임시 대기열　332
임의 교체　374

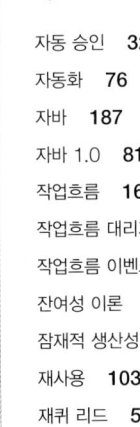

자동 승인　329
자동화　76
자바　187
자바 1.0　81
작업흐름　162
작업흐름 대리자　323
작업흐름 이벤트　323
잔여성 이론　592
잠재적 생산성　542
재사용　103, 404, 440, 462
재퀴 리드　573
저울　539
적응성　106
적합성 함수　76, 134, 215, 244, 269, 353, 388, 409, 489, 589
전도　598
전략적 결정　57

INDEX

전면 캐시　374
전사적 자원 관리　409
전송 비용　202
전용 데이터베이스 토폴로지　349
전이적 의존성 충돌　269
전일적 민첩성　209
전일적 테스트　405
전자 데이터 교환 (EDI)　252
전체 후면 캐시　374
절차적 응집　82
점대점　70, 240, 261, 303, 601
점진적 변경　381
접근성　104
정도의 규칙　95
정렬　287, 575, 579, 583, 591
정상 경로　256
정적 결합　146, 171, 351
정적 동변성　91
정치적 환경　49
제럴드 와인버그　566
제로 다운타임　557
제약조건　42, 533, 580
제임스 루이스　415
제품 기반 애플리케이션　255
젠킨스　272
조니 르로이　190
조지프 요더　183
조합적 재사용　241
존 기반 가용성　103
종단 간　308
주 시퀀스 거리　88, 138
준수　47, 229, 488
중재자　226, 333, 428
지라　272
지속적 적합성 함수　243

지속적 통합(CI)　134
지식 피라미드　59
지역　103
지역성의 규칙　95
지연시간　197
지원성　104
지침　550
직교 재사용　465
직렬화　187
진정성　106
진화성　271, 443, 446
진화적 변경　444
진화적 아키텍처　589
진화적 컴퓨팅　134
진흙잡탕　136, 183
짐 럼보　525
짐 웨이리치　95
찜 목록　198

책임 확산　544
처리 그리드　363, 375
처리 단위　363
체크리스트　142, 545
초기 핵심 컴포넌트　160
촉진　556
최상위 분할　188
최소 지식의 원칙　173
최종 일관성　292, 382
최초 콘텐츠 렌더링　129
최초 CPU 유휴 상태　129
추상 구문 트리(AST)　264
추상도　87
추상화　604
추정　588

INDEX

충돌률 385
측정 127
치댐버와 케메라의 객체 지향 지표 스위트 84
카오스 멍키 141
카오스 엔지니어링 141
카타 ☞ 아키텍처 카타
카프카 ☞ 아파치 카프카
커밋 후 롤백 292
컨테이너 154
컴파일 기반 플러그인 261
컴포넌트 96, 236
컴포넌트 기반 사고 155
컴포넌트 식별 160
컴포넌트 토폴로지 181
케이시 로젠탈 142
케케묵은 전문 지식 62
코드 검토 76, 136
코드 그룹화 79
코드 복잡도 130
코드 악취 95, 131
코드 커버리지 140
코딩 실무 74
코레오그래피 333, 420, 428, 466
코어 시스템 255
코칭 541, 567
코파일럿 594
콘서트 티켓팅 시스템 394
콘설 265
콜드 스타트 383
콜센터 지원 시스템 512
쿠버네티스 376
퀀텀 ☞ 아키텍처 퀀텀
퀀텀 경계 149
크롬 272
클라우드 103, 154, 214, 227, 244, 268, 286, 351, 382, 407, 438, 450, 483

클라이언트 승인 모드 329
클라이언트/서버 185
키 기반 이벤트 페이로드 316

ㅌ ㅍ

타냐 라일리 555
타당성 220
타이밍 동변성 93
타입 동변성 92
탁상공론 아키텍트 536
탄력성 117, 218, 233, 251, 291, 393, 412, 443, 515
탄력적 리더십 538
탄력적 확장 582
태그 246
테드 뉴어드 114, 608
테스터 241
테스트성 106, 132, 218, 233, 250, 260, 271, 291, 356, 393, 412, 443, 446
토마스 매케이브 Sr. 130
토픽 70, 300, 327, 601
통신 147, 182, 225
통신적 응집 82
통일적 아키텍처 185
통제광 아키텍트 535
통합 아키텍처 398
통합 종단점 413
통합 지점 407
퇴거 정책 374
튜플 공간 362
트레이드오프 58, 69, 73, 101, 107, 122, 251, 263, 317, 357, 393, 465, 474, 496, 511, 594, 597
팀 만들기 531
팀 토폴로지 190, 204, 589
파생 이벤트 299, 304

INDEX

파이브 나인   557
파이어폭스   272
파이프   239
파이프라인 아키텍처   239
팬아웃   172
팬인   171
페이로드   312
평균 복구 시간   215, 234, 251
포트와 어댑터   463
폴리글랏데이터베이스   586
표현 계층   209, 259
표현 일관성   521
품질 속성   98
프라모드 세달라지   434
프런트 컨트롤러   430
프런트엔드   425
프런트엔드용 백엔드(BFF)   455
프레드 브룩스   542, 608
프로그래밍적 부하 분산   356
프로세스   587
프로세스 손실   542
프로젝트 요구사항   111
프로토콜 인식 이기종 상호운용성   427
플랫폼 팀   205
플러그인   255
플러그인 레지스트리   264
피드백 루프   160
필터   239
필터 간 계약   245

하드 스킬   555
하루살이 떼   320
하위 호환성   79
학습성   105

함의에 의한 아키텍처   207
합의   507
해피 패스   256
핵심 동인   125
행위자   157
행위자/행동 접근법   163
헤이즐캐스트   577
현지화   103
협상   555
협업   531
호손 효과   547
호출 그래프   86
호환성   105
혼합 변형   275
확장 가능 파생 이벤트   306
확장 능력   102, 253, 300, 306
확장성   102, 117, 218, 233, 251, 291, 346, 351, 355, 393, 412, 443, 600
활성화 팀   205
활용성   103
회복탄력성   323
회의   571
횡단적 아키텍처 특성   104
희생형 아키텍처   120

찾아보기   **631**

INDEX

abstraction 604
abstractness 87
accessibility 104
Accidental Architecture 207
accidental complexity 563
Accidental SOA 408
accountability 106
achievability 104
ACID 트랜잭션 278, 292, 329
actual productivity 542
adaptability 106
ADR Tools 483
ADR(Architectural Decision Record) 452, 482, 606
afferent coupling 86, 171
agility 113, 132, 153, 291, 589
AI 496, 593
alignment 287, 575, 579, 583, 591
Alistair Cockburn 463
Ambulance 516
AMQP 73, 300, 327
Analysis Paralysis 478
analyzability 106
Andrew Koenig 62, 477
anemic event 318, 352
annotation 246
API 게이트웨이 281, 421
API 퍼사드 277
application service 402
application silo 50
ArchiMate 494, 527
architectural extensibility 71
architectural intersection 575
architectural thinking 55

architecturally significant 481
Architecture by Implication 207
architecture characteristic 38, 97, 169, 217, 449, 477, 586
architecture quantum 144, 218, 232, 249, 262, 270, 290, 309, 355, 411
Architecture Sinkhole 213
architecture style 38, 149, 181
architecture vitality 46
archivability 104
ArchUnit 139, 229, 489, 579
ArchUnitNet 229, 579
armchair architect 536
AsciiDoc 483
AST(abstract syntax tree) 264
asynchronous communication 307
Atul Gawande 142, 545
authentication 104
authenticity 106
authorization 104
auto acknowledge 329
availability 102, 121, 215, 234, 251, 291, 513
AWS 람다 438
AWS Step Functions 244
Azure Event Hubs 327

backpressure point 346
backward compatibility 79
bandwidth 198
bandwidth utilization 315
Barry O'Reilly 592
BASE 트랜잭션 278
best practice 461
BFF 456

INDEX

BFF(Backends for Frontends)   455
Big Ball of Mud   136, 183
Bottleneck Trap   74
bounded context   95, 146, 349, 415, 437, 585
Brian Foote   183
Broker-Domain   470
Brooks's Law   542
Bruce Patton   555
business driver   74
business environment   591
business service   400
C4 모델   494, 525
call graph   86
capability   98
Casey Rosenthal   142
change risk   600
chaos engineering   141
Chidamber and Kemerer Object-Oriented Metrics Suite   84
CI(Continuous Integration)   134
CID(correlation ID)   331
client acknowledge mode   329
closed layer   210
Cloud Functions   438
code review   76, 136
code smell   95, 131
coexistence   105
cohesion   81, 145, 168
coincidental cohesion   83
cold-start   384
collision rate   385
commit-and-rollback   292
communication   147, 182, 225
communicational cohesion   82
compatibility   105

compensating transaction framework   433
compensating update   204, 279
competing consumers   356
compile-based plugin   261
complex system   78
compliance   47, 229, 488
complicated-subsystem team   205
component identification   160
component-based thinking   155
composite architectural characteristics   113, 153
compositional reuse   241
confidentiality   106
configurability   102
connascence   91
connascence of algorithm   92
connascence of convention   92
connascence of execution   93
connascence of identity   94
connascence of meaning   92
connascence of name   92
connascence of position   92
connascence of timing   93
connascence of type   92
connascence of values   93, 431
constraint   42, 533, 580
construction technique   482
consumer   241
consumer group   356
consumer-driven   315
contextualized trade-off   599
continuity   102
continuous fitness function   243
contract   314, 316, 377
control-freak architect   535

찾아보기   **633**

INDEX

Conway's Law 189
CORBA 187
core system 255
coupling 72, 80, 86, 145, 171, 195, 211, 226, 263, 419, 451, 590, 603
Cover Your Assets 478
CQRS(Command-Query-Responsibility-Segregation) 469
cross-cutting architectural characteristics 104
customizability 119, 121, 454
Cyclic Dependency 136
cyclomatic complexity 256

data abstraction layer 381
data access layer 381
data collision 385
data consistency 313
data fidelity 464
data grid 363
data integrity 313
data isolation 420
data latency 444
data loss 327
data mesh 382, 565
data reader 364, 379
data writer 364, 377
data-based event payload 312
Database-per-Service 349, 436
DCOM 187
DDD(Domain-Driven Design) 95, 145, 190, 209, 221, 234, 292, 406, 415, 425, 524
decision point 130
dedicated database topology 349
dependency 482

dependency-free plug-in 268
deployability 133, 218, 233, 250, 271, 291, 412, 443
deployment frequency 182
deployment manager 363, 376
deployment model 439
derived event 299, 304
design pattern 119, 182
diagramming 521
diffusion of responsibility 544
Distance from the Main Sequence 88, 138
distributed caching 372
distributed function 244
distributed macro-layered structure 275
divide-and-conquer 558
DLL 지옥 226
domain concern 111
domain coupling 462
domain database topology 346
domain problem 111
domain-based data writer 378
Domain-Broker 472
domain-to-architecture isomorphism 591
Donald Knuth 241
Doug McIlroy 242
Dr. Drang 241
driving force 125
dynamic connascence 91, 93, 431
dynamic coupling 147, 351
dynamic decoupling 309
Dynamic Quantum Entanglement 309
EDA(event-driven architecture) 297
EDI(electronic data interchange) 252
Edsger Dijkstra 79
Edward Yourdon 86

INDEX

effective architect   537
efferent coupling   86, 172
Elastic Leadership   538
elastic scaling   582
elasticity   117, 218, 233, 251, 291, 393, 412, 443, 515
Elisabeth Robson   189
Email-Driven Architecture   480
enabling team   205
end-to-end   308
engineering practice   587
enterprise service   401
Entity Trap   164, 420
Eric Evans   464
Eric Freeman   189
ERP   409
error condition   245
essential complexity   562
estimation   588
ETL(extract-transform-load)   252
Evan Botcher   205
evangelization   598
event broker   299, 328
event channel   300
Event Forwarding   327
event mediator   333
event processor   299, 472
event-based model   298
eventual consistency   292, 382
eviction policy   374
evolutionary architecture   589
evolutionary change   444
evolutionary computing   134
evolvability   271, 443, 446
explicit attribute   100

extensibility   102, 253, 300, 306
extensible derived event   306

facilitation   556
fan-in   171
fan-out   172
feasibility   220
feature toggle   588
federation   300
fire-and-forget   298
first contentful paint   129
first CPU idle   129
fitness function   76, 134, 215, 244, 269, 353, 388, 409, 489, 589
flow   572
Fred Brooks   542, 608
front cache   374
Front Controller   430
Frozen Caveman   63
full backing cache   374
function point analysis   98
functional cohesion   82, 144
functional requirement   98
functional suitability   107
functional test   549
Functions   438
GDPR   104
generic architecture   123
Gerald Weinberg   566
Glenford J. Myers   77
Grady Booch   525
Grains of Sand   439
granularity   78, 165, 182, 275, 279, 319, 401, 419, 426

INDEX

Haiven   594
happy path   256
hard skill   555
Hawthorne effect   547
Hexagonal architecture   463
holistic agility   209
holistic testing   405
homogeneous contract   73
hybrid variant   275
implementation coupling   146
implicit attribute   100
incremental change   381
initial core component   160
initiating event   299
instability   88
installability   102, 106
integration architecture   398
integration endpoint   413
integration point   407
integrity   106, 579
internationalization   120
interoperability   105
interpersonal skill   49
Inverse Conway Maneuver   190
Irrational Artifact Attachment   523
ISO   105
ISO(International Organization)   105
isomorphic shape   221, 240
iterative architecture   592
iterative process   588
Ivar Jacobson   525
Ivory Tower architecture   122, 560

Jacqui Read   573
Jakarta Messaging API   327
jar 메커니즘   81
JDepend   137
Jigsaw   261
Jim Rumbaugh   525
Jim Weirich   95
Jonny Leroy   190
Joseph Yoder   183
K-가중치 예산   129
knowledge pyramid   59

L. Peter Deutsch   196
Lack of Cohesion   84
Langfuse   593
Law of Demeter   173
Law of Diminishing Returns   546
layered architecture   47, 78, 139, 181, 189, 207, 258, 277, 581
layered stack   551
layers of isolation   210
LCOM   84
learnability   105
leverageability   103
LLM   496, 594
localization   103
logical architecture   157, 578
logical cohesion   82
logical component   38, 155, 578
long tail   197
lost in translation   112
Luca Mezzalira   426

INDEX

maintainability 103, 106, 260, 496
Manuel Pais 204
MapReduce 239
Martin Fowler 57, 415
Matthew Skelton 204
maturity 106
mediator 226, 333, 428
Meilir Page-Jones 91
message bus 402
message flow 403
messaging grid 363
MFU(most frequently used) 374
Micha Kops 483
Michael Nygard 481
microkernality 264
microkernel 255, 454
microservice 38, 56, 78, 100, 198, 349, 415, 456
Mihaly Csikszentmihalyi 572
misalignment 579
modifiability 106
modular language 80
modular monolith 188, 221, 277, 453
modular structure 223
modularity 77, 106, 232, 250, 271
monolithic frontend 425
MRU(most recently used) 374
MTTR 215, 234, 251
multiple system of record 313
multitenant 417
MVC(Model-View-Controller) 189

N O

name conflict 81
namespace 80, 156, 229, 262

Nat Pryce 483
near-cache 374
NetArch 489
NetArchTest 140, 229, 579
Niklaus Wirth 80
non-function point 98
non-functional characteristic 482
non-functional requirement 98
nondeterministic workflow 356
nonrepudiation 106
Nora Jones 142
objective function 134
observability 204, 352
on-demand provisioning 227
Open Service Gateway Initiative(OSGi) 261
opened layer 210
operational architecture characteristics 101
operational concern 101, 422, 423, 450, 577, 583
operational coupling 462
orchestration engine 402
orchestration processing unit 376
orchestration-driven service-oriented architecture 397, 583
Orthogonal Reuse 465
OSI(Open Systems Interconnection) 220
Out of Context 606

P

pain point 447
payload 312
peer-to-peer 225
Penrose 261
percentile 197
performance 102, 120, 308, 355, 372, 393, 600

performance budget   129
performance efficiency   105
persistence   151
personal boundary   569
Pets.com   582
physical architecture   158, 181
pipe   239
pipeline architecture   239
PlantUML   594
plug-in   255
pluralistic ignorance   543
PMD   272
PoC(proofs-of-concept)   75
point-to-point   70, 240, 261, 303, 601
poison event   301
polyglot database   586
portability   103, 106
potential productivity   542
Pramod Sadalage   434
Principle of Least Knowledge   173
Prism   261
privacy   104
problem domain   97
procedural cohesion   82
process loss   542
processing grid   363, 375
processing unit   363
producer   241
product-based application   255
productivity flow   572
programmatic load balancing   356
protocol-aware heterogeneous interoperability   427
pseudosynchronous communication   330
publish-and-subscribe   70, 300

R

PyTestArch   579
quality attribute   98
queue   70, 601
RabbitMQ   327
random replacement   374
reactive architecture   323
Rebecca Parsons   134
recoverability   102, 106
Redis 캐시   509
region   103
registry   264
reliability   102, 106, 121, 271
replaceability   106
replicated caching   371
replication latency(RL)   385
reply queue   330
representational consistency   521
request orchestrator   297
request processor   298
request queue   330
request-based model   297
residuality theory   592
resiliency   323
responsiveness   218, 272, 308, 323
reuse   103, 404, 440, 462
reverse data pump   380
reverse proxy   281, 421
RFC(Request for Comments)   486
Rich Hickey   72
risk assessment   501
risk-assessment matrix   499
robustness   102
Roger Fisher   555
Roy Osherove   538

INDEX

Rule of Degree   95
Rule of Locality   95
rules engine   273
runtime plugin   261

S

sacrificial architecture   120
safety   102
scalability   102, 117, 218, 233, 251, 291, 346, 351, 355, 393, 412, 443, 600
scope   143, 148
scope dependency   146
semantic coupling   146
semantic decoupling   311
separated deployment   214
separation of concerns   209
separation of technical concerns   191
sequential cohesion   82
serialization   187
service boundary   148
service discovery   424
service locator   276
Service Mesh   423, 464
service plane   423
service-oriented architecture   398
share nothing   416, 440
shared service   445, 598
Sidecar   422, 465
silver bullet   597
Simon Brown   188, 494, 525
single system of record   313
SLA   514
SLO   514
SNS   327
social capital   598

software architect   37, 45, 62, 531, 555
space-based architecture   362
SPOF(single point of failure)   334, 371
stale expertise   62
stamp coupling   198, 314, 353, 603
state   240
state management   352
static connascence   91
static coupling   146, 171, 351
story grooming   511
Strangler Fig Pattern   588
stream-aligned team   205
structural architecture characteristics   102
structural decay   46, 440
structural evolvability   143
structured programming   79
supportability   104
Swarm of Gnats   320
synchronization time   389
synchronous communication   147, 330, 426
synchronous dynamic coupling   350
synchronous send   329
system integration   590

T

Tanya Reilly   555
TCP/IP   220
team topology   190, 204, 589
technical breadth   58
technical capability   189
technology bubble   65
technology radar   65
Ted Neward   114, 608
telemetry   252
temporal cohesion   82

temporal coupling 172
temporary queue 332
Thomas McCabe Sr. 130
three-tier architecture 186
top-level partitioning 188
transformer 241
transitive dependency conflict 269
transport cost 202
TSArch 229
TSP 135
TSP(traveling salesperson problem) 135
tuple space 362
ubiquitous language 108, 128

UML 525
unit test 140, 549
unitary architecture 185
unstructured monolith 228
upgradeability 103
user error protection 106
UX 119
value-driven message 377
variable scalability 515
versioning 203, 600
virtualized middleware 363
volatility 260, 268, 600, 604

William L. Ury 555
Workflow Event 323
worksheet 124
zero downtime 557
Zhamak Dehghani 434

Zone of Pain 90
Zone of Uselessness 90

20-minute rule 63
20분 규칙 63
3층 아키텍처 186
4C 563
80-20 규칙 214